松本俊夫著作集成 II

一九六六—一九七一

特定非営利活動法人戦後映像芸術アーカイブ＝編

表紙図版：『薔薇の葬列』（一九六九）写真・遠藤正

松本俊夫著作集成 II

一九六六―一九七一

Ⅰ　一九六六―一九六七

II

一九六八—一九六九

Ⅲ 一九七〇—一九七一

［編集方針］

本著作集成Ⅱでは、一九六六年から一九七一年までに書かれた松本俊夫の著作を対象に、その初出を底本とした。また、単行本に収録された著作についても、その初出を底本とすることを基本とし、初出の発表年月を基準に編年体で収録した。なお掲載にあたっては可能な限り網羅的な収録を基本方針としたが、内容の重複する文章やアンケート・コメントなどの短文、対談・座談会については収録の対象外とした。

［凡例］

一、文字は原則として新字、新仮名に改めた。ただし、本文中の引用文および一部の固有名詞、送り仮名については原文のままとした。
一、あきらかな誤字、誤植と判断されるものについてはこれを改め、判断の難しい語句については〔ママ〕を付した。
一、本文内で言及されている人名、作品名の表記については、原文のままを基本とした。
一、固有名詞、用字の表記については、各論文単位での統一にとどめた。
一、括弧類については、原文表記にかかわらず以下のように統一した。
映画、戯曲、書籍は『　』、小説、論文は「　」、美術作品は《　》、イベント、展覧会等は〈　〉、編者による註記は〔　〕で括った。ただし、一部の括弧について、それが特別な意味をもつと判断されるものについては原文のままとした。
一、今日の人権意識からみて不適切と思われる表現もみられるが、時代背景を考慮し原文のままとした。

I

一九六六―一九六七

偶然の問題——フォトイメージの可能性・その1

映画の技法に、ストップ・モーションというものがある。動いている映像を、ピシャリと静止させるやつである。このストップ・モーションをやろうとするとき、私はいつも写真の映像について、いろいろ考えさせられないわけにはゆかない。

誰もが知るように、映画の映像は、一秒二四コマの連続したフィルムからできている。その一コマ一コマは、一応写真の映像とみなして差支えない。ストップ・モーションをやるには、その一コマ一コマの写真を丹念に見比べて、そこからこれぞという一枚を選ぶわけである。ところでこの一コマのズレであるが、写真で言うと二四分の一秒のシャッター・チャンスのズレである。しかしこの二四分の一秒のズレが、映像の感じをまるでちがったものにしてしまう。私がいつも考えさせられるのはこの点だ。むろんここから導きだせる第一の問題は、ブレッソン流に言えば「決定的瞬間」の問題にほかならない。あるいはキャンディッド・フォト、ないしスナップ手法におけるシャッター・チャンスの問題とも言える。

そもそも瞬間的な動態をすかさず映像に定着させる可能性が、写真の表現を飛躍的に拡大してきたことは常識であろう。言うまでもなく、その可能性の根底にある性質は記録性である。写真の記録的機能は、人間の肉眼がとらえられない事実を発見する。映画のフィルムの一コマ一コマに、思ってもみなかった像をしばしば発見するのもその一例である。写真史のうえでは、イードウィヤード・マイブリッジの実験がこれに当ると言ってよい。マイブリッジはすでに十九世紀の末、簡単な連続写真を考案して、馬がギャロップする瞬間の動態を撮影した。その結果、馬の脚は前後ともひとかたまりになって、完全に地上を離れていることが判明したという。

他愛のない話といえばそれまでだが、記録的映像による事実の発見が意味するものは、一般に考えられているよりもはるかに大きい。なぜならその一義的本質は、対象に対するステレオタイプを、不断に否定してゆく契機となるからだ。そういうつもりはなくとも、われわれはとかくこれはこういうものだと、対象に対する見方・感じ方を固定させがちである。いつのまにかステレオタイプという眼鏡をかけて、その眼鏡で見えるようにしかものをうつさなくなる。そうなると映像が衰弱しだすことはまちがいない。

計算しつくせる映像を必然の映像とすれば、ステレオタイプを崩す契機は偶然の映像にある。偶然がもたらす発見こそ、フォト・ドキュメンタリーの基礎である。

その格好の例が、《ノルマンディ上陸作戦》のロバート・キャパだろう。その映像は「ちょっとピンボケ」であり、ブレもあれば粒子も粗い。構図も常識的な基準でみた造型性は無視されている。敵弾の放射の中で、兵士が銃をもって闘ったように、キャパはカメラをもってとりまくったのである。当然のことながら、ピントを合わせたり、ファインダーを覗いたりする余裕も、しばしば無かったにちがいない。映像の隅々までを、計算し予測してつくった写真とのちがいは歴然である。

しかし、キャパの不鮮明な偶然の映像は、まことにすさまじい迫力をもっている。それは状況の偶然の裂け目に、見るものを一瞬ひきずりこむ迫力であり、戦争の一般的観念を剝奪して、戦争そのものの裸形のダイナミクスを、意識の次元で追体験させる迫力である。むろんその迫力は、映画で言うイタリアン・リアリズムの映像と同様、映像に作者の存在感（参加の状況）が、同時に記録されていることと無関係ではない。

決定的瞬間の映像で状況の偶然の裂け目にすべりこむということは、ステレオタイプの眼鏡をはずして、裸の眼でものを見るということである。あるいは未体験の現実を、映像の発見を通してはじめて体験するということである。したがってその映像は、何とも名づけようのない、不思議な非現実感を漂わせることが少くない。ブレッソンの《スペイン・アンダルシア》とか《ガンジーの火葬》などを見ると、殊更その感を深くする。ある一瞬、ある一点から、決定的に切りとられたむきだしの現実には、おそらく事物自体のもつ異様な素顔が、呪文をかけられたように浮かぶのであろうか。しかも一瞬のズレ、一点のズレで、その通路は閉ざされるのである。

偶然と無意識のシャッター・チャンス、加えて研ぎすまされた想像力による選択の必然性、そこにフォト・ドキュメンタリーの、最も基本的な可能性があることは明らかである。とすれば、最初に触れたような、映画のカメラで撮影したフィルムから、決定的な一コマを選ぶという方法も一案かもしれない。一コマの露出時間も、シャッター開度や廻転速度の調整で、どのようにも変えられるからである。

「見る」ことの意味――フォトイメージの可能性・その2

「天使などというものは、見たことがないから、私は描きません」。こう断言したのはクールベである。彼にとっては、すべて眼に見えたものを、見えたとおりに克明に再現することがリアリズムであった。

しかし、眼に見えたものを、見えたとおりに、克明に再現するという合理主義精神が、そのまま古い世界像をうちこわしえた時代は、すでに過ぎ去っている。むしろ肉眼と現実の対応を信じ過ぎたばっかりに、ものごとの実相を見失ってしまったのが現代である。事実、現代人は、眼に見えない何ものかによって絶えずおびやかされ、眼に見えない何ものかによって絶えず疎外されている。いずれにせよ、この肉眼から隠された現実を「見る」ことを抜きにして、もはや現代のリアリズムはありえない。

世の常識からするならば、カメラの記録性は、肉眼を再現するのにむいている。記録ということを、被写体と像の一対一の対応性に見ようとするかぎり、そうである。そこでは、記録は記念や証拠の意味でしかなく、映像は眼に見えた事実の代理物でしかない。写真が、しばしば事実信仰を脱却しきれないのは、このレベルでの記録性に、レンズのこちら側が解体しているからである。

事実信仰の特徴は、たいがいの場合、事実の直接的な意味にもたれかかる点にある。そこでは常に、一義的に問題にされるのが「何を」である。そういえば、かつて片や土門拳・木村伊兵衛と、片や亀倉雄策との間に、ささやかなリアリズム論争が交されたことがあった。そのとき俎上にのせられたのが、エドワード・ウェストンの、砂の上を、虫が筋をひきずって這っている作品である。土門と木村は、このウェストンの作品に否定的な立場をとったが、その否定の根拠が、リアリズムとはもっと社会性のあるものだという、素材に対する物神崇拝的規範に置かれていた。

土門や木村のリアリズム観が、第二インター以来の、悪しき実効主義に毒されていたことは明らかである。この種の写真アクチュアリティ説は、素材そのものから受ける感動と、映像がつくりだした感動とを、およそ曖昧に混同している場合が多い。しかし、アクチュアリティの真の意味は、カメラを媒介にして、見えなかった現実を見ることにある。もし有効性を口にするなら、そのレベルは、映像体験として未体験の現実に立ち向う際の、意識の固有なダイナミクスに置かなくてはなるまい。

言うまでもなく、モホリ・ナギのフォトグラムなど、直接印画紙を感光させる特殊な作品を別として、写真はあくまで眼に見える事実を手がかりにするのが原則である。しかしこの原則と、カメラを媒介にして、見えなかった現実を見ること（事実に依拠しながら、事実性を超えること）とは、かならずしも矛盾するとはかぎらない。しかも、それを可能にする物質的契機が、これもまたカメラの記録性にあるのだ。

たとえばウェストンは、「レンズは人間の眼以上に見ることができる」と書き、概してぎりぎり絞りこんだ映像に執着した。よく知られるように、ウェストンのシャープなピントによるクローズアップの写真は、しばしば肉眼の能力を超えて、いわば物自体の素顔を、容赦なくあばきだすだけの迫力をもっている。ここでは、対象に対するわれわれの日常的な関係（経験的な意識）は、物自体のむきだしの姿の前に、はじきとばされずにはいない。われわれは、否応なく、そこに立ち現われてくる見知らぬ現実を、こちらも素裸にされて「見る」よう強制されるのである。

むろんウェストンの方法は、事実を超える手がかりの一例にすぎない。同じような契機はアトジェにも、あるいはパッチュからシュタイナートら、いささか形式主義に傾いた「主観写真」の系列にも見てとれよう。あるいはそれとはちょうど対照的だが、前回触れた偶然性の写真の中にも、その契機はふんだんにあった。むろんそれらにも、それぞれ弱点や一面性がないわけではないが、いまここで問題なのは、それらが「再現」の映像ではなく、「発見」の映像であり、発見がいずれもカメラの記録性に依拠している点である。更にまた、「発見」の映像は、それが単に対象の発見にとどまらず、同時に自己発見の記録となっている点を見落すわけにはゆかない。

その意味において、「見る」ということは、対象を「主体化」するということである。記録された現実が、「表現された現実」ないし「主体化された現実」として「自律」しうるのは、そのためである。作品のリアリティを保証するものは、まさにその「主体化」の過程をおいて、ほかにはありえない。

なぜ撮るか──フォトイメージの可能性・その3

最近『太陽のかけら』というスェーデンの映画をみた。その中で登山家の主人公が、山小屋で一緒になった男と、写真について論争するシーンがある。この論争が、なぜ写真を撮るか、という問題に触れていて面白い。

男が写真ぎらいの主人公にいう言い分は二つある。一つは、写真によって人はもう一度旅をすることができるということであり、いま一つは、写真によって人は旅を他人に伝えることができるということである。主人公はその意見を肯定しない。彼は「現実と自分の間にカメラを入れたくないのだ」という。

男の言い分が、写真の記録性を、記念や資料のレベルでとらえていることはいうまでもない。そこでは、写真は現実を再現する媒体であり、現実そのものの代理物である。言いかえるなら、写真は常にその問う側の現実に収斂し、それ自体「もう一つの現実」として自立することがない。

むろんこの男の写真観は、あまりに素朴すぎるといえるだろう。しかし、つきつめるとこの男の写真観は、現在なお支配的なイデーにつながっている。たとえば世界写真展〈人間とは何か〉を企画・構成したカルル・パーベクはこう書いた。「二つの世界大戦の間に、写真は芸術家の道具ではなく、現実の道具であるという本来の意味から、ひとつの新らしいメンタリティを再び私たちに発見させました。それ以来、写真から生じた収獲でもっとも重要なものは、カメラのうしろにいるカメラマンではなく、カメラの前に起こっている出来事だということを、私たちは知るようになったのです」

ここでパーベクが、写真を現実そのものの反復手段、もしくは現実伝達の媒介機能とみていることは明らかである。その点でパーベクは、『太陽のかけら』の写真好きな男に一致する。しかし写真がナマな現実の代理物にすぎないならば、代理物が本物にかなわないのは当然であろう。事実、現実の再現的記録にすぎない映像は、現実そのもの、あるいは現実の直接的体験を前に、ただ色褪せてしかみえない。それならば、私たちはいっそ生活者に徹した方がましである。現実とのナマな出会いを生きるときその間にカメラを介入させることは邪魔なのだ。そのかぎりにおいて、『太陽のかけら』の主人公が、「現実と自分の間にカメラを入れたくない」というのは正論である。

しかし、『太陽のかけら』の主人公も、写真を間接化した現実とみている点は、男やパーベクの写真観と変りがない。いずれの場合も、躓きの決定的なモメントはここにある。不当に重視されているのは「カメラの前に起こっている出来事」であり、不当に無視されているのは「カメラのうしろにいるカメラマン」である。

写真は、「カメラの前に起こっている出来事」を記録すると同時に、「カメラのうしろにいるカメラマン」をも記録する。被写体は、記録者の記録としてしか記録されることはなく、記録者は、被写体の対象化としてしか対象化されることはない。前号〔『カメラ時代』一九六六年一一月号〕で強調した「現実の主体化」ということの意味がこれである。明らかに写真に定着された内実は、「カメラの前に起こっている出来事」と、「カメラのうしろにいるカメラマン」との「かかわり」である。しかもその「かかわり」は、カメラと映像を媒介にしないかぎり成立たない。

写真家とは、そういう固有な「かかわり」を生きようとする人間である。その「かかわり」は、他の何ものかの代償行為でもなければ、それ自体他の何ものにも置きかええない体験である。つまり、それ自体自立した「もう一つの現実」にほかならない。

しかし、写真を「もう一つの現実」として自立させようとすることとは、写真を実現実と無縁なものとみる見方とは異っている。パーベク流の実効論を否定することは、写真からアンガジュマンやクリティックを捨象するためではなく、その固有なあり方を確立するためである。ここでも強調されねばならないのは、「カメラの前に起こっている出来事」＝現実と「カメラのうしろにいるカメラマン」＝意識が深く交錯する部分を、映像表現の模索と構築の中に対象化するという緊張した行為の固有性において、なによりも写真は自立的でなければならないということだろう。この一点にかけられた重さのゆえに、しばしばただ一枚の写真が、ナマな現実世界の重量に拮抗しうるのである。

「なぜ写真を撮るのか」という問いかけは、その意味で、写真にとってアルファにしてオメガともいうべき最も本質的な問題に触れている。「何を」「いかに」撮るかの問題が、究極において「なぜ」撮るかの問題に帰着するのはそのためである。フォト・イメージの可能性も、しょせんはこの問いかけに対する函数的な関係から自由ではありえない。

物差を捨てる精神

「天使などというものは、見たことがないから、私は描きません。」こう断言したのはクールベでした。彼にとっては、すべて眼に見えるものを見えるとおりに、克明に描写することがリアリズムだったのです。

しかし、そういう合理主義的な精神が、そのまま古い世界像をうちこわしてゆくことに結びつきえた時代は、すでに過ぎ去っています。むしろ現代とは、眼に見えるものを信じ過ぎたばっかりに、複雑な現実の姿を見失ってしまった時代とも言えるでしょう。事実私たちは、眼に見えない何ものかによって絶えずおびやかされ、眼に見えない何ものかによって絶えず疎外されています。少くとも、この眼に見えない現実の発見という作業を抜きにして、今日リアリズムの問題を語る意味はありません。

こんなことは、むろんすでに常識となっていることでありましょう。しかし、そういうことをいくら知っていても、実際に未踏の現実を発見できない人の方が多いのです。リアリズムとはこれこれこういうものだという物差で、その目盛に合わせてものを作れば、作品のリアリティが保証されるなどというバカげたことはありません。それどころか、そういう定式を通してしかものを見れなくなった意識こそ、現実の発見を妨げる最大の障害です。その意味では、リアリズムとは、まず一切の出来合いの物差を捨てる精神と言うべきでしょう。

ところが、そう言った途端、それはすでに「もう一つの定式」になるわけで、そこに奇妙な罠がかくされていると思うのです。たとえば主体の確立ということを、全く没主体的におしゃべりする風潮も生まれ、何でも断定的に否定すれば、自分がすべてを否定しえた位置に立てたと錯覚するものもでる始末です。一つの眼鏡をはずして、別の眼鏡とかけ替えるだけではどうしようもありません。しかしいちばん絶望的なのは、「裸の眼で見なければならない」という眼鏡をかけて、裸の眼で見ていると思いこむことでしょう。

児童詩の運動の中にも、同じような感想をときどき抱くようなことがあります。いま盛んに提唱されている「たいなあ方式」あるいは主体的児童詩と呼ばれている指導法、これはたしかに素朴な生活綴方運動を克服する理論です。しかしその理論が定式化され、一つの金科玉条として普及してゆくプロセスに、この危険がすべり込んでいないとは言えません。

私が思うには、所詮「たいなあ方式」というのは、芸術の究極目標である「自由」に近づくための手段（方法）です。ところがその手段を目的化するというか、それを唯一の物差にして、その目盛に合わせて、詩を作ったり、詩を批評したりする逆立ちを見受けることがあるわけです。

困難なのは、この逆立ちした意識から、いかに自由でありうるかということでしょう。見えるものを信じ過ぎたばっかりに、見失ってしまった現実というとき、その中には、こういう二重三重の意識の不毛性があることを見逃してはなりません。それは、私たちを絶えずおびやかし、絶えず疎外する、「眼に見えない何ものか」の一つです。私の考えでは、それを不断に発見する作業こそ、リアリズムの主体的条件にほかなりません。

しかし、私はリアリズムの定義をすることより、作品のリアリティを保証するものを、最も本質的な次元ではっきりふまえる必要を感じます。それは一言で言えば、その作品が、のっぴきならない問題ののっぴきならない表現となっているか否かということです。あるいはまた、表現の深部で、対象の主体化と主体の対象化が、どれほど内的必然として統一されているかということです。

むろんここでは、創作の問題としても批評の問題としても、一切の外在的物差は役に立ちません。しかし、そういう個別的作業の蓄積こそ、いま一番必要なことではないかと思うのです。

黒木の映像について

新人がデビューしたというとき、わたしはいつも期待と不安をないまぜた、何とも落着かない思いでそのデビュー作をみにゆく。期待をするのは、むろん日本映画の現状をつき破る、才能豊かな連帯者の出現を望むからであり、不安を抱くのは、その新人が優秀すぎて、わたしを焦りとコンプレックスに追いこむのではないかと恐れるからである。全く変てこな矛盾した気持だが、たいがいの場合、結果は失望と安堵をないまぜた、これまた奇妙な思いをさせられることが多い。

この期待と不安を、一定の緊張したレベルで感じた作家というと、六〇年代では大島渚と羽仁進、それに勅使河原宏、あとせいぜい数名の名が浮かぶにすぎない。とくに勅使河原以後、この一、二年、わたしにとって、本質的に関心のもてる新人は、一人として出てこなかった。おそらくそれほどに、映画状況が悪化したということでもあるだろう。客観的にも主体的にも、日本映画はいまや背水の陣に追いつめられたと言える。しかし、ぎりぎりの危機は、しばしば一方で逆転の可能性を準備するものである。事実、ここに幾多の障害をつき抜けて、一人の確固とした才能がデビューした。黒木和雄である。

もっとも黒木の『とべない沈黙』は、黒木が撮ったはじめての映画ではない。彼には『海壁』以来、ここ七、八年にわたって作った、短・中篇の作品がある。デビューというのは長尺ものとしての意味であり、世の慣習にしたがって、いわゆる一般観客の視線を浴びる場所に登場したことを指すにすぎない。

その意味では、わたしの黒木に対する関心はもう数年来のものである。黒木は、年齢的に言うとわたしより二年先輩だが、わたしと類似した条件で出発した同世代の映画作家として、わたしは黒木の足どりを人一倍気にしてきたと言える。わたしにとっての黒木は、一面で常によき同盟者であり、一面で常によきライバルであった。共感も反発も含めて、黒木はこれまでも、わたしにとって緊張度の高い刺戟的存在だったのである。

もっとも処女作『海壁』は、わたしにそれほど強い痕跡をとどめていない。手がたいデッサン力には才能の片鱗を覗かせていたとはいえ、黒木の個性と方法は、まだ堅いつぼみのように隠されていた。わたしのみるところ、黒木の黒木らしいところができたのは、『ルポルタージュ炎』からである。この作品には、『とべない沈黙』にまでつながる、あの脂ぎったギラギラする体質の開花がすでに準備されている。逆光の海面を、うねるようなカメラ・ワークで迫った空撮の映像をはじめ、部分的には舌を巻くようなうまさと新鮮さがあった。もっともこの作品あたりまでは、彼が助監督としてついた『ひとりの母の記録』の作家、京極高英との血のつながりを指摘することもできるし、岩波映画での先輩、羽仁進の映像的思考法の影響をうかがうこともできる。

黒木のモダニストとしての一面が、一応みごとに結晶したのが『恋の羊が海いっぱい』である。セミ・ミュージカルスともいうべきこの作品は、動く映像に対する黒木の豊かな感性を、はじめて全体に貫いたものと言ってよい。手ばなしで生を謳歌する映像はわたしと異質だが、わたしは当時、この作品のみずみずしい感覚に刮目した。望遠レンズの使い方も、群を抜いてうまかった。対象とカメラの決定的な出会いが、自己の鼓動を詩として視覚化する秘密を、黒木はこの仕事で確立したようにみえる。

だが、わたしが黒木を心から期待と不安の眼でみるようになったのは、次の作品『わが愛北海道』である。レネエばりの題名をもつこの作品は、事実レネエに対抗して作ったとも伝え聞く。もっともレネエびいきのわたしとしては、『わが愛北海道』を『わが愛ヒロシマ』と同列に置くわけにはゆかないが、『わが愛北海道』が六〇年代の、いわゆる非劇映画分野の最も意欲的な作品の一つとなったことを疑わない。『わが愛北海道』は、どちらかというと、まとまりの悪い作品である。にもかかわらず、この作品は、映像のすみずみまで、黒木のかたむけた必死の格闘を実感できるという意味ですばらしい。同じく躍動する生き生きした映像を求めながらも、羽仁のそれが、像と自分の間に好奇心という距離を保っているのに対し、黒木のそれは、なりふり構わず女を惚れこんだ状態に似てのめりこんでいる。事実、黒木の映像に特有の生理は、恋とエクスタシーのリズムだと言えるだろう。

そのせいか、黒木が女を撮ると、とりわけ生彩を放つことは定評がある。その素質はすでに『恋の羊が海いっぱい』にみられたが、とくに『わが愛北海道』の女の描写にはうならせるものがある。杏子は生命そのもののように輝いていた。黒木が杏子のために抜擢した女、それは当時まだ無名同様の真理明美だったのである。黒木が撮った真理の映像は、その後スクリーンでみたどの真理よりも美しい。ともあれ、女へのアプローチを現実へのアプローチと重ね合わせる方法は、小品『日本10ドル旅行』を経て、今度の『とべない沈黙』に受け継がれている。むろん真理明美に対応した女は加賀まりこだが、加賀をとらえた映像にしても、これほど魅力的だったのは、篠田正浩の『乾いた花』をおいて他をわたしは知らない。

『あるマラソンランナーの記録』は、さまざまな話題につつまれたが、黒木のものとしてはそれほどスゴイものではないだろう。構成も映像も、『わが愛北海道』とくらべると平板である。しかし、わたしならこういうショットが撮れたろうかと、内心ドキリとした映像が一つある。ランナーたちにぴたりと寄り添いながら、彼らの走るバストを、えんえん切れ目なくトラックを何周も追うショットである。サクサクといくつもの土を蹴る足音が、ワッパでこびりつくほどについていていた。少くともこのワン・ショットに関するかぎり、ここに緊張した非凡なイメージがあったことを強調しておきたい。

こうして次につくられたのが『とべない沈黙』である。黒木はこの作品に、黒木のすべてを賭け、黒木のすべてを塗りこめた。この製作期間、彼が何もかも忘れて、憑かれたように没頭していたのを、わたしはほとんど嫉妬に狂う思いで眺めていたことを思いだす。初号試写での期待と不安が、かつてなかったほど大きかったことは言うまでもない。最初の北海道のくだりまで、わたしはぶちのめされんばかりに驚愕した。黒木のすぐれた資質が、百パーセント宝石のように輝いていたからである。大阪のくだりまでは、それぞれのエピソードの図式性が気になったが、かなりいい線だと思って堪能した。しかし正直なところ、香港、東京のくだりでは、「なぜこんなことになったんだ」とホゾを噛んだものである。モチーフも映像も、ここで急に格調を失ったからにほかならない。ジェット機の長い望遠ショットから調子をとり戻したものの、わたしは見終ったあとも、満足の方が強いのか、不満の方が強いのか、すぐには自分の気持を整理しかねていたようである。この作品の混乱も含めて、そのダイナミックなヴォリュームが、わたしに意外なまでの刺戟となって、大きな痕跡をとどめていることを発見したのはやや後ほどである。

いま陽の目をみることになったこの作品は、黒木がその後更に手を加えて編集しなおしたものである。主として香港、東京のくだりが、大幅に変更されていた。ニュースのデュープが加わったりしたが、ともかく手もちの材料だけで、よくここまで面目を一新したと驚かないわけにはゆかない。破綻の多い作品かもしれないが、わたしは近頃これほど作家を感じる映画を、少くとも邦画の中には他に挙げることができない。ここには豊かな可能性が、かぎりなく漲っている。この可能性に荷担しなくて、いまの日本映画のどこに荷担することができるだろう。構成やディテールに対する批判は、明らかに別のレベルでなされるべきである。

おそらくわたしと黒木は、体質上全くちがった種類の作家だと思う。彼は生命の躍動を、ためらいもなく受け入れる。映像が饒舌で騒々しいのも特徴である。しかしわたしは彼の映像にかげりがなさすぎる点が好きでない。わたしはますます内向性と精神性に偏執しているようである。生をイメージするうえでも、ひっきりなしに死と向き合っている。彼は遠心型だが、わたしは求心型だ。彼はすべてをあげて対象に惚れこむこともできるし、自己陶酔もできる。

しかし、わたしは意識のどこかで醒めている。エクスタシーを思わせる映像の中にも、わたしの場合は、それを冷やかにみつめている眼があるにちがいない。そういえば、あるとき酒をのみながら、黒木がわたしをペシミスティックでありすぎると言い、わたしが黒木をオプチミスティックでありすぎると言い合ったこともある。

だが、わたしは黒木の映像に、わたしと激しくわたり合ってくるものがあることに、なぜか強く惹かれないわけにはゆかない。映像表現の批評的変革という共通のフィールドに立ちながら、わたしは黒木のような作家を、対立物としてもてることが幸わせである。

ともあれ黒木は『とべない沈黙』をひっさげてデビューした。しかし慣習的な意味で言うデビューではあっても、『とべない沈黙』は、いわゆる陽の当らない場所でつちかわれた、彼の長い記録的・前衛的な作家活動の結晶であることが銘記さるべきだろう。すでにドキュメンタリー畑からは、羽仁進と勅使河原がでてユニークな活躍をしているが、彼らは彼らの才能にだけでなく、彼らの特殊な条件に大きく助けられていたことを無視することはできない。その点何ら特殊な条件をもたない黒木和雄が、自分の実力だけでできたことの意味は大である。いろいろな感慨を含めて、黒木のデビューを心から祝おうと思う。

前衛性の本質について

前衛映画は、いまもって日本では伝説である。前衛という呼び名の、本質的な意味すら明確でなく、その範疇に、どこからどこまで入るのかも曖昧である。前衛映画の整理と解説はあっても、主張に裏うちされた前衛映画の批評はあまりない。今日の映画課題との関係となると、一向に追求されていないのが実情である。

それどころか、前衛映画は、いま日本でふたつの偏見に包まれている。そのひとつは、前衛映画を、のっけから敵視する偏見である。彼らはそれらを、現実との対応性を失った、感覚と形式の遊びにすぎないと断定する。あるいはわざわざ難解を好み、ひとりよがりで、大衆を無視した貴族主義ときめつけてはばからない。

この種の偏見は、戦前戦後を通じて、最も基本的なものである。むしろほとんどの人がそう考えており、そのため前衛映画は、常に陽の当らぬ場所に疎外されてきた。

いまひとつは、前衛映画を、やみくもに讃美する偏見である。彼らはそれらを、映像独自の表現を追求した、最も高度な映画芸術にほかならないと確信する。あるいはただひたすら、その純粋性と反俗性、ときにはその新奇さと刺激の強さを溺愛してはばからない。

この種の偏見は、第一の偏見とくらべて従属的である。ただこういう前衛スノッブは、古典的リアリズムの崩壊と共に増えており、そのため前衛映画は、しばしば真の可能性をぼかされてきた。

言うまでもなく、第一の偏見は頑固な保守主義者のそれであり、第二の偏見は軽薄な新しがりやのそれである。しかし、この二つの偏見は、奇妙なことに一致する点が少なくない。たとえば前衛映画を、みそもくそも一緒くたにして云々する点がそうである。その多様な相貌にわけいって、本ものとにせもの、深いものと浅いもの、あるいはそれらの縦横の関係を、自分自身の眼で見きわめようとしない点もそうである。保守主義者も新しがりやも、要するに主体的な批評が抜けている点で大差はない。

もっとも、日本で前衛映画を見られる機会が少なかったことも、受けとめ方の観念化を助長させた原因と言えるだろう。否定も肯定も、どちらかというと、個々の作品から直接帰納されるより、公認の芸術論から演繹される面が強かった。その意味で、今回催される前衛映画祭は映画鑑賞史上、計りしれないほどの意義をもっている。

しかしこれまでにも、その種の映画が、全く見られなかったかというとそうでもない。一九六二年の〈フランス映画の回顧上映〉をはじめ、部分的散発的には見られたものもある。そのかぎりでも、作品は玉石混淆で、実際はチャチなこけおどしにすぎない愚作もあれば、想像以上に強烈な衝撃を受けた作品もあった。前衛映画の系譜、本質的なものと非本質的なもの、戦前と戦後のちがい、そのつながりの認識も、実物を見てなるほどと思ったことが少なくない。

前衛映画は、見ないで語ることは困難である。見ても言葉に置きかえることは容易ではない。そこでは説明性の一切が排除され、コミュニケーションは、もっぱらプレ・ロジカルなイメージに託されている。ストーリーを語るように、作品を言葉で説明しにくいのはそのためである。

問題を歴史と状況の視野でみるならば、ストーリーでは語れない世界の探求は、明らかに、外界と内界の、均衡や調和の解体と分裂に基礎を置いている。ストーリーで語ることの拒否は、そのような現実に対する、作家のかかわりの方法的な表現である。それは言うまでもなく、美術におけるダダイズム以後の再現性の否定、あるいは音楽におけるシェーンベルク以後の調性の破壊に対応すると言えるだろう。ここに共通して確認できるのは、むろんユークリッドやライプニッツの死にほかならない。

その意味で、前衛映画の誕生が、第一次大戦後の、荒廃をきわめたヨーロッパにみられたことは必然である。既成の価値や秩序に対する不信が、人びとをそのまま実在性への不信に導いたであろうことは容易に推測できる。彼らは現実のメカニズムによって引き裂かれた人間状況を、物質と意識、外部現実と内部現実との全く新らしい関係の認識のうえに、対象に対する主体そのものの根本的変革というパースペクティヴから抉りだそうとした。したがって、それは当然、一切の慣習的なものに対するアンチ・テーゼとなったのである。慣習的なものに対する否定の精神は、前衛映画の最も本質的な核心と言ってよい。前衛映画がしばしば破壊的にみえるのは、そのためである。

しかし前衛映画の前衛性は、この破壊的な性格と無関係ではないだろう。いかなる分野でも、事実前衛が、かつて破壊的でなかったためしはありえない。真に創造するものは、真に破壊するとよく言われるが、そこで破壊されるのは慣習である。

慣習とは、むろん世界に対する観念や感性のステレオタ

一九六六―一九六七

イプである。平たく言えば、ものの見かた・感じかたの固定化である。したがって、ここでは対象はすでに見慣れたものであり、対象とのかかわりの中には発見がない。前衛映画がつき崩そうとするものは、何よりもこういう意識の安定性である。前衛映画が説明性やストーリーを嫌うのは、それらがステレオタイプの一形式だからであり、ステレオタイプをこわしたイメージがプレ・ロジカルなのは、そこでとらえかえされた対象が、まだ名前をもたない未体験の現実だからである。

はじめて意識された現実の名状しがたい姿は、一般に「もの」と呼ばれている。「もの」は、意味がまだ与えられていない、生まれたばかりの世界である。あるいは意味を剝奪された、むきだしの存在である。前衛映画は、なにによりもまして、この「もの」との出会いに賭けてきた。その精神的な冒険にこそ、前衛映画のいちばん大切な本質がある。

前衛映画の主流は、この「もの」との出会いを、主として内部世界の対象化として展開した。よく知られているように、戦前には、一方にドイツの絶対映画があり、他方にフランスの純粋映画と、それに続くシュールレアリスムの映画があったのである。それらは、花田清輝流に言うと、一方は観念の世界の非具象的＝合理的な「もの」の動きを、他方は無意識の世界の具象的＝非合理的な「もの」の動きを、それぞれ大胆に視覚化したと言ってよい。

いずれにせよ、そこには内部世界の対象化が、映画史のうえではじめてなされたのである。ただこのことの画期的な意義を認めたうえで、なお多くが、しばしばあまりに感覚の表層にとどまっていたことを、否定するわけにはゆかない。その意味で、イメージにいまなお驚歎すべき深さがみられるのは、ブニュエルなどシュールレアリスムの作品のいくつかである。しかし、それらが総じて内部世界の下降に終始し、それを外部世界から絶対的に切断してしまう一面性があったことは、この際ついでに指摘しておくべきことだろう。戦前の前衛映画に欠けていたものは、「もの」との出会いを、外部世界に求めるヴェクトルである。

ただし、外部世界の対象化を、「もの」にまで徹底しようとする試みが、全然なかったかというとそうではない。ヴェルトフ以後の、非通俗的なドキュメンタリー映画に、その志向性を認めることができる。そこには外部世界に対するステレオタイプを、決定的な記録の映像でつき崩すきざしがあった。その流れは今日のシネマ・ヴェリテにまでつながっている。この種のドキュメンタリー映画は、一般に狭義の意味での前衛映画とは呼ばれていない。しかし、慣習的なものに対する否定と、「もの」との出会いを志向する点で、それらが前衛の本質的な条件にかかわっていることは明らかである。ただ戦前のドキュメンタリー映画は、対照的に内部世界へのヴェクトルを、全く持ち合わせていなかったとだけは言えそうである。

その両者を止揚しようとする意識は、戦前では、ようやくブニュエルが、『黄金時代』から『糧なき土地』への転回に予感させていた。それは戦後、レネの『ゲルニカ』から結実の方向をみせはじめ、最近のマルケルの仕事などに受けつがれている。

それだけではなく、戦後の前衛映画は、つくられている国、その傾向、音や色彩とからんだ実験など、戦前とはくらべものにならないほど多様化した。いきおい作られかたも、単位が個の作家の試みに分散してきている点に特徴がある。ヌーヴェル・ヴァーグをはじめ、商業ベースにのった新らしい映画の動きに影響している点もあれば、それらから逆の影響を受けた痕跡も少なくない。その意味で戦後の前衛映画は、実際の面ではかなり輪廓がぼけている。ただ、根本の理念と精神のうえで、前衛映画の前衛的本質が、基本的に変りえないことは明らかである。それは依然として、未踏の現実に、映画の可能性を賭けて、一切の芸術外の束縛から自由に、大たんにつき進む精神である。それに反商業主義と破壊性がつきまとうことは、それが前衛であるかぎりは言うまでもない。

今回開催される〈世界前衛映画祭〉は、その規模と質において未曾有のものである。名前だけは知っていて見られなかったもの、名前も知らなかったような新らしいもの、幾度でもくりかえし見たくなるようなすばらしいもの、そういう作品が所せましとひしめき合っている。前衛映画に関心のあるものには、またとない機会と言うべきだろう。自分の眼と自分の心で、それらとの対話から、積極的な何かをつかみとりたいものである。

一九六六—一九六七

『とべない沈黙』論ノート

① 映画はいろいろな意味で、「出会い」と「選択」の芸術である。むろんその前に、表現の根拠と能力が問われることは言うまでもない。だがすぐれた映画の誕生には、一方でそれプラス、状況や製作条件との出会い、あるいはスタッフやキャストとの出会いがあり、他方でそれらに対する適確な選択がある。

　六年前、大島渚がその諸条件をつかんだように、黒木和雄は『とべない沈黙』でその諸条件をつかんだようにみえる。強引とも甘いとも言われながら、ともあれ黒木は困難な状況の間隙を縫って、常識では到底実現不可能ともみえる作品を完成した。

② 作品の新鮮さはほとんど前例がないとさえ言えるだろう。少くともこの一、二年、邦画の中でこれほどショックを受けた作品はほかにない。のちほど述べるような欠陥が多々あるとはいえ、『とべない沈黙』は、この衰弱しきった映画界に、本質的な刺激を与えずにはおかないものをもっている。発想とモチーフのユニークさにおいて、あるいは躍動する映像のみずみずしさにおいて、『とべない沈黙』が内包している可能性はきわめて大きい。

③ 発想とモチーフの基本は、脚本の骨子を構成した松川八洲雄に負うている。北海道には棲息しない熱帯系のナガサキアゲハ蝶が、一人の少年によって北海道で捕まる。常識はむろんその事実を否認する。だが存在していないものは、存在しえないものと同義ではない。むしろ存在しうるものを存在させずにいるものは、世の保守的な常識ではないか。松川はこう問いかけ、存在しうるものを存在させようとして、とべない沈黙を強いる日常の壁を抉ろうとする。

　存在する＝存在しないの発想は、いささか見た＝見ていない、会った＝会っていないのレエネに似ていないでもない。しかし存在と非存在の可逆性の追求は、今日の倒錯した状況に、鋭いオントロジカルな批評の矢を放ったものと言える。

④ この作品のイデーを語るとき、その意味でオリジナル第一稿を書いた松川を無視するわけにはゆかない。しかし黒木の参加によって、作品の肌合いは一変した。蝶（およびその幼虫）には加賀まりこの少女が重ね合わされ、彼女が全篇のエピソードを縦に結びつけるイメージ・サポーターの役を負わされた。基調音に愛への問いかけが据えられ

たのをはじめ、香港、密輸、ヤクザ、デモ、ストリップなどが加わったのも、黒木が参加してからである。

松川の第一稿はより純粋ではあったが、ペダンチックで観念性が強く、どちらかというと淡白な小品という印象があった。黒木はそれに荒々しく商品性や通俗な素材をぶちこみながら、一見混乱とすれすれのところで、トータルにうねりとスケールを創出したと言える。そのことで、作品にバイタリティと不透明な魅力がでてきたことを否定できない。

⑤　躍動するみずみずしい映像は、すぐれたカメラマン鈴木達夫に負うところが大きい。鈴木は『とべない沈黙』以前にも、黒木の『群馬』、土本典昭の『路上』（いずれも記録映画）で、すでになみなみならぬ感覚と力量をみせてきた。その非凡さは、『とべない沈黙』であますところなく発揮されている。

鈴木は、その生理と方法のうえで、宮島義勇らによる古典的リアリズムの映像を、ようやく完全にふり切ることができたカメラマンと言えよう。私は彼ほど、プレ・ロジカルなエトバスに、微細にわけ入ることのできるカメラマンを他に知らない。構図と明暗のとり方、動く映像におけるフレイミングとカメラワーク、とりわけハンドカメラと望遠レンズの使い方は抜群である。

⑥　だが鈴木のイメージを触発し、その力量をフルにひきだしたものは黒木にほかならない。そのことは、鈴木が『とべない沈黙』の直後に撮った『水で書かれた物語』（監督吉田喜重）と比較するとよくわかる。『水で書かれた物語』の映像も悪くはないが、自由さと豊かさの点で、『とべない沈黙』の方が一段とよい。むろんそれは黒木と鈴木の出会いの産物だが、絵づくりの発想と要求、あるいは映像のトータルな志向性は黒木のものである。

事実『とべない沈黙』の映像は、明らかにそれまで非劇映画分野でなされてきた、黒木の映像の集大成と言えよう。その点はA・T・Gのパンフ（本書一八頁を参照）にも書いたので繰返さないが、『とべない沈黙』に結晶した黒木の映像感覚は、私のみるところ、市川崑、篠田正浩、羽仁進など、トップ・レベルのイメージメーカーらのそれに劣らない。

⑦　『とべない沈黙』の魅力は、主として発想と映像が、既成の枠組から自由である点にある。文法の破壊が、しばしば八方破れの粗暴さをともなうことは当然であろう。その意味では、『とべない沈黙』ほど破綻にみちた作品も珍らしい。舌を巻くほどのうまさと、胸を逆撫でされるよう

なまずさが、なりふり構わず混交している例は、いくらでも挙げることができる。モチーフも映像もしばしば統一性を欠き、随所に異質な要素が、ほとんどゴッタ煮のようにひしめき合っているのだ。

しかし『とべない沈黙』の魅力は、ある意味で、ゴッタ煮がゴッタ煮として、一つの文体を構築しえている点にある。全体に漲る緊張感は、平面では統一できない諸要素を、辛うじて立体で統一しえた動力学のそれにほかならない。明らかに存在しうる新らしい表現世界が、いま一歩で存在しようとする姿がここにある。『とべない沈黙』は可能性と陣痛の美学だ。破綻や混乱も、ここでは陣痛の女がみせるその顔の歪みのように厳しい。

⑧『とべない沈黙』の構成は、一見従来の串だんご形式を踏襲したものである。むろんだんごは、北海道をはじめ各地のエピソードであり、串はナガサキアゲハ蝶とその化身としての少女である。

ただしこの串だんごは、いささか普通の串だんごとは異っている。それは串とだんごの、滲透し合う関係にほかならない。一言で言えば、だんごは串が存在に向う時空的（同時に認識論的）展開であり、串はだんごのモチーフを抽象したシンボルである。

⑨黒木は、それぞれのだんごに、日本の現実の矛盾にみちた断面をちりばめた。萩には因習への埋没を、広島には形骸化した平和行事を、京都には戦争体験の傷痕と偽瞞を、大阪には日常性に履われた空洞を、香港から東京にかけては、ヤクザ組織から政治権力に至る、どす黒い陰謀と反動化を、それぞれ設定したとみて差支えない。それらが北海道を二分して挿入されるのは、北海道で少年が否定されたことの意味、つまり存在しえたものを存在させなかった倒錯に、状況の変革を阻む日本的現実の総体をダブらせるためである。

⑩では黒木は、はたして個々のエピソードに、どれだけ現実批評の射程をもちえたであろうか。私たちはいま一歩ディテールに立入って、黒木の作家的格闘のポイントをおさえてみる必要がある。

私の印象では、個々のエピソード群は、映像とモチーフの質からみて、大よそ次の四群に分けられると思う。

イ　北海道（冒頭の部分）
ロ　長崎から大阪まで
ハ　香港から東京まで
ニ　北海道（最後の部分）

⑪　最初の北海道のくだりについては、こまかい好みのちがいを除いて、私が不満とする点は全くない。正直なところ、私は最初の試写で、この部分のすばらしさにぶちのめされんばかりに驚歎した。黒木のすぐれた資質が百パーセント宝石のように輝いていたからである。とりわけ少年が白樺林で蝶を追うシーンは、飛翔する動的な映像といい、たたみこむモンタージュといい、その美しさには、思わず息をつまらせるものがあったと言える。少年と少女がはじめて出会う草原のシーンも、これは対照的に、フィックスの大ロングに非凡な映像感覚がにじみでていた。

⑫　作品のライトモチーフが、くっきり提起されるのは、少年と先生、および少年と教授が対立するシーンからである。対立と言っても、ここで一方的にしゃべりまくるのが、啓蒙ヅラをした教師たちであることは言うまでもない。彼らは権威と常識の物差で、少年が体験した真実をとくとくと切り捨てる。少年は沈黙を余儀なくされるが、その沈黙には、真実を他人に伝達できない絶望感と、存在することを阻まれた存在しうるものの怒りが、深く痛いまでに塗りこめられていた。

⑬　冒頭の北海道のくだりは、観念と肉体、演繹性と帰納性、静と動、モチーフと映像などが、相乗した均衡をみせて、全篇中最も格調の高い部分をなしている。私の知るかぎり、これだけの表現に迫れる作家は、国際的な視野で見てもそうザラにはいない。

⑭　しかし長崎から大阪のくだりになると、北海道にみられた詩的密度は喪失する。長崎での二十六聖人のロング、駅をでてくる汽関車を正面でとらえた望遠と、かなり意欲的なショットが続いたあと調子が乱れだすのは、禿の太っちょがでるあたりからである。ここでの黒木は、ちょっと信じられないくらいへたである。いかにも残念なことだが、以後、こういうエアポケットが、ときどき息切れがしたように現われるのだ。

⑮　萩は充実した表現でまとまっている。旧家にのしかかった因習の重さに、屋根、倉、土塀、家具など、ものを通してくい入る眼は黒木も鈴木も、長年記録映画で訓練しただけあって相当に鋭い。もつれ合う男女の姿態を、なめるように手もちで回転移動する映像は鈴木のハンドカメラの技術がなければできなかったことだろう。

『水で書かれた物語』で、吉田もまた同じカメラワークを試みていたが、何ともほれぼれするような出来ばえである。

⑯　しかし萩のエピソードで、因習のひずみと二重構造に、どれだけ新たに切りこめたかとなると疑問はある。アプローチの視角が意外に常識的なのは、シナリオを読むまでもなく明らかである。映像が行間の言葉にならない部分に触れうるにせよ、視角そのものが変ることはありえない。人物や状況設定も、あるいは屋根や土塀などの道具立ても、その意味ではやはりパターンである。

⑰　広島のモチーフも、形骸化した平和の街に断絶した愛を重ねる視角は、レネエの『二十四時間の情事』以後、いささかパターン化したものと言える。そういえば行事化した平和運動をバックに、男が女を追うイメージは、そのまま『二十四時間の情事』にも存在した。だが黒木のそれは、いたずらに模倣に終始したような平凡なものではない。広島の群衆を縫って、二人を手もちでフォローした映像は、見事にヒロシマの核心にふれていた。そのかぎりでは、ここはレネエのくだりより、更にシャープだったと言っても誇張ではない。

⑱　太陽を背に、のたうつ少女のハレーション・ショットは、被爆の苦悩をイメージしていて美しい。続いて路地をふらつく少女に、えんえんと被爆者のインタビューをぶつけた試みも、その声の流れをバックに、広場やドーム、青年と少女、あるいは夜の街などをモンタージュした手際も、黒木の日頃の力を量知るのに充分である。このあたりは記録映画の手法が、最も効果的に生かされた部分と言えるだろう。

⑲　がまんがならないのは、青年と少女の歯が浮くようなキザなセリフである。

「ギラギラする午後だったわ。太陽がまぶしいなんて、ウソ」

「不安なんだ。どうしようもなく。君のいない生活なんて」

「きびしく、激しかったわ、あの頃のあなた」

「ね、お願いだ。一緒に東京に帰ろう」

「言わないで。みんな耐えてるのよ」


冗談じゃない。「みんな耐えてるのよ」などという重い言葉は、こんな不用意な使い方をしてほしくない。「いいえ、私、自由だわ」などというセリフも、同様の意味でやり過せなかったとだけいっておこう。セリフが浮つくのは、セリフを支える人物に実体がないからである。

⑳　京都のシーンは、長崎＝大阪のくだりの中で最悪であ

る。人物の類型が目立ち、モチーフの追求が浅く、そのくせ描写がオーバーでくどいからにほかならない。映像の質としても、相対的にみれば平凡である。

試写のあと、そういえば井上光晴が、開口一番このシーンに苦情を言っていた。戦争体験の思想化に固執してきた戦中派が、ここをチャチと思うのも無理はない。体験にも責任にも、傷痕にも偽瞞にも、発見のメスがとどいていないのが致命的である。常識と図式のメガネは、このエピソードで一番度が強くなっていると言えるだろう。

㉑ ただし南禅寺と大原女がでてくるところは映像がいい。後者の望遠ショットは、ただ二人の人物がすれちがうだけだが、人物が除々にフォーカスをインしたりアウトしたりするだけで、何とも絶妙な映像空間をつくっている。

㉒ 大阪のシーンは、のっぺりした太平ムードの日常性に、うつろな空洞をあぶりだそうとするモチーフが心にふれてくる。それもまたアントニオーニ以来のパターンにはちがいないが、ここには少くとも、それをパターンとして感心させないだけの表現がある。往き帰還りのラッシュ、味気ないオフィスの半日、そしておきまりのグチとアルコール。規格化されたしがないサラリーマンの耳に、「そやけど、曲り角のない人生なんて、つまらんわァ」と、繰返し女の声が忍び込んでくる。しかしせいぜい女を抱いたところで、一夜が明ければ、数倍に拡大されて戻ってくるのは虚脱でしかない。

㉓ この朝の描写は、痛烈なイメージを漂わせていて秀逸である。まりこのパネルの効果もうまいが、私が大阪で一番心をうたれたところはここだった。だがその直後にくる嘔吐のシーンは感心しない。こういう蛇足はなくもがなである。なくもがなと言えば、しつっこく繰返される女のふくみ笑いも邪魔だろう。こうストレートでは、ゴダールの『恋人のいる時間』のまねと思われてもしかたない。

㉔ エピソード中、最大の問題を含んでいるのは、香港から東京にかけてのくだりだろう。黒木が公開を前に、主としてこの部分の手直しに全力を挙げた事実が、それを裏書きしているとみなされる。改編前の初号では、私は本心このくだりになって顎然とした。混乱と低俗さが目立ち、どう見ても前半の調子と、うまくつながらないように思われたのである。

㉕ そもそも香港はその設定自体に無理がある。麻薬とのつながりがあるとはいえ、それだけから香港を直接登場させなければならない理由は全くない。事実香港のくだりは、モチーフの追求からみても、映像上の興味からみても、私

一九六六—一九六七

はそこに作家的燃焼の片鱗すら見出すことができない。日本を南から北へ縦断する構成も、香港の挿入はその統一性を破綻させただけである。

構成の統一を犠牲にしてでも、香港をあえて入れようとした意図は何なのか。黒木はある席上で、香港はいまならベトナムにしたかもしれないと語ったことがある。とすると、意図は明らかに、日本的現実の歪みを、国際的視野で関係づけようとした点にあると言える。もしそうであるならば、私はそういう外向きのパノラミックアイが、今日の状況を根源でとらえるうえに、いかに不毛かということを強調する必要があるだろう。

㉖ 密輸とヤクザ組織の描き方も、これでは娯楽テレビ映画並みである。映像の質も、たとえば北海道のくだりと比較すると、別作品のようにちがう。アクションやデクパージュのうまさは否定しないが、私はこのあたりに、むしろ黒木の悲しき職人的側面をみるのだ。

㉗ 東京をイメージするとき、黒木がその中枢に政治を置いたことは明らかである。その点で黒木はむろんまちがってはいない。だが政治をイメージする場合、黒木が一方にかけひきをする二人の大物の男を置き、他方に武装した自衛隊を置くとき、政治はその素朴な図式によってむしろ見えなくなっている。大状況の危機を、すぐ自衛隊で表象しようとする通俗もさることながら、権力の頂点に、「ことを大きくしちゃお互いに苦しいですからな。戦争にでも、もっていけりや、また別ですがね」などと、それもさも正体を見たぞとばかりに言わせる安易さは、どうひいき目にみてもナンセンスである。弁解の余地なく、これは図式と御都合主義の産物だ。

㉘ 黒木はこれらの欠陥を、できるだけ克服しようと再編集した。安保などデュープが加わったりしたが、結果はよくここまでやれたと驚くほど、その面目は一新したと言える。手もちの材料が同じである以上、むろん個々の欠陥は変ろうはずがない。だがそれらがすべて説明的なコンテクストからはずされ、断片同士が大たんにデペイゼされたとき、トータル・イメージは事実大きく変ったのである。ともあれ欠陥はかなりの程度カバーされ、改編前にはなかった混沌とした無気味な魅力が加わった。「平面では統一できない諸要素を辛うじて立体で統一しえた動力学」の典型的な一例がここにある。

㉙ 東京のラスト、喫茶店の殺し屋からフォローして、そのまま街頭にとびだし、白昼の突然のうち合いを中ロングで目撃しながら、偶然殺されたゆきずりの男のアップにま

で近づく切れ目のないワンショットがある。このショットのイメージと技術は、多々あるすぐれたショットの中でも特筆に値いする。

ここで通行人の不条理な死と共に幼虫も死ぬが、まさしくとべない沈黙として、北海道で存在を否認された蝶に対応することは言うまでもない。

㉚ この構造上の対応を契機に、シーンは再び冒頭の北海道に戻る。ジェットの着陸が、蝶を表象していることは明らかである。この長まわし望遠ショットが、異常な非現実感を漂わせていることに注意したい。それは実在の世界で存在を扼殺されたものが、イリュージョンと意識、抽象と非在の世界で、その存在を回復するイメージである。このショットにこめられた黒木の気迫は、存在しうるものを存在させようとする、作家としてののっぴきならない賭けとみた。むろんそれは現実批評であると同時に芸術と思想の可能性に対する賭けである。

㉛ 北海道で否定された蝶は、日本の現実のあらゆる所で、とべない沈黙を余儀なくされていた蝶である。また蝶のとべない沈黙は、常識に否定された少年の沈黙につながっている。少年と蝶の二重化された出会いの意味はそれ以外にない。むろん少年はその意味を自覚はしていないだろう。

自覚を迫られるのは観客である。

㉜ 串だんごの串が、蝶（もしくは幼虫）とその化身としての少女であることは、前にも述べた。その串が、だんごのモチーフ（不在性）のシンボルであり、各エピソードで存在を阻まれるもの（真実愛、自由など）として現われる関係も見た。

そのかぎりでは、串はたしかにだんごの意味を抽象した関係にある。しかしその関係には一定の約束（たとえば蝶は愛を意味するという約束）が前提とされており、ものたとえば幼虫そのものの像が意味する対象（たとえば真実）を直接表象することはない。ここに一つの問題がひそんでいるように思われる。

㉝ 要するに映像の世界では、虫は具象的な虫としかうつらない。たとえそれが何かのシンボルだと知ってはいても、視覚的な直接性の方が強いのである。新聞についた虫（大阪）、肩についた虫（広島）、墓についた虫（京都）などが、邪魔で不自然に感覚されるのはそのためである。虫を撮る際のためらいは、随所に指摘することができるだろう。

㉞ ものとしての虫の性格は、その空間移動に物理的説明すら要求することになる。エピソード間のつなぎに、虫の移動手続きを説明する愚もでるわけである（長崎から萩へ。

一九六六―一九六七

萩から広島へ。大阪から香港、そして東京へ）。附随して、虫の移動は、場的遍歴より地理的遍歴の側面を強め、その時間経過は、認識的時間より物理的時間の側面を強める結果ともなっている。だんごと串の関係が、うまくこなれていないのはこの点である。

㉟　黒木が加賀まりこの少女を、蝶（幼虫）の化身として登場させたのも、この問題の解決と無関係ではあるまい。そのことで、作品の素材上の魅力が、飛躍的に増大したことは事実である。化身としての性格が、物理的制約に規制されないことも、彼女の登場範囲と方法を自由にしたと言える。まりこを撮る黒木の映像の美しさも含めて、少女の自由な出没が、串だんご形式の平板さを、大きく救っていることは明らかである。

㊱　蝶（幼虫、少女）が存在に向う時空的・認識論的展開として、日本の現実の諸断面を置き、現実の不在的本質を蝶（幼虫、少女）にシンボライズする発想は、この作品のユニークさを支えるものである。だが同時に、この作品の躓きも、基本的に言ってこの発想の図式性と消化不良にあるのだ。つまり黒木のイメージをかきたて、黒木を作家的に燃焼させたのがシナリオならば、黒木を躓かした限界もまたシナリオだったと言える。

㊲　しかし黒木の作品世界の特徴は、ただそれだけでは語りつくせない。むしろ黒木作品の魅力の本質は、欠陥や限界をも、強引に克服してしまおうとする葛藤にあるからである。そのバイタリティと映像の構築力こそ、黒木の魅力のすべてだといってよい。私たちはそれを香港＝東京の表現にみることができるし、各エピソードの図式性を、そのトータルな構築の中に止揚してしまう、作品全体の表現力の中に見ることができる。ゴッタ煮がゴッタ煮として、一つの文体を構築している点、平面では統一できない諸要素を辛うじて立体で統一しえた動力学、それが『とべない沈黙』の魅力にほかならない。

㊳　最後に、そこから更にでてくる今後の課題を挙げておこう。

イ　しばしば表現過剰に陥る点の克服。水面下の水塊を思わせる余裕とスケールが映像に欲しい。

ロ　映像に陰りがなく、ストレートに生を謳歌するオプチミズムの克服。生を捉える為にも死と向き合う事が大切ではないか。

ハ　手ばなしの遠心性性格のため、しばしばまとまりが悪くなる点の克服。これはシナリオの問題かもしれない。

ニ　映像のけんらんとした魅力にひきずられ、モチーフや思想追求から映像が独走しがちになる点の克服。ときには映像にストイックになってみる必要もある。映像に精神性の裏うちが欲しい。

ホ　自己陶酔の克服。のめりこむだけでなく、ひきはがす意識も必要だろう。

これらは、あるいは無いものねだりなのかもしれない。しかし、対立物を自己の中に設定することは、かならずプラスをもたらすものである。ただしこのことは、『とべない沈黙』の可能性を、いささかも傷つけるものではないことを、大急ぎでつけ加えておこう。

世界前衛映画祭について──その1

二月一日から一四日まで、草月会館で〈世界前衛映画祭〉が開かれた。上映作品は、シネマテーク・フランセーズ所蔵のものを中心に、全部でおよそ百本ほどである。

あらためて気がつくことは、連日これだけの作品を見つづけると、思いつきやこけおどしのものなど、感覚の表層をくすぐる程度の作品は、すぐ記憶から淘汰されてしまうということである。記憶というものは、それ自体すぐれた批評家と言うべきであろうか。事実いまでも鮮やかに残っている作品は、心をゆさぶられた作品である。ただしそういう作品はあまりなく、少々厳しく選ぶと一〇本ぐらいしかない。

まず戦前のものでは、何といっても抜群に光っているのがブニュエルである。ブニュエルの『アンダルシアの犬』にくらべると、レジエの『バレー・メカニック』、クレールの『幕間』、デュラックの『貝殻と僧侶』、マン・レイの『ひとで』、コクトーの『詩人の血』など中でも最もましな作品すら、不思議なくらい一段か二段かは見劣りがする。

それらは一方で映像独自の言語を開拓し、他方で意識下の名状しがたい世界に下降しながらも、その表現はどことなくキザで、『アンダルシアの犬』にみなぎるような猛烈な毒性がない。幻想への陶酔や、感覚に対するオプチミズムが、映像を人間存在の本質的な深みに、いま一歩かいくぐらせることを妨げている。

しかし『アンダルシアの犬』はちがう。ここにはわれわれを恍惚とさせるフォトジェニーもなければ、リズムもなく、いかなる意味においても感覚的な快感に収斂する映像がない。あるのはただひたすら、抑圧された世界の根源的な衝動、不安と願望、反逆と憎悪、血と死臭をかきたてる、妙にどす黒い映像だけである。私が心をゆさぶられるのは、それらの映像の中にブニュエルがそのように表現せずにはおれなかった根拠を、痛いほどに見るからである。ただこのプリントのラスト・シーンは、いささか気にしないわけにはゆかない。もともとシナリオには──

「すべては変っている。いまでは眼に映るのは、涯を知らない砂漠である。その中央に、あの主人公と若い娘が胸元まで砂に埋められている。ふたりとも盲目で、衣類は散々に引裂かれ、太陽の光と虫の群れによって喰い荒されているのだ」

というエピローグがついていた。そのスチールがあるところをみると、実際に撮られもしたのだろう。しかし上映されたプリントからはこの部分が削除されていた。あまりイメージが残酷なのでカットされたのだろうか。そのへんの事情は知らないが、ここがあるのとないのでは、全体に残る印象がひどくちがってくることを無視するわけにはゆかない。

ところでブニュエルの『アンダルシアの犬』が、人間の内部世界に眼をそそいだ作品を代表するとすれば人間の外部世界に眼をそそいだ作品を代表するのは、ヴェルトフの『カメラを持った男』であろう。

『カメラを持った男』は、ドキュメントということを、ドキュメントする行為と共に、奔放なまでに対象化してみせている。ここにはまず、決定的な瞬間を決定的に切りとろうとする、確かな記録のまなざしがある。一方でカメラの偶然的な契機によって、刻々変貌しながら未知の姿を現わす現実があり、他方でそれに再び刻々対応してゆくカメラの運動がある。その弁証法が紡ぎだす映像的現実のダイナミズムこそ、この作品の基本的な魅力にほかならない。

たしかに『カメラを持った男』には『アンダルシアの犬』のように、強靱な思想や情念はないだろう。しかし対象にも映像にもおよそ自由に迫ることによって現実とカメラの出会いから、刻一刻映像を身体的に構成してゆく方法には、明らかに映像的思考法のみごとな原型を見ることができる。事実ここには、ヌーベル・バーグやシネマ・ヴェリテにつながるお手本が、すでに萌芽として散在していることを認めないわけにはゆかない。表現方法やイメージの上で、多分に未来派や構成主義の影響もみられるが、この頃あったソビエト映画の可能性も、その直後にやってくるスターリン主義によって根絶されるのである。

ともあれ『アンダルシアの犬』と『カメラを持った男』は、いわば対極的な方向にその可能性を徹底して押し進めたという意味で、最も重要な作品になった。これが、戦前の前衛映画に対する私の考え方である。むろんこの両者が、それぞれ他方を否定的媒介にして止揚され合うに至ったことは言うまでもない。その統一の作業を戦前いちはやくはじめたのは『黄金時代』から『糧なき土地』に至るブニュエル自身であり、戦後その上に新たなパースペクティブを切り開きはじめたのは、『ゲルニカ』に出発点を置いたレネエだったのである。

世界前衛映画祭について——その2

戦後の前衛映画は、やはりアラン・レネエ＝クリス・マルケルのラインに、可能性の基本軸があるように思われる。それを基本軸というのは、彼らの仕事の方向に、戦前の前衛映画が残した根本課題、すなわち外的現実の追求と内的現実の追求を、それぞれ他方を否定的媒介にして止揚する課題が、鋭く掘りさげられているのをみるからである。いいかえれば、それはドキュメンタリズムとシュールレアリズムの、相互否定的な統一の問題にほかならない。

私の持論では、その作業の口火を切った記念碑的作品が、レネエの『ゲルニカ』である。この作品もいま見直すといろいろ不満もあるが、これが映画史に貢献した新らしさは、ちょうど同じ頃、フラハティが死ぬ間際に撮影して、弟が編集した『ゲルニカ』とくらべるとよくわかる。

フラハティの『ゲルニカ』は、今度の映画祭には上映されていない。しかしこれもレネエと同様、ピカソの壁画《ゲルニカ》を対象としたものであり、こちらは終始ピカソの絵を懇切丁寧に映画で見せようとしたものである。ところがレネエの『ゲルニカ』は、のっけからピカソの絵を見せようなどとはしていない。レネエはむしろ見ようとしているのである。

したがってピカソの壁画がどういうものかを知ろうとするなら、むろんフラハティの作品の方がよくわかる。しかしここでは剝製を見ているように、ピカソの絵も死んでいれば、ゲルニカ事件そのもののイメージもない。ましてフラハティの視線を感じることはできないのである。一方レネエの作品では、すべては「レネエの見たピカソ」、あるいは「ピカソを見ているレネエ」になっており、ピカソの絵はズタズタにされているにもかかわらず、むしろじかにピカソの絵から受けるイメージに近づいている。

明らかにレネエの作品に見ているものは、ピカソであると同時にレネエなのであり、ピカソやゲルニカ事件そのものにかかわったレネエの自己表出なのである。レネエは対象にかきたてられたイメージを、自分の内側に内側にと追跡し、それを同時に対象自身にはねかえしている。ここに単純な客観でも単純な主観でもなく、客体を主体化することと主体を客体化することとの、弁証法的な統一の手がかりがあることはいうまでもない。

マルケルの『ラ・ジュテ』は、それから一三年後のものであるが、これはレネエの『ゲルニカ』の方法をいっそう深め、完成させ、更にその先につきぬける何かを予感させる作品である。『ラ・ジュテ』がどういう内容の映画であるかは、先号〔『カメラ時代』一九六六年四月号〕に大島渚が詳しく紹介しているからここではくりかえさない。

ただ私がつけ加えて強調しておきたいことは、『ラ・ジュテ』の映像の多層性のことである。これはまず未来の想像世界だということで、意識に下降するヴェクトルをもち、同時にあくまでも現在のクリティックであろうとすることで、現実に上昇するヴェクトルをもっている。要するに超現実と現実が、どこまでが超現実でどこまでが現実なのかがわからなくなるほど、自由に転換し合うのである。更にここでは過去・現在・未来が、往きつ戻りつして不思議な時間の世界を構成しているだけでなく、映画の上の現在はこの現実の上の未来で、映画の上の過去はこの現実の上の現在である。しかも一切の空間が閉ざされているという設定から、空間は動けない空間に、すなわちすべてスチール・ショット（ないしストップ・ショット）にされている。

『ラ・ジュテ』の映像は、このように像に負わされた内容が単純でなく、イメージはいろいろの要素からかきたてられるものの複合である。いいかえれば、ここでは事実の意味と一義的に癒着しがちな映像が、多層構造をもった固有な映像的現実として、現実から自立しているのである。その意味で『ラ・ジュテ』がレネエの諸作品と血縁関係にあることは明らかだが、私としてはそのあたりに戦後映画の戦後的結実をみるわけである。その現実をどう味わい、どう血肉化してゆくかが、その後の私たちの課題であることはいうまでもない。

ほかの作品で私が興味深く見たのは、とりわけレニッツアの『ドム』やポランスキーの『タンスと二人の男』である。いずれもシュールレアリズムの延長を超えていないきらいがあるが、戦前のそれとくらべて、より暗くよりニヒルであるのが印象的だった。明らかに第二次大戦の体験と、それに加えてスターリン主義時代の記憶がこびりついている感じである。それとは全然肌合いがちがうが、一方ではやはりラモリスの『白い馬』や『赤い風船』の味も捨てがたい。ただ今度の映画祭では、戦後の前衛映画の極北ともなっているメカスらの仕事を、遂に一作も見れなかったのは残念だったとつけ加えておこう。

ランボオとマルクスの統一

――ルイス・ブニュエルの根底にあるもの

「ランボオは《生活を変革する》と言った。マルクスは《世界を変革する》と言った。このふたつのスローガンは、シュールレアリストにとっては、同じことなのである。」

一九三五年の〈文化擁護のための作家会議〉の席上、アンドレ・ブルトンがこう宣言したことは有名である。ブルトンのこの命題は、一九六〇年代の後半に入った今日、いまなおその革命的な意義を失っていない。むしろその意味する本質は、ますます現代の芸術家に切実な課題として迫っている。なぜなら「生活を変革する」ことと「世界を変革する」こととは、いまなお不幸な分裂をくりかえしているからである。

だが数多いシュールレアリストの中でも、この命題を真に深い意味で実践しぬいた作家は、そう多くはいない。ブルトン自身でさえ、ランボオとマルクスを同じこととしてとらえながらも、実際上は、より悲劇的に引き裂かれていたのである。むろんブルトンは、芸術においても政治においても、常にラジカルではあった。とりわけブルジョワ的な思想と因習に対する否定性において、彼はすべての面で一貫していたと言える。しかしスターリン主義の政治優位論に対する反動だったとはいえ、こと芸術の領域においては、彼は外的現実に対する内的現実の自立を主張することに終始し、マルクスのスローガンを、芸術の内在的課題として追求することはほとんどなかったのである。ましてブルトン以外においてをや、というべきであろう。

事実、一九三〇年代の政治危機に直面して、大多数のシュールレアリストたちは、ブルトンの命題を執拗に追うよりは、「ランボオかマルクスか」の二者択一の前に自分を置いたと言える。だが、マルクスを否定したランボオが、「生活を変革する」こと自体において衰弱し、ランボオを否定したマルクスが、「世界を変革する」こと自体において矮少化することは眼に見えていた。そのことは、いわゆる「アラゴン事件」以後、ダリとアラゴンがそれぞれ辿った道をみても明らかである。しかしランボオの「生活を変革する」というイデエと、マルクスの「世界を変革する」というイデエを、芸術的・思想的に統一しえた作家がいなかったかというと、そういうわけではない。私のみるところ、まさしくルイス・ブニュエルこそそうなのである。

ブニュエルは、かつてシュールレアリスム運動の組織的中枢にいたことは一度もない。しかしブニュエルこそは、シュールレアリスムによって決定的な影響を受け、その理念を貫き通すことによって、シュールレアリスムの理想に最も近づいた作家である。彼は後年アンドレ・バザンとの対談で、「生活の中に、人間がとらないわけにはゆかない道義的感覚があることを示してくれたのはシュールレアリスムです。シュールレアリスムによって、私ははじめて、人間が自由ではないことを発見しました」「このことは私の生涯での大きな教訓の一つだったのです。すばらしい詩的な前進でした」と語っているが、自由でないことの自覚による自由の欲望、自由と自由の欲望を抑圧するものに対する憎悪と反逆、自由の状況に対して人間がとらないわけにはゆかないモラル、それらを詩の問題としてつきだすことは、ブニュエルの全生涯にみごとに貫徹されている。

ブニュエルは、『アンダルシアの犬』から『小間使の日記』に至るまで、「生活を変革する」ことと「世界を変革する」こととを、明らかに同じこととして、その表現の根底に据えてきた。それを同じこととして一つに結びつけていたものは、「人間が自由ではないこと」に対する、ブニュエルの苦悶にみちた自覚だったと言える。彼が歯ぎしりするように求め続けてきたものは、内にも外にも人間の全的な解放だったのである。彼にとって解放の原点が、生の根源的な衝動に置かれていたことは言うまでもない。その意味において、メキシコの評論家エミリオ・ガルシア・リエラが、「ブニュエルは人間の最も深い内側の領域に、表現の自由をもたらした。彼は本能や衝動に言葉を与え、さだまらない心の流れに形を与えようとする。反逆者ブニュエルは、主観の世界を追求しながら、人間性を局限し屈従させる政治、法律、因習、倫理道徳の虚偽を暴露しようとした」と書いていることに、私もまたほぼ同感である。

『アンダルシアの犬』は、ブニュエルにとって、むろんその最初の闘争宣言であった。ただしこの作品の対象と意図は、より直接的にブルジョワ的な偽瞞の暴露に置かれてはいない。直接的な対象は、生や死や血や欲望など、人間存在の根底に横たわる本能の世界であり、そこから頭をもたげてくる非合理な心のうごめきである。ブニュエルはそれら抑圧された内部の世界を、考えられるかぎりの破廉恥なイメージに対象化し、そのどす黒いかたまりを、とりすましたブルジョワ意識のコンフォルミスムに、思いきり荒々しく叩きつけたのである。したがってそれは、本質的な意味でのスキャンダル・フィルムであった。むろん本質的な意味でというのは、アド・キルーの言うように、「ダリにとってスキャンダルは宣伝の一手段であるが、ブニュエルにとっては、スキャンダルは一つの革命行為である」ということである。

『アンダルシアの犬』が、喧けんごうごうの反響を巻起したことは言うまでもない。しかしこの作品は、意外なほどブルジョワ的な批評家連中からも絶賛されたのである。もっともブニュエルは、そのこと自体をブルジョワ的な偽瞞とみなして、機関誌『超現実主義革命』に、「成功作――と、これを見た人の大部分が考えている。だが、たとえ自分たちの最も深い信念にそむくような新しさであっても、新しいものなら何にでも熱中する連中、売物のふまじめな新聞類、根底は殺人への絶望的・情熱的な呼びかけにほかならないものを、〈美しい〉とか〈詩的〉だとか言っているこの馬鹿ものたち……」と書いた。自分をほめるものには、誰かれかまわずすぐやにさがる、わが俗物的作家諸君とのちがいは決定的である。

ことほどこのように、ブニュエルのオリエンテーションには猛烈な毒がある。そしてその毒性こそ、彼を他の前衛映画作家から区別する本質である。レジェの『バレエ・メカニック』にせよ、クレールの『幕間』にせよ、マン・レイの『ひとで』にせよ、当時の最もましな前衛映画ですらが、ひとたびブニュエルの横に置かれるや、その存在感が妙に稀薄になるのはそのためであろう。それらは一方で映像独自の言葉を豊かに切りひらき、他方で意識下の名状しがたい世界に下降しながらも、なお幻想への陶酔や感覚に対するオプチミズムが、映像を人間存在の本質的な深みから遠ざけていると言える。だが『アンダルシアの犬』や『黄金時代』、そしてまた『糧なき土地』はちがう。そこには私たちを恍惚とさせるフォトジェニーもなければリズムもなく、いかなる意味においても純粋美の範疇に収斂する映像はない。あるのはただ「殺人への絶望的・情熱的な呼びかけ」であり、彼を表現へとつき動かす、きわめて人間臭いオブセッションである。ブニュエルが常に裏目読み風の解釈を拒んだのも、そのような表出の根拠をこそ、じかに受けとめてほしかったからにちがいない。

つきつめて考えると、ブニュエルとダリの相異点もそのへんにあったのではなかろうか。ダリは内界の絶対性に安住できたが、ブニュエルはそれを外界へとかかわらせずにはおれない表出の根拠をもっていた。それは彼が『アンダルシアの犬』以前に、一日の新聞記事を素材に、社会の非合理を映像的にコラージュしようとしていたことからも推測できる。むろんブニュエルが、ダリから多くを吸収したことも事実であったろう。しかしそれは結局否定的媒介となったのであり、ダリとの訣別ははじめから時間の問題だったとも言える。ブニュエルが『黄金時代』ではダリを極力無実化し、『糧なき土地』ではすでにダリとの共同作業を捨てたのも、その意味ではそれはむしろ当然だったのである。その変貌はむろん、内的現実から外的現実への力点の移動であった。ブニュエルにははじめからその両者の対応をとらえる志向性はあったが、それが超現実の中に現実を見ようとすることから、現実の中に超現実を見ようとすることに変化したと言えるだろう。それはシュールレアリスムから、シュールレアリスムを媒介にしたドキュメンタリズムへの転回でもあった。

事実私には、『糧なき土地』は、手袋を裏返しにするように『アンダルシアの犬』を裏返しにした作品のように思われる。個々のイメージにも対応したものが多く、そこには明らかにネガとポジの関係をみることができる。もっともそれだけに、それにともなう欠陥もまた、それに対応してあるように思えないでもない。むろん『糧なき土地』は作るべくして作られた作品であり、この地点を通過したことが、ブニュエルのその後を大きく決定づけていることは、『忘れられた人々』を見ても明らかである。しかしどちらかというと、私が初期三作のうちいちばん可能性を感じるのは、『アンダルシアの犬』から『糧なき土地』への移行過程に現われた、ネガでもポジでもない、いわばソラリゼーションの位置にある『黄金時代』である。それは超現実でもあれば現実でもあり、現実でもあれば超現実でもあるという、何とも名づけようのない無気味な世界に足をふみ入れている。ブニュエルは後年エレナ・ポニヤトフスカとの対談で、「良い映画は、対立し、関連している二つのもののアンビィヴァランスをもたねばなりません」「私を惹きつけるものは、ほとんど中間過程なしに、神秘性から現実性へと移るくだりです。現実と空想のこのような混淆は大変気に入っているのですが、どうしたらそれを映画にできるかわからないでいるのです」と言っているが、私はその手がかりを『黄金時代』の中にみるわけである。言いかえれば、私がその中にみるのは、「生活を変革する」衝動と、「世界を変革する」衝動との、きわめて緊張した対立と統一の可能性にほかならない。

ともあれブニュエルは、『アンダルシアの犬』『黄金時代』『糧なき土地』の三本を作ったまま、その徹底した戦闘性のために、その後何と一五年間も実作の場からホサれていた。それも三〇代から四〇代にかけての、作家としてはいちばん大切な時期をである。言いたいことをうずくほど抱え、あり余る才能をもちながら、その間をただじっと耐えねばならなかったブニュエルのことを思うと、私はこうして書いていても、痛いほど血が逆流してくるのをおさえることができない。と同時に、それに屈せず、二本の捨て石的作品をつくったのち、五〇才にして傑作『忘れられた人々』をひっさげて再登場したブニュエルに、心の底から勇気を与えられるのである。このことだけを考えても、私はブニュエルという作家をつくづく本ものだと思わないわけにはゆかない。そしてその強靱な精神を、私はブニュエルの全作品と全生涯に見るのである。

ブニュエルは先にあげたエレナ・ポニヤトフスカとの対談の中で、「私はいつも、《食べる必要は、芸術上の売淫の言訳にはならない》という、私なりのシュールレアリスムの原則に従ってきたつもりです。一九ないし二〇本の映画で、卒直に言って良くない三、四本がありますが、いかなる場合でも、私は道徳上の規準に背いたことはありません」と言っているが、おそらく日本では、晩年になってこう言える作家はいないのではなかろうか。ブニュエルが六〇才を超えて、凡人ならばそろそろ脳軟化症にでもかかる頃、『ビリディアナ』や『小間使の日記』などのように、戦闘的でしかも芸術的に高度の作品を依然つくり続けているのは、逆境にあっても魂を売らなかったモラルと精神力があったからであり、「生活」と「世界」に対する「変革」の思想が一貫してあったからである。

ブニュエルは、その作品と彼の存在自身において、眠りこけた私たちの意識に緊張した平手打ちをくわさずにはおかない。ブニュエルは機会あるごとに、たとえば「私はくだらないもの、人を安心させるものを作らないよう努めています」（トリュフォーとの対話）とか、「私は映画に、世界の証人、世界の報告であるよう要求します。現実のすべての大切なことを現わすものとしてです」（ギ・アロンベールとの対話）と語ってきた。しかしこのことは、いわゆる政治屋まがいのクソ・リアリズムによって語られたのではなく、たとえばイタリアン・リアリズムを指して、「それは作品の中で映画に固有なものを爆発させることを何もしていない。固有なものとは、神秘性と幻想性のことだ」（メキシコ大学での講演）と批判する屈指の映画詩人によって語られていることを忘れてはならない。またブニュエルは「現代では、誰もが裸のシーンや官能性で誘惑しようとしています」「そういうシーンは大変作りやすいものですし、それが普遍的な精神に対応するかぎり、それを映画にすることは、普遍的な妥協主義に従うことを意味します」（マニュエル・ミッシェルとの対話）とか、「接吻したり、着物を脱がせたりといった、今の映画ではやっているうわべのエロチシズムには全然愛着を感じません」（シモーヌ・デュブルィユとの対話）と語っているが、それは同時に「私の表現したいのは、もっとはるかに深く、ガツガツした、恐ろしいような官能性です」（同上）という言葉と共に受けとめなくてはならない。そこには依然として、三三年前に有名なシナリオ風のエッセイ「キリン」で、たとえば「斑点の奥にリンゴの皮でつくったとても美しいバラ一輪」「雄しべは血のしたたる肉。このバラは数時間後に黒くなる。あくる日には腐る。さらに三日後にはその残骸にうじ虫が群がる」と書いた、永遠の反逆児ブニュエルが生き続けているのである。

ブニュエルはその意味においても、ランボオの「生活を変革する」というイデエと、マルクスの「世界を変革する」というイデエを、芸術的・思想的に、生涯を通して統一し続けてきた稀有の作家である。ただもし若干の変化があったとすれば、それは彼が出発点において、その統一の主要な契機をランボオの側に置いていたのに対して、戦後はその統一の主要な契機をマルクスの側に置くようになったということであろう。それに反してどうやら私の周辺は、いまや私も含めて、ブニュエルが辿ってきた道を、逆へ逆へとさかのぼっているような気がしてならない。すべからく自戒を要することである。

自己救済の儀式

ジュネの芝居にでてくる主人公たちは、例外なく昼の世界に対する夜の世界の住人です。つまり彼らはことごとく、権力をもつものに対する権力をもたないもの、あるいは主人に対する奴隷の存在にほかなりません。世界を二分する昼と夜の絶対的な相剋は、例外なくジュネ劇の構造上の基本に据えられています。しかし『黒んぼたち』の中のセリフにもあるように、その夜は「光が不在の夜ではなく、光と行動とを含んでいる寛容だが怖ろしい母なる夜」なのです。

ジュネの芝居で大事なのは、まず一方では彼がこの「寛容だが怖ろしい母なる夜」から、うずくように頭をもたげてくる情念を、いわばサド的な眼であますところなくひきずりだしている点でしょう。と同時に他方では、そもそもそのような夜の世界が存在し、ある種の人間たちが否応なく夜の世界に追いやられることの意味を、徹頭徹尾思想的に追求している点も大事です。つまりジュネはその二つを実にみごとに統一しているのです。ジュネの芝居が感性的であると同時に知的であり、詩的であると同時に哲学的であるのはそのためだし、ジュネ劇が通俗な社会劇から自分をひきはがしているのもその点です。

しかしジュネ劇をジュネ劇にしている本質は、かならずしも情念的なものと思想的なものとの統一にあるわけではありません。それはその統一を、ジュネ独得の儀式の中に展開するしかたにあるのです。たとえば『女中たち』で、クレールとソランジュが奥様と女中を演じ、『バルコニイ』で、ガス会社の雇い人や銀行員たちが、僧正や裁判官、あるいは将軍を演じ、『黒んぼたち』で、アフリカの黒人たちが、自分らを支配していた白人たちを演ずるのが、それにほかなりません。

それはいちおう形のうえからいえば劇中劇と呼ぶべきでしょう。舞台の中にもう一つの舞台がもうけられ、劇中劇を演ずる俳優とその観客を演ずる俳優がいて、私たちはそれをまた観るというわけです。そこではいわば演ずること自体が演じられ、観ること自体が観られているのです。その二重構造を現実のリアリティの追求と観ることとの批評性の問題としてとらえたのは、むろんピランデルロでした。おそらくジュネもピランデルロから、そのような劇作法の意味を意識的に吸収したにちがいありません。

しかしピランデルロの劇中劇とジュネの劇中劇には、どうやら決定的なちがいもあるように思われます。それはピランデルロのそれが現実自体の構造への肉迫を意味しているのに対して、ジュネのそれは主人公の意識の呪術的表現としての劇、つまり儀式にほかならないからです。

事実ジュネは、劇中劇を意識的に「つくりごと」として演じることを要求し、また「私が演劇に惹かれるのは、その嘘の魅力によってである。贋物の宝石がほんとうの輝きをとり戻すのは、現在では舞台以外にありえない」とも書いています。つまりジュネは、実現実で抑圧されている根源的な衝動や願望、憎悪や反逆を、虚構の世界に対象化し、それを本物の世界に拮抗させようとしていると言えるでしょう。むろん演劇自体をまるごとそのようなものとしてとらえることもできますが、それをあえて劇中劇としたのは、そのような行為の意味を観客に対して対象化する必要があるからであり、主人公自体がそれを意識的な行為として、つまり儀式として演じることの意味を受けとめてほしいからです。

『バルコニイ』の主人公イルマは、幕切れで「もういちど灯をともし、衣装をつけて、自分に役割をあてがって、その役を不敵に生きぬくことだわ」とつぶやきます。そういえば、他の作品の主人公たちも、いずれも自分自身に鞭うち、ほとんど渾身の力をふりしぼって、自分自身の役割を演じぬこうとしています。そして「贋物の宝石がほんとうの輝きをとり戻す」瞬間、反逆は聖化され、私たちは「もう一つの現実」において自己救済が可能になるのをみるのです。

ジュネが主人公たちの所属する夜の世界を、「光が不在の夜ではなく、光と行動とを含んでいる寛容だが怖ろしい母なる夜」と言ったのは、その意味にほかなりません。むろんジュネが私たちに投げかけている問題は、人生観や世界観の問題であると同時に、演劇論や芸術論の問題でもあるのです。私はジュネの芝居にブレヒト劇でもベケット劇でもない、強烈な可能性の手がかりをみないわけにはゆきません。

映像表現とは何か I

映像でものを表現しようとする衝動は、他のいかなる媒体にも置きかえることは出来ない。たとえば私が映像作家であるということは、私の表現衝動が決定的に映像に執着しているということである。しかしそれほど強い執着が、始めから確固としてあったかといえばそうではない。はじめ私は美術に専念していたのだが、私の内部でもやもやしているものが、どうしても時間的な展開を必要としているように思えて、映画に転じたのである。イタリアン・リアリズムの衝動に影響された点もあるし、たまたま見たレネエの『ゲルニカ』に開眼された点もある。当時（五十年代前半）の状況や体験が、本質的に時間的様相を帯びていたこともあるだろう。ともあれ私が映画を選んだ動機は、その程度のものだったのである。

したがって、そのレベルでとらえられていた映像の魅力とは、せいぜい像が「動く」こと、事象や意識の「時間的展開＝変化」をモチーフにできること、しかも体験が「直接的」で強烈なこと、芸術諸ジャンルを「綜合」できることなどであった。

事実それらは映像の特徴と魅力を示す一面にはちがいない。しかしそのかぎりでは、映像は私の表現衝動にとって、まだまだ目的的であり、外的だったように思われる。ましてよく映画やテレビを選んだのは、圧倒的な受け手がいるからだと言う人がいるが、それなどは明らかに、こと表現衝動という点からは外的である。むろんより多くの人に見せたい欲求は、表現行為にとっても本質的な前提ではあるだろう。しかし表現の内的契機としては、媒体が自己の観念や生理の動きに、ぬきさしならない呼応のしかたをしているかどうかにしか一義性はない。先に表現衝動そのものが、切っても切れない関係で、映像に執着すると言ったのもその意味である。

たとえばここにある被写体が設定されたと仮定しよう。これにカメラを向ける向けかたは無限にある。ただそれが何かということを指示するだけなら問題はない。カメラは、もっともわかりやすいポジション、もっともわかりやすいアングル、もっともわかりやすいサイズで決定すればよく、個々の映像をつなぐ原理も同様である。しかし被写体からかきたてられるイメージを表現するとなるとどうなるか。私たちはフレイミングの微々たるズレに拘泥し、パンや移動では、更にその速度やリズムのわずかなちがいを問題にする。あるいは同じ構図でも何ミリのレンズを使うかを峻別し、編集に当たっては、ただ一コマのカッティングにさえ迷うことが多い。映像に本気で取組んだことのあるものなら、誰でもこういう経験はあるはずである。

それはちょうど画家がマチエールに執着するのに比較できるだろう。画家の表現衝動にとっては、ツルツルのマチエールにするか、ザラザラのマチエールにするかは、のっぴきならない意味をもっている。画家は、何らかの具体的なマチエールの中に、はじめて自分の内部のもやもやを対象化できるのである。もしそれが小説家なら、同様執着するものは文体だろう。小説家は語の選択はもちろん、文章のうねりや流れ具合いに拘泥する。あるいは「……である」にするか「……だ」にするかで、長時間考えこむことも珍しくない。それらはすでに、対象を効果的に描出することの範囲を超えている。だが表現とは、本来このように、指示的伝達からすればどうでもいいほどの努力を、媒体との格闘に賭けるものである。

このことは単純なフィックス・ショットのフレイミングをみても明らかだろう。たとえばある男の顔を、正面からクローズアップで撮ることまでが決定されているとする。まず顔を画面の中心にもってくるか、端に寄せるか、それとも少し中心からずらす程度か、ぎりぎりフレイムまで寄せるか、あるいは頭の上か顎の下に(それも両方に)空間をつくるか、ちょうどまでつめるか、または少しばかりフレイムで切るか、そういうわずかなちがいが、映像の印象をひどくちがったものに一変してしまう。照明のとりかたが変わり、男の表情そのものが変われば、その組合わせで、イメージは千変万化するといっても言い過ぎではない。

そのデリケートなちがいを、決定的なものとして感じとれるか否かは、それを見る眼が映像的に訓練され、映像的に形成されているか否かの問題である。音楽的に訓練され、音楽的に形成されていない耳は、どんなすばらしい音楽をもききわけることはできない。美術的に訓練され、美術的に形成されていない眼は、どんなすばらしい絵画や彫刻をも見わけることはできない。眼や耳は、単なる知覚的器官から、美術や音楽を享受する感覚に、要するに野蛮な動物的な眼や耳から、豊かな人間的な眼や耳になるのである。

ここで見落とせない本質的な問題は、感覚の人間化が、対象を人間的感覚の対象にすることと、切っても切れない関係にある点だろう。対象を人間的感覚の対象にすることとは、対象を単なる知覚的対象や、実利的・機能的対象から自立させることである。それは何らかの意味で、対象を精神的欲望の対象にすることにほかならない。

たとえば戦中から戦後にかけての、眼を見張るような変化の一つに、色彩に対する欲望の解放があった。戦中はどこを見回しても、一切合切が灰色と褐色だったのである。それは防護色という実利的・機能的色彩だったと同時に、色彩の貧困は当時の精神的欲望の貧困、ひいては人間的状況の貧困を示すものだったと言える。終戦直後アメリカ軍が進駐してきたとき、私の眼に焼きつくようにとびこんできたのは、アメリカ軍の鉄かぶと、腕章、標識などに使われていた黄色の色彩であった。あるいは菓子類の包装紙や、さまざまな生活用品に使われていた明るい色彩であった。私は子どもごころにも、私たちの生活に色彩がなかったことを、そのときつくづく痛感したものである。

戦後間もなく、巷に原色が氾濫しだしたのは、抑圧され失われていた色彩に対する欲望が、飢えの自覚となってその対象を求める姿だったと言える。たしかにそれはそのかぎりにおいて、人間的な感覚の蘇生ではあった。しかし飢えたものの味覚が、デリケートな料理の味を味わう力がないように、色彩的に飢えた視覚は、同様デリケートな色彩を楽しむだけの力はない。粗野な原色の氾濫は、その意味では一方で、当時の色彩に対する欲望の度合い、したがって視覚の人間化の度合いが、せいぜいその程度だったことを表現するものである。

むろんそのレベルに満足しなくなった視覚的欲望は、その後あらゆる生活領域に、いっそう複雑な色彩を求めるようになっていった。いまでは同じ赤色のセーターを買うにしても、色彩感覚の豊かな人は、それが黒味がかった赤であるか、ピンクに近い赤であるか、あるいは茶の混った赤であるかということに微妙に拘泥する。掃除器を何色にするかとか、ノートの表紙を何色にするかとか、本来装飾的要素の少ないものにまで、眼は色彩を楽しもうとする眼になったのである。明らかにこういう感覚の形成過程は、実利的・機能的欲望とその対象から、非実利的・非機能的欲望とその対象が自立する過程にほかならない。非実利的・非機能的欲望とその対象は、むろん色彩に対してだけあるわけではない。色彩を自己のものにしようとする人間的本質は、人間が外界と切りむすぶすべての関係に対象化されている。おそらく対象を人間的感覚の対象にする本質は、全体的なものだからであろう。事実それは形態に対しても存在すれば、マチエールに対しても存在する。あるいは視覚に対してだけでなく、視覚にも触覚にも、更には味覚にも嗅覚にも、いわゆる五感のすべてに対してあるのである。見たり嗅いだりする料理を楽しんだり、呼鈴の代わりにチャイムをつけたりするのも、それらをその本来的機能とは別に、非実利的な感覚的対象にしていることを物語っている。セックスが本来の生殖機能を離れて、それ自体遊戯化してきていることも、同様の意味で感覚の人間化という側面をもつことを否定できない。感覚の人間化ということは、たしかに対象の非実利化・非機能化に進むかぎり、精神的遊戯の要素を本質にしていると言える。あるいはそれを精神的ぜいたくさと言いかえることもできるだろう。いずれにせよ、そこには生きることとの直接性や、実生活上の機能性から自由な、一種独特の余裕が介在しなければならない。物質的にも精神的にも極度に追いつめられた人間が、とかく感覚的にすさびがちなのはそのためである。あるいは表現に遊びや余裕がなく、すべてが直線的に意味をもつ作品が、ぎすぎすして豊かさが感じられないのも同じだろう。

しかし遊びや余裕が、完全に自己目的的かというとそうではない。なぜなら対象の感覚的対象化は、対象が人間に対してもつ全的な意味から、それだけが実体的に抽象化されることはないからである。

たとえば色彩はそれ自体で抽象的には存在していない。それはものの属性であり、必ず何かの色彩である。したがって必ず形態（あるいは大きさ）があり、材質があり、周囲には他の何かの色彩がある。対象に対する色彩的欲望は、明らかにそれらの具体的な条件をもった何かによってかきたてられ、その何かに向かって色彩を選ぶのである。壁の色に対するのと灰皿の色に対するのとでは、執着する色がちがうのは当然だろう。ある人がある特定の色を偏愛していたにしても、その人が精神異常者でもないかぎり、対象を無差別的にその色で塗りつぶすことはありえない。特定の色彩への執着は、ポイントになる何かに対してのみ対象化され、特定の色彩傾向への執着は、色彩生活全体の組立てかたに対して対象化されるものである。

ここから導きだされる結論は何か。それは色彩なら色彩を選択する基準が、あくまでも何かの色彩として、その何かの実生活上の有効性と無関係ではないということである。ある部屋の色彩プランは、その部屋の機能をより快適に機能させる基準からしかイメージされることはない。料理に視覚的・嗅覚的要素を加えるのも、より快適に食事するためであり、呼鈴の代わりにチャイムをつけるのも、より快適に騒音をコントロールするためである。快適さが人間らしさを意味する以上、対象の感覚的対象化は、対象の実生活的な有効性に直線的に機能するのではなくて、相対的な自立性（遊戯性）を保つことで、むしろ有効性自体を人間化するものと言える、少なくとも感覚が人間的になるということは、人間の人間化を総体的にイメージしようとする精神から切り離すことはできない。色彩の過剰な氾濫による色彩感覚の麻痺や、機能性を犠牲にした見てくれ意識は、その意味で、総体性への志向を失った感覚の倒錯を示すものである。

映像表現が、指示的伝達からすればどうでもいいほどの努力を、媒体（映像）との格闘に賭ける意味もそこにある。それは一方では明らかに、指示機能（あるいはその機能を利用した実生活的な有効性）から、映像を精神的な対象として自立させる努力にほかならない。「何を」撮ったかの次元では、映像表現は成立しないのである。それはただの画像とでも呼ぶべきだろう。それが映像表現になるためには、同じ「何を」に対する、ある撮りかたから別の撮りかたを、「何を」によってかきたてられた感覚的・精神的ももやもやとの対応で選択しなくてはならない。つまり「いかに」撮ったか（いかに媒体と格闘したか）こそ、映像が表現として成立するための前提である。

むろん「いかに」撮ったか（いかに映像を選択したか）が、「何を」（カメラ前の対象）によってかきたてられた感覚的・精神的もやもや（イメージ）との対応で決定されることは、そのもやもやが映像に対象化されるということである。映像と格闘することの基準は、その対象化かどこまで厳しくなされたかということ以外にない。対象にカメラを向け、個々の映像断片をつなぐのは、したがって自分をかきたてた対象を見せるためではなく、かきたてられたもやもやを、対象とのかかわりの中に見るためである。

ここで再び登場するのが「何を」である。ただしそうして決定された映像は、結局「何を」表現しているかという意味での「何を」である。その「何を」は、「何を」撮ったかの「何を」とはちがう。映像に主体的に還元された対象は、カメラ前の対象とはちがうのである。それは自分が見た対象以外の何ものでもない。表現された「何を」は、明らかにかかわりの対象化なのである。このちがいは全く自明のことでありながら、実際には混同されている場合がきわめて多い。たとえば「何を」表現しようとしているのか、あるいは「何を」表現しえたかが問われるとする。そこでは本来映像として対象化された「何を」しか問題にならないにもかかわらず、相変わらず素材や筋としての「何を」が取沙汰されるわけである。しかし、素材や筋としての「何を」が、あくまでも映像として対象化された「何を」に止揚されるのは、「いかに」撮り「いかに」つなぐかという、媒体に対する厳しい執着の作業を通すことによってでしかない。

　媒体との格闘がもつのっぴきならない意味は、以上述べたとおりである。見る行為にせよ創る行為にせよ、この点の執拗なアプローチを抜くならば、映像表現に固有の世界は、決して本質的に開かれることはないだろう。しかし媒体との格闘も、媒体の固有な性格をとらえないかぎり、それ以上は進みようがない。私はこの問題を、いま一段と深めるべきところまできたようである。

映像表現とは何か　Ⅱ

　媒体のもつ固有な性格というとき、まっさきに浮かんでくるものはカメラである。レン・ライやマクラレンのように、カメラを使わず、像を直接フィルムに描きこむような例外もあるが、映像は原則としてカメラによってつくられるからである。映像一般の基本的な性格を決定しているものは、カメラをおいてほかにない。むろんカメラの特性をよく知っているものが、そのまますぐれた映像をつくれるとはかぎらないが、すぐれた映像をつくるものは、カメラの特性をよく知っているものである。その意味でも、映像の本質は何かを問うことは、カメラの本質は何かを問うことを前提にしていると言える。

　ではカメラの本質とは何であろうか。一言で言うならば、それは記録性である。あるいはもっと厳密に、その上に機械的なとつけ加えるべきかもしれない。カメラの記録性はそれ自体としては機械的であり、したがって否応なく人間の意識から独立した過程をもつ点で、たとえば記録文学など他ジャンルで言われる記録性と根本的にちがうからである。この機械的記録性が映像にもたらす本質は、偶然性と一回性である。またカメラの記録性は、構造的には人間の眼と相似した過程を通すため、映像の空間的性格としては具象性と直接性を、時間的性格としては現在性と同時進行性をもたらしている。映像が一面で常にもつ再現性と疑似現実性は、この両者が統一された性格にほかならない。

　むろん映像の本質をみるみかたは、ほかにもまだいくらもあるだろう。しかしそれらを細大もらさず羅列することは、私の意図するところではない。私がとりわけ前記の点に注目するのは、映像表現を実際上模索するうえで、それらに最も重要なモメントをみるからである。私がみるところ、それらはプラスにふまえれば、映像表現を飛躍的に豊かにする根拠にもなるし、マイナスにふまえれば、イメージを徹底して衰弱させる根拠にもなる。同じ根拠が可能性にも桎梏にもなるという意味で、それは両刃の剣なのである。

　たとえばカメラの機械的記録性や映像の疑似現実性が、報道や宣伝、教育や科学によって、きわめて有効に利用されていることはよく知られている。それは映像が一面で客観的な指示性と説明性を発揮する性質を利用したものである。しかしこと芸術上のコミュニケーションが、像の指示性や説明性にもたれかかることは、明らかにイメージの喚起力を弱め、意識の表出度を低下させるものと言える。事実、感性も思想も貧しい作家に対しては、カメラの記録性や映像の現実的性格は、映像を芸術から最も遠いところへ連れ去るものでしかない。ランゲやハルムス以来の「映画芸術否定論」は、もっぱらこの点を宿命視したものである。しかし映画が現代芸術の一方の雄にまで成長してきたことは、いまではほとんど公認の事実であろう。いま問題にすべきことは、映画が芸術であることの確認ではなく、映画が芸術になる契機の追求である。感性や思想の貧しい作家に対しては、それが芸術を遠ざけるものとしてしか現われない映像の本質が、感性や思想の豊かな作家に対しては、なぜ、いかにして、芸術の未踏の領域を開くものとして現われるのか。なさるべきことは、その逆転の契機を、映像表現の現在的課題のなかに摘出することである。

　まず問題となるのは、カメラの（機械的）記録性の問題であろう。あるいはそれが映像にもたらす偶然性と一回性の問題である。たとえば文章表現では、ブルトンやスーポーらが実験したオートマチズムの詩などは別として、語の選択や叙述は、逐一意識の監視の下にコントロールされている。少なくとも意識をはなれて、文字がひとりでに原稿用紙を埋めてゆくことはありえない。しかし映像表現ではちがう。カメラは意識をはなれても、像を機械的にフィルムに刻むからである。むろんカメラがまわっている間じゅう、作家は全身の神経を凝らしてカメラと対象を見守っており、したがって撮影したショットの結果に対しても、それなりの予測をもつことはできる。だが実際の撮影過程では、対象の側からもカメラの側からも、その予測を超え、意識の監視をはみだす偶然の要素が介入しないわけにはゆかない（映像の偶然性）。同じねらいのショットが、撮影したショットの数だけ、大なり小なりちがった映像になるのはそのためである（映像の一回性）。

　そのことが映像表現上プラスに意味するものは何か。結論的に言えば、それは意識のステレオタイプをつき崩す契機が、意識の外から与えられるということである。意識が自己自身を大胆に相対化できるかぎり、偶然性との出会いが対象の発見と映像の発見につながり、その選択が表現を豊かに変えてゆくことは明らかである。ここに意識が、いったん物質の自律したプロセスを媒介にすることで、より創造的にふくらむ関係をみることができる。

　しかし偶然の発見と選択は、何も撮影ずみのフィルムに対してだけなされるわけではない。発見は対象にそそがれた撮影中の肉眼にもあり、選択はそれに即応したカメラ・ワークの判断にもある。とりわけ対象の動きを刻々カメラがフォローする場合、そこでは一瞬一瞬が予断を許さぬ発見と選択の連続である。その結果、映像もまた予断を許さぬ緊張したイメージの流れを紡ぎだすが、それは映像の運動が、ただ単なる対象の運動ではなく、同時に対象に対する意識の運動でもあり、更にまた意識の監視から否応なくはみだすカメラの運動でもあることを意味している。対象の過程と、意識の過程と、そしてメカニズムの過程が、相互に複雑に干渉し合ってつくられる映像が、素朴に対象にもたれかかった映像とも、素朴に観念を演繹した映像とも、あるいは素朴に偶然性に身をゆだねた映像ともちがうことは明らかであろう。前者は後者にくらべて、イメージがより動的であり、より多層的であり、よりテンションが高いのである。

　このことが映像表現の現在的課題にとって、いかに重要な意味をもつかは言うまでもない。むしろここで銘記しておくべき問題の本質は、文章表現にはなく映像表現にだけあって、しかもそれが映像表現をしばしば芸術から遠ざけさえしていた機械と偶然性の介入が、それをプラスにふまえさえすれば、逆にきわめて独自な可能根拠に転化するということである。同様のことは、映像の具象性と直接性の問題についても言えることだろう。たとえば映像表現は、直接眼に見えるもの（客観性の強いもの）に対しては力を発揮するが、直接眼に見えないもの（主観性の強いもの）に対しては無力だとされてきた。それはちょうど文章表現が、言語の抽象性と間接性を理由に、それと全く逆のことが言われてきたことと対照的である。

　しかし私は映像表現についても文章表現についても、こういう俗論を信じない。その点では、たとえば安部公房の「砂の女」（文章表現）と勅使河原宏の『砂の女』（映像表現）の比較から、興味深い本質的な問題をひきだすことができる。砂のような具象的なものの表現には、一見文章表現の方が映像表現より不利にみえながら、結果は小説「砂の女」の砂のイメージの方が豊かだったからである。事実、安部は砂を克明にドキュメントするため、言語との格闘に執拗なまでのエネルギーを費していると言える。だがその格闘の結果として、砂が意識とダイナミックに交錯しつつ、遂には無気味に動きだすに至ったことを認めないわけにはゆかない。勅使河原の砂が、それとくらべて意外にスタティックなのは、砂がカメラの前の砂に、一義的に限定されすぎているからである。

問題は、媒体と対象との性格上の矛盾が、それを統一する創造的な格闘いかんで、むしろ表現に大きくプラスするということにある。そしてそれはそのまま映像表現の課題に敷衍して差支えない。映像表現は、直接眼に見えないものと立ち向かい、イメージに何らかの抽象性と間接性を包み込もうとするとき、疑いもなく一つの可能的契機を手中にすることができる。

　事実、ヌーベル・バーグ以後の映画は、多かれ少なかれこの課題にとりくんできたと言える。たとえば不安定なハンド・カメラと望遠レンズの映像に、現代人の内的解体を対象化しようとするゴダール……。いわば現象学的記述ともいうべき映像のつみ重ねによって、孤独と不安を深層から表層へとひきずりだそうとするアントニオーニ……。あるいは反芻する独特の移動撮影で、日常意識の内深く批評の錘りを下降させようとするレネエ……。そのほかまだ例はいくらもあろうが、これら現代映画の先端部が、眼に見えるものを手がかりに、眼に見えない現代の本質的な条件を見ようとしていることは明らかである。映像はここではすでに、素朴な再現性を超えて、一種の象徴性をもつに至っている。しかしこのことは、映像が具象性と直接性の本質を捨てたことを意味しない。映像は対象の抽象性を具象化し、間接性を直接化することによって、逆に素朴な再現性を超えているのである。映像の媒体的制約を、独自の可能根拠に逆転させる試みは、同様映像の時間的性格についても語ることができる。映像の時間的性格が、カメラの記録性に基づく現在性と同時進行性にあることはすでに述べた。現在性とはむろん映像が時制として現在形しかもたないという問題であり、同時進行性とは映像の時間展開が、カメラの前に流れた対象の時間展開に癒着している問題である。

　映像の時制に現在形しかないことが、過去（回想）や未来（空想）を表現するうえで、大きなハンディキャップとなっていることは言うまでもない。映像表現はむろんその媒体的制約とも格闘してきたが、最初それは、回想や空想をする人物のアップから、オーバーラップでシーンを転換する技法によって解決されていた。さもなければ、字幕やナレーションの助けをかりるのが普通だったと言える。しかしやがてそのような約束ごと（説明）は省略される方向に向かい、いまでは回想や空想も、それを主観描写としてではなく、いきなり客観描写として表現する例が増えている。むろんそのきっかけには、服や環境などの区別、あるいは補助的に音が利用されるわけだが、一応それだけで時間転換が可能になるのは、回想も空想も、脳裏に浮かぶ心像体験そのものが、すでに映像体験と性格的に符合しているからである。

しかし映像による時間表現の現在課題は、映像の時制的制約を消極的に克服する点から、むしろもっと積極的に、時制の単一性を独自な時間創造の契機に転化する方向にこそ深められるべきであろう。それはちょうど文学が、たとえばサルトルの『自由への道』第二部のように、言語の空間的制約（具象性の欠如）を逆手にとって、一つのセンテンス内部で、異なる場面を大胆に交錯させた実験などに相当するものである。サルトルはこういうイライラする文体そのもので、戦争直前の不安や苛立ちを、立体的に、そして直接的に表現することに成功していると思う。しかし映像表現では、同一時間に異なる空間を交錯させることは、むろん単なるカット・バックなどの日常化された表現にすぎない。映像表現でそれに相当する実験は、同一シークェンスに異なる時間を交錯させることである。

私たちはそのような例を、たとえばレネエの『二十四時間の情事』や『去年マリエンバードで』に見ることができる。そこには同じ過去でも、もはや現在から過去にのめりこむ「回想」としての過去ではなく、過去が「いま・ここ」のなかに容赦なく闖入してきて、過去を「いま・ここ」で生きなければならなくなるような過去があった。未来の時間表現についても同様である。ともあれここでは時間というものが、あるときは客観的な時間となり、あるときは主観的な時間となって、しばしばそれらが渾然と浸透し合っていると言わなければならない。私たちはその時間の迷路の中で錯乱するが、その錯乱を通して、実はレネエの意図どおり、意識と存在の関係の不確定という崖に立たされるのである。

むろんこれは一例である。しかしクロノロジー（年代記的な時間配列）の否定は、時間を主体化して映像独自の時間表現を創造するうえでも、ストーリー主義を排して映像的現実を実現実から自立させるうえでも、重要な手がかりを与えてくれる点に注目すべきであろう。同時進行性を対象的時間への癒着から切り離す課題も、おのずとその中に包摂される問題である。

私たちがみてきたことは、全体として何を意味しているであろうか。感性や思想の貧しい作家に対しては、それが芸術を遠ざけるものとしてしか現われない映像の本質が、感性や思想の豊かな作家に対しては、芸術の未踏の領域を開くものとして現われるというのはどういうことであろうか。その意味はただ一つ、創造とは制約と矛盾に対する徹底的な闘いだということである。あらゆる芸術は、そのメディアに固有の制約をもっている。そしてあらゆる芸術は、その固有な制約との固有な闘いを通して、固有な表現を創造してきたと言える。映像芸術もむろんその例外ではありえない。映像表現の固有な可能性は、その固有な制約（媒体の本質）に根拠をもち、その固有な矛盾に対する固有な格闘を通して、固有な創造に達することができるのである。そして同時に、そのような行為は、制約と矛盾を全的に超えようとする人間の自由の本質に、深く根ざしているということを見落としてはならない。

映像表現とは何か Ⅲ

創造が制約と矛盾に対する闘いであり、固有な可能性が固有な限界に根拠をもつのはなぜなのか。第三章ではこの問いを、映像表現の本質的な意味を明らかにすべく、第二章で追求したことをいまいちど第一章のモチーフにつきかえしながら、その綜合的な問題の究明として問いつめてみなければならない。

まずくりかえし確認しておくべきことは、媒体の性格はそのまま芸術表現の本質を保証するものではなく、表現の条件にほかならないことである。表現すべきなにものをももたないものは、どんなに媒体の性格を知りぬいていたとしても、職人的な技巧以上ののっぴきならない何かを表現することはできない。

しかし媒体の性格も知らず、媒体との格闘を軽視するものは、どんなに表現すべき根拠をもっていたとしても、表現へとつきあげてくる衝動を、他人にいきいきとコミュニケートすることはできない。表現とは媒体の固有な通路をとおして、表現の根拠を客観化するものだからである。

だが表現の根拠と媒体は、本来無関係なものではなく、表現衝動が具体的に形成される過程は必ずなんらかの媒体と結びついているという意味で、その間には切っても切り離せない内面的な関係がある。それは明らかに、表現に向って充電されてくる感覚的・精神的もやもやが、まず媒体と無関係に形成され、しかるのちなんらかの媒体を選んで具体化されるというものではない。たとえば音楽的な表現衝動と文学的な表現衝動とは、もやもやのかきたてられかたからしてまずちがう。映像的な表現衝動の場合、それは極端にいうと、これこれこういう場面を撮りたいばかりに一つの作品をつくるという具合に、モチーフのポイントが映像に具体的に執着したかたちで充電されるものである。映像が作家のモチーフに、あるいは観念や生理の動きに、ぬきさしならない関係でかかわっていない作品が、映像表現としての魅力に欠けるのはそのためである。

むろんなにかを表現したいという意識が、根底的には、私たちが生きている歴史的社会的な実現実に根ざしていることはいうまでもない。とりわけ表現せずにはおれない息苦しいほどの衝動は、必ずといってよいほど自己の存在を疎外として意識し、そこから自己自身の本来的な姿を渇望する欲求と結びついている。しかし自己の存在を疎外として意識し、そこから自己自身の本来的な姿を渇望する欲求は、それ自身歴史的社会的に、対象的に展開された人間的本質の総体を鏡として生まれるものである。人間は対象に働きかけ、自己に対する対象に働きかけ。自己に対する対象を変えることによって、そこに人間の欲求や能力を対象化する。またそのような行為と変えられた対象（対象的に展開された人間的本質）によって、対象に対する自己自身をも変えてきた。この循環する上昇過程が人間をより人間化してきたことは自明だが、人間を人間化する本質的な能力こそ、対象的に展開された人間的本質の総体を鏡として、その能力の前に制約と限界として現われる一切の桎梏から自己を解き放とうとする欲求をつくるのである。

　だがそれが表現へと向う意識の固有性は、実現実一般にではなく、表現されたもの（芸術作品）の存在と、それを享受する固有な体験に根ざすとみるべきであろう。むろん芸術作品もまた「対象的に展開された人間的本質」にちがいないが、問題は感覚的・精神的もやもやを表現に駆りたてる特定の鏡のことであり、芸術を創造する衝動も行為も、芸術作品を享受する体験をもたない意識からは生まれないということである。

　したがって映像でものを表現しようとする意識は、映像体験と深く結びついてのみ形成されるといえる。事実カメラが発明される以前には、映像でものを表現しようとする意識は芽ばえていなかった。カメラが発明され、映像がはじめて人間の眼に触れるようになってからも、最初映像は見せ物でしかなく、決して表現意識の対象ではなかったのである。それがいかにして表現意識の対象となったかは前章でものべたが、それがきわめて短期間に高度の芸術性をもつにいたったのは、映像を体験する私たちの意識が、すでに古代人のそれではなく、現代に至る多くの複雑な現実体験と芸術体験を経てきた意識だからにほかならない。ここでもいえることは、映像表現の衝動は、一方でその絶対的普遍的根拠をのっぴきならない現実体験においており、他方でその相対的に自立した固有な根拠をのっぴきならない映像体験（およびその他の芸術体験）においているということである。

　事実表現衝動一般は、なんらかの具体的な媒体と結びつかないかぎり、そのもやもやを反射的な身振りや叫び以上に外化することができない。それはどんなに身をよじって号泣しようとも、それ自身は芸術的ではあれ芸術であるとはいえないからである。むろんそれもまた芸術と同様意識の自己表出ではあろう。しかし芸術のそれは客観化を意味するものだからであり、いわば「もの」として意識それ自体からも実現実（あるいは生活的次元）からも自立していなければならないからである。その自立を保証するものこそ媒体との格闘である。格闘の基準は意識（イメージ）の対象化であるが、作家は光と影、形と色彩、それらの動きという映像の知覚的素材に独自な構造を与えることによって、それを外化された意識としての「もの」に変えるのである。知覚的素材としての物質とは明らかに次元を異にしたこのような「もの」の独自な構造こそ、感覚的・精神的もやもやを他人にコミュニケートしうるよう客観化するものである。私たちがある作家の映画をみて独特のイメージを感じ、作家が表現せずにはおれなかったものを私たち自身の意識の動きとして追体験できるのは、この作品の特定な構造が、必然的に私たちの心的運動を誘導して、ある特定な軌道のうえを、絶えず知覚から想像的意識へと向わしめ、そこに生動する独自の統一性を与えるからにほかならない。媒体との格闘とはこの特定な構造をつくることであり、それはもやもやを外化するだけでなく、もやもやを模糊とした暗闇から白日の下にひきずりだし、表現の根拠を対自的に深化することである。それがとりもなおさず別の面からは、映像表現の模索と深化を意味することはいうまでもなかろう。重要なことは、表現の根拠の追求と映像の追求の統一としての「もの」をつくることである。

「もの」ということでいえば、人間の歴史は一面で「もの」をどうとらえ、それにどう人間的な意味を与えてきたかの歴史だったといえる。人間は「もの」を人間化し、人間を「もの」に対象化してきた。つまり人間がつくりだしてきた一切の「もの」は、対象的に展開された人間の全史なのである。その意味で歴史とは、人間と「もの」との古い関係が、人間と「もの」との新しい関係の発見と創造によって、不断に変革されてきた歴史にほかならない。そこには一方で自然としての「もの」が人間の物質的な生活に役立つ社会的な「もの」に変革されてきた歴史があったと同時に、他方では自然的な「もの」や社会的な「もの」が、人間の精神的な豊かさを対象化した「もの」に変革されてきた歴史があった。それが芸術作品であることはいうまでもないが、したがって芸術の変革とは、「もの」づくりの原理からすると、それまで人間の精神的な対象物として自立していなかった「もの」を、新しい人間的な意味をもった「もの」として自立させ、そのことによって「もの」をみる意識を変革することといえる。

「もの」が意識と安定した対応関係をつくって見慣れた

「もの」となったとき、「もの」は類別され、名前をつけられる。見慣れ、名前をつけられた「もの」は、人間と「もの」の関係史においてすでに過去に属している。それに対して、「もの」にはまだ意識されたことのない現実に、意識がはじめて出会ったとき、意識の対象にされた裸形の現実、つまりはじめて意識された現実としての「もの」がある。それはまだ名前をもたない未体験の現実であり、むろん意識との間に安定した対応関係がないため、既成の観念や感性のステレオタイプをつき崩さずにはおかない。

　意識と現実の対応関係が、つねにそのズレを矯正するというクリティックをもって変革されるわけである。はじめて意識される「もの」は、人間と「もの」の関係史において未来に属している。

　芸術が発見し創造しようとしている「もの」は、とりわけそのような「もの」であるが、命名され意味性をもった「もの」を極力排除して、名前も意味もない裸形の「もの」としての映像に徹しようとする方向は、映像表現の純粋化の方向である。純粋化の方向が、物語性の否定を軸に、映像芸術を小説や演劇から自立させてきたことはいうまでもない。純粋化はたしかに表現の固有な可能性を確立し、深化するものである。

　しかし純粋化といい固有な表現領域の自立性といっても、それは存在と意識のかかわりを、映像という媒体をとおして対象化するための条件にすぎないことはくりかえしのべてきた。したがって純粋化や自立性が、表現の根拠を映像によってつきとめようとする精神から切り離された場合、それは映像を豊かさの方向にではなく、衰弱の方向に導くことを見落とすわけにはいかない。映像の効果のみに心を奪われて、モチーフやテーマの追求をうやむやにしている作品が、どんなに映像づくりに凝ろうとも、決して私たちの魂をゆさぶらない理由がここにある。

　このことは、映像表現と映像表現を分裂させないためには、映像からいったん慣習的な意味性を追放しながら、別な次元で新たな意味性を回復すべきことを示唆しているといえる。それは第一章で触れた「素材や筋としての何をが、あくまでも映像として対象化された何をに止揚される」問題にほかならない。しかしその止揚には、映像の記録性に規制された固有な条件が働いている。それは止揚された映像にも、原則として素材や筋としての「何を」の像が、像自体として痕跡をとどめているということである。それは当初の像を消滅して、別の像に変形するわけではない。素材や筋としての「何を」の像は、あくまでもその像自体としては表現構造の表層にとどまりながら、主体的な映像転換をとおして、その深層に非在の像を構成するのである。ふくらみや動きのある映像を分析的にみるならば、そこには直接の意味性を否定した「もの」がかきたてるイメージと、痕跡をとどめている像の直接的な意味がかきたてるイメージとが、より複雑に複合されている構造をみてとることができる。

要するに映像表現が豊かなイメージを紡ぎだすのは、映像が「もの」化されようとしながら、それが素材のもつ像の意味性と緊張した関係で統一されるときである。その緊張関係が構成するトータルなイメージのレベルでは、むろん素材の像の意味性がそれ自体で単独にコミュニケートされることはない。また同様「もの」化された未体験の像は、素材の像の意味性をその表層に据えることによって、はじめて慣習的な意味を否定しながら、対象に新たな意味を発見し創造することができるのである。

映像表現のもつ構造的な二重性は、したがって「意味」と「もの」との、言語過程と非言語過程との、あるいは社会化された対象とまだ社会化されていない対象との、前者から後者へと向うイメージの運動として、その両者が統一されたものである。

また前者を対象化された人間としての過去とみなし、後者を対象化されようとする人間の未来とみるならば、その緊張した統一は、必然としての過去をふまえながら、それを可能としての未来に止揚してゆく現在の本質的な姿にほかならない。

ここでも重要なことは、映像という媒体がもつ固有な限界としての表現構造の二重性が、映像表現の固有な可能性を根拠づけ、二重性の制約と矛盾に対する闘いが、映像表現の変革と創造を保証する関係である。そしてそれは明らかに、刻々と変動する現実とのかかわりにおいて、表現へとつきあげてくる精神的・感覚的もやもやが、過去から現在にいたる既成の表現に触発されて形成をうながされながら、同時に既成の表現と相剋するにいたる関係に対応しているといえる。

この関係の本質をなすものこそ自由の問題である。芸術における自由とは、「いま・ここ」における世界と人間の歪んだ関係を、本来あるべき、あるいはありたい姿として「いま・ここ」にイメージすることであり、それを媒体の制約と表現の既成性を破って、実現実から自立した次元に客体化することである。ただしその自立は実現実との関係を絶つことを意味しない。絶対的には世界内にありながら、相対的に自立しうるがゆえにそれは自由なのであり、したがって自立の意味は、むしろ実現実と主体的にかかわる固有なありかたを確立するものとして、いっそう能動的な姿勢でとらえるべきである。固有な媒体をふまえた表現の独自性ということも、その本質的な意味が自立の固有なありかたにあることはいうまでもない。

（おわり）

正確でみごとな編集——野田真吉のこと

僕が野田さんと親しくなりだしたのはちょうど野田さんが『忘れられた土地』をつくっていた頃だったと思う。いまでもよく覚えているのは、その編集室を訪問したときのことだ。

野田さんはまるでろくすっぽフィルムの長さなど計りもせず、それらの断片を次々せっかちに手でひきちぎってはアシスタントにつながせていた。それが猛烈なスピードなのである。私は内心「ずいぶん荒っぽいな」と思ったが、いざつながったフィルムをみて驚いた。実に正確でみごとな編集なのである。たとえば磯舟の漁のシーン、農婦が鋤で畑を耕すシーン、ダイボ網のシーンなど、いまみても感心するところが少くない。

それ以来、僕がいつも野田さんの作品でいちばん感心するのは、編集がずばぬけてうまいことである。一見荒っぽく見えながら、ツボはぴしりとおさえられているし、何よりもリズム感がいい。それに野田さんの手になると、僕などつい捨ててしまいそうな何気ないショットが妙に生きてくる。

『光を』や『まだ見ぬ街』がいい例だ。『光を』や『まだ見ぬ街』になると、野田さんの編集は、いわゆる古典的なモンタージュから、もっと対象の模糊とした部分をとらえる方法に変ってきた。マチェールが重視されだしたことは明らかである。僕は日常性の非合理に迫るうえで、野田さんの最近の実験に強い関心をもたないわけにはゆかない。その表現にまだ隔靴掻痒の感があるのも、僕はむしろ新らしいドキュメンタリー映画を生むための貴重なプロセスだと思う。

『まだ見ぬ街』は、『忘れられた土地』以来の野田さんの仕事の到達点であり、同時にこれから何かがまた始まりそうな予感を感じさせる。万年青年ともいうべき野田さんに、僕はまだまだ多くを期待できることを喜びたい。

批評意識の貧困と現在——大島渚の前衛映画論について

〈世界前衛映画祭〉を見て失望した、つまらなかった、という声をよく耳にする。不思議なことに、そう言うものの大半は映画人である。たとえば「これにぼくは五日間ほど通ったが、あまりのツマラナサにあきれかえった」と書いたのは白坂依志夫（『映画評論』四月号）だが、こういう反応をしたものは私の周辺にも多い。むろん誰がどう感じ、どう結論を下そうと勝手である。しかし日本の映画人（それも第一線の若手の作家）が、何に失望し、どこがつまらなかったかの追求もなく、「たいしたことはない」の一言で素通りしてゆく姿勢に、私はいささかいちゃもんをつけたい衝動に駆られている。

理由は二つある。一つは、映画祭の作品が全体として語りかけてくるものは、「たいしたことはない」の一言で素通りできるようなものではないからである。少なくともここから何をどれだけ吸収できるかは、もっぱら取組む側の感受性と思考力の問題だといって言いすぎではない。いま一つは、「たいしたことはない」の一言で素通りしてゆく連中が、実は彼ら自身、それ以上にたいしたことはしていないことである。とりわけ危機的な映画状況に流されっぱなしに流されている作家の反応としては、全くいい気なものだと「あきれかえる」ほかはない。だいいち傲慢すぎるとも言えるし、無自覚すぎるとも言える。私が彼らの姿勢に批判を加えようと思う理由は以上二点だが、これらが表裏一体の関係にあることは、あらためて指摘しておく必要もなかろう。

全体として「たいしたことはない」と断じた意見の中では、『日本読書新聞』三月七日号の大島渚の批評に、私は一応の好感を抱くことができた。少くとも大島は「一つ一つ選んで観たりしていたらそうはならなかったであろう」感想を、「映画祭へともかくも通った」ところで述べている。「率直に言って、私の観たものの中で、私にわれ及ばずという感じを抱かせたのは、ルイス・ブニュエル『アンダルシアの犬』とクリス・マルケル『ラ・ジュテ』の二本だけであった。その他はすべて私の作品程度、大方ははるかに劣るものであると私は思った」というのが大島の結論である。

この結論を大島が言うことに、どれだけ妥当性があるかどうかについてはいま触れない。しかし私が好感を抱くと

一九六六—一九六七

言ったのは、彼が「映画祭へともかくも通」い、とりわけ『アンダルシアの犬』と『ラ・ジュテ』にうたれて、「同じように映像を表現の手段としながら何ゆえにかくも遠くへだたるのか」と自問する姿勢に、何かを懸命につかみとろうとする意識の緊張をみるからである。だが大島の思考はそこで停止してしまう。彼は作品の「説明をしろと言われても無理」と言い、「私自身が映画の作者であるがゆえに一層困惑は深い」と言うが、それは問題のすりかえというものだろう。だいいち大島の自問自体が、「説明」の要求などでないことは明らかである。大島は受けた衝撃を、表現と表現の根拠に向って問いつめる作業を回避したにすぎない。あえて回避したと言うのは、彼がそれを合理化するかのように、「前衛映画なんてものは、誰かがその作品を好きで、誰かは嫌いでそれでいいのではないか」と言い、「私は何も前衛映画について議論しようと言うのではない。そんなことは、映画批評家か映画学者に任せておけばよい」と言っているからである。

ふるい事実信仰主義

大島渚はいつからディレッタントになったのか。作品に好き嫌いがあるのは当然だが、私は彼がなぜ前衛映画だけを嗜好の対象に閉じこめ、作家にとっての議論の意味までも否認しようとするのか理解に苦しむ。少くとも批評を創造として、創造を批評としてとらえようとするものの発言としては、明らかに一貫性を欠くと言わざるをえない。でなければ、大島があまりにも前衛映画を特別扱いしすぎているか、作家的態度というものを特別扱いしすぎているからである。彼は対象との執拗な対話の中から、主体に対する対象の意味をかぎりなく自分のものにしてゆくよりは、物事を恣意的で少々粗雑な整理棚に、それも演繹的に分類してしまおうとする悪い癖がある。彼はそれを作家的偏執の問題ととりちがえたり、うまく分類できない場合は、それを作家がする仕事ではないと、意識的にか無意識的にか論点移動しているにすぎない。

たとえば大島は「先ずドキュメンタリー映画は前衛映画ではない」と断定し、その理由として「ドキュメンタリー映画は必然的に説明を必要とするし、説明を全く拒絶した時それはもはやドキュメンタリー映画ではないからである」と書いている。しかしAは必然的にBであり、Bでないものはでないという論法が、ただの同義語反復にすぎないことは言うまでもない。しかも「必然的に」ということの論証がない以上、これでは理由になどなっていないことも明らかである。つまり大島は、わざわざドキュメンタリー映画の問題に触れながら、結局ドキュメンタリーの本質についても、それと前衛映画の関係についても、何ひとつ実のある追求をしていないのである。

しかし私が失望せざるをえないのは、大島がいまだにドキュメンタリーの問題を、精神や方法の問題としてでなく、ジャンルの問題としてしかみていない点である。それも事実信仰をぬけきれずにいる古いタイプのそれしか対象にしていない。おそらく大島は、ルットマンやイヴェンスなど名ばかり高くてその実退屈きわまりないくそドキュメンタリー映画に落胆して、その説明的な性格を、ドキュメンタリー一般に不可避な本質と思いこんでしまったのであろう。だが表現が説明的になるかならないかは、ジャンルや媒体の問題でなく、作家の表現力と想像力の問題である。ただドキュメンタリー映画が相対的に説明的になりやすいのは、それが外的現実の記録を前提としているからにほかならない。作家の感性と思想が貧困なとき、外的現実の記録は、作家が像の指示性（事実の慣習的意味）にもたれかかることを助長するからである。しかしそのことは、外的現実の記録を前提としたドキュメンタリー映画が、「必然的に説明を必要とする」ということを意味しない。私はむしろ外的現実の記録こそ、一方では映像表現が説明性を超克するうえで、最も重要な契機となってきたし、今後もなりうると思うのである。

大島渚とマルケルの差

理由は何か。理由の第一は、外的現実が意識に対してもつ意味の中にある。それは外的現実こそ意識そのものの根拠だということであるが、むしろそれゆえに、そこにはまだ意識の対象となっていない領域が不断に生じており、それら未体験の外的現実との緊張した出会いにこそ、常に意識の固定化を破り、表現衝動と想像力に活力を与える保証があるということである。事実映画史を創造的に展開させてきた一方の軸には、えてして形骸化しがちなスタジオ映画へのアンチ・テーゼとして、そのときどきのレベルで外的現実との触れ合いを深める作業があったのである。このことは、事実依存への批判が、その反動としてしばしば外的現実からの逃避をうながす傾向がある現在、とりわけ強調してしすぎることはないだろう。

理由の第二は、カメラによる記録が意識に対してもつ意味の中にある。よく知られているように、カメラは肉眼が意識していない事実をも記録する。文章の表現過程では、原則として語の選択や吟味はすべて意識の支配を受けるが、映像の定着過程では、意識にとって、偶然が「必然的」に介入するのである。このことは、機械的に記録された像の事実性に、一面では意識が解体しやすくなる危険のあることを物語っている。素朴なドキュメンタリー映画が、客観的な説明描写に陥りやすい根拠の一つがここにある。しかしその同じ根拠によって、他面では対象に対する意識のステレオタイプが破壊されやすくなる事実をも見おとすことはできない。少くとも創造的な意識にとっては、偶然の契機は現実と映像の発見につながり、その方法的な自覚は表現の活性化（説明性の否定）につながるのである。

第一の理由と第二の理由は、より実際的には相乗し合う関係にある。カメラを向けることで刻々姿を露わにする現実があり、その動きを刻々直観的にカメラで記録する作業があるとき、そこでは現実の過程と、メカニズム過程と、意識の過程が、いわば三つ巴になって、同時進行的に映像を決定しているのである。そのことはむろん、映像表現に客観性と主観性、偶然と必然の、予断を許さぬダイナミックな相剋を刻みつけずにはおかない。カメラ前の被写体を観念の鋳型に合わせてつくりあげ、それを予定どおりのコンティニュイティにしたがって撮影する方法とくらべて、対象とカメラの出会いに賭けるドキュメンタリーの方法が、映像に緊張したイメージの多層性をもたらすことは明らかである。

イメージの多層性という点では、早くもヴェルトフの『カメラを持った男』が、きわめて興味深い示唆を投げかけていた。同じヴェルトフでもこれだけがずばぬけて面白いのは、ここにドキュメントする行為そのものが対象化されているからである。要するに画面にカメラとカメラマンが登場し、観客はときにそれらを、ときにそれらが見たものを、ときに客観的対象そのものを見るしかけになっている。むろんそのことによって、『カメラを持った男』が終始感じ続けさせるものは、見ることを見る視線の二重性にほかならない。このいささかピランデルロ的ともいえる構造を、ローサは著書『ドキュメンタリー映画』で「この映画の始めから終りまで、観客はつねにカメラを意識させられる」と書いた。ローサはこのことをやや非難をこめて語り、この作品は「ドラマティックな価値を全く欠いていた」というが、私の見かたはちょうどローサのそれと反対である。私はむしろカメラを意識させる映像が、それ自体で映像に固有のドラマを生みだす可能性に着目しないわけにはゆかない。

また事実、第二次大戦後の新しい映画は、多かれ少なかれその点を自覚的に方法化してきたと言える。ロッセリーニの「凝視のドラマ」をはじめ、不安定なハンドカメラに内的状況を対象化しようとするゴダール、意識の状態を事物の現象学的記述に外化しようとするアントニオーニ、視線の軌跡を意識の反芻過程としてとらえようとするレネエなど、その例はいくらでもあげられる。ルーシュらシネマ・ヴェリテが、ヴェルトフの直接的後継者を自認していることは有名だが、大島渚が感動したという『ラ・ジュテ』の作家マルケルも、レネエとルーシュの中間に位置するれっきとしたドキュメンタリストであることを忘れてはなるまい。銘記すべきことは、彼らがいずれも、大島によって「必然的に説明を必要とする」から「前衛映画ではない」と切り捨てられたドキュメンタリー映画から、あるいは芸術ではないニュース映画からさえも、映像の説明性を超克して映像独自の表現を築く契機を、執拗に、そして主体的につかんできたことである。少くとも芸術家がもつべき精神の問題として、彼らと大島との差は決定的であろう。

享受体験の論理化を

事情は狭義の前衛映画をみる見かたについても同様である。たとえば大島は前記のごとく、ドキュメンタリー映画に説明性が必然的にともなうことを述べたあと、すぐ続けて「したがって、前衛映画は作家の内的なイメージによって全てが決定される映画の中から現われるだけである」と書いている。しかしなぜ「したがって」なのかは、ここでも大島はその理由を何ら明らかにしていない。ここにすけて見えるのは、「説明的でない映画」は「作家の内的イメージによって全てが決定される映画」であり、「前衛映画」は「説明的でない映画」のはずだから、「前衛映画」は「作家の内的イメージによって全てが決定される映画」であるという、いたって粗雑な三段論法である。

だが先刻の例をむしかえすまでもなく、「説明的でない映画」がかならずしも「作家の内的イメージによって全てが決定される映画」とはかぎらないし、「作家の内的イメージによって全てが決定される映画」も同様「説明的でない映画」とはかぎらない。後者については、百パーセント非具象的な像でつくられたフィッシンガーの作品が、百パーセント音楽の視覚的置きかえ（＝説明）に終始していたことをみても、あるいは百パーセント非現実的な像でつくられていたフローレイの作品が、百パーセント現実世界の事柄に、一対一の対応で意味（＝説明）づけらていたことをみても明らかである。大島もその矛盾に気づいていたからこそ、わざわざ「……の中から現われるだけである」と書き、その規定を条件的にしたのであろう。だが「全てが」とか「だけ」とかの断定が示すように、大島はその規定自身の誤りには気がついていないのである。

更に大島が「前衛映画は作家の内的なイメージによって全てが決定される映画の中から現われるだけである」と書き、すぐ続けて「しかし、作家の内的イメージほど当てにならぬものもない」と言うとき、大島はほとんど混乱していると思われる。彼は「映画的前衛」と古典的カテゴリーでいう狭義の「前衛映画」を混同し、「内面化された（もしくは主体化された）イメージ」と、「内部世界のイメージ」を混同しているのである。その区別をつければ、彼が言いたかったことは、「映画的前衛」はもっぱら「内部世界のイメージ」を追求する狭義の「前衛映画」からのみ生まれる、ということのように思われる。それが誤りであることは、すでにドキュメンタリーの可能性を検討したことによって明らかだが、私が強調したいのは、そういう横割りの切りかたからは、何ひとつ本質的な問題はでてこないということである。

もっとも大島は、ドキュメンタリー映画に関しては、これをミソもクソもいっしょくたにしてしまったが、前衛映画に関しては、そこにより本質的なものと非本質的なものがあることを、一応区別はしているようである。しかし本質的な要素と非本質的な要素の主体的な分析は少しもしていない。だからブニュエルはいいが「マン・レイ、ジュルメーヌ・デュラックその他前衛と称する素人映画製作者の殆どすべて」はつまらないと言われても、そこから具体的な示唆をうることはできないのである。ここでも必要なのは、なぜそうなのか、いかにそうなのかの追求であろう。前衛映画はとかく伝説化されてきただけに、いま何よりなすべきことは、それぞれの享受体験の論理化である。自分の眼と自分の心で見たことから、新たな発見ができないようではどうしようもない。

絶対映画と純粋映画

たとえば私が今度あらためて考えさせられたことの一つに、「純粋化」の功罪の問題がある。純粋化とはむろん映画固有の表現を徹底化することであり、そのことが前衛映画の最大の功績の一つとされてきたことは言うまでもない。しかし、ドキュメンタリー映画の記録性にプラスとマイナスの両面を抽出したように、前衛映画の純粋化の試みにも、プラスとマイナスの両面を抽出する必要を感じるのである。

　ところで私はそれをまず絶対映画と純粋映画の対比の中に見ようと思う。絶対映画も純粋映画も、その最大課題の一つは、明らかに映像表現を文学や演劇からひきはがし、その絶対性と純粋性を探求することに向けられていた。そしてその純粋化の原理に据えられたものはリズムだったのである。これら初期前衛映画がいかにリズムを重視したかは、たとえばデュリックやムシナックの理論を読めば明瞭であろう。たとえばムシナックは著書『映画の誕生』で、「文学よ、さらば！」と言い、「映画芸術家はそのフィルムをリズムづけ、リズムだけで満足できるようにしなければならない。また私たちの眼がリズムのかぎりない変化をみとめることができるようにしなければならない」と書いた。事実シュールレアリスム以前の前衛映画は、個々のショットの像も、ショットとショットのつなぎも、すべてリズムの観点から決定されている。リズムの重視は、映像表現を言語に置きかえ（＝説明）られない領域に連れこんだが、それは当然のこととして、映像から対象の日常的な意味（＝説明）を追放する方向に向ったのである。

　ところがここでちがいがでてくるのは、絶対映画はその像を非具象的なものに限定し、純粋映画はむしろ具象的な像をその基本単位にしたことである。その点意味性の否定度は個々の像を見るかぎり、純粋映画より絶対映画の方が、徹底していると言わねばならない。したがって、映像に固有な表現という点でも、絶対映画の方がより豊かな成果を生んでよさそうに思われる。しかしエゲリングの『対角線交響曲』とレジェ『バレエ・メカニック』をくらべるまでもなく、見た結果は、絶対映画の方が純粋映画よりもイメージにふくらみがないのである。リズム自体の追求では、両者にほとんど優劣はつけられないほどなのに、このちがいがでてくるのはなぜかという問題がここにある。

純粋性と意味性

　私がみるところ、その理由はおそらく一つしかない。明らかに純粋映画のイメージは、リズム自体からかきたてられるものと、像の意味からかきたてられるものとの、より複雑な複合として成立するからである。純粋映画のイメージが、ときには皮肉を帯び、ときには不思議な感覚の錯乱をひきおこすのは、すべてこのイメージの複合性に根拠を置いている。ただここで明確にすべきことは、複合されたイメージの次元では、個々の像の意味性（もしくは指示性）は、複合された映像の表現性に止揚されていて、それ自体としては伝達されないということである。あるいはむしろ、映像的に還元され、高度の表現的テンションをかけられた像として、なお次元を異にした意味性（もしく指示性）をもつと言うべきかもしれない。いずれにせよ、この矛盾の緊張した統一によって、イメージの豊かさが保証される事実は意味深長である。

同じ理由によって、私は更に、これら絶対映画や純粋映画より、シュールレアリスムの映画の方に、イメージの緊張と深さを感じたと言うべきであろう。むろん質的に低いシュールレアリスム映画（たとえばコクトーの『詩人の血』）より、質的に高い純粋映画（たとえばクレールの『幕間』）の方を評価するにしても、方法のもつヴェクトルの問題としてはそう感じるのである。たとえば前衛映画祭全体を通じて最高の作品ともいえるブニュエルの『アンダルシアの犬』をもちだせば、それと初期前衛映画との差は明瞭である。少くとも初期前衛映画には、『アンダルシアの犬』のような毒性のみなぎる猛烈なイメージはみられない。それらはえてして感覚の表層を刺戟するレベルにとどまりがちだったと言える。純粋化と意味の否定性が、映像を人間存在の本質的な深みに、いま一歩くい入らせることを妨げているのであろう。それは『アンダルシアの犬』が、ひたすら抑圧された世界の根源的な衝動、不安と願望、反逆と憎悪、血と死臭をかきたてるどす黒い映像に固執しつつ、それを更に映像表現の固有性の追求に、ひとまわり大きなスケールで統一させようとしていることと対照的である。ブニュエルは映像表現の固有性の追求においても徹底的であったが、表現のモチーフをその固有性の追求の側から規定できるほど、表現の根拠が浅くなかったということである。ブニュエルにあっては、イメージの追求はあくまでもイメージの根拠の追求であり、イメージの根拠の追求はあくまでもイメージの追求であった。それは別の見かたをすれば、映像の純粋性と意味性の対立と統一を内包するものだったのである。

吉本隆明について

ここで思いだすのが、吉本隆明の「映画的表現について」というエッセイである。吉本はそこで「映画表現は、現在の段階では、基本的に言語過程に媒介された映像過程として成立している」と前提し、「映画的な表現を、映像表現としてのみかんがえることは、いまの段階でまったく無意味であるが、将来、映画が、純粋の映像表現として成立する可能性はかんがえられるだろうか」「わたしはありうるとかんがえている」と書いた。吉本が「純粋の映像表現として成立する可能性」を将来の問題として考えたのは、映画史に対する吉本の無知を示したものにすぎない。前衛映画の基本体が、「純粋の映像表現」であろうとし、またありえたことはすでに見たとおりである。むしろ私が検討の手がかりにしたいのは、吉本が「言語過程を基本として成立している映画」と「形像過程（絵画的表現）を基本とする映画」を対極化した点であり、その両者の発生の根拠を全く別のものとみた点である。むろん私がこのくだりを思いだしたのは、それが先に問題とした映像表現の意味性と純粋性の関係に対応するからにほかならない。

ところで吉本は、この二つの映画を範疇的に併存させたが、両者の相互関係については考察の埒外に置いている。だが実質的には、この間に絶対的な境界などはないのである。一方の極に科学映画など、とりわけ客観性（＝意味性）の強いドキュメンタリー映画があり、他方の極に絶対映画など、とりわけ主観性（＝純粋性）の強い前衛映画があって、その間にもろもろの映画が、両者のバランスに規制されて存在するのである。あるいはむしろ、もっと積極的に、現在および将来の映画は、この両極を相互否定的な媒介として、両者の弁証法的な統一に向うべきであろう。その際、その対立と統一を緊張させればさせるほど、イメージはふくらみ、動的になり、テンションは高まるのである、その点、前衛的なドキュメンタリー映画は、「意味性」の側から出発してそれを「純粋性」の方向に緊張させようとしたものであり、前衛的な前衛映画は、「純粋性」の側から出発してそれを「意味性」の方向に緊張させようとしたものと言える。

批評的土壌を豊かに

〈世界前衛映画祭〉が現在の映画課題に投げかけたヴィジョンの本質は、以上述べたとおりである。私の持論によれば、その課題を戦前にはじめて自覚したのがブニュエルであり、それを戦後にはじめて自覚したのがレネエにほかならない。大島が衝撃を受けたと言い、私もまた同様の思いだったマルケルの『ラ・ジュテ』も、むろんその圏内にそびえる作品である。私たちの映画課題はしたがってすでに明らかであろう。それは大島が言うように「前衛映画と称する作品を私たちの映画的世界の平面にひきずりおろし」たり、「あるいは私たちの平面を持ち上げ」たりすることではない。それは「意味性」の側にあぐらをかいて「純粋性」の批判にうき身をやつしている素材主義（あるいはテーマ主義）の一面性を否定し、同時に「純粋性」の側にあぐらをかいて「意味性」の批判にうき身をやつしている映像主義（あるいはモダニズム）の一面性をも否定することであり、私たち自身の表現と表現の根拠をその両極の緊張した対立と統一の磁場に、大たんに投入することである。

その作業を主体的につきとめることもせず、「私の観たものの中で、私にわれ及ばずという感じを抱かせたのは、ルイス・ブニュエル『アンダルシアの犬』とクリス・マルケル『ラ・ジュテ』の二本だけであった。その他はすべて私の作品程度、大方ははるかに劣るものである」などと大島が言うとき、私がそこにみるのは、大島の意識の弛緩ぶりである。少くとも大島が『悦楽』をつくった地点でそう表現するのは妥当ではない。大島ばかりにからむようだが、それは大島がここ数年の日本の映画状況を良い意味でも悪い意味でも象徴してきているからであり、現状のゆきづまりを越えてゆく上で、なお私は大島に期待してゆきたいと思うからである。〈前衛映画祭〉とその反応に接しながら、私がいつも眼を向けていたのは、私たちの土壌の絶望的なばかりの不毛性だったのである。

アンチ・テアトルは頽廃か

二年ほど前のことである。花田清輝や井上光晴、宮本研らと共に鴉の会という劇作家・批評家集団をつくったとき、その研究会の席上で、近代劇を超克する契機のとらえかたをめぐって、私と武井昭夫が対立したことがある。

私はかねがねその問題を、メイエルホリッドからピスカトール、カイザーらを経てブレヒトに至る系列と、ジャリからアルトー、ボーチェを経て、ベケット、イヨネスコ、アダモフらに至る系列を、相互否定的に止揚する問題としてとらえていた。私がそう発言すると、さっそくそれに反対したのが武井である。ブレヒトに至る系列は評価できるが、アンチ・テアトルに至る系列は評価できないというわけである。理由はいかにも彼らしく、後者には状況変革のヴィジョンが欠落しているという主旨だった。

しかしそのような理由からアンチ・テアトルに至る系列に否定的なのは武井だけではない。最近『演劇入門』を書いた千田是也などもそうであり、そこではベケットやイヨネスコについて、「その特色は、私欲を肥やすためにこの疎外を利用しようとする勢力とそれとたたかう勢力との対決が最後の土壇場にきているいまの世の中で、世界の認識可能性や可変性を、そして、イデオロギーや政治行動を意識的に否定するそのイデオロギーや政治性にある」とまできめつけている。

だが果してアンチ・テアトルに至る前衛劇は、そのような切りかたで否定されるほどのものであろうか。少くとも演劇が世界とかかわる批評性ということを、ストレートに政治の尺度で計る安直さに私は疑問を抱かないわけにはゆかない。そのかぎりでは、「私たちは演劇に自治権を与えなければならないと思う。演劇を演劇自体でないものから解放しなければならないのだ」と書いたイヨネスコは擁護さるべきである。

そういえばイヨネスコが、かつてイギリスの評論家ケネス・タイナンとの間に交した有名な論争も、やはりそのあたりが衝突点となっていた。イヨネスコは何よりも、出来合のイデオロギーやプログラムにもたれかかったまま、その註釈や絵ときをしているにすぎないような演劇に批判的だったのである。

イヨネスコは演劇の固有性や自立性を強調するあまり、しばしばエッセイで現実忌避的な純粋主義を標榜してきた

一九六六―一九六七

ため、世のあわてものから芸術至上主義者と誤解されることが少くない。しかし彼が大の政治嫌いだからといって、現実に背を向けていると思ったらまちがっている。タイナンとの論争でも、彼は時代と人間の深部に横たわる苦悩の問題に触れ、「必要なのはこの苦悩の根源にわけいること、この苦悩のコンヴェンショナルでない表現を獲得することである」と言い、「すべての人間の根本的な問題は何かを知るためには、私自身の根本的な問題は何か、私自身の最も根深い恐怖は何かとみずからに問いを発するだけで足る」と語っている。つまりイヨネスコが言いたいことは、自己の内部をとことんこじあけることによってしか時代や他者に達しえないこと、それを演劇に固有なしかたで追求することにほかならない。

事実彼の作品は、いずれも現代の根深い病因を、彼自身の裸の眼で直視しようとしたものばかりである。たとえそれがニヒルでアナーキーであったにせよ、その根底にのたうち疼いているものの厳しさは、私たちの意識の曇りを剝ぎとらずにはおかない。私に言わせればそれこそが批評であり、そう言わなければ気がすまないというならば、それこそ変革につながるものなのである。

こう言うとなかには変革の方向が示唆されていないなどと、きまって愚かな疑問を抱く人がいるものである。しかし処方箋を提示することは、芸術にとっては中心課題でもなければ、必要なことですらない。必要なことは現実とののっぴきならないかかわりをイメージ化することであり、その意味を時代の根源的な条件に対応させながら問いつめることである。

したがって現在のイヨネスコを批判しようとするならば、たとえば『無給の殺し屋』あたりから以降の作品が（遺憾ながら今回上演される『犀』も含めて）、『義務の犠牲者』あたりまでの作品とくらべると、いささか説明的で平板になってきていることを批判すべきであろう。コミュニケーションをあせって啓蒙的になったり、置きかえ的な直喩に安住してもらっては困るのである。その点最近のイヨネスコは、彼自身が最も嫌った観念の絵ときに傾斜してきているのではなかろうか。ベケットが同じモチーフを堂々めぐりしながら、結局は『ゴドーを待ちながら』『勝負の終り』などの初期の作品を超えられずにマンネリ化しつつあるように、イヨネスコもまた同じおとし穴に落ちこんでいるようにみえる。

頽廃を問題にするとすれば、そこに頽廃への第一歩があると言えるかもしれない。なぜならそこには自己否定による発見の作業が衰弱しているからである。そしてその衰弱を克服するためには、常に現実とのダイナミックな接触が回復さるべきである。その次元で頽廃が問題となり、アクチュアリティが問題になるのならむろんいい。だが作品の表層に政治的現実のアクチュアリティがなく、あるいは人間の解体や頽廃が描かれているからといって、それを頽廃と呼ぶのは間違っている。それは逆にブレヒトに至る系列が、しばしば政治的現実を正面から扱っているからといって、芸術的でないと嫌悪するのに等しい。

その点マルクス主義者であるエルンスト・フィシャーが、サルトルらと共に行った「頽廃について」のシンポジュウムで、ベケットを教条主義者の攻撃から擁護したことは記憶に新らしい。フィシャーは頽廃に身をゆだねた意識と、頽廃を絶望的なまでに否定する意識とを、正当に区別したのである。日本のマルクス主義芸術家も、せめてその程度の前提くらいは身につけてほしいものである。それは柔軟性の問題であるよりは、本質の問題なのだから。

漂う孤独の表情――第４回フランス映画祭をみて

日本映画よりもかなり高い水準

〈第四回フランス映画祭〉が〔一九六六年一〇月〕十一日から十九日まで東京の東商ホールと草月会館で開かれ、最近のフランス映画およそ三十本が上映された。作品の出来はピンからキリまであったが、少なくとも現在の日本映画とくらべたとき、そのレベルは全体としてかなり高いところにあったと言わなければならない。

なかでも私が最も興味をひかれたのは、ゴダールとレネエの作品である。

ゴダールの『アルファヴィル』は、私に言わせるとレネエの『去年マリエンバードで』のゴダール版である。機械に支配され、すっかり人間性を失った都市アルファヴィルは、『去年マリエンバードで』の生きながらの死を象徴する城館にほかならない。城館に住む女主人公Aは、男Xの働きかけで「去年マリエンバードで会った」という記憶をとり戻して城館を脱出するが、アルファヴィルに住む女主人公ナターシャは、レミー探偵の働きかけで「愛」や「涙」の感情をとり戻して都市を脱出する。いずれもこの現実の人間不在感を、虚構の世界で追求したものだ。

とはいえ、『アルファヴィル』は決してレネエの二番煎じといった代物ではない。むしろそれはレネエに対する挑戦であり、事実ここにはゴダールらしいゴダールの才能が、きわめて高い完成度で発揮されている。

深い感動与えた『気狂いピエロ』

しかし私にいっそう深い感動で迫ってきたのは、次の作品『気狂いピエロ』であった。『気狂いピエロ』は一見『アルファヴィル』をちょうど裏返しにしたような作品である。この二つはスタイルも対照的であり。筋も一方が断絶から愛へと向かうのに対して、こちらは愛を失って断絶に至るという具合だ。

それにしても『気狂いピエロ』ほど孤独を感じさせる作品も珍しい。それは笑いやスリルをばらまきながら、徐々に私たちを深い絶望の淵へとひきずってゆく。愛と自由を求めて人間らしく生きようとするフェルディナンは、愛にも、新しい生活にも破れて、遂には裏切り去ったマリアンヌを殺し、自分もダイナマイトを頭に巻きつけて自爆する。あとには静まり返った海と空が、死の空間のように広がるだけで何もない。『軽蔑』に似て、それよりもずっと悲惨な幕切れである。しかしそのうつろな空間には、ゴダールの疼きが鋭く逆説的に塗りこめられていたことは言うまでもない。『勝手にしやがれ』『女と男のいる舗道』と共に、私が最も心をうたれたゴダール作品である。

しかし『男性・女性』となると、むしろ方法的興味が一歩先行してしまった感が強い。この作品の面白さは、ゴダールがフランス映画の新しい傾向として注目されているシネマ・ヴェリテのインタビュー形式をとり入れ、若い世代を「マルクスとコカ・コーラの子ら」という観点でモントレ（提示）している点である。しかしここには何かが出かかりながら、その追求が十分煮つめられていないことを否定できない。

本質的な問題作『戦争は終った』

レネエの方は『戦争は終った』一点だが、やはり重たい感動があとに内向して残る作品だ。『去年マリエンバードで』と一見正反対の作風にみえるのも、ロブ＝グリエに批判的なスペインの亡命作家ホルヘ・センブルンが脚本を担当しているせいかもしれない。

主人公ディエゴは、パリとスペインを往復しながら反フランコの地下活動に従事している孤独な亡命革命家である。孤独というのは、祖国から疎外されているということでもあり、彼が前世代のコミュニストにも、若い世代の過激派にも、それぞれから批判され、また彼の方も違和感を抱いているということでもある。あるいはさらに、困難すぎるほどの状況と戦線の不統一、加えてしわ寄せされた家庭生活の危機、そんな板ばさみの中で、ほとんど絶望に襲われながら、なお再度スペインへ向かうディエゴの本質が孤独なのである。

『戦争は終った』は、決してレネエの最高作ではない。しかし私は、レネエが現代の核心ににじり寄りながら、あえてシジフォス的状況を背負おうとしていることに共感するのだ。『戦争は終った』は、疑いもなく『気狂いピエロ』と共に、今回の映画祭中最も本質的な問題作である。

詩を感じさせるブレッソンの作

次にぜひ挙げておきたいのが、ブレッソンの『バルタザールがゆきあたりばったり』である。一匹のロバが歪んだ人間世界を渡り歩きながら、キリストを思わせる受難の一生を終える物語だ。そういえば傷ついたバルタザールが、羊の群れに囲まれながら死ぬ丘はゴルゴダであろう。それは厳しい詩を感じさせる感動的なシーンであった。

それにしても胸をうたれた作品がいずれもひどく孤独な表情を漂わしているのはなぜなのだろう。現代の本質がそうだからか、私の心境がそうだからか。いずれにせよ考えさせられる問題である。

失望したカミュの『世界のうた』

あと何らかの意味で私がひきつけられた作品としては、ヴァルダの『創造物』、カイヤットの『シンデレラのための罠』、ラプノーの『城の生活』、アリオの『老婆らしからぬ老婆』を、期待していただけに失望した作品としては、カミュの『世界のうた』、アストリュックの『長い道のり』を、それぞれついでながらつけ加えておきたい。

橋の上に展開する人生の姿

——アンドリッチ著『ドリナの橋』(松谷健二訳)

読みはじめたとき、私は何とも悠長なペンの運びにいささか退屈した。忙しい最中だったので、私のせかせかしたリズムと、この作品のゆったりしたリズムとが、すぐにはうまく噛み合わなかったせいもあるだろう。実を言うと、最初は書評を引受けたことを後悔したほどだったのである。しかし観念してしばらく読み続けてゆくうちに、何かじわじわと私の心に触れてきはじめたことを否定できない。私ははじめの苛立ちも忘れて、いつのまにかこの大河のような物語の中にひきこまれていた。『ドリナの橋』はそんな小説である。

ドリナの橋とは、セルビアとボスニアを結ぶためドリナ川にかけられた唯一の橋で、小説はトルコの大宰相ソコル・メフメド・パシャがこの橋を建てたいきさつから第一次大戦で橋が爆破されるまで、その間約四百年の歴史をクロニクル風に描いている。

したがってここには数えきれないほど多くのエピソードと、数えきれないほど多くの人物とが登場する。サド顔負けの残酷物語もあれば、強いられた結婚を苦にして橋の上から投身自殺をする可憐な乙女の悲話もある。さまざまな民間伝承もでてくれば、ひそかに橋の上の休息所カピヤに集まって天下国家を論じ合う学生たちの姿も描かれる。ユーモラスな話、悲痛な話、美しい話と、実にヴァラエティに富んだ数々のエピソードが淡々とした口調で展開されるのである。

私はまずそれらのエピソードや人物の描写の的確さに感心しないわけにはゆかない。さりげなく語られてはいるが、それらはいずれも独立した短篇としても読めるほど、それぞれ個性的で彫が深く、珠玉のように磨きあげられている。しかも見事なのは、それら多くのエピソードが、全体として平板な羅列に終ってはいないこと、最後まで息切れすることもなく、均整のとれたペースで読者をぐいぐい引張ってゆくことである。少くともこれだけの文学的力量と文体の魅力をもった小説はそうざらにはない。

しかし私をいつのまにかこの大河のような物語の中にひきこんでいったものは、何よりもそこから浮びあがってくる歴史というものの姿だったのである。アンドリッチがこの小説を四世紀にもわたるクロニクルとして書いた意図もそこにあったろう。事実彼は、繰返される歴史の悲惨さを、

一九六六—一九六七

悲哀と怒りをこめて語りながら、ほとんど絶望と諦めすれすれのところで、なお人間について希望を持とうとしているかにみえる。

無残な歴史の流れにじっと耐えながら、確固として存続するポジティヴなもの、アンドリッチの模索がフォーカスを結ぶ一点はそれである。そしてそれがあらゆる風雪に耐えてきたドリナの橋にシンボライズされていることは言うまでもない。しかしその橋も第一次大戦のさなかに爆破されてしまう。

だが彼はこの最後のエピソードの最後の主人公に、その死の直前にこう考えさせる。『すべて整え、飾り、変え、直したいと思うとすぐ飲み込み、ぶち壊してしまうこの人非人たちは地表をおおうかもしれない。………だがそうでないことが一つだけある。………地上の人間の生活をより楽しくする偉大で聡明な人間がすっかり姿を消してしまうこと。………こんなことはありえない」と。むろんこの主人公の考えは、そのままアンドリッチの歴史観にほかならない。ちなみに彼はこの小説を第二次大戦のさなかに書き続け、大戦が終った年に発表しているのである。

『ドリナの橋』は一九六一年度のノーベル文学賞を受けたという。ノーベル賞受賞作ということもさることながら、私はこれまで紹介されていなかったユーゴスラヴィアの代表的文学に触れたこと、この小説から私なりにしきりに人間の歴史について考えさせられたこと、それだけでも『ドリナの橋』を読んでよかったと思っている。

人間座に期待する

『新日本文学』〔一九六六年〕十二月号の演劇時評で、津野海太郎が人間座の『愛奴』をかなりこっぴどく批評しています。いま雑誌が手元にないのでこまかいことは忘れてしまいましたが、要するに栗田勇が「演劇的空間」だの「存在論」だのと深遠ぶった前口上を書いているが、あんなのは薄っぺらなこけおどしにすぎず、新感覚派や新興芸術派への逆行じゃないかというわけです。

津野のいうのはいたって常識的な正論であります。しかし栗田だってあれがいまの新劇からすると、およそ超アナクロニズムだぐらいとうに承知のうえで書いたのではないでしょうか。つまりその「超」というやつが曲者であって、栗田は思いきりトラックを一周遅れて先頭に立つ実験をしているように思われます。そういうことは誰にでもできそうでいて、実のところ凡人にはなかなか真似できることではありません。

あのナレーティヴな方法もそうです。あんなこと普通じゃとても恥かしくてできません。少くともおよそ非演劇的で説明的なやり方であります。こういう小生もはじめのうちは内心バカにして見ていたのですが、それが度を越してやがて一つの不思議な魅力を発散しだしたのに感心しないわけにはゆきませんでした。やはり『愛奴』には刺激になる何かがあったことは事実です。

もっとも『愛奴』は一歩間違えれば収拾がつかなくなるほど扱いにくい作品だったろうと思います。つまりあのホンを演出しようというのはバカか天才じゃないかと言いたくなるほど演出のメドをたてにくいホンであります。事実あれを凡庸な演出家が手がけたら目も当てられないものになってしまったにちがいありません。むろん栗田も軽蔑と嘲笑の的になるくらいがオチだったろうと思います。それをあそこまでもって行けたのは、ひとえに演出家江田和雄の豊かな想像力と強靱な演出力に負うものであります。

江田は小生が知っている演出家の中でも最も可能性を感じさせる演出家の一人です。そのことは小生自身舞台の演出もした経験があるだけによくわかるのです。彼は決して器用なタイプの演出家ではありません。しかし何よりも詩的なインスピレーションが豊かです。それに本ものの芸術家だけがもっている特有な偏執性があります。それは彼が手がけてきたレパートリーをふり返ってみれば明らかでありましょう。少くとも人間座の個性的な舞台は江田の才能を抜きにしては何一つ生まれなかっただろうことを疑えません。

現在小劇場運動が活発になってきたことは喜ばしいかぎりです。小劇場こそ大劇場ではできない実験的な舞台が見られるからであります。なかでも小生は独特な創作劇をこつこつやってきた人間座に大きな期待を抱かずにはおれません。人間座には何よりも精神的な冒険があるからです。とりわけ小生が気に入っているのは、職業的な劇作家ではないが、新らしい演劇に深い関心をもつ個性的な芸術家のホンと一貫して取組んできた点であります。そこに人間座と江田和雄の独自な賭けがあることは言うまでもありません。

その人間座と江田が今度は寺山修司の新作をとりあげると聞きました。寺山はすでに人間座で『吸血鬼の研究』をやっていますから、人間座と寺山が組むのは二回目ということになります。『吸血鬼の研究』については小生もかつて紹介的な批評を書き、この新聞〔『人間座』〕にもたしかこの春の再演にあたって掲載されましたのでここではそれ以上とやかく言うことはありません〔I巻四五七頁を参照〕。しかし『吸血鬼の研究』は大へんイメージの豊かな仮面劇であったことを繰り返えしておきたいと思います。あれは人間座の芝居の中でも、また寺山の戯曲の中でも代表作と言えるものでした。そのコンビが今度の『アダムとイヴ』でどのような舞台を繰りひろげるか、小生の期待はいまやその点にじりじりした思いで向けられているのです。

作品研究──『魂のジュリエッタ』

1 はじめに

フェリーニは『8½』を完成したあと、その実験からえた啓示の大きさを強調しつつ、「私は今まで自分がやってきたことをもう一度最初からやり直し、これまでの自分の映画をすべて作りかえることさえ可能だろうという気がする」と書いた。『魂のジュリエッタ』をみて、とっさに私が思いだしたのはその言葉である。

『魂のジュリエッタ』が外見上『8½』に最も似ていることは言うまでもない。そこでは記憶や想像に現実と同じリアリティを与えながら、意識の流れを内側からとらえようとする『8½』の方法がそのまま踏襲されている。幼児体験の重視をはじめ、欲望と抑圧の構造を基軸にした精神分析学的設定もそうだ。その意味では、『魂のジュリエッタ』は、何よりも『8½』の姉妹篇である。しかし同時に、そこには過去のフェリーニ作品を、この新たな方法のもとに、一つに綜合しようとする意図があることを見落すことはできない。たとえばドラマの状況的基盤を、ブルジョワ階級の腐爛した生活に置いている点は『甘い生活』のそれであり、主人公の孤独な魂の遍歴とその救済をモチーフにしている点は『道』や『カビリアの夜』のそれを思わせる。むろん乱痴気パーティ（祭）や行列、サーカスや子どもたち、海の広場、いかさま師や娼婦、心霊術や宗教的儀式、それらバロック的な道具立ては、ジルベール・サラシャの言葉をかりるとすべてフェリーニ作品に一貫した「常数」だ。

こうみてくると、『魂のジュリエッタ』は明らかに、フェリーニが過去の自身の仕事を一応集大成しようとした作品と言える。少くともその意図をもっていたことはまちがいがない。だがその集大成は、果してどれほどのレベルで実現しているであろうか。それはトータルなものとして、『8½』や『甘い生活』の達成度を抜きえているであろうか。このような問いが次々と浮かんでくる。

しかしここでは問いを設定するだけで結論を急ぐまい。むしろその問いに私なりの答えをだすためにも、私はひと通り作品に即して分析と吟味を展開しようと思う。

2 心の陰圧と霊の囁き

まず冒頭のシーンは、一五年目の結婚記念日を迎えたジ

一九六六―一九六七

ュリエッタが、思いきりおめかしをして、夫ジョルジョの帰宅を待つところからはじまる。しかしフェリーニは、全二時間一七分という大作にもかかわらず、すでに冒頭から単刀直入にモチーフの中心に向って切込んでいる。

二人の女中をせかせて、かつらや衣裳の選択に大さわぎをするジュリエッタは、最初は後姿でしか現われない。動きまわるアップの望遠ショットと、ひっきりなしのセリフと、はしゃぐようなニーノ・ロータの音楽が、いやでも彼女の苛立ちを浮かびあがらせる。やがてこちらを向いた彼女は、すでに盛りを越して容色も衰えだした（それも美人とは言えない）女だ。私たちは最初の数分で、すでにジュリエッタが、夫を愛しながらもいささか自信喪失に陥っていることを理解する。

しかし帰ってきた夫はその日が結婚記念日だったことを忘れている。しかも彼女にとっては招かざる客をぞろぞろ連れてくるのだ。失望と寂しさに襲われながら、なおそれを他人の前に見せまいとするジュリエッタ。このあたりマシーナの演技は絶妙である。少くともジョルジョが彼女ほどホットの状態ではないことを対照させることによって、フェリーニはいちはやく、主人公夫妻の心の間隙とジュリエッタの不安という、この作品の第一主題をきわめて的確に軌道に乗せている。その手並は何とも見事というほかはない。

続けて第二主題が現われる。『甘い生活』にもでてきた心霊術だ。霊や妄想が跋扈する第二主題は、むろんジュリエッタの心の陰圧が呼びこむものであり、その意味で第一主題のネガ像にほかならない。心霊術ではイリスという名の霊が現われる。イリスは自分を美人だと言い、「恋は万人の幸福」という言葉を繰返すが、それは言うまでもなくジュリエッタの願望を対象化したものだ。

こうして彼女がイリスに憑かれたところで、ドラマが自転する内在的な矛盾の設定は基本的に完了したと言える。あとは第一主題と第二主題を絡ませながら、相乗的にその矛盾を深めてやればいい。事実フェリーニは、すべてを無駄なくその点に集中するのである。

翌朝ジュリエッタが目を覚したとき、すでに夫がいないということもそうだ。彼女はいやでも寂しさを自覚し、そのことはすぐさまイリスの囁きを呼び戻すことにつながってゆく。続く海辺での霊についてのおしゃべりや、そのとき一瞬彼女の脳裏をかすめたあるサーカスの女（あとで幼少時代の記憶と結びついていることがわかる）など、あるいは彼女のコンプレックスをかきたてる隣家の美女の出現などは、すべてその直後にくる彼女の悪夢を準備するものである。

悪夢は無気味な色調と不快な電気的音響をともなって現われる。ジュリエッタが赤服の男から一本の太綱を渡されるのは、おそらく突然やってきた彼女の不条理な運命を暗示しているのだろう。そういえば綱はその先にもろもろの怪物をひきずっている。ジュリエッタは恐ろしさのあまり救いを求めるが、一緒にいた医者は遠くの方で首を横に振るだけだ。彼女は逃げようとするが足がこわばって逃げられない。それは明らかに彼女が抱いている不吉な予感を暗喩した夢である。それにしてもこの夢の特殊な色彩は秀逸だ。イメージもそれ自体としてはまあまあだろう。ただ『8½』の冒頭の夢とくらべて、どうしても「額縁に入れられた夢」の弱さがあることを否定できない。

3 疑惑・焦躁・煩悶

ところでその夜、ジュリエッタは意識的に夫との触れ合いを求めているかにみえる。その意味では「けさ海岸でお医者に言われたわ」と、途中まで言いかけてやめた彼女のセリフが重要だ。「霊に効くのは御主人に要求することです」と、ごく冗談のように言った医者の言葉さえが、彼女には深刻に刺さっていたことを知るからである。しかしその意志は疎通しないまま、夫は彼女に背を向けて寝てしまう。しかも彼は寝言で「ガブリエッラ」という女の名を、はっきり二度囁くのだ。ジュリエッタが烈しいショックを受けたことは言うまでもない。

翌朝彼女はその女のことを追及するが、彼は知らぬ存ぜぬの一点張りで出かけてしまう。そのとき「扉をたたくと返事がない」と、ラジオがさりげなく童話らしい物語を朗読しているのが印象的だ。また電話が鳴って、女中が受話器をとると切れてしまうというインサートもうまい。むろんいずれもコミュニケーションの一方的中断をイメージしたものである。

第一主題の次には、例のごとく第二主題が押しだされてくる。インドからきたという予言者ビシュマとの出合いがそうである。ビシュマのホテルを訪ねたジュリエッタは、通りすがりの広間で結婚披露宴が行われているのをみて立どまる。そのときたまたま牧師が夫婦の永遠の愛についてしゃべっているが、それを痛切な面持で見ている彼女の印象が鮮かだ。

彼女が単身ビシュマの部屋を訪ねてからのくだりは、全篇中最も圧倒的な表現の一つである。どぎつい色彩、ごてごてした小道具、いらいらするような扇風機の音、それらがまた実に効果的にこのグロテスクなイメージの構築に寄与していることを見落せない。むろんそのどす黒い渦の中心にいるのが、醜悪な怪女ビシュマだ。ビシュマはジュリエッタに、性は闘いでその戦場は肉体だという快楽の思想を語りかける。老いさらばえたビシュマが、いやらしいしわがれ声で情熱的にセックスを語り、薄気味悪い声をあげながら「私は美しいですか」などと身をよじるさまは、どうみても化物としか言いようがない。しかしそれゆえに、そこには女という性の本質が、むせ返るほどの濃度で表現されているのだ。ビシュマは次第にナルシスティックな興奮を高め、やがては身をかきむしり、呻き、のけぞり、うわ言を叫び、ほとんどエクスタシーを思わせる狂乱の絶頂に突入する。その中でイリスの名がとびだし、馬やサーカスの女の幻想が交錯するが、客観と主観が混交するそれら動的なアップ・ショットのモンタージュは、私たちをバロック的な眩暈のるつぼに導かずにはおかない。だがその吐気を催しそうなイメージは、むろん誰よりも錯乱の極地に達したジュリエッタのものである。

部屋をとびだしたジュリエッタは、帰りの車の中で、イリスとは彼女が子どもの頃、彼女の祖父と駈落した例のサーカスの女ではなかったかと考える。すると画面に展開するのはその回想だ。フェリーニ得意のサーカス・シーンが、『8½』のラストに似た音楽で繰ひろげられ、最後に祖父はその色気たっぷりなサーカスの女と、古風な飛行機にとび乗って駈落する。ジュリエッタの記憶にその幼児体験がこびりついていたのは、彼女を可愛がってくれた祖父を横取した女として、子ども心にもそのサーカスの女を強い嫉妬と憧憬の対象にしていたからにほかならない。その女がいまジュリエッタの記憶に浮かびあがってきたのは、明らかにいま夫を横取しようとしている女に対して彼女が抱いている気持が、それと酷似した彼女の幼児体験を呼び覚したからである。

さてジュリエッタが家に帰ると来客がいる。その優形な二枚目の男は、彼女に手製の飲物をつくって進上する。その飲物の名はサングリラ……、彼女がビシュマの部屋を逃げだしたとき、後から「どんな渇きも癒す」と言ってビシュマがすすめた飲物だ。その男ホゼは、闘牛の話をしながら、「感情が澄み心が純粋ならば、怪物は負ける」という意味のことをしゃべるが、彼女は次第に彼の話にひきこまれ、いつのまにか心がなごんでゆく自分を発見するのである。おそらくホゼもまた、心の安らぎを求めるジュリエッタの、いま一つの願望が招いたデウス・エキス・マキーナとみるべきだろう。ともあれ物事は心の持ち方次第という哲学は、以後ラストに結実してゆく流れとして重要である。

4 モラルとア・モラルの間の動揺

しかしその一時的な心の安定も、翌朝ジュリエッタの目覚めと同時に破られる。彼女はジョルジョがひそかに女と電話をしているのを聞いてしまうのだ。それでも彼はあくまでもシラをきるが、もはやどうみてもその事実は動かしようがない。彼女は妹に付添われて興信所を訪れる。

探偵はいくつかの質問と説明をしたあと、調査にふみきるかどうかはよく考えて決心してくれと言う。そのときジュリエッタの内心の葛藤に、祖父（教師だった）の不道徳を非難した校長が現われる。むろん校長はこの世の秩序と倫理のシンボルだ。しかし彼女は結局校長の側に立って調査を依頼する。あくまで正義と裁きの座標に身を置こうとする彼女が、ここでは純白の服を着ていることを見落してはならない。あとで彼女が自暴自棄になってむしろ背徳の側に身を投げようとするとき、そこでは対照的に真紅の服を纏うからである。

モラルとア・モラル、抑制と欲望、神と悪魔、魂と肉体のモチーフは、そのあと彫刻家の友人との対話の内容となり、更にそれをきっかけとしてジュリエッタを再び幼年の記憶に連れ戻す。尼僧院で行われたローマ時代の殉教劇に、彼女が聖女のモデルとして選ばれたときのことである。聖女は軍隊につかまり信仰の放棄を強要されるが、彼女は「私の望むのは魂の救いです」と答えて火炙りの刑を受けるのだ。だが彼女がいざ昇天する段となって、劇は祖父の手で中断されてしまう。それをまた校長が阻止しようとするが、火刑台の彼女の前で祖父と校長が対立し合う構図は、そのままそれを回想するジュリエッタの現在の心境を示すものである。

翌日庭に迷いこんだ猫を返しに、ジュリエッタははじめて隣の家を訪問する。その鉄柵の門をあける彼女は、はじめて足を踏入れる世界への好奇心でふくらんでいる。その門は一見堅く閉されているかにみえながら、実はその気になればいつでもあいているというのが象徴的だ。むろんつい隣にありながら、それまで閉ざされた門の向うにあった世界とは、官能と快楽の世界にほかならない。だからこそ隣家の女主人スージイは、サーカスの女と同一人物として描かれるのである。

スージイはジュリエッタを心よく迎え、彼女の家の中を案内する。多くの男女がけだるく彷徨するこの家の世界は、いわば『甘い生活』のヴァリエーションであろう。スージイを筆頭に人々はすべて快楽のためだけに生きているかのようだ。娼婦もいれば失恋して三度も自殺しかけたという女もいる。ジュリエッタはふと失恋して自殺した学校友だちラウラを思いだすが、これはラストでラウラが特別の意味をもって登場するための伏線だ。天井に鏡を張った豪華な寝室をみながら、ジュリエッタはスージイの魅力に一面で強く惹かれる自分を隠すことができない。そのとき「スージイはあなたの先生よ」というイリスの声が聞えてくるが、それはむろんジュリエッタの内心から頭をもたげてくる声である。

しかし反面彼女がスージイに無条件にはついていけないことも事実だ。彼女は松林の木のてっぺんにあるスージイの秘密の閨房に案内されたとき、驚きと反発を感じてあわてて引返さざるをえない。そのあと彼女が二人の姪に「迷宮」の童話を聞かせるところがあるが、「行けばゆくほど迷うのよ」という言葉は、そのまま彼女の心中の迷いを物語っている。

5 悲嘆・自棄・錯乱

連絡を受けて興信所にかけつけたジュリエッタは、そこで夫の行動を盗み撮った八ミリや録音テープなどの資料をみせられる。花などを買っていそいそと女に逢いにゆくジヨルジヨ……。ジュリエッタが眼を伏せ、押しつぶされたように首を振るのが哀れだ。ガブリエッラ、二四才、ファッション・モデル。いちゃつくふたり。ジュリエッタの眼に涙が浮かぶ。しかしフェリーニはその程度ではまだ容赦しない。テープからは「君は完全だ」と、ジョルジョが女を讃美する声が流れる。夫の中の見知らぬ他人……。無神経な探偵が、意地汚なく途中で費用の話をちらつかせる。キスを交すふたり。ジュリエッタはもうそれ以上耐えることができない。女が車から手を振る画面に、突然ジュリエッタの影が黒々と立ちあがる。真似ができそうでいて、決して誰もができるというわけにはいかない強烈な表現だ。

致命的な打撃を受けたジュリエッタは、ほとんど自暴自棄の気持でスージイのパーティに出かけてゆく。先にも触れたように真紅の服を着てだ。祭とも儀式ともつかぬフェリーニ十八番のパーティ・シーンが展開する。しかしジュリエッタは一切忘れてその中に溶けこむことができない。ガブリエッラのことを問いただす始末だ。そしてそこには明らかに嫉妬と憧憬の複雑な葛藤が顔を覗かせている。やがて彼女は一人離れて階段の途中にうずくまってしまう。喧噪の中の孤独というやつだ。彼女の眼から涙が流れ落ちる。

そこまで追いこんだところで、フェリーニは一人の美青年を登場させ、スージイに挑発させてジュリエッタの気を惹きつけてゆく。パーティも終りそれぞれ適当にカップルをつくって姿を消しはじめたころ、スージイは彼女を天井に鏡のついた寝室に通して、例の美青年と浮気をするようそそのかすのである。「スージイの言うとおりにしなさい」と囁くイリスの声は、例のごとく誘惑に溺れようと思うジュリエッタ自身のもう一つの声にほかならない。彼女は美青年を前にしてベッドの上に身を横たえる。そのとき突然、彼女の幼児体験と結びついた例の火炙りの聖女が、「ジュリエッタ、何してるの」と彼女をとがめるように現われるのだ。すっかり我をとり戻したジュリエッタは、はじかれたようにスージイの家から逃げ帰るのである。聖女の幻覚がイリスとは逆に、彼女自身の抑圧と自己監視を意味することは言うまでもない。

欲望と抑圧の葛藤に引き裂かれたジュリエッタは、我家で大勢の客を接待しながらもそのことばかりに心を奪われている。フェリーニはここでもまた、彼女の外側で進行している事柄と内側の想念とを、どちらにも同等のリアリティを与えて描くのである。さまざまな幻影が入れ替り立ち替り執拗に彼女を襲撃するが、それらは全く二つの対立し合う系列のものであることを見落してはならない。むろんスージイや裸の女たちは欲望のシンボルであり、火炙りの聖女や尼僧の列などは抑圧のシンボルである。

しかしジュリエッタはもはやいずれの観念をも信じることができない。対立し合うようにみえながら結局は楯の両面のように補い合うそれらの倫理的先入主から逃れようとするとき、そこにフェリーニがすべりこませてくるものは「自然」である。ホゼが彼女に水の純粋さを語り、はじめて登場する精神科の女医が樹木の素直さを説くのがその伏線だ。だがジュリエッタは、孤独を恐れるのは逆にそれを望んでいるからだという女医の意見には同意することができない。そこにいま一つの自己合理化をかぎとるからである。

6 魂の救済

ジュリエッタは意を決してガブリエッラの家を訪ねる。たまたま彼女は不在だ。しかし机の上にはジョルジョの写真があり、女中の口からは近く二人が一緒になろうとしていることを知らされる。敗北感を噛みしめて家に帰ったジュリエッタは、それを裏付けるかのように夫が旅行の準備をしている姿をそこに見る。むろんガブリエッラとの旅であることは明らかだ。そのときテレビが「私たちは幸福な夫婦です」と、バカみたいなコマーシャルを放映しているのも皮肉である。

しかしジュリエッタはもうそのような夫を非難しようとはしない。むしろそれが最後になるかもしれない食事を自分の手で作ってやり、優しく彼を見送ろうとさえするのである。ジョルジュを婚約者として母親にはじめて紹介したときのこと、ふたりが幸わせそうに抱き合って寝ていたときの姿などが回想される。しかしいまではすべてが終ったのだ。ジョルジュは半ばガブリエッラのことを告白する。しかし最後まで言葉を曖昧にしながら、結局はそそくさと出て行ってしまうのである。

一人部屋にとり残されたジュリエッタの前に、その心の極度な陰圧を一気に埋めようとするかのようにもろもろの幻影が現われる。冒頭の悪夢に似た暗い色調の空間に無気味なテントがよぎる。それは最初の海辺で隣家の美女が現われたときのテントから連想されているのかもしれない。

赤服の男は探偵だ。テントの下にいる白服の男は心理学者バッリである。失恋して自殺したラウラがジュリエッタを死の国にさそう。家の中を逃げまどう彼女に、更にスージイが、美青年が、ホゼが、黒衣の尼僧の列が、占い師が、医者が、恐ろしい超現実的な像として襲いかかってくる。彼女は助けを求めて母親を呼ぶが、母親もまた奇怪な幻影でしかなく彼女を救うことはできない。要するに自分を救うものは自分でしかないのだ。彼女は母親の制止をふり切って、彼女の前の未知の扉をあける。

その向うに彼女がみたものは、焰の鉄柵に縛られた幼少時代のジュリエッタである。彼女はその縛られた手をほどき、昔の自分をしっかり抱きしめる。あらゆる観念の拘束から子どものような純粋な魂を解放するという、フェリーニに一貫した主張がここに塗りこめられていることは言うまでもない。事実それと同時に一切の妄想は消え、明るい日ざしの中で怪物たちの衣裳や小道具だけが、古ぼけた幌馬車にぶらさげられてユーモラスに立去ってゆくのをみるのだ。おそらくそこでフェリーニは、純粋な心ですべてをあるがままに見るならば、人生とは所詮サーカスのようなものだと言いたかったのだろう。そう悟り、すべてを愛のまなざしのもとに許すとき、そこに魂の救済が可能だというのがフェリーニの人生観だ。
家の外に出たジュリエッタが、すがすがしい「自然」と豊かな交感をするラストはその意味である。

7 おわりに

さて最後に私は、作品全体に対する私なりの評価を語るべきであろう。まずはっきり言えることは、『魂のジュリエッタ』はこれまでみてきたように、その緻密な構成力といいい、その奔放な想像力といいい、あるいはそのダイナミックな表現力といいい、やはりめったには現われない一級の作品だということである。『8½』や『甘い生活』などの集大成という点でも、ことそのかぎりにおいてはかなりのレベルで実現されていると言える。フェリーニがはじめて手がけた色彩映画という点でも、きわめて個性的な開花があったと言わなければならない。

しかしいま一つ何かが食い足りなかったことも、私としては否定できないところである。『8½』と『甘い生活』の魅力を合わせ持っている点を私は注目するが、トータルなイメージの達成度としては、『8½』や『甘い生活』に相対的に劣るのではないかということだ。少くとも『魂のジュリエッタ』は、前二作にくらべて時代の根源的な条件に対する問いかけがやや浅い。私に言わせると、それは愛の危機を時代の危機にかかわらせる厳しさが、いささか弱かったということである。主人公の意識を抉りだす点の表現は抜群だが、その深い意味をこじあける点の追求が括弧にくくられているのだ。つまりは愛の危機を招く根本の条件設定が単純すぎたということにはほかならない。

それからいま一つ疑問が残るのは、例によって最後に主人公が矛盾を解決する仕方である。私は『8½』についてもあるところで「挫折と失意におち込んだグイドは、何を契機に真実を悟るのか」と問い、その悟りの無媒介性を衝きながら「作家とは何よりも、その契機と変貌の内面過程を描ききるものではないか」と書いた。

それはフェリーニの他の作品についても言えることだが、『魂のジュリエッタ』もまたその欠陥をまぬかれてはいない。扉をあけることで真実を発見するというのは本当の発展にはならないし、純粋な魂＝自然への回帰という点に救済の契機を見る思想には安直さを感じるのである。その点では私は『甘い生活』がいちばん厳しかったように思うがどうであろうか。いずれにせよそれはフェリーニにとって今後の主要な課題となるだろう。とはいえ『甘い生活』『8½』『魂のジュリエッタ』ときたフェリーニの歩みに、

一九六六―一九六七

現代映画の最大の可能性の一つをみる私の考えは変らない。批判もまたそのレベルでの批判なのである。

威勢のよい保守主義者——石堂淑朗の批判に答える

この半年、私に対してさまざまな批判のつぶてが投げられた。批判は方向も立場もそれぞれちがうが、その主なものは石堂淑朗、飯島耕一、大島渚、そして花田清輝に武井昭夫といったところ。いずれも直ちに反論しようと思いながら、多忙と筆無精でもたつくうち、何となく気が乗らなくなって、以後それっきりというのが実情である。

しかし野次馬というのはうるさいもので、私が黙っているのは、私がやりこめられてグウの音もでないからだと噂しているという。噂など私は一向気にしないが、批判の中には内容的に争点を曖昧にできないものもあるので、最近ようやくやる気を起してまず武井昭夫と『映像芸術』再刊一号で面と向って論争した。論争は課題を共有しようとする前提を確認しつつ、しかも対立すべき点は相互にとことん対立したため、問題の所在はかなり明確に出てきたと思っている。

次は誰か。そう思っているところに、石堂淑朗脚本になる『女のみづうみ』が封切られた。『女のみづうみ』は厳密には大野靖子や吉田喜重との共同脚本だが、初稿も石堂、全体を通じて中心だったのも石堂だ。一応石堂の脚本として扱っても不当ではあるまい。そこでこの機会に、『女のみづうみ』脚本批判を兼ねて、石堂淑朗の「再び〝美学よ去れ〟」(『映像芸術』一九六六年四月号)にも反論を加えておこうという次第である。

「再び〝美学よ去れ〟」は、私の脚本「瀕死の太陽」(『映画芸術』六五年十二月号)を批判しながら私の映画思想に根本的に対立した(と石堂が思っている)ものである。そのエッセイで石堂は、「松本は映像一般というものを確信しすぎている」が、「映像的ということは即超階級的であり何処となく映画におけるいわゆる純粋芸術の再生なのではあるまいか」と問い、「大島渚の、映画は相対的な非芸術という信念の強さ」や、「シナリオさえしっかりしていれば演出者はむしろ凡庸なほうがいい」と主張する小川徹に共鳴しつつ、「つぶれかかって、千五百万でしか映画が作れないこの日本映画界で何で絶対的映像を持ち廻るのか」と書いた。何のことはない、「再び〝美学よ去れ〟」の論旨はただそれだけのものである。

しかし私の感想では、粗雑な石堂の頭脳は二重の意味でまちがっている。一つは映像で表現することの固有なあり方を相対的に自立させ、思想と映像の対応を執拗に追求しようとする私の作業を、モチーフやテーマなどどうでもよく、ひたすら映像の意匠的効果にのみ耽溺しているそこらの映像至上主義者と混同していることである。だいたいどこで私が「映像一般」や「絶対的映像」とやらを持ち廻ったのか、何よりも私の試行の本質と関係させて指摘してみるがいい。産湯と共に赤子も流そうとする粗雑さは、必ずその反動として保守主義に逆行するものである。事実石堂は素朴な映像至上主義と裏腹の素朴なテーマ至上主義、ないし素朴な政治至上主義とすれすれにまで後退しているとしか言いようがない。これが石堂のまちがいの第二の点だ。

こういう石堂を戦術的に支持した武井昭夫（『映画芸術』〔一九六六年〕七月号）もそうだが、概して階級的効用性を直線的に強調する論者は、フォルムとマチエールを、観念と肉体を、言語と映像を二元的に切り離し、もっぱら前者だけを重視して、決して両者の関係には眼を向けようとしない。映像を曖昧でごまかしになり易いものとみる映像不信論や、映画のテーマをシナリオにのみ見ようとするシナリオ優位論は、その逆にシナリオを不当に軽視する「絵づくり現場主義」と同様、その二元論の落し子である。

しかしそのようなレベルでシナリオか映像かと言い合って、一体何が出てくるというのか。むろん何も出てきはしない。問題はまずいかに可能なかぎりを予測し、更にあらゆる不確定性を媒介にしていかにその予測を超えるか、その演繹と帰納の弁証法によって、表現の根拠が徐徐に深められながら直接的肉体性に対象化される関係を、映像表現の本質としてつかむことである。そしてそのプロセスを時代の根源的な条件にどれほど厳しくかかわらせているかこそ重要なのであり、それが作品のトータルなイメージに客体化されたものとしてしか、表現としての思想もテーマもありえないのだ。武井との対談でも言ったことだが、その点の追求をうやむやにしながら、「映画は映像ではない」などといい加減なことをわめき散らす頭脳からは、せいぜいその程度のいい加減なシナリオしかできないだろうというのが、「再び〝美学よ去れ〟」を読んでの私の感想だったのである。

私に言わせれば、『女のみづうみ』はその危惧をみごとに実証した作品であった。ところが意外なことに、『女のみづうみ』はお好みの作品だろうと言う人がずい分と多い。しかも理由を聞くと、たいがいの人が「映像的だから」「意識のドラマだから」と言う。正直なところ、私がうんざりしたのは言うまでもない。私が日頃映像を重視し、意識のドラマということを強調している意図と、それはかなりちがったものだからである。にもかかわらず、映像が美しいというだけで、それが私の映像論と結びつけられるという混同は、石堂が私を映像主義者だと誤解しているレベルと大差はない。しかもその『女のみづうみ』の脚本を書いたのが石堂だ。そういえば、映像的になることを拒否しているという理由で石堂に歯の浮くようなオベンチャラを言われた大島渚も、『白昼の通り魔』では『悦楽』とちがってきわめて「映像的」になった。こいつは一体どうなっちゃっているのか。そのあたりもチクチク突ついてみたい気もするがいまはしない。いま問題にしなければならないのは『女のみづうみ』である。

『女のみづうみ』は、たしかに映像に凝った作品である。上野駅でのみごとなハンド・カメラをはじめ、鈴木達夫の技術と感覚はほとんど天才的だと言えるだろう。私がかねて注目していたように、彼は日本のクタールたりうるカメラマンだ。『処刑の島』ではやや設計に計算ちがいがあった（特にセットで）が、『女のみづうみ』では随所にその才能のきらめきを指摘することができる。吉田喜重との組合わせも、『水で書かれた物語』のときとくらべて、一段と堅さがとれて余裕と自由さがうかがえるようになった。吉田の演出も、ひと頃のスランプを脱して、少くともテクニックの面では並なみならぬ力量をみせている。

にもかかわらず、私は『女のみづうみ』に遂に深く心をゆさぶられることがなかったのである。作品と私との間には、なぜか燃焼しきれない距離が終始保たれていた。私が言っているのは、むろん感情移入の問題ではない。意識と精神の深層の問題である。それは何であり、なぜなのか。答えはあまりにも明瞭だ。つまり根本のモチーフが浅すぎるのである。

モチーフの浅さは、まず何よりも石堂のシナリオに原因がある。作家を表現へとつき動かしているものが浅いのだ。あるいは、いたって曖昧だと言いかえてもよい。ここには表現すべき何ものもない者が、意味ありげに何かをありそうに見せかけるとき、きまって発散させる特有の曖昧さがある。この場合にその曖昧さは、映像よりは、はるかに多くをシナリオに負わせなければならない。

第一に問題になるのは、何がドラマを引張ってゆくのかということである。作品を素直に見るかぎり、それはヌード写真のことを夫に知られまいとする宮子が、銀平の罠にずるずるたぐり寄せられてゆくサスペンスであろう。少くとも前半はそうであり、そのやり方は今村昌平の『赤い殺

一九六六―一九六七

意』の二番煎じである。そしてそれよりも仕掛けがヘタだ。だいたいあれだけ夫に知られまいとする女が、「別れ」を前提にした浮気の相手に、どうして自分の顔までオープンにしたヌード写真を撮らせるのか。私などはそこでもう、カラクリの底の浅さにげんなりしてしまうのだ。本誌前号〔『映画芸術』一九六六年一〇月号〕の匿名氏は、それを「ハダカの美をひとにみせたいという女優的本能」で説明し、「愛というものは、相手の記憶のなかに何かを残したい、相手も瞬間瞬間の女の思い出、愛の確認をもちたい、それがヌードをうつすというこの映画の出発点でしょう」などといっているが、人間の内面をあまりにも雑に扱いすぎると思う私の不信感は、とてもそんな弁護では解消できるものではない。

それに作者が描きたかったのは愛ではなく、愛の不在を疑似的に埋めようとする情事の意識ではなかったのか。おそらくこれは吉田の好みであろうが、ここには石堂とはウマの合わないアントニオーニ的状況設定がすべり込んでいる。そういえば経済的にも社会的にも何ひとつ文句のつけようがない夫と、一粒種のかわいい坊やと、しかもなお充されぬ思いを意識する妻という設定は、『赤い砂漠』のそれと符合する。また作品の後半、宮子が銀平と海岸をさまようあたりは『情事』のイメージであり、破船の発想はベルイマンの『鏡の中にある如く』からいただいたというわけだ。私などただただ呆然としてしまうアツカマシサだが、二番煎じはやはり二番煎じでしかない。アントニオーニやベルイマンからは痛いほど感じられた、状況の空洞やディスコミュニケーションに対する作家の疼きが、ここからはその十分の一も感じられないのである。

それに前半と後半の分裂、これも致命的ではなかろうか。前半の行動のサスペンスと、後半の意識のミステリー、その間には明らかにモチーフの断絶がある。もし後半にこそ意図したモチーフがあるのなら、前半はその段取りにしかなっていない。しかもその段取りにひきこまれた関心は、サスペンスの頂点が与えられないためにはぐらかされ、消化不良のしこりとなって後半のモチーフに導かれることを妨げている。それも根本では、石堂が表現しようとしているものの根拠とその追求を曖昧にしているからだが、もちろんある程度はコンストラクションの修正で解決できる問題だ。石堂にシナリオ技法のイロハを説くつもりはないが、実情はほかにもそれ以下のデタラメさが随所に日立つのだからいやになる。

まず気になるのが、北陸の某地に、主要な登場人物が次つぎに落合う御都合主義である。だいたい宮子は上野を発つとき、自分の行先については銀平から指定された駅名しか知らないはず。その先どこに連れてゆかれるかわかろうはずがない。その駅名を目当に北野が宮子の後を追い、しかも途中の駅前広場にタクシーで乗りつけて宮子と出会う調子のよさ。宮子と北野はここで「もう、私、なにも怖くない。あのフィルム、水木に見られたって、いいの。私、どうなっても構わない。あなたが来てくれたんですもの」「——あなたをもうどこにもやらない」などと、浮気が本気になったことを確認し合いながら、なおやはり銀平に指定された駅に降りて写真をとりもどそうとする。これも奇妙。その北野を追いかけて北野のフィアンセ町枝がタクシーを乗りつけたところで、うまく宮子と北野にバッタリ出会うのも吹きだしたくなるほどの御都合主義だ。町枝は北野が宮子を追ったと直観して、宮子の夫に宮子の行先を聞いたと説明されているが、そもそも宮子が夫に行先を正直に言って行くということも、それを町枝が少しも疑わず、しかも自己の信条を裏切って彼を追いかけるということも、すべては辻褄をむりにでも合わせようとする御都合主義の現われ以外のものでない。

そういう人をナメた粗雑さは、人物の意識や行動の矛盾にも、平気で素通りしてゆくことにまでつながっている。たとえばただの操り人形にしかすぎない北野が、銀平に「あのフィルムは、僕達には必要なんだ。あれによって、あの人の家庭は無残に破壊されてしまう」と言い、宮子に「奥さんは、こいつが憎くないんですか！　僕達を苦しめてきたのは、こいつなんですよ」と言うとき、私などは北野に一体どういう苦しみがあるのかと思って、その深刻ヅラがバカバカしくなってしまうのである。

問題のネガ・フィルムの扱いにしても然り。そもそもヌードのネガなど決して肉感的な感じはしないし、顔だって誰の顔だか簡単には判明のつくものではない。それを銀平がときどきとりだしては眺めるアホらしさ。それならすぐにでも東京で焼きつければよさそうなのに、北陸の某地に行くまではそうしない。だから「僕は、あの写真のあなたを愛していたらしい。現実にはいない写真の女を」と、二度繰り返される銀平の重要なセリフにも、私は意味以前のリアリティを感じないのである。

その種の雑さ加減は、その他にも枚挙にいとまがないが、それでもなお、なり振り構わずこちらに訴えかけてくる強烈なものがあれば文句はない。しかしここからは現代に生きる危機感など、少しも伝わってこないのだ。私はせいぜ

一九六六—一九六七

い石堂が「再び〝美学よ去れ〟」で強調した「どきりとするような、地獄目で見られた人間の姿」などどこにあるのかと問い、「これらの人物の行動原理にこちらの精神をゆさぶられるとは何としても申しにくい」とやり返すだけでよかったのである。

さて『女のみづうみ』が一級の作品にはなりえなかった理由が、何よりシナリオの粗雑さ、とくにモチーフの追求の曖昧さにあったことを少しは理解してもらえたと思う。結果は皮肉にも、映画を生かすも殺すもシナリオだと強調した石堂説の一面での正しさが、石堂自身の脚本によって逆説的に実証された形になった。たしかにすぐれたシナリオからダメな映画ができることはあっても、ダメなシナリオからすぐれた映画ができることはない。ただしその際シナリオとは、表現せずにはおれないものを提示し、モチーフをかきたて、表現の根拠に向って作家をはげしくつき動かすものだ、というのが私のシナリオ論である。

『女のみづうみ』の映像が、演出も撮影も含めて、非常にうまいが決して深いものではなかったのは、最も本質的な意味で、モチーフとの格闘が浅かったからである。モチーフとの格闘が浅く、モチーフを深化させる方向にとぎすまされない映像は必ず衰弱する。しかも高度の技術でケンランとすればするほど、映像は表面的なアクセサリーとなって、いわゆるモダニズムの陥穽に落ちこむことは明らかなのだ。『女のみづうみ』の映像は、いま一歩でそこまで行きかけていると私は言っておきたい。吉田も鈴木も調子が乗ってきているだけに、その点にはくれぐれも留意してほしいのである。

そういえば最近私の仲間たちは、みなひと頃とくらべてひどく映画づくりがうまくなってきたように思える。しかしそれらの作品からは、かつてナイーブながら精一杯何かを言おうとしていた頃の、あの熱っぽい心からの叫びが聞えてこない。何を表現したがっているのか、さっぱり要領をえないという代物が多くなっているのである。そこでまた批評も裏目読み全盛時代となるわけだが、私には作家が裏目読みで合理化されることに甘え、更にはそれを先取りするような作品づくりがはやることに危険を感じている。そこにはごまかしがいくらでも入りこむし、何よりも映像の直接性でモチーフを伝えようとする基本的な努力が捨て去られるからである。そこからテーマ至上主義と、映像至上主義が分極化する道筋は必然なのだ。それらは私に言わせれば、同じメダルの裏表なのであり、一見相互に対立し合うように見えながら、実は容易に転換し合ったり、癒着

その本質は保守主義者にすぎないのである。

し合ったりするものなのである。石堂は「再び〝美学よ去れ〟」で大島渚の『悦楽』に触れながら、「映画は映像ではないと彼が信じつづけるかぎり、飯島耕一と共に彼の作業を見ていたいと思う」と書いたが、これなど私には滑稽を絵に描いたように見えるのである。

私がこのところ繰返し、意味性と純粋性のアウフヘーベンを口にし、また「マルクスとランボオの統一」などということを書いてきたのも、このような映画状況の中にあって、何より本質的であろうとしたためである。それは石堂が言うように「映像に逃げる」ためではなく、映像表現に固有な通路を通して状況と向き合おうとするためであり「体制側も反体制側も喜んで（あるいはどちらも喜ばずに）見る」などという政治主義的観点を克服して、表現にとっての本質的な批評性に達するためであった。そしていまなお、私はその作業をいっそう貫徹してゆく必要を痛感しないわけにはゆかない。石堂は私に「怠惰」と「焦慮」という言葉を投げつけだが、石堂は私のいう困難な作業を頭から回避し、状況に対する苛立ちから、安直に新型の政治主義におち込んでいるという意味で、私はそっくりその言葉を石堂に投げ返しておく。未踏の課題に身を投じようとしないものは、どんなに威勢のよいことをわめき散らしても、

弁証法的思考の欠落——言語か映像かではない

石堂淑朗の「めめしき映像論者たち」を読んだ。あれこれゴタゴタ書かれているが、何とも実のないこけおどしの文章である。たとえば論点はおよそ曖昧で拡散し、問題の追及はすべて物事のうわずみをかすめているにすぎない。しかもバシュラールだ、時枝言語学だなどと、わけ知り顔に半知半解の言語論を講釈する始末だ。それも石堂が批判しやすいように矮小化した私に対してである。私は有益な論争を期待してリングにあがったものの、わずか一戦を交えただけですでに戦意喪失の気分に陥っている。

だがそれにしても、石堂はいつのまにこれほど思考が雑駁になったのか。もっとも「読み返してかなり荒いことは自認する」とあるように、彼自身もその点を気づかずにいるわけではない。しかし「トレーニング不足のデブデブの体ながら無理してリングにあがる」精神を「ハプニング風」だと言って開きなおるとき、彼は自分のダメさ加減をますますダメにしているのである。だいたい石堂は本当にハプニングといわれるものの本質を知っているのであろうか。どうも私にはそうは思えない。なぜならそれはあくまでも意識をつきぬける偶然と、その偶然をすかさずコントロールしようとする意識との、予断を許さぬダイナミックな関係に創造の契機をつかむ精神なのであり、少くともドン・キホーテ的な猪突猛進のハッタリ精神とは逆だからである。

むろん私は言葉尻をとらえて、つまらぬ言いがかりをつけているわけではない。現代をとらえるうえで、ハプニングやドキュメンタリーなど偶然との出会いを重視する方法がなぜ生まれ何を意図し、また実際にどういう表現に迫りつつあるか、そのへんを少しもつきつめて考えていないところに石堂のアキレス腱をみるからである。

たとえば石堂は「映像が全く予想外の展開を示すのは、私流にいえばニュースと科学映画に限られる」と言う。しかしそこから彼が引きだしてくる結論は、それに「我々が驚くのは対象になのであって映像にではない」という一面である。だがその種の対象依存の映像なら、私はもう十年も前から素材主義、ないし事実主義として批判していることだ。ただし私が言及してきたのは芸術表現としての映像についてであって、ニュースや科学映画の場合は、その一義的目的がまず対象を撮り逃がさないことにある以上むしろそれでよい。したがってそこから何かを抽出するとすれば、私なら石堂が見落しているもう一つの面、つまりそれらが予想外の対象の動きも撮り逃がすまいとするとき、その媒体がカメラであるがゆえに、しばしば映像の面でも全く予想外の展開を示す事実を、いかに表現者の視点でとらえ返すかということである。

だがその点についても、私はあまり多くを語る必要はない。イタリアン・リアリズムにはじまり、ヌーヴェル・ヴァーグやシネマ・ヴェリテに至る系譜が、すでにその点をふまえた作業をふんだんに示しているからである。いわゆる中心のない構図、ワン・ショット撮影法、望遠のパン、手持カメラの移動、ルーペを覗かない撮影、ブレや粒子の粗び、人工的照明の排除、つながらないつなぎの採用などいずれもそうだ。しかもそれらは石堂が危惧するように単なる技術のレベルで問題にされてきたのではない。少くともそれらの系譜の本質部分では、あくまでも現代に肉迫する方法のレベルで問題にされてきたのである。

ではその方法的核心は何か。固定観念の破壊であり、したがってまた発見である。偶然を媒介にして、予想外の対象、予想外の自己、対象と自己の予想外の関係を、予想外の映像として「見る」ことである。

むろんその前提に予想する作業があることは言うまでもない。予想する作業とはシナリオであり、演出プランであり、一般的には言語による思想過程である。そのことはいかなる即興主義演出についても例外はない。たとえばゴダールはシナリオらしいシナリオを書かないという。だが他面彼が常に分厚いノートにメモを書綴っている事実を見落すならば片手落である。それがシナリオの形をとろうととるまいと、そのことは明らかに彼が何をどう撮るかについて、事前に相当の思考を重ねていることを物語っている。またそのことは、すぐれた即興主義にはむしろ前提につきつめた思考作業があることを示すものであり、「撮れば何とかなる」式のデマカセ即興主義とは根本的にちがうことを意味するものである。むろんデマカセ即興主義の結果は、必然的に平板で薄っぺらなものにしかなりようがない。

それでは俺と同じ意見じゃないか、と石堂は思うであろうか。いかにもそこまでは同じである。しかし問題になるのはその先だ。ゴダールを例に言えば、その先とはなぜ彼は言語による思考作業をシナリオなりコンティニュイティの形にしないのか、なぜそれを可変的なものとして即興的要因を重視するのかという問題である。いや、別にゴダールばかりにこだわることはない。それは「映像化に際しシナリオの解釈としての深化はありえても構造的にシナリオに含まれていないものが映像的に発見されることはない」という石堂の定言を吟味する問題でもある。

ところで石堂は珍らしく要心深げに「構造的に」という限定した言いまわしをした。むろんその言葉がなかったら、それは容易に反論されることが明らかだからである。しかし「構造的に」とは何か。これまたつきつめると曖昧な言葉ではある。だが前後の文脈からみて、それは一応主題とか全体の構想、あるいは骨格とか構成とかを、漠然と意味しているにちがいない。つまり出来上がった映画から受けるイメージは、すでにシナリオから受けるイメージを、本質的には決して超えないという認識が石堂にはあるのだ。

しかしはたしてそうか。私がまず抱く疑問はその点である。むろん凡百の映画はたしかにそうだ。シナリオと出来あがった映画の関係は、そこではほとんどが設計図と建造物の関係でしかない。にもかかわらず、問題にされるのは常に設計者ではなく工事監督である。そういう不満が脚本家石堂を極端なシナリオ第一主義に追いやっていることを、私はかなり同情的に理解しているつもりである。その意味では、私もまた脚本家の位置をもっと正当に評価すべきだという意見に賛成だ。だがここで問題にしたいのはそういうことではない。問題にしたいのは、出来あがった映画のイメージが、シナリオから受けるイメージと、ひどくちがうことは実際にあるし、また同じシナリオから全く方向を異にした二つの映画をつくることさえ可能だということである。

たとえば石堂の役割が絶大だった大島渚の『日本の夜と霧』を例にとろう。あのラストの映像を私が批判したことを石堂は覚えているだろうか。大島のショットは、中山の偽瞞を二重三重に抉ろうとするかのように彼のアップへと移動した。また事実シナリオを読んだかぎりでは、シナリオ自体がそういう映像を撮りたくなるように書かれていたとも言える。しかし私はそのようなカメラ・ワークを、「批評主体としての大島の位置はどこにあるのか」と言って批判し、むしろカメラは、その場に沈黙をおし殺したまま立ちつくしていた東浦や坂巻、あるいは野沢や美佐子に向けるべきではなかったかと指摘したはずである。

もし私が言うような映像を撮ったとして、その二つのショットをはめかえたとする。するとそこには明らかに、決定的ともいえるイメージのちがいが生まれてくるにちがいない。それはほとんど主題を別の方向に収斂させるほどちがうからである。とすればそのような映像は、「構造的にシナリオに含まれて」いたのか、いなかったのか。そのあたりを石堂にとっくりと聞いてみたい。

しかも厳密にいえばそれだけではない。たとえ私が言うような映像を撮ったとしても、その移動の速度、役者の表情、刻々のフレイミング、レンズの選択などによって、そのわずかなちがいが、作品の全印象を致命的に左右することだってありうるのだ。少くともそのデリケートな、しかし決定的なちがいが問題になる次元でこそ、はじめて映像表現を語ることができるのであり、前号〔『映画芸術』一九六六年一一月号〕で私が「作品のトータルなイメージに客体化されたものとしてしか、表現としての思想もテーマもありえない」と書いたのもその意味である。

だからといって、私が強調しようとしていることは、言語よりも映像の方がすぐれているなどというバカげたことではない。私はただ映像表現の固有性に執着しないものは、結局映画を映画以外の基準でしか語っていないということを指摘しているまでである。

むろん私が執着する映像表現の固有性とは、まずその肉体的な直接性である。そこではやはり言語と映像のちがい〔優劣ではない〕が問題とならざるをえない。とりわけ言語の抽象性、したがって非連続性と、映像の具象性、したがって連続性のちがいを無視できないからである。そしてまた言語の抽象性が、対象意識を明確に定着する反面、常に一方ではその固定化を招きやすい事実をも見逃すわけにはゆかない。かつて「書くこと、言葉によって表わすことは、精神を固定させ一定の型にしばりつける」と言った詩人アルトーも、同じ意味から何よりも生命力の充溢した感覚的体験を重視したのである。

しかし表現の肉体性を重視したアルトーが、一方でそれを言語表現の変革の問題、したがってまた世界に対する「意識」の変革の問題としてとらえていたように、その間には切っても切れない関係が横たわっている。少くとも私は、ひと頃の映像主義者が主張したように、たとえば「言語を使っての現実認識とはちがった、もう一つの別の認識」とか、「言語を媒介としない画家の映像的思考」〔岡田晋「映像の論理と言語の論理」〕などという形で映像と言語の関係を考えてはいない。その点では「われわれが映像としてリアリティありと云うときは、その映像は第二次信号系としての言語体系と接点を持っているということに他ならない」と書いた石堂説は原理的に正しいのである。もっともそんなことは何も石堂のオリジナルな理論ではなく、かつての映像論争で柾木恭介がすでに解明していたことだ。

しかしそのかぎりでは、それは肉体的直接性としての映像体験も、それがわれわれに意味をもつのは、根源的にわれわれの「思考のフィルターを通して」だということを言っているにすぎない。しかし石堂の思考のフィルターとやらは何と固定的であることか。少くとも石堂は、「見る」という体験の直接性が、われわれの思考を、言語を、そして意識を、少しづつ、あるいは急激に変えてゆく側面をみていないのである。むろん何らかの映像を撮ろうとするとき、そこにはそれを撮ろうとする思考過程があるのは当然である。しかしそれを撮る過程で、「見る」という体験と撮られた映像によって、われわれの思考活動は、刻々ふくらんだり、変ったり、ときには飛躍的な転換をしたりするのだ。そしてそのようなことが起るのは、言語過程と映像過程が、必ずしも直線的に対応するものではなく、たえずズレを生じて摩擦し合うからにほかならない。私はその摩擦こそ、意識をも、映像をも、深く豊かに創造するものと思う。

映像の肉体的直接性がわれわれの意識に対してもつ意味は、したがってそのズレにある。それは言語の抽象性と映像の具象性とのズレとも対応し、それを言語の側からみたとき、ズレは前論理性とも「もの」的性格ともうつるのである。しかしここで見落せない問題は、そのズレが言語による思考を拒絶するどころか、むしろ思考のダイナミックな発動を迫ってくる点なのだ。それはわれわれの意識と感覚を緊張させずにはおかない。私が映像表現の固有性に執着する核心部分はそこにある。

ところでわれわれがいざカメラを構えて何かを撮ろうとするとき、実はそのような意味での映像すら、可能なかぎりは予測するのである。演出プランとかコンティニュイティをつくる作業とはそれにほかならない。しかしたとえどんなに精密な設計をしたところで、できあがる映像はその本質上必ずその予測からズレるのである。それは映像が、われわれの意識から相対的に独立した機械的過程を通してできあがるものだからであり、否応なくその過程には偶然が介入するからである。その偶然もある程度は予測されると言えるだろう。しかしそれをすべて予測できるものは誰もいない。それどころか撮影した映像も本当のところは、ラッシュをみるまではカメラマンにさえわからないものである。事実全く同じねらいで撮った映像でも、撮ったショットの数だけちがった映像ができるのだ。だがこの点にこそ、私は再び映像が意識（主体化された言語体系）の固定化を破る契機をみるのである。もし石堂のように映像を予測（ねらい）のフィルターでふるいわけるならば、石堂の意識過程には、撮られた映像によって、最初のねらいさえ変えてゆくような動力学の入る余地はあるまい。映像表現過程を「シナリオの現実化というほどの意味からハミだすことはできない」とたかをくくる石堂の意識は、私からみると度し難くスタティックである。

石堂的映画論の特徴は、映画の創造的な契機をほとんどシナリオの段階にしかみない点にある。一たんシナリオが決定されれば、あとは「解釈」とか「深化」とかの二次的な作業としかみていない。だが私はちがう。私はシナリオの段階にも、撮影の段階にも、編集録音の段階にも、たえず予測を更新する創造性を要求する。その全過程に予断を許さぬ精神の緊張が貫徹されなければならないという意見だ。また機械の介入や集団作業から不断にやってくる偶然性は、むしろ積極的に自己を相対化する契機としてとらえなければならない。むろんそれは「予想外の対象、予想外の自己、対象と自己の予想外の関係を、予想外の映像として「見る」ためにである。

しかし映画製作の全過程を発見の闘いとすることは、その全過程に旺盛な思考活動を要求することである。その思考は不断に映像のヴェクトルをコントロールしながら、しかも不断に映像の側から新たなズレをつきつけられる。いわばその格闘のつみ重ねが映像表現過程なのである。そこでは発見も言語活動も、石堂が言うように「シナリオの段階」と「映像の段階」とに分断されるものではない。むしろその作業の一貫性を意識的に方法化したとき、たとえばゴダールのように、言語による思考をシナリオに定着させないという試みもでてくるのだ。それは精密なシナリオとコンティニュイティに従って、あとはそれを「解釈」し「深化」させるという演繹的な作業とも、ともかくまずいろいろ撮って、あとは編集で勝負するという帰納的な作業ともちがう。それは演繹と帰納が猛烈に拮抗し合う作業なのである。しかしそれはゴダールのようにメモ的シナリオで演出するという形式上の問題ではむろんない。前号でもすでに書いたように、疑いもなく「問題はまずいかに可能なかぎりを予測し、更にあらゆる不確定性を媒介にして予測を超えるか、その演繹と帰納の弁証法によって、表現の根拠が除々に深められながら直接的肉体性に対象化される関係を映像表現の本質としてつかむことである」。つまり石堂に欠けているのは、何よりもまずそのような弁証法の精神だ。言語と映像の関係を段階論的に切り離すのも、その関係を優劣の系列におこうとするのも、石堂に弁証法的な意識が欠落しているからにほかならない。

私はやや石堂の挑発に乗りすぎたであろうか。原理論上の論争をするのはいい。しかしそれならばせめて私の「映像表現の固有性について」あたりをよく読んでいてくれれば、これほど遠廻りをしなくても済んだだろうと残念である。もっぱら反論のために、すでに来た道を再び通ることはしんどくてならない。おかげで今回は問題の追求を、ほぼ予定の半分しか終えることができなかった。次回に見送らざるをえなかった問題は、私が前号に書いた「そのプロセスを時代の根源的な条件にどれほど厳しくかかわらせているか」ということの究明である。むろんそこでは、石堂がデタラメに要約した「松本の巨視的な立場の設定」も展開されるであろう。石堂も私と争うつもりならば、いま少しトレーニングをつんだ体でリングにあがるがよい。ともあれ嘘八百のデマゴギーを、支離滅裂にわめきちらすことだけは願い下げにして欲しいものである。

映像表現のアンガージュマン

三たび石堂淑朗へ

「くだらぬ相手と論争すれば、くだらぬ結果しか得られぬ」という教訓がある。論争をするならば、相手にはせめて自分と同レベルかそれ以上のものを選べということでもあろう。二度目の石堂論文を読んで、私はそのことをいやというほど思い知らされたと言わなければならない。

二度目の石堂論文が一度目のときとは大きく調子を変えて、露骨に感情的になっていることは誰の眼にも明らかである。一度目の論文では、それがいかに幼稚でたどたどしいものであったとはいえ、まだしも一応、石堂は石堂なりにものごとを理論的に提起しようとしていたと言える。それが二度目ではどうだ。二度目の論文では石堂はもっぱら私を口ぎたなくののしるだけで、もはや争点を理性的に究明しようとする態度はひとかけらもない。あるのはほとんどデマゴギーとしか言いようがない愚劣な中傷とレッテル貼りだけである。ちょっと批判されただけでそれほど取乱すくらいなら、なぜ「一日も早く松本が小生の小論を完膚なきまでに叩いた文を本誌あたりに発表してくれればありがたい」などと心にもないことを書くのか。私は石堂の逆上と狼狽ぶりに、早くも石堂のあわれな限界をみる思いである。

そういえば二度目の応酬を読んで、「石堂は鞘を捨てた佐々木小次郎だ」と言った人がいた。しかし私は論争で勝ったの負けたのということには大して興味がない。私が論争を引受けたのは、それぞれが意見の対立をバネにして論点を深め合い、その作業が読者を含めて、私たちの現在課題の追求に何らかの手がかりを生みだせればと思ったからである。しかし石堂には何よりもそのような課題を共有しようとする意識がないのだ。

スターリン言語学の誤謬はこうだ

石堂は二度目の論文で実に多くの断定と結論的言辞をばらまいた。ただし一切の論証をぬきにしてである。論証ぬきのきめつけが、一面で卑劣なアジ効果を意図しつつ、同時にその陰に自己の無論理を覆いかくそうとするものにすぎぬことは明らかである。そのマヌーバーがいかに悪質なものか、以下どうにも我慢がならない問題を四点ばかり指摘しておきたい。

一九六六―一九六七

第一点は、石堂が「映像が直接的に体験されるという発想は言葉が直接的に体験されるというスターリン言語学そのままの映画的言い換え」だと断定している点である。まずここでは石堂がスターリン言語学の本質を少しもわかっちゃいないということを言っておこう。スターリン言語学の誤謬は、言語をもっぱら伝達の機能的側面でしかみず、その本質を対象化された意識としてはとらえていない点にある。言語道具説と言われるのはそのためであって、石堂か言う「言葉が直接的に体験される」などということはスターリン言語学とは何の関係もない。したがって私の映像論をその「映画的言い換え」と言うのは石堂のこじつけである。

しかし石堂はそのひとりよがりの前提に立って、まるで鬼の首でも取ったように私をスターリニストとデマるのである。しかも言語学上の問題と直結させて、一気に「松本の反政治主義は、かくして、スターリンの一国社会主義からストレートに出てくる平和共存の芸術的反映である」と結論づけるのだ。こうなるともはや何が「かくして」かなどと追及するのもバカバカしくなってくる。石堂のは論理の飛躍などというものではなく、全くの無論理、全くの暴論であって、つまりは無知なのである。所詮石堂こそスターリン主義の本質批判について、何一つ己れの内部を通過させていないことをさらけだしているにすぎない。

第二点は、石堂が私を批判する唯一の論拠として「言語過程説」という言葉を繰返しながら、その実ただの一言半句もその内容には触れていない点である。それは石堂が言語過程説についても無知であり、どこかで耳にはさんだ程度のことを、右から左へと受け売りしているにすぎないことを物語っている。では言語過程説とは何なのか。それは対象（人間をも含む一切の現実）を言語（意識の対象化）によって主体化（人間に対して本質化）する過程に、言語の最も本質的な構造をみる説にほかならない。ただしそれが芸術創造上深い意味をもつのは、言語に意味的側面と感覚的「もの」的側面の二重性があるからなのだ。石堂のボンクラ頭にはそのあたりが全然わかっていないのだが、それについては私の映像表現論と関連させてあとで触れる。

第三点は、以上二点の無知のうえに立って、石堂が私の『映像の発見』を思いきりねじまげて誹謗している点である。だいたい石堂は私の批評が作家の内的過程や主体的意識を問題にしていないなどと言うが、バカもやすみやすみ言うがよい。それどころか私は終始その点にこそ力を入れてきたのであり、『映像の発見』一冊を貫く主題は、「あとがき」にも書いたように「あくまでも表現と主体意識と存在条件との内的な緊張関係をその深部でとらえること」だったのである。

盗人たけだけしいとはこのことだが、むろんそのあたりは読者に私の著書を読んで判断してもらうほかはない。ただ石堂が引用した部分は、その前後との関係であくまでも全体の文脈の中で読んで欲しいということだ。そうすれば読者は、石堂が彼の貧弱でこすからい「思考のフィルター」を通して、象をシッポだと言いくるめていることがわかるはずである。

第四点は、石堂がこれまた何らの分析もなく私の作品に悪意のこもった中傷を投げつけている点である。むろん私の作品は「感じる能力」がないものには絶対わからないだろうから、映像オンチの石堂がどう思おうとも私は気にしない。ただ私が腹立たしく思うのは、石堂が他人の、それもどこかでしゃべったということを引合いにだして、あたかも私が一般に「手低の作家」といわれているかのような印象を読者に与えようとしている点なのだ。私の作品が一般に広くみられていないだけに、石堂の意図するところは、アウトサイダーで出発した私の困難な作家活動を、「出る釘は打て」式にいっそう妨害しようとしているとしか思えない。

しかし事実を言うならば、私の作品に対する評価は、世の問題作がそうであるように、いつも共感と反発の両極にはげしく分れてきたのである。なるほど一方には私の批評活動から作家としての私に偏見を抱くものもいれば、私の存在がけむたくて私のものなら何にでも反対する石堂のようなものもいる。しかし他方でははるかそれ以上に私を支持する新らしい層もあるのだ。石堂は充分承知のうえでそれを故意に無視してみせたのである。もし必要ならば、雑誌や新聞から私に対するそのような評価の例を引用するのはやさしい。また『西陣』が少くともヴェネチア映画祭のグラン・プリ作品だということ、人をほめないことで有名の『ラ・ジュテ』のクリス・マルケルが、『西陣』と『石の詩』をみて私に「すばらしいシネアスト」と言って握手を求めたこと、サドゥールが『レットル・フランセーズ』に、『石の詩』をシネ・ポエムと銘打って「最も新しい映画の一つとして強調したい」と書いたこと、『溝口健二』の著者ミシェル・メニルが『エスプリ』で、日本映画の将来の可能性につながるものとして私の作品を論じていることなどは、私に対してなされた国際的評価の一例である。

正直な話、私はこんなことを書かなければならない私をみじめに思う。自己宣伝ほどいやなものはないからだ。しかし私は石堂の悪意あるアジ効果を相対化するため、私自身を最低自己防衛する権利は行使しなければならない。

二度目の石堂論文に対して私がぜひとも反駁したかった問題は以上四点である。あとはすべてその四点からでてくる派生的な問題にすぎない。それにしても石堂は論理もダメ、文章もメチャクチャで、よく思考活動だの言語だのと大だんびらをかざせるものだ。石堂の無知にはその上に「厚顔」の二字をつけるべきである。しかし石堂はなぜこうもデタラメな人間になったのか。週刊誌や婦人雑誌などにトップ屋まがいのくだらぬ雑文を書きちらしているうちにそうなったのか。マスコミのうわずみに必死に這いのぼろうとする彼の最近の目にあまる処世術がそうさせるのか。あるいは映画界の古い縄張り根性や派閥意識に彼もまた深く毒されている結果なのか。おそらくそのいずれでもあるにちがいない。ただ私が悲しく、また恐ろしく思うのは、すでに状況がここまで急速に荒廃しているという事実である。

サルトルの辿った道と合致

だがくだらぬ相手にそれ以上まともにかかずらっていてもはじまるまい。私はいま少し明確にすべき問題を、まじめな読者と私自身のために追求しようと思う。明確にすべき問題は「映像表現に固有な通路を通して状況と向き合おうとする」ことの意味、すなわち「映像表現にとってアンガージュマンとは何か」の追求にほかならない。強調しておくが、この論争の主題は、少くとも私の側からみるとその一点にこそあるのだ。

私はその問題にこの数年二つの切り口からアプローチしてきた。一つは具体的な創作論から、いま一つは原理論からである。そのうち前者については、『二十四時間の情事』を論じた「追体験の主体的意味」〔I巻二八八頁を参照〕以後の主要な作品批評でほぼ明らかにしえていると思う。しかしその点でなお明確にすべき問題は、戦争や革命のモチーフと日常的解体のモチーフが、存在と意識の最も深い部分で交錯する位相を探りあてることである。私はそれを縦軸ではブニュエルとアンガー、横軸ではレネエとゴダールの接点にみようとするのだが、残念ながらその具体的追求は別の機会にゆずらなければならない。論争は石堂が原理論の面から挑発してきただけに、そこで論究しかけた問題を中途半端には放置できないからである。

論究しかけたまま、まだすっきりしていないのは、例の意味性と純粋性の問題である。私は映像が内蔵するこの二重性とその矛盾の解決に、ほかならぬ映像表現に固有なアンガージュマンの本質的構造があるのではないかと直観して、〈世界前衛映画祭〉を論じた「批評意識の貧困と現在」（本書六七頁を参照）から「映像表現の固有性について」（本書「映像表現とは何か」Ⅰ～Ⅲを参照）へとその問題をつきつめてきた。それは「芸術が状況にかかわる固有なあり方」としての自立性を確立する作業でもあり、作家を表現へとかりたてる根拠の追求（普通性）と、あくまでも媒体に感覚的に執着すること（独自性）との、その内在的な関係を明らかにする試みでもあったのである。

しかし問題を原理的な次元で論ずると、すぐ観念的だの不毛だのという連中がいるが、今度もまた私はその種の愚かな声を多く耳にした。だがそういう連中はたとえばサルトルの来日中の講演「作家の政治参加」（『中央公論』〔一九六六年〕十一月号）あたりをどう受けとめているか聞いてみたい。サルトルはやはり作家に固有なアンガージュマンの意味を、言語表現の根元から原理的に追求してみせたのである。しかもサルトルのアプローチは、明らかに私のそれと重なっているのだ。

サルトルが繰返し強調したことは、まず何よりも作家の使用する共通語が「いつも二つの顔をもっている」ということであった。その一つは「言葉を越えた意味」に向うものであり、そのため「言葉は意味されたものの前に消えてしまう」関係にある。そしてその「意味内容は普遍化、すなわち前面の世界の解明への実践的な努力を形づくる」ものであり、むろん「意味なしには事物が言葉にやどることもない」のだ。これが第一点である。

しかし「他面において、それは物質的現実でもある。この意味で言葉は、意味内容を犠牲にして自己を押しだし、自己を確立しうる」側面があることを見落すことはできない。むしろそれら言語のもつ「音感」や「視覚」など「非知識」とか「意味しない内容」とか呼びうるものによって、「文学作品は言語を越えた沈黙による伝達として現われる」のである。言いかえればそれは「文体」の問題であり、「外部の内在化」としての「ある種の言語物体」の問題である。これが第二点にほかならない。

言語を二重構造としてとらえるこのサルトルの考えは、明らかに彼がかつて「往きと復り」（ブリス・パラン論）の中で、言語を対他存在とオブジェの二重性としてみた見方からつながっている。しかし講演「作家の政治参加」では、「往きと復り」や「文学とは何か」の頃とは逆に、作家のアンガージュマンにおける、あるいは文学表現における後者の意味が、きわめて拡大され重視されていることに注目しなければならない。後者の重視はむろん独自性の重視であり、その方向への転機となったのは「芸術家と彼の意識」における音楽論である。

サルトルはその中で「音楽によるアンガージュマンはどういう点にあるか」という最も極端なケースを追求した。「音楽はとどのつまりは意味を現わす芸術ではない」からである。彼は「音楽はそれ自体でオブジェ」であり、音楽に「既存の意味を表示するよう求めるのは、音楽を疎外することになる」と言う。したがって音楽には意味はないが、「直接耳に訴えてくるものとしての音響的オブジェの中に、その直観的現実の中に」は意義がある。サルトルはそう考えるのである。

ところでサルトルによれば、意味とは記号によって記号の向う側に現われるものであり、そのとき「精神はその記号自体には注意を払わない」。だが「意義の方はオブジェそれ自体と区別できないし、そのオブジェが宿しているものに注意を払えば払うほど、オブジェはますますはっきりしてくる」ものなのだ。つまり「問題は一つの全体性、――ある人間なり、環境なり、時期なり、人間の条件なり、その全体性にある」のであって、「音楽はそれぞれの時代とその世界像とを、その音響的オブジェ全体としての中で、無言のうちに現前させる」のである。サルトルは「音楽によるアンガージュマンの位置は、この水準にある」と指摘するのだ。

しかし石堂ならさしずめ「それもまた言語による思考にもとづく認識の枠の中にある」とでも言うことであろう。むろん意義を意義として意識させるものは言語活動にほかならない。またそのような意義を創造し享受する能力も、人間の言語活動の総体と無関係には形成されないものだ。(ゴッホと山下清のちがいもそこにある。)だが芸術の創造と批評にとって重要なのは、すべてをただ言語の働きに還元してみせることではなく、芸術表現にとってそのような感覚的「もの」的側面がいかに決定的な意味をもち、それが芸術のアンガージュマンといかにかかわっているかを深く自覚することである。

むろんサルトルが辿った道はその方向であった。本来意味性のない音楽にもアンガージュマンを見出したサルトルが、その原理を文学にまではね返して行ったことは明らかである。だがその線上で言語表現の二重性を、意味と意義の弁証法的矛盾としてとらえなおすことは、とりもなおさず『文学とは何か』の自己否定、ないし大幅な修正を意味するものであった。『文学とは何か』では、サルトルはアンガージュマンを可能にする唯一の言語的媒体を、意味性を重視するあまり散文にしか認めていなかったからである。しかし自己の説をもあえて自己否定してゆくところに、私はサルトルの思想のダイナミズムをみないわけにはゆかない。私に言わせれば石堂の致命的限界はこの過程を通過していないところにあるのだが、それについてはもうくだくだと触れるまい。ここで重要なことは、サルトルが講演「作家の政治参加」ではその問題をいっそう深くつきつめて、言語のもつそのパラドキシカルな地平に身を置かないかぎり、作家の（あるいは文学の）アンガージュマンを語ることはできないと強調していることである。

〈世界前衛映画祭〉の分析から、映像を意味性と純粋性の二重構造としてとらえ、その矛盾の主体的解決を重視した私の映像論が、右のサルトルにみた言語論に符合していることは言うまでもない。私は当時、〈世界前衛映画祭〉を全く非本質的に素通りしてゆく傾向に対立して、そこから抽出すべき私たちの映画課題は「意味性の側にあぐらをかいて純粋性の批判にうき身をやつしている素材主義（あるいはテーマ主義）の一面性を否定し、同時に純粋性の側にあぐらをかいて意味性の批判にうき身をやつしている映像主義（あるいはモダニズム）の一面性をも否定することであり、私たちの表現と表現の根拠をその両極の緊張した対立と統一の磁場に、大たんに投入することである」と書いた。むろん私が投じた問題は、本誌〔『映画芸術』〕の花田・武井対談がそれを批判して語ったプソイド・アカデミズムどころか（ただし花田は私の論の内容には賛成していた）、あくまでも俗流政治主義（たとえば『文化評論』〔一九六六年〕十一・十二月号で百枚に及ぶ松本批判をしている木崎敬一郎などはその最たるものだ）に対して芸術の自立性を対置しながら、同時に自立性を純粋化の方向に解消しようとする芸術至上主義（奥野健男やサルトルに食ってかかったイヴ・ベルジェなどがそうだ）に対して、自立性の意味を芸術固有のアンガージュマンとして対置させようとするものだったのである。

しかしその時点での私の論をいま一歩深めるためには、映像の意味的側面と感覚的「もの」的側面の関係をもっと構造的に明らかにする必要があった。「対立と統一」と言うだけでは、二元論を真に克服したことにはならないからである。私が「映像表現の固有性について」で、「表現へとつきあげてくる精神的・感覚的もやもや」が、一方で映像の意味性（対象の何を）を志向しながら、他方で必ず映像の感覚的「もの」的側面に対象化される（いかにの映像に個的に執着する）ことを指摘し、両者に生じる緊張した相互規制を絶えず表現の根拠につき合わせる（なぜを問う）ことによって、対象の意味性が作品のトータル・イメージとしての何をに止揚される関係を、映像表現過程の本質的構造として明らかにしたのはそのためである。

再びサルトルを引合いにだすならば、これは彼の言う「独自的普遍」ということにほかならない。作家は状況づけられた存在としての世界内存在を自己の内側に見出し、その独自な個的体験をこじあけることによって、その深部で普遍性に達するというのが独自的普遍である。サルトルが「作家の政治参加」で強調したこの独自的普遍という概念が、『弁証法的理性批判』の「世界は非全体化された全体性だ」という思想にもとづいていることは明らかである。彼は各自の状況は個別的部分的であるが、それは決して閉されたものではなく、むしろ他者に向かって開かれ、滲透し合って、渦動状態としての一つの全体性を構成するとみるのだ。この個別性と全体性の弁証法的な把握が独自的普遍であることは言うまでもない。それは直ちに芸術表現上のそれと同一ではないが、その間には貴重な示唆を含んだ厳密な対応性がある。そのあたりを石堂が全然わかっていないのはもちろんだが、『新日本文学』（六六年十二月号）の時評で、私の映像表現論を映画の純粋化論ととりちがえ、石堂も松本も論争の目的に対する自覚がないなどと、少なくとも私に関しては全くピントはずれのおちょっかいを入れている柾木恭介もわかっていない。だいたい柾木はバカの一つ覚えのように「総合」だ「総合」だとお題目ばかりを唱えているが、もしどうしても総合と言わなければ気がすまないのならば、せめて総合の真の意味を、右の対応性を表現構造にとりこむこととして概念の深化をはかるべきである。

ただし表現論として独自的普遍と言う場合、その中には二重の過程が含まれていることを見落してはならない。私の考えでは、その一つは感覚的「もの」的側面への執着という個的なものを通してトータル・イメージとしての主題性という普遍的なものに向う過程であり、いま一つはその矛盾の解決という作家にとっての独自な作業を通して状況の普遍性に向う過程である。サルトルはその二つの過程を明確に区別はしていないが、私はその二つの過程を統一する構造に、映像表現（文学もその点ではちがいがない）のアンガージュマンをみるのだ。

石堂によって「反政治主義」だの「スターリンの一国社会主義からストレートに出てくる平和共存の芸術的反映である」だのとおよそトンチンカンなことを言われた私の映像表現論は、その原理的側面の巨視的構図に関するかぎり、以上のような内実をもつものである。どうやら私が到達している地点はいまの石堂の位置からは見えないところにあるのだろう。その落差が、『映像の発見』を出版したあたりの第一ラウンドではむしろ最も近くの味方であり友人でもあった石堂を、いま第二ラウンドを闘っている途上で、私の闘いの妨害者にしてしまったのである。悲しくもあり、また情けないことでもあるがいまはそれもまたやむをえまい。私としてはいつの日か再び石堂とも手を結べる時のくることを期待するが、当分は私もまた私なりの孤独な闘いをこつこつと続けるまでである。

環境芸術の思想

最近前衛的な芸術動同の中で、しきりに「環境」ENVIRONMENTということが問題にされている。そう言うと、なぜいまさら環境などということが改まって取沙汰されるのかと不思議に思う人も多いだろう。むろん環境という言葉自体は別に目新らしいものではない。それは生活環境とか環境衛生とか言われるように日常語だ。だからそのあたりがひどくまぎらわしくて困るのだが、芸術上言われる「環境」の意味内容は、通常慣用されている環境概念とはややちがう。

それは大ざっぱに区別するとこういうことだ。つまり日常語としての環境概念には、たとえば良い環境とか悪い環境とか言うように、きまって実利的な意味がこめられているのに対して、芸術上の環境概念にはそういうニュアンスはほとんどない。それはやはり基本的に精神的・思想的な概念である。また日常語としての環境概念は、どちらかと言うと「つくられている状態」を指しているのに対して、芸術上の環境概念は、むしろ「状況をつくりだす」という、いっそう動的な意味で使われている。つまり最近しきりに「環境」ということが言われるとき、そこで問題にされているのは、あくまでも精神的・思想的な場としての動的な環境をつくることなのだ。

しかしそれにしても、なぜ「空間」ではなく「環境」ということが強調されるのだろうか。〈空間から環境へ〉展の趣旨書を読むと、そこにはその理由として、現代という時代の構造的変化とその芸術への反映ということが強調されている。

趣旨書によれば、第一に「今日、社会の状況や人間の意識、感受性、行動のシステム自体に激烈な変動が根本のところで起きつつあるとき」、それにともなって芸術諸ジャンルも自己崩壊を余儀なくされている事実が指摘され、われわれは何よりもこの「激烈な自己崩壊を起しつつあるジャンルが必然的に交錯し合い、衝突し合っている混沌とした場に注目すること」が必要だとされている。その「混沌とした場」の出現によって、「見る者と作品との間の静止した関係がこわれ、旧套的な〝空間〟から、見る者と作者のすべてをふくんだ動的な混沌とした〝環境〟へと、場の概念が変ってきた」というわけである。

〈空間から環境へ〉展は〔一九六六年〕一一月一一日から

一六日まで銀座の松屋で開かれた。名をつらねた作家は、画家、彫刻家、デザイナー、写真家、建築家、音楽家など三〇数名であり、陳列された作品はいずれも既成のジャンルを猛然とはみだしたものばかりである。

まずそれらに特徴的なことは、いずれも観衆が作品と一対一でじっくり向き合うというものではないことだ。それが現代芸術の絶対的な条件かどうかは別にしてである。ごく現象的なことをみても、それらは観衆が直接作品を動かしたり、触わったり、距離や位置関係を変えたり、あるいはその中に入りこんだりしなければ、作品と観衆との間に対話が成立しないというものが多い。また会場の人の動きや風などで反応を現わす作品もあれば、機械仕掛けで動く作品もある。そうでない作品も、何らかの意味で観衆のアクティヴな参加を待って、はじめてその意味を自己開示するものがほとんどだ。趣旨書にもあるように、作品は「それ自体で自立し完結せずに、見る者をそのENVIRONMENTにひきこむことによって作られ、外に向って開かれたもの」となり、観衆はいやがうえにも作品が「生みだしたENVIRONMENTに参加し、まきこまれ」ざるをえない。

また展覧会としていま一つ特徴的なことは、そのように個々の作品が観衆に対して「環境」的であるばかりでなく、個々の「環境」が相互に干渉し合い、滲透や対立の交錯作用を生んで、それが更に会場全体を、環境化していることである。少くともこの会場では、普通の展覧会がそうであるように、個々の作品がそれぞれ自立したテリトリーを与えられて、そこにちんまりと収まりかえっているようなことはない。たとえばある種の作品群は、反射する材質を使って周囲の環境をすべて吸収し、それを自己の環境として再び周囲に投げ返すようなこともやっている。また別な作品群は光や音を遠慮会釈なく周辺の環境に発散させるといった具合だ。こうして相互にぶつかり合った環境の渦動状況が、全体として一つの大きな環境をつくるのである。観衆はそのトータルな環境の中を自由に歩きまわるわけであるが、そのときトータルな環境と観衆の間には、個々の環境と観衆の間に生じた体験とはまたちがう、しかしそれをすべて止揚した、より大きな混沌としての可動的体験が構成されるのだ。

そのような〈空間から環境へ〉展をみて、私がすぐ思い浮べたのが、一九五八年のブリュッセル万国博覧会で、コルビュジェ、クセナキス、ヴァレーズが合作したフィリップス館の実験である。建物はフィリップス・ラジオ・コーポレーションのために、コルビュジェとクセナキスが設計したもので、それは独得な空間概念から、連鎖し合う一連の双曲面や抛物面を構成するよう、外部は三つの尖端をもつサーカス・テント式に、内部はPB方式によって牛の胃袋状につくられ、その内部壁面には四〇〇個のスピーカーが設置された。そこからはヴァレーズの電子音楽「ポエム・エレクトロニク」や、建築家でもあり作曲家でもあるクセナキスの「コンクレ・P・H」などが激烈にサウンドされ、同時に平行して、コルビュジェによってアフリカ土人の顔や原爆のキノコ雲など、写真やコラージュ、あるいは印刷物などの映像が次々と投影されたのである。

私がフィリップス館の実験を思い浮べたのは、サウンドと映像が不確定的に衝突し合うこの渦動状況は、むろんその奇妙な建築空間も含めて、観衆を未知の体験域に包みこむ「環境」ではないかと思ったからである。もっとも私が知るかぎり、この試みに対しては当時はまだENVIRONMENTという呼称は与えられていない。しかしその意図するところが、今日言うところの「環境」概念を先取りしたものだったことは明らかである。

今日言う芸術上の環境概念が、誰によって、いつからちゃんとした形で提起されてきたかは明確ではない。おそらく今日的に論理化されるまでには、そういうアプローチが、何らかの独自な空間概念を追求する過程で、徐々に各ジャンルの作業を通して発酵してきたとみるのが妥当だろう。ENVIRONMENTという言葉を使ったものも使わなかったものもいるが、歴史的にみると、建築ではキースラーあたりから、彫刻ではやはりキースラーやニーベルスンあたりから、絵画ではポロックあたりから、音楽ではケージあたりから、そのような概念への指向性が自覚的になっている。むろんハプニングなども、大いにその指向性の触媒になってきたことは疑いがない。いずれにせよそのような環境概念の自覚化が、技術・物質文明の先端をゆくアメリカを中心に進んできたことは興味ある事実である。

技術・物質文明のシンボルは言うまでもなく都市であり建築だ。その意味でもエンバイラメントという概念が、何よりも都市や建築と結びついて取沙汰されてきたことは自然である。〈空間から環境へ〉展の企画者の一人である滝口修造も、「環境について」というエッセイで「真の環境ということを考えると、そのヴィジョンは結局、建築的構想のなかに収約《〔ママ〕》される」と書いている。そういえば〈空間から環境へ〉展の会場全体を構成したのは建築家の磯崎新だ。しかも磯崎は「インヴィジブル・シティ」ということを言いだして知られているように、その専攻は都市計画である。私が面白いと思ったのは、その磯崎が東野芳明との対談（『美術手帖』一一月増刊号）で、環境デザインの一つのポイントとして、「システム自身を提出すること」を強調していることだ。たしかにシステムの提出のしかたにこそ、「環境」に対する芸術家の思想が端的に表現されるからにほかならない。

　おそらくは最も早くから今日的な意味での「環境」性に着目していた建築家兼彫刻家のキースラーは、すでに一九二〇年代から有名な《エンドレス・ハウス》を構想し、一九五四年〔ママ※一九六四年と思われる〕には〈環境彫刻〉と名づけた個展を開いている。《エンドレス・ハウス》というのは、文字通り末端というものがないダイナミックな生活空間へのアプローチで、結局は死ぬまで未完のまま残されたというが、それなどは明らかに環境をシステムとして提出した最初の見本であり、ブリュッセル万国博のフィリップス館の実験なども、理念としてはやはりそのあたりからの血を受けついでいるように思われる。

　滝口修造の前記のエッセイによればキースラーは〈環境彫刻〉展のとき発表した「コリアリズム第二宣言」で、すでにかなり明確な環境概念をうちだしているようだ。彼はすべての芸術作品や建築などは「この拡がりつつある環境のコンテクストのなかで考えられねばならない」こと、また自然物であれ芸術作品であれ「物自体はそれがみずからの環境になるところまで拡がることができる」ことの二点を強調し、「こうしてわれわれは物から環境へと焦点を移動しなければいけない」と結論を下している。そう言えば、個の作品の環境性と会場全体の環境性の弁証法に「混沌とした衝突の場」を求めようとする〈空間から環境へ〉展の環境概念も、すでに一〇年以上も前に、このキースラーの「コリアリズム第二宣言」で予見されていたと言えるかもしれない。

　〈空間から環境へ〉展の作品で、そのような「混沌とした衝突の場」を意識的につくろうとしていたものとしては、たまたま隣合って陳列されていた粟津潔と秋山邦晴のコーナーに私は惹きつけられた。粟津のはいわば這うグラフィックとでも言うべきもので、広い容器に湛えられた水面に、周辺の作品や観衆、あるいは会場設備など、光や色、形、動きなどをすべて反射させそれを水面の局部に向けられた小型扇風機で拡散させようとするものである。なおそれに変化がつくように、水面に若干の油と水底に沢山の小さな印刷用の鉛塊が加えられていた。それら偶然がつくりだす色光と形状のムーヴマンを、観衆は更に視点を自由に移動させることによって、自らアクティヴに環境を選択するという趣向だ。

秋山の作品も一たん周囲の環境を吸収し、それを装置で変形して、自らの作品そのものを環境化するという点で粟津のそれと共通したところがある。ただし粟津のそれが視覚的環境であるのに対して、秋山のそれは聴覚的環境だ。といっても、秋山は周囲の環境から音だけでなく光をも吸収しようとする。幾つかのマイクが足音や声、あるいは自らの作品が放出するサウンドも含めて会場全体のノイズを吸収すると同時に、トランジスタ・アイが変動する光源を敏感にキャッチして、特殊な電気的装置がそれを音色とリズムに変えてしまう。くわしいメカニズムはわからないが、いずれにしてもそれらは装置を通して変形され複合されて、スピーカーから「偶然性の音楽」としてサウンドされるのである。秋山はこれを《エンバイラメンタル・メカニカル・オーケストラ№1》と名づけているが、こういう発想は現代音楽の試みの中でも非常にユニークなものである。それは一見すべてが偶然にゆだねられているようにみえるが、むろんシステムの提出に強烈な個性と思想が投入されており、それは当然偶然を組織するそのものの中に反映されるのだ。


また私は動くスクリーンにスライドを投影する今井祝雄の作品にも強い関心を払わずにはおれなかった。スクリーンに凹凸をつくるモーター仕掛がやや単調すぎるが、湾曲して動くスクリーンに、ヌードや顔や風景などが、くねくね生きもののように動くイメージが面白い。私は今年の〈ニューヨーク・フィルム・フェスティバル〉で行われたロバート・ウィットマンの『シアター・ピース』にでてきたという「巨大な袋と化した映画」（飯村隆彦の報告による）を連想した。それはふくらむ布袋に映画を投影したらしく、あたかもイメージ自体が袋と化したかのように膨張して、それが観客に襲いかかってくるかのようだったという。アメリカではほかにも半円球の球面に内部から映像を投影するヴァンダービークの試みなど、このところいろいろなスタイルのエキスパンディッド・シネマがでてきているらしい。そしてそれらも別称としては、やはりENVIRONMENTと呼ばれているのである。

そのほか小型のダッチ・ワイフを思わせるような、指を挿入して奇妙な触覚を体験する鍐嘔の《フィンガー・ボックス》、一見いかにも無邪気な子供の遊びのようにみえて、どことなく孤独な精神の偏執性を感じさせる木村恒久の《無数の引出し》、パラドキシカルな発想で度肝を抜く高松次郎の《それ自体で距離をもった食卓》、室内を白一色で塗りつぶして、環境の無化ないし非物質化をはかろうとする東松照明の《No.24》などに、それぞれ「環境」に対する作者の思想が感じられて面白かったと言っておこう。それらには環境の画一化に対する、あるいは環境の人間疎外に対する、独自な文明批評がこめられていると思うからである。

しかし高度の技術・物質文明に支えられてでてくるこれらの環境芸術は、えてしてその条件的な基盤に手ばなしで癒着しやすいことも否定できない。新らしい材質や技術を求めて、ただそれだけの面白さに終始してしまうオプチミズムが、〈空間から環境へ〉展にもなかったとは言えないのだ。表面的な生理的刺激にとどまって、観衆の意識を根底からゆさぶることのない環境芸術など、たちまち日常的な環境の中にすんなり吸収されてしまうのがオチである。その意味では、何の抵抗もなくすぐ実用化されるようなものでなく、日常的な環境に対しては、むしろ毒や異物として意識されるような、つまり決して商品にはなりそうもないもの、はるか未来の眼から現在を批評し変革してゆくような環境デザインの提起こそ望まれる。やはり根本のところで問題になってくるのは、「環境」というものに対する最も本質的でラジカルな思想にほかならない。

批評性ということ

――俳優座公演『肝っ玉おっ母とその子供たち』

〔一九六六年〕十一月二十日の夜、TBSで『あなたは……』（構成寺山修司・演出萩元晴彦）という一時間もののインタヴュー・フィルムが放映された。老若男女およそ八百数十名に手当り次第カメラとマイクを向け、

天皇陛下は好きですか？
戦争の日を思いだすことがありますか？
ベトナム戦争にあなたも責任があると思いますか？
そのために何かをしていますか？
祖国のために闘うことができますか？
命をかけてもですか？
あなたにとって幸福とは何ですか？

など十数項目の質問を矢継早に投げかけて、それに答えるさまを執拗につみ重ねたものである。

そういうやり方がクリス・マルケルの『美しき五月』にヒントを得ていることは言うまでもない。『美しき五月』はいわゆるシネマ・ヴェリテの代表作のひとつであり、やはり数多くのアンケートをつみ重ねることによって、アルジェリア戦争直後のフランスの政治社会状況を鋭く浮かびあがらせていた。いきおい『あなたは……』と『美しき五月』を比較したい誘惑にかられるが、私が担当しているのはテレビ時評ではない。私が触れようと思うのは、その質問からどういう答がとびだしてきたかということだ。そいつはブレヒトの『肝っ玉おっ母とその子供たち』（俳優座公演・演出千田是也）を批評するにあたって、決して無関係ではないと思うからである。

ところでその解答だが、たとえばベトナム戦争に関して言うと、自分とは何ら関係がないと答えた人が約四割、気になるが何もしていない（あるいはできない）と答えた人が約四割、よくわからないと答えた人が約一割、つまりベトナム戦争に積極的に反対の意志表示をしなかったものが、ほぼ全体の九割（あるいはそれ以上）を占めていた。反対の意志表示をしたものも、同情や義憤の次元を越えないものがほとんどだったのである。このことは天皇制批判が全然と言ってよいほど出なかったこと、また家庭の幸福を理想とするマイ・ホーム族がやたらと多く、そのくせ一旦緩急あれば命をかけても闘えると答えた人（と言ってもその

多くは政治意識が弱く、したがって反共にでも組織される可能性があるもの）が意外なほど多かったことと併せ考えるとき、やはり状況は相当深刻な様相を呈しているように思われるのだ。むろんこのインタヴューが取材や構成に公平だったとしてであるが、その点を考慮に入れても、危機を危機として意識しなくなった危機が、いまや私たち周辺の日常を分厚く覆っている事実を否定するわけにはゆかない。

考えてみると私たちは戦後の確立を押し流そうとする傾向に対して戦後を戦後たらしめようとする闘いを展開し、更にそのうえに立って戦後を超克する闘いに移行してきたつもりになっていた。しかし実際にはそれどころか、それより一歩先にまたもや戦前がやってきているのではないかという実感がこのところひどく強い。むろん米中戦争を軸にして、世界全体をその中にひきずりこまずにはおかない凄惨な熱核戦争の前夜がである。

ブレヒトが『肝っ玉おっ母とその子供たち』を書いたのは一九三九年、つまり第二次世界大戦の前夜であった。劇の素材を三十年戦争にとっているとはいえ、ブレヒトがドイツ・ファシズムとその戦争政策に巻込まれつつあったドイツの民衆に対して、この劇で批判と警鐘をつきつけようとしていたことは明らかである。それから二十七年、ドイツはあれほど無残な経験を通過していながら、このところその逆行ぶりには慄然とするものがある。たとえば最近行なわれた西独ヘッセン州議会選挙といい、バイエルン州議会選挙といい、右翼のネオ・ナチ政党である国家民主党が驚くほど急速にのびている。なぜそんなことになるのか、私などにはとんと理解できないが、むろん繰返し火中の栗を拾おうとしているのは西独だけではない。日本にしたところで、一方で三矢作戦計画に続いて第三次防衛力整備計画やブルラン作戦計画が進められ、他方で分厚いアパシーが存在するかぎり、直面している事態にそれほど大きなちがいがあるとは思われない。その意味では『肝っ玉……』の公演パンフで、千田是也が「この作品のアクチュアリティは、残念ながら、まだ、ちっとも失われていない。」と言っているのはその通りなのである。

しかし言うまでもなく、『肝っ玉……』がいまなお高度のアクチュアリティをもっているのは、その反戦的モチーフ一般のためではない。それは何よりも、その反戦的モチーフをブレヒトが二重の劇性として抉っている点にある。二重の劇性とは、一つは三人の子供たちを次々と戦争に奪われるニオベ的母性の悲劇であり、いま一つはその戦争に寄生し、その戦争を支える愚かな商人性の喜劇にほかならない。

肝っ玉おっ母は二人の子供たちをひきつれ、古ぼけた一台の幌馬車を引いて舞台に登場する。彼女は四六時中軍隊にくっついてまわり、衣類や雑貨、あるいは酒のたぐいを兵隊に売って生活している商人だ。しかし状況設定と人物の紹介、そしてこれから展開するであろう第一の悲劇の暗示に終る冒頭の場は、やや型通りの説明になってしまって退屈である。観客が「目ざめた状態で」劇に立会うための配慮でもあろうが、肝っ玉おっ母が子供たち一人一人の行末を占う導入のしかたには、少々疑問が残るとだけ言っておこう。暗示は「戦争で生きてゆく了見ならば、戦争にも何かくれてやれ」という曹長のセリフでたくさんであり、状況設定も人物の紹介も、行動と事件展開の中で、必要に応じて表現する方がいいというのが私の考えである。

だが芝居は二番目の息子が銃殺される第三場あたりから俄然面白くなってゆく。二番目の息子シュワイツェルカスは、肝っ玉おっ母が身代金を値切りすぎたために、そしてまた彼自身が正直すぎたために銃殺されるのだ。芝居がそのあたりから緊張してくるのは、『肝っ玉……』の二重の劇性が、ようやくそれをきっかけとしてスパークしだすからである。担架に横たわったシュワイツェルカスの死体を前にして、内心悲しみで張り裂けんばかりの思いをしながら、なおその男を知らぬと言い張る肝っ玉おっ母に、観客は同時に相反する二重の感情を抱かないわけにはゆかない。むろん母親としての彼女には憐憫の感情を、同時に欲に歪められた商人としての彼女には批判の感情をである。ブレヒトがその矛盾した感情をバネにして、観客の意識の内側から強靱な批評性をひきだそうとしていることは言うまでもない。私がブレヒトに深い共鳴を覚えるのもその点だ。

『肝っ玉……』にかぎらず、ブレヒト劇にきわだった特徴は、その主人公が決して善玉や悪玉、あるいは加害者や被害者に単純に割り切られていないことである。たとえば『肝っ玉……』と共に、ブレヒトの代表的傑作の一つ『ガリレイの生涯』の主人公ガリレイもそうだ。彼はスーパー・マンでもなければ英雄でもない。「真理を知らぬものは頭が悪いだけだ。だが、それを知りながら、それを虚偽だと言うやつは犯罪者だ」。こう言い切ったガリレイも、ひとたび宗教裁判にかけられ、恐ろしい拷問機械の前に立たされると、たちまち自説を撤回して、若い弟子から「英雄をもたぬ国は不幸だ！」という非難の言葉を浴びせられる。しかしガリレイは「ちがうぞ。英雄を必要とする国が不幸なのだ」という例の有名なセリフを吐いて、再び黙々と真理の探究に没頭するのだ。そのようなガリレイに対して、観客は決して安定性のある単一の感情を抱いて劇を見続けるわけにはゆかない。だがその不安定感こそ、ブレヒトが仕掛けた批評性の一つなのである。

『肝っ玉……』の主人公は、ガリレイのようにインテリではないだけに、その不安定感はいっそう大きい。だいいち「肝っ玉」という彼女の綽名がすでに何重もの意味を帯びている。むろん「肝っ玉」というのは、まず何よりも勇気があるということだ、事実彼女は子供を三人もかかえ、乱世を懸命になって生き抜いてきた。その果敢さによって彼女が「肝っ玉」と呼ばれるようになったことは言うまでもない。だがその勇気も、彼女に言わせると「身代限りになんのがこわかったから」やむなく身についてしまったものであり、そもそも「貧乏人には肝っ玉がいる」だけでなく、「戦争ともなりゃ、なおさら」そうならざるをえないものなのだ。またその彼女を更に客観的にみた場合、「肝っ玉」にはいま一つ、体当り主義による無鉄砲さ、思慮の浅さ、視野の狭さという意味合いすら、ブレヒトによってひそかにこめられていることがわかるのである。

肝っ玉おっ母の商売は戦争で成り立っており、戦争が終れば同時に商売の方もつぶれてしまう。しかも戦況の変化がすぐ物価や売れ行きに反映するだけにその商売は不安定だ。だが彼女はこの商売を決して捨てようとはしない。それどころか戦争の継続をすら望むのである。むろん商売の相手は味方だろうが敵だろうが構わない。事実彼女がスウェーデンの軍隊と共に捕虜になったときなど、彼女は幌車に立てていた旗をとりかえて、さっそく敵方の兵隊を相手に商売を開始する。そうしてポーランド、メーレン、バイエルン、イタリア、ふたたびバイエルンと、戦場から戦場へと渡り歩く彼女は、バイタリティがあるというよりは、むしろ戦争の寄生虫そのものである。

しかし一方では、その戦争も支配階級である王侯たちが自分の利益や名誉心から必要としていることを、肝っ玉おっ母はちゃんと見抜いている。彼女は貧乏人の本能と経験によって、彼ら支配階級の度し難い本性に辛辣な批判さえもっているのだ。彼女はその点、決して支配階級に盲従しているわけでも、インチキな英雄主義を信じているわけでもない。だが彼女はむしろ進んで長いものには巻かれようとするのであり、そのことによってうまく世間を渡ってゆこうとするのである。

戦争に対する彼女の態度も同じことである。とりわけ自分の子供たちが戦争で死んだり被害を受けたりしたとき、肝っ玉おっ母は心の底から戦争を憎んでいる。唖娘のカトリンが額を割られたときの彼女などそのいい例だ。「あれじゃもう、亭主にありつける見込みはねえよなあ、馬鹿みてえに子供が好きだによォ。あれがあんなに唖になったんだって、やっぱり戦争のおかげだ。子供の時分、兵隊になにか口の中へ押し込まれただ。もうシュワイツェルカスには会える見込みはねえし、アイリフの奴は、どこへ行っただか、かいもく分らねえ。全くいまいましいっちゃねえな、戦争って奴は」。肝っ玉おっ母は第六場の終りで戦争をこう言って呪うのである。

ところがブレヒトは、この母性の悲劇に観客をいつまでもとどめておくことを許さない。すぐ続く第七場の冒頭では、彼は肝っ玉おっ母をむしろ対照的に商人根性むきだしの姿で現わすのである。「おら決して戦争をいやがったりはしねえだ。戦争は弱い者いじめだちゅうけど、弱い奴は、平和な時だってくたばって行くだ。だが、戦争は味方の暮しを楽にするだ」。直前の舞台であれほど悲嘆にくれていた肝っ玉おっ母が、次の場面ではケロリとしてこんなセリフを吐きながら登場するとき、むろん観客は彼女の豹変ぶりに愕然としないわけにはゆかない。しかし言うまでもなく、その意味で愕然とさせることこそブレヒトの意図なのである。見落してはならないことは、私たちが一九五〇年代にやっと辿りついた主体的な戦争責任論の視角を、すでにブレヒトは一九三〇年代に鋭く先取りしているということだ。

肝っ玉おっ母は、戦争を利用し戦争で儲けようとして生きてきた。事実彼女はそのことによってわずかばかりの甘い汁を吸うことができただろう。しかしその代償として、彼女は心から大事にしていた三人の子供たちを失ったのである。長男は勇猛さによって、次男は正直さによって、娘は善良さによって、それらが戦争の論理と敵対的に矛盾したとき、子供たちは虫けらのように権力に殺されたのだ。にもかかわらず肝っ玉おっ母は、そこから母としての悲しみ以上の、何ら本質的な教訓を学ばない。彼女はただ一人で、相変らず軍隊のあとを追って、例の幌車を引いてゆくのである。

『肝っ玉……』がこのような結末で終ることに対しては、あちらでもいろいろと批判がでたという。なかでもヴォルフとブレヒトの間に交された問答が有名だが、まだ知らない人のために、そのことにもちょっと触れておこう。ヴォルフの批判は、あれだけの悲惨な思いをしたのだから、肝っ玉おっ母は「芝居の終幕では、芝居の序幕とは戦争に対して別人になっていなければならないのではないか。そうでなければ、戦争だったから仕方がなかったんだ、命令だったのだからどうしようもなかった、といって、成りゆきにまかせている現在のドイツの観客層を開眼できないであろう。これでは、われわれがドイツの舞台から、ドイツ人に向って、何が必要かをどうして示すことができるのか」というものであった。日本でもでてきそうな、もっともらしい批判である。それに対してブレヒトは次のように答えている。

「破局を見物する人は、劇の当事者たちがこの破局から何かを学ぶだろうと期待するが、これはまちがいだ。大衆が政治の対象である間は、大衆たちは、そこに起きることを、ひとつの試みとみなすよりは、むしろひとつの運命とみなしがちだ。実験用モルモットが生物学について何にも学びとらぬのと同じように、大衆はカタストロフからはほとんど何も学びとらない。肝っ玉おっ母が最後にそれを見ぬくようにする責任は作者にはない。作者にとって大切なのは、観客がそれを見ぬくことである」。これがブレヒトの応戦だ。

ヴォルフとブレヒトのこの問答はなかなか示唆的である。冒頭に挙げたインタヴュー・フィルムなどをみると、私などもつい「大衆はカタストロフからはほとんど何も学びとらない」のだろうかと考えたくなってくる。しかしそう言い切ってしまうなら、残された道はむろんニヒリズムでしかない。つまり「みなしがち」とか「ほとんど」という言葉のニュアンスが微妙なのである。しかし私はもっと単純に、この場合はブレヒトのままの結末の方が、こちらの意識をより強く批評的にゆさぶるからこれでいいという意見である。幕切れ近く善良な唖娘が殺される「感動的」な場面があるだけに、それに対して母の論理と商売の論理を、矛盾の極点にまで引き裂いてやる方が、見るものの意識の振幅が大きくなるからだ。重要なのはその意識の振幅に批評的なヴェクトルが貫かれていることであって、登場人物自体が目ざめるか目ざめないかなどというのは一般的に定式化さるべきものではない。ブレヒトは『肝っ玉おっ母の二つの演じ方』で「肝っ玉おっ母とその生活の悲劇を観客が深く感じとるのは、一人の人間を破滅に追い込む恐るべき矛盾——しかも社会自身によってしか、長い恐るべき戦いを通じてしか解くことのできぬ矛盾がそこに存在するからだ。こうした上演方法の道徳的優越性は、人間を、最も生活力旺盛な人間すらを、変りうるもの、破壊しうるものとして示す点にある」と書いているが、私が言う「批評的なヴェクトル」というのもそのことである。

千田是也はこの戯曲の舞台化にあたって、「ブレヒトやベルリナー・アンサンブルの人たちの手になるモデル・ブックを、できるだけなぞってみることにした」と書いている。千田はインチキ・ブレヒト主義がやたらと横行している現状に対して、改めて「お手本どおりの楷書」を対置させたかったにちがいない。そしてその意図を、私は舞台そのものから了解した。事実いわゆる異化効果のとらえ方にしても、感情や感動の位置づけ方にしても、情念的なものと理性的なものの関係の理解にしても、さすが俗流とはちがうところが多いのだ。たしかにカチカチの楷書でも、一応こういう試みをしてみることはプラスである。

しかし片仮名と平仮名を逆にしたあの字幕の処理には閉口した。実に読みづらいのである。それとソングがさっぱり聞きとれない。ブレヒト劇における字幕やソングの意味を考えるなら、読みづらい字幕や聞きづらいソングが失敗していることは言うまでもない。もっとも字幕はただちに改善することはできても、問題として残るのがソングにおける日本語の処理だろう。これは今後時間をかけて吟味すべき宿題だ。

宿題のだしついでに、全体的な不満として、私には舞台が妙に教科書風に整理されすぎているのではないかという、いささか窮屈な感じがしたことを指摘しておきたい。「絵」や動きがスタティックにきまりすぎているということでもあり、いかにも「お手本どおりの楷書」をなぞっているという印象を与えるということでもある。

そのせいかどうか、私はとりわけ劇の前半に退屈すれすれのしんどい思いを味わった。それも私だけかと思ったら、どうもそうでもないらしい。だとすると、ここにも少々考えてみなければならない問題がありそうである。私の考えでは、その原因の一つは戯曲そのものが前半に欠陥があるということであり、いま一つはいわゆる「目ざめた状態」というやつと、「うまく劇にひきこまれない状態」というやつの区別が、やや曖昧になっているということである。

むろん劇にひきこまれるというのは、かならずしも観客から批判的な意識を奪う感情移入やカタルシスだけとはかぎらない。私はむしろ劇にひきこまれながら、同時に目ざめている状態にこそ、意識が批評的になりうる積極的な条件があると思うのだ。そしてそのパラドックスは、理論的にも経験的にも可能である。芸術における批評性とは、精神に深く刻みこまれた生傷が、彼の意識をたえず不安におとしいれ、その傷の意味をいやでも問いつめずにはおれなくさせるものではなかろうか。少なくとも私はそう思うのである。そして『肝っ玉……』が素朴なプロパガンダ劇とちがうのは、結局のところブレヒトが、劇の批評性ということをその次元で追求しているからにほかならない。あの幕切れに塗りこめられたものは、明らかにそういうものである。

可能性はどこにあるか（上）

――チェコ映画『夜のダイヤモンド』について

新らしい作家と出会うのは楽しい。ギラギラして、いっぱい何かが詰っていて、猛烈な可能性を感じさせる作家とである。

このところ日本では、ちょっとそういう戦慄的な出合いを感じさせる作家にはおめにかかっていない。いまの映画状況では新人が出にくいということもあるし、そういう圧倒的な才能が少くなっていることもある。ともあれ現状は至って淋しいかぎりである。私はまだ森弘太の『河 あの裏切りが重く』を見ていない。だから森についてはまだ未知数だが、全体として映画状況がはなはだ渋滞していることは事実だ。それは新人が出ない、あるいは出られないということにいちばんよく現われている。

もっとも映画状況が渋滞していることは、ここ数年国際的な現象だ。国際的な視野でみても、それほど猛烈な新人は出ていない。カンヌでグラン・プリをとった『男と女』のクロード・ルルーシュも、私が見たかぎりではいかにも小粒だ。繊細な感受性はあるし、腕も確かだが、大げさに言えば映画史を変えてゆくだけの決定的な何かが欠けている。時代の深い呻きが感じられないというか、要するに彼を表現へと駆り立てている根拠が弱いのだ。あれではレネエやゴダールは、ルルーシュが現われたことに少しも脅威を感じてないだろう。レネエの『戦争は終った』やゴダールの『気狂いピエロ』の方が、『男と女』よりはるかに本質的な仕事だからである。

つまり真に新人の名に価いする新人とは、一流の先輩をおびやかす何かを、新たに映画史に投げつけて出てくるもののことだ。いまそういう恐るべき作家が多少でも出てきているとすれば、それは私の知るかぎり、やはりアメリカのアンダーグラウンド・シネマの中からと、ポーランドやチェコの若手の作家の中からである。

アンダーグラウンド・シネマについての私の意見は改めて述べるとして、私はまずたまたま見る機会のあったチェコの作品について触れておこう。それはヤン・ネメツ監督の『夜のダイヤモンド』のことである。ヤン・ネメツなどと言っても御存知の読者はそうあるまい。私も全然知らなかったのである。だいたいチェコの映画については、私などせいぜいトルンカなどの一連の人形映画やアニメーション『蝶はここにいない』『硝煙の中からの証言』などの収容所ものの記録映画、それにカール・ゼーマンの傑作『悪魔の発明』くらいしか見ていない。劇映画についてはそもそも日本にはほとんど紹介されていなかったのだ。だからチェコ大使館に『夜のダイヤモンド』を見に行ったときも、実はそれほど期待などしていなかったのである。

ところがどうだ。私はものの五分とたたないうちに、すっかりこの作品にひきこまれてしまったのである。もちろん私はチェコ語など一言だってわからない。だがこの作品はほとんどセリフがないばかりか、そのきわめて非凡で個性的な映像によって、作品のテーマは私の胸をしめつけるほどに突刺ってきたのである。正直なところ私はチェコにこんなすぐれた映画があろうとは思ってもいなかった。それだけに『夜のダイヤモンド』を見て、私のショックは大きい。

実はこの作品の原作は栗栖継の訳で『新日本文学』(66・4)に掲載されている。アルノシト・ルスティクの短篇集『夜のダイヤモンド』の中の「闇に影はない」の映画化である。作品の筋は見ようによってはあっけないくらい簡単だ。二人のユダヤ人の少年が、収容所から収容所へと送られる貨車から、チェコの国境近くで脱走する。二人はプラハを目指して、山の中を飲まず食わず逃げ続けるのだ。飢えと疲労でふらふらになった彼等は、途中ドイツ領の農家でどうにも我慢できずに一片のパンを乞う。少年は密告を怖れてその農婦を撲殺しようと思うが結局は殺せない。だがそのために彼等はドイツの民間監視隊に山狩りをされて捕まってしまう。もはや決してプラハには辿りつけなくなった彼等は、刻一刻命をきざまれる思いで最後の断が下るのを待たされるのだ。

映画の骨格はむろん原作のそれと同じである。だが原作とくらべて多くのエピソードがいさぎよく削られているし、とりわけ収容所の回想は全部はずされている。それはヤン・ネメツがこの作品のモチーフを、いわゆる収容所ものとは全く異質のところに求めているからである。逆に原作にないもので目立つのは少年たちが逮捕されてから、監視隊の老人たちが(若者はすべて前線に徴兵されていない)、少年二人を前にして、あたかも生贄を囲んでグロテスクな儀式を演ずる人食い人種のように、祝盃を重ね、歌いかつ踊る長いシーンがあることだ。これが事実とも幻想ともつかぬ実に不思議な雰囲気をかもしだしている。また二人がやっと国道に辿りついてトラックの後に飛乗ろうとするとき、足を痛めていた少年の方が転んでしまい、もう一人の方が自分だけ乗れば乗れたものを、むろんそうしないで転

一九六六―一九六七

んだ少年を助けにもどったため、タッチの差で監視隊に捕まるという設定を加えたところが重要だ。むろん農婦を殺せなかったためというところと共に、それは全篇中少年に与えられたただ二つの選択行為だからである。しかもその選択の意味がひどく不条理な内容を孕んでいるところに、この作品がありきたりの戦争ドラマではないことの一端をみることができる。

いずれにせよ映画は原作とくらべて筋立てはずっと簡略化されているにもかかわらず、トータルに受けるイメージでは決して遜色を感じない。それはモノローグ的展開など小説が存分に強味を発揮している要素を失いながら、それを充分カバーしてしまうだけの独得なすぐれた映像とその構成の論理があるからである。その点で特筆すべきことは次の三点であろう。

第一点は、この映画が記憶（過去）や願望（未来）など少年の想像上の体験を、現実（現在）の体験と全く同等のリアリティをもって混織していることである。たとえば少年たちが森を歩いているところに、いきなりプラハの街が出てきたり、恋人らしい女と一緒にいるショットがインサートされたりするのだ。むろん最初はそれが何であるかはわからない。しかし時間の進行と共に往きつ戻りつしながら、それもしばしば同じショットが繰返されるうちに、それらのイメージ断片は次第に連合して強烈なリアリティを構成しだすのである。言うまでもなくそれは意識のへこんだ部分が呼びこむ少年の願望にほかならない。それが強烈であればあるだけ、現実の状況や意識の陰圧度がくっきり浮彫りにされるわけである。その意味から、たとえば森を歩いているシーンにプラハの街がインサートされるような場合、それが森の中の暗い画調に対して一段ハイキーな露出処理がなされているあたりを、文体としての映像を内的表現にかかわらせてゆく作業として注目しなければならない。

記憶もまた同様の手法で「いま・ここ」の現実に交錯される。貨車の中で食べ物と靴を交換するショットが繰返しでてくるのは、むろん足が痛んで、もう一人の少年にやってしまった靴のことがちらつくからだ。捕まったあとでは例のトラックで逃げそこねたショットも再び現われる。貨車から飛降りる瞬間のショットなども、あとから記憶の断片としてでてきて、はじめて冒頭の必死に走るショットの具体的な状況設定がわかってくるといった具合だ。それにしても願望のショットが概して非現実的な空間に変形されているのに対して、記憶のショットはきわめてリアルに現われるという対比が面白い。

とりわけ迫力があるのは農婦を殺そうとするシーンである。その心の迷いが、農婦を撲殺し彼女が昏倒するショットの執拗な繰返しとしてつみ重ねられる。見ている瞬間には、それが現実とも非現実とも区別がつけにくいように描かれているため、一瞬こちらの頭がおかしくなるほどの錯乱に連れこまれる。しかしそれはとりもなおさず少年自身のせっぱつまった想像体験なのである。

むろん記憶や願望を現実と混交する方法は、すでにレネエの『去年マリエンバードで』やフェリーニの『8½』以来、しばしば試みられ、注目されている方法である。レネエは『戦争は終った』でも想念のフラッシュ・イン・ショットを多用していたし、フェリーニも『魂のジュリエッタ』では依然『8½』のヴァリエーションとして、きわめてバロック的な妄想世界を繰りひろげていた。ヴァルダの『創造物』にも、ゴダールの『気狂いピエロ』にも、脳裏に浮んだことを、そのまま現実の流れる中に同格の扱いで挿入するという実験がなされている。問題はなぜそのような方法が、現代にアプローチしようとする視座に据えられるかということだ。むろんその一つ一つには無視できない質のちがいがあるが、いずれも現代の重層的な構造も、現実と意識が交錯する地点から、その縫い目をたぐるようにとらえようとする共通した志向をもっている。それを論理的にも感覚的にも対象化しようとするとき、そのような映像の構築が、一つの有力な手がかりとして自覚化されてきていることを否定することはできない。ヤン・ネメッツのアプローチも、それらの動向と軌を一にしていることは明らかである。

第二点は、その映像感覚、カメラ・ワーク、異様なイメージを創りだす演出力が抜群にすぐれていることである。私はそのことをすでにこの作品のファースト・ショットの中で確信した。二人の少年が貨車から飛降りた直後からはじまって、彼等が死にもの狂いで走りに走るのを、近づいたり遠ざかったりしながら、最後にやや小高い斜面をのぼってゆく途中まで、えんえん切れ目なくフォローするショットである。その持続感が彼等に襲いかかっている運命を息苦しいまでに予感させずにはおかない。木立の中の少年たちをフォローするハンドカメラは、どこをとっても彼等の不安や焦燥、疲労や絶望を鋭く対象化していて見事だ。

そういう揺れ動く映像があるかと思うと、例のトラックのくだりなどは、二人が監視隊の一群に丸く囲まれるまでひきっぱなしのワン・ショットでロッセリーニを思わせる。

かと思うと監視隊の老人たちが、手に手に銃を構えて二人を追い撃つ場面は、望遠ショットの執拗なモンタージュになるといった具合だ。その場面や先に述べた老兵たちが歌いかつ踊る場面などは、ショットの重ね方の異常な執拗さによって、日常と非日常の爆発的な矛盾をはらんだ圧倒的な表現となっている。いずれにせよアンバランスのバランスで支えられたそのリズム感といい、あるいはその鋭角的なチェンジ・オブ・ペースといい、またその暗くひきつるような映像のマチエールといい、ヤン・ネメッツの映像感覚は決して素質や技術に解消できるものではない。それは生理にまで内面化されたネメッツの状況感覚なのである。第三点は、ほとんど度を越しているために、それが緊迫した表現にまで転じている禁欲的な音プランである。だいいちこの映画には音楽がない。ただ一箇所老兵たちが踊るシーンに音楽が入るがそれも劇中の現実音としてである。しかもそのシーンの間じゅう入るのではなく、入ったり消えたりなのだ。このシーンの不思議なイメージには、そのような変った音プランが介在していることを無視するわけにはゆかない。ともかく長編劇映画で、タイトルも中味も、全然映画音楽が入らない映画というのは私ははじめてである。

また効果音のつけかたもきわめて禁欲的だ。余計な音は徹底して排除しつくしている。誇張ではなく、ときどき再生装置の故障ではないかと錯覚するほど音がないのだ。だからときどきぽつりと洩らす声、農婦を撲殺する幻想の音、犬の吠え声、銃声などの限定された音が、すごく肉感的に迫ってくるのである。と同時にほとんど音が聞えない世界が、少年たちの息詰るほどの孤独と閉ざされた状況を、ひとしお厳しく皮膚的に実感させるのだ。

音でおどかすこともなく、また音楽で感情移入を計ることもなく、ヤン・ネメッツは二人の少年の行動を非情に追跡し、彼等の行動とその障害を通して、置かれた状況全体を分厚い沈黙のうちに対象化した。私はここに、主観化されているがゆえに、むしろ恐ろしく現実感の強い音の例をみないわけにはゆかない。『夜のダイヤモンド』が表現している世界は、その筋が語りかけてくるものと、これら三点にみた独自な感性的構造のインテグレーションとして成立っている。少くとも筋からだけ想像するものと、実際に作品をみて感じるものとの間には、筋と小説表現の間の距離以上の距離があるのだ。映画『夜のダイヤモンド』が原作のもつ多くの要素とディテールを失いながら、全体性としてよく原作に拮抗し、直接的なものとしてはむしろより強烈にモチーフを感じさせるのはそのためである。

そのようにして私がこの作品に感じるものは、どうみてもただの反戦映画や反ナチ映画ではない。そこには政治の図式や素朴ヒューマニズムでは決してとらえられない現代の存在論的恐怖がある。むろんここにはルスティクやネメツのスターリン主義時代における恐怖と絶望の体験が反映しているにちがいない。ムニャチコの『遅れたレポート』が如実に物語っているように、『夜のダイヤモンド』もまたチェコ独自の「遅れた雪どけ」から生まれた作品にほかならないからである。しかしスターリン主義の体験は決して社会主義社会やコミュニストだけの限定された体験ではない。『夜のダイヤモンド』は、スターリン主義の主体的な克服作業がその果てにしばしばカフカを見出したように、まさにカフカ的なのである。そういえば人間的であろうとするがゆえに、永久にプラハに辿りつけなかった少年たちの物語りは、なんとカフカ的ではないか。少年たちはあの時代のユダヤ人の悲劇であるだけではなく、現在「プラハ」を目指しながら、決して「プラハ」に辿りつけずにいるお先真暗の私たち自身でもあることを私は疑うことができない。

チェコのグラフ雑誌『ライフ』（66・10）の記事（英語版）によれば、ヤン・ネメツは今年まだ三十才の俊英である。六〇年にプラハの映画大学を二十四才で卒業し、やはりルスティクの短篇小説を映画化した卒業制作『一口の食物』は六一年オーベルハウゼン映画祭で受賞した。『夜のダイヤモンド』はそれから三年後、ネメツが二十七才ではじめてプロ作家としてつくった作品という。これは六四年マンハイム映画祭で金賞（グラン・プリ）を獲得している。彼はその後テレビ映画も含めて数本の作品をつくっているらしいが、ネメツあたりを筆頭に、いまチェコでは「遅れた新しい波」がチェコ映画界を大きくゆさぶりはじめているようだ。可能性はいつもそういうところからでてくるものである。『夜のダイヤモンド』は、その原作者ルスティクの来日を記念して、新日本文学会主催の講演と映画の会で特別に上映された。そのときの反響も大きかったただけに、何とかこういう作品がより多くの人に見られる機会がつくられることを願ってやまない。くだらぬ映画が氾濫しすぎているだけに、いっそうそう痛感するのである。（つづく）

可能性はどこにあるか（中）

――六〇年代のアヴァンギャルドたち

ヤン・ネメツの『夜のダイヤモンド』は意外な反響を呼んだらしく、早速京都のシ・ド・フと草月シネマテークが、同じくネメツの卒業制作『一口の食物』と共に上映するという。『一口の食物』は二巻ものの小品だが、むろん『夜のダイヤモンド』ほどの凄味はない。ただ私が面白かったのは、わずか一片のパンのために主人公が破滅に追いやられるという設定、しかもすぐ眼の前にゴールを見ながら決してそこには辿りつけないというモチーフが、『一口の食物』から『夜のダイヤモンド』へと受けつがれている点である。いずれも単なる事実の告発に終っていないばかりか、その根底には現代に対するオントロジカルな問いかけが息苦しいまでに塗りこめられている。そのあたりが「遅れた新しい波」の新しさを特徴づけていることは言うまでもない。

それにしても私たちは、このところあまりにも東欧の映画動向についてつんぼさじきに置かれている。何とかコマーシャル・ベースに乗っていたポーランド映画すら、いわゆるポーランド派のゆきづまりと共にポランスキーを除いて紹介されなくなった。そのポランスキーもいまではパリに常住した格好でポーランドには帰りそうにない。そこで私たちは、ポーランド映画もその後すっかり沈滞してしまったという印象をとかく抱きがちである。事実ワイダやカワレロヴィッチに代表されるポーランド派は、戦争を知らない世代の出現によって、戦中戦後の原体験に直接固執するだけでは、どうにも彼らとコミュニケートできない壁にぶつかっている。

しかしそう言う場合でも、私たちはポーランド派のはなばなしい存在の陰に、実はいま一つの本質的な試行錯誤が続けられてきたことを見落しがちである。コンヴィッキーからスコリモフスキーに至る系譜がそれだ。むろん彼らの作品は日本では見られないし、こう言う私自身も見ているわけではない。だがこれまで活字で紹介されたものから受ける印象では、ここには何か相当戦慄的な表現がブスブス発酵しているのではないかという予感が私にはある。

たとえばワイダが『灰とダイヤモンド』を作った一九五八年、コンヴィッキーは『夏の最後の日』で、すでに戦中派と戦後派の越えがたい溝を、ほかならぬポーランドの苦悩として厳しくみつめていた。彼はバルチック海岸の荒涼とした砂浜を背景に、戦争を体験した世代としない世代の男女一組を設定し、彼らが出合い、愛しはじめ、しかし数時間後にはどうにもならない断層を意識して引裂かれてゆくのを描いたのである。そのコンヴィッキーが近くは六五年に『サルト』という作品を発表して話題を呼んでいる。それは過去の重い記憶から逃がれようとして一人の男が村にやってくるが、男の言動は誰からも理解されず、結局は異邦人として村を追われてゆくというものらしく、それをコンヴィッキーはきわめて大胆な実験的手法で描いているという。むろんこの眼で見なければ何とも言えないが、私はただそれだけのデーターにも、何か直観的に烈しくひきつけられるものがあることを感じないわけにはゆかない。ポランスキーより五つも若いスコリモフスキーについてもそうだ。六四年の作品『リソピス』は、徴兵された青年の入隊前数時間を扱ったもので、その不安と焦燥で揺れ動く意識を、変化に富んだ長いアップ・ショットで鮮かに追跡していると聞く。いずれもその背後に、ポーランド派の仕事とくらべてよりとらえどころのないやりきれなさが、深く内向していることを見落すことができない。

ポーランドにかぎらず東欧というところは、その戦争体験の特異な悲惨さといい、スターリン主義時代の重い傷痕といい、あるいはその後生じている世代間の深刻な断層といい、極度に鬱屈したものをいっぱい抱えている。しかし極度の鬱屈を抱え、またその鬱屈を対自化できる条件があるところでは、芸術上しばしば大きな可能性が潜んでいるというのが私の持論だ。事実文学や演劇の分野では、ここ数年ようやく東欧への関心が高まって、その可能性の一端が次々に紹介されるようになってきた。文学や演劇にギラギラするものがある以上、映画にそれと呼応する動きがないわけがない。そういえば六六年度の国際短篇映画でも、ベラ・バラージュのスタジオでつくられたハンガリーの『エレジー』が抜群の出来ばえで多くの話題をさらっていた。またヤン・ネメツの『夜のダイヤモンド』が、六六年度に見た多くの洋画の中でも、最もすぐれたものの一つだったことは注目すべきことだろう。結局私たちはもっともっと東欧の映画を知る必要があるし、何よりも直接作品に接する機会を持ちたいということである。

極度に鬱屈した状況という点では、東欧と対照的な現われ方をみせているのがアメリカである。そのせいか五〇年代から六〇年代にかけて、世界の新しい芸術動向の最も強力な震源地は常にアメリカにあったと言って言いすぎではない。ポロック以後の美術、ケージ以後の音楽が、現代美術や現代音楽の国際的な動向をリードしてきたことは常識である。映画の分野では、とりわけ経済的な条件が複雑に絡むためそれと平行はしなかったものの六〇年代になってからのその動きは、いわゆるヌーヴェル・ヴァーグ以後、国際的な映画の潮流として、あるいは運動として、明らかに最も本質的な問題を投げかけるに至っている。むろんそれはハリウッドの話ではなくむしろ積極的にハリウッドの外で、ハリウッドに象徴されるブルジョワ・モラルとコンフォーミズムに反逆する反商業主義映画、つまりアンダーグラウンド・シネマのことにほかならない。

アンダーグラウンド・シネマについてはかつては『映像芸術』が、『映像芸術』が一時期つぶれてからは以後一貫して『映画評論』が精力的に紹介の労をとってきたため、かなり一般にも知られるようになった。しかしきわめて具体的にその猛烈さが問題にされだしたのは、一部にではあったがケネス・アンガーの『スコピオ・ライジング』が見られたことと、草月シネマテークがリンダーーやブラケージを中心にアンダーグラウンド・シネマの特集を上映したことがきっかけとなっている。その意味では『読書新聞』にいちはやく『スコピオ・ライジング』をとりあげてこれを高く評価した佐藤重臣をはじめ、アメリカから具体的な情報や作品をもち帰り、ことあるごとにその紹介と批評につとめてきた金坂健二らの果した役割は大きい。

事実それ以前に私たちが具体的に接したものというと、たとえばロゴーシンやストリュック、あるいはカサベテスやクラークなど、いわばアンダーグラウンド・シネマ第一期とでもいうべき、五〇年代から六〇年代初頭にかけての作品ばかりであって、むろんそれらといえどもハリウッドでは決して扱おうとしなかった社会問題に大胆なドキュメンタリズムで迫ろうとし、主として黒人問題や貧困の問題に、あるのは都会生活の倒錯した姿にカメラを直接向けていった点に特徴があったと言える。それらは共通してアメリカの社会的歪みを告発する姿勢に貫かれており、安手なヒューマニズムとウェルメイドのストーリー性を排して、記録性と即興主義を重視しようとする点で、明らかにハリウッド・シネマに対して異端のものだったのである。しかしその鋭角的なみずみずしい映像も含めて、その試みの本質は伝統的な映画概念を根底から変えてしまうほど革命的だったとは言えない。

アンダーグラウンド・シネマが、一切の既成性から手を切って映画史に真に新たな一頁をつけ加えるようになったのは、第一期とオーバーラップしながら台頭したロバート・フランクの『私の雛菊を摘め』以降の反社会的な作品群によってである。そしてそれらについては、だいたい一般的なインフォメーションと啓蒙の段階は終ったというのが私の見解だ。この一年すでにかなりの例を見聞きしてきたように、一口にアンダーグラウンド・シネマと言っても、その傾向はモチーフといいスタイルといい全く千差万別である。質の問題としても、圧倒的な傑作からあぶくのようなくだらぬものまでさまざまであり、これをいつまで一緒くたにしてアンダーグラウンド・シネマ一般をもちあげたりくさしたりするわけにはもうゆかない。そろそろ何が本ものでどれが贋ものなのかを、各自が自分の感受性と自分の思想によって厳しく選別する必要を感ずるのである。たとえばヌーヴェル・ヴァーグは結局ゴダールだったということを、本当の批評はヌーヴェル・ヴァーグ一般の凋落以前に見抜かなければならなかったように、いま出てくるものすべてが一見いずれもはなやかな可能性とみえがちなアンダーグラウンド・シネマ一般から、本当の批評は最も本質的な部分を見抜かなければならない。

ではアンダーグラウンド・シネマにおいて最も本質的な部分は何か。最近近代美術館で上映された新顔の作品を含めて、これまで日本で見ることのできた数十本のアングラ作品にかぎって言えば、私が最も本質的だと思った作家は、結局ケネス・アンガーとカール・リンダーの二人である。それに準じた水準を示しているのがブラケージとヴァンダービーク、あるいはブルース・コナーあたりであり、割と評判のよかったセデルマイヤーの『ムロフノク』とかロバート・ネルソンの『この西爪やろう』などは、いかにも批評性が浅いという意味であまり高く買わない。

ケネス・アンガーは私としても『フィルム・カルチュア』誌上で早くから興味をもっていた作家だが、六六年四月、幸運にも税関試写で見ることのできた彼の『スコピオ・ライジング』は事実圧倒的な迫力をもっていた。ファナチックなホット・ロッダーたちが、フェティシズムやナルシズムを思わせる手つきでバイクを組立て、ホモ・セクシュアルなパーティを過したのち、死に向って驀進するというもので、性と死がどす黒く交錯する現代の鬱屈を、ほとんど肉体的な卒直さで抉りだしている。情念とロジックが高度のテンションでせめぎ合うそのすさまじいイメージは、世界のアヴァンギャルド映画史上ルイス・ブニュエルにつぐものである。『スコピオ・ライジング』は私にとって青天の霹靂であった。実を言うとそのとき一緒に見ていた佐藤重臣がいちはやく『読書新聞』の時評でとりあげたときなど、いわば一目惚れした女を横取りされたような気がして、しばらくはくやしさのあまりねむれなかったほどである。『スコピオ・ライジング』は〈世界前衛映画祭〉のときも〈現代アメリカ実験映画展〉のときも二度とも税関の検閲でひっかかってしまったのだが、ことこの作品に関するかぎり、最悪の場合は最小限の削除に妥協してでも多くの人に見せたい作品である。

カール・リンダーも時代の病巣を閉ざされた暗い陰湿なイメージの執拗な増殖と滲透のうちに浮びあがらせようとする点で、根深くアンガーとつながっている。『悪魔は死んだ』は、バラバラに解体された肉体の部分を強迫観念のようにつみ重ね、開閉をくり返す女の太股や、口の中にむりに注ぎこまれるグリーン・ピースだの、ナイフで男のジーパンを切り裂く女の手などのイメージによって、全篇に混織された機械の暴力的な凌辱のイメージと共に、鋭くアメリカの悪夢を紡ぎだしていた。『悪魔は死んだ』は、日本で一般に公開されたアングラ映画の中では、いちばん手応えがあったように私は思う。

むろんアンガーとリンダーにも多くの相異点があることは言うまでもない。アンガーは行為の軌跡に意識をみようとする点で記録的であり、またその展開にかろうじて外界のコンテクストをとどめているが、リンダーはショット間の論理的なつながりを完全に無視しているという意味でアブストラクションである。しかしこの二人を表現へと駆りたてている根拠には、共通の精神的状況と衝動があることを否定できない。

アンガーやリンダーらと対照的な極になるのが、多分アンディ・ワーホルであろう。多分というのは見ていないからだが、おおよそのところは活字による情報と、ポップ・アーティストとしての彼の絵から想像することはできる。アンガーやリンダーが薄暗い密室にうごめくドロドロした情念を烈しくデペイゼし合うモンタージュで表現するとすれば、ワーホルはきわめて日常的な生活断片を、しかもほとんど編集を排除したままで提示する。有名な『眠り』は眠っている男を延々六時間、『エンパイア』はエンパイア・ステート・ビルを据えっぱなしで八時間、『食う』はキノコを食うアップを四十五分も撮ったものである。しかしそれらは単にスキャンダルをねらったものではなく、デュシャンやケージなどのある種の作品のように、退屈さがやがて映像と、それを見る行為と、またその関係を意識する自意識との息苦しい緊張した時間に変貌する可能性に賭けていることは言うまでもない。ワーホルは作品を自己完結したミクロコスモスとみるのではなく、一切の映画を白紙に戻して、映画を撮りかつ見ることの意味を撮りかつ見る行為を通して根底的に問いつめようとしていると思われる。

現代のアメリカが醸成した精神的風土に深く根ざしているという意味で、また過去のヨーロッパ的実験映画の伝統をいかにもアメリカ的に断絶しているという意味で、（最近見たアメリカのアヴァンギャルド映画の母とも言うべきマヤ・デレンの作品、とくにその『午後の網目』はすばらしかったが、ここにはその実験性にまだヨーロッパ的な尾骶骨がついていた）、最もその本質を露わにしたアンダーグラウンド・シネマは、アンガーやリンダーの極かワーホルの極か、そのいずれかの極に属するものである。

もっともこのところアメリカではエキスパンディッド・シネマ（拡張映画）というのが現われ、伝統的なスクリーン投影法による映画形式そのものが破壊されつつあるという。もっともその種の試みはむしろ映画外の分野から、たとえば五八年のブリュッセル万国博のフィリップス館などの実験でアプローチされてきた。コルビュジェ、クセナキス、ヴァレーズの共作で、映像とサウンドによる未踏の空間創造に賭けた壮大な実験だ。そういえばエキスパンディッド・シネマはエンバイラメンタル・シネマ（環境映画）とも呼ばれているというが、エンバイラメントという概念は、早くから建築家兼彫刻家であるフレデリック・キースラーあたりから提起されており、最近では建築・美術・音楽の分野などが、エンバイラメントという呼称でさまざまな空間変革の実験を行っている。私はエンバイラメンタル・シネマ台頭に、それら建築を中心とした新しい「環境芸術」の影響をみるが、そういえば先頃日本で開かれた〈空間から環境へ〉展でも、今井祝雄という二〇才の美術家が、モーターでくにゃくにゃに動くスクリーンにスライドを投影して、映像による不思議なエンバイラメントを創りだしていた。

すでに紙数がないので、エンバイラメントについては小生の「環境芸術の思想」（『カメラ時代』〔一九六六年〕一月号）〔本書一二〇頁を参照〕を参考にして欲しいが、こうなるといったい映画はどこに行くのだろうかという、一種の期待と困惑の混った妙な感慨に襲われないわけにはゆかない。アンダーグラウンド・シネマのブルトンともいうべきジョナス・メカスは、ちょうど一年ほど前のエッセイで「既知のシネマの最終定義は一切合切ぬぐい去られた。いますべてのドアは開いている。そしていくつかの窓も。次に何がくるか知っている奴はいない」と書き、そのことこそ「六六年のシネマにおいて最も重要な事実」であると指摘した。

むろんこれからの映画がすべてその方向に向うなどということはありえないが、相変らず五社の商業映画の枠内でしか映画を考えられなくなっている古ぼけた頭脳は、ときたまそういう動向に照らして自分も相対化してみる必要はあるだろう。もっともそのうえで私たちの課題は、私たちの土壌からしか生まれないという自明の理を、この際充分確認しておくことは無駄ではない。私はむろんナショナリストではないが、いまの日本の美術界がそうであるように、われもわれもとニューヨークあたりに行って、向うさんの試行錯誤に金魚の糞みたいにくっついてゆくという喜劇は演じたくないし、そうあってはならないと思うからである。その意味からも、この原稿の途中で森弘太の『河 あの裏切りが重く』の試写会もあったことだし、私はいま一度足元の日本の状況に眼を転じ、日本での可能性をできるだけ追求してみようと思う。

（つづく）

エセ批評性に対立──状況への映像固有のアプローチを

『白い巨塔』批判

六六年度のベスト・テンというやつが、ぽつぽつ発表されはじめている。毎年のことながら、それらと私の評価とのくいちがいにあきれざるをえない。

まず眼についたのが『朝日新聞』の「ことしの収穫ベスト5」。岩崎昶、津村秀夫、荻昌弘の三人の選者が共通して推している作品が山本薩夫の『白い巨塔』である。岩崎、荻の二人がこれを一位とし、津村は「今年第一と推したいが、残念ながら外科大手術の実景シーンを何度も入れて、顔をそむけさせる」からというバカげた理由で二位に置いている。津村の一位は中村登の『紀の川』。

『白い巨塔』にコロリと参る批評家がでるだろうことは想像していたが、『紀の川』にイカれるとは、また何と古風な！　と思っていたら、『紀の川』はその直後に発表されたNHK映画委員会選定のベスト・テン一位、最優秀映画賞受賞作品とあいなった。『白い巨塔』はここでは二位である。選者は飯島正、南部圭之助、双葉十三郎、荻昌弘、草壁久四郎、それに秋山なにがしとかいうNHKの人らしい。

しかし『白い巨塔』だの『紀の川』だのがもてはやされる傾向はたまらなく私をゲンナリさせる。私に言わせれば『白い巨塔』は男性好みの社会派メロ・ドラマ、『紀の川』は女性好みの心理派メロ・ドラマ、いずれも私たちの世代が否定の対象としてきた一昔前の良識的なメロ・リアリズムにすぎないからである。もっともそれを選んだのが一昔前の良識的な批評家たちだからしょうがないと言えばそれまでだが、これを世間的な意味での権威が、日本映画の現状打開の方向を指示したものとしてとれば、その現実的な作用に対してはただ黙ってやりすごすというわけにもいかなくなってくる。

状況への映像固有の批評的アプローチを重視する私としては、とりわけ『白い巨塔』あたりのエセ批評性に対立せざるをえない。だいいち山本やこれを支持する批評家たちは、現在の状況が、こんな単純な善玉対悪玉の構図でとらえられると本気で思っているのだろうか。私は「堕落したリアリズム」その他で山本作品の没主体的なドラマトゥルギーを批判してきたが、『白い巨塔』も相変らずその線上にねそべった姿勢でつくられている。

一九六六—一九六七

心情的反逆主義

この作品の「重量と力感」（岩崎）「邦画にまれな堅い作劇」（荻）は、状況の外から状況を鳥瞰しようとする自己切開を欠いた意識が、将棋の駒を動かすように、すべてを御都合主義的に組立てたところに出てくるウェル・メイド性にほかならない。この作品の映像が石堂淑朗的に言って「分りやすく」「旗幟鮮明」なのは、すでに先取りされた観念の駅々を、精神の冒険抜きに突走る結果生れるものである。

むろん石堂が旗幟鮮明と言うとき、その旗印は山本のそれとはちがうだろう。しかしそれはたかだか日共の公式主義か心情的反逆主義のそれかのちがいでしかない。「観点」を入れ替えただけで〝作品の〟思想性ということを表現構造の根底から変革的にとらえようとしないものは、いつまでたっても衣裳を脱ぎ変えた俗流政治主義を超えられないということである。私が石堂脚本になる『天草四郎時貞』やその延長に生まれた大島渚の『忍者武芸帳』に否定的なのはそのためだ。

私は大島作品で言えば、『忍者武芸帳』などよりも「何処となく漠としている」（石堂）『白昼の通り魔』の方をはるかに高く買う。

『白昼の通り魔』にも古典的典型論の尾骶骨が、とりわけ状況と人物設定の基本的構図を支配していることを否定できない。また私はこの作品の「生きのびの思想」、裏切ろうとずるいと言われようと今は生きのびることが第一だとでも言いたげなヴァイタリティ主義をまちがいだと思う。しかし『白昼の通り魔』がトータルに語りかけてくるイメージは、そう単純に割切れない何かを感じさせる。それは大島の生理化された状況感覚が状況観念の図式性を裏切っているからであり、映像のマチエールが脚本のフォルムに拮抗しているからである。

石堂のキメツケ

『白昼の通り魔』が「何処となく漠としている」のは、その矛盾が未整理のまま投げだされた混沌に基づいている。それは追求の不徹底さと手探りの不透明さの二重性としてあるが、私としては石堂とは逆にその後者の契機が孕む可能性に加担したい。私がまだまだ大島に期待できるのも、大島にはしばしば低俗な公的観念の外皮の裂け目から、マグマ状のなまなましい存在感覚がピリピリ緊張して動いているのを確認できるからである。大島は『愛と希望の街』に戻れなどという保守煽動にまどわされることなく、もっともっと未踏の混沌を、前に向かってつきぬけるべきである。それ以外に現在の状況に達する道はない。

石堂は森弘太の『河 あの裏切りが重く』についても、「私にはおもしろくなかった。何かよく判らぬからである」と書いてあっさり否定した。しかし石堂は自分の映像オンチを疑うことなく、判らぬ＝鮮明さの稀薄＝思想性のない美学派という勝手なキメツケをふりまわしているにすぎない。『河……』は『白昼の通り魔』以上に未整理な作品である。それはちょっと手がつけられないほどに未完成だ。しかしあの作品の無器用だが執拗な手探りの映像から、ヒロシマの深部に鬱積している重い無言の呻きを感じとれなければ、映像オンチと言われてもしかたあるまい。

少くとも森は、日本の映画作家にしてはじめて、同情や義憤というまやかしのアプローチではなく被爆者との越えがたい沈黙の溝にあらゆる裏切りの歴史と自らの存在をまるごとたたきこんで、その分厚い沈黙の意味を主体的にとらえようとしているのだ。森の映像はその試行錯誤の軌跡であって、「アクション・ペインティング的な制作方法のなかにヒロシマに対する思想的アプローチを解消させてしまっている」（石堂）などというのは見当はずれもはなはだしい。たとえ未熟な萌芽であっても、その萌芽が本質的な可能性としてあるとき、これに前向きに賭けることこそ批評であろう。

『とべない沈黙』

黒木和雄の『とべない沈黙』に至っては、大島の『白昼の通り魔』と並んで今年度の最高の問題作だったにもかかわらず、映画界、あるいは映画ジャーナリズムからは、全く不当に冷い扱いを受けてきた。『とべない沈黙』については当時私が唯一のまとまった批評を書いたのでここでは繰返さないが、これほど破綻を多く抱えながら、これほど新鮮な可能性にみちた作品は、この一年『とべない沈黙』をおいてほかにない。

むろん『893愚連隊』の中島貞夫もベスト5に加えたいが、私なら六六年度の新人監督賞は中島よりむしろ黒木に与えたろう。『とべない沈黙』も文字どおりその題名の状況的意味を、身をよじるように表現しているのであって決して美学的映像などという代物ではない。鈴木達夫のカメラも、この作品が一番すぐれている。

私が擁護したのとはちがった意味で「漠としている」のは、むしろ石堂脚本の『女のみづうみ』だ。それは論争でも指摘したように、石堂のモチーフが曖昧であり、何もないものをありそうにみせかけたものにすぎないからである。石堂はそれを主として吉田の演出や鈴木のカメラのせいにしているが、それこそ卑怯な逃げ口上にほかならない。吉田や鈴木の空転は石堂脚本の底の浅さに最大の原因がある。アントニオーニやベルイマンに裏口から近づこうとして失敗したからといって、後退作戦を他人にまですすめるというのはどうかと思う。

混沌を回避せず

六六年度はたしかにベスト・テンを挙げるのに困惑するほど不作の年だった。あえて私のベスト5を順不同に列挙すれば、『白昼の通り魔』『とべない沈黙』『河　あの裏切りが重く』『893愚連隊』、それに今村昌平の『人類学入門』といったところである。ところが今村を除く前の四本は、『朝日新聞』の選にもNHKの選にも、名前もみせていない。日本映画の現状打開の方向を、どのあたりをバネにして考えるかの決定的なちがいである。

むろん私のベスト5はいずれも相対的なものだが、にもかかわらず、私はあくまでそれら作品に六七年度へ向う可能性のスプリング・ボードをみる。ただしその可能性は、モチーフ追求の不徹底さからくる曖昧さに厳しい自己検証を加えながら、なお輻輳し内面化した状況の矛盾を、手探りで内視してゆく過程的混沌を回避しないところにのみある。

石堂はその過渡性をネガティヴにしかみていないが、「曲り角」は常に可能性と危険性がせめぎ合っているものだ。その可能性への道を透視し選択できないところが石堂の保守主義にほかならない。「旗幟鮮明」などというカッコのいい名のもとに悪しき政治主義に逆行することなく、また「思想性のない美学派」などというねじまげの中傷に屈することなく、思想と映像の低レベルな二元論を着実に克服してゆくことである。

小説と演劇――劇団青俳公演『地の群れ』

井上光晴の『地の群れ』が舞台化された。脚色・演出は文学座の演出家木村光一、劇団は青俳、一年前同じく井上の『八月の狩』を上演したスタッフである。

『地の群れ』はこれまであちこちの劇団で舞台化が企画されながら、結局これまで実現したものは一つもない。具体的に脚色までした劇団もあるが、ホンがよくないというので井上がOKしなかったと聞く。そういえば『地の群れ』はたしかにそうやすやすと脚色できる代物ではない。多くのエピソードがもつれた糸のように絡み合い、しかもその現在と過去がめまぐるしく輻輳するばかりか、それらの描写が客観的な叙述や会話で進められていたかと思うと、いきなり登場人物の内的モノローグになったり、それも三人称で語られていたかと思うと、突然一人称に転じたりするといった具合だ。その大胆な飛躍と重層性を、物理的に限定された舞台の時間・空間に転換するだけでも大へんである。まして井上文学の一頂点としての『地の群れ』と正面から四つに取組み、小説を凌駕する舞台を創りだすことは、ちょっとやそっとの能力ではできることではない。

井上の小説にはきわめて独得な方法と文体がある。その方法や文体を主題や筋から切り離すなら、おそらくあの重い痛みを湛えた井上固有の表現世界は消え去ることだろう。ところが小説を戯曲化する場合、主題や筋は横すべりができても、方法や文体にはそうはいかない要素がたくさんある。だいいち戯曲は何よりもセリフと行為、および変転や構成も含めた舞台空間のイメージなど、あくまでも視聴覚的に外側からアプローチできるものを通してしか内側も描けない。したがってその転換の等価性を舞台に固有の方法や文体の問題として追求しないかぎり、同じ筋を追ってもトータルなイメージはまるでちがってしまうということがよく起るのである。とりわけ想念や情念の独白的な展開、あるいは内視の方法に特徴をもつ井上的世界を舞台化する場合、その矛盾の解決によほどの自覚的な取組みかたをしなければ、結果がまず失敗に終ることは眼に見えている。

その皮肉な例が、井上自身の手で書かれた創作劇の失敗である。井上の創作劇は『スクラップ』にせよ『八月の狩』にせよ、井上の小説に匹敵するだけの文体がない。骨ばったフォルムだけがぎすぎすして浮きあがり、小説にあるあの混沌としたねばっこいマチエールは、わずか無限に

一九六六―一九六七

すれちがう執拗な対話を除いてどこにも見当らないのだ。井上自身が、演劇という少々次元の異なる表現媒体に向ったとき、今のところまだ彼自身の肉体を発見しえていないと言うべきだろう。

したがって『地の群れ』の舞台化に対して、私がまず関心を抱いたのが、木村光一がどういう脚色をしたかということだったとしても無理はない。結論的に言うと、木村は井上の原作をきわめて忠実に脚色したと言える。構成も各場面のエピソードも登場人物も、そしてまた使われるセリフすらも、ほとんどが原作そのままだと言って言い過ぎではない。しかし感心するのは、それでも『地の群れ』の方法や文体から感じるものが、脚色されたホンからも、決して消えていないばかりか、かなりの濃度で再現されている点である。そのマチエール的なものについては、それ以上に木村の演出力がそれを大きくカバーしていたことは事実である。だがホンとしても、よく読むと、そのあたりは相当意識的に舞台への肉体化を目指して再構成されている。木村が井上の原作をきわめて忠実に脚色したというのはそのレベルでだ。

むろん欲を言えば、本当は更に原作と格闘して、構成も各場面のエピソードも登場人物も、そしてまた使われるセリフも、もっと木村の独自なものに大胆に変えてほしかった。と言っても、私は何も井上の原作をないがしろにしろとか否定しろとか言っているのではない。当然ものによっては原作に対する批判として原作を否定する脚色のしかたもあるが、この場合はむろんそういうケースにはならないだろう。そうではなく、井上の追求したモチーフを一層深めるとか、あるいはオールビーの『悲しみの酒場のバラード』がマッカラーズの原作をきわめて尊重しながら、同時にまぎれもなくオールビーの世界になっていたように、またマルグリット・デュラの『ジャングルの中の野獣』が同様ヘンリー・ジェイムズの原作に全く忠実でいながら、同時にデュラ以外の何ものでもない戯曲に脚色されているように、井上のものであると同時に木村のものでもあるような、そういう個性的な脚色がされればもっとよかったということである。

しかし木村光一の舞台をみると、彼ははじめからそういうつもりはむしろなく、この際井上の『地の群れ』の主題を、あのドロドロした文体と共に、どれだけ舞台に再構成しうるかという点に努力を傾注したように思われる。だいいち井上に四六時中横からあの大声でガーガー言われたのではそうする以外になかったというのが実情だったろう。

いや、それは冗談だが、それはそれでかなりいい線までいっているというのが私の感想である。

舞台でいちばん印象深く表現されていたのは、全体として部落民《エタ》と「血のとまらん部落民」、つまり被爆者の群れとの、眼を覆いたくなるほどの悲惨な軋轢である。差別され抑圧されたものたちが、その鬱屈した被害者意識を、一方で自ら閉ざされた部落共同体を形成することで温め合い、他方で部落民《エタ》は被爆者の群れを、被爆者の群れは部落民《エタ》を、それぞれ嫌悪し侮蔑することで、辛うじて倒錯した優越意識に転じようとする、いわば被抑圧者が自らを不毛の洞穴に追いやっているそのマイナスの意識構造が、安直なヒューマニズムを越えて鋭く抉りだされていた。

たとえば福地松子に代表される部落《エタ》の意識は、娘徳子が強姦された事件をきっかけに、その犯人を被爆者の部落海塔新田に求めて、ほとんど異常な憎悪感となってふくれあがってゆく。最後に海塔新田にやってきた松子が、徳子を強姦した宮地の父親に吐きつけるセリフはその歪んだコンプレックスを一挙に顕在化したものとして観客の脳裏に焼きつかずかにはおかない。「あんたは、この海塔新田が世間でなんといわれとるか知っとるね。知らんことはなかろう。あたしたちが部落なら、あんた達は血のとまらん部落たいね。あたし達の部落の血はどこも変らんけど、あんた達の身は中身から腐って、これから何代も何代もつづいていくとよ。ピカドン部落のもんといわれて嫁に行けん、嫁もとれん。しまいには、しまいには……」松子がこういったとき、遂には彼女の命を奪うことになる石のつぶてが、そこここから一斉に凶器のようにとんできたのである。松子を演じた倉原理子は、体当りの熱演で海塔新田に対するエキセントリックな憎悪感をよく出していた。しかしいま一つ部落コンプレックスの陰湿なかげりがでていなかったのが残念である。

海塔新田の被爆者部落の意識が、いわゆる部落《エタ》の人間に対してドキリとするような形ででてくるのは宮地の父親においてであろう。宮地に談判しにきた徳子がふと部落という言葉をもらすと、宮地の父親の態度は人が変ったように一変する。「こりゃはっきりせんといかんぞ。部落というたとかなんとか、こんな取返しのつかぬようなことをいわれて黙っとけば、それこそ取返しのつかんごとなるぞ。さっきから聞いとると、とんでもないことをいいよらすぞ、この娘は」、急にかたくなな殻に閉じこもって、さも穢れたものでもみるようにこうわめく宮地の父親を、岡田英次がわずかな出演ながら、それだけに強く印象に残る演技で演じていた。役者はしばしば素顔が投影しようのない役を与えられると、商標化した自分の型をふとつきぬけることがあるという一例だ。それまでに家弓光子をはじめ、海塔新田という言葉は一種のタブーのように繰返し人の口にのぼりながら、海塔新田の実体はこの最後の場にしかでてこない。それだけにこの宮地の父親の態度と、松子を無言のまま無数の投石で殺した海塔新田の群衆のイメージは強烈である。

家光弓子といえば、自分の娘に原爆症状が現われていながら、なお必死に自分の被爆体験をかくそうとし、何がなんでも海塔新田と一線を画そうとするその狂乱ぶりが印象に残る。井上光晴は「生きるための夏」というエッセイで、「毎年一度まわりてくる〝夏〟の恐怖にうちかつことができず、ついに良人から去られてしまう女性」について書いていたが、ノイローゼのように原爆症の記事を集め、見知らぬ被爆者と手紙の交換などして症状を問い合わせたりする家弓光子は、むろん井上が書いていた「自分の中の〝夏〟から逃れようとしてもがき苦しんだ」実在の女性にヒントをえてつくられた人物だろう。劇のはじめの方でまだ良人がいた三年前の回想場合がでてくるが、そこではあまり現在と過去の交錯がうまくいっていない。しかも小説では娘安子の一人称的観点で描かれていたのが、芝居ではストレートな客観的叙述に還元されていたりして、表現がひどく薄手になっているのが気になった。しかし劇の後半、安子が病院に運ばれることになって、光子が半狂乱の体で医師宇南親雄にすがる場面は、この劇全体の中でも一つの大きな山場になっていた。光子を演じた市川夏江は、彼女の持味を生かしてなかなかの力演だったが、度を越した感情移入はともすると新派的な演技に傾斜しがちなことを注意しなければならない。

ところで原作と舞台を比較したとき、舞台でいちばん中途半端にしか描けていなかったのは宇南親雄である。登場人物中、宇南親雄は最も複雑な過去を背負っている。彼の父は原爆で死に、彼自身もその廃墟を父の死体を探してさまよった。その意味では彼は家弓光子の不安と同質の刻印を押された存在であり、それはそのまま海塔新田へもつながっている。一方宇南親雄の母は部落の人間で、彼がまだ幼なかった頃彼の父から捨てられている。つまり部落の血が彼の中を流れているという意味では、彼もまた福地一族と無縁ではない。ところが宇南は彼ら部落共同体からは身をひきはがしている。しかし津山信夫が海塔新田から、福地徳子が部落から身をひきはがそうとして苦闘している方向とは逆に、偽瞞と回避の要素で引き裂かれているのだ。それだけではない。宇南はかつて朝鮮人朱宝子を妊娠させ自殺に追い込みながら、それに対しても苛責の念と責任回避の両極を揺れ動き、また党の誤った政治方針に忠実に従い、飢死同然の死に方をした親友森次に対しても、傍観者的に生き残った暗い負い目を感じ続けている。またそのことがかつて森次の恋人だった妻英子との間に回収不能の溝をつくっているといった具合だ。

いうなれば宇南親雄は、戦後日本の深部に黒々と横たわっているもろもろの矛盾によって本質的に拘束されている。しかし彼はその状況を主体的な姿勢では背負おうとしない。その宙吊り状態のインテリをこの劇の中心に追いつめなければ、『地の群れ』の脚色は、深い意味では原作の意図したものから半ばずれてしまうのだ。木村の脚色は、原作中宇南の意識の追求にあてた部分を、舞台表現に転換する困難さによって、最も多く省略してしまっている。そのため、ちょっと出てくる朱宝子の姉との対話の意味も、妻英子との間に交される森次についてのセリフの意味もよくわからないのである。それらが宇南の意識の内面を深く抉る方向で追求されていたならば、宇南が徳子に罵倒され信夫に殴られたことも、最後の幕切れで、部落民《エタ》と被爆者たちとの絶望的な撃突の場に、一方に宇南を、一方に徳子と信夫をわざわざ登場させたことも、もう少し内容の充実した表現になったはずである。

『ヴァージニア・ウルフなんかこわくない』で見事な演技をみせた木村功が、この宇南の役で一向に冴えなかったのは、多分そのためだったにちがいない。それに反し、徳子と信夫を演じた宮本信子と住吉正博、とりわけ宮本信子は将来性のある新鮮な素質をみせていた。総じて舞台は、前半がかなり状況設定と登場人物の説明表現に費されていたため、いささか平板に流れがちだったのではなかったか。殊に出だしのアマネと金代の会話をあんなにえんえんと続けたことは失敗である。小説ではそうかもしれないが、舞台ではいま少しの工夫が必要だったと言わねばならない。経験の浅い俳優が演ずる場合はなおさらである。そのほか朝倉摂の装置が、彼女の多くの装置の中でも一段と精彩を放っていたことをつけ加えておこう。そしてその構成主義的な舞台を、木村の演出が実にうまく使いこなしていた。

核心にあるもの

最近ニューヨークで飯村隆彦に会ったとき、ウォーホルの『チェルシー・ガールズ』とアンガーの『スコーピオ・ライジング』をめぐって、彼と意見が対立したことがある。『チェルシー・ガールズ』も『スコーピオ・ライジング』も、アンダーグラウンド・シネマが到達した最高地点にある作品である。その点の評価については、私も飯村も意見のちがいはない。ちがうのは、あえてどちらをとるかというとき、私は『スコーピオ・ライジング』をとり、飯村は『チェルシー・ガールズ』をとるという、その分岐点に現われた評価軸のちがいである。彼は『スコーピオ・ライジング』はモンタージュなどまだまだ従来の映画形式をひきずっているが、『チェルシー・ガールズ』は全くかつてなかった新らしい映画に達しているという。そしてその点に関するかぎり私も特別異存はない。しかし全くかつてなかった新らしい映画だからその方がすぐれているという飯村の意見に、私はそう簡単に与するわけにはゆかない。私はむしろ、現代の空恐ろしい病いとののっぴきならない格闘をしている作家の呻吟を、それこそかつてなかった鮮烈さで感じるという点から、より強く『スコーピオ・ライジング』の方に共鳴する立場をとるからである。かつてなかった地点への肉迫ということを、どのような次元に見るかというところで、私と飯村の芸術観は右と左に別れてしまうほど大きくちがっている。

私は『チェルシー・ガールズ』にはそのような探求がみられなかったなどと言うのではない。むしろその逆である。私はただそれが全くかつてなかった映画に達しているから惹きつけられたのではなく、その同時投影法による対位法的空間が、不思議に現代の存在感覚と拮抗し合う点に惹きつけられたのである。私はヴァンダービークのある種のエンバイラメンタル・シネマにも、ウォーホルとはまたちがった現代的空間の強迫観念のようなものを感じたが、同様の手法を用いた老いたレン・ライやその他二・三の作家の作品には、技法上の実験以上の、本質的なものを感じなかったと言わねばならない。私が表現形式の新らしさに感銘するのは、それが自己表出せずにはおれないものの陣痛を否応なく刻みつけられたものとして現われるかぎりである。

アンダーグラウンド・シネマの中にも、その意味ではいい気なものだと、その軽薄なオプティミズムに辟易させられる代物も多い。やたらにフラッシュ・モンタージュを濫用して、もっぱら浅い生理的快感をうることに充足しているチカチカ派の大部分はその代表的な手合いである。たとえヤルカットのように、それにサイケデリック・シネマなどともっともらしい呼称を与えようと、結局は観るものの意識に深い痕跡をとどめることがない作品は、しょせん本質的なものとして高く評価するわけにはゆかない。セデルマイヤーなどの軽戯評派の仕事についても同断である。

つまり私が言いたいことは、決して見かけの新らしさに幻惑されてはならないということである。それは全くかつてなかった新らしい映画だからその方がすぐれているという飯村的芸術観に合体することを意味している。その結果はいきおい、それ、サイケデリック・シネマだ、インターメディアだ、エクスパンディッド・シネマだ、といった具合に次々と目新らしい現象に眼をうばわれ、アンダーグラウンド・シネマの最も本質的な思想的核心を見失うことになりかねない。私は飯村のジャーナリスティックな諸レポートにそれなりの啓蒙的意義を認めるが、むしろそれ以上のエネルギーを、アンダーグラウンド・シネマの本質に向っての主体的追求に当ててほしいと思う。そうでないとたとえばメカスの『樹々の大砲』などは、いわば見かけの古さのために軽視するという風潮を助長するだけである。

私などの見方からすれば、『樹々の大砲』は、三月の〈アンダーグラウンド・フィルム・フェスティバル〉に勢ぞろいした作品の中では最も古くつくられた作品にもかかわらず、最も衝撃的にずばぬけてすぐれた作品であった。それは、このどうしようもなく歪みきった世界に対するかぎりない怒りを深く鋭くつきつけてきた点において際立っていたのである。私は石崎浩一郎のようにこれを「意外に健康で素朴なものだった」(『映評』〔『映画評論』一九六六年五月〕)などとは到底思えない。むしろ猛毒を含んだロゴスとパトスの輻輳した葛藤をそこに見る。「ノー・スーパーであったため会話もギンズバーグの詩も、フォーク・ソングも、そのほとんどがわからず仕舞だった」(同上)としても、その本質は充分感じとれるものだったはずである。『樹々の大砲』は飯村流に言うと、『スコーピオ・ライジング』と同様、多分に従来の映画形式をひきずった作品であろう。そこには人を恍惚とさせるめくるめく映像もなければ、人の意表をつく奇抜なしかけもない。あるのはただひたすら現代と現代を生きる人間を見据えたところからでてくる身をよじるような怒りと愛であり、それを表現せずにはおれないところからふきだしてくる「血の色をした」

映像である。

私はアンダーグラウンド・シネマの革命的な本質は、『樹々の大砲』や『スコーピオ・ライジング』などにみられる毒性、つまりエスタブリッシュメントとしての虚偽的な世界に対する否定の思想と情念にあると思う。またそのような精神性が映像をコマーシャリズムの映画鋳型から解放して、各自の表現したいものを自由な形で表現するということの核心に据えられなければならないと思う。

その点を骨抜きにするかぎり、アンダーグラウンド・シネマはアンダーグラウンドかぶれの趣向の対象に小さく閉ざされるばかりでなく、こともあろうにＴＶのＣＭ職人に格好の手口を提供する教室となったり、浅はかな女性ファンにチヤホヤされる程度のサロン的な場に低落するのがオチである。そしてその滑稽な危険性は、日本のアンダーグラウンド・シネマの受とめかたの中に早くも忍びこんでいるように思えてならない。

スコピオ・ライジングとアメリカの肉体

ニューヨークのブロードウェイをはじめてぶらついたとき、何とも奇妙に思われる光景にぶつかった。横丁の路地はもちろん、目抜きの大通りにも、エロ本屋がずらりと軒を並べて、公然とエロ本やエロ写真のたぐいを売っているのである。

もっともそのものズバリの行為を描いたものはさすが目につくところには置かれていない。しかし性器を無修正で露出したヌード写真のたぐいは、所狭しとばかり堂々と店頭に陳列されているのだ。私が見聞したかぎり、社会主義国ではもちろん、ヨーロッパでもアジアやアフリカでも、こういう本屋が繁華街の真中で、あっけらかんと軒を並べている光景はお目にかかったことがない。

行為ではなく性器の写真ならワイセツ物陳列罪にならないというのも奇妙だが、私が何より奇異に思えたのは、それらのエロ本屋には必ずと言ってよいほど、かなりのスペースをさいて、ペニスまるだしの男性ヌード写真が並べられていたことである。

むろんそれだけ大量に売られている以上、それだけ多くの需要があるということである。しかし男のヌードだからといって、その買手は女だというわけではない。むしろ買手の多くは男なのである。男が男のヌード写真を買って、秘かに自分の部屋でじっと見入っているザマなどは、ちょっと想像しただけでも奇妙ではないか。事実私もそれらのエロ本屋で、男性ヌード写真をあさっている男共を何度も見た。しかも彼らは隣に並んでいるドキリとするような挑発的な美女のヌードなどには眼もくれず、もっぱら憑かれたように男性自身のからだを鑑賞していたのである。

そういえば私はニューヨークで知り合ったある女性が、「ニューヨークでは最近女は結婚難でアブれ気味なのよ」とボヤいていたのを思いだきないわけにはいかない。私が「それは若い男がベトナムにひっぱって行かれるから？」と聞くと、その女性はさもさもおかしそうに笑って、「ノー、ノー、女よりも男に関心をもつ男性が多くなったからよ」と答えたのである。私はそのときずい分オーバーなことを言うなと思ったが、あれこれ考え合わせるとそれもまんざら嘘ではないように思われてくる。

むろんホモ・セクシュアルな倒錯現象が見られるのはアメリカだけではない。しかしそれほど多くの男性が共通してホモ気がかっている国などいったいほかにあるだろうか。おそらくそれはいたるところで男性のヌード写真を売っているのがいかにもアメリカに独自な現象であるように、やはりアメリカに独自に見られる強い傾向性をもった性の倒錯現象である。そして多分それは、アメリカに独自な状況的ストレスに深く根を降ろした深層心理的現象にちがいない。

そのことは「一切の既成の観念と一切の他律的制約から解放されて、自分のつくりたい映画を自由につくろう」というかけ声でつくられているいわゆるアンダーグラウンド・シネマに、ホモ・セクシュアルなモチーフのものがきわめて多いことにも窺われる。それらの露骨なものは税関でひっかかることから日本にはあまり紹介されていないが、どううまく持込んだのか、先頃草月ホールで過去に二度税関でストップをくったケネス・アンガーの『スコピオ・ライジング』が上映されたので、それを見た人はなるほどと思うことだろう。

『スコピオ・ライジング』は一口に要約すると、ファナチックなホット・ロッダーたちが、フェティシズムやナルシズムを思わせる手つきでバイクを組立て、ホモ・セクシユアルなワイルド・パーティを過したのち、死に向って驀進するというものである。

『スコピオ・ライジング』はアンダーグラウンド・シネマが生んだ最高傑作の一つで、むろんかのエロ本屋に並んでいる男性ヌード写真のようないかがわしいものではない。しかし男性のヌード写真が商売になるという社会現象の底にあるものと、『スコピオ・ライジング』の表現衝動の底にあるものとは、明らかに一本の血管でつながっている。というよりアンガーは、そのいかがわしい社会現象の血脈を辿って、その根源にアメリカの（そしてまた自己自身の）病める心臓をさぐりあてているのである。

ではアンガーはアメリカの病める心臓をどのようなものとしてイメージしているだろうか。アンガーが薄暗い密室にうごめくドロドロした情念をぶちまけるように表現しているものは、性と死がどす黒く交錯する現代の鬱屈である。彼は出口のないアメリカ青年のエネルギーが一点出口を見つけて奔出するとき、それが倒錯した性の燃焼をともなって自爆的に死へつき進む構造に眼を向けているのだ。

『スコピオ・ライジング』に登場する青年たちの姿はいじらしいまでに悲しい。その反社会的なエネルギーの燃焼は、アンガーが彼らに「ならず者」と「キリストの受難」のイメージをだぶらせたように、戦慄的であると同時に聖なる悲劇を感じさせる。彼らが黙々としてバイクを組立てているとき、彼らが子どものようにはしゃぎまわりながらお互いのズボンを剝ぎとり合うとき、彼らが一斉に爆音を立ててスピードに賭けるとき、彼らの行為の裏側に否応なく見えてくるものは、カラカラに渇ききった孤独の表情である。

倒錯した性と死に賭ける冒険を生きることによって辛じて生の燃焼を実感しようとする『スコピオ・ライジング』の主人公たちは、私にふとオールビーの『動物園物語』のジェリーを連想させずにはおかない。彼もまた死を代償した逆説的なコミュニケーションに、辛うじて一瞬むきだしの人間的なぶつかり合いの燃焼を生きようとしたのである。そういえばジェリーがピーターに求めたものは、そのようなホモ・セクシュアルな関係だったとみれないこともない。

愛も信じることができず、またセックスによるコミュニケーションにすら生の充実を実感できなくなった現代の人間たちは、逆説的なホモ・セクシュアルなコミュニケーションに孤独からの自己救済を求めるようになったのであろうか。生きながらの死よりは死と向き合ったときの生に賭ける以外に生の燃焼をえられなくなったのであろうか。

こう考えるとニューヨークのエロ本屋で憑かれたように男性のヌード写真に見入っている若者の背後には、ひどく恐ろしい状況が見えてくるように思われる。『スコピオ・ライジング』が全米の青年たちに圧倒的に支持されたのは、この作品が現代のアメリカが抱えている病巣を深く抉っていたからにほかならない。

ベルイマンはかつて『沈黙』で精神と肉体の二元的な分裂を歎いたが、肉体がその本質をあらわすときは、必ずそれと対応した精神の状況を背負っているものである。

作品研究——『気狂いピエロ』

1

私が『気狂いピエロ』をはじめてみたのは、昨年ゴダールが来日したときであった。ゴダールはほかにも『アルファヴィル』と『男性・女性』を持ってきたが、私はたてつづけに撮られたそれら新作三本をみて、ゴダールの旺盛な創造的エネルギーと、その尽きることのない可能性に、ほとんど圧倒されるような衝撃を受けたものである。

それら三本の新作はいずれも興味深いものであったが、なかでも最も強烈に私をゆさぶった作品が『気狂いピエロ』だったのである。『気狂いピエロ』はその後開催された〈第四回フランス映画祭〉でも抜群の輝きをみせていた。私は当時すでにその感動を『産経新聞』に書いたが〈本書八〇頁を参照〉、まさしくそれは現代の人間的状況の本質を抉るうえで、単にフランス映画の中でというだけでなく、今日世界のあらゆる映画の中でも、最も先端的な地点に達していると確信することができる。

『気狂いピエロ』はゴダールの長編第一〇作目の作品である。そしてそこにはこれまでのゴダールが、モチーフにおいても方法においても、その総決算であるかのように綜合されている。

たとえばごく素朴にみても、主人公フェルディナンは、自動車泥棒をしたり、終始追われ続ける存在であったり、また何よりも愛する女に裏切られて破滅するという点で『勝手にしやがれ』のミシェルを連想させ、マリアンヌはその意味でパトリシアを、また「組織」に絡めとられているという意味で『アルファヴィル』のナターシャを想い起させる。あるいは更に、ラストシーンの絶望的な海は『軽蔑』のそれを、章割や種々の異化効果、映画の挿入や鏡となる登場人物との出会いは『女と男のいる舗道』を、またインタヴューやコラージュの方法は『恋人のいる時間』を彷彿とさせずにはおかない。

たしかにゴダールはこの作品の中で自己の集大成をはかっているかにみえる。しかし『気狂いピエロ』は、ただ単にゴダール・ア・ラ・カルトとしての面白さに終っているわけではない。ましてやスランプにおち込んだ作家が自己自身を模倣し、手慣れた手持の駒をくり返し濫用するケースとはわけがちがう。『気狂いピエロ』のユニークな魅力は、何よりもその綜合の方法の新らしさにあるのであり、それらの諸要素が渾然と有機的に統一される過程で生みだされてくるイメージのダイナミズムにあるからである。

2

『気狂いピエロ』はまずブルジョワ社会の不毛な日常性と、それにいささかうんざりしている主人公フェルディナンを示すことからはじまる。彼はテレビ局を首になったということになっているが、経済的な意味では彼の境遇はいささかも悲惨さを感じさせない。「好きになれる女じゃない」が「金持のイタリア女」を女房にしているからである。愛はないが何不自由のない「いささか平穏退屈すぎる」生活、そのような境遇の浴槽で本を読んでいる冒頭のフェルディナンは、言うまでもなく『軽蔑』の主人公ポールを直接的に連想させる。

しかしフェルディナンがポールとちがうのは、彼がそのような日常性に同化できずにいる点にほかならない。フェルディナンは半ば自嘲的に、ブルジョワを諷刺したバルザックの『セザール・ビロトー』の一節を口ずさみ、また精神の弛緩と頽廃をふんぷんと発散させる虚ろなパーティの中を、ひとり異邦人のように欝うつとして歩きまわるのである。パーティが赤や青に単色化されるのは、話題といえば新車や化粧品のことしかない画一化されたブルジョワ意識のアイロニカルな表現とみて差支えない。

眼や耳や口が「統一を欠いたバラバラな道具」になってしまうという実感に襲われたフェルディナンは、自己の解体と孤独に耐えられず、その焦立ちを爆発させるように、突然デコレーション・ケーキをわしづかみにして、そのかたまりを女房やまわりの客人に向って投げつける。むろんそれは彼と彼をとりまく状況への訣別を意味するハプニングであり、それは必然的にマリアンヌとの旅立ちへと、つながるのである。

マリアンヌと共に夜の街を突走る車のショットが、『アルファヴィル』のラストショットと全く同じに撮られているのは偶然ではない。『アルファヴィル』はいわば疎外状況から人間的な感情や思考を奪回する物語りだったが、状況脱出のその瞬間のラストショットが、そのまま次作『気狂いピエロ』の出発点に据えられたわけである。

『気狂いピエロ』はその意味で『アルファヴィル』の続編であり、疎外からの脱出などということはそんなに簡単に可能だろうかという自問自答を含んでいる。

3

ところでここで興味を惹くのは、パーティのシーンにゴダールが私淑しているというアメリカ映画の監督サミュエル・フラーが登場することである。フラーはフェルディナンに「映画とは何かを知りたい」と問われ、「映画は戦場のようなものだ。愛、憎しみ、アクション、暴力、死、一口で言えば感動だ」と答える。

そのような問答が、愛も憎しみも、またアクションも暴力も死も、一口で言えば感動が全く欠落したブルジョワ生活の空虚な日常性の中で交されるのは、むろん意図的なものにほかならない。常に映画を人生と同義語で語るゴダールは、ここであるべき人生とあるべき映画のイメージを、状況の日常性に対して予感的に対置させるのである。したがってまた、この場面からは単色のフィルターがはずされていることも見逃せないが、何よりも大切なことは、この問答が、日頃フェルディナンが日常的な人生に対して抱いている潜在的な不安や欲求を、よりポジティヴな形でひきずりだす劇的な契機となっていることである。

「したいと思うことの中に人生がある。ぼくはそうしたいと思っていた。だからぼくは生きていた」

人生の冒険に旅立ったフェルディナンは、車中マリアンヌにこう語る。ここには冒頭からくりかえし意味ありげに出てくる冒険アクション漫画『ピエ・ニクレ』の占める位置を解く鍵がある。つまりフェルディナンにとって『ピエ・ニクレ』は、したいと思いながらできずにいたこと、現実の生活にはなく、しかしそうありたいと思っていたこと、そのような願望を空想的に満たしていた代理現実にほかならない。言いかえればそれは彼の意識状況を陰画的に反映したオブジェだったのである。しかしフェルディナンは願望を現実的に生きる「人生」へと、したがって「愛、憎しみ、アクション、暴力、死、一口で言えば感動」が渦巻く「戦場」へと、『ピエ・ニクレ』一冊を携えて旅立ってゆく。事実日常性と訣別したフェルディナンの前には、まるで冒険アクション漫画そのものの世界のように、密輸や秘密組織、殺人や殴り合い、拷問や逃走など、一見あまりにも飛躍した事柄が次々と立ち現われるのである。

マリアンヌと一夜を過した朝、彼女のアパートにくりひろげられる世界はその意味できわめて象徴的と言わなければならない。そこには冷蔵庫と共に箱詰の銃器があり、壁にはピカソやシャガールの絵と共にヴェトナム戦争やエンクルマの写真が貼りつけられている。また一方の部屋には恋と唄があり、他方の部屋には血だらけの死体が横たわっているといった具合である。

しかしこの非現実的ともみえる異質なものの共存風景は、大まじめにゴダールが提示しているこの世界の現実像なのである。彼は最近の論文で次のように書いている。「映画にはすべてを投入すべきである。もし私になぜヴェトナム戦争やジャック・アンクティルや間男する妻についてばかり興味を示すのかと問いつめる人がいれば、私はその人をその人自身の日常生活に追い返し、そこに再び眼を向けてもらうのだ。彼はすべてがそこにあることに思い当るはずである。すべてが個人個人の日常的時事性の中に現存し、並置されているのだ」と。つまりマリアンヌのアパートに見られる奇妙な光景は、ひとたび日常の意識を剝ぎとった眼に映るこの現実世界そのものの姿にほかならない。

4

事件に巻込まれたフェルディナンは、マリアンヌと共に南フランスへ向う逃亡に、半ば否応なく追込められ、半ば自分自身の意志として決心する。「とにかくそれは、最低で腐敗しきったこの世と離別する機会ではあった」からである。しかし日常性と離別したところに現われる世界もまた、この世のもう一方の姿であることに変りはない。そしてもう一方のこの世も、いま一方の日常的なこの世と裏腹の関係で並存している以上、そこでもまた最低で腐敗しきった現象と再会するであろうことは眼に見えている。しかしちがうのは、その能動的な体験と意識の軌跡が人生にもたらすものの意味である。

しかしその軌跡や意味が何であるかは、フェルディナンにとってはもちろん、ゴダールにとっても決して先取りされた自明のものではない。むしろそれをはっきりさせようとしてフェルディナンは「人生」を生きることに賭け、ゴダールは「映画」を発見しながら創造することに賭けるのである。

その視点が、状況の全体像を状況の外側から一挙に鳥瞰図的に見ようとする整合されたパースペクティヴを否定することは言うまでもない。ゴダールはそれに対してあくまでも状況の内側から流動する状況を、流動している姿のまま とらえようとする。そこでゴダールがとる基本的な方法の第一のものが、即興主義演出と呼ばれるものにほかならない。

ゴダールが即興主義演出で重視することは、対象に対してアクションを投入するということである。そのアクションは登場人物を状況に対して行動させるという形をとることもあれば、シネマ・ヴェリテ風に相手にインタヴューを投じるという形をとることもある。だがいずれにせよそのようなアクションの投入によって、対象が動き、同時にそれに即応してこちらも動くという関係をまるごと対象化しようとする点にその特徴をみることができる。

しかしそこでは「鉄のコンテ主義」が描きだすような、寸分隙のない計算しつくされた映像は現われない。むしろそこでは刻々が予測を超えた偶然性の選択となり、対象の相貌は普通のドラマで見慣れたものとはかなりちがってくるのである。それは意味が定着された映像と、意味が定着されようとする瞬間の映像とのちがいである。ゴダールがあるところで伝統的なコンテ主義作品の傑作としてヴィスコンティの『夏の嵐』を挙げ、「『気狂いピエロ』は『夏の嵐』の逆をゆく作品である。『夏の嵐』ではみられないすべての瞬間のできごとを『気狂いピエロ』ではみることができる」と述べているのもその意味にほかならない。事実『気狂いピエロ』を従来の映画とくらべるなら、ディテールのリアリティに質的なちがいがあることは明かである。しかもそれらのディテールは、ちょうどマリアンヌのアパートの光景のように、お互いに一見整合を欠いたつながりのないつながりかたをしているのである。

5

そういえばマリアンヌの部屋を構成していた諸要素が、ピカソやシャガールの絵、ヴェトナム戦争やエンクルマの写真、アルジェリア戦争を連想させるOASの文字、二〇年代との状況的対応を感覚的に直感させる懐古調のシャンソンなど、いわば何らかの意味性をもった衆知の既成品だったように、『気狂いピエロ』を構成している諸部分も、しばしばあれやこれからの直接あるいは間接の「引用」であることが少くない。

それは冒頭のエリ・フォールのヴェラスケス論をはじめ、おびただしい数の小説や詩の一節であったり、またニュース映画や過去の自分の作品の一シーンであったり、あるいは絵や本などの小道具、ネオンやポスターであったりする。また「引用」の概念をいま少し広く解釈すれば、それは古典的な喜劇や活劇の意識的なイミテーションから、ミシェル・シモンなどのモノマネ、インタヴューの断片、ミュージカル風のかけ合いや寸劇、また日記の数行からごく日常的なオブジェにまで及ぶのである。

しかしそれらの「引用」は、何もゴダールが自己の教養をひけらかすためになされているわけではない。それはきわめてユニークな新らしい映画表現の方法的実験としてなされているのであり、ドキュメンタルな即興主義演出の本質と同様、「現実があるがままの姿で意味をもちはじめる瞬間を追求する」というゴダールの持論の具体的な展開である。

ただし言うまでもなく、「引用」が新たな意味をもちはじめる瞬間は、それが主体化されることによってである。「引用」を記録の独自な一手法としてとらえかえせば、主主体化ということは前衛的なドキュメンタリー芸術にとっての主要な前提にほかならない。ゴダールはそれを、適確なシチュエーションにおける適確な引用として行っているだけではなく、それらをきわめて大胆に綜合するしかたの中で行っている。その綜合の方法が「コラージュ」である。しかしゴダールのコラージュは、厳密に言うとキュービズムに直結したコラージュというよりは、やはりシュールレアリスムからポップ・アートに至る現代芸術を通過したところにでてくるコラージュと言わねばならない。なぜならゴダールの「引用」はしばしばポップ的であるし、それらの結合のしかたはしばしば明かにデペーズマンをふまえたものだからである。

しかしともあれここで重要なことは、コラージュによってゴダールが意図しているものが、それぞれ独立した部分の集積を有機的に結合することによって、世界の全体像を開示しようとしていることである。むろん一見脈絡も整合も欠いた現実の諸断片が、世界の全体像へとかかわる視点を見出すためには、状況を鳥瞰する一次元的な遠近法のパースペクティヴは否定されなければならない。

ゴダールはそのような認識のうえに立って、たとえばヴユラスケスと『ピエ・ニクレ』が、冷蔵庫と箱詰の銃器が、海や満月と血や活劇が、愛や優しさと憎悪や残酷が、それぞれ緊張したバランスで並存する構造を、あるがままの現実としてとらえようとする。その状況内的な体験の軌跡は、ほとんど狂気のそれに近い。しかしそのような狂気の只中でこそ、日常の意識が見失っていた感動が蘇生することも事実である。

「十分前まではいたるところに死が見えたのに、今は反対だ。見てごらん……海を、波を、空を……ああ！　人生は悲しいものかもしれない、だがいつも美しい」

こう叫ぶフェルディナンの内側では、生と死が、また悲しみと喜びが、はげしい振幅をともなって交錯していることは言うまでもない。しかし対立物が対立のまま統一された状況にこそ、最も真実に近い丸ごとの人生がある。マリアンヌに「気狂い、気狂い！」と言われながら、まっしぐらに海中に車を突進させるフェルディナンの狂気は感動的である。そういえばアラゴンはゴダールをロートレアモンに対比させながら、「ピエロの狂気とは私たちの時代の無秩序の中に彼の情熱の驚くべき秩序を投入することなのかもしれない」と書いたが、それは同時に、およそ無秩序な現実の断片を奇蹟的に綜合してしまうゴダールのコラージュの本質をもついている。『気狂いピエロ』の驚異は、何よりもこの現実のカオスに投入されたゴダールの情熱の驚くべき秩序だからである。

6

しかし対立物を対立したまま統一している丸ごとの人生の中でも、最も美しく、また最も悲劇的なものは、常にゴダールのモチーフにくり返されているように男女の愛の問題かもしれない。それは普遍化すれば「他者」の問題であり、また「孤独」と「連帯」の問題でもある。ゴダールはその問題の純粋培養を、ロビンソン・クルーソーばりの状況設定の中で試みている。

純粋培養化されたフェルディナンは、結局のところ内省的思考を生きようとする存在であり、マリアンヌは本能的自然を生きようとする存在である。フェルディナンは日記をつけることによって人生を対自的に生きようとする。しかしマリアンヌはもっと直接的実感的に人生を即自的に生きるのでなければ生きている気がしない。それは男と女の（あるいはこの映画を状況論的に裏目読みをすればインテリゲンチャーと庶民との）究極的なちがいなのかもしれない。それはいずれも人生の真実でありながら、しばしば悲劇的な平行線を辿るのである。

二人はその溝を否応なく意識する。マリアンヌは「それはあなたが私に言葉で話すから、そして私はあなたを感情でみつめているから」と言う。しかし日記の冒頭に「ものを考えない人間がいるだろうか。言語による描写の力」と書き綴ったフェルディナンは、「君は思想をもったことがない。あるのはいつも感情だけだ」と言ってマリアンヌをなじるのである。それに対しては彼女もまた「感情の中には思想があるわ」と切りかえすことを忘れない。そこで二人はそれぞれの好きなことをオートマチックに言い合うのだが、その対照的なちがいが実に面白い。マリアンヌからはとっさに「花、動物、空の青さ、音楽の音……」という具象的な言葉がとびだし、フェルディナンからは「野心、希望、事物の運動、突発事故……」という抽象的な言葉がとびだすからである。

こうしてロビンソン・クルーソーばりの実験は、フェルディナンに深い挫折感を残して終止符がうたれる。「悲劇は、それがどこに向い、どこにあるか、ということを知りはじめたときに始まる」「人生も、この神秘も、決して解決されることはない」。こうノートに書きこまれたフェルディナンの手記は、『女と男のいる舗道』で、哲学者がナナに聞かせた「なぜ人間は走るのかということを考えたばかりに、足が動かなくなって爆死した男」のエピソードを想い起させずにはおかない。ナナもまた人生や愛について考えだしたばかりに死ななければならなかったが、そのモチーフはゴダールにとってよほど気になるらしく、『気狂いピエロ』でもその全篇に貫かれている。

7

ジュール・ヴェルヌの世界から再び推理小説の世界に連れ戻されたフェルディナンは、密輸団の抗争にますます深く巻込まれるが、その仔細な注釈をしている余裕はもはやない。要はフェルディナンが、その組織のために動いていたマリアンヌの保護的道具として利用されていたという、大づかみの構図を確認すればよい。マリアンヌの裏切りは、抱き合っている彼女とフレッドのショットが挿入され、続いてマリアンヌがフェルディナンを船着場に置き去りにして船を出発させてしまうシーンとなって決定的となる。

そのとき船着場にとり残されたフェルディナンの前に、有名な喜劇役者レイモン・ドゥヴォスが演ずる一人の男が現われる。男は幻聴のように彼につきまとうメロディーが、いかに彼の人生に現われた三人の女性を想いださせ、その三人の女性との不条理な愛のスレチガイの記憶が、そのメロディーと共にいかに彼を一生苦しめるかということをフェルディナンに語るのである。その狂気を演ずるドゥヴォスの絶妙な演技もあって、人生とは結局そのようなものなのかもしれない、それは「悲しいが美しい」真実なのだという実感が、ひしひしと胸に迫ってくる。

ドゥヴォスの登場はやはり『女と男のいる舗道』の哲学者ブリス・パランに対応するものである。そして哲学者の話がナナの状況をより明確に照らしだす鏡としての役割を果していたように、ドヴォスの悲劇的な狂気もフェルディナンの置かれた状況を苛酷なく照らしだす鏡となっていることを見落してはならない。むろんドヴォスの一幕も「引用」の一種であり、それはフェルディナンが直面している状況に深く拮抗するようコラージュされているのである。

したがってその直後、フェルディナンがドヴォスの真似をしながらマリアンヌを探しに島にやってくる場面は、コミックな笑いをさそいながら、同時に悲痛なイメージをかきたてずにはおかない。それは愛する女に裏切られた男の孤独な内部を抉るからである。その内部のストレスは、一挙に愛を憎しみに燃えあがらせてマリアンヌを射殺する行為に追いこんでゆく。死にかけたマリアンヌがフェルディナンに一言「ごめんねピエロ」と言うのもひどく悲しいが、それは一瞬真のコミュニケーションが、破局の中で逆方向の矢印となって交錯するからである。

マリアンヌを射殺したフェルディナンは、自らダイナマイトを頭に巻きつけて自爆する。ゴダールの映画の主人公たちはしばしばそのラスト・シーンで死に追いやられるが、これまでの彼の主人公たちの死がすべて他殺だったのに対して、『気狂いピエロ』の主人公の死が自殺であることは注目していい。むろん追いこめられた他殺より、追いこめられた自殺の方がいっそう深く悲劇的であり、しかも自殺の瞬間までフェルディナンは生に執着したという意味でなおさらである。

8

フェルディナンが自爆したあとに、まさに陽が沈もうとする瞬間の何一つ無い大海原が静かに現れる。それは言うまでもなく『軽蔑』のラスト・シーンのヴァリエーションである。しかしそこでは、ランボオの詩句からの引用にもあるように、この世界の「永遠」の謎を意味するような「太陽に溶け込む海」がフェルディナンの人生を吸いこんでしまったように無化されており、その意味では『軽蔑』の海のイメージよりいっそう絶望的な色彩が強い。それはほとんどベケットの『勝負の終り』に描かれた「無の空間」を思わせる。

しかし『気狂いピエロ』のトータル・イメージは、『勝負の終り』のように凍結しきった「無の空間」の中には収斂しない。そこには瞬前まで生き続けていた一人の人間の影を丸ごと宿した原爆の石畳みのように、最後まであり得べき人生を求めてあがいたフェルディナンの魂が色濃く刻みつけられており、したがってまたしばしばそうありえないこの現実のアポリアに対して、その彼方にありうべき現実の幻影を浮かびあがらせようとしたゴダールの願望が、深く痛いまでに塗りこめられているからである。

『気狂いピエロ』を見終ったとき、私たちは否応なく再び冒頭にでてくる「ヴェラスケス論」の一節に立ち戻されざるを得ない。「夕べと同一化」した「一個のノスタルジックな精神のさまよい」とはフェルディナン自身にほかならないからである。そしてまたゴダールもまたヴェラスケスのように「オブジェの周囲を、大気と黄昏の中を漂い」つつ、「暗闇と透明な奥行の中に色とりどりの動悸そのものをとらえた」のである。

蒸発の根に何を見るか

――『情事』『気狂いピエロ』にない日本的歪みと因果律

1

最近見た邦画の中で、『人間蒸発』ほど私を興奮させた映画はない。私はこの映画をみている間じゅう、終始ダイナミックな緊張を感じ続けていた。それはあたかも意識のピンポン・ゲームのように、たえず私とスクリーンとの間にはげしいフィードバックをひき起しながら、一歩一歩未知の世界に足を踏み入れてゆくかのようであった。そのような体験を私はこれまで邦画の中で味わったことは殆どない。それだけでも『人間蒸発』は、現在の映画に何かきわめて重要な問題をつきつけていると私は確信することができる。そしてその確信はこの作品をみて半月を経た今でも変ってはいない。

しかし同時にこの作品を見終ったとき、私の中に妙なわだかまりが残ったことも否定できない。それは話題となったプライバシーの問題などではなく、作品がトータルに表現している世界のことである。作品がトータルに私を刺してくるものが、そのショッキングな表現に見合ったほどにはスケールがなく、私の内側に深い痕跡を残したようには思えなかったことである。しかもその不満は日が経つにつれ、直接の衝撃が薄らぐのと比較して強まってくるように思えてならない。

私のこの作品に対する共感と不満は、どちらか一方が他方をねじふせるわけにはゆかない関係で、ますます拾収がつかない葛藤を私の中でくりひろげている。したがって私は『人間蒸発』を絶対的に讃美することも、絶対的にけなすこともできない。事実私は『人間蒸発』に関するかぎり、これまで狂信的な今村讃美論者の前では不満の面を、食わず嫌いの否定論者の前では共感の面を強調してきたのである。おかげで『人間蒸発』をめぐって、私はまた相変らず憎まれ役を演ずることになったが、長いものや大勢に順応しないことを批評の第一条件と考えている私としては、それもまたあえて避けようとは思わない。私は私自身が感じたことを、まず何より私自身の中ではっきりさせたいために書く。

2

私が『人間蒸発』で何よりも舌を巻いたのは、今村昌平が一貫して現実を動態として追跡しきっていることである。

この作品がコンテ主義的な普通の劇映画とはもちろん、客観主義的な古いタイプの記録映画ともちがうのはまずその点である。

現実を動態としてとらえるということは、言葉を変えれば、流動する現在進行形の運動過程を進行の渦中でプロセッシヴにとらえるということである。そこでは次に何がとびだし、何がどのような方向に展開してゆくかは作者にもわからない。蒸発した大島裁が婚約者早川佳江との結婚を避けたがっていたという事実が大島の友人の口から明らかにされたり、佳江が捜査の途中露口に惚れ込んで大島を探そうとする熱意を失っていったり、終始思わぬ事件展開が予断を許さぬ流動態として現われてくる。そのような意外性を、人物のちょっとした表情や素振りに至るまで、すかさずつかみとってゆこうとするヴィヴィッドな映像が、まず普通見慣れた映画ときわだってちがうのである。

むろんそのかぎりでは、それは同時性を生かしたニュース・ショウなどのテレビ番組や、あるいはシネマ・ヴェリテ風の記録ものなどと、原理的には共通した本質をもっている。一部のテレビ・ディレクターや記録映画作家たちが、すでにああいうことは自分たちもやってきたというのは理由がないことではない。事実『人間蒸発』もその前半など一部分をとりだしてみると、たとえばテレビの記録番組が達しているすぐれた部分とそれほどのへだたりはない。しかし作品全体をこれに対置させたとき、『人間蒸発』はそれらのレベルをはるかに超えた迫力をもっている。それは二時間五分という長さを少しも退屈させずにぐいぐいひっぱってゆくだけの、対象に対する抜群の追求力があるということである。

『人間蒸発』の圧倒的な迫力は、まさしく対象を選択し、判断し、仮説を立て、肉迫し、追いつめ、変貌する対象とこちらの間に生まれるわずかな隙間にくい込み、こじあけ、更にその先に進むという、くらいついたら離さない式の執拗な追求力である。しかもその追求のメスが、登場人物の人間像や人間関係を内側から赤裸々に抉りだすに至るのだが、そのあたりの仮借ないメスのさばき具合は何とも見事と言うほかはない。

その際特筆すべきすぐれた点は、そのような追求の試行錯誤が丸ごと対象化され、それがそのまま作品の構造を形成していることである。それが対象のドキュメントを、同時にそれと即応した記録主体のドキュメントとしていることは言うまでもない。作者やスタッフがスクリーンに登場して、立ち現われる現実を追跡したり分析したりするのは、今村がこの作品の劇性を、対象そのものの劇性と、対象と主体の間に展開する試行錯誤の劇性との、二重の劇性として成立させようとしていることを物語っている。

作者やカメラがスクリーンに登場する映画は、ヴェルトフの『これがロシアだ』をはじめこれまでにもあった。しかし記録の構造を、記録がもたらす現実の関係全体の動態としてとらえている点で、『人間蒸発』は抜群の成果を生んでいる。こちらとスクリーンの間に振幅の高いフィードバックがひき起されるのもそのためだが、その種のフィードバック機能が本質的に批評機能であることは明らかである。その意味で「メディアはメッセージである」と言い切ったマックルーハンにならって言えば、本来方法とは批評なのである。

3

しかし現実が動態としてとらえられていると言っただけでは、『人間蒸発』の固有な魅力はかならずしも明確になったとは思えない。何かもう少しちがった要素がこの作品にはある。

私はそれが現実の流れの中に仮説やワナをどしどし投入してゆく今村の強引な方法にあると思う。今村は対象がそれ自体で動きだすのを待とうとはしない。動かすのである。その最たる一例が佳江と姉サヨの対決場面であろう。あの場面は佳江とサヨがたまたま出合ってひき起された衝突ではない。対決をひき起すべくお膳立てされて起きた対決である。むろん魚屋をそこに登場させれば、波乱がいっそう増幅されるであろうことはすべて今村の頭の中で計算されている。あの場面の終りで今村自身が「これは展開しようとして展開したドラマだ」という意味のことをしゃべるところがあるが、『人間蒸発』のヤマ場はすべて展開しようとして展開されたものとみて間違いない。佳江が露口に傾くところしかり、巫女のくだりしかり、ラストの街頭でのディスカッションしかりである。

このような方法を、私の敬愛するある監督は「見込み捜査」の方法とみて疑問視した。むろんモラルの問題としてではなく真実に近づく方法としてである。しかし私はかならずしもそうは思わない。見込み捜査が「条件」のお膳立てであるかぎり、そこに何がどう展開するかのリアリティは侵害されていないからである。私は潜在的にあるものを顕在化する方法として、水面に石を投じて波紋をとらえるように、何らかの仮説やワナを対象に投じることはむしろ必要ではないかと思う。

たとえば魚屋の証言はクサイという人がいる。たしかに魚屋の立ちまわりはうまくできすぎていて、ハテなと思わせることは事実である。むろん何らかの手段によってそう証言させることやそう思い込ませることは不可能ではない。しかしたとえそうであったにせよ、魚屋という投石は、佳江のサヨに対する潜在的な近親憎悪や、あるいは他人の喋ったことですぐ左右されやすいという彼女の性格を、見事にブロー・アップしているのである。佳江という人間の真実に迫るうえからは、魚屋という投石は明らかに有効な役割を果している。

佳江が露口に惚れているというところについても、同じ意味であそこには意識的な挑発があると言える。むろんはじめから意図的に挑発したのか、自然に生じた佳江の感情をいっそうひきだすために、露口にその相手役を意図的に演じさせたのかはわからない。しかしあの場面の撮影が、意図的に仕掛けたワナによって行われていることは、それを露口がすべて知りつつ相手役を演じていることによっても、またあの場面の映像の質からカメラの距離や位置を逆算しても明らかである。こういうやり方はドキュメンタリーとしては邪道だという人もいるだろう。また人間をモルモットのように扱う意識に疑問をもつ人がでることもわからないではない。しかしそのことが、一人の人間の中での愛の不確かさというショッキングな真実を、実在の人物を通して容赦なく抉りだすに至っていることは否定できない。

むろん芸術的信念を通すためには何をやろうと勝手だということにはならないが、ごく一般的にはかなり思い切った仮説やワナを投じることが、事実ののっぺりした日常性をつき抜けて、隠された真実に肉迫するためには必要である。そして私の考えではそれこそがフィクションということの真の意味である。

フィクションとはその意味では決してドキュメンタリーの対立概念ではない。ドキュメンタリーとは記録映画というジャンルの問題ではなく劇映画にも共通した方法の問題であり、フィクションということもまた劇映画というジャンルの問題ではなく、事実から芸術的真実を自立させるうえでの必須の装置であって、当然ドキュメンタリーの方法とは何ら抵触するものではない。というよりドキュメンタリーがより対象の内側にくい込む方法となるためには、フィクションの問題はむしろ不可避的にふまえなければならなくなってくる問題である。

今村昌平は『人間蒸発』で、ドキュメンタリーとフィクションの関係を、直観的にはそのような意味でとらえてい

一九六六―一九六七

ると思う。しかし映画の後半で「この映画はあくまでフィクションなんで記録と思わないで下さい」などと喚いているところをみると、理念的にはやはり今村も従来の記録・虚構論争のレベルを超えていないのではないかと思われる。そうではなく世のモラリスティックな非難を予想して、いわばアリバイとしてフィクションということを強調しているのならば、それはそれで別の観点から最低だと言われなければならない。また、もし『人間蒸発』のような映画が記録映画か劇映画かが問題ならば、私はそんなことはどちらでもいいではないかと思っている。むしろ私はこの作品が既成のジャンルにとじ込められないようなものになっていることを評価するし、事実現代芸術の動向は古典的なジャンルではとらえられない領域をますます広く生み落す方向にゆかざるをえないからである。

4

それはともかく『人間蒸発』の驚異は、以上みたような自覚的な方法によって、蒸発の根にうごめく日本的状況と日本人の意識の内側に深くくい込み、その底を流れる無気味な情念をとことんさらけだしてみせた点にある。

しかし輻輳したその根の脈絡をつきとめるためには、どこをこじあけてもその真髄に到達するというわけにはゆかない。私が感心するのはその手がかりをつかむ今村の直観力と選択力の鋭さであり、その前提となっているであろう調査の徹底ぶりである。一人の蒸発人間をめぐって、彼とクロスする社会と人間のひろがりに、貧困や前近代的な家意識、農村と都会の底辺をつなぐ通底器、血やセックスや近親憎悪など、もろもろの日本的抑圧の全体像を浮びあがらせようとすることは容易なわざではない。それを過去に起きた出来事を追跡する現在の時間と、そのことによってひもどかれる過去の時間とが、二重に交錯する意識の裂け目にひきずりだすことによって、作品の現実により複雑な構造を与えようとした今村の構想は緻密をきわめている。少くとも単純なぶっつけ本番主義の即興演出からは、こういう作品は絶対に生まれなかっただろうという意味で、私は何よりもドキュメンタリーにおける予測の重大さということをつくづく痛感しないわけにはゆかない。

たとえば『人間蒸発』が人間像の追求において圧倒的な迫力をもっているのも、あらかじめ中心になる主人公たちについて、おそらく尨大な調査と予測が行われ、その中から適切な判断と選択がなされたからにちがいない。もし佳江がサヨのような性格の持主であったり、サヨが佳江のような人物だったならば、この作品が全くつまらなくなったであろうことは明らかである。

とりわけ本来同情されるべき立場にある佳江がイヤなタイプの女であり、また暗示にかかりやすく心情の起伏を外に大きく現わす性格の持主だったことは、佳江の情念的世界を内側から描くうえで決定的にプラスだったように思われる。この映画で佳江がみせる激しくデリケートな相貌の変化は、俳優の演技では見ることのできない多大の魅力とリアリティを発散させていた。サヨとの対決でみせた佳江のサディスティクな憎悪を頂点として、愚かさも醜さも含めて佳江の人間像を赤裸々にとらえ得たことが、この作品に強い共感を抱かせる最大のポイントとなっていることは言うまでもない。また大きな嫌疑をかけられたサヨが、これまでの今村作品に常時登場してきたトメや貞子のように、いかにも女らしくしかも図太い性根の持主として佳江と対照させて生き生きと描かれていたことも、むろんこの作品の陰影に魅力ある厚みをもたらしている大きな要因である。

5

むろんこの相反する資質をもった二人の姉妹が、撮影所にお膳立てされたセットの中で、宿命的に対決するシーンほど壮絶なヤマ場はない。佳江はサヨと大島の関係を疑い、サヨはそれを頑として否定する。その果てしない追求劇がようやく平行線となってゆきづまったとき、誰の口からだったか「真実とは何か」という言葉がとびだしてくる。そのときそれを待っていたかのように、今村監督の号令一下セットがバラされるのである。いかにもピランデルロ風だが、そのドンデン返しがなかなか鮮かで面白い。

そこからラストに至るまで今村がくり返し強調しているのが「真実の相対性」ということである。今村はセットのホントらしいウソにふれながら、真実という実感がいかに信用できないものかと語り、一面的な事実や見方を相互に相対化してみせるのである。今村がそのうえに立って、更に真実が相対化されるという真実、そのレベルで再びたち現われるより輻輳した高次の真実を問題にしようとしていることは明らかである。そのような意味での真実の相対性を問題にした作品は黒沢明の『羅生門』以来、あとは大島渚の『日本の夜と霧』など邦画ではほんの片手で数えるくらいしかない。そのようなとき、ウソとホントが浸透し合い転換し合う現代の存在論的構造に眼を向けた今村に私は注目しないわけにはゆかない。

しかし今村がラスト近く「真実の相対性」などと言いだ

したとき、私にはそれがいささか唐突にムリして外側からもち込まれた観念のように感じられたことも事実である。私は一瞬今村がこの作品を記録ではなくフィクションだと強調したことと共に、起りうるプライバシー問題や名誉毀損問題に対するカモフラージュではないかと疑ったほどである。しかしもしそうでなければ、映画的展開の外から加えられた今村の註釈はそれほど強い説得力をもっていたとは思えない。それがどうしても木に竹を継いだように見えるのは、公平にみて映画的展開に内在するロジックが、サヨと大島裁の関係に疑惑をかきたてるように構成されているからである。

私の推理では、ラスト近く今村が真実の相対性ということに思い当ったとしても、それに至る過程では案外大島の蒸発の原因をサヨだと固く信じていたのではないかと思われる。あるいは最後までそう信じており、ただ断定を避けようとしてそう言ったかのどちらかである。そう推理する主な理由は二つある。

一つはタイトルバックからくり返し巫女を登場させ、巫女のショットを常にサヨに疑惑を向ける枕として意味ありげに構成している点である。とりわけラストで佳江をサヨと対決させる場面の直前には、巫女が「サヨが大島を毒殺した」と御宣託を垂れる場面が置かれ、御丁寧にもその間に白骨化した死体のショットがインサートされている。これでは彼女を基層社会の陰画的シンボルとして受けとるよりは、『赤い殺意』との奇妙な符合もあって、原因はサヨだぞサヨだぞと疑惑をサヨに誘導してゆくワナとして受けとめられてもしかたがない。これは確かに「見込み捜査」が結論を先取りしかねない危険な構成である。

第二は魚屋の証言を疑う仮説の設定が弱く、サヨの不利な立場を相対化する意識が稀薄なことである。むろん魚屋の証言は記憶によるものであって確固とした物的証拠は何もない。しかも記憶とは『去年マリエンバードで』をひき合いにだすまでもなく、きわめて曖昧で主観的なものである。それにもかかわらず、それはくり返しくり返し喚かれると、デマゴギーの効用と同じく何となくその気にさせられるものである。しかし魚屋の主張はそれを否定するサヨの主張によっては充分相対化されることはない。観客にはむろん直接的な利害関係のない第三者の主張の方が客観性を帯びて聞えるからである。それだけに記憶というものの曖昧さを表現の中で相対化してみせないかぎり、表現として「真実の相対性」というイメージは成立しにくいのである。あるいは魚屋の証言に匹敵するだけの、サヨを弁護する別な仮説を立てようとしていないことがまずいのである。

私が「真実の相対化」を言葉で強調する今村にムリを感じたのは以上の理由による。真実の相対性を考えさせるロジックは、もっと構成（追求の試行錯誤の軌跡）そのものに内在していなければならない。これが『人間蒸発』に対して私が抱いた不満の一つである。

6

フィクションの強調といい、真実の相対性の強調といい、今村が映画のラスト近くストレートに言葉で強調していることは、何となく映像そのもののロジックで充分表現しきれなかったものに対する今村の焦りと弁解の匂いが感じられてすっきりしない。ラストの街頭で今村が「蒸発ということ、これがこの映画の目的なんです」と言うくだりにもその感がある。

『人間蒸発』はその展開を表面的にみると、途中から蒸発そのもののモチーフは消えてしまうようにみえる。少くとも大島裁そのものに対する直接の関心は消え、むしろクローズアップされてくるのは佳江の内部世界であり、佳江とサヨの関係であり、サヨの向うに隠された秘密の事柄である。その方向転換は途中のスタッフ会議で「捜査映画になりすぎている」「もっと情念の世界にもち込みたい」という反省が加えられてから顕著となり、フォーカスは急速に残された人々の内側に合わされだすのである。

私はここでそれに類似したアンバランスな構図をもつ「蒸発映画」を想い出さずにはおれない。それはアントニオーニの『情事』である。『情事』でも岩山の孤島でアンナという女性が原因不明の蒸発をする。それはかなり大きな事件として扱われていたにもかかわらず、その後映画は最後までアンナの行方についても蒸発の原因についても明らかにはしない。むしろアントニオーニが眼を向けているのも、残された婚約者サンドロのその後の行為と意識の軌跡なのである。しかし蒸発のことはそれきり立ち消えになったかというとそうではない。アントニオーニはサンドロの意識の深部にまでかいくぐり、そこに浮彫りにされた精神の恐るべき飢餓状況に、アンナの蒸発の根にあるものをみるのである。

私は今村が蒸発した大島のことを直接追求することをやめ、残された婚約者佳江を中心に、その周辺へと広がる波に眼を向けて行ったことには、『情事』と同様蒸発の根にあるものを、残されたものの中に抉ろうとする意図がこめられていたのだろうと思う。しかし日本的蒸発の根にあるものは、むろん『情事』の場合とはちがうはずである。そこにはもろもろの日本的歪みで屈折された固有なストレスがあるにちがいない。今村はそれを佳江とサヨの近親憎悪を軸として、彼らの意識の深層にうごめく前近代的な情念やその社会的基盤にさぐっている。そしてそれら日本人の意識の基底部ににじり寄る今村の眼の鋭さについてすでに触れたとおりである。

しかしそのことがそのまま「蒸発」の固有な本質を照らしているかというと、そうは言えない「何か」があるように思われる。日本の場合もまた社会的現象としての蒸発は、資本主義の高度成長化にともなってマス的となり、今では蒸発者の数が十何万、しかもそれが年々増えているという。そのような固有な事情がその「何か」なのである。日本的蒸発の根にある「何か」はむろん日本的前近代部の鬱屈をひきずっているにせよ、その核心には超近代部とでもいうべきより今日的な状況的ストレスが厳然としてある。しかし前近代部へと下降した今村のメスは、遂に超近代部へとは上昇してこない。ところが私には、現在の日本的意識状況を全体像としてとらえるには、この前近代部から超近代部へと上昇する界域に光を当てねばならないように思われる。

むろん今村には従来そのような問題意識はあまりない。彼はどちらかというと、『にっぽん昆虫記』のトメのように、状況の変転とは一見かかわりを持たないかにみえる日本的庶民意識の基層部分に執着してきたからである。それは『にあんちゃん』や『豚と軍艦』のような浅い社会劇を克服する作業としては必然の道程であった。しかしすぐれた今村の下降劇も、『にっぽん昆虫記』『赤い殺意』『パラジ』の三作で一応行きつくべきところまでは行った気がしないでもない。

ところが『人類学入門』から『人間蒸発』への今村には、それまでのモチーフとはちょっとちがった要素が加わりだしているように思われる。『人類学入門』は明かに失敗作だが、それでも私には今村がイ、ン、ポ、化、したエロ事師に着目したことに、いわば前近代部から超近代部へと上昇する新たなきざしを感じて、特別な感心を払わないわけにはゆかなかったのである。したがってその今村が、否応なく超近代を問題にせざるをえない「蒸発」に眼を向けたとき、私がその新たなきざしにどのような深まりがみられるかと期待したとしても不思議ではない。しかし今村は折角そのような意図をもちながら、最後までその混沌とした界域に挑み抜くことを避け、結局は従来の手慣れた土俵にモチーフを収斂させてしまったのである。私が『人間蒸発』に抱いた不満の最も大きな部分はここにある。

7

しかしなぜそうなったかということを考えるとき、私は今村の合理主義的方法の限界という問題につき当らざるをえない。その限界とは一口に言うと、物事の直接的な因果律を信じすぎるということである。今村は対象に迫るとき、徹底した実証的調査のうえに立って、一つ一つ物事の因果の糸を刻明にたぐってゆく。むろんそれが今村作品の迫力となっていることはいうまでもない。しかし蒸発などという問題は、直接的な因果律で実証できるものだろうかという疑問が私にはある。

むろん今村は大島捜査の第一段階でこの問題にぶつかっている。金の使い込みや、生い立ちや、単純な失恋やでは、いずれも蒸発の原因としては決定的ではありえないからである。そこで今村は「大島は非常に渇いていた。それはネズミ（佳江）によって癒やされただろうか。そこにふっくらした女性が現われたのではないか……」という推理を立て、そのあとはその線に沿って佳江の内部にくい込むのである。

しかしその仮説もまた直接的な因果の思考によって支配されている。むろん、大島が今村の推理のとおり、ギスギスした佳江という女によって癒やされないものを、ふっくらした姉のサヨに求めたということはありえないことではない。だがその場合でも、問題なのはむしろ大島の「渇き」の方であり、その根に横たわる人間的状況の方である。

たとえばゴダールの『気狂いピエロ』も見方によっては蒸発の物語りである。ある主人公フェルディナンは衝動的に家出をする。その家出は残された女房の方からすると、女との駆け落ちとしてしか受けとられていない。しかしマリアンヌとのことは、彼にとって少くとも家出の原因ではなく、そのきっかけにすぎないことは明らかである。フェルディナンを蒸発へと駆りたてたものは、本人すら単純には説明できないような解体感だったからである。ゴダールはその解体感が何であり、その家出の賭けが何にぶつかるかを、現代の愛と自由の根源的な状況を見極めようとして『気狂いピエロ』を作っているのである。

むろん個々人の直接的蒸発の原因はさまざまであろう。しかし年々その数が増えるという無気味な蒸発状況の本質に切り込むためには、その根の深層的な意味をこそ問わなければならない。それは個々人の直接的な動機や直接的な因果の契機を、どんなに実証的に理解してもとらえられるものではないからである。しかし今村はその限界にまでぎりぎりに自分を押しやりながら、遂にその一線を越えることができずにいる。その苦しさがラストの追い込みで、今村に映画的展開の外からさまざまな註釈を言わせている真の理由かもしれない。しかしそれがアリバイづくりの白々しいとりつくろいとしてではなく、ある種の熱っぽい緊張感をもってこちらに伝わってくるのは、多分今村の苦しい創造上のあがきとしてそれが表現されているからである。

『人間蒸発』に対する私の不満を方法論のうえからみると、それは以上みたような合理主義的実証主義の限界の問題である。そしてその限界の前に立ち現われてみえるのは、きわめて複雑な今日の存在論的な状況にほかならない。ではその限界をどう突き抜けるかということになると、私にもそれはよくわからないのである。ただ目下私が考えていることによると、その手がかりは主として次の三点にあるのではないかと思う。

第一点は、今日の状況を一次元的な因果律で解明できる単層構造としてみるのではなく、輻輳した諸過程がうろこ状に絡み合った重層構造としてみることである。その場合問題になる因果律については、ルイ・アルチュセールが一方で『資本論』の「剰余価値」概念を吟味し、他方で今日の言語学や精神分析学などに登場してきている構造論を検討したうえで提起している「構造的因果性」という概念から多くの示唆を受けることができる。具体的にはゴダールが『気狂いピエロ』あたりで試みているように、輻輳した諸因果の、イメージによる積分を通して全体性に迫る方法である。

第二点は、合理主義的な意味づけの網の目からこぼれ落ちる非ドラマチックなイメージをすくいあげることである。たとえば今村の映像はその展開の論理も含めて、意外なほど合理的に整合されている。すべての映像が作品全体の論理的展開にとって直接的な意味を背負わされていてムダがない。したがってそれはきわめてドラマチックな迫力をもつが、むしろ今日的状況のドラマは、そういう丁丁発止と展開するよくできた劇構造からは、じわじわとずり落ちた次元に成立するのではないかと思うのである。その意味では撮らなかった対象、捨てたフィルム、うまくつながらなかったつなぎなど、総じて従来の映画概念からするとムダな部分にいま一度眼を向けなければならない。

第三点は、直接的な因果律をできるだけ疑い、「なぜ」という問いをメタフィジカルな次元にまでつき進めることである。むろん作家の中にそのような問いがのっぴきならない形で生まれてこないようでは話になったものではない。今日的なモチーフは、不安や恐怖をともなう「なぜ」の問いをもたざるをえない危機意識の中からしか生まれないからである。しかし一旦そのようなモチーフをもった以上、その危機意識のアンバランスを性急にとりもどそうとして、ストレートな合理主義的解決をしないことである。「なぜ」の問いが合理主義的な実証では説明がつかないところまでつきつめられないかぎり、今日の存在論的状況に切り込むことは決してできるものではない。これからの映画が現代芸術の課題にアクチュアルにクロスするかしないかは、そのような存在論的な問いかけをもつかもたないかにかかっている。

　この三点が、今私が考えられるかぎりで提起できる主な手がかりである。しかしそれがどういうものになるかはもはや理論上の問題ではない。その先は個々の作家の具体的な創造を通して、多様な形で切り開かれるべき問題である。むろん『人間蒸発』は、その極限での格闘から次にくるべき問題をつきだしているという意味で、私には最近稀な刺戟的作品だったということを改めて強調しておきたい。共感も不満も含めて、『人間蒸発』は久し振りに興奮して批評が書ける日本映画だったということである。

キリアンと猫——『支えがほしい』について

『支えがほしい』(*A prop wanted*)というちょっと風変りな映画をみた。チェコスロバキアの一九六三年度の作品であり、はじめは『ヨセフ・キリアン』という題がつけられていたという。

ヨセフ・キリアンとは、この映画の登場人物たちが、右往左往しながら探している謎の人物である。しかしキリアンなる人物は、結局最後まで登場してこない。それどころかキリアンとはどういう人物なのかも、なぜ人びとが彼を探しているのかもわからない。だいたいキリアンなどというのは、実在しているのかしていないのかもわからないのである。にもかかわらず、人びとはキリアンを探し、キリアンにどうしても会わなければならないと思っている。

この映画の主人公もやはりキリアンを探している。しかしどこに行っても、「さあ知りませんね」とか「最近はとんと見かけませんね」という返事しか聞くことができない。すると男は、またふらふらと別のところにキリアンを探してうろつきまわるのである。

こういう設定からすぐ想いだすのは、ベケットの『ゴドーを待ちながら……』である。この芝居の主人公エストラゴンとウラジミールも、ゴドーという正体不明の人物を待ち続けている。そしてキリアンと同様、ゴドーもまたいくら待っても現われない。待てども待てども相手が一向に現われないというモチーフは、『ゴドーを待ちながら……』以来ベケットが一生固執し続けてきたものである。むろんゴドーとはゴッドのもじりであり、ベケットの作品では、例外なく神(もしくは支え)を失った現代の人間たちが、深い精神的飢餓感にさいなまれながら、永久に悲惨な猶予の宙吊り状態の中を、もっぱら空しい思いで救いがくる日を待っている。

そういえば一九六〇年代のヨーロッパ映画には、こういうベケット的主題をもった作品が少なくない。ちょっと思いつくだけでも、ベルイマンの『鏡の中にあるごとく』がそうだったし、ルイ・マルの『鬼火』やアントニオーニの『情事』、そしてまたウェルズの『審判』がそういうモチーフの作品であった。『支えがほしい』も、その意味ではそれらと同じ精神的基盤のうえにつくられている。

しかし『支えがほしい』には、明らかに戦後の東欧に固有な体験がこめられている。私がそう思ったのはほかでもない。主人公の男がキリアンを探してあるビルの倉庫を通り抜けようとするとき、その片隅に沢山のプラカードと共に、大きなスターリンの肖像画が捨てられているショットが強調されていたからである。まさしくソ連共産党二十回大会以前において、スターリンはこの国においても絶対的な「支え」であった。しかしその「支え」は衆知のように、突然上からの手で外側からとり払われたのである。

誤まった支えが下からの手で内側からとり払われなかった非スターリン化が、その瓦礫のうえに新たな支えを見出しえなかったのは当然である。しかもチェコの非スターリン化は、ムニャチコらによって明らかにされたように、少なくとも一九六二年までは、むしろ実質上頑強に抑圧されていた。そのような「遅れた雪どけ」の暗さが、チェコの民衆に鬱屈した欠落の意識と、虚妄にも似た悲痛な願望をかきたてたであろうことは容易に推測することができる。

おそらくヨセフ・キリアンとは、そのような危機意識が生みだした幻影としての「支え」にほかならない。しかし新たな「支え」を再び外側に見出そうとするかぎり、キリアンは決してどこにももはや存在しないのである。あるいはキリアンをたとえ内側に探そうとしても、そう簡単には内なるキリアンを見出しえなかったのが、当時のいつわらざる状況だったことだろう。非スターリン化の過程で直面した現実とは、単に狭義の政治的カテゴリーの問題ではなく、もっと人間存在の根源的条件を問い直さねばならぬ問題だったからである。

その意味でキリアンを探すという行為は、明確な自覚をもつともたないにかかわらず、この寥々とした人間不在の瓦礫のただなかで、この世界が何を意味し、人間の自由と未来がどこにあるのかを、一人ひとりが自らの眼と手で探りあてるということを本質的に含んでいる。そこには一切の予定調和も、無条件的に他人との連帯をつくりあげるかにみえる絶対的な神話もない。しかも不在を自己の内部の問題として意識するとき、人は否応なく深い孤独の淵に立たされた己れの姿を見つめなければならないのである。

『支えがほしい』の主人公が、ふと立寄った貸猫屋で一匹の猫を借りるのは、そのような孤独を本能的に癒やそうとするほとんど痛ましいまでの衝動に根ざしている。男は契約書にサインをして、一匹のおとなしいブチ猫を借りて家に帰ってくる。そのとき猫は男にとって、いわばキリアンの代理物となったかのようにかりそめのなぐさめを与えたかにみえる。それほどまでに男が渇いていることを、この場面はかなりよく表現していたと言ってよい。

一九六六—一九六七

ところがここに奇妙な事件が起こるのである。男が猫を貸猫屋に返しにゆくと、確かにあったはずの店がない。場所をまちがえているわけでもないので、貸猫屋は完全に蒸発してしまったのである。しかもおかしなことに、近所の人は誰もが口を揃えてそんな店は知らないという。そんな店ははじめからなかったたし、だいたい貸猫屋だなんて冗談を言うのもいい加減にしてくれというわけである。男は全くのところ狐につままれたように混乱してしまう。しかし、男が夢を見ていたのではないことは言うまでもない。男の鞄からはちゃんと例のブチ猫が首をのぞかせているからである。

あったはずのものがない――、しかもさっぱり理由がわからないという蒸発現象は、最近ではアントニオーニの『欲望』などにもみられたものである。写真にはっきりブローアップされた殺しの現場からは、まるで白昼夢でもみているように、死体は忽然と消えてしまっている。ここには現代では物的証拠がかならずしも存在の確証とはなりえないというモチーフが横たわっている。事実確固とした存在の実感が、突然霧のように消失してしまうという体験は今日かならずしも珍らしいものではない。むろん自分自身も含めて、存在の不確定性という恐怖のミステリーを生きなければならなくなっているのが現代人である。人はその不安から逃れようとして「支え」を求めようとする。

しかし『支えがほしい』の主人公がそうであるように、今日では「支え」として手に握ることのできるものはせいぜい一匹の猫ぐらいのものでしかない。しかもその猫さえが、自己の所属すべき場（＝支え）を見失って宙吊りにされている。その意味では男と猫の間には、一種の皮肉な相似関係があることも見落すわけにはゆかない。所属性がないということは存在から疎外されているということであり、それは迷える小羊として、「支え」を失ったこの混沌たる世界の荒野に投げだされていることを意味するからである。

したがって男が貸猫屋を探す行為は、そのままキリアンを探す行為とダブってくる。男はまず役所をたずねるのだが、役所の台帳にもそのような貸猫屋は登録されていない。途方に暮れた男は、役人から「それにしてもなぜ猫などを借りたのか」と聞かれて返事に窮してしまう。彼自身は自分がなぜ猫を借りたのか、その深い理由はわからないからである。すると役人は「理由がなくて借りたのなら借りた方が悪い」と言って男を非難する。ちょっと『審判』の裁判所を思わせるような場面である。

そういえばこの役所というのが奇妙な非現実性をもった

建物で、たとえば役人たちはこの役所の廊下で、自由自在に自転車を乗りまわしている。むろんそんな役所があろうはずはなく、それが何かのメタフォアであることは明らかである。私はかつて『審判』の裁判所を、「異邦人Kの眼に映った虚像の体系全体としての存在のイメージ」だと書いたが、『支えがほしい』の役所も、やはり男の眼に映った「支え」のない世界の不条理のイメージにほかならない。

　男は結局タライまわしにされて、七十二番という部屋にやってくる。その部屋は何一つないガランとした広間で、壁に沿っていくつかの椅子が置いてあり、およそ十四、五人の人たちがじっとうずくまっている。男は彼らの視線を一斉にあびて一瞬ためらうが、やがて意を決して片隅の椅子に腰かける。しかし部屋は妙に重苦しい雰囲気に包まれ、誰一人何もしゃべろうとしなければ、何かが起きるというわけでもない。彼らは四角の輪をつくるように向かい合ったまま、ただお互いの様子を盗み見ながら、じっと何かを待ち続けるだけである。

　こんな中にいれば、その息苦しさに耐えられなくなったとしても不思議ではない。遂にその中の一人が窓にかけよって外の空気に触れようとする。しかし窓はただの「みかけ」の窓でしかなく、窓をあけた向う側はぴったりレンガの壁で閉ざされている。まさにサルトルのいう「出口なし」の状況であり、そしてまた「視線の地獄」である。

　ここには「支え」のない孤独な人たちが、一方では閉ざされた状況に追いやられ、他方ではお互いに猜疑や不信の視線を投じ合いながら、それによって二重の地獄にのたうつイメージが鮮かにとらえられている。むろんそこにはスターリンの死後、「遅れた雪どけ」に至るまでの暗く歪んだチェコの独自な状況がふまえられているにちがいない。しかし外からと内からの二重の地獄に苦しんでいるのは私たちとても同じであろう。私たちはしばしばお互いにそれをごまかし合っているという意味で、むしろ三重の地獄の中にいるのかもしれない。

　男はいたたまれなくなって部屋をとびだしてゆく。しかし長い廊下を一目散にかけぬけてゆくとき、何と男の眼を刺すようにとびこんできたものは、左右の扉という扉に、はっきり刻みつけられたキリアンという文字である。男がいた七十二番の部屋も、同じくキリアンに所属していたであろうことはまず間違いがない。

　私はここでとっさに二つの映画の二つのシーンを想いだす。一つは『審判』にでてくる画家ティトレリの部屋である。Kがティトレリの部屋の向うに、扉一つへだてて裁判所の事務室を眼にしたとき、Kが味わわなければならなかったショックと、この映画の主人公がここで受けたであろうショックには似たものがある。

またいま一つは『鏡の中にある如く』で、神を待ち続けていたコーリンが、まさに神を見たと思った瞬間発狂するシーンである。コーリンはそこに奇怪な姿をした醜い大蜘蛛を見たのである。コーリンがあれほどまでに待ちのぞんでいた神が蜘蛛として現われたとき、突然彼女を襲った戦慄的なめまいと、ここでこの映画の主人公を襲ったであろう恐怖の錯乱には似たものがある。

むろんこれら三つの作品の三つのシチュエーションは決して同じではない。しかしそれらには明らかに一つの共通したイメージがあることも事実である。そこにはいずれも主人公の内的生活を決定的に支配していた超越者の、全く意外で残酷な裏切りがあり、そのことをはじめて知った主人公の、うちのめされんばかりのショックと絶望がある。そしてそのショックと絶望は、現代の人間が現代の何たるかを身をもって知らされたとき、避けがたく直面しなければならなくなる本質的な体験にほかならない。むろんその際現代の何たるかとは、人間から一切の「支え」に対する幻想が無残に奪いとられたむきだしの実存であり、なおかつそれだけに深い孤独にひしがれた人間が、生きるためにはほとんど本能的に何らかの新たな「支え」をまさぐらざるをえない状況である。

『支えがほしい』の主人公は、その後いっそう虚ろな表情を露わにして、ある日あるビヤホールに例のブチ猫を抱えたまま現われる。すると何気なく腰かけたテーブルのそばで、二人の紳士が何やら高尚な（？）問題を論じ合っている。「人間と動物のちがいは何だと思うね」「理性かな」「いや服従だよ」……そんな会話が聞こえてくるが、二人の容貌や態度からして、彼らがインテリであることはまちがいない。とりわけ「いや服従だよ」と言った方の紳士は、ちょっと常人とちがう毅然としたものを感じさせて、たちまち男の心を強くとらえてしまう。

男はしばらく紳士の方に気を奪われていたが、ふと思いついたように立ちあがり、つかつかと紳士に近づいていきなりこう聞くのである。「もしやキリアンさんではないでしょうか」――。紳士は一瞬けげんそうに男をみたのち、「いいえ、ちがいます」と答え、やや間を置いてそそくさと席をたとうとする。そのとき思わずドキリとするようなことが起こるのである。紳士が立ちあがると、男のそれと同じように、その鞄からやはり一匹の黒猫の頭がのぞいているのである。紳士は猫の鞄をもったまま、男に背を向けて広いビヤホールの奥へ奥へと消えてゆくのだが、途中画面はそのまま徐々に真白になり、映画もそれで終るのである。

この毅然とした紳士もまた、男と同様どこかの貸猫屋で猫を借り、男と同様蒸発した貸猫屋を探してうろついていたのだろうか。むろんそうであろうし、したがってまた紳士も同じくキリアンを探していたにちがいない。仮面の裏に仮面とは反対の素顔をみる意外性と、一瞬男の孤立した内部世界が、広く人びとのすべての内側にも見えばじめ、しかもそれらがばらばらに閉ざされているという恐怖のイメージを受けることによって、この映画のラストシーンはひどく強烈である。

『支えがほしい』はヤン・シュミットとパヴェル・ユラチェックという最も若い世代に属する二人の監督が、共同演出でつくりあげた作品という。シュミットやユラチェックが他にどのようなフィルモロジーをもっているかは、私の手持の資料には載っていないのでわからない。ただ一九六三年製作といえばネメツの『夜のダイヤモンド』と同じ年の作品であり、そのあたりから六五年頃までに起こった「チェコ・ヌーベル・バーグ」の先駆的作品であることはもちろんである。事実『支えがほしい』には『夜のダイヤモンド』ほどの鋭さはないが、その根には明らかに共通した精神的状況がくすぶっている。そしてその精神的状況は、私たちが日々体験している「いま・ここ」のそれとくらべて決して遠くへだたったものではない。

『母たち』を監督して

私は映像で詩をつくることが大好きです。私は自分の詩的感情を、物語や説明に頼らず、できるだけ直接映像と音で表現するよう努力してきました。今度つくった『母たち』も、やはりその例外ではありません。

『母たち』は文字どおり母をモチーフにした映画詩で、作品の全体は四つの部分から構成されています。それらはそれぞれアメリカ、フランス、ベトナム、ガーナで取材されたもので、ここに登場する母たちは、皮膚の色もさまざまだし、社会的背景や生活の条件もひどくまちまちです。

私は一方でそれらのあまりにも異なる母たちの対比に深い感慨を抱くと同時に、他方ではそのちがいにもかかわらず、母たちは本質的に一つだということに心をうたれました。私はあえてその素朴な心象を大切にしようとしましたが、それはその素朴な心象が今日表現されるにたる、何かを内包していると思うからです。

私はこの作品をシナリオなしで、すべて即興的に撮影しました。むろん今度のようなぶっつけの海外ロケには、仮定づくめのシナリオなどつくっても意味がないということもありましたが、何よりもナマな第一印象からイメージを帰納的に構成してゆくつくりかたをしたかったからです。制作期間がきわめて短かかっただけに、それは非常な冒険でしたが、冒険に賭けただけの成果は十分に発揮できたと自負しています。

この作品の誕生は、その意味で、あえてそのような冒険をゆるしてくれたプリマハム株式会社や制作会社に負うところが大であります。と同時に、それぞれの立場から、それぞれの実力を力いっぱい注いで私を助けてくれた有能なスタッフたちに負うところも大であります。そして、このことはいくら強調してもしすぎることはありません。

ハーレムという黒人街

前号でご紹介しましたように、映画『母たち』は、アメリカ・フランス・南ベトナム・ガーナの四か国でロケしたものです。今月号は映画の順番どおり、まずアメリカのロケ地としてえらんだニューヨークのハーレムという有名な黒人街で感じたことを書いてみたいとおもいます。

ハーレムは日本でいう東京の山谷か大阪の釜ヶ崎のように、社会から特別な眼で見られている街であることはいうまでもありません。

ですから、私がハーレムで撮影したいというと、白人やニューヨーク在住の日本人は、一様に複雑な反応を示しました。事実、ハーレムは犯罪の巣窟という一面もあり、また夏になると、毎年のように暴動のおこるところです。しかし、私はあくまでもハーレムで撮影することを主張しました。

案内のK君も腹をきめて、まず学校の黒人教師の紹介をもらって、ある慈善団体に連絡をつけてきました。しかし、そういうところの人に案内してもらったのでは、どうしても表面のキレイゴトしか見れません。私はもっと強烈で生なましい人間像を求めて、日中の安全なときにスタッフだけで単独のロケ・ハンティングをしたのです。

映画にでてくるアル中の黒人女と出会ったのは、そのときでした。ろれつのまわらないベランメエ口調で、私たちにからんできた酔っぱらい女こそ、あの映画の主人公だったのです。ふつうならもめごとが起きないよう、相手にしないで通り過ぎるのが常識です。しかし、私はむしろ「これだ!」と直観したのです。

それから数日、毎日ウイスキーのおみやげ持参で、ご機嫌をとりとり、ようやく撮影した結果は映画でご覧いただくとおりです。ときには荒れ模様で近所から黒人たちが集まりだし、ちょっと不穏な雰囲気になったこともあります。しかし、私は彼ら黒人の内側にはいればはいるほど、彼らのすさんだ心のひだにあるものがわかるような気がしました。それは差別と貧困、白人に対するコンプレックスと反抗心です。そうした黒人のドロドロとどぐろを巻いてうっ屈している街が、ハーレムだったのです。

そういえば、同じ黒人でもアフリカで見た黒人とアメリカの黒人では、受ける印象がひどくちがいます。単純に比較すれば、むろん物質生活の水準は、アメリカの黒人のほうがずっと恵まれているというべきでしょう。それは映画で見てもおわかりとおもいます。しかしアメリカの黒人の表情は、アフリカの黒人のそれとくらべて、なんと暗いことでしょう。人間の幸福とはなにか、ということをつくづく考えさせられる問題です。

　私はアメリカの黒人の女が、全部が全部、ちぢれ毛をかくすカツラをかぶっていたことを忘れることができません。

映像表現の批評的変革を！——公募作品の審査を終えて

今回、日本でもはじめての試みとして具体化した第一回草月実験映画祭は、あらかじめ国外から招待した作品と、国内で公募した作品中受賞および入選した作品の組合わせによって催される。

国外からの招待作品は、プログラムからもわかるように、その大半はアメリカのアンダーグラウンド・シネマ、フランスのシネマ・ヴェリテ、東欧のヌーヴェル・ヴァーグなど、世界の先端的映画動向を尖鋭に反映したものである。むろん、それらの代表作を網羅しているわけではないが、その中にはかねて名のみ聞かされていた幻の話題作が少なくない。いずれも、商業映画の配給ルートではまったく輸入される可能性のないものばかりなので、それらをこの機会に見れるということは、世界の前衛的な映画に深い関心をもつものにとって、このうえもない喜びである。

それだけに国内での公募作品に、どの程度のレヴェルのものがどれほど集まるかということは、私たち映画祭運営委員をはじめ、関係者の誰もが一様に気にしていたことである。いま日本はかつてないほどの実験映画ブームにあるとはいえ、公募を呼びかけてから締切までの時間が短く、はたしてその潜在的な実力が充分反映されるかどうかは、予測がつけにくい状態にあったからである。

それだけに、蓋をあけてみて驚いたのは私だけではない。応募作品の総数が何と五六点。これが想像をはるかに上回る数字だったことはもちろんである。したがってまた私たちの審査も、想像をはるかに超えて大仕事となったことは言うまでもない。

私たちは第一次審査で、まず約半分の作品をふるいにかけた。箸にも棒にもかからぬ代物は意外に少なく、全体としてはどちらかというとドングリの背くらべであった。このことはすれすれの比較で落選した人のために言っておかねばならない。しかしふるいにかけられたものは、相対的に発想や表現にオリジナルなものが少なく、技術的にもそれだけ未熟な点が目立つものだったのである。また出来は決して悪くはないものでも、モチーフや方法のうえで何ら実験的要素をもっていないものは、この映画祭の趣旨にそぐわないものとして落選扱いにせざるをえなかった。このことは今後の問題としても、銘記してもらいたい点である。

第二次審査は、残った作品の中から奨励賞に該当する作

一九六六—一九六七

品を拾いあげながら、なかでも最もすぐれた作品をしぼりだすという方向で行なわれた。審査の方法はまず採点の結果、総計があるレヴェル以下のものをその対象からはずし、パスした作品については、委員の間でディスカッションをしながら、徐々に選を煮つめてゆくという方式が採られたのである。

何が最もすぐれているかという点については、意外に早くスラスラと決まったと言ってよい。第一次審査の段階から最有力候補と目されていた奥村昭夫の『猶予もしくは影を撫でる男』が全員一致に近い意見で最もすぐれていると判断されたのである。やや疑問をもった審査委員もかならずしも積極的な反対ではなく、またそれにかわる対抗作品が事実上なかったという意味でも、これは公募作品全体を通して、ひときわずば抜けていたと言わなければならない。『猶予もしくは影を撫でる男』が特にすぐれているのは、六〇年代後半を生きる青年の閉ざされた鬱屈が、きわめて大胆なイメージと、全体から細部にいたるまでのしっかりした構成力で、力いっぱいに表現されている点である。ナラタージュやセリフの処理など、部分的にはまだまだ稚拙な点もないではないが、それらの欠陥を忘れさせるほど、この作品にはりつめたものがある。とくに実験の名のもとにありがちなゴマカシがこの作品にはなく、モチーフと方法、観念と情念、思想とイメージが緊張した統一をみせているところが非常にいい。

ところで『猶予もしくは影を撫でる男』を最高賞にするかどうかについては、最高賞の水準をどのあたりに置くかという基本的な問題を討議しなければならなかった。この問題は今回の映画祭が第一回目だけに、いろいろな意味で慎重に判断しなければならなかったのである。厳しすぎて該当作なしということが続くのもどうかと思うし、甘すぎて映画祭に権威がなくなるのもまずい。結局、最高賞の水準は、既成の精鋭作家たちがぞっこん脅威を感じるような、何よりもオリジナルな思想と表現をもって現われた作品、言いかえれば実験の質とレヴェルが既成の映像表現の地平を、一歩でも突き抜ける可能性をもった作品と考えざるをえない。そのような観点から、審査委員会は『猶予もしくは影を撫でる男』をまずまずその水準に達しているものとみて、これに最初の最高賞を与えたのである。

次に奨励賞の選考に入り、長時間のディスカッションを経て、八本の該当作品が選ばれたことは周知のとおりである。ポップ的なもの、幻想的なもの、ドキュメンタルなもの、ハプニング的なもの、暗喩的なもの、抽象的なものと、その傾向はさまざまだが、それらはいずれも何らかの要素において、既成の映像表現を刺戟的に撃つものだったと言ってよい。

『1・2・3・死』は、その底流にうずくニヒルな危機感と、それが乾いた笑いとしてスマートに表現されている点を買った。ただ逆廻コマ落しの技法の濫用は、イメージをパターン化するゆえに一考を要するものである。

『天地創造説』は、荒唐無稽なナンセンスのイメージで、ポップ的なごった煮の中に一種の青春論が浮びあがってくるところが面白い。ただし同傾向の大林宣彦作品『いつかみたドラキュラ』より少々見劣りがするし、後半のまとまりが悪いところが致命的である。

『地上懸垂あるいは映像の本質とは?』は、むしろ技巧的にはうまくない作品だが何とも奇妙な魅力をもっている。とかく竜頭蛇尾の作品が多いなかで、これは見ているうちにだんだんイメージがふくらみ、それなりに情況へのアプローチが切実に伝わってくるところがいい。ただ国会や日の丸などの使い方は紋切型になり易い点に注意しなければならないが、ここでは全裸の女をそこにぶち込むことによって、辛うじて説明的な図式を超えている。

『情動・予告編』は日本の日常の中の少女と、戦火で足を失ったヴェトナムの少女の対比を軸にして、情念の世界と政治の世界を、激しいモンタージュで交錯させている。その強烈な映画とそこにぶつけられた性的な肉声のコントラプンクトがすばらしく、表現技術のうえでも最もうまいもののひとつだが、日常の日本と戦火のヴェトナムという対比の構図はやや安直である。

うまさという点では、『罠』にも部分部分にギラギラしたうまさがある。とくに主人公をフォローした五〜六分も続く複雑なワン・ショットなど、そうそう誰でもができるというわけにはゆかないシャープな映像感覚だが、外人の眼をプリズムとして設定した根拠をはじめ、トータルなモチーフを問いつめる姿勢に混乱と曖昧さがある。

『女』はフォト・コラージュによるアニメーションで、その皮肉なナンセンスのイメージは文句なく面白い。ただ窓枠を設けた発想が、すでにヴァンダービークなどによってやられているだけに、アイディアのオリジナリティを問題にするうえでは、どうしても減点せざるをえない。

模倣ではないかという点では、『伝説』の顔の表現も、あるアメリカの雑誌に載っていた絵にそっくりだという点で問題になった。しかし『伝説』がかもしだす作品全体のイメージは、きわめてオリジナルで不思議な魅力を漂わせており、死の実存を見据えようとするモチーフも濃厚に伝わってくる。

『風雅の技法』は、コンピューターにつくらせた抽象映画として興味を惹いた。立方体群の運動がくりひろげる抽象空間が鮮かであり、動く造型の基本態を考えるうえで示唆深い作品だが、この限りでは一九二〇年代の絶対映画の理念を根本的に超えるとは言いがたい。フィッシンガーまがいの通俗音楽抽象映画と変わりないのではないかという意見もでたが、コンピューターを使う実験の可能性に先鞭をつけたという意義が評価されて奨励賞となった。

アートシアター賞は、できれば最高賞の『猶予もしくは影を撫でる男』に与えたかったが、この賞がアートシアターでの上映を前提としているだけに、映倫規定に触れる問題点がひっかかってそれができなかったのが残念である。それらの条件を考慮に置いて検討した結果、同賞の受賞作はアニメーション映画『幻影都市』と決まったが、これはこれでなかなかすぐれた作品であり、超近代社会の虚像と不在性が、単純化されたフォルムと色彩によって見事に表現されている。

入選作品は、受賞を逸したとはいえ、簡単には捨てがたい味と意義をもっている作品として選ばれ、映画祭のプログラムに加えられたものである。ここではいちいちそれらについて触れる余裕はないが、奨励賞受賞作品と入選作品の差は、ほとんど紙一重だということを言っておきたい。

さて、これら日本の公募作品と国外からの招待作品を並べて見たとき、日本の作品はよくそれら招待作品に肩を並べられるだろうか。先にも述べたように、招待作品の多くはすでに国際的にも高い評価を受けている幻の話題作である。それだけに日本の公募作品はそれらに圧倒されて、あるいは影の薄いものとして映るかもしれない。いま一番心配なのはその点である。しかし考えてみればそれはむしろ当然なものであって、日本の公募作品のうち一点でも二点でもが、それら招待作品の水準に迫っていれば、大いに立派だと言わねばならない。少なくともその水準というのは、国際的にも最高のレヴェルを示すものだからである。事実、私が海外で見てきた多くの実験映画の一般的なレヴェルはそれよりもずっと下まわるものであり、それらと比較するならば今回の国内での公募作品のレヴェルは、決して見劣りするような低いものではない。

公募作品の審査を終って、私がいまとくに強調したいことは、日本にようやく根づいてきたこれら実験映画製作の芽ばえを、その過渡的な未熟さゆえにつまんでしまうのではなく、その可能性をさらに伸ばす方向で育ててゆこうではないかということである。俗悪な商業主義と不毛な機構的制約によって日本映画が瀕死の状態にあるとき、それらの桎梏から自立したフィールドで、映像表現の未踏の可能性に賭けようとする試みは、必ず映画の未来を準備する力となるものである。

いま映画は国際的な規模で大きく変わりつつある。それは変わらざるをえないし、また意識的に変えてゆかなければならない。既成の表現では、この世界も、そこに生きている私たちの体験も、意識も、すでにとらえられなくなっていることは明らかだからである。そしてそれをいきいきととらえ表現しようとする映像的な試行錯誤こそ、実験映画の本質にほかならない。映像表現の批評的変革というその本質をふみはずしてモダニズムに堕することなく、すでに軌道に乗りだした実験映画製作の動向は、何よりも思想的な骨格を強める方向に育てられなければならないのである。草月実験映画祭がそのために少しでもプラスの力になることを、映画祭運営委員のひとりとして私は強く願わないわけにはゆかない。

レネの思想と方法について

アラン・レネの名を人びとの記憶に深く刻みこんだ作品は、一般的にいうと『二十四時間の情事』（五九）がはじめてであろう。『ゲルニカ』（五〇）や『夜と霧』（五五）などそれ以前の作品が知られるようになったのは、むしろそれ以後のことである。したがって『二十四時間の情事』が一部でセンセーショナルな話題をともなって現われたとき、一般の眼には、レネという少々年をくった新人が、当時のヌーベル・バーグ台頭の波に乗って、突如慧星のように登場したかのごとく受けとられた感がある。

しかし『二十四時間の情事』が生まれるためには、それ以前に八本の短篇作品の演出と、他の監督による数本の作品の編集を、レネがコツコツとやってきた経緯があることを軽視することはできない。それらは商業ジャーナリズムのうえでこそ華やかな話題を撒かなかったとはいえ、一本一本がそれ自体で充分すぐれた作品であるばかりでなく、そこで一貫して追求されてきた主題や方法が、明かに『二十四時間の情事』以後のレネ作品を準備してきた関係にあるからである。その意味でレネという作家を本当に深く理解するためには、どうしてもそれら初期の短篇作品を深くふまえて見てゆく必要がある。

レネがプロの映画作家になる前には、一六ミリの作品を数本作っているという。しかしそれらはいずれも紛失したらしく、したがって実際には三五ミリの第一作『ヴァン・ゴッホ』（四八）が、彼の処女作ということになっている。続けて『ゴーガン』（五〇）、『ゲルニカ』となるのだが、私はそれらをほぼ十数年前、たしかある美術映画特集の短篇映画を見る会で見た。私は当時まだ学生だったが、それらの新鮮さにショックを受け、イタリアンリアリズムの感動と共に、私が映画へと駆りたてられてゆくうえでの大きな刺戟剤となったことを忘れることができない。

とりわけ『ゲルニカ』は、すでに素朴なリアリズムに飽足りなくなっていた私に、その止揚の方向を示唆する青天の霹靂として突き刺ってきた。それを私の映画生活の出発点とすべく論理化したものが「前衛記録映画論」（拙著『映像の発見』に収録）〔I巻二六頁を参照〕である。もっともそれから一時代を経た現在、往年の『ゲルニカ』もやや色褪せた感がなくもないが、少くとも当時それは、それほどに映画の新たな可能性を予感させるものだったのである。ではそれらレネの初期短篇映画が、当時殊更新鮮に映ったのはどういう点だったのだろうか。むろんごく直接的には、それらが従来の美術映画とひどくちがっていたことをまず指摘しておかねばならない。従来の美術映画は、一口に言って何らかの美術作品を、映画の特性を利用して効果的に「見せようとする」ものであった。したがってそれはポール・アザールトのような最も出来の良い美術映画の場合でも、終局的には対象の美術作品に従属したものだったのである。しかしレネの作品はそこのところが決定的にちがっている。彼の場合は、あくまでも映画を作ることで対象を「見ようとする」ものであり、映画的現実を美術作品（映画以前の対象）と深く拮抗させながらも、それとは別の次元に自立させようとするものだからである。

『ゴッホ』や『ゴーガン』は、そのような地点に立つための過渡的な試行錯誤だが、『ゲルニカ』の方法意識はほぼ確固としたものになっている。そのことを明かにするためには、レネの『ゲルニカ』とフラハティの『ゲルニカ』を比較するのが一番適切だろう。

いずれも同じピカソの《ゲルニカ》を素材としながら、その間にはなぜかくもちがうかと思うほどのちがいがあるからである。フラハティの『ゲルニカ』は一言にして言えばピカソの絵が実によくわかるように撮られている。しかし映画そのものは何とも平板で説明的であり、その意味でピカソの《ゲルニカ》が表現している世界とはほど遠い。逆にレネの『ゲルニカ』は、ピカソの原画のフル・ショットが一つもないほどにそれをバラバラに解体しているため、それがどのような絵なのかは映画自体からはわからない。しかしそれらを激しくデペイゼするモンタージュで再構成した映画のトータル・イメージは、明かにレネの独自な「ゲルニカ」になっている。と同時に、ピカソの原画が表現している世界にむしろ近いのである。そこに見られる決定的なちがいは、対象を自己の内部とののっぴきならないかかわりにおいて「見る」意識が、表現することの本質として据えられているか、いないかのちがいである。

このような問題意識が、『二十四時間の情事』の冒頭にでてくる「見た」「見ていない」のモチーフにまで、一直線につながっていることは言うまでもない。このことは、対象を主体的に見るという意識と方法が、レネの映画的原点として一貫して追求されていることを物語っている。お前は本当に対象を見たといえるか……。そのような厳しい自問自答によって、意識の日常性を変革してゆこうとする自覚こそ、初期の短篇映画以来レネの作品づくりの根底に流れるものであり、その一点こそ、レネの作品が、単に従来の美術映画とちがっているというだけでなく、従来のドキュメンタリー映画、あるいは従来の映画一般と、ひどくちがって新鮮に見えた理由なのである。

人種問題と反植民地主義の思想がひっかかって長い間上映禁止になっていたその次の作品、『彫像もまた死ぬ』（五一）を私はまだ見ていない。したがってこの作品については何も言う資格はないが、植民地的状況の中で死に瀕しているアフリカ彫刻のかなたから、本来何世紀にもわたって受けつがれてきたすぐれた民族文化の伝統を甦えらせようとしたといわれるこの作品には、「忘却」と「記憶」というレネのいま一つのライト・モチーフが、すでに萌芽として現われていたのではないかと想像することができる。

見ることの意味を忘却と記憶の弁証法の中でつきとめようとする主題が、レネ作品の中ではじめて明確にうちだされたのは『夜と霧』である。これは『二十四時間の情事』よりあとで日本でも封切られ、アウシュヴィッツのユダヤ人虐殺問題として話題となった。しかし『夜と霧』の映画史的意義は、かならずしもそのようなところにあるのではない。事実ナチスの残虐行為を描いた作品は、もっと刺戟的なキワモノからオーソドックスなヒューマン・ドキュメントまで、すでに数多くの作品が公開されている。『夜と霧』は、その意味ではむしろ実に抑制された内向的なものである。

『夜と霧』が他のこの種の作品と決定的にちがうのは、やはり対象を見せようとする事実の告発を意図したものではなく、対象と自己との主体的なかかわりを見ようとしていることであり、「私にとってアウシュヴィッツの現実は何を意味するのか」と問いつめていることである。その場合レネにとってアウシュヴィッツの現実とは、何よりも「収容所のペストから立ち直ったかのように、遠ざかるこのすがたを前にして、希望をとり戻すふりをする私たち」の現在としてとらえられていることを見落してはならない。レネはともすると忘却の安定性に身をゆだねようとする現在に容赦なく過去の記憶をたたきつけ、その間に生じる摩擦の意味を、「責任」という視角から追求するのである。

その意味でレネの作品は、他の凡百の素朴な事実の告発映画を否定する構造をもっている。それらは「いま・ここ」の私をそっと安全圏に立たせてしまう自己偽瞞のアリバイ映画として否定されざるをえない。そのアリバイ崩しを、レネは記憶と忘却、過去と現在の執拗な交錯の作業を通して貫徹しようとする。方法的にはデペイゼし合うモンタージュに加えて、意識の内側へと深く滲透してゆくような、レネ独得のゆるやかな移動ショットが現われてくるのもこの時点からである。こう見てきてはっきり言えるように、主題のうえでも方法のうえでも、『夜と霧』は『ゲルニカ』をいま一歩突き抜けた新たな次元に達しており、そこから『二十四時間の情事』へは明かにもうひと飛びである。

もっとも『夜と霧』と『二十四時間の情事』の間には、『世界のすべての記憶』（五六）、『十五番アトリエの秘密』（五七）、『スチレーヌのうた』（五八）という三本の短篇作品がある。それらはいずれもスポンサード・フィルムらしく、レネにとってはなかなかこれぞというチャンスをつかみにくかった困難な時期だったのではないかと思われる。しかしそのような条件の中でも、むろんレネは決して時間を無駄には過していない。『十五番アトリエの秘密』と『スチレーヌのうた』はまだ見ていないが、日本でも見る機会があった『世界のすべての記憶』に関するかぎり、そこにもやはり興味深いアプローチの痕跡を見ることができる。

『世界のすべての記憶』は外務省からの委託作品と言われ、一見したところ何の変哲もない国立図書館のＰＲ映画である。また事実、素材が素材だけに、いくら悪戦苦闘しても、それ以上は無理という一定の限界が見えることも否定できない。しかしこの作品をその前後のレネの軌跡の中に位置づけてみるとき、私はやはりそれなりになかなか啓発され、決してこれを軽視できないのである。

むろんここには『ゲルニカ』や『夜と霧』に見られるような、一種生なましい社会的現実に対する怒りや愛、あるいは責任の視角などはない。しかし記憶と忘却の弁証法の中で、世界と主体のかかわりの意味を見ようとする彼の基本のモチーフは、それらの諸関係を極度に抽象した次元で追求されている。レネが図書館に見たものは、間接化された人類史の総体である。そこには古今東西の書物、つまり人間が世界に働きかけて得た意識の厖大な全体が眠っている。眠っているというのは、それらが「いま・ここ」とのかかわりにおいて主体的に求められるという関係を投げかけられないかぎり、その眼もくらむような人類の記憶も、しょせん死んでいるのと同然だということにほかならない。その死んだ記憶を、この輻輳した迷路の奥から甦えらせるものは何か。そう問うことが、『世界のすべての記憶』でのレネのモチーフだったろうと思われる。

レネは『夜と霧』で見せはじめた彼独得の移動ショット

を縦横に駆使して、一枚一枚記憶のヴェールを開示してゆく実験を行っている。その試行錯誤が『夜と霧』から『二十四時間の情事』への媒介的なブリッジとなっていることは言うまでもないが、そのイメージはもっと直接的に『去年マリエンバートで』へのつながりを連想させずにはおかない。図書館の迷路を這うように移動するショットと城館の内部を反芻するように移動するショット……。その即物的な映像の類似もさることながら、その移動を軸に、みかけの記憶と真の記憶をくりかえし交錯させながら、ふと眩暈を感じるような、その意識の淵を下降してゆくイメージが、両者の濃い血のつながりを連想させるのである。あるいはこの二作品だけが、一方で常にアクチュアルな社会的素材を選んできたレネの中で、一種独得の抽象的現実を構築していることも、よりそのような印象を強めているのかもしれない。しかしいずれにせよ、ヴァルダの『ラ・ホワン・クルト』の編集体験から、『世界のすべての記憶』を経て『去年マリエンバートで』に至る系譜は決して偶然のものではなく、『二十四時間の情事』から『去年マリエンバートで』への推移は、決して異質の変貌ではないのである。

こう見てくると、『二十四時間の情事』以後のレネの長篇映画は、そのモチーフも方法も、すでに短篇の仕事でつみ重ねてきたことの発展として結実したものであることがわかる。そしてそこには強情なほど一貫したオリエンテーションが貫かれてきていることを見落すわけにはゆかない。レネはシナリオやコメンタリーを常に他の作家や詩人に依頼するタイプの演出家であり、しかもそれらの作家や詩人というのが常に一くせも二くせもある強い個性の持主でありながら、一たんそれらを縦につないでみるとき、そこにはまぎれもなく一貫したレネの強靱な骨格が浮びあがるというのは実に驚異である。

もっともレネがこれまで組んできた作家や詩人をみると、その点からもレネの関心が理解できるという一面がある。ケイロール（『夜と霧』『ミュリエル』）あたりを真中に置けば、より状況にウェイトを置く方向にマルケル（『彫像もまた死ぬ』）、センプルン（『戦争は終った』）が並び、より個人の意識にウェイトを置く方向にデュラ（『二十四時間の情事』）、ロブ＝グリエ（『去年マリエンバートで』）が並ぶといった関係がそこにある。したがってその間の最も大きな距離はロブ＝グリエとセンプルンの間にあるが、もともとレネが目指してきた方向は、その両極を統一する方向だったと言ってもまちがいではない。事実レネは初期の頃から、状況を意識の問題としてとらえ、意識を状況の問題としてとらえることに、最も大きな努力を払ってきているからである。

そういえばレネと組んだライターたちの、レネと組んだ仕事と、レネと組まなかったときの仕事を比較した場合、レネと組んでしたときの仕事の方が、明かに作品の構造が多層的な厚みをもち、思想と表現のスケールが大きいのである。たとえばデュラで言えば『雨のしのび逢い』や『ジブラルタルの追想』よりは『二十四時間の情事』の方が、ロブ＝グリエで言えば『不滅の女』よりは『去年マリエンバートで』の方が、どうみても作品の骨格がひとまわり大きい。その秘密は、レネが『二十四時間の情事』の冒頭で、原爆と情欲というおよそ異質なものを大胆にぶつけ合わせたように、平面では到底統一的にとらえられないものを、立体の次元でトータルにとらえる思想と表現の方法を、一貫して追求し続けてきたことにある。

私はまだ『ミュリエル』を見ていない。しかし次の『戦争は終った』を見ると、レネは『去年マリエンバートで』とは逆の極に振幅していることを感じる。しかし、それはレネが変質したのではなく、ある意味でひとまわり大きな旋廻をしつつ、再び『ゲルニカ』の初心に立ちかえったものとみれないこともない。今日的状況の中で、レネが再びスペインに眼を向けたことを、私は偶然とは思えないのである。

映画と演劇

映画は最初演劇の模倣によって成長し、つぎに演劇への追随を断ちきることによって成人した。映画が映画以外の何ものでもない固有な表現を自己獲得してきた歴史には、少なくともそのような過程が、トーキー以前とトーキー以後に、それぞれ一回ずつ深く映画の本質にかかわるものとしてあったことを否定できない。

映画が何よりも演劇と密接な関係をもったのは、それらが共通して視（聴）覚的性格、ないし空間的・時間的構造を表現の本質に備えているからである。したがって映画がひとつの方向として劇映画への道を歩んできた過程で、その直接の規範を演劇に求めたことは当然だったといえる。

むろん映画は演劇以外にも、すでに先行してきた他の芸術諸ジャンルからも多くの影響を受けてきた。とりわけ映画と小説の関係は、映画と演劇の関係に匹敵するだけの密接度をもっている。しかし映画が小説に追随してきた場合でも、それは厳密にいうと演劇的表現を媒介にしてなされてきたことを見落すわけにはゆかない。なぜなら映画が小説に追随するポイントとなったストーリーも、それはアクションやセリフなど、あくまでも外側からつかめる要素に還元されなければ映画にはならないからである。その意味においても、映画が演劇にもっとも近い関係をもってきたことは明らかである。

いいかえるなら、映画は演劇を素朴にフィルムに記録することで、ひとまず映画に劇を導入することができた。しかしそれが映画の劇ではなく、映画に横すべりした演劇にすぎないことはいうまでもない。映画が演劇から自立するきっかけを作ったのは、クローズ・アップとモンタージュの発見からである。その発見によって、映画は演劇とはちがった固有なワク（空間）と流れ（時間）を手に入れたのである。

もっとも演劇にもクローズ・アップと対応した表現がないわけではない。照明による部分集中や演技の部分的誇張、演劇空間全体の一点集中化などがそれに該当する。歌舞伎の「見得」や「面あかり」などもその効果に近い。むろんフレイムの問題が決定的にちがうが、意図に対応性があるということは、それだけ映画と演劇の構造的近親性を逆に示すものである。モンタージュにいたっては、エイゼンシュテイン自身が歌舞伎の方法との対応性を多くの論文でことこまかに触れている。その説明にはしばしば強引さがないでもないが、映画と演劇の近親性を考えるうえでは、そこに多くの貴重な示唆があることを無視するわけにはゆかない。

しかし近親性や対応性があることと、映画が演劇とはちがった固有な表現を獲得してきたこととは別である。クローズ・アップやモンタージュなどの発見はサイレント映画期のもっとも本質的な作業であったし、映画が映画となるうえでのきわめて重要な手がかりを提起したものであった。だが映画のトーキー化は、映画の自立化を一時的にでも後にひきもどした感がある。むろんセリフの過剰な依存がそれであり、そのことは映画を再び演劇に追随させる結果を生んだのである。そのような事情をアンリ・アジェルは「トーキーの誕生は、舞台の当り狂言を写真化させる機会となった」と書いた。事実セリフを獲得した映画はごく安直に演劇の映画化に走っただけでなく、物事をすぐ言葉で説明することによって、映画に独自なドラマツルギーの追求を弱めてしまったのである。

その傾向を助長させたものが、俗流リアリズムの映画観だったことはいうまでもない。映画はカメラと映像による創造性の自覚を忘れて、被写体の迫真性、とりわけ演技のそれにもたれかかる傾向を生んだ。むろん演技の迫真性を重視する考えは、そのまま演劇的演技、したがって当時の演劇を風靡していたスタニスラフスキー・システムの重視につながって行ったのである。

しかし映画がもっとも演劇に近づいたときでさえ、映画と演劇には媒体そのものに根ざした根本的なちがいがあったのであり、そのことの確認は重要である。まずそのちがいとしては、演劇には生身の俳優が現われ、映画には現われないということを挙げなければならない。当り前のことではあるが、そのちがいが他のすべてのちがいを決定しているとさえいえるからである。たとえば演劇ではその点から空間の大きさも時間の持続性も、一定のものに限界づけられていることは明らかである。また演劇が観客との関係において、視角や視野を固定することもその結果にほかならない。しかし映画はちがう。きわめて演劇的な映画の場合でも、映画は空間の大きさや視点を変化させ、時間もまた省略や飛躍をともなわないことはないからである。またそのことは、映画が観客との関係において、視角や視野をたえず変化させることにもつながっている。

俳優の演技も、その方法のいかんにかかわらず、必然的にきわめてちがった拘束を受けざるをえない。演劇では演技は連続し、かつ観客の視線を一定方向に意識した演技が要求される。しかし映画の演技は不連続であり、かつ観客（カメラ）の視線は方向も距離も次つぎに変えることを意識しなければならない。また演劇での演技は反復性が要求されるのに対して、映画の演技はその必要がない。むしろ反復できない一回性の演技で勝負をすることさえ、映画の演技の特質と考えられるのである。ところが表現されたものはその逆に、演劇では一回一回の舞台が厳密にはちがってくるのに対して、映画は何度くりかえそうとまったく同じである。つまり演劇は一回一回の舞台が表現行為であるのに対して、映画はこと上映の段階では表現の機械的な再生が行なわれるにすぎない。そこから演劇では観客の見る行為と表現行為が直接交流するが、映画ではその直接的な交流は求められないというちがいも生まれてくる。

しかしそれらは媒体の条件であって、そのまま表現の本質ではない。模倣や追随の問題が起こるのは表現の本質的な構造の次元においてであって、それはあくまでも映画の主体性の欠如の問題なのである。演劇の映画化ということはあっても、映画の演劇化ということをめったに聞かないのは、そのことを裏づけるひとつのデータである。

その点トーキー以後の映画が、演劇への追随を完全に断ち切るきっかけとなったのは、ネオ・リアリズムの勃興である。ネオ・リアリズムにおける演劇的なものの払拭は、ウェル・メイドなドラマ概念の否定とカメラの能力に対する自覚にもとづくものであった。いいかえれば、そこでは映画の劇がレンズの前の劇にとどまらず、対象とカメラが出会う劇、あるいは対象をカメラを通して主体化する劇としてとらえられていたということである。ネオ・リアリズムの血を受けつぐ映画が、何よりも映画の劇性を映像による「対象の対象化」に求めようとしたこと、したがってまた発見の劇を重視する観点からしばしば素人を起用したということは、映画を演劇の奴隷の位置から自立させるうえで大きな意味をもつものだったといわなければならない。

とりわけ素人の起用が、ベテラン俳優を使うことよりはるかに大きな成果をもたらしうる（ことがある）という事実は、映画の劇性が演劇の劇性と質的にちがうことを物語るものである。少なくとも映画における俳優とは何よりも素材的な魅力が先行するものであり、ただ一回だけ決定的な非演技的演技を行為できれば、むしろその方がいい場合が少なくないということである。たとえそれが極端なケースであったにせよ、そのような非演劇的な選択によって、映画が演劇の追随を離れ、独自な表現の可能性を飛躍的にひろげてきた事実を無視することはできない。

とはいっても追随と影響は明確に区別さるべきものである。影響を受けるということは、むろん決して表現の自立性を失うことを意味しない。むしろ他ジャンルの作業を積極的に自家薬籠中のものとしてとり入れながら、みずからの表現をたくましく変革することだってありうるはずである。これを演劇の側からみれば、たとえばメイエルホリドやピスカートル、あるいはブレヒトなどが、舞台に映画を大胆にもちこむことで演劇自体の変革をはかった例をあげることができる。

メイエルホリドは、すでに一九二九年に「劇的動作を映画によって補い、またその逆になるように映画を動作にくみいれる」と書き、サーカスやアクロバットなどとともに映画を舞台に導入した。ピスカートルもそのような考えを受けつぎ、『どっこいおいらは生きている』『津波』『ラスプーチン』『にもかかわらず』などの演出で、舞台の劇とスクリーンの映像の間に積極的な葛藤を作りだしたのである。またブレヒトが映画やスライドをよく使うことについてはあらためて指摘するまでもない。日本の新劇でも映画を舞台のスクリーンにうつすことはもう珍しくないが、なかでも安部公房の『巨人伝説』における映画（担当・勅使河原宏）の使い方は、舞台の劇と烈しく嚙みあって成功していた好例である。

しかしこれら映画の演劇への導入は、演劇のあり方を映画に追随させるようなものではなく、映画をみずからの中にとり込むことによって、むしろ演劇自体の可能性をひろげたものである。映画が演劇から何かを吸収するとすれば、そのありかたに同様のことが期待されることはいうまでもない。その関係の結びかたそのものが映画に固有なものであってこそ、はじめてそれが映画の変革につながるということである。むろんいまのところそのような例はごく少ない（ピーター・ブルックの『マルキ・ド・サドの演出によりシャラントン精神病院の患者たちによって演ぜられたジャン・ポール・マラーの迫害と暗殺』一九六六、その他）。しかし映画が一応演劇に追随していた位置から映画の自立的領域を確立してくれれば、そのうえに立ってさらに演劇ともそのような新しい関係を結ぶ欲求がでてくることは充分予測していい問題である。

創作過程とその創造的契機

映画の創作過程にはつぎのような三つの重要な契機が介入する。その三つの契機とは、

（1）全体のプロセスが、撮影以前、撮影中、撮影後の三段階に分れ、前段階の仕事が後段階の仕事を規制しながら、各過程は相対的にかなりの自立性をもちうること――

（2）映画の創造性は、原則として複数の専門家による分化された作業の複合として成立すること――

（3）映画が映像という自己の肉体を生みだす過程では必ず機械の力を借りねばならず、そのことから映像には不可避的に機械の性格が反映すること――

この三点である。この三点とそれらの相乗し合う関係にこそ、映画が創造的になりうる固有な条件がある。

（1）について――

第一段階はまずシナリオづくりである。むろんシナリオには決められた形式などは何もない。その形式は国によっても、作家によってもちがう。企業でつくる場合と個人的につくる場合もちがうだろうし、どういうジャンルやスタイルの映画をつくるかでもちがってくる。ただちがわないのは、何をどのように表現したいのか、そのモチーフを言語によって客観化するという一点である。

それは脚本家と演出家が同一人物である場合であれ、更には撮影を兼ねる場合であれ、必ず行なわなければならない作業であり、また必ず行なっている。少なくとも表現衝動が具体的にふくらむためには、言語による客観化を媒介にしないわけにはゆかない。しかしその必要条件は、何よりもモチーフをかきたて、表現の根拠に向ってその先の作業をはげしくつき動かすことである。むろんその点の追求を深めるうえで、コンストラクションや各部分のねらいを明確にすることが要求されてくる。ただしそれがゴダールのようにメモ的なものになるか、ロブ＝グリエのようにコンテ的なものになるか、数枚ですむか数百枚を必要とするかは、どのような映画をつくろうとするかによって異ならざるをえない。ただいえることは、シナリオがそれ自体で

一個の独立した作品として完結するものではないかぎり、よいシナリオとはその先の作業に無限の可能的契機を与え、みずからは映像化過程に止揚されるものとして、その条件を必要かつ充分に満たしているものである。

第二段階は撮影である。撮影はしたがってシナリオを横すべりの形で視覚化する作業ではありえない。少なくともその関係は建築における設計図と工事の関係ではなく、不断の発見と深化をともなう可変的なものとして、シナリオを視覚の次元に止揚する関係である。

むろんまずすべての撮影プランはシナリオに従って決定される。キャスティングをはじめ、コンテや演出メモ、あるいは各パートのプランは根本的にシナリオを土台にして進められるものである。しかしたとえばキャスティングが具体的に決定されるにともない、選ばれた俳優の具体的な条件（顔、声、全体の印象など）から、逆にシナリオを修正してゆく場合もないわけではない。ロケ地や気象の条件でシナリオを修正する場合もあれば、撮影した映像がどのように撮れたかによって修正を重ねてゆく場合もある。だがそれは妥協としてではなく、積極的な具体化の作業としてとらえ返さねばならない。まして撮影過程でモチーフの追求が深まり、それがシナリオと牴触してくれば、大胆にシナリオを変えてゆくのが本当である。

いいかえれば、撮影過程で重要なことは、第一にシナリオを映像転換しつつモチーフを具体化することであり、第二にその過程でモチーフを深めつつシナリオの予測を創造的に超えることである。

その精神は第三段階の編集・録音過程にも引継がれねばならない。仕上げ過程は撮影過程に機械的に従属するものではない。それは撮影過程で意図されたものを更に追求しつくす方向に総合化する作業であり、撮影過程の結果を吟味し、欠陥に気づけば可能なかぎりそれを修正する過程でもある。編集ひとつをとっても、不必要なショットやシーンを切除することも、何らかのショットを撮影時の意図とは別なねらいで使用することも、あるいはコンストラクションそのものを変えることさえ起こりうる。その意味ではこの段階までシナリオの作業が継続されており、それはダビングとともに終わるとも考えられるわけである。

いずれにせよ本質的なことは、この段階でもなお発見と創造の緊張した作業が続けられることである。そしてそれは画面と音声をどう構成するかのダビング過程でクライマックスに到達する。極端にいうならば、ダビングを失敗すれば、それまでの作業はすべて水泡に帰すことさえあるからにほかならない。とりわけ画面と音声の関係が映画的表現の創造性に決定的な意味をもつにもかかわらず、その作業に従来の映画がまだほとんど切りこんでいない事実を考えるならば、ダビング過程での創造的契機の追求は今や焦眉の問題というべきである。

このように各過程が前段階の作業に規制されながら、なおそれを止揚する関係の本質は演繹と帰納の弁証法である。そしてその弁証法を保証するものとして、まず各過程が相対的に自立している点があり、更に（2）（3）の問題がそれに絡むのである。

(2) について――

創作過程にいま一歩立入ると、そこには多くの専門的分野が分化しており、それぞれの分野を各専門家が分業して担当していることがわかる。脚本家、演出家、演技者、カメラマン、ライトマン、美術監督、録音技師、編集者などがそれである。むろんその中のいくつかを一人の人間が兼ねる場合もないわけではない。しかし、映画は原則として集団でつくるものである。

集団の作業で一番問題になるのは意志の疎通であろう。そして意志の疎通をはかるものこそシナリオであり、演出家の指導性である。そのことはシナリオと演出意図だけが、創作のあらゆる過程を規制することでも明らかである。にもかかわらず、その疎通は決して完全にゆくものではない。シナリオも演出方針も、各人の主観や能力を通して屈折するからである。したがってスタッフやキャストの組合わせによって、同じ脚本から全然肌合いのちがった作品ができるところに、よい意味でも悪い意味でも映画の本質があるといわねばならない。

そこから映画に芸術としての資格を認めまいとする意見がでてくることも事実である。たしかに集団性がマイナスに発揮されると、作業はばらばらになり、作品はがたがたになる。しかし各自の能力がフルにひきだされ、それが緊張し合った関係で統一されるとき、作品に結晶化するイメージは、個人の限界を超えて驚くべき結果を生むことを否定できない。スタッフの編成やキャスティングにそれを予見することも含めて、集団性をプラスに発揮するようあらゆる作業を創造上指導するものこそ演出家であり、それゆえに映画の創造責任は演出家が負うのである。

その点創作主体としての演出家からみれば、創作過程の集団性とは、他人を媒介にして自分を超える契機として意味をもつといえる。映画の創作過程は複雑をきわめている。

撮影時の一点をとりだしてみても、そこには演技をつけ、カット割りを考え、カメラ・ワークを決定し、照明、露出、その他もろもろの事柄を判断しなければならない多くの作業が同時に存在する。だからもしすべてを一人でする能力があったとしても、注意力やエネルギーはどうしても分散しないわけにはゆかない。まずその点を考えただけで、一人でするより集団でした方が、結果はすべての作業にいっそうの充実度が加わるであろうことを容易に推測することができる。

　しかし集団性が個人の能力を超える真の契機はその点にあるのではない。真の契機はあくまでも本質的な意味で他者を媒介にすることにある。いいかえれば他者の主観や他者の生理を通して、演出意図が屈折し、ふくらみ、予測を超えて出てくる可能性の問題であり、それを発見し、取捨選択し、そのことで更に自分のイメージを増殖させ、それらを緊張した関係で統一してゆく可能性の問題にほかならない。その意味でその作業の本質は、やはり演繹と帰納の弁証法である。

（3）について——

　映画はクランク・インからダビングまで、各過程、各分野でさまざまな機械を使用する。そこにはカメラあり、照明器具あり、録音機械あり、現像機械ありである。ところが機械にはひとつひとつちがったくせがあり、またその動作は文字通り機械的である。しかもそれは人間の意識から独立しているために、創作過程には不可避的に機械の性格が反映しないわけにはゆかない。

　たとえばカメラがまわり、被写体がフィルムに感光する過程は機械的である。むろんカメラがまわっている間じゅう、演出家もカメラマンも全神経をそそいでカメラと対象を見守っており、そのような意識の下にカメラを操作するわけである。したがって撮影したショットの結果に対して、演出家やカメラマンがそれなりの予測をもつことはいうまでもない。しかし実際の撮影過程では、対象の側からもカメラの側からも、その予測を超え、意識の監視をはみだす偶然の要素が介入する。まったく同じねらいのショットが、撮影したショットの数だけ、大なり小なりちがった映像になるのはそのためであり、最終的にはラッシュを見ないと本当の判断ができないのもそのためである。つまり機械的過程がもたらすものは、偶然性と一回性である。

　映画を芸術として認めない意見は、この点にも否定の根拠を置いている。そしてこの点でも、たしかにそれがマイナスにふまえられた場合に、カメラをまわせば物がうつるという形で、たるんだ映像が粗製乱造される危険はいくらでもある。しかしそれがプラスにふまえられると、それは意識の外から、意識のステレオタイプを不断につき崩す契機としてとらえ返されるようになる。なぜなら意識が自己自身を大胆に相対化することができるかぎり、偶然性との出会いは明らかに対象と映像の発見につながり、その選択は表現を豊かに変えてゆくからである。ここには意識がいったん物質の自律したプロセスを媒介にすることで、より創造的にふくらむ関係を見ることができる。

他の機械過程においても問題は同じである。録音においても、画面と音声をぶつけ合わせる作業においても、それが機械の偶然を媒介にするがゆえに、イメージの不断の増殖と発見が保証され、映画の創造的契機が予断を許さぬ形で与え続けられるのである。

（1）（2）（3）の全体を通して——

以上の三つの契機には共通した点がある。それは映画の創作過程が、あらゆる段階のあらゆる面において、創造的に可変的であるということであり、他者や偶然との度重なる出会いによって、作家が不断に自己の限定性を超える可能性が与えられているということである。しかもそれら三つの契機は別々に独立し合っているわけではない。それらは複雑に相乗し合う関係にあり、したがってその可能性もより輻輳した形でふくらむわけである。問題を創作過程においてみるかぎり、映画が創造的になりうる固有な条件は以上の点をおいてほかにない。

演出、非演出——コンティニュイティ主義と即興主義

演出のしかたには、大別して二つのパターンを想定することができる。ひとつはコンティニュイティ主義であり、いまひとつは即興主義である。

コンティニュイティ主義は、個々のショットのつくりかたからそれらのつなぎかたにいたるまで、あらかじめ精密な設計図をつくりあげてしまう方法であり、実際の撮影・編集過程はその設計図にできるかぎり近づくような努力がはらわれる。その意味においてコンティニュイティ主義は、演繹性と必然性を重視する演出方法である。

即興主義は、コンティニュイティはもちろん、シナリオさえあまりこまかく書きこんだものはつくらない。むしろ撮影以前の観念にしばられることを嫌い、実際の撮影・編集過程でさまざまな不確定的要素をくみこみながら、不断の発見と選択をとおして具体的なイメージに達しようとする。その意味において即興主義は、帰納性と偶然性を重視する演出方法である。

このようにコンティニュイティ主義と即興主義はきわめて対照的であるが、実際には偶然の介入を完全に排除したコンティニュイティ主義などありえないし、何らのプランももたないでまかせの即興主義もありえない。実際には多かれ少なかれ、その間の緊張関係をコントロールする過程が演出である。

しかし演出の理念をそのどちらに強く置くかのちがいは、対象と主体と表現の関係を質的に変えてしまう。単純化していえば、コンティニュイティ主義では、表現は撮影以前にほぼつくりあげられている対象—主体の関係の具体的な映像化としてあるのに対して、即興主義では、表現は撮影・編集過程で、映像を模索しながら、そのことによって同時進行的に対象—主体の関係をつくりだすことにある。

映画史的にみるならば、支配的な演出方法がコンティニュイティ主義の側にあったことは明らかである。オーソン・ウェルズもロベール・ブレッソンも、イングマル・ベルイマンもルキノ・ヴィスコンティも、ルイス・ブニュエルもアラン・レネも、ともにもっともすぐれたコンティニュイティ主義の演出家である。彼らの作風からもわかるように、コンティニュイティ主義の作品は求心的・完結的であり、よくいえば緻密で強靭な構築力をもつが、悪くいえばしばしば映像が合理的すぎて流動性に欠けがちなことも

否定できない。

他方即興主義の演出はジガ・ヴェルトフ以来のドキュメンタリズムの系列にみられ、戦後ではネオ・リアリズムあたりから「ヌーヴェル・ヴァーグ」や「シネマ・ヴェリテ」、あるいはフィルム・インキェスタやアンダーグラウンド・シネマの一部などに受けつがれている。それは映画史上の支配的な演出方法ではないが、投じた影響と意義の大きさは、つねに映像表現を変革してゆくだけの力をもってきた。即興主義演出の作品は遠心的・開放的であり、よくいえば映像に予断を許さぬ緊張感と流動性をみせるが、悪くいえばとかくトータルな構築力が弱く平板になりがちである。

コンティニュイティ主義と即興主義は演出方法上の対立物であり、そのときどきの現実・芸術状況から切りはなして、その一方に絶対的な優位性をみることはできない。しかしそのことを確認したうえでなお見落せない事実は、現代映画の本質的な関心がより強く即興主義の可能性にアプローチしてきていることである。

たとえばヴェルトフの現代版といわれるシネマ・ヴェリテは、現実の混沌にインタヴューなどのアクションを投入して偶発的なイヴェントの出会いをはかり、ウェル・メイドの映画からずり落ちる現実の生態を、それに直観的に即応してゆく自己自身の発見とともにすくいあげようとする。いきおいフリー・ハンドやワン・ショットの映像が重視されることにもなるが、現代映画の本質的な関心がそのような試みに向けられてきたのは、自己を大たんに相対化しながら、ものごとをプロセッシヴにとらえようとする即興主義の方法的な核心が、とりわけ今日的な状況認識の本質に対応するからにほかならない。

そういう即興主義の可能性をふまえながら、同時に形而上的学なイデーとプラスチックな構成力をもつ作家といえば、いまのところゴダール以上に適切な例はないだろう。ゴダールは何よりも細部のリアリティを重視しながら、同時に全体の論理的な構成を軽視することがない。彼の映像の特徴は、遠心性と求心性、生理と思想が、緊張した対立をみせながら動的に統一されてゆく点にある。彼はシナリオらしいシナリオもコンティニュイティもつくらないが、つねに分厚いノートにメモを書きこんでは思索にふけっているという。すぐれた即興主義演出は、偶然との出合いを鋭く全体の形成にかかわらせるだけの、不断のプランニングに支えられていることを示すものである。

表現形式の実験

映画的表現の可能性は、一方でつねに既成の表現形式をはみだす実験によって切り開かれてきた。その実験は多岐にわたるが、ここでは映像の再現的性格に反逆しようとする実験、それを時間性においても空間性においても、非現実的な像に変形しようとする試みについて触れておきたい。

たとえば時間の変形には、もっとも単純なものとして高速度撮影や微速度撮影、あるいは逆回転撮影などがある。それらは技法自体としては何ら既成の枠を越えるものではないが、それでも今なお映画の現代的表現を少なからず支えている。思いつくままに例を挙げれば、『操行ゼロ』（シャン・ヴィゴ、一九三三）の生徒の反乱シーン、『忘れられた人々』（ルイス・ブニュエル、一九五〇）の夢のシーンなどの高速度撮影、『地下鉄のザジ』（ルイ・マル、一九六〇）の微速度撮影（コマ落し）、『オルフェ』（ジャン・コクトオ、一九五〇）の逆回転撮影などがそうである。

高速度、微速度、逆回転などはカメラの操作でできるが撮影後に現像所のオプチカル・プリンターで行なう時間の変形に、コマとばしやストップ・モーションがある。コマとばしは途中のコマを何コマおきかに抜く手法で、奇妙な幻覚効果をひき起こす不思議な力をもっている。『ドム』（レニッツァ、一九五八）の女が、相撲の分解写真のように頭をカクカクと動かすショットなどそのよい例だ。

ストップ・モーションは時間の剝奪であり、対象を一瞬凍結させる効果である。それは『大人は判ってくれない』（フランソワ・トリュフォ、一九五九）のラストのように凝視の強調ともなれば、『にっぽん昆虫記』（今村昌平、一九六三）のように異化効果ともなる。もっともストップ・モーションは最近乱用の傾向もあり、それ自体としては今や実験的な表現形式というほどではない。

しかしストップ・ショットだけで映画の全体を構成するとなると、これは依然未開拓の実験領域である。ここでは本来対象を動きとしてとらえる映画の特権に自己制約を加えることで、対象に対する作家の意識や情念の動きが作品の時間構造を支配する。そのもっともすぐれた例に『ラ・ジュテ』（クリス・マルケル、一九六三）があるが、日本でも『石の詩』（松本俊夫、一九六三）、『ユンボギの日記』（大島渚、一九六五）などオール・ストップ・ショットの実験作がある。

また個々のショットの時間構造は普通だが、ショットのつながりの中で非現実的な時間が生まれてくるケースも見落せない。『バレエ・メカニック』（フェルナン・レジェ、一九二四）で女がくり返し階段をあがってくるリフレイン効果、『アンダルシアの犬』（ルイス・ブニュエル、一九二八）の随所に見られるデペイズマンなど、いずれもつなぎによる時間の変形である。それが部分の表現から作品全体の構成にまで徹底してくると、『去年マリエンバードで』（アラン・レネ、一九六〇）や『8½』（フェデリコ・フェリーニ、一九六三）のように、クロノロジー（年代記的な時間配列）の否定にいたることはいうまでもない。そのとき時間はもはや事実の時間ではなく意識の時間になっている。

空間の変形については、まずレンズによるものがあるが、それは他の項で触れると思うのでここでは扱わない。ガラスや歪み鏡を使って文字通り像を変形してしまう例としては『チューブ博士の狂気』（アベル・ガンス、一九一五）、揺れる水面を使った例としては『水鏡』（ベルト・ハンストラ、一九五三）を挙げることができる。しかしそれらガラス・ワークのたぐいは、像の変形に媒体の性質がナマに出やすいので、想像力をかきたてる度合は案外弱い。

より重要な実験はピンボケを徹底させる方法に見られる。『アメリカの詩』（スタン・ブラケイジ、一九六四）は思い切って全編タブー化されたピンボケ・ショットで押通しているが、模糊とした空間をぼんやり物がうごめくその映像は、苛立たしさを越えて確実に意識の暈とでもいうべき部分に触れてくる。

むろん二重（多重）露出や合成処理による空間の非現実化も、今なお無視できない表現形式である。S・Fなどの空想もの、怪奇映画などの幻想ものが、トリック撮影としてこれらの技法をふんだんに使うことはいうまでもない。しかしここでも大切なことは、その慣習的な使用法を越える実験である。その点『悪魔は死んだ』（カール・リンダー、一九六四）の目玉と唇の二重露出、『悪魔の発明』（カレル・ゼーマン、一九五八）の銅版画と人物の合成などにすぐれた新しい適用を見ることができる。

また空間の変形としては、『アルファヴィル』（J=L・ゴダール、一九六五）のネガ・フィルムの使用、『気狂いピエロ』（J=L・ゴダール、一九六五）の単色カラーの挿入、あるいは『飢餓海峡』（内田吐夢、一九六四）の回想場面に見られるソラリゼーションの技法など、まだまだ多くの実験的な形式があることを指摘しておかねばならない。ソラリゼーションというのは、ポジとネガを、画像を少しずらして二重焼きする技法であり、そのずらし具合によって効果もまたさまざまに変化する。『新七つの大罪・淫乱の罪編』（ジャック・ドミィ、一九六一）の幻想場面にもこのソラリゼーションが使われていた。

変わったところでは『エンパイヤ』（アンディ・ワーホール、一九六四）のように、被写体にカメラを据えっぱなしで延々八時間も撮って、しかも無編集を原則とするもの、『オナン』（飯村隆彦、一九六四）のように、フィルムの真中に執拗にパンチで穴をあけたもの、『ゲオルグ』（スタントン・ケイ、一九六三）のように途中にやたらと真黒のフィルムを挿入するもの、『樹々の大砲』（ジョナス・メカス、一九六一）のように逆に真白なフィルムを挿入するものなど、多種多彩な実験の例がある。そしてそれらはむろんたんなるスキャンダルではなく、既成の表現に対する大胆な挑戦なのである。

既成の表現に対する大胆な挑戦としては、カメラを使わない映画のことに触れておかねばならない。『トレード・タトゥ』（レン・ライ、一九三七）や『線と色の即興詩』（ノーマン・マクラレン、一九五四）などがそうである。それらはフィルムに一コマ一コマ直接傷を刻んで像をつくり、サウンド・トラックにも同様の作業をほどこして音すらもつくってしまう。いわば徹底して映像の再現的性格に反逆し、しかもなお映像であり、映画であろうとするわけである。『モスライト』（スタン・ブラケイジ、一九六三）もカメラを使わないが、これはフィルムに傷をつけるのではない。それは細かな蝶の羽や木の葉の膜面を、フィルムに直接押しあててプリントしたものだ。むろんこれも一コマ一コマの作業であり、その意味においては一種のアニメーションである。

最後に徹底した極端な実験例として『アルヌルフ・ライナー』（クーベルカ、一九六〇）を挙げておこう。これはカメラも使わなければ、何らかの意味での像を投影することもしない。つまりフィルムは真黒の断片と真白の断片がモンタージュされるだけであり、スクリーンに展開されるのはチカチカした光と闇のリズムにほかならない。映画という表現形式の限界に挑んだものとして、ポジティヴにもネガティヴにもさまざまな問題を考えさせる作品である。

アラン・レネとそのグループ

アラン・レネ、アニエス・ヴァルダ、ジャック・ドミィ、アンリ・コルピ、クリス・マルケルらは、大ざっぱにヌーヴェル・ヴァーグ一般に包含されて語られることもあるが、厳密にはカイエ・デュ・シネマ派としてのヌーヴェル・ヴァーグとはやはり区別されなければならない。

事実彼らは、ゴダール、トリュフォ、シャブロルなどカイエ派の作家とくらべると、人柄も作風も明らかにちがっている。またいわゆる日頃の溜り場もちがうらしく、セーヌ右岸にたむろするカイエ派に対して、人は彼らを左岸派の名で呼ぶこともあるという。つまり出所も成長過程も、両者はグループ的に別なのである。

もっともレネらは、カイエ派のように機関誌をもっているわけでもなければ、グループとしての統一した主張をもっているわけでもない。しかし何らかの共通した関心と友情で、深く結ばれていることは事実である。実際の仕事の面でも、レネがヴァルダの処女作『ラ・ポワント・クールト』（一九五四）の編集を担当しているほか、コルピもレネ、ヴァルダの作品の多くを編集しており、さらにマルケルが『彫像もまた死す』（一九五二）や『夜と霧』（一九五五）でレネに共同演出なみの協力をしていることなどもよく知られている。またヴァルダとドミィが夫婦であることはいうまでもない。

そのような人間関係の面もさることながら、より重要な彼らの共通点は、彼らがいずれも八ミリや一六ミリの短編で腕を磨き、早くからドキュメンタリーとモンタージュの本質を身につけることで自己形成してきたことである。また彼らがともにきわめて文学に深い関心をもち、文学と映画の新しい内的結合を目指していることも無視できない。マルケルはそもそも文学出身の人で著書もあるが、マルケルとジロドー、ヴァルダとランボオ、レネやコルピとアンチ・ロマンの間には、これを切り離しては考えられないほどの深い関係がある。

それらの文学的な質をみても明らかなように、彼らは共通して豊かな詩人の素質をもっており、人間の内的な意識の把握という一貫したモチーフを抱いていることがわかる。しかも彼らはそれを、従来外的なアクチュアリティにもっとも効力を発揮してきたドキュメンタリーの方法で追求しようとする。そしてその点のユニークさにこそ、彼らをひとつの映画作家のグループとして、あえて共通の括弧にくくる本質的な規準をみるべきかもしれない。

しかし彼らの中で、そのような本質をもっとも深く追求してきた作家はいうまでもなくレネである。レネは一九四八年短編『ヴァン・ゴッホ』を撮って以来、『ゲルニカ』（一九五一）、『彫像もまた死す』（一九五二）、『夜と霧』（一九五五）など八本のすぐれた記録映画を作り、三七歳になってから長編劇映画に転じて『二十四時間の情事』（一九五九）、『去年マリエンバードで』（一九六〇）、『ミュリエル』（一九六二）、『戦争は終った』（一九六六）を発表した。

レネがそれらの作品を通してつねに固執してきた問題は、いかに意識の日常性を自己否定するかということである。『二十四時間の情事』の冒頭に展開される「見た」「見ていない」の対話ほど、そのモチーフを端的に示しているものはない。見たと思っているがじつは何も見ていないのに等しい意識の日常性が、どの点で崩れ、何を契機として真に見る意識に変わってゆくか。その追求をそのまま作品の構成に据えたのが『二十四時間の情事』だったのである。そしてその否定の契機としてレネがつき出しているものは、見ることの主体化ということであった。見ることの主体化とは、もちろん対象を自分の内部世界とののっぴきならないかかわりにおいて見るということにほかならない。

したがって見ることの主体化とは、同時にレネのドキュメンタリー論でもある。それは彼の出発点だった『ゲルニカ』にすでにみてとることができる。レネはこの作品でピカソの『ゲルニカ』を見せようとしたのではなく見ようとしたのであり、記録の意味を素朴な事実の記録としてではなく対象とのかかわりの記録としてとらえている。このかかわりの論理が『夜と霧』からは、記憶と忘却の主体的な葛藤の問題として展開されるわけである。またその点から、レネの作品には独得の時間構造が加わってきた。いわゆるクロノロジー（年代記的な時間の配列）を否定して、過去と現在を意識の時間展開として自由に交錯させる方法である。『二十四時間の情事』のバー「どーむ」のシーンにみられるように、その本質は未来へとつき抜けてゆくために、現在において過去をどのように主体化してゆくかという問題を含むものであった。

しかしそこで見落すことのできない問題は、レネが意識の変革の契機に狂気や錯乱のプロセスを重視している点である。『去年マリエンバードで』は、ある意味でそのプロセスの構造を徹底して追求した作品だといえる。そしてその中から、存在の不確定性という新たなモチーフが現われてくることを見逃すわけにはゆかない。レネはこの作品でそれを記憶の体系との関係でとらえ、その体系の変質を存在性（世界への所属性）の変質としてとらえかえそうとしたのである。

『去年マリエンバードで』では、脚本担当のロブ＝グリエがいうように、内的と外的という二つの現実の関係だけを抽象してみせた作品かもしれない。少なくともロブ＝グリエの意図がそこにあったことは、彼自身が演出した『不滅の女』（一九六二）をみれば明らかである。そこでは意識と存在の不確定的な関係が、たしかに徹底した抽象度で描かれていた。しかし『不滅の女』は『去年マリエンバードで』とくらべると、観客をかきたてるイメージの振幅も内容も一段と貧しい。それは演出技術の問題でもあるが、抽象化の作業に現実との対応が厳しくふまえられていたかいないかのちがいでもあろう。少なくとも『去年マリエンバードで』にみられるレネの映像は、舞台のホテルを生きながら死んでいる現代の日常空間としてとらえ、ホテルと男Mからの脱出を日常の虚偽的存在からの解放としてイメージしていることを疑うわけにはゆかない。

その後レネは『ミュリエル』『戦争は終った』で、より現実との対応を具象的にふまえた作品にもどっている。しかしレネがモチーフをぐらぐら変えていると考えるのは正しくない。彼は『ミュリエル』でもアルジェリア戦争を日常の空洞意識の内側で抉っているのであり、レネの試行は、そもそもたとえば原爆と快楽という対立項を設けて、それが本質的に滲透し転換し合う弁証法を探求する作業なのである。もっとも遠いところから問題の核心に迫ろうとする二重化された劇構造をレネにみないものは、レネを見てレネを見ないものといわなければならない。

その点レネ派の他の作家たちは、どこかでレネの要素とつながりながら、レネほど複雑に錯綜した構造を作品にもっていない。しかしレネにはない資質を、それぞれが独自に開花させていることも事実である。

ヴァルダは『オペラ・ムフ』（一九五八）あたりから『5時から7時までのクレオ』（一九六二）、『幸福』（一九六五）と見てくると、やはり女の意識を微細なひだにまでわけ入る点で、きわめて鋭い感受性をもっていることがわかる。とりわけ半意識とでもいうべきデリケートな領域を、みずみずしい映像で浮き彫りにしてゆく力は並たいていではない。レネはゆったりした重い移動撮影で意識の反芻過程をとらえたが、ヴァルダは漂うような柔らかい映像で、意識の起伏や流れをあぶり出すのである。

ドミィもまた繊細な映像詩人というべきであろう。長編第一作『ローラ』(一九六〇)は、そのポエジーのすばらしさで、ゴダールをして「一度見たら再び見に行かずにはおれない」といわせ、メルヴィルをして「真珠の輝きをもつ作品」と感歎させた。しかしその後『新七つの大罪・淫乱の罪』『天使の入江』(一九六二)とふるわず、『シェルブールの雨傘』(一九六三)でその才能の一端をうかがわせたにとどまっている。

長年名編集者として知られていたコルピは、『かくも長き不在』(一九六一)の前に数本の短編を作っているが、たいしたものではない。しかしマルグリット・デュラスのシナリオで、レネのバック・アップをえて製作された『かくも長き不在』は、戦争を心の奥深くから抉ってみせた傑作であった。やはり記憶と忘却のモチーフが主軸に置かれているが、コルピは過去を想念として現在に呼びもどそうとはせず、現在の行為に執拗に過去を追跡しながら、ラストの一瞬で主人公が背負ってきた重い歴史の傷を一気に見るのである。

マルケルはメニルがいうように「完璧性への執念、冷厳な客観性、深く鋭い洞察力、厳しい倫理性」という点で、レネの資質に近いものを感じさせる。彼の作品には『北京の日曜日』(一九五六)、『シベリア便り』(一九五八)、『キューバ・シ!』(一九六一)など、アクチュアルな素材のドキュメンタリーが多い。しかし彼の作品は決して事実主義や安直なプロパガンダではなく、すぐれた詩人のルポルタージュのようなものであり、アクチュアリティとポエジーがその傑出したコマンテールによって見事に統一されている。またアルジェリア問題をめぐるフランスの社会状況をインタビューだけで構成した『美しき五月』(一九六二)は、シネマ・ヴェリテの傑作として名高い。しかし来日したマルケルに直接聞いたところでは、彼はシネマ・ヴェリテの範疇に閉じこめられることには不満だと語っていた。そういえば彼が帰国後送ってきた『ラ・ジュテ』(一九六三)は、およそシネマ・ヴェリテとはちがう性質のものだったのである。それはストップ・ショットだけで、過去・現在・未来を交錯させた作品であり、第三次大戦後の世界を空想的に描いた、美しく、そして恐ろしいフォト・ロマンであった。『ラ・ジュテ』のマルケルは明らかにレネに近い。あるいは彼はレネ派とシネマ・ヴェリテ派を繋ぐユニークな作家とみるべきかもしれない。

ポーランド派とその後

　戦後映画史上、イタリアのネオ・リアリズムについで、世界の映画界に電撃的なショックを与えたのは、イェジー・カワレロヴィッチ、アンジェイ・ワイダ、アンジェイ・ムンクの三人を中心としたポーランド派の仕事である。

　ポーランド派の台頭が画期的だったのは、第二次大戦でもっとも悲惨な体験をしたポーランドの戦争体験がなまなましく突き出されたことにあるのではない。眼にあまるナチスの残虐行為や、対独抵抗の苦闘を描いた作品はそれ以前にもあった。ワンダ・ヤクボウスカの『アウシュヴィッツの女囚』(一九四八)、アレクサンドル・フォルドの『国境の街』(一九四八)をはじめ、戦前からの左翼映画人の仕事がそれである。ただし彼らの作品は、ナチスの非人間性の告発と、不屈の抵抗運動の讃歌にとどまっていた。ポーランド派の作品にはそれら第一期の作品がもっていた底抜けの楽天性がない。

　ポーランド派の出発点には、何よりも渾身の力をこめた自己切開の呻きがあり、体験の意味を主体的に問いつめる意識があった。カワレロヴィッチの『影』(一九五六)やワイダの『地下水道』(一九五六)をみてもわかるように、そこには加害者対被害者の図式も、英雄をたたえる革命的ロマンチシズムもみじんもみられない。あるのはひたすら「この現実は何を意味するのか」「なぜこうなったのか」という痛切な問いである。

　そのちがいが、まず彼らの世代的な体験に根ざしていることは明らかである。むろん世代論は相対的なものにはちがいないが、ワルシャワ蜂起の無残な壊滅といい、アウシュヴィッツの地獄図といい、悲惨なポーランドの戦争体験が、彼らにとってはかけがえのない青春そのものだったことを軽視するわけにはゆかない。

　第二に考えるべき点は、彼らが映画学校を出て作品を作り始めた時期の問題である。その頃ポーランドを襲ったネオ・リアリズムが、彼らに圧倒的な影響をおよぼしたこともそのひとつであろう。しかし決定的な意味をもったと思われるのは、一九五六年二月のソ連共産党二〇回大会(フルシチョフのスターリン批判)、六月のポズナン事件、一〇月のゴムルカ政変と続いた一連の政治・思想状況である。彼らの映画創造のモチーフが、それらと対応して深まって行ったことは疑えない。彼らがこの時期に、いかに紋切型の思考の枠から解放されて行ったかは、カワレロヴィッチでは『セルローズ』（一九五三）と『影』『戦争の真の終り』（一九五七）を、ワイダでは『世代』（一九五四）と『地下水道』『灰とダイヤモンド』（一九五八）を、またムンクでは『白い決死隊』（一九五五）と『鉄路の人』（一九五六）、『エロイカ』（一九五七）を、それぞれ比較すればわかることである。

　ポーランド派は、雪どけに刺戟されながら、何よりも戦中・戦後の体験を見つめなおす作業として生まれた。彼らの作品が一様に、見つめなおされた体験と見つめなおす意識との、二重の劇性として現われるのはそのためである。しかしその現われ方が、作家によってそれぞれ異なったニュアンスを帯びることはいうまでもない。

　『影』以来のカワレロヴィッチは、文字通り現象から幾重にもおし隠された状況や人間の「影」の部分に迫っている。『夜行列車』（一九五九）、『尼僧ヨアンナ』（一九六〇）となるにつれて、彼は社会と状況のドラマから意識と存在のドラマに転じてゆくが、その本質はあくまでも意外性と不条理のドラマにほかならない。彼は眩暈と戦慄のつまった迷路の中で、見るものの意識の慣習性を剝ぐのである。たとえば『夜行列車』で犯人を追いつめた群衆は、つぎの瞬間、虚脱した犯人の中に、逆に自己自身が自己自身によって追いつめられている無残さを意識する。カワレロヴィッチはつねにそのような形で、状況と主体の内側からの批評的把握を迫るのである。

　それに対してワイダはもっと正面から政治と歴史を問題にする。ワイダは『地下水道』でワルシャワの蜂起を、『灰とダイヤモンド』で解放直後の状況をとらえ、そこにおびただしいポーランド民衆の純粋なエネルギーが、政治指導の混乱と誤謬によって、いかに空しく引き裂かれたかを抉りだしたのである。ワイダはそれをたんに旧ポーランド支配階級につながるミコライチク一派の反革命批判としては行なっていない。そのような状況を克服しえなかった労働者党の政治責任を鋭くつきながら、それらのエネルギーをいかに有意義に燃焼さすべきかを、ポーランドの現在課題として照らしたのである。

　ムンクのアプローチはまたちがう。『エロイカ』には、マチェックのような歪んだ形であれ、自己の信念や思想を賭けて生きる主人公はでてこない。その第一部は、ごく平凡な、むしろ弱点だらけの主人公が、心ならずもパルチザンに加わってゆく話であり、題名もきわめてアイロニカルな逆説を含んでいる。『パサジェルカ』（一九六一・未完）

もまた、弱くごまかしの多い女が、戦中収容所の看守だった体験を自己弁護的に告白する話であった。しかしムンクは、人間の弱さを頭ごなしに弾劾することも、むろん許容することもしていない。人間の弱さやエゴイズムからでてきた行為も、否応なく他者とのかかわりをもち、状況に対して責任ある主体とならざるをえない関係を描いて、ごく平凡な人間たちの行為や意識に歴史の内実を見ようとしたといえる。

このように各人各様のちがいを含みながら、ポーランド派の仕事は、状況対人間のアクチュアルな主題と鮮烈な映像表現の追求で、五〇年代後半の世界の映画界に決定的な影響を及ぼした。しかし六〇年前後になってポーランドの生活が安定してくるとともに、ポーランド派にもようやくゆきづまりの徴候と、新たな試行錯誤がみえてきたことを否定できない。

それは戦中・戦後の体験に直接密着していたワイダにもっとも顕著に現われている。『ロトナ』(一九五五)や『サムソン』(一九六一)のように直接戦争を扱ったものはもちろん『灰』(一九六五)のような歴史大河映画も、すでにポーランドの青年層からは時代錯誤として酷評されているという。明らかにポーランド派は、戦争を知らない世代の出現によって、戦中・戦後の原体験に直接固執するだけでは、どうにも彼らとコミュニケートできない壁にぶつかったのである。

戦中と戦後の断層を扱った作品は、すでにポーランド派の傍系から、『灰とダイヤモンド』と前後して現われていた。ウォイチェフ・ハスの『別れ』(一九五八)や、『暴力への回答』(一九五八)をつくったイェジー・パッセンドルフェルの『帰郷』(一九六〇)などがそうである。しかしその断層を、ほかならぬポーランドの苦悩として厳しく見つめた作品といえば、まず何をおいてもコンヴィッキーの中編『夏の最後の日』(一九五八)を挙げなければならない。彼はバルチック海岸の荒涼とした砂浜を背景に、戦争世代と戦後世代の孤独な男女一組を設定し、彼らが出会い、愛し合い、しかし数時間後には越えがたい溝を意識して引き裂かれてゆくのを描いたのである。

このあたりからポーランド映画には、人間関係のディスコミュニケーションに、時代の矛盾を見ようとする傾向が強くなってくる。ポーランド派も、まずカワレロヴィッチが『夜行列車』から『尼僧ヨアンナ』にかけて孤独と他者の問題を追求しはじめており、ムンクの『パサジェルカ』でも、女主人公とその夫の関係には深い断層が顔をのぞかせていた。そしてワイダもややためらいがちに、『夜の終り』（一九六〇）でヤンガー・ジェネレーションの世界に眼をそそいだ後、『二十歳の恋・ワルシャワ』（一九六二）では、正面から世代の断層を扶っている。二つの世代の青春を重ね合わせることで、そこに歴史の意味を痛いまでに問おうとしたこの作品は、ワイダにとって『灰とダイヤモンド』以来の充実した仕事となっただけでなく、戦後ポーランド映画の代表的傑作のひとつとなった。

しかし戦後ポーランド映画が、はっきり第三期に入ったことを示したのは、ロマン・ポランスキーの登場によってであろう。ポランスキーはすでに短編『タンスと二人の男』（一九五七）で、従来のポーランド映画とはまったく異質の肌合いを見せて私たちを驚かせたものである。戦中世代のポーランド派よりはっきり一世代後（一九三三年生まれ、ワイダの七つ下）の彼は、ポーランド派がついにとらえられずにいた戦後世代の内面世界を、シュルレアリスティックな手法で鋭く浮びあがらせていた。その彼を一躍有名にした長編第一作『水の中のナイフ』（一九六二）は、湖上のヨットと登場人物三人というお膳立てで、ヤンガー・ジェネレーションの立場から、オールド・ジェネレーションの無理解と欺瞞をみごとにつきつつ、みずみずしい映像感覚でコミュニケーションの可能性を追求したものである。

ポランスキーはオムニバス映画『世界詐欺師物語・オランダ編』（一九六二）を担当した後、イギリスに渡って『反撥』（一九六四）をつくり、そのままパリに常住してポーランドには帰っていない。しかしポランスキーが去ったあと、さらに彼より五つも若いイェジー・スコリモフスキーが、最近『リソピス』という作品を発表して注目されている。徴兵される青年の入隊前数時間を扱ったもので、その不安と焦燥でゆれ動く意識を、変化に富んだ長いアップ・ショットで鮮かに追跡しているという。スコリモフスキーには、そのほか賞金かせぎのアマチュア・ボクサーを自演・監督した『不戦勝』という作品もあり、これもなかなかの評判でいま一番将来を属目されている新人である。

また『夏の最後の日』のコンヴィッキーも、新作『サルト』（一九六五）で話題を呼んだ。過去の重い記憶から逃れようとして一人の男が村にやってくるが、男の言動はだれからも理解されず、結局は異邦人として村を追われてゆくというカフカ風の異色寓話劇らしい。そのほか『影』などのライターで知られるシチボル＝リルスキーが、最近は自分で演出もはじめたというし、このところ不調を噂されていたポーランド映画も、これらの動向をみるかぎりまだまだ今後を大いに期待できそうである。

アンダーグラウンド・シネマ

いわゆるヌーヴェル・ヴァーグ以後、映画の潮流として、あるいは運動として、もっとも本質的な問題を投げかけているものは、何といってもアメリカのアンダーグラウンド・シネマの動向であろう。

アンダーグラウンド・シネマは、ニュー・アメリカン・シネマともインディペンデント・フィルムとも呼ばれるが、広い意味ではハリウッドの外で、ハリウッドに象徴されるブルジョワ・モラルとコンフォーミズムに反逆する反商業主義映画を総称するものであり、その発祥の地はニューヨークのグリニッチ・ヴィレッジといわれている。

アメリカでの実験的なプライベート・フィルムは、戦前からすでにマヤ・デレンなど少数のアヴァンギャルディストによってつくられていたが、戦後の実験的な映画製作は、シドニィ・マイヤーズの『静かなる人』（一九四九）あたりから始まっている。

五〇年代になると、前半ではたとえばモリス・エンゲルの『小さな逃亡者』やライオネル・ロゴーシンの『バワリー25時』、後半では同じくロゴーシンの『アフリカよ帰れ』、ジョセフ・ストリックの『野蛮な眼』などが現われ、さらに六〇年代の初頭にジョン・カサヴェテスの『アメリカの影』、シャリー・クラークの『コネクション』『クール・ワールド』などが出そろったところで、アンダーグラウンド・シネマはその第一期（準備期）を完了したといえる。

それら第一期の作品に特徴的なことは、それらがハリウッドでは決して扱おうとしなかった社会問題に、大たんなドキュメンタリズムで迫ろうとした点である。彼らは黒人問題や貧困の問題に、あるいは都会生活の倒錯した姿にカメラを直接向けることの中から真実をつかもうとした。それは共通して社会の歪みを告発する姿勢につらぬかれており、安手なヒューマニズムとウェル・メイドのストーリー性を排して、記録性と即興主義を重視しようとする点ではシネマ・ヴェリテに共通する一面をもっていた。事実、それらの多くは、シナリオらしいシナリオをつくらずに撮影されたという。

なるほど『バワリー25時』『アメリカの影』『クール・ワールド』『野蛮な眼』など、日本で公開された作品をみてもわかるように、それらはハリウッド・シネマとの対比では明らかに異端のものであった。しかしその鋭角的なみずみずしい映像も含めて、その試みの本質は伝統的な映画概念を根底から変えてしまうほどに革命的だったとはいえない。

アンダーグラウンド・シネマが、いっさいの既成性から手を切って映画史に真に新たな一頁をつけ加えるようになったのは、第一期とオーヴァーラップしながら台頭したロバート・フランクの『私の雛菊を摘め』（一九五九）以後の反社会的な作品群によってである。

『私の雛菊を摘め』はビートニック作家ジャック・ケルアックの戯曲『ビートの世代』第三幕からの映画化で、しゃべったり、飲んだり、歌ったりの連続を即興的に撮影したもので、筋や脈絡はまったくない。内容は題名が「自慰」の隠語であることからも想像されるように性的なものであり、それが因襲的なモラルと反モラルなものとの断絶をとおして描かれている。筋の否定と即興的な記録、それに加えてセックスの倒錯など精神病理学的な反社会的モチーフは、『私の雛菊を摘め』に始まるアンダーグラウンド・シネマ第二期の作品群に共通したものである。

もっとも第二期の作品群は、その特質をひとつの傾向としては要約できないほど多彩な展開をみせている。そもそも第二期のベースに流れているものは、いっさいの既成性から解放されて、表現したいものを自由な形式で自由に作るという一人一派の自覚だったからである。しかしそれらの個的な作業も、もっとも本質的なところでは時代と状況に深く根ざしているという意味で、いくつかの目だった傾向や焦点を作らざるをえない。筆者のみるところ、そこには三角形の三つの頂点をなす三極の到達点がある。

その一極に位置するものが、『樹々の大砲』（一九六一）や『ブリッグ』（一九六四）のジョナス・メカスである。

『樹々の大砲』は白人のカップルと黒人のカップルの二組の男女を通して、その意識と行動の根底に虚偽と空白の現代に対するいらだちや怒りを、豊かな詩情と知的な批評性で抉りだしている。その表現は抑制されていて静かだが、内深くこめられたきびしいメカスの精神的乾坤が、みるものの意識を息苦しいまでに強くゆさぶらずにはおかない。

ケネス・ブラウンの舞台を映画に再構成した『ブリッグ』もそうだが、メカスの作品に流れる刺すような怒りの思想こそ、アンダーグラウンド・シネマの核心をなすものである。

第二の極はケネス・アンガーやカール・リンダーらの仕事であろう。アンガーは『花火』、『創られた水』（一九五三）、『悦楽殿の創造』（一九五四）など、多くの異色作ではやくから知られていたが、たまたま日本でも見ることのできた彼の代表作『スコピオ・ライジング』(一九六三)は、事実圧倒的な迫力をもっていた。ファナチックなホット・ロッダーたちが、フェティシズムやナルシズムを思わせる手つきでバイクを組み立て、同性愛的なパーティを過したのち、死に向って驀進するというもので、性と死がどす黒く交錯する現代の鬱屈を、ほとんど肉体的な率直さで抉りだしている。

『白黒のクジャク』『電話美人』のリンダーも、時代の病巣を、閉ざされた暗い陰湿なイメージの執拗な増殖と滲透のうちに浮びあがらせようとする点で、根深くアンガーとつながっている。代表作『悪魔は死んだ』(一九六四)は、バラバラに解体された肉体の部分を強迫観念のようにつみ重ね、開閉をくりかえす女の太股や、口の中にむりに注ぎこまれるグリーンピースだの、ナイフで男のジーパンを切り裂く女の手などのイメージによって、全編に混織された機械の暴力的な凌辱のイメージとともに、鋭くアメリカの悪夢を紡ぎだしていた。

むろんアンガーとリンダーにも多くの相違点があることはいうまでもない。アンガーは行為の軌跡に意識をみようとする点で記録的であり、またその展開にかろうじて外界のコンテクストをとどめているが、リンダーはショット間の論理的なつながりを完全に無視しているという意味でアブストラクションである。しかし、ふたりを表現へとかりたてている根拠には、共通の精神的状況と衝動があることを否定できない。

アンガーやリンダーらと対照的なもう一方の極にいるのが、ホップ・アートの画家としても有名なアンディ・ワーホールであろう。アンガーやリンダーが、薄暗い密室にうごめくドロドロした情念を烈しくデペイゼしあうモンタージュで表現するとすれば、ワーホールはきわめて日常的な生活断片を、あっけらかんと、しかもほとんど編集を排除したまま提示する。有名な『眠り』(一九六四)は眠っている男を延々六時間も撮りっぱなしにしたものであり、『エンパイア』(一九六四)はエンパイア・ステート・ビルをすえっぱなしで八時間、『食う』(一九六四)はキノコを食うアップを四五分も撮ったものである。これがたんにスキャンダルをねらったものではなく、デュシャンやケージなどのある種の作品のように、退屈さがやがて映像と、それを見る行為と、またその関係を意識する自意識との息苦しい緊張した時間に変貌する可能性に賭けていることはいうまでもない。ワーホールは作品を自己完結したミクロコスモスとみるのではなく、いっさいの映画常識を白紙にもどして、映画を撮りかつみることの意味を、撮りかつみる行為を通して根底的に問いつめようとしていると思われる。

現代のアメリカが醸成した精神的風土に深く根ざしているという意味で、また過去のヨーロッパ的実験映画の伝統をいかにもアメリカ的に断絶しているという意味で、もっともその本質をあらわにしたアンダーグラウンド・シネマはこの三極に属する作品である。

そのほかにも、むろんすぐれた作家や作品は少なくない。倒錯したセックスを通して現代の狂気に迫ろうとする『フレーミング・クリエーチュア』のジャック・スミスや、同じくセンジュアリストとして知られるマイク・クッチャー、彼らはその反社会性と強い反逆の情念において、アンガーやリンダーのグループにより近い。また映像を詩と音楽に近づけ、プレ・ロジカルな視覚言語そのものに思想的内容を充電しようとする『二重人間』のグレゴリ・マーコポウロス、ダダ的なナンセンスと独得なオブジェの思想をもつ『パットの誕生日』のロバード・ブリアとクロス・オルデンバーグ、現代の強迫観念や意識の歪みをアイロニカルなイメージのフラッシュ・モンタージュで描く『呼吸死』のスタン・ヴァンダービークや『この西瓜やろう』のロバート・ネルソン、あるいはミスティックなイメージで自然との禅的な交感を計ろうとしているかにみえる『アメリカの詩』のスタン・ブラケイジや『パーシファルへ』のブルース・ベイリーなど、じつに多くの個性的な才能が、ニューヨーク、サンフランシスコ、シカゴ、ロスアンジェルスを中心に活躍している。

その意味でもアンチ・ハリウッドを即ニューヨーク派と考えるのはすでに古いが、ニューヨークがオール・アメリカン・アンダーグラウンド・シネマのメッカであることはいまも変わりがない。運動の大黒柱は依然としてフィルム・メーカーズ・ディストリビューション・センター（フィルム・メーカーズ・コーポラティヴを改称）で、その総帥は一貫してジョナス・メカスである。メカスはアンダーグラウンド・シネマのブルトンともいうべき存在で、すぐれた機関誌『フィルム・カルチュア』（季刊）の編集長でもあり、実作に、理論に、組織活動に、文字通り八面六臂の活躍を示し、スミスの『フレーミング・クリエーチュア』やジャン・ジュネの『愛の歌』が警察の手入れを受けたときなどは、その上映責任者として逮捕もされている。

警察の干渉を受けたことでもわかるように、アンダーグラウンド・シネマはその反社会性のゆえに、世の良識からはつまはじきにされてきた。しかしアンガーの『スコピオ・ライジング』が、いまやアメリカの青年たちの熱狂的な支持をえていることが示すように、ハリウッドに愛想をつかした観客たちが、アンダーグラウンド・シネマの可能性に急速に注目しだしていることは事実である。体制的な倫理や体質に反感をもつ青年たちが、「ピカピカしたニセモノはもうゴメンだ。荒削りでナマでいい、生きていてもらいたいのだ。バラ色じゃなくていい。血の色をした映画が欲しいんだ」というメカスのマニフェストに共鳴しても不思議ではない。

アンダーグラウンド・シネマは、こうして狭い映画界の枠を超えて次つぎとアクチュアルな問題を提起しつづけているが、最近では美術や音楽などの先端的な動向と交流しつつ、一方ではもはや映画そのものの枠すら超えようとする動きをみせている。伝統的なスクリーン投影法の否定として現われてきたエキスパンディッド・シネマもしくはインターメディアと呼ばれるものがそれである。

たとえばスタン・ヴァンダービークの《ムービー・ドローム》はその典型的な例であろう。プラネタリウムを思わせるこの半円球の壁面に、彼は数台の映写機で同時にいくつもの映像を投影し、それらの結合した映像的環境で観客を包みこもうとする。それは異質のイメージ断片をはげしくフラッシュ・モンタージュしていた従来の彼の試みを、いわば同時性の空間に展開しはじめたとみれないこともない。

同様のプロジェクティッド・アートの試みは、ワーホールの『チェルシー・ガールズ』（一九六六）にみられる対位法的投影からロバート・ウィットマンやグレッチェン・ランベルトなどの《スペース・シアター》にいたるまで、すべてはメディアの変革による新しい環境芸術（エンバイラメンタル・アート）の動向の中でとらえるべきであろう。環境芸術の概念は早くから建築家兼彫刻家のフレデリック・キースラーあたりから提起されており、映像と音によるエンバイラメンタルな実験は、ブリュッセル万国博のフィリップス館におけるコルビジェ、クセナキス、ヴァレーズの共同的な試みあたりから始まっており、つねに建築・美術・音楽などとの境界領域に、相互のジャンルがぶつかりあい、その固定的な垣根を越える新しい総合のパースペクティヴをもって進められてきた。そしてアンダーグラウンド・シネマのある部分が進みつつあるインターメディアの方向もその線上にかかわるものである。

今後のアンダーグラウンド・シネマの主流が、インター

一九六六―一九六七

メディアの方向を辿るなどということはないが、そのような新しい試行が始まったという意味で、アンダーグラウンド・シネマは今第三期に入ったとみるべきかもしれない。新しい試行はつねに追随的な流行を伴うので、その中には形式的な実験でしかないものも多く現われているが、その試行の本質は、マックルーハンのいう「メディアそのものがメッセージである」という思想に裏うちされており、現代的な環境体験とその変革の意志に深く根ざして出てきていることを否定するわけにはゆかない。

第三期の動向はもとより、アンダーグラウンド・シネマそのものが現在進行形のものであるだけに、これを明確に整理し評価を与えることはむずかしいが、ここに提起されている問題の本質が、現代の映画課題に多くの重要な示唆を与えていることは明らかである。

実験の思想的意味を自覚せよ

——第一回草月実験映画祭・報告

日本の実験映画は、このところようやく確固とした軌道に乗ってきた。第一回草月実験映画祭の審査委員をやってみて、私はあらためてその感を強くしたと言わねばならない。実のところ、私はこの第一回目の実験映画祭は、期待するほどの成果をあげられないのではないかと危惧していた。公募を呼びかけるのが遅すぎて、それから製作するにしては、ちょっと時間の余裕がなさすぎたからである。ところがいざ蓋をあけてみて私は驚いた。公募に応じた作品が五十六点、それも箸にも棒にもかからぬ作品は比較的少なく、全体としてかなり高い水準の作品が揃ったのである。ごく短期間に、質量ともにこれだけの作品がつくられたということは、実験映画に対する積極的な関心が、きわめて強い潜在力をもっていることを物語っている。

しかし私が危惧していたのは時間の余裕という点だけではない。このところ紹介されてきたアンダーグラウンド・シネマの中に、フラッシュ・モンタージュを濫用して一種の生理的ショックを狙った底の浅い作品が多くあったことから、そのテの安直な模倣がいっぱいでてくるのでないかという危惧を私は抱いていた。事実そのテの模倣はいちばんやりやすく、また一見カッコウよくみえるものなのである。しかし表現の根拠を自己の深部に問いつめようとしない作品は、どんなに技巧的に飾りたてたものでも、真の表現の変革にプラスするものではない。その点、今回の応募作品の中には、私が危惧したほどには、そのテのハッタリ・チカチカ派の作品は参加していなかった。

だがデペイゼするモンタージュが、かなりいい加減にやられる傾向は、ひどく一般的に目立っていた。それは合理的な脈絡に規制されない主観性の強い方法だけに、とかくつなげば何かそれらしきものになる式の、安直なひとりよがりに陥りがちである。むろん実験映画の表現のしかたには一切の文法などないが、表現のつきつめ方に厳しさを欠いた作品は、結局トータルなイメージがどうしても薄く曖昧なものになってくる。そのあたりはまことに正直なもので、やはり内的な表現衝動に強くつき動かされていない作品は、どんなにこねくりまわしても、しょせんそれだけのものでしかありえない。沢山の作品を並べて比較してみると、いちばん判然としてくるのはその点である。

むろん実験映画である以上、常にその評価の基準に置か

一九六六—一九六七

れなければならないのは実験性である。しかし問われなければならないのは常にその質であり、基本的にはモチーフと表現方法の両面でどれだけ既成のものを超えているか、どれだけ未踏の領域に切り込んでいるか、しかもそれが現代を生きているということの中にどれだけ深く根ざして内的に発酵してきたものか、そのあたりが実験性の具体的な内容としてチェックされるべきである。

事実私はそのような観点で審査したのだがやはりその意味でずばぬけて良かったのは、最高賞となった奥村昭夫の『猶予もしくは影を撫でる男』である。むろんこの作品にもカメラワークやつなぎにもっとこうすればいいのにというところは多いし、とりわけモノローグと音の設計に不満とするところが少なくない。しかしこの作品にはトータルにそのような欠陥を忘れさせるだけの強烈なイメージがみなぎっている。青年の閉ざされた状況、そのことに対するやり場のない憤りや絶望、しめつけられるような桎梏とそれをはるか逃れようとする想念の葛藤、そのようなモチーフが、骨太の観念とほとばしる情念の緊張した均衡をみせて、きわめて大胆な発想と表現で誠実に追求されている。

今度の実験映画祭の公募企画は、『猶予もしくは影を撫でる男』を生んだだけでも意義があったが、このところ急速に高まってきた実験映画ブームの中で、それは改めて実験映画の実験の意味を考えさせる絶好の機会である。思えば私などがアヴァンギャルドとドキュメンタリーの統一といった視点から「実験映画よ起れ」と、殆んどそのような芽生えすらなかった土壌に呼びかけはじめてからほぼ十年たつ。その頃から比べると今の実験映画ブームは隔世の感があるが、それだけに今ではもっと新たな段階の新たな課題をはっきりさせてゆくべき時期にきていると言える。

それは何かということを一言に要約することはむつかしいが、それを私流にあえて要約すると、結局趣味的なモダニズムとの対決を明確に自覚しなければならないということである。私の認識では、アングラなら何でも万才式の保守的オプチミズムではもうだめで、アンガーやメカスらがはっきり問題を投げかけているように、今こそアンダーグラウンドということの思想的意味を、反既成の実験の根につきつめてゆかなければならない。私が今度の実験映画祭の審査を通して、何より痛感したのはそのことである。」

地獄絵的状況への暗い情念

——東欧の新しい波・アメリカのアンダーグラウンドシネマの可能性

いま映画は大きく変ろうとしている。事実また明らかに新たな歴史がはじまっている。その動向は戦後映画史上、ネオ・リアリズムやポーランド派、あるいはヌーヴェル・ヴァーグなどの仕事に匹敵するといってよい。一九六五年頃まで、それは私たちにとってもっぱら予感と理念のうえのものだった。しかし一九六六年から六七年をへた今日、それはすでに不動の現実である。

そういえばちょうど一年前、私は雑誌『映画評論』に、いま最も可能性をもった映画の動きがでてきているとすれば、それは東欧の若手の作家の〝なかから〟と、アメリカのアンダーグラウンド・シネマの〝なかから〟だと書いた。その時点で私にそのような確信をいだかせた作品は、たとえば東欧ではヤン・ネメッツ（チェコ）の『夜のダイヤモンド』であり、アンダーグラウンド・シネマではケネス・アンガーの『スコーピオ・ライジング』と、カール・リンダーの『悪魔は死んだ』などである。

本質的な作品群

それから一年、その間にアンガーの『スコーピオ・ライジング』もようやく一般に公開されるようになっただけでなく、それらの動向を伝える作品が、さらにぞくぞくと私たちの眼にふれるようになった。そしてそのなかには、たとえば東欧ではスコリモフスキー（ポーランド）の『バリエラ』や、シュミット＝ユラチェック共同演出（チェコ）の『支えがほしい』、アンダーグラウンド・シネマではジョナス・メカスの『樹々の大砲』をはじめ、スタントン・ケイの『ゲオルグ』、あるいはウォーホルの『ヴィニール』など、きわめて本質的な注目すべき作品が含まれている。

では何が本質的で注目すべきなのか。むろんそれらは一人一派が特徴として指摘されるほど千差万別であり、その意味ではスタイルや方法の面から共通した問題をひきだすことはできない。にもかかわらず、そこには疑いもなく一つの共通した精神的風土をみいだすことができる。

すぐさま気づく点、そしてそのことが深く私たちをゆさぶらずにはおかぬ点は、それらがこのボロボロに蝕ばまれた今日の地獄絵的状況に、じりじりとこみあげてくる怒りや憎しみ、あるいは絶望的なまでに鬱屈した暗い情念を、渾身をこめてたたきつけていることである。少くともその点に関するかぎり、東欧とアメリカという、この一見まるでちがう社会基盤に根をおきながら、たとえば『バリエラ』と『樹々の大砲』の世界は意外なほど近い。

不条理と苛だち

『バリエラ』といえば、そのなかに主人公をも含むおおぜいの群衆が、閉ざされた円筒状の奇妙な空間を、くりかえしグルグルと走りつづける場面がある。彼らはどこを、どちらに向って、なぜ走っているのか、自分たち自身でもわかってはいない。しかもなお走るという不条理といらだち、それは『樹々の大砲』の主人公が、突如気狂いのように立木を鞭うち本を乱打する衝動と共に、私たちの今日的現実と切実に対応し合っている。

ひとことで言って、ポーランドにおけるワイダからスコリモフスキーへのバトン・タッチほど、何から何へ映画が変ってきているかを如実に示すものはない。少くとも状況に対してワイダ的ロマンティズムが、もはや成立しなくなっているという自覚が、新たらしい映画世代の出発点だからである。ワイダの主人公には、たとえ歪んだ方向にであれ、自己の理想を賭けて燃焼しようとする青春があった。

しかしスコリモフスキーの主人公は、理想のないシニカルな生活をとことん強いられている。その飼い殺しにも似た解体の現実と、青春本来の燃焼本能が、何ともやりきれないぶざまな摩擦を生む非劇的劇性こそ、好むと好まざるにかかわらず、今日の映画作家が回避できない普遍的モチーフである。

批評的変革の課題

映像表現の批評的変革ということが、きわめて現実的な課題となるのも、その一点をおいてほかにない。新らしい現実体験の自覚と表現構造の変革の問題は、作家の内的座標のうえでは同じことだからである。そのレベルでは、現実の全体像に迫ろうとする努力が、『バリエラ』のようにモザイクの積分の方向をとるか『ヴィニール』のように一点凝視の方向をとるかはあまり問題ではない。それは多様でありうるし、事実すでにあまりにも多様な展開をみせている。問題なのは、映像表現の未踏の領域に賭けることであり、それを私たちの現実体験の全体像に批評的にかかわらせることである。『ゲオルグ』などは、その点まったく私たちのどぎもをぬく。それは一見通俗なホーム・ムービー調の自伝的スタイルをとりながら、ゲオルグが人間的に生きようとすればするほど、いかに現代の文明社会からはじきだされ、いかに無残に引裂かれてゆくかを描いたものにすぎない。しかしこの作品がゲオルグ自身が自己の生涯とひきかえに撮りつづけたフィルムを、彼の死後、彼の遺言にしたがって忠実に編集したという構成をとるとき、それは異様な狂気の様相を帯びて私たちの日常意識をおびやかす。

地下から地下へ

ゲオルグが流産と栄養失調で死んだ妻を埋葬し、山頂のミサイル基地に手榴弾を放って射殺されるところなど、その悲痛な行為が、それを証言として記録しようとする行為と共に記録され、そのイメージは私たちに一種の恐怖をかきたてずにはおかない。とりわけゲオルグを射殺した兵士が画面（カメラ）いっぱいに顔を近づけ「何だこれは?!」とつぶやくとき、兵士とゲオルグの間の恐ろしいまでの溝の意味が、同時に私たちへとはねかえってくる。その戦慄的なラスト・シーンのイメージは、少くとも私には決して忘れられないものである。

『ゲオルグ』は、これまで過去にあったどんなフィルムにも似ていない。常識的にいうと決してうまくはなく、むしろひどく素人っぽいこの映画から受けたショックは、映画をつくるということの原点的な意味にまで、私を執拗にたち向わせようとする。そしてそのようなショックこそ、私がはじめに「本質的で注目すべき」ものとして指摘した内容であり、『ゲオルク』以外の他の主要な作品にも共通して強く感じられるものである。

これらの新らしい動向は、その本質的な破壊力のゆえに地下に追いやられている。しかし地下から地下へと伝わってくるこの新らしい波は、いまや周辺におそるべき増幅作用をひき起しながら、国際的な規模でふくれあがっている。いまでは状況は国際的に共通の根をもっている証拠でもあるが、こういう可能性が生まれたことは、少くとも映画史上かつてない。

むろん私は商業ベースのなかでの可能性をも否定するわけではないが、一九六七年から六八年にかけての新たな課題としては、前記のような動向に、今日の作家がますます主体的に参加してゆくことの重要性を、私としては特に強く提起しておきたい。

Ⅱ

一九六八―一九六九

書評——山崎正和著『芸術現代論』

膨大な死語がはんらんするなかで、この一冊の本は、不思議な内面の緊張を感じさせるマチエールで、こちらの心にじっくりとまといついてくる。

この本が扱っている対象はきわめて広く、建築を皮切りに、小説、劇、詩、音楽、美術、テレビ、写真、映画と、それはほとんど芸術の全領域に及んでいる。しかし著者の意図したものは、むろんうすぎたない教養をひけらかそうとすることでもなければ、一般的な比較芸術論を展開することでもない。

「ひとつひとつの文章は、環を描いて並ぶ矢印のように、目にみえぬテーマをはるかにさし示している」と著者自身「あとがき」でいうように、氏が真に意図したものは、それらを縦に貫こうとしたもののなかにある。氏は卑近な芸術現象を多角的に追いながら、芸術が現代とクロスする位相を、もっとも根源的なところでとらえようとするのだ。

著者がこの本の題名を、「現代芸術論」とはせずに、「芸術現代論」としたのもそのためであろう。事実、氏は何よりも現代芸術のなかに、現代がどう介入しており、またどう意識されているかを、執ように問い続けているといってよい。

氏は、現代は時代と時代のあいだにひきさかれており、もはやその全体像をとらえることもできなければ、部分を全体に短縮させる回路を、予定調和的に夢想できるほどロマンチックでもないという。ある意味でそのような認識の構図はいまでは常識である。しかしすり切れたことばの概念からは、はるか遠くにずり落ちてしまう現代の生きた核心に、著者のメスは鋭く近づいている。かりものではない氏自身の、独特な思案の過程こそ、この本の最大の魅力である。

しかし、氏が現代人の前にそそりたつ巨大な壁の向こうに〝運命〟とか〝永遠〟〝無限〟あるいは〝聖なる存在〟などという概念をもちだしてくるとき、私はその思索の方向にやはり抵抗を感じないわけにはゆかない。著者が現代の巨大な壁に垂直に自分をかかわらせ、そのはげしいかっとうの中に、運命的なものと向かい合った恐ろしいまでの孤独な現代人の姿をみてそれを〝劇〟と意識するとき、私はその劇的衝動の底にまさしく現代の精神的な飢餓感がうずいている姿をみて深い共感をいだくと同時に、そのあこがれを幾重にも疑ってみようとしない古典的精神の尾骶骨《びていこつ》をみてしまうのだ。私が前衛芸術のシジフォス的な試行について、しばしば氏と正反対の方向に向かってしまうのもそのためである。

しかしこの本を肯定と否定の単純なフィルターでふるい分けてしまうことは意味がない。すくなくともこの本は、芸術と現代のかかわりを本質的にとらえようとするものにとって、多くの問題を考えさせざるをえないだけの、実に豊富な手がかりを与えてくれるからである。

実感的映画状況論

私は『読書新聞』の「映画状況論67→68」で、映画はいま大きく変りつつあると書いた〔本書二三五頁を参照〕。そしてその変化の本質を、たとえばポーランド映画におけるワイダからスコリモフスキーへのバトン・タッチのなかにみた。このことの確認は、新しい映画課題を考えてゆくうえでの基本的な前提である。

しかし私がそのことの内容を「ワイダ的ロマンティズムが、もはや成立しなくなっているという自覚」と要約し、「一九六五年頃まで、それは私たちにとってもっぱら予感と理念のうえのものだった。しかし一九六六年から六七年をへた今日、それはすでに不動の現実である」と書いたとき、それは状況論としていささか正確さを欠いていたように思えてならない。六六年から六七年をへた今日の状況は、同じ六〇年代でも、その前半の状況とはちがってきているからである。

概念化の作業を助けるため問題を単純化していうならば、スターリン主義批判の視点を獲得してからの状況は、あらゆる先験性の懐疑のうえに、きわめて存在論的な色彩を深めてきたといえる。イタリアン・リアリズムの時点では状況は拷問というかたちでストレートに告発できたものが、ポーランド派の時点では体験の意味を問いつめることでしか姿を現わさなくなり、六〇年代になるとすでにのっぴきならない体験すらが影をひそめて、状況は「日常の死」としてストレートには見えないものに内面化した。ゴダールの『勝手にしやがれ』、レネの『去年マリエンバードで』、アントニオーニの『情事』、フェリーニの『甘い生活』など、一九六〇年につくられた代表作をみると、五〇年代から六〇年代への状況の変質が、きわめてシャープに先取りされていることにあらためて驚かされる。

五〇年代から六〇年代への状況の変質とは、一口でいえば「戦後の終焉」である。戦争・戦後体験に密着した状況論が、この過程で現実との対応性を急速に失っていったと書けばいいすぎであろうか。しかし日本でも安保を境いとして、何かがワンサイクル終ったという実感があることは否定できない。それに追いうちをかけるように、合理化にもとづく高度の技術文明化がいわゆる大衆社会の安定ムードをもたらし、戦争・戦後体験を直接くぐらなかった世代が現実的な層を形成するにおよんで、状況の変質はほとんど動かしがたいものとなったのである。

この時点で私たちにとって状況とは、真の燃焼の対象をもたないシニカルで苛立たしい日常性、しかもいつとはしれず解体と空洞化を深める風葬の季節となった。それは明確な輪郭をみせず、そののっぺりした現象性と解体感の間が、克明な因果律でたどれなくなったという意味で、状況の構造は多層化したといわなければならない。そしてその構造は、意識の内的時間を軸に、表層から深層への下降過程としてのみ対象化できるものであった。

しかし一九六〇年代も半ばになるにつれて、状況には微妙だがかなり決定的な質の変化が現われてきたように思われる。その変質を端的に物語るものは、一見のっぺりしてとらえどころがなくなった日常性にも、無視できない多様な現象の多元的な交錯が、なんとも異常なモザイクとしてみえてきたことである。全学連の行動とアンダーグラウンド・ジェネレーションの台頭が、同じくらいアクチュアルに迫ってくる状況、厖大な情報がはげしく交錯し合う場に投げだされていると同時に、絶えず深い孤独感にさいなまれる状況。セックスの自由化がすすむ一方、性的倒錯やインポ化が目立つ状況。そしてベトナム戦争の危機が一段と深まってきたこと、中ソの対立や文革の激化をはじめ、あらゆる分野で戦線が回収不能の四分五裂を重ねてきたことなど、世界の政治・思想状況が日増に内在的な矛盾を顕在化しつつ、ごく身近に伝わってくる事実が、そのモザイク性をいっそう複雑なものにしてきたといえる。つまり状況の構造は、表層―深層の縦軸に多層化しただけでなく、空間的な横軸にも、有機的に相犯しあう関係で多層化してきたのである。

このような気狂いじみた状況が、世界の全体像を一眸のもとに鳥瞰しようとする遠近法的なパースペクティブを、根底から無効にしてしまったことは明らかである。むろん状況の相貌がおよそ脈絡を欠いた雑多な現象の混沌として現われはじめただけでなく、もはやその構造じたいが一つの統一した秩序をもちえなくなっていることを見落すわけにはゆかない。

そのようななかで、私たちはかぎりなく相対化され、かぎりなく部分化されている。そこから私たちが実感できるものは、一方ではほとんどサイケデリック的に錯綜した環境に翻弄されているという眩暈感であり、他方ではほとんどあぶくのような日常の細部に疎外されているという閉塞感である。そしてそのアンバランスは、私たちに「いったいどうなっているのだ」「俺たちはどこにいくのか」という問いを無限にかきたてると同時に、状況と主体の全体的な見取図をつかもうとする私たちの志向を絶望的なまでに遮ろうとする。

事実私たちは、いまでは世界から垂直に身を剥がすことによって、その全貌を「私」の向う側に対象化することはもはやできない。客体とか外部世界とかいわれるものが、砕けた鏡の無数の破片にうつるバラバラな像のように、全く収拾がつかなくなるほど多元化し拡散してしまっただけでなく、主体とか内部世界とかいわれるものも、世界を向うに置いてそれと対峙するだけの確かさを失いつつあるからである。

スターリン主義批判を契機に、新しい主体の創出に己れの青春を賭けてきた（と自分では思っている）私にとって、このような状況認識に達せざるをえないことは、己れの青春を自ら埋葬せざるをえないかのように苦痛である。その意味でも私は状況の変質という事実を、高見の見物席からしゃあしゃあと涼しげに宣告するつもりは毛頭ない。ましてや戦後が全く無駄であったなどと軽がるしく口にするつもりもない。少くともここ十数年の試行は、全く無残な苦戦であったにもかかわらず、何よりも一切のかりものの物指を捨てて己れの全身でつかんだ自由と真実に忠実であろうとする精神的風土を、なにがしかつくりあげてきたことは確かである。しかしそのような眼で事態を卒直にみれば、状況は「戦後」的認識論の構図を超えて、無気味に変質しつつあることも確かなのである。非力にしていまのところその直観をうまく論理化することはできないが、私はいまとてつもないメールストルムの只中に、一塊の木片のように翻弄されているという事実を否定することはできない。

最後に信じられるものは自分だけしかいないという確信すら、ともするとぐらつきかねない絶望的な焦りと無力感は、明らかにそのような強迫観念に根ざしている。それをもしプチブル・インテリの焦躁感にすぎないと、すましてきめつけることができる人は幸わせである。あるいはかりにそうだとしても、プチブル・インテリの焦躁感には、しばしば時代が鋭く先取りされるものであり、すぐれた芸術はしばしばそのような焦躁感の自己表現だということを忘れてはならない。そういう混沌としたあがきを一度でも経験したことがない人は、そもそも根本的に芸術とは無縁なのである。

さしずめ本誌前号（『映像芸術』季刊第2号）で『気狂いピエロ』を「ヲコの映画」だなどと、とくとくとして解説してみせた柾木恭介などはその最たるものである。この客観主義者は、常にタダ物論的に思弁をこねまわすだけで、作家を表現へと駆りたてている根源的な衝動を、自己の批評の中心に切り結ぼうとするところが全くない。柾木の『気狂いピエロ』論と私のそれとは柾木の「ヲコの映画」と私の「孤独と狂気」(『表現の世界』に収録)のちがいとして明らかだが、私にいわせれば『気狂いピエロ』は何よりも現代のメールストロムに翻弄されたピエロのあがきを通して、ゴダールが一九六五年の時点において、いちはやく感じとっていた新らしい状況の危機感を表現したものである。そうでなければ、ゴダールが日常性の脱出に賭けたピエロの冒険を、空間的にも時間的にもあれほど気狂いじみたモザイクの渦につき落した意味も、ピエロが自殺したあと荒涼とした海原のパンニングに、あれほど深い精神的飢餓感を塗りこめた意味も、あの作品の核心になる部分は、すべて背景に追いやられて稀薄化するからである。

しかし私たちを底なしの海に巻きこむこの巨大なメールストルムに気づいたとしても、最近『芸術現代論』一冊をものした山崎正和のように、そこにすぐ「運命」とか「神話的受難」、あるいは「永遠」「聖なる存在」などの超越者を幻想することに私は同意できない。あるいは細部に執着することで、それをアプリオリに全体へと短絡させること にも疑問である。私は山崎が、安易なロマンチズムや諦めへの道を排して、いわば第三の道はないかと問う姿勢に共鳴するが、その性急な結論には、精神のアンバランスをいち早くとり戻そうとする安定志向型の虚弱さをみる。

おそらく山崎は、世界の終局的な整合と自己完結性を、最後のところでは疑いきれないのであろう。山崎のいう「劇的なもの」が、どこか理想化された美とカタルシスを感じさせるのもそのためである。現状の認知についてはかずかずの一致点をみながら、たとえば前衛芸術の基本的な試行のヴェクトルに、山崎は否定的な姿勢をとり、私は肯定的な姿勢をとろうとするちがいも、そのことと無関係ではない。

とりわけ山崎が、いわゆる騒音音楽やポップ・アート、あるいは環境芸術などに対して、その現実と芸術のソラリゼーションを、芸術の自立性という原則で否定するとき、私はそこに絶対性と完結性を、ほんとうにはゆさぶられていない山崎の古典的精神をみる。少くともそれら前衛芸術の動向が、現実と芸術の間の慣習的な額ぶちをこわそうとするとき、それが従来の素材主義的な現実との癒着とは全くちがうということをみていない。慣習的な額ぶちを懐疑する精神は、その意味での自立性を充分ふまえた先に、客体と主体、外部世界と内部世界、現実と芸術という古典的二元論が、今日の重層化した渦動状況のなかで、すでにぐらついているのではないかと懐疑する思想に裏うちされたものだからである。

映画でいえば、『気狂いピエロ』でも『バリエラ』でも、物語性の否定ということはもちろん、慣習的な額ぶちに相当する古典的な映画形式じたいが懐疑されている。『ヴィニール』や『ゲオルグ』ともなれば、その徹底度はすでに映画の限界にまでおしすすめられているといってよい。

しかし衣裳をぬぎ変えるかのように、すぐさまそれらのスタイルを表面だけで模倣し、そのことでたちまち一切の既成性を否定したとでも錯覚しているどしがたい新しがりやには、芸術の真の前衛的本質は、反既成の実験じたいにあるのではないということを強調しておく必要がある。その本質は、たとえそれが芸術としての市民権を認められようとなかろうと、そのようなものをつくらなければ、どうにも精神的に窒息してしまうとでもいうべき表出の根拠が、既成の安定したうつわを破ることのなかに、ぬきさしならないものとして刻印されるかぎり現われるのである。たとえば『ゲオルグ』の異常な感銘は、現代の倒錯した文明と、反逆は死に至るまで疎外されるということに対するかぎりない怒りが、あの作品を一見収拾がつかないほどバラバラなものにさせているということ、そしてそのなりふりかまわぬ反芸術的表現の根底に、ありうべき人間に対する絶望的な呼びかけが、祈りのようにこめられているということと切り離すことはできない。

ここでも最も重要なことは、今日のおそるべきメールストルム的状況を自覚した名づけようのない戦慄のリズムこそ、メカスのいう「血の色をしたシネマ」の肉体をつくるのだという事実であり、映画そのものに対する不信と不可能性をとことんつきつめざるをえなかった映画こそ、今日の映画をかろうじて可能にしているというパラドキシカルな事実である。そしてこの一、二年の間に、そのような映画に対してかつてなかったほどの強い関心が育ってきているという程度には、客観的にも主体的にも、状況はやはり確実に変ってきているのである。

《退会届》

別記の如き信念に基づいて、断腸の思いをしつつ、退会の手続きをします。

一九六八年二月十日

映像芸術の会　御中

○私は映像芸術の会を退会して、起死回生の再出発をはかりたい。

○そのことは急に思いついたわけでも、衝動的に決心したわけでもない。私としては長すぎたくらいの熟考の結論である。

○語りだせばきりがないが、要するに私はここ数年の会に対して、その実態が当初の理念からズレるばかりか、その中で、燃えているものまで消えかねない危機を感じ続けてきた。それが今日に至ってギリギリのどたんばまで追いこまれたということである。

○それではお前の考えてきた思考の具体的な過程がわからないという人は、まず「会を創立するに当たって」(『映像芸術』創刊号)〔I巻五八三頁を参照〕と「総括(及び今後の方針)のために」(『映像芸術』六五年九月号)〔I巻五〇七頁を参照〕を読みかえして欲しい。それらは運営委員会の見解として採択されたものだが、いずれも起草者は私なので、私の思考過程の第一段階を示すものとして受けとってくれてよい。

○私がその時点で悩んだことは、会の理念と実態のズレをどう縮めるかということだった。しかしその後三年、そのズレは縮まらないばかりか、むしろ回収不能となったと考えざるをえない。

○その間の私にとっての苦痛は、そのズレの克服のための努力が、くり返し空しい結果によってしっぺ返しをされるとき、その努力に自分のすべてを賭けようとする自分の気持すら、次第に薄れてゆくことをどうすることもできなかったことである。

○私は会を最低作家意識が相互に刺戟し合う緊張の場にしたいと考え、一時的・条件的にでも、心臓を救うために、腐った手・足を切るべきではないかという強硬な主張もした。少くとも会員ひとりひとりの自発性と主体的な参加意志に基づかない芸術運動など意味がないと考えたからである。

○しかしその意見は、くり返し極左的であるとして否定された。しかも会の内実が年々衰弱するなかで、私は私の存在がしばしば会内で発揆の対象ともなり、また私は私で会の「場」から刺戟を吸収してゆくことが少くなっていったことを否定できない。私は会の内外で孤立をよぎなくされていったとき、私ははじめて痛切に会が私にとってかけがえのない精神的根拠地ではなくなっていることを思い知らされたといえる。
○私の認識では、私と会の関係は年々悪循環を強め遂にはそれに耐えられないところまできてしまったと思う。そのことは必然的に私自身が負うべき側面もあるわけで、その点は全く、慙愧の念にかられるし、そのかぎりで敗北感が残ることも事実である。
○しかし私としても手をこまねいたまま、これ以上嘘の関係を続けるわけにもいかないし、沈没する船とともに心中するわけにもいかない。私の前には新しい状況と新しい芸術課題が次々と立ち現われている。私はそれにどう生いきと対処するか、そのための運動的な可能性はどこにあるかということに忠実でありたいわけで、死んでいる組織の維持に忠実であろうとは思わない。
○組織の維持が不可能になりながら、なお組織を優先させようとする考えは、私から真の自由を奪ってゆくものに映る。その点がふり切れない過程で、事実私はひどく自分が保守的になってゆくことにがまんがならなかった。しかし考えてみると、私はかつて私自身が到達した認識（「運動の変革」参照）〔I巻三四四頁を参照〕によって、私自身が刺され続けていたのである。
○私は私が無謬だなどと言うつもりはない。しかし私はいま私が信ずるところのものによって行動する以外にないのである。私はほとんどいま精神的余裕のない追いつめられきった地点で、起死回生に賭けるだけである。
○そのような信念から、私はより多くの人に、会の欺瞞的な現状から脱出するための、自己自身の内的闘争に厳しくなることを呼びかけたい。むろんそのことはひとりひとりの内部を通すべきもので、強制できるものではないが、この先お互いがどういう道を選ぼうとも、この際その点の自己検証こそが最も大切なものだと考える。
○いまのところ、私にとって私と意見を異にするものを敵対物とは思っていない。むしろいつの日か、それぞれの過程をへて、同じ道を再発見してゆくことを期待している。しかし、きわめて低次元で、この陣痛の作業を誹謗し邪魔するものとは、容赦なく闘うであろうことをも言っておく。

すでにその気配なきにしもあらずだからである。
○「士別れて三日たたば、括目して相待つ」という諺ざを念頭に浮べつつ、私は未知の新鮮な旅立ちに向って一歩をふみだすつもりである。
○付記——私は退会のあとも、『映像芸術』第三号の発行をはじめ、組織・財政の面についても、当面起りうる事態に対しては責任を共有するつもりである。ただし、なお残存するかも知れない会が、私の行為を拒否するばあいは別である。くれぐれも事態に感情的に処さないことを願ってやまない。

一九六八年二月十日

宮井陸郎のこと

　最近私はある友人から「なぜ君が宮井陸郎なんかとつき合うのかわからない」と言われました。宮井は軽薄な新しがり屋、売名的な山師にすぎないというわけです。

　しかし私は彼がサルトリアンだった頃からの足どりを知っているだけに、そう単純には思えません。なるほどチャラチャラしたキザな格好をして、浮ついたマスコミ遊びにうつつをぬかしている宮井に何があるかと思う人は多いことでしょう。ところがどうして、彼は私の友人の中でも、芸術・思想問題を突込んで論議し合える数少い一人であり、そのオツムには、結構あなどりがたい思索力と直観力が秘められているのです。

　たとえばこの一年ほど、彼はメルロ・ポンティあたりを手がかりにサルトル的二元論を克服しようとし、その線上でとりわけゴダールやウォーホルに強い関心を示してきました。そのあたりガンのつけどころは全くシャープであり、そんじょそこらのアングラかぶれとは大いにちがいます。

　もっともウォーホルをまだ一本もみないうちからウォーホルを賛美するなど、宮井にはたしかにハッタリストの一面がないでもありません。しかしそこには、少なくとも「ほかではなくウォーホルを」という明快な選択があります。そしてそれはそれまでの宮井のアプローチにちゃんとつながっているという意抹で、決していい加減な先物買いではありません。

　では宮井の問題意識はどのへんにあるのでしょうか。一口で言うと、今日ではもはや主体とか内部、あるいは本質などというものは信じられず、状況は徹頭徹尾「いま・ここ」の「現象」としてしかないという考えであります。したがって重要なのは内的イメージの表出ではなく、事物それじたいで意味を開示するまで、あるがままの「もの」を「提示」すること、更には作品を現実そのものへと解き放ち、また現実を作品化することによって、作品と世界の関係を変えてしまうことであります。宮井が現象学的なシネ・ハプニングへと向いだしたのは偶然ではありません。

　もっとも私は、『時代精神の現象学』をみるまでは、作家としての宮井をあまり信用していませんでした。でもあれをみたとき、これはタダモノではないぞと思ったことは事実です。浅井隆夫というすぐれたカメラマンに負うところ大だとはいえ、作品の発想にドキリとする思想があるのです。そういえば宮井作品の魅力は、何よりも物の考え方にあると言えるでしょう。そして物の考え方の提起こそ、いま映画が何よりも必要としているものなのです。

　さて、今回の宮井はどんな作品を見せてくれるでしょうか。ひとの評判など気にしないで、ゴーイング・マイ・ウェイでゆくことです。かっこのいいハレンチより、良識と秩序をおびやかす破廉恥《ヤブレンチ》であることを期待してやみません。

『母たち』

『母たち』は、去年ベネチア国際記録映画祭のグランプリをはじめ、国内でも芸術祭奨励賞や毎日映画コンクール企画賞などを受けましたが、考えてみると、アメリカ、フランス、ベトナム、ガーナに、さまざまな母の姿を求めてロケをしていたのは、ちょうど一年前の今ごろでした。

わが子を亡くした母

あの四人の主人公たちは、その後いったいどんな生活をしていることでしょう。私が気になってならないのは、何よりもベトナムのお母さんのことなのです。

ご承知のように、つい先ごろベトナムでは、サイゴンはじめ各地ではげしい戦闘がくりひろげられましたが、新聞の報道によると、あの母親が住んでいたメコン・デルタのミト附近も、とりわけ猛烈な激戦地になったということです。はたして生きていることやら死んでいることやら、むろん消息はわかりません。

そういえばあの当時でも、ミト附近は決して安全地帯ではありませんでした。昼間は政府軍の支配下におかれ、夜はベトコンがそれにとってかわるというところで、撃ち合いや爆げきも、そうめずらしいわけではなかったのです。

私たちも撮影中政府軍につかまって尋問を受けましたが、銃をつきつけられて囲まれたときのことを思うと、今でもぞっとしてほんとに戦争が一日もはやく終ることを願わずにはおれません。

ハーレムでの母

ニューヨークのハーレムで撮影した黒人のお母さんのことも気になります。最近日本でもライフル男、金嬉老の事件が話題となり、それとからんで人種差別の問題がクローズ・アップされましたが、アメリカでも黒人差別は、まだまだひどい状態で残っているのです。黒人が白人の学校に入学を拒否されたり、黒人と白人の結婚が禁ぜられたり、便所やベンチまで、白人専用と黒人専用の区別をされたり、こんなことがあっていいのだろうかという事実は枚挙にいとまがありません。

比較的人種差別の習慣がなくなっているといわれるニューヨークでも、黒人スラム街ハーレムをみると、これが差別の結果でなくてなんだろうと考えさせられてしまいます。

貧困、無知、不潔、無軌道、犯罪など、スクェアの人種がマユをひそめる現実は、実はスクェアの人たちがつくりだしたものではないかという気がしてなりません。

映画の主人公に選んだ黒人の母親は手がつけられないアル中でしたが、私はあのお母さんの荒れすさんだ生活の奥底に、救いを求める飢えた魂がうずいているのを感じないわけにはゆきませんでした。

世界の母の心は一つ

日本の家庭を少し豊かにしたようなマイ・ホームの幸わせにひたりながら、どことなくやってくるうつろな不安にふとおびえるフランスの母親。おなかのなかの子どもに未来のアフリカを夢みるガーナの母親。彼女たちについても語りたいことはたくさんありますが、もうその余裕がありません。しかしいろいろと思いかえしてみて、やはり痛感するのは、なぜ同じ母たちがこうもちがった生活を背負わなければならないのか、ということにもかかわらず、母たちの姿、彼女らの心は結局一つなのだということです。

そこには明らかに、現代の人間が考えさせられる人類的な課題が含まれています。映画『母たち』が国際的な場で人びとの心をうったのはまちがいなくそのような普遍的なテーマが、心のこもった詩的感情で表現されていたからにちがいありません。

日本における政治映画の可能性

——映画作家にとって政治とは何なのか

期待した以上の感動

『ベトナムから遠く離れて』をみた。みて期待以上の作品だったことに感動した。期待以上というのはほかでもない。この種の緊急発言には、しばしばアクチュアリティを優先させるため表現の厳しさを二の次にする傾向があり、すぐれたスタッフの顔ぶれにもかかわらず、『ベトナムから遠く離れて』もまた、同様の欠陥をのがれてはいまいと思いこんでいたからである。

しかし『ベトナムから遠く離れて』は、全く例外的にその通弊を超えている。あるいは少なくとも、超える可能性を多分に感じさせる作品である。その作品評はすでにほかに書いたのでくりかえさないが、私が何より感心したのは、これがストレートにベトナムの事実を告発する映画ではなく、ベトナムから遠く離れてベトナムにいかにかかわっているか、いかにかかわらねばならないか、いかにかかわることができるかを追求している点である。その意味でこの作品は、従来の素朴な反戦プロパガンダ映画とは明らかに一線を画している。

それだけではない。特筆さるべきことは、そのような映画がマルケルの呼びかけを契機に、レネ、クライン、イベンス、ヴァルダ、ルルーシュ、ゴダールをはじめ、大ぜいの映画人や、ジャーナリストら、全部で百五十名にも及ぶ人びとの参加によってつくられたということであり、フランス史上最大のストライキで話題となったラ・ロディアセータの労働者をはじめ、分厚い民衆の支持と援助を受けて、つくられ、かつ、みられていったという事実である。

映画作家と政治と

『ベトナムから遠く離れて』をみて、日本でもこういう映画が、そういうつくられかたでできないものだろうかと考えたのは私だけではあるまい。やるべきことをやられたと思って、恥かしさとくやしさに苛立った人は多いはずである。むろん時代に対するアンガージュマンは、何も政治的現実を対象にしなければならないなどということはない。その手がかりはセックスにであろうと暴力にであろうと、どこにでもある。

しかし時代の傷口が、鋭く集中的に現われるのが、しばしば政治においてだということも事実である。政治が私たちをおびやかしつづけるかぎり、作家が政治に向って何かを表現しようとすることは当然である。ベトナム戦争の危機が深まり、七〇年安保が近づくにつれ、その衝動は強まりこそすれ、弱まるなどということはありえない。また強まらないようでは困るのである。しかしそのことじたいは、決してそのまま政治主義の容認を意味しない。このことは政治主義の否定を、政治と絶縁することかのように誤解しているむきもあるので強調する必要がある。問題なのは映画が政治とかかわることではなく、あくまでも、そのかかわりかたである。かかわりかたの悪しき例はいくらでもあるが、日本でのその代表的な例は山本薩夫作品にとどめをさす。

山本作品の致命的欠陥は、一言でいえば「作家」がいないということである。

それは第一に、芸術より政治という政治優位論に毒されているということであり、第二にその政治すらが政党の政治路線やその他の規準によって、外在的に与えられているということである。

まず表現の、のっぴきならない自発性があり、自分で感じ、自分で考え、自分で苦しみながら問題を抉ってゆくという基本的な作家意識がない。

政治主義の克服

『ベトナムから遠く離れて』との決定的なちがいはそこである。たとえばレネやゴダールは今回徹底してモノローグでおし通したが、その重苦しい自問自答は、常に自己を素通りさせる安直な政治主義に対して、痛烈な批判となっていることを見落すわけにはゆかない。マルケルがこの作品のヘソにレネとゴダールを置き、全体を試行錯誤のモザイク構造に構成した意図もそのへんにある。

事実、私たちはこの作品をみながら、次の瞬間にはどのような現実、どのような考えかたが、私たちの固定概念の間隙を縫って襲ってくるかを予測することができない。私たちは右に左にゆさぶられながら、たえず私たちじしんのベトナムに対するかかわりかたを、批評的に考えさせられるよう強いられるのである。

それに対して山本作品に代表される日本の政治主義の映画は、常に先取りされた立場や主張の、絵とき的啓蒙か再確認かのいずれかでしかない。たとえばベトナム戦争に反対し、アメリカの政策を攻撃しさえすれば、それでよしとする代物がほとんどである。みる方も、公認の立場や主張にてらして、それと符号するかしないかが作品評価の規準となる。いわば直接の政治的効用に、どれだけ役立つかという配慮こそすべてだ、といっていい。

そのような政治主義を否定しながら、なお現在の政治状況に積極的に切りこもうとしている映画は日本にはないのだろうか。これこそそれだ、という全面肯定はできないにしても、たとえば、この一年の、小川紳介や大島渚がみせた仕事は、やはり、その線上で論ずることができる。

とくに小川の『圧殺の森』、大島の『絞死刑』は貴重な成果を生んでいる。しかし同じ作家でも、小川の『現認報告書』、大島の『日本春歌考』『無理心中日本の夏』などには、新たな段階での政治主義のにおいがしないでもない。これは私の率直な感想だが、それほどに政治主義の克服という問題はむずかしいのである。

直視すべき問題は

高崎経済大学の闘争をドキュメントした小川の『圧殺の森』は、不思議な魅力と迫力で私の心をゆさぶった。いまそれを分析してみると二つの要素がある。一つはあの状況に置かれた学生たちが、ともかくその絶望的な困難さをひき受けて、その戦いのシジフォス的結果を知りながらも、なおその行為が意味するものに賭けて闘っている。そのようにしか生きられなかった青春が、一九六七年という状況の刻印を深くきざまれながら、あまりにも確かな重さでそこにあるということであり、いま一つは、彼らが背負っているそのような時代の痛みを、小川が全身で共有しようとしていることである。

その二つのパッショネートな執着が、一つののっぴきならない情念の束によじり合わされて、時代の閉された扉を懸命に叩いている。『圧殺の森』が素直な感動を呼ぶのは、その立場や主張の政治的たてまえであるよりは、明らかにそういう痛みを塗りこめた心からの声のリアリティにほかならない。

しかし山崎博の死をもたらした羽田事件のドキュメント『現認報告書』の場合はどうか。

『現認報告書』は『ベトナムから遠く離れて』と同様緊急発言である。しかも羽田事件は、ベ、ト、ナ、ム、か、ら、遠、く、離、れ、て日本でベトナムにかかわろうとするとき、何をおいても直視すべきもろもろの問題をかかえていた。またその映画製作に多くの映画人や学生たちが加担したという意味でも、『現認報告書』は『ベトナムから遠く離れて』と比較してしかるべき要素を多くもっている。

しかしその比較は、『現認報告書』の欠陥を容赦なく抉りださずにはおかない。まず明らかなことは『現認報告書』はやはりアクチュアリティだけにとどまっており、事件の現象にふりまわされて、状況の総体へと切りこむ力が弱いことである。しかも事件の意味を小川が自己の内部でどう反芻させたか、そのかかわりの表現を、仮託や同化の形で、立場や主張を明確化するという問題にすりかえている。その結果この作品から受けるトータルなイメージは、権力と反権力の対決一般のそれでしかなく、権力の狂暴な本質を反権力の立場から告発しているにすぎない。

感覚と思考の発動

『現認報告書』には『圧殺の森』には確実にあった一九六七年という時代のほかには置きかえられない状況の苦しみが感じられない。権力対反権力の構図にしても、それぞれの内部が抱えている問題にしても、たとえば一九六〇年の当時と現時点では、明らかなちがいがあることへの切りこみがたりないのである。

とりわけ事件の反応にみられた左翼の複雑な分裂と対立、そのことに対して私たちが抱かざるをえない腹立たしさと苛立ちは、一九六七年という時代の、ほかには置きかえられない状況の苦しみそのものだったはずである。それが権力の狂暴化と対応していることの恐ろしさを、ほかならぬ状況への危機感としてなぜ小川は描かなかったのか。

小川が、進行中の政治的時間の中で、それらの表現を対権力との関係でさしひかえようとしたことは明らかである。しかしその配慮ははっきり言って作家的でない。たとえ何らかの事情と判断があって、何らかのシーンを撮らなかったりはずしたりせざるをえない場合があってもそのことじたいの迷いや苦しみが、表現ににじみでていないことが問題なのである。

そのことは私たちを一つの命題へと導いてゆく。素朴なプロパガンダ映画を超える契機は、事実の告発や立場、主張の表明じたいにあるのではなく、事実の意味を主体とのぬきさしならない関係で追求する緊張感のなかにある。かかわりの客体化をとおして状況の総体に批評的に迫ること。そのプロセッシブな表現こそ、観客から予断をゆるさぬ感覚と思考の発動をひきだすものにほかならない。命題とはそのことである。そして私たちが『ベトナムから遠く離れて』にみた核心もその点である。

激しい政治の季節

大島渚についてはすでにこまかく論評する余裕がないが、『絞死刑』は観客に緊張した思考を強いるという点で抜群の迫力をもっている。私たちは事件の意外な展開に、できあいの物差を奪われたまま、右へ左へとゆさぶられつつ、権力とは何か、国家とは何か、犯罪とは何か、死刑とは何か、刑の執行、あるいは執行人とは何か、朝鮮人、あるいは民族とは何か、幻想とは何か、状況を拒否するとは何か、状況をひき受けるとは何か、などと実に多くの問題を考えざるをえない。

たとえこの作品でつきだされたそれらの問いに対する大島じしんの断定に異論をもったにせよ、否応なく大島と共にそれらの問いを自問自答しなければならなくなるところに、この作品のすぐれたところがある。「Rの肉体は死刑を拒否」したという最初の発想のすばらしさ。

そして「RはRであることを受けいれない」から「RはRであることに到達」し、遂には「RはすべてのRのためにRであることをひき受ける」に至る卓抜したロジックは、この作品の成功のほとんどを支えている。『絞死刑』の脚本はその意味でも、近来特筆にあたいする傑作であることを疑えない。

私は『忍者武芸帳』はつまらぬ公式主義的なプロパガンダ映画にすぎないと思い、『日本春歌考』と『無理心中日本の夏』は、いわば裏目読みに媚びた状況論の絵ときにすぎないものとしてあまり高く買わなかった。

しかし『絞死刑』はそれらの欠陥をみごとに超えている。むろん『絞死刑』にもディテールの弱点や、演出上に疑問がないでもないが、そのトータルな論理と情念のダイナミクスには舌を巻かないわけにはゆかない。これは政治と対決しつつ、従来の政治主義を根本的に克服する契機をはらんだ貴重な作品である。政治主義の克服は、要するに「異議なし」とか「反対」とかの政治的共鳴や反発しかひきださないレベルから、政治の根底への思想的な問いかけのレベルへと向うことである。作家の結論じたいが重要なのではなく、結論に至るプロセスが重要なのであり、そのプロセスが表現構造にすえられることによって、観客の思考と感情を大きくゆさぶる装置を提出することが重要なのである。

このことは、これから予想される激しい政治の季節を前にして、最も基本的な前提として心にとどめておかなければならない。

新しい政治参加の方向

――『ベトナムから遠く離れて』を中心に

ゴダールの『中国女』がパリで公開されたとき、『カイエ・デュ・シネマ』に「二つの戦線に立って闘う」というゴダールのインタヴューが載った。それはいま『ユニフランス・フィルム』に連載されているが、最近これほど面白く、考えさせられた記事も珍らしい。そこでは政治と映画の問題、方法と思想の問題、意識と製作体制の問題など、ちょうど日本でもかんかんがくがく議論を呼んできた焦眉の問題が扱われており、このところ大いに注目されている「テル・ケル」派や構造主義の思想にもふれながら、ゴダールは随所にシャープな切りこみをみせている。

これを読むと、いま映画が直面している問題は、フランスも日本も同じなんだな、という妙な感慨を抱かせられる。映画と政治の溝についてはいうまでもない。ゴダールは『中国女』に向けられたさまざまなマトはずれの非難にふれて、「政治的に人格が形成されている人びとは、映画的には全然形成されていない。その逆もまた真である。たいてい、どっちかなのだ」と語っているが、これなど日本の事情にも、そっくり当てはまるのではなかろうか。

ともあれベトナム戦争が激化し、国際的に左翼の分裂が深まるにつれ、映画作家もまたその政治的危機に無関心ではいられなくなっている。これは顕著な胎動であるが、「このままではどうなるのだ」という焦りや怒りの衝動が、作家を政治状況にアンガジェさせるとしても不思議はない。

最近フランスで目立ってきた「参加の映画」とか「シネマ・ナパーム」と呼ばれる動向も、その現われである。その過程で政治と映画の溝が論じられているのだが、やはり地球の反対側でも、さし当っての癌は政治主義的な映画のみかたの問題であるらしい。しかしその溝を前向きに越えるべく、新らしいアンガージュマンの論理を模索しているところに、シネマ・ナパームの今日的な意義がある。ゴダールは前述したインタヴューで、フランスの山本薩夫ともいうべきルイ・ダカンを、「映画にもたらしたものはパッとしない既成の政治教育にすぎなかった」とこきおろしているが、この新らしい動向が、その出発点でダカン的政治主義の否定を自覚していることは明らかである。そのことはレネの『戦争は終った』をみてもわかるが、ほかにも私がたまたまみたセルジュ・レールの『壁』にせよ、ゴダールの『メイド・イン・USA』や『中国女』にせよ、いわ

一九六八―一九六九

ゆる政治映画という語感から受けるものとはほど遠い。それらは政治を手がかりに状況の総体へと迫ろうとはしていても、直接のアジ・プロ的効用など意図していないからである。

とりわけ『中国女』は、『気狂いピエロ』以後のゴダールの新らしい到達点であり、およそ型破りの傑作である。しかしいまのところこれが日本に配給されるという気配は全くない。そんな次第で、シネマ・ナパームの上陸はむりかと思っていたところ、今度急に『ベトナムから遠く離れて』がA・T・Gで公開されることになった。クリス・マルケルの呼びかけに応じて、アラン・レネ、ウィリアム・クライン、ヨリス・イヴェンス、アニエス・ヴァルダ、クロード・ルルーシュ、J＝L・ゴダールらが共同監督した作品である。

正直なところ、私ははじめ、『ベトナムから遠く離れて』は映画作家の緊急発言としてのアクチュアリティはあっても、作品としてはそれほどたいしたものではあるまいと思っていた。むろん顔ぶれからみて、いわゆる素朴なアジ・プロ映画とは思わなかったにせよ、映画に参加したもの全部で百五十人などという作りかたをしたものは、日本の例ではまず公式化と平均化にさらされるのが通例だからである。しかし実際に作品をみて、私はぞっこん痛烈な一撃を受けたことを否定できない。私は少々ナメすぎていたのである。もっとも私がみたのはノー・スーパー版である。しかもコメントのフランス語をはじめ、現地の同時録音で英語、スペイン語、ベトナム語などが、入れかわり立ちかわりバンバンでてくるのだからたまったものではない。事実はわからないところだらけなのだが、それでも随所でドキリとさせられ、思考を強制され、そしてトータルに重いかたまりが残ったこともたしかなのである。

波紋の貌をとらえる

この映画はまず暁のトンキン湾で、アメリカの空母キティ・ホークに、次々と爆弾が満載されてゆく場面からはじまる。サイレントに近い静かな音処理が、不思議なまでに無気味さを、感じさせる。画面の肌ざわりからして、ここはどうやらルルーシュが撮影したものらしい。らしいというのは、どこを誰が担当したのか明示されていないからである。ルルーシュは『パリのめぐり逢い』でもしきりにベトナム・シーンを盛りこんでいたが、その眼はかならずしも時事性に敏感であるという以上のものではなかった。そしてここでもそれほど深いものではない。しかしマルケルの構成力の妙か、編集と音処理の見事さに助けられて、冒頭としめくくりに使われた空母キティ・ホークへの爆弾搭載場面は、私たちに何ともいいようのない恐怖と憤りをかきたてずにはおかない。

キティ・ホークからは陸続と爆撃機がとびたってゆく。ハノイの街ではタコつぼ型の防空壕が掘られる。サイレン。そしてめちゃくちゃな無差別爆撃――。このあたりは多分イヴェンスの手になるものだろう。それともベトコン側北ベトナムについての資料を提供したといわれるミシェル・レイであろうか。しかしこのへんまでは、その表現の格調の高さを別にすれば、ベトナムに関する数多くの映画やテレビのアプローチを決定的に超えているとはいえない。事実、この北爆のドキュメントは、全体の構成上からは導入部にすぎないのであり、より本質的な意図は、このベトナム戦争が世界に投じた波紋の貌にわけ入って、その総体が意味する位相から、戦争の真の犯罪性を告発することにあるからである。

したがって映画は、一転してその波紋の中に眼を向けてゆく。むろん波紋の典型は、戦争の受けとめかたの対立である。一方ではアメリカのハンフリー副大統領がパリを訪問した際の反米街頭デモ。激昂したフランス人がアメリカの国旗を焼き捨てるのが鮮烈な印象を残す。フランス人の反米意識は強い。私は去年パリを訪れたときのことをふと思いださずにはおれなかった。セーヌにかかったポン・デ・ザールのうえに、「人殺し、アメリカ。ベトナム戦争反対」とデカデカと落書きが書かれ、それは消そうと思えばいつでも消せるのにもかかわらず、人混みの中で何日もそのままに放置されていたのである。

他方ニューヨークでは、アメリカの政策を支持する在郷軍人記念日のパレードがはなばなしくくりひろげられる。当然とはいえ、「ジョンソン支持」を叫んで街頭を埋めつくしたアメリカ人の喜々とした顔をみていると、第二次大戦中のドイツ民衆のニューズ・リールや、日本で見聞きした同様の場面がダブってきて妙な気分に襲われる。しかし全くちがうと思われるのは、その同じアメリカで、堂々と反戦デモが行われることである。「ノー・ベトナム」「ストップ・ザ・ウォー・ナウ」などのプラカードが眼にとびこんでくる。私がニューヨークを訪れたときも、ハーレムやヴィレッジあたりには、反戦、反ジョンソンなどのポスターや落書がよくみられ、当節日本でもはやりだした反戦バッジを胸につけている人もかなりいた。戦時下の社会でこんな光景がみられるのも、やはりアメリカだなと思わないわけにはゆかない。

しかし何といってもすごいのは、これらタカ派とハト派の衝突である。ウォール街の一角にタカ派が集まり、血気盛んな青年たちが反戦デモに対抗して、口ぐちに「ハノイを爆撃せよ」などとどなっているのが強烈である。ハト派が警官とこぜり合うと、すかさずタカ派の一人が「自国のポリスを支持しろ」とアジを入れる。もっともこれはずっとあとのシーンだったかもしれない。エピローグの前の高潮したラスト・シーンに、去年の四月十五日、ニューヨークで行われたアメリカ史上最大のデモがドキュメントされているのである。最近ではヒッピーたちも積極的な参加性を強めてきたというニュースは聞いていたが、ここにも例の奇抜な格好をしたヒッピーたちの姿がみえる。整然とした黒人解放運動のメンバーたち。これにはひときわ激しく、差別意識まるだしのうすぎたない悪罵が浴びせられる。そこここで議論する群衆のかたまりがみられ、老若男女を問わず、この不可解な戦争をめぐって真剣に口角泡をとばしている。気が狂ったように「ナム、ナム」と叫び続ける男。そして感動的なのは、この悪夢のような光景から、じわじわと、しかし猛烈な迫力で、アメリカが抱えている底なしの苦悩と膿疱が、すべての矛盾をさらけだしてくっきり浮びあがってくることである。

これらニューヨークのドキュメントは、その特徴ある広角レンズの使い方や、アクシデントに対するシャープな反応のしかたからして、明らかにクラインである。私は先ごろ彼の最初の長編『ポリー・マグーよ、お前は誰だ』をみてこの絶品に舌を巻いたが、非現実性の強いそのけんらんたる映像にくらべて、『ベトナムから遠く離れて』のクラインは、どちらかというと彼の写真集『ニューヨーク』の映像に近い。それとはちょっとちがった方法だが、ウェストモーランド総司令官が、アメリカの立場を自己合理化するカラー・テレビの場面もクラインであろう。ブラウン管を利用した像のデフォルメと色ざめた色彩が、その偽瞞的な会議の内容を皮肉っているかのようで見事だが、『ベトナムから遠く離れて』のなかで、クラインの映像はその肉体的な直接性の鋭さにおいて圧巻である。

レネとゴダールの自問自答

いわばそんな調子で、『ベトナムから遠く離れて』は、「パレードはパレード」「フラッシュ・バック」「アンとユエン」「めまい」など十一章のエピソードから成立っている。そのなかにはホーチミンやカストロをインタヴューした場面もあるが、こればかりはスーパーなしではわからない。多分ヴァルダだと思うが、国防総省前で焼身自殺をしたアメリカのクェーカー教徒ノーマン・モリソン未亡人を、シネマ・ベリテ風に撮影したものもある。

しかしクラインのほかに、あとあとまで考えさせるシーンをつくったのは、やはりレネとゴダールであろう。レネは「クロード・リダー」という部分で、完全にフィクションである。主人公はフランスの一知識人。彼は政治の複雑さを考えすぎて、単純明快に自分の態度を決定することができない。彼は、フランス人はアメリカ人の植民地政策を批判する資格がないといい、二十年間戦争の残酷さを伝えてきた日本人の焼死体の写真が全く役に立たなかったともいう。あるいはまたベトナムにかぎらず、スーダンやクルドでも何千人もの人間が殺し合っているといい、アメリカはベトナムにおけるドイツ軍だともいう。彼はひっきりなしにしゃべりづつけるが、しゃべればしゃべるほど、彼の内側の動揺や自己偽瞞がみえてくる。それをみすかすかのように、そばのベッドで、じっと男をみつめる女のアップが何回か挿入されるという仕掛けだが、このシーンは何とも居心地がよろしくない。つまりその男こそ自分ではないかという自問自答を迫られるからである。

ゴダールは自分自身が登場して、その自問自答を演じてみせる。「カメラの眼」というサブタイトルにふさわしく、彼はカメラをのぞき、しきりに何かを撮ろうとするのだが何も撮ることができない。彼もまたひっきりなしにしゃべりつづけるだけである。私は自分のアイデアをすてようと思う。それはきびしい現実の前で貧弱な虚構にすぎない。だいいち私には彼らが死ぬのを見とれている権利があるだろうか。それではあまりにも観客と似すぎてはいまいか。こんな自問自答をとめどなくつづけたあと、ゴダールは『中国女』のベトナム・シーンなどを挿入しながら、再び、しかし何かをしなければならない。だから私は自分の作品にしじゅうベトナムを持ちこむ。カメラの後にいるからといって、ニュートラルであるとはかぎらない、という地点に達するのである。これまたすぐれてベトナム論であり、すぐれて映画論である。

レネ（まずまちがいないと思うが）とゴダールのシーンは、いわばベトナム戦争の波紋を自己の内部にみようとしたものである。えんえんとつづくモノローグは、波紋の主体的なプロセスにほかならない。そしてそれはそのまま私たちに対して鏡となる。『ベトナムから遠く離れて』という題名の思想的な核心を背負った、作品全体のヘソである。

もっとも『ベトナムから遠く離れて』は、部分部分を切り離して、どこがよくどこが悪いなどといってもあまり意味がない。レネの部分もゴダールの部分も、その緊張感は全体の脈絡の中ででてくるのであり、その意味では全体の構成・編集にユニークな構造を与えたマルケルの功が大である。マルケルは、ほとんど一つの作品に同居しようがない異質の断片を、決してオムニバス・スタイルではなく、それらが複雑に相乗し合うモザイク構造にコラージュした。事実私たちは、右へ左へと大きくゆさぶられっぱなしであり、その先どう展開するかという点で、前もって分ってしまうという安定性を与えられることがない。私たちはあらかじめもっていた自分の立場に照らして、共鳴したり反ぱつしたりするというのではなく、新鮮にショックを受けたり、考えさせられたりするのである。その意味で『ベトナムから遠く離れて』は、明らかに従来の政治主義的な映画とはちがった、新しい参加の映画の一面をさし示している。

投影芸術の課題——アーチスト自身の思想と自覚

大阪万国博の企画が具体的になるにつれ、モントリオール万国博で一同注目されたマルチ・プロジェクション（多面投影）の問題が、再び話題の焦点となってきた。これは二つ以上の映像を組合わせて、かつてなかった魔術的環境を創造する方法であり、映像表現の可能性を一挙に拡大したという点で画期的意味をもっている。

しかし現段階で公表されている企画をみるかぎり、大阪万国博のマルチ・プロジェクションは、その大半がモントリオールの形式的な模倣の域をでていないものがほとんどである。

しかしモントリオールにみられたマルチ・プロジェクションの成果は、それに至る幾多の試行錯誤の結晶化だったことを忘れてはならない。事実この種の試みは、アメリカやカナダ、あるいは東欧の一部では、かなり以前から実験されていたものである。私が一年前に直接見てきたかぎりでも、なかんずくアメリカでは、マルチ・プロジェクションを含むさまざまなプロジェクション・アート（投影芸術）が咲乱れており、末端ではたとえばサイケデリック・ショーなどとも結びついて、もはやアートのワクすらはみでた独自な文化環境をつくりあげていた。

むろん私はそれらの可能性に目をみはったが、それはマルチ・プロジェクションの方法が、かつてなかったみかけの新しさをもっていたからではない。多元的映像が交錯するその重層化した環境が、不思議に現代の存在感覚と拮抗し合う点にひかれたのである。

私が改めて指摘するまでもなく、現代では激しく変化する数多くの現象が、一見、脈絡を欠いた複雑な流動状のモザイクをなして、一つの混とんとした全体を形成している点に特徴がある。加えて感度の早い無数の情報が、そのふくそうした体験をいっそう多層化していることも見のがせない。

このような現代の姿をまるごと動態として表現するために、私はその有力な手がかりの一つとしてマルチ・プロジェクションに目を向けるのである。

しかし遅まきながらはじまった日本でのマルチ・プロジェクションに対するアプローチは、あまりにもその形式と効果の新奇さに目を奪われがちである。むろんまだその試み自体も少ないが、アングラ族の根城、新宿でときたま試みられているマルチ・プロジェクションつきのサイケデリック・ショーも含めて、その多くは、とりあえず実験してみたという以上の本格的なものではない。

しかしこの二ヵ月たらずの間に、方法を思想的に自覚した一定水準のマルチ・プロジェクションの作品が、いくつか発表された。その一つはアメリカ文化センター主催の〈第三回クロス・トーク〉に出品された『シェルター9999』（飯村隆彦）で、これはパンチの穴だけの三本のエンドレス・フィルムとカラー・スライドを同一スクリーンに投影するもの。その二はあるアングラ映画の催しに出品された作品で、同じ二本の長まわしフィルムを、時間と位置を少しずらして投影する『時代精神の現象学』（宮井陸郎）。私もじつは草月アートセンター主催の〈EXPOSE 1968〉に『つぶれかかった右眼のために』を出品した。これは白黒とカラーが混じった三本のフィルムを左右前後にマルチ・モンタージュしたものである。

むろんこれらの作品は、モチーフも形式もかなり違っている。しかしマルチ・プロジェクションに効果としてしか関心をもとうとしない大方の実験と比べたとき、そこには明確に、それぞれの迫りかたで時代意識を表現しようとする思想がみられることを強調しておかねばならない。

マルチ・プロジェクションの方法は、その方法を生んだ時代の根拠の追求と重ねられないかぎり、えてして技術的興味が先行しやすいものである。それは高度のシステム・エンジニアリングと結びつくものだけに、ただでさえ技術誇示の見せ物主義に陥りやすい。そしてその傾向はすでに大阪万国博のマルチ・プロジェクションの企画に色濃くあらわれている。

大阪万国博について私がみるところ、その欠陥は何よりもアーチストのモチーフや思想が尊重されていないか、あるいはアーチスト自身にその点の自覚が不足しているかに原因がある。それはこれまでに発表されたプロジェクション・システムの大半が、ただスクリーンをいくつか並べた程度の非個性的なものにすぎいことからもうかがわれるが、そんなところからモントリオールの先の課題が生れるなどとは到底思えない。次の課題への第一歩は、どのような思想で、どのようなイメージを創造するかという自覚なしにはありえないからである。

幻覚とその意味——『白昼の幻想』

ついに商業ベースの映画にまで、幻覚剤によるサイケデリック世界からのメッセージが反映するようになった。怪奇映画の異才ロジャー・コーマンの『白昼の幻想』がそれである。原題は *The Trip* であるが、トリップ—旅がクスリの服用によって、幻覚世界に入ることを意味することはいうまでもない。

コーマンがはじめてトリップを試みようとする主人公として、CMのディレクターを選んだのは意図的である。私もアルバイトで、二〜三CMをやったことがあるが、これが四六時中続くとすれば、気でも狂うのではないかと思うほどストレスがある。明けても宣伝、暮れても宣伝。それもバカげたウソっぱちのために、身も心もすりへらされてしまう職業だからたまったものではない。しかも主人公のポールは、加えて妻サリーとの間に、これという理由もない倦怠から離婚話すら抱えている。いわばトリップしたくなる条件を、コーマンが、こういう現代的な圧迫感や疲労感にみようとしていることは明らかである。

この設定からは二つの興味がかきたてられる。第一の興味はポールがどんなトリップをするかというごく直接的な関心であり、ポールのトリップを通して、擬似体験でもいいから幻覚世界を覗きこみたいという好奇心である。第二の興味はもう少し複雑であり、根本的なものである。つまりトリップという特異な体験の底に、圧迫感や疲労感のもっとも奥深い根ともいうべき現代のオントロジーを、コーマンがいかに抉りだしてみせるかということにほかならない。結論的にいえば、私は第一の興味に関しては、かなりの程度その期待をみたされたということができる。ポールがLSDを飲むまでの段取りがやや長すぎるが、トリップには暗示的な雰囲気をセッティングする必要があるというから、ある程度はやむをえない。いずれにせよ相当気をもたされたのち、ポールは友人ジョンにヘルプされてLSDのカプセルを飲むのである。こうして幻覚世界の映像表現が展開されるのだが、それをうまく言葉で説明することは不可能である。陽光がふりそそぐ生命感にあふれた海岸。妻のサリーがいる。ポールがサリーを抱こうとすると、妻は別の女に変わっている。全く脈絡を無視して場面は変わり、ポールは馬に乗った二人の覆面の人間に追いかけまわされる。やがて古い館に逃げこむと、そこには自分の死体があり、異様な埋葬の儀式がくりひろげられてゆく。たとえばこんな具合に、一方では生や死、苦情や恍惚などの深層心理的なモチーフが、シュールめいた具象的イメージとして表現される。

他方では、光や色彩、形の判然としないものの不思議なうごめき、ポップ的な画像、サイケデリックなパターンなどが、これでもかこれでもかと交錯してきて、幻覚体験特有の眩暈状態をつくりだすのである。こちらの要素は具象的な素材でないだけにいっそう説明しにくいが、私の印象ではシュール的な部分が意外に古めかしかったのに対して、たたみこむようなサイケデリック・モンタージュの部分が、一瞬主観と客観の垣根を払拭して、いわばベルグソン的世界にこちらをひきずりこむだけの鮮烈さをもっていた。

この種のサイケデリック・イメージは、中途半端だと、たとえばヤルカットの『ターン・ターン・ターン』のように浅い生理的インパクトにとどまりがちであるが、ある一線を越えると、世界と自分の関係が知覚の側から大きく揺さぶられて、ふとその間の硬い壁がくずれてゆくのを感じないわけにはゆかない。これはＬＳＤなど、クスリによる幻覚体験じたいがもつ今日的意義にかかわるものと思われる。

幻覚体験は、その意味において現実逃避への道も用意しているが、明かに自己発見と自己変革の内的契機となりうることも否定できない。

少なくとも幻覚体験がニルヴァナに下降する片道切符に終わるかぎり、それは疑似的な自己解放にしかならないが、再び現実へと上昇してくる往復切符となるならば、それは新しい強力な認識の手段となることを知る必要がある。

むろん片道切符に終わるか往復切符になるかは、幻覚体験そのものの問題ではなく、それをどう自覚するかの問題である。その意味で、幻覚から醒めたポールをその分岐点に立たせ、トリップの意味を観客じしんに考えさせようとしたコーマンは正しい。トリップに何らかの処方箋を与え、ポールがＬＳＤの体験を、安直に否定したり礼讃したりしたら、この映画はつまらないものとなったろう。それをポールにかわって観客へと負わせたことはいい。しかし私にいわせると、その負わせかたが浅いのである。ポールをトリップへと誘った根拠はトリップとどうクロスしたのか。失いかけていた自己はトリップのなかでどのようなものとして再発見される可能性があったのか。圧迫感や疲労感などの鬱屈なトリップを通してどうなっていったのか。その結論ではなく、そのようなモチーフをトリップのプロセスでみすえようとするコーマンの掘りさげが弱いということにほかならない。

その意味において、私は先に第二の興味といったものをみたされたとはいえない。コーマンはせっかくそういう興味をかきたてるだけの状況設定をしておきながら、その設定じしんの意味を、幻覚のイメージと作品の構造に充分追求していないのである。幻覚と現実の交錯が弱いこと、幻覚の展開が平板な羅列に終わっていることは、その欠陥の原因とも結果ともなっている。むろん商業ベースの映画に、サイケデリック・イメージをこれだけみごとに表現してみせた作品ができてきたことじたい驚異だが、もうひとひねりすれば、これは相当の傑作になる可能性があっただけに惜しまれてならない。

現実が生む幻想と幻想が生む現実

――アラン・ジェシュア『殺人ゲーム』をめぐって

「お前は最近ほめてばかりいる」とある友人からいわれた。なるほどそういわれてみると、そうかもしれない。たしかに活字になったものをみるかぎり、私の批評は以前とくらべて、くさしたものよりほめたものの方が多くなっている。しかしだからといって、私の映画のみかたが甘くなったというわけではない。いぜんくだらぬと思う作品の方がはるかに多いが、くだらぬ作品のくだらなさについて、わざわざペンをとる情熱が湧かなくなったまでである。どうせ時間をさくなら、可能性を孕んだ作品を選んで、私じしんもそこから何かを吸収してゆきたいというのが私の心境である。最近私が書く批評の多くが、少しでも可能性の鉱脈を掘り起す作業に向けられているのはそのためにほかならない。

こんなことにふれたのも、実はまたまたほめたくなる作品が現われたからである。しかもちょっとやそっとのほめかたではなく、私としては特別扱いのレベルで大ぼめにしたい。アラン・ジェシュアという監督の、『殺人ゲーム』という作品である。

アラン・ジェシュア――。こういっても、何だか聞いたことがないと思われる読者が多いであろう。それもそのはず、日本には初めて紹介されるフランスの新人で、『殺人ゲーム』はその二作目である。新人といっても今年三十五才、すでに一九五七年に短篇『お月さまのレオン』でジャン・ヴィゴ賞、一九六三年に長編処女作『裏目の人生』で映画フェミナ賞を獲得しているという。『殺人ゲーム』も一九六七年カンヌ映画祭での最優秀脚本賞受賞作である。私もそのことをあとで山田宏一に教わったのだが、ジェシュアは、『裏目の人生』があまりに従来の映画とかけはなれていたせいか、その興行的失敗から四年ほどホサれていたらしい。

そんな次第で『殺人ゲーム』は、かなり商業主義への妥協があって、どちらかというと期待はずれだったというのが山田の見解である。しかし私はかならずしもそうは思わない。なるほど『殺人ゲーム』は、一見しゃれたコミック・アクションとして娯楽的な装いをもっている。配給会社もそれほど特別の宣伝をしていないところをみると、多分その種のプログラム・ピクチュアとして流そうとしているのであろう。私もまた軽い気持で試写に行ったのである。

しかし、ものの十分もたたぬうちに、これはただものではないぞと思うようになり、そのうちすっかりこの作品のきわめて個性的な世界にひきこまれてしまったことを否定できない。少くともこの作品の切実なモチーフ、その練りぬかれたみごとな構造、その新鮮な文体からして、私はここにみられる才能を、何年に一人くらいしかあらわれない抜群のものだと確信する。

カッコ悪いぶざまな結末

『殺人ゲーム』の筋はいたって複雑である。映画は小説家ピエールの回想とモノローグによって展開するが、真の主人公はピエールではない。むろん絵かきで、彼の秘書兼イラストレーターをつとめている妻のジャクリーヌでもなく、ある日、彼らの前にふと訪れてきた風変りな男ボブである。ボブはいうことなすこと、すべてが奇想天外で謎につつまれている。ピエール夫妻は、ボブに何重にも振りまわされながらも、次第にボブの魅力のとりことなり、遂にはボブをモデルにして新らしい連載マンガ小説を書こうと決心する。

小説の題名は、『ヌシャテルの殺人者』、主人公ミシェルはボブである。少くともその発想、その状況設定、その性格と行動原理は、ボブの実生活そのものを下敷にしているといっていい。冒頭の一小節をジャクリーヌにタイプさせるピエールの言葉をかりれば、ミシェルすなわちボブは、「世界をめぐって危険きわまる冒険に挑んだ。数年にわたる冒険ののち休息を思いたち、ヌシャテル湖畔の別荘に帰ってきた。が、休息に耐えがたく、次第に退屈はつのり、周囲への無関心はいつか憎悪となった。――彼は友人を求めた。が求める友はえられなかった。平和な生活のおかげで、頭を悩ます問題としては、芝刈り機とか自動車とか洗濯機の購入に、どのマークを選ぶかであった。――人びとはまどろんでいて思考は発展せず、友情、恋愛、情熱の何たるかを知らなかった。ミシェルは彼らの目を覚し無気力なリズムを破りたかった」のである。

このあたりまでに、私は、これは今日のフランスの現実そのものを扱っている映画だなと察知した。あるいはフランスにかぎらず、今日の革命の主人公はいったいどうなっているのだという問いかけをそこに読みとったのである。ボブがピエールに語ったことによると、彼はインドシナ戦線に参加し、スペインの宝船の残骸（人民戦線の歴史的遺産のことだ！）を探し求め、南米各地の革命にも参加し、しかし今では、「老化現象だろうか、ときどき余生を湖畔で静かに送りたいと思う。冒険心までうすらいでしまう」という心境に悩んでいることを、見すごすわけにはゆかない。ボブが発作的に、避暑地の海水浴場の真只中にモータ―ボートを突込んでひとをおびやかせたり、あるいは夜ひそかに、銀行の扉を爆破しようとしたりする奇行は、明らかに自分の弛緩ぶりも含めて、今日の富める風化状況に対する苛立ちの表現である。

しかし、そのようなボブの反社会的な行為は、すべてボブの母ジュヌビエーブのさしがねによって、未然にふさがれたり、カネでもみ消けされたりしてしまう。母は亡父のあとをついだ工場の経営者で、カネと権力、そして何よりも快楽の奉信者であるが、「すべてを汲みつくして残るものは快楽よ」などと、老いた厚化粧の下からなお媚びを売ろうとするこの化物めいた婆さんは、今日の母なるフランス国家そのものにほかならない。フランス革命からレジスタンスに至る革命的伝統を象徴するいま一つのフランス、すなわちジュヌビエーブをして、「血筋は争えないわ。でも惜しいことに、あの子のパパはもう少し立脈だった」と嘆息させたボブの父は、すでに死んでいて想い出の存在にすぎないのである。

ピエールが書きはじめる連続マンガ小説『ヌシャテルの殺人者』は、翼を奪われたこのようなボブの願望を、虚構の世界で思いきり飛翔させようとしたものである。ピエールは小説の冒頭で、まず、手はじめとして主人公ミシェルに、銀行の頭取と県会議員を殺させる。しかし、ミシェルは殺人がかならずしも解決でないことに気づかざるをえない。銀行家は別の銀行家と交替するだけであり、県会議員もまた同じだからである。彼は社会への憎悪を示す真に有効な武器がわからないまま、次にヌシャテル銀行襲撃を計画する。むろんボブが現実の世界でコミックに挫折した事件を、想像の世界で成功させようという魂胆である。

これはいわば白土三平のマンガのようなものだが、ギイ・ペラートの手になるジャクリーヌのポップ的なイラストレーションが実にいい。少くともその大たんでモダンな絵柄と色彩は、泥くさい自然主義的な白土のマンガをはるかに凌いでいて、『殺人ゲーム』全体に独得なトーンを与えている。もっとも白土のマンガにくらべて、この映画のマンガ小説には民衆が完全に欠落しているという意見もあろうが、ここで重要なことはそんなことではない。重要なのは、この劇中劇ともいうべき『ヌシャテルの殺人者』が、一方で現実のなかで閉ざされた潜在的な欲求を幻想のなかに解き放っているということであり、他方でそのような幻想行為が、徐じょに現実を先取りするに至って、遂には逆に現実に働きかけてくるという関係を、ジェシュアがこの映画の構造上の骨子にすえているということである。

したがって、最初ピエールが自分をなぞっていることに満足していたボブは、やがてマンガ小説が自分の実生活上の限界をこえてふくれあがるにつれ、自分でもよくみえずにいた自分の願望像を、鏡のなかを覗きこむようにみようとするという関係の逆転が生じてくる。そして更には幻想世界の出来事に触発されて、その出来事をなぞるように、小説の主人公ミシェルの行動を現実に生きようとしだすのである。

こうしてボブは、ミシェルが女を手びきに銀行の設計図を手に入れたように、ジャクリーヌを手びきにその先まで書かれたピエールの原稿を手に入れ、ミシェルが裏切者にきびしい復讐を加えたように、ボブの行動を母ジュヌビエーブおかかえの探偵に密告していたバー・エデンのストリッパー、リスベトに制裁を加えるのである。

マンガ小説とボブの現実行為が、反映し合う二枚の鏡のように交錯しだす表現は、この作品の最もユニークな方法である。想像世界と現実生活を相互浸透させるジェシュアの方法は、明らかにレネやゴダール、あるいはフェリーニなどの先駆的な仕事をふまえながら、それとはまたがらりとちがった可能性をきりひらいていることに大いに注目させられる。とりわけ、ジェシュアがそのような方法と構造を、芸術と現実、想像と実行、幻想行為と変革行為の関係として重ね合わせている点は、それじたいが一つのより輻輳したイメージとして、更に現実の観客である私たちに相似の関係を迫ってくるという意味において、一種のめまいにも似たショックを受けないわけにいかない。

そのような相互浸透の構造が頂点に達するのは、マンガ小説にエレンという女性が登場し、彼女が憎悪に燃えるミシェルに魅惑されるという、モチーフがあらわれてからである。むろん、それはピエールが、ボブに強い関心をもちだした妻のジャクリーヌをモデルとしたものだが、その表現が、ボブとジャクリーヌを現実的に惹き寄せ合うのである。ボブはミシェルがしたとおりに彼女を略奪して逃亡する。愚かなことに、ピエールはここにきてはじめて、自分の小説がボブとジャクリーヌに現実的な影響を与えていたことを知るのであるが、彼もまた小説の筋書きどおり二人を追跡する段となって、はたしてどこまでが想像であり、どこまでが現実であるのか、容易には区別がつかなくなるところまで一体化して展開する表現がみごとである。

一九六八―一九六九

いくつもの冒険アクションを交えたポップ調の追っかけが続いたあと、ジャクリーヌが奪回され、ボブは大ぜいの警官によってある城の塔に追いつめられる。それもまた、マンガ小説と一体化していることはいうまでもない。それゆえに、この連載マンガ小説のファンでもある野次馬たちは、自分たちの夢のヒーローに声援を惜しまない。奪回されたジャクリーヌが、恐怖と恍惚の入り混った複雑な表情をしながら、「彼は、私を熱愛してるわ。私を殺しかけたわ。すてきよ！　あんたにあんなことできて」と叫んだのと同じ意味において、群衆もまたボブの狂気に、自分たちの飢餓意識に対応した願望像をみたからである。

追いつめられたボブは、自ら死を選ぶことを決心する。

「ぼくがみていた人生はすべてが美しく、純粋だ。分るか。……この道化役のヌマン家の息子は、人生にうんざりしたんだ。……人間の死にかたを教えよう、ジャクリーヌ。ママ、許しておくれ、ぼくは飛ぶ。」

こんなことを口走って、ボブは高い城の塔から一直線に身を投げるのである。

正直なところ、私は、ボブのトラジ・コミカルな死によって、この映画が終るのだと直観した。事実、そう終っても、この作品は充分、私たちにつき刺す何かを残したはずである。

しかし全く意外なことに、この奇想天外な作品はそう終らなかったのである。ボブは下で待ち受けていた警官隊の天幕のなかにすっぽりと落ちこみ、そのまま刑務所に連行されていったのである。私は一瞬あぜんとし、次の瞬間反射的にその滑稽な光景にゲラゲラ笑いながらも、ほとんど同時に、戦慄的な衝撃を受けたことをかくすことができない。このカッコの悪いぶざまな結末こそ、まぎれもなく私たちのリアルの現実なのだという実感が、ぞくぞくと背筋を走り抜けたからである。主人公が徹底して滑稽化されることによって、このシーンは、少くとも私にとってはやりきれないほど悲痛なものとなって迫ってきた。おいそれとは真似のできないドンデンである。

このあと、ピエールの回想ではじめられたこの映画は、刑務所から保釈されたボブが、ピエールたちとヌマン家の庭で再会するファースト・シーンに戻ってプロローグをしめくくる。そして最後には、エンド・マークがでないで、「つづく」という電光文字が、さまざまな色彩でフラッシュ的にくりかえされるが、これは極めて意味深長といわねばならない。先にのべた山田宏一は、『ユニフランス』に載せた「カンヌ日誌」のなかで、「この一種のマンガ映画をシリーズものにしようとしたらしい製作者の意図（映画のエンド・マークの代りにつづくというネオンサイン式タイトルが入る）」と書いているが、私にはそんな単純な「つづく」ではないと思われる。その「つづく」は、明かにピエールの最後のセリフ「ボブ、主人公は絶対に死なないものさ！」を受けているからにほかならない。

今日の現実は、かならずしも私たちが夢みる幻想世界のようには終らないとはいえ、その主人公とその願望は決して死にはしない。

ラストの「つづく」には、疑いもなくそのような意味がこめられているのではないか。その「つづく」も含めて、この作品は徹底して構造的に批評的だと、私は思うのである。

『殺人ゲーム』はある意味で、ゴダールの作品、とりわけ『気狂いピエロ』と『軽蔑』に多くの刺戟を受けて生まれたものかもしれない。モチーフにも方法にも、その影響がうかがわれるからである。しかし、ジェシュアの才能は決して単なるゴダールのエピゴーネンにとどまるものではない。その自由奔放な想像力といい、今日の現実に対する批評力といい、あるいはポップ調の新鮮な文体といい、きわめて独自な新らしいものをもっていて、ふとゴダール以後の課題を予感させるところが多々あるからである。いずれにせよ、おそらくはゴダールが、ゴダール以後にはじめて本質的な脅威を感じたのではないかと思われる作家の出現であった。ぜひ前作『裏目の人生』やその後の作品もみたいものである。

俺たちはみんな気狂いピエロだ

——〈*ex・pose'68 なにかいってくれ いま さがす〉第2日報告

さきほど、マルチ・プロジェクトによるシネマ・モザイク『つぶれかかった右眼のために』という、私の作品をごらんいただきましたが、実はその仕上げの作業に開幕直前までかかってしまい、今やヘトヘトでコンディションは最悪であります。したがってどんな報告ができるか、いたっておぼつかない有様ですが、ともあれ冴えない頭をできるだけEXPOSEして、今日のテーマ、状況と方法における新しい衝突の問題にアプローチしてみようと思います。

ところで前回のシンポジュウムでは、横尾忠則、一柳慧両君の主張で、もはや言語を信じない、したがって喋らないという傾向が大勢を占めたようであります。しかし感覚を強調するあまり、言語を否定したり軽視したりするこれら最近の風潮は正しいといえるでしょうか。私の考えでは、言語を強調するあまり、感覚を否定したり軽視したりするいま一方の風潮と同程度に正しいとはいえません。私などは感覚至上主義者からは言語主義者といわれ、言語至上主義者から感覚主義者といわれますが、だいたい「感覚か、言語か」などという設問じたいが、私にはナンセンスと思われます。重要なことは「感覚か、言語か」という不毛な選択をすることではなく、現代と芸術というコンテクストのなかで、感覚と言語の関係を創造的に把握することであります。

しかし「感覚か、言語か」という設問じたいがナンセンスだということは、もう少し厳密に説明しておく必要があるでしょう。たとえば「感覚こそがすべてで、言語は信じない」という意見、これはよく考えると奇妙な自己矛盾であります。なぜなら言語を信じないという判断や主張じたいが、言語操作を媒介にしてはじめて可能になるものだからであり、また何らかの感覚体験に意義を自覚する能力も、つきつめると、人間の言語能力に帰着するものだからであります。それどころか少し突込んだ考察をすれば、人間の感覚能力じたいが、そもそも人間の言語活動を基礎にして形成されてきたという事実を否定できません。事実感覚を重視するあまり言語を否定するかのごときポーズをとった横尾・一柳両君にしても、私の知るかぎり実は人一倍思考力の旺盛な人で、彼等の感覚世界がまさしく世界としての思想的骨格をもっているのはそのためであります。したがってその言葉を真に受けて、浅い生理的な感覚のレベルに反射神経だけで身をゆだねようとする者こそいい面の皮であります。というより、そういう連中の大半は、実は物を考えようとしない怠惰な意識を合理化したがっているだけで、そういう白痴的な連中からはどうせろくなものは生まれないというのが私の意見であります。

ところで言語を重視するあまり、感覚を否定したり軽視したりする立場についてはどうでしょうか。私の論敵だった石堂淑朗君などもそうですが、とかくこういう主張をする人は、何よりも思想を云々するくせに、人間が自己を人間化してゆく過程において、感覚が果す役割を思想的にとらえようとしません。私はかねて「意味が定着された映像」と「意味が定着されようとする瞬間の映像」を区別し、後者の感覚的意義を強調してきましたが、彼等にはそのことがさっぱりわからないのです。言語認識に絶対的優位性をみる彼等は、しょせんデカルト以来の主知主義者にすぎないのですが、そういう静力学的な頭脳の持主は、せめてメルロ＝ポンティの『知覚の現象学』や『眼と精神』あたりを読んで、自分たちの演繹的な上空飛行的思考のダメさ加減を、まずもって言語認識してほしいものだと思います。生命力の充溢した感覚体験とかぎりない格闘をしようとしない言語など、言語じしんを硬化させ、精神を一定の型にしばりつけるアプリオリズムを支えるだけであります。もっとも石堂君などは一面ではきわめてデリケートな感覚的人間であって、しばしばそれが自分のずさんなドグマを裏切っているため救われるのですが、その教条が現実に呼応し合っている風土が、芸術表現の問題を、素材や筋、あるいは外在的なイデオロギーや立場で云々する安直な態度をびまんさせている事実を否定するわけにはゆきません。要するに「感覚か、言語か」という二者択一の設問は不毛であります。感覚と言語の問題を考えるうえで、前提的にふまえるべきものは、感覚の鋭さや豊かさは言語の生きいきした働きによって拡大し、言語の透徹力やフレキシビリティは、感覚の衝撃的な生命力によって深まるという関係の認識であります。プレロジカルな非言語的表現領域は、ロジカルな言語的表現領域の地平がひろがると共にひろがり、ロジカルな言語的表現領域は、プレロジカルな非言語的表現領域をねじふせようと格闘することによって活性化するということ、その弁証法的な関係をふまえなければ、一切の議論は空転するだけでありましょう。

しかしそれだけでは十分ではありません。重要なことは、その弁証法的な相互関係をふまえたうえで、なおその関係が一対一では直結していないという事実に眼をそそぐことであります。つまり感覚と言語では、生起する流動的な現実体験に反応するしかたのうえで、しばしばズレが生ずるということであります。

たとえばある時突然、あるいはじわじわと、言うに言われぬ不安や恐怖を体験したとします。その体験の自覚は、むろん先ほど言いましたように、私たちのそれまでの言語活動と言語による認識能力があればこそ可能になるものですが、しかしそれ自体としては感覚的なものであり、直観的なものであります。そして、「言うに言われぬ」という形容が物語っているように、それをすぐ言葉にしようとしても、うまく言葉では表現できないということが少なくありません。むりして強引に手持の語彙を拾い集めても、ひとたびそれを体験のわきに置くや、十中八九はその体験の重さの前に、言葉はたちまち色あせ、はじきかえされるくらいが関の山ということになります。体験そのものの生々したエッセンスは、常套的な言葉の網の目からスルスルとずり落ち、「どうもちがう、ぴったりこない」といった具合に、体験の感覚的な自覚と言葉の間にズレが生じてしまうのです。そしてそのズレの自覚もまた、言葉ではうまく説明できないけれど、れっきとして「感じる」ことができる場合が多いのです。

そのようなとき、私たちは一種のドモリの状態、あるいは失語症的な沈黙の状態に落込むといえるかもしれません。はげしい表現衝動で何かが胸いっぱいにふくれあがってくるのだけれど、それが喉元まででてきながら、うまく言葉にならない、あるいは発語できないという状態であります。この立往生の状態は、意識が停止した無活動の状態ではありません。むしろ逆に、弓の弦をひきしぼったような、あるいはバネをいっぱいにおし潰したような、いままさに静が動に転じようとする内在的なエネルギーが充満したつんのめりの状態であります。

そのような言語的つんのめり、発語寸前のもやもやした心的状況こそ、前論理的な感覚を形成する根拠であります。そしてある感覚的表現が、体験の衝撃や表出衝動に「ぴったり」対応したものとして感ぜられるとき、もやもやしたつんのめりは、その感覚的表現にまるごと転換（あるいは外化）されるのです。まるごとというのは、言語表現のように分節的ではなく、一挙にという意味にほかなりません。しかし言語的つんのめりの極限に浮かびあがる感覚的表現は、言語的つんのめりが、実は言語の特殊な一様態だと言えるように、言語の働きに支えられ、それを内包する関係で成立するものであります。そのことはすでに述べたとおりですが、それゆえに、つんのめりのテンションが高いほど、それと対応して成立する感覚的表現は、構造的に深く豊かなものとなるのです。簡単にいえば、そのような感覚的表現ほど、ダイナミックな思考を誘発する力も大きいのです。

むろん言語的つんのめりは言語表現に向かわない、というわけではありません。たしかに向かうこともあるのであり、表出度の高い言語、たとえば詩的言語などと呼ばれるものは、そのたぐいであります。あるいは言語のオブジェ性とか文体などに、つんのめりが外化すると言えないこともありません。しかしその場合の言語は、言語領域のなかでも最もプレロジカルな部分に位置するものであり、むしろこれまで感覚的表現という言葉で意味してきたことの範疇で扱われてもいいようなものであります。

したがって、何らかの体験や表出衝動に対して、それが言葉では表現しにくいと感じることは、必ずしもそのことと矛盾してはいません。その場合言語とは、要するに過去の認識活動の総体としての既成の言語系を意味しているのであり、それはかつてなかった新しい体験に対して、どうしてもすぐには適応できない面がでるため、それが言語に対する確信の喪失ないし不信につながるのであります。とりわけ今日のような激しい時代の転換期には、そのような未体験の現実が次から次へと現われてくるので、既成の言語系が何ともどかしくズレてみえるのも理由がないわけではありません。それは言語的思考の側からみると、生起しつつある新しい現実がよくわからない、あるいはうまく言えないという不透明な自覚を生みます。それは混沌であり、しばしば人が時代の転換期にカオスを口にするのはそのためであります。

むろんズレは既成の感覚系との間にも生じることは言うまでもありません。そのことも含めて言いなおせば、カオスとは新しく生起しつつある世界と、既成の言語や感覚のステレオタイプとのギャップによって生じ、そのことによってステレオタイプが攪乱されるのを自覚した状態を言うのであります。しかしそれはまず何よりも直観されるものであり、新しく生起しつつある世界は、いわば全身的な予感としてアンテナにひっかかってくるものであります。ただし何度も強調するように、直観とか全身的な予感とか、あるいはマクルーハン流に言えば触覚能動だとかは、そこらの俗物がよく口にするように言語に対立して獲得されるものではなく、命名という言語作用の極限に、つまりそのことの不可能性のあがきによって獲得されることを忘れてはなりません。つまり感覚作用とは言語作用の延長であり、その意味において言語作用より先行すると言えるのです。混沌とした変貌を遂げつつある今日的な時代において、私などが感覚の力やプレロジカルな領域に注目するのは、その観点にほかなりません。

ところでその観点とは、言いかえれば、カオスの中に時代の最も本質的な動きを読みとろうとする思想であり、そのためにもカオスの渦中に大胆に身を投じようとする行動原理を含むものであります。このことは後ほど更に詳しく触れなければなりませんが、その前にカオスと言っても、私たちが問題にしようとしているのは時代の転換期一般ではなく、極めて今日的なそれだということ、そしてそれは何かということに少し立入って考えてみる必要があるでしょう。ごく大ざっぱに言いますと、一九六〇年代の前半期には、私などは「眼に見えぬ内面的な解体」という軸で時代の危機を問題にしてきました。「豊満な日常」の中の「生きながらの死」こそ、私たちにとっての状況のマチエールだったのです。しかし一九六〇年代の後半期になると、どうもそれだけではない新たな地殻変動が無気味に起こりつつあるように思えてなりません。

それは何かということを考えるとき、私が真先に思い浮かべるのはゴダールの『気狂いピエロ』であります。『気狂いピエロ』は御承知のように、主人公フェルディナンが、きれいな奥さんと子どものいる安定した小市民的な家庭をとびだしてゆくところから始まります。「豊満な日常」の中の「生きながらの死」から訣別して、人間的に燃焼することが可能のような人生の冒険へと旅立つわけですが、フェルディナンが愛人マリアンヌのアパートで一夜を過ごして眼を覚ましてみると、そこには非常に奇妙な光景がくりひろげられているのです。たとえばそこには、冷蔵庫とともに箱詰の銃器があり、壁にはピカソやシャガールの絵とともにヴェトナム戦争やエンクルマの写真が貼りつけられています。また一方の部屋には恋と唄があり、他方の部屋には血だらけの死体が横たわっているといった具合です。何とも唐突で異様な描写ですが、この非現実的ともみえる異質なものの共存風景は、いささか図式的・説明的なきらいがあるとはいえ、明らかに私たちの日常意識を剝ぎとった眼に映る今日の現実世界のイメージにほかなりません。

新たな地殻変動とは、このような日常性の皮膜を一皮むいたところに、無視できない多様な現象の多元的な交錯が、なんとも異常なモザイクとしてみえてきたことであります。『気狂いピエロ』はこの映画全体で、ヴェラスケスと『ピエ・ニクレ』が、海や満月と血や活劇が、愛や優しさと憎悪や残酷がそれぞれが緊張したバランスで並存し、交錯し合う構造を描いていますが、これが一九六五年の作品だということに私は注目しないわけにはゆきません。これを五年前の一九六〇年に作られた問題作、ゴダールで言えば『勝手にしやがれ』、そのほかではレネの『去年マリエンバードで』、アントニオーニの『情事』、フェリーニの『甘い生活』などとくらべると、モチーフは明かに、「日常の死」のドラマから、一見脈絡を欠いた多元的な世界が、相互に入り乱れて犯し合うエロスと暴力のドラマに変化しつつあることがわかります。

事情は私たちの生活環境をみても同じことであります。全学連の行動とアンダーグラウンド・ジェネレーションの台頭が、どこかで通底し合ったものとしてアクチュアルに迫ってくる状況があります。また厖大な情報がはげしく交錯し合う場に投げだされていると同時に、絶えず深い孤独感にさいなまれる状況、セックスの自由化が進む一方、性的倒錯やインポ化が目立つ状況がありまず。そして、ベトナム戦争の危機がはげしい変転をみせつつ深まり、中ソの対立や文革の激化をはじめ、あらゆる分野で戦線が回収不能の四分五裂を重ねてきたことなど、世界の政治・思想状況が日増に内在的な矛盾を顕在化しつつ、ごく身近に伝わってくる事実が、そのモザイク性をいっそう複雑なものにしてきたといえます。つまり状況の構造は、表層から深層への縦軸に多層化しただけでなく、空間的な横軸にも、有機的に相犯し合う関係で多層化してきたのであります。

いや物事の変化の激しさという点を考えれば、複雑さを増した要因に時間の軸があることを忘れるわけにはゆきません。昨日白にみえたものが明日には黒になり、小さかったものは大きく、固体は気体に、最も親しかった友すら一夜にして敵になるかもしれない今日この頃です。確固不動のものなんて何一つなく、私などそういう自分自身すら信じられません。いずれにせよ物事は変化の相として、つまり過程的にとらえる以外に決してとらえられないものであります。それにその過程の構造たるやきわめて複雑であり、しかもある物事の過程は他の過程と干渉し合って、その相互影響が描く軌跡は一切の予測を超えると言ってもいいでしょう。そんな具合に現代の構造は、もつれ合った糸のように、時間的にも空間的にも気が遠くなるほど入り組んでいるのです。

その入り組んだ回路の中には、感度が高くかつ伝達速度の速い多チャンネルの情報があることも、きわめて今日的な特質であります。今日では私たちの直接的な体験ですらがものすごく輻輳しているのに、それら高度に発達した情報網のおかげで、とりわけ同時再現能力をもち、それ自体脈絡を欠いた諸現象のモザイクにほかならないテレビのおかげで、私たちは直接体験の何倍もの間接体験を、あたかも窓から目撃しているかのように体験しているわけです。その結果あまりつき合いのない隣の家より、ベトナムやアフリカの方が目と鼻の先のように感じられたりもするわけで、それが私たちの直接体験の世界に深くくい込んで影響することはいうまでもありません。それらが交錯する関係も含めて、今日ではますます輻輳した諸過程が、うろこ状に絡み合った重層構造をしており、物事の諸因果はあたかも「風が吹けば桶屋が儲かる」式の、何重にも複合し間接化した関係になっていると言えるでしょう。物事の関係やその背後がますます見えにくくなり、したがってまた物事がますます現象化して見えてくるのもそのことと無関係ではありません。

このような気狂いじみた状況が、世界の全体像を一望のもとに鳥瞰しようとする遠近法的なパースペクティヴを、根底から無効にしてしまったことは明らかであります。私たちはいかなる意味においても、状況の全貌を、自己の向こう側に置いて一挙に透視することなどできなくなっているのです。言いかえれば、私たちはすでにそれほどの確固たる主体ではなくなっているわけで、事実私たちが私たち自身に対して実感できるものは、一方ではほとんどポオの大渦を思わせるようなサイケデリックな環境に翻弄されているという眩暈感であり、他方ではほとんどあぶくのような日常の細部に小さく小さく疎外されているという閉塞感であり、無力感であります。

要するに私たちはかぎりなく相対化され、部分化されているのであります。客体とか外部世界とかいわれるものが、砕けた鏡の無数の破片にうつるバラバラな像のように、全く手がつけられないほど多元化し、また拡散してしまって、その構造じたいが一つの統一した秩序をもちえなくなっているように、主体とか内部世界とかいわれるものも、世界を向こうに置いて、それと対峙するだけの確かさを失いつつあると言えるかもしれません。というより、むしろ今日の重層化した渦動状況の中では、客体と主体、あるいは外部と内部といった古典的な二元論すらが、すでにぐらついているのではないでしょうか。私にはそのあたりが今日の芸術課題を考えるうえで、新しい前提としてふまえられなければならない問題であるように思われるのです。一九六〇年代後半期に現われている時代転換の構造、したがってまた私たちがいま体験しつつあるカオスの背後には、そのような状況の変質があると私は直観しているわけです。

このような今日の条件の下で、あくまでも状況の内側から、その総体をとらえることははたして可能なことでしょうか。くり返すまでもなく、「神の眼」によるスタティックな全体図などどこにもないし、そんなものは何の意味もありません。私たちはあくまでも状況内存在であります。そして、絶えず自問すべき問いかけは、「私にとって状況とは何か」であり、また「状況にとって私とは何か」であります。しかし状況内的に問う手がかりは、あくまでも部分としての断片的な現象でしかありません。それもどんな恣意的な現象でも手がかりになるというわけではなく、私にとってかけがえのない体験的な意味をもった現象、あるいはせいぜい私にとって固有な意味をもってひっかかってきた現象だけが手がかりであります。

それは言いかえると、私の思考を誘発する現象、もっと厳密に言えば、私の言語活動をダイナミックにかきたてながら、なお先ほど述べたような言語的つんのめりに私を追いこむ現象であります。私はそのような現象にふれて、何か世界と自分のかかわりにそれがどこかで深くクロスしていると直観し、それが気になり、それが何かをみきわめようとせずにはおれなくなり、しかもその姿がはっきりつかめずに、何かを言いたい表現衝動がつのるのだけれど、どうもうまく言葉にならないという経験を味わわされることでしょう。私がこの世界に生きていることと表現を結ぶ唯一の接点は、そのような現象であり、そのような体験であります。

しかしそのような現象や体験をみきわめようとすることは、川のこちら岸から向こう岸を眺めるようなパースではできません。なぜならみきわめようとする「私」じしんが、現象にひきつけられている体験者そのものであり、現象や体験の運動過程に内的だからであります。私が視点をその過程からひき剝して客観的なポジションに置けば、動態は静態に変わり、体験そのものが生命を奪われて、フレキシブルな認識やイメージを獲得することはできません。私がはじめの方で、カオスの中に大胆に身を投じなければだめだと言ったのはその意味であります。対象もこちらも同じ地続きなのであり、その運動過程を運動の渦中でとらえなければ、私たちは遂に今日の表現課題の核心に達することは不可能であります。

しかし言うまでもなく、現象の断片がそのままで「私に

一九六八—一九六九

とっての状況」や「状況にとっての私」をトータルに開示するということは考えられません。当然のことながら、だからこそズレとカオスがあるのであり、その言語的つんのめりをつきぬけようとあがくのが表現過程であります。むろんそのアプローチには多様な可能性があると思いますが、私はその具体的な方法の問題として、当面二つの手がかりを有力なものとして考えています。

一つは、ある一点にとらえた部分の現象性を、とりわけその微細な変化の相においてとことん凝視し、ブロー・アップする方法であります。その試みはアントニオーニやワーホルにみられますが、持続を特徴としたその一点凝視の方法は、比喩的に言うと微分のアプローチに似ていると思います。

それに対していま一つは、独立した部分の集積を、その間の論理的脈絡を無視して、きわめて感覚的に交錯させコンバインする方法であります。その試みはゴダールやアンガー、あるいはヴァンダービークにみられますが、断続を特徴としたその衝突と結合の方法は、比喩的に言うと積分のアプローチに似ていると思います。

この二つの方法はきわめて対照的ですが、現象の選択からその体験の追求を導くものが、言語的つんのめりを媒介にした直観的・感覚的なものであることは言うまでもありません。シンポジュウム二日目の今日のテーマは、その点からみると、後者のケースを追求してみようとしたものであり、たとえば私の作品がマルチ・プロジェクションによるシネマ・モザイクといったような肩書きをつけているのも、その意図を方法的に明示したものにほかなりません。そして作品からもおわかりのように、今日強調しようとしている衝突の概念は、エイゼンシュタイン流の従来のモンタージュ概念を、シュールレアリスムからポップアートにかけて追求されてきたデペイズマンやコラージュ、あるいはコンバインやアッサンブラージュなどの概念を媒介にして止揚する方向を意味しているのであります。

しかし方法の追求は、方法を生みだした根拠の追求と切りはなされるかぎり、およそ新しがり屋好みのモダニズムに落込む危険性を常にともなうものであります。そして方法を生みだした根拠とは、今日の現実、その輻輳した運動構造、それと自己とののっぴきならないかかわり、そこからつきあげてくる表現衝動、したがってそこに生じるズレと言語的つんのめり、それをなおぎりぎりにつきつめようとする執着力にほかなりません。つまり今日の時代的な核心と深くクロスしうる表現とは、カオスの感覚的な追求を先行させながらも、それを言語活動とのかぎりないねじふせ合いの果てに生みだされてくるものだということでありますます。どうもうまく意図するところを表現できなかった感が強く残りますが、何よりもこの最後の点を強調することで、一応この報告をしめくくりたいと思います。

『男性・女性』以後

——ゴダールという男は全く足が早いね。こちらがブウブウ言いながら何とかゴダールをつかんだと思っても、そのときはもう奴は遙かかなたを走っている。ここと思えばまたあちらってな具合だ。クヤシイじゃないの、考えてもごらんよ。『気狂いピエロ』をついこの前みたばっかしだっていうのに、ありゃもう旧作みたいなもんさ。といっても、あれだって一九六五年の作品、しかも、どえらい傑作だ。いまもって新鮮な刺戟にみちみちているけど、奴はその後、すでに長篇を六本、短篇を三本もつくっている。その間わずか三年たらずですからね。

……へえ、もうそんなにねえ。『気狂いピエロ』の次が、今度の『男性・女性』でしょ。これが六六年の製作……。

——そう、そして同じ六六年には『メイド・イン・USA』と『彼女について私が知っている二、三の事柄』がある。しかもこの二本は同時にかけもちでつくられてるんだよ。つまり年間三本ってわけだ。それも六七年になると一本増えて四本になっている。ただしそのうち三本は短篇だけどね。具体的には『世界最古の職業』の中の「西暦二千年の恋」篇と『福音書70』の中の「放蕩息子の帰宅」篇。続いて例の問題作『中国女』。更に『ベトナムから遠く離れて』の中の「カメラの眼」というワン・セクション……。

……あ、それは僕もみました。ゴダール自身がでてきてカメラをいじくりまわすやつ。あの間におもちゃの戦車とか妙なショットが入ってきましたね。

——あれは『中国女』からの引用です。

……へえ『中国女』ももうみたんですか。

——ええ。去年偶然パリに二度ゆくチャンスがあってね、そこまでの主な作品はみたんだけれど、でもそのあとすでに二本も長篇をつくっている。どちらも今年のもので『週末』と『le gai savoir』。こいつは何て訳したらいいのかむつかしいけど、要するにルソーの『エミール』を現代的に脚色したものだそうだ。

……その調子でゆくと、今年もあと二本くらいはつくりそうですね。

——ともかく猛烈な馬力だよ。速かろう、安かろう、悪かろう、ってのは日本にもザラにいるけど、奴のは速く、安く、しかもことごとく国際的な話題作になるんだからスゴイ。むろん速撮りの多作ということ自体はどうだっていいですよ。作品の良し悪しだけが問題だし、速いか遅いか、多いか少いかは資質の問題だってことも自明の理だ。でもゴダールの場合は速撮りの多作ってことが、単なる資質でもなければ、単なる戦術でもない。奴の根本的な芸術観にかかわる方法なんじゃないかと思うんです。てっとり早く言っちまえば、つくりながら考え、生きながらつくるという、奴のプロセッシヴな思考法にとって必然のありかたなんだ。だからこそ直観やインスピレーションが研ぎすまされるということも言えるし、むろん速撮りは即興主義と切りはなせない。しかしこいつは誰でもができるってことじゃないですよ。ものすごい精神力の集中が要求されるし、それだけの才能がなくっちゃお話にもならない。

……ちょ、ちょ、そんなに興奮してツバをひっかけないで下さい。順を追ってゆきましょう、順を追って。いいですか、あなたは『気狂いピエロ』はゴダールの集大成だったし、一つの巨大な到達点だったと発言しています。では『男性・女性』は、あるいはそれ以後の作品は、『気狂いピエロ』の延長線上を更にその先になお上昇しているのか、それまでの仕事のバリエーションにすぎないのか、それとも新しい別な方向に向いつつあるのか。その点はどうでしょう。

——むろんそれまでの仕事と無関係ではないですよ。しかし単なる延長でもないし、くりかえしでもない。明かに新たな課題への挑戦がある。

……ほほう。で、それは何ですか。

——第一にモチーフのうえで、現実との呼応関係が強まっています。とりわけ政治に対する関心がぐっと高まっている。

……でもこれまでだって、ゴダールは現実から遊離してたことなんか一度もないんじゃないですか。政治が扱われたことだって『小さな兵隊』や『カラビニエ』なんかそうだし、いつだって状況の歪みをみすえている。その絶望と願望の深みを、愛と自由の問題として生き続けてきたというのが、そもそもあなたのゴダール観じゃないですか。

——それはそうだけど、現実との対応のしかたがもっとダイレクトになったというか、実際に起きているナマな時事的素材をアプ・トゥ・デイトに料理するという傾向が強まっている。それも政治・思想問題から、社会・風俗問題までさまざまだけれど、くりかえしでてくるのがまずベトナム戦争。それから革命と左翼の状況。これはとくに政治思想の分裂が問題になってます。それから売春あるいは身売りの問題、アメリカナイズされた生活とか日常性の腐蝕の問題。そのあたりは必ずしも時事的というわけじゃないけど全体として映画を現実に近づけ、現実を映画に近づけるという考えに徹しようとしている。事実ゴダール自身、「実人生に復帰すべき時である。澄みきった新たな眼をもって、現代社会の中へ突入してゆくべき時である」ってなことを宣言してるんです。

……なるほど。しかし時事性をダイレクトに反映させようとするのはどういうことなんでしょう。状況が切迫してることからくる焦りなんですか。それともお客の関心を利用しようとする戦術なのか。

――まあ主として前者だろうね。ただし反射的なものじゃなくて、ちゃんとした主張で裏付けているところがゴダールらしい。奴は「私に夢があるとすれば、それはフランスのニュース映画製作の総元締になることだ」と言ってるんです。つまり今日では現実生活のあらゆる断面に刺戟的な題材がひしめき合っている。その意味では「テレビこそ現代社会の最も輝しい表現手段の一つであり、精密なドキュメントからなる完ぺきなテレビ・ニュースほどすばらしいものはない」ってわけだ。ところがアメリカのテレビが資本の奴隷になっているように、国営のフランス・テレビは国家権力の武器にすぎない。そこで「このテレビでこそ可能でありながらテレビではできないこと、つまり現代フランス社会の真のニュース・トピックを映画で実現させなければならない」という主張になって、これが時事性を強める論拠にもなるわけです。

……ちょっとこじつけみたいな気もするけど、要するにアクチュアリティということが一段と重視されだしたということですね。

――まあそうだ。そしてそれは例のシネマ・ナパームといわれた一連の動きと同調してるわけです。そしてそれにはそれなりの政治状況が潜在していたということが、今度のゼネストなんかでかなりはっきりしたんじゃないか。

……しかし政治の動きにストレートに短絡してゆく傾向はどうなんでしょう。やはり一種の政治主義じゃないですか。

――政治とのかかわりの中に表現衝動をかきたてられるということ、あるいは素材や主題に政治がすえられるということ自体は政治主義じゃない。問題はそのかかわりかたが作家的であるかないかだよ。その意味じゃ政治的素材とは関係ない作品にだっていやらしい政治主義がすべりこむ場合も多いし、あるいは素材に直接政治なんかなくたってはるかに政治状況に深く対応してる作品だってある。その点シネマ・ナパームといわれた一連の動きには、政治と鋭く対決しながら、従来の政治主義を根本的に克服してゆく契機が含まれていることが重要なんだ。別なところにも書いたけど、要するに政治主義の克服ってことは、「異議なし」とか「反対」とかの政治的共鳴や反発の再確認しかひきだせないレベルから、政治の根底への作家的・思想的な問いかけのレベルへと向うことだと思う。だからこそ立場や結論のプロパガンダが重要なんじゃなくて、アプローチと問いかけのプロセスが重要なんであって、そのプロセスが創作過程として展開されると同時に、そのプロセスが表現構造に深くすえられることによって、観客の思考と感覚を大きくゆさぶるってことが重要なんです。

……そこでプロセスのモントレ（提示）ということが強調されるわけですね。

――そう。ゴダールはどこかでメルロ・ポンティに大いに共鳴するみたいなことを言ってたけど、いわゆる上空飛行的思考を排して、「いま、ここ」の視点から「まさに生まれ出でんとするロゴス」に「身体的に」立会おうとするポンティの現象学は、そのままゴダールの方法意識につながっている。そこからシネマ・ヴェリテを自己の方法のうちにとりこもうとする作業も目立ってくるわけだけれども、ゴダールの独自性はそれをブレヒトと統一しようとする点にあるんだな。つまり認識の契機を大胆な構想力によって異化的にひきずりだそうとするブレヒトの方法をますます中心にすえようとする一方、ブレヒト主義がしばしばおち込みがちな上空飛行的な演繹法の欠陥を、シネマ・ヴェリテ的な流動的帰納法でのりこえようとしていると言える。あるいはシネマ・ヴェリテのプロセッシヴな思考法のダイナミズムをブレヒト的にとらえかえしつつ、そのままでは全体化の思想的契機をもたないシネマ・ヴェリテの欠陥を止揚しようとしているわけだ。そのあたりの自覚的な方法の探求が、新たな課題に対する挑戦の第二の点だと思うんです。

……はあ。ちょっと小むづかしくてよくわからないけど、すると何ですか。シネマ・ヴェリテ的にモントレした断片を、ブレヒト的に構造化する……。

――そう機械的じゃないけど、そういうところはあるね。

……そういえば『男性・女性』をみると、ディテールにはインタビューのやり方がとても多くなってますね。あれ前にみたとき言葉が聞きとれなくて、画面がすえっぱなしで変化がないもんだからちょっと退屈したけど、今度スーパーの入ったのをみたら、前よりずっと面白くみれました。

ということはどういうことでしょう。『気狂いピエロ』なんかは、ノン・スーパーもスーパーも、トータルに受けたイメージはそうちがわなかったんですけど。

——そのものズバリさ。つまり言葉によるコミュニケーションのウェイトが急に大きくなっている。むろんそれまでのゴダールだって言葉はとても多かった。しかし作品のトータル・イメージは、どちらかというと映像だけでもかなり正確に伝わってきたことは事実です。ではなぜそうではなくなるほど言葉が重視されるようになってきたのか。『メイド・イン・USA』なんかもとてもむずかしい言葉の氾濫で、それがちゃんとわからなくては映画そのものも半分もわからない。『中国女』に至っては、文化革命をめぐって、暴力とヒューマニズムの問題、思想やモラル、文化行動や巡回演劇の問題、あるいはソ連や西欧共産党のブルジョワ化の問題なんかが、それこそのべつまくなしにディスカッションされる。とても映像だけでは表現できっこない。つまりそういう領域にモチーフを掘り下げようとする以上、言葉に多くを依拠しないわけにはゆかないわけです。かといって映画が再び演劇や文学に屈服したとか、後退したとかいうわけではない。そこが大切なんであって、ゴダールは言葉を新たな観点から、映画表現の独自な可能性を追求するうえでの重要なエレメントとしてとらえかえそうとしているんじゃないか。その裏には安直な感覚主義や純粋化論に対するアンチ・テーゼが意図されているかもしれない。しかし基本的には、自分のフィルムにはありったけのものをたたきこむという、奴のたくましい混血主義の思想があるように思いますね。

……しかし実際問題としては、一方で映像がやや平板になってきてるんじゃないですか。『気狂いピエロ』のあの豊かで生いきした映像にくらべると、『男性・女性』の映像はそれほどのイメージ喚起力がないような気がするし、『ベトナムから遠く離れて』のゴダールの映像はもっとカサカサしていて、悪くいえば割と図解的だったように思いますが……。

——まあね。

……まあね、なんてごまかさないで下さいよ。そのあたりをはっきりしてほしいな。

——つまりね、それは好意的にみるとかなり意識的じゃないかって気がするんだ。一回ブレヒト的方法を映画で徹底してみるために、できるかぎりエモーショナルなものを抑制してみるというか、ロゴスを前面に押しだして、しかもそれを新しい映画の可能性にどれだけ転換できるかということを模索しているような気がする。ゴダールは『中国女』のあとのインタビューで、カットとカットをつなぐ視点は論理的なものか、感性的なものか、あるいは単純に造形的なものか、という質問に対して、「あらゆる場合に論理的なものだ」と言い切っている。しかし続けてすぐ「とはいえ論理の表現のしかたは無数にある」と言っているように、その論理の意味がそう単純じゃない。つまり相当飛躍した想像力に支えられているわけです。その意味では『男性・女性』から始まった新しい課題への挑戦には、情念の自己表出という面からではなく、論理の側からイメージの運動へという試みがあるんじゃないか。それと関連してると思うけど、『気狂いピエロ』まではしばしば主軸となっていた愛のモチーフがだんだん後退していって、『中国女』では無いに等しいほど部分的なものになってます。だから結局、一面では確かに何かを失い犠牲にしたかもしれないけど、その代償にそれまでなかった未踏の地平を切り開いている。『男性・女性』ではまだそれが不完全燃焼で、早漏ぎみのところがあるけれど、『中国女』になると「もう一つの山」を征服したな、って感じがはっきりするんだな。しかしゴダールみたいな超A級の作家になると、ゆきつくところを知らないかのように無限の試行錯誤をするもんでね、すでに『中国女』の次の『週末』になると、再び『気狂いピエロ』にも増してケンランたる映像が復活してくるんだそうだ。向うでは映画史上の傑作だというんでとても評判らしいですよ。

……追っかけても追っかけても、つかんだのはいつもゴダールの背中だけって感じですね。いやあ、いささかうんざりしてきました。それこそ「勝手にしやがれ」とでも言いたくなるけど、ともかく実物をみれないのは弱いですね。

——全くだけど、実はその点耳よりな話があるんだよ。今年の一〇月に、僕らが出版しようとしている『フィルム・アート』という雑誌と草月アート・センター共催で、かなり大々的に〈東京フィルム・アート・フェスティバル〉というのをやるんだけれど、その招待作品として『中国女』の出品が決まったんです。『週末』もゴダールはOKしたんだけど、まだプロダクションとの間に問題が残っていて、これはいまのところ五分五分というところ。まあ、大いに楽しみにして待つことにして、その際また徹底的に論じ合いましょうや。

記憶にのこる八作品──〈オーケストラル・スペース'68〉をきいて

三日間をふりかえって、最も鮮烈な印象を残した作品は武満徹の「ノヴェンバー・ステップス・I」。まるで金縛りにでもかけられたように、戦慄的な感動が全身をつきぬけていったという感じです。優しさと厳しさ、繊細さと強靭さ、一口で言ってこれほど豊かな肉体と熾烈な精神が、緊張した持続的燃焼として体験された例をあまり知りません。とりわけ根源的自然の鼓動を思わせる尺八の魔力的サウンドにはまったく圧倒されました。

湯浅譲二の「琴とオーケストラのためのプロジェクション」も好きな作品です。これも一種コスモロジカルな世界に、祈りにも似た冥想を通して一体化しようとしていますが、琴が武満の尺八ほどには驚異的ではありませんでした。でも密度の高い作品だと思います。

とてもいちいち触れられませんが、レイノルズの「スレシホールド」も、音変化の識閾にデリケートで鋭い触覚をのばしていて見事だったし、古い作品とはいえ、ケージの「コンチェルト」やペンデレツキの「フルーレセンセス」も、さすがはと思わせる充実したものでした。変わったところではライヒの「ピアノ・フェーズ」。ほかが複雑・繊細な音構造をもった作品が多いだけに、この単純明快な、しかし不思議ないらだちとめまいを感じさせる作品は、一種爽快な破壊的魅力をもっていたように思います。

破壊的魅力といえば、何といっても一柳慧の「UP TO DATE APPLAUSE」と小杉武久の「キャッチ・ウェーブ」を挙げるべきでしょう。とくに一柳がこのところ急速に、孤高の現代音楽を先端の流行や風俗と混血させようとしている思想に興味をひかれます。しかしクラシックとグループ・サウンズのコラージュは、いささか安直かつ平板だったように思えてなりません。ただし今後の試行錯誤を期待することはもちろんです。武満と対極をなす可能性は、破廉恥に徹する方向にあるのでしょうから──。

あなたは若いころどんな思想家、批評家（主として日本人映画作家をのぞく）に影響されましたか。また誰を憎みましたか。

私が読書にふけるようになったのは敗戦の直後から、したがって、中学二年頃からである。手あたり次第何でも読んだが、特に私が偏愛したのは、梶井基次郎と堀辰雄、中原中也と立原道造、外国ものではトーマス・マンの『トニオ・クレーゲル』とリルケの『マルテの手記』だった。それらはその後長い間私の感性の基底部に影響し続けたが、私の精神形成史上決定的な痕跡を残した最初の本は、花田清輝の『復興期の精神』であった。同級だった現北大哲学助教授の花崎皋平に教えられて読んだのだが、それが一九四八年、高校二年十六才の夏だったことをはっきり覚えている。私は戦争中こんなことを考えていた人がいたのかと思って驚歎し、批評的にものを思索するということの恐ろしさをはじめて痛感した。私はすっかり花田にイカレ、早速、古本屋をほっつきまわって『錯乱の論理』を手に入れた。これも相当の手応えがあったが花田のこの二冊と、高校三年になって読んだ滝口修造の『近代芸術』は、その後の私の方向を大きく導いたといってよい。滝口の本は私をダダやシュールレアリズムに対して、青天の霹靂のように開眼させてくれたが、高校までの精神形成史前期に最も深い影響を受けた本というとこんなところだろう。大学に入ってからはもっぱらマルクスとサルトルだったが、外国のものを除けば、やはり最大の衝撃力で追ってきたのは花田清輝の『アヴァンギャルド芸術』である。一九五四年、大学四年二十二才のときだが、これと一九五六年にでた吉本隆明武井昭夫共著になる『文学者の戦争責任』は、私の青春を根底から支えてくれたという意味で永久に忘れることができない。

言語的つんのめりと舞台表現

やや時期遅れだが、気になる本質的な問題を含んでいそうなので、『ヒロシマについての涙について』（三十人会）の終幕のことから触れたい。全出演者が舞台に登場し、ヒロシマのこと、ベトナムのこと、七〇年問題のことなどを、侃侃諤諤入り乱れてディスカッションする「ヒロシマ――ベトナム」の部分についてである。

この幕切れの作者のねらいは、おそらく観客の意識を、それらのディスカッションにダイナミックに巻込むという点にあったにちがいない。しかしそこから状況に対する批評意識をかきたてようとした作者のねらいは、はたして功を奏したであろうか。私は否と思う。少くとも私は、舞台の俳優たちがホットになればなるほど、「ああやりきれない」といった気分が強まったことを否定できない。舞台のそらぞらしさにがまんがならなかったのである。客席が一種白けた雰囲気に包まれ、そわそわするもの、席を立つものが多かったこととを、私は自分にひきつけて無理からぬことと思っていた。

しかしその後、二、三の劇評を読んで、私は正直なところ愕然とした。私のみかたとはちがって、それらはいずれもこの芝居の批評的な方法を高く評価しているからである。たとえば蔵原惟治（『新劇』〔一九六八年〕七月）はこの幕切れについて、そのとき「観客の心に奇妙にいらいらした感情が伝染した」が、「この場合観客の状態は論理の場にではなくカオス化された感情の場にいるのだから」それは当然であり、「ここには《ベトナム討論》を見終った後のあの白けた気持とはちがった、将来何らかの爆発のエネルギーになりそうなものがある。日本の観客をその深部でアジることにかけては、秋浜のほうがどうやら上手のようである」として、「論理のカオス化」という観点から、とりわけ秋浜の演出に積極的な評価をくだしている。

また越智治雄（『テアトロ』〔一九六八年〕七月）は、「第二部の最後〈ヒロシマ――ベトナム〉に至ると、完全に原戯曲を離れた俳優たちは、〈この戯曲〉と語り始める。彼らが自分の中のヒロシマを見いだしてゆく過程が、俳優の自立する過程と重なってゆくという演出のみごとな批評性が歴然としてくる」と書き、「わたしは、この舞台が俳優論や観客論にまで、結局は演劇論にまで到達しているその試みの大きさに、そして舞台形象にたずさわった全員が、おそらくまず何よりも自己を批評し、自己を変えてゆくことを迫られたであろう、その破壊の努力の大きさに、共感を惜しまない」とベタボメする始末だ。

だがはたしてそうであろうか。私は否と思う。私は観客が「いらいら」したのは「論理のカオス化」があったからとも、「深部でアジ」られたからとも思わない。またあそこに俳優たちが「自分の中のヒロシマを見いだしてゆく過程」だの「自立する」過程だのがあったとも、あの状況の中で彼らが「何よりも自己を批評し、自己を変えてゆくことを迫られたであろう」とも思わない。そんなことは大ウソつきのコンコンチキであり、蔵原や越智の批評は、舞台から受けた自己の体験をつきつめていないか、もしくはなれあいである。こういうデタラメの賞賛は、三十人会のためにも新劇の現状のためにも有益ではない。

では私がそれに対して疑問と否定をつきつける根拠は何か。私は舞台がそらぞらしく、俳優たちがエキサイトすればするほどやりきれなかったと書いたが、それは私がヒロシマについて常にぶつかる二重の沈黙にくらべて、あの舞台の饒舌ぶりを、空疎でいやらしいものに感じたからである。

私にとってヒロシマは、同情や義憤というまやかしのアプローチはもちろん、自己の中にヒロシマを見出し、そのことを通してヒロシマの内側に立とうとする試みすら容易には寄せつけようとしない。たとえばヒロシマについて何かを言うと仮定しよう。かなり重い意味を塗りこめたつもりでも、言葉はたいがいの場合、何ものかによってはじきかえされ、しらじらしく宙吊りにされるという無残さを経験させられる。何ものかとは、ヒロシマの底辺に鬱積している重い無言の呻きであり、被爆者とそうでないものとの間に横たわる越えがたい沈黙の溝にほかならない。なまじっかの言葉は、この沈黙に釣合うだけの重さがないことを痛感するわけである。そのときいま一つの沈黙がやってくる。それはヒロシマという分厚い沈黙の状況を前にして、ほとんど茫然自失、発語不能の立往生を味わわされるときの沈黙である。ヒロシマについて常にぶつかる二重の沈黙とはそのことである。

少くとも私は、この二重の沈黙を通過していない表現を信用しない。『ヒロシマについての涙について』のディスカッションは、何よりもこの沈黙との格闘がないのだ。口先だけの大声でヒロシマを論じ、立板に水を流すようにそれをベトナムに短絡させ、あるいは更にきわめて安直に七〇年安保をアジるに至っては、それこそ「芝居ちゅうもんはそう甘いもんやおまへんぜ。もっとマジメにやれェ」とでも言いたくなるではないか。それも裸としての俳優たちが、あたかもナマの即興討論をしているかのように、ウソをホントにみせかけようとするのだからなおさらである。

だいたい私に言わせれば、反復性を要求される芝居が、セリフやアクションの部分的アドリブを超えて、劇の本質的展開を本番中の舞台で即興的に生みだしてゆくことは不可能である。とりわけディスカッションの過程が、発見と創造の予測を超えた緊張のダイナミズムとして現われるのはその一回性においてほかはない。そんなことは本ものののディスカッションとくらべれば明らかだが、「彼らが自分の中のヒロシマを見いだしてゆく過程が、俳優の自立する過程と重なってゆくという演出」（越智）をホントらしく装えば装うだけ、それはそらぞらしいウソとして露呈せざるをえないのである。

しかしもし、「彼らが自分の中のヒロシマを見いだしてゆく」作業を、その一回性において厳しく誠実にやらせたらどうなるであろうか。おそらくそこには、言葉にならない言葉、ためらいと重苦しい沈黙が続き、およそあのような舞台とは全くちがった様相をみせるにちがいない。だがそのしどろもどろの試行錯誤には少くとも口先だけの饒舌には求めようのないリアリティが、いわばその屈折の裂け目からにじみでてくるはずである。彼らもそのような瞬間を経験したとすれば、それは稽古の過程でしかなかったことだろう。しかしそれをそのまま定着したところで、定着されたものは、ピンでとめられた標本箱昆虫のようなものでしかない。そのリアリティを、舞台表現に反復可能の形象として転換させる固有の作業は、いまひとつの飛躍を必要とするのである。

ではその転換の固有の作業とは何か。まず前提的にふまえられねばならないものは、かの「沈黙との格闘」である。むろん沈黙と向き合わねばならなくなるのは、ヒロシマの体験にかぎったものではない。のっぴきならない劇的体験には、常に言うに言われぬプレロジカルなものがつきまとうものである。そこには言うに言われぬという形容が物語るように、たとえ手指の語彙を拾い集めても、どうにもうまくその体験を要約できないという実感が沈潜する。つまり体験の生々したエッセンスは、常套的な表現の枠組からずりおちて、「どうもちがう。ぴったりこない。ウソだウソだ」といった具合に、体験の自覚と安直な表現の間にズレが生じるのである。

そのズレの矯正が容易にはできないとき、私たちは一種のドモリの状態、あるいは失語症の状態におち込んでしまう。はげしい表現衝動で何かが胸いっぱいにふくれあがってくるのだけれど、それが喉元までできながら、うまく言葉にならない、あるいは発語できなという例の沈黙の状態である。しかしこの沈黙の立往生は、決して意識が停止した無活動の状態ではない。むしろ逆に、弓の弦をひきしぼったような、あるいはバネをいっぱいにおしつぶしたような、いままさに静が動に転じようとする内在的なエネルギーが充満したつんのめりの状態である。

　ともあれ私が強調したいことは、この発語寸前のもやもやした心的状況を、とことん掘り下げることなしに、今日私たちを根底からつき動かすような表現は生まれないということである。その言語的つんのめりをぎりぎりつきぬけようとあがくことこそ、真の表現過程にほかならない。

　したがって真の表現過程とは、決して説明的なものに置換えられないものである。むろんそれはアジ演説や論文にも置換えられるものではない。だが、『ヒロシマについての涙について』のディスカッションは、要するにアジ演説や論文にも置換えられるたぐいのものではなかったのか。いや天才的なアジテーション、渾身をこめた論文の方が、はるかに強く私たちをゆさぶったかもしれない。少くとも「異議なし」とか「反対」とかの、共鳴や反発の再確認しかひきだせないようなレベルを超えて、ヒロシマならヒロシマについての、未踏の体験、未踏の感覚、未踏の思考をかきたてないようでは、対象に対する言語的つんのめりを、演劇固有の表現に転換したとは言えない。その点あの舞台は、いわばそのつんのめりに耐えられず、その不安定な表現エネルギーに安直な出口を与えてしまったように思われる。

　しかしそのような欠陥は『ヒロシマについての涙について』だけのものではない。むしろ今日の新劇、とりわけ社会的・政治的モチーフをもった問題劇一般にみられるものである。それもかなりレベルの高い芝居についても言えるのだ。たとえばウェスカーの『かれら自身の黄金の都市』(六月劇場)。だいたいが黄金の都市を建設しようとする夢が、ストレートに未来の理想社会の建設に賭ける夢に短絡させられてしまっているあたり、私にはどうもあまり面白くない。それはきわめて見えすいた直喩であり、説明的でありすぎるのである。むろんこの劇の本質はその夢と挫折のプロセスが抱えていた問題性にあるのだが、それとてもパンフの冒頭にあるウィリアム・モリスの「社会主義」に関する講演の抜萃で適確に言いつくされているではないか。

話題になった「フラッシュ・フォワード」の方法にしても、初心と現実の対比というごく素朴な説明的方法にすぎない。

アダモフの『パオロ・パオリ』（文学座）もまたしかりである。もっともこちらはシュールレアリズムを通過しているだけあって、パンフで渡辺淳が指摘しているように、「戦争に向って進む時代という大きなマクロコスモスの動きが、蝶の蒐集とか羽毛細工といったミクロコスモスを通じてとらえられているアンバランス」に発想のユニークさがあることを認めないわけにはゆかない。しかしそれとても、蝶と戦争という異質なもののデペイゼから、意外性の体験を通して未知の状況を批評的に開示するというのではなく、結局は資本の論理と戦争のメカニズム、その中での人間疎外という縮図を負わされるレベルに還元されてしまう。しょせんトータルな構図は、意外に常識的な社会的図式に支えられているのである。

つまり私がそれらの社会劇にどこかで不満を感じるのは、それらがいずれも過去の認識活動の総体としての既成の言語系に、すんなり翻訳吸収されてしまうことである。それらが私にもたらすものはせいぜい共感の増幅作用でしかない。しかし私が根底的にゆさぶられるのは、私の中に用意された既成の物差などをガタガタにしてしまうほどの衝撃ではないのか。その衝撃の体験は、否応なく私をカオスの渦にたたきこむはずである。

言うまでもなく蔵原が書いた「論理のカオス化」とは、この状況を意味すべきものである。カオスとは未踏の世界に触れる体験が、既成の言語系を攪乱するのを自覚した状態であり、それは言いかえれば、先に問題にした言語的つんのめりの状況にほかならない。私たちがプレロジカルな領域を自覚するのはそのレベルにおいてである。

その自覚とは直観であり、全身的な予感である。ただし直観とか予感、あるいはマクルーハン流に言えば触覚能力だとかは、そこらの俗物がよく口にするように、言語に対立し、言語の否定のうえに獲得されるものではない。むしろそれに命名という言語活動の極限に、つまりそのことの不可能性のあがきによって獲得されるものである。つまり言語的つんのめりの極限に浮びあがる感覚作用とは、言語の働きに支えられ、言語作用をその延長に内包する関係で成立するものであり、その意味において言語作用より先行するものと言える。私が言語的つんのめりの感覚的転換を重視するのはそのためであり、それゆえにまた、つんのめりのテンションが高いほど、それと対応して成立する感覚的表現は、構造的に深く豊かなものとなることを強調しなければならない。つまりそのようなプレロジカルな表現ほど、ダイナミックな思考を誘発する力も大きいのである。

ではそのような芝居はたとえばどんなものか。実は最近私がみた舞台のなかからはどうもいい例がないので弱るが、少し遡れば、たとえば発見の会の『此処か彼方処か、はたまた何処か』などには、そのような可能性の契機が散在していたのではなかろうか。むろん既成の演劇観からすれば、あんなものは演劇でないと言う人も多いことだろう。しかし、突然舞台のホリゾントが剝ぎ落され、あの高速道路下の駐車場が、そっくり異様な一大演劇環境と化した瞬間、私のなかで既成の言語系としての物指がふっとんでしまったことも事実である。むろん私があの芝居に眼をみはったのは、そのような部分の問題だけでなく、ほとんど物語ることをやめたプレロジカルなコラージュの総体に、今日の状況に深くクロスした、不穏な信念のうねりを直観したからにほかならない。

ともあれいまの新劇に注入すべき血液は、言語的つんのめりの極限にまで自己を追いやり、そのカオスの渦をくぐりぬけることによって、未踏の世界に切りこむ自由闊達な精神である。メルロ・ポンティ風に言うなら、それはいわゆる「上空飛行的思考」を排して、「いま・ここ」の視点から「まさに生まれ出でんとするロゴス」に「身体的に」立会おうとする方法意識によって裏打ちされなければならない。重要なことは、状況を演劇的に翻訳してみせることではなく、状況を演劇的に生みだしてみせることである。

ミックスド・メディアの実験

——シンポジウム〈変身、あるいは現代芸術の華麗な冒険〉の可能性

多層化し微分化した時代の混沌のなかで現代芸術は激しい変貌をとげつつあるが、その意味と可能性を追求しようという問題意識のうえにたって、草月アートセンター主催による〈変身、あるいは現代芸術の華麗な冒険〉という催しが、〔一九六八年〕七月十七日から十九日までの三日間草月会館ホールで開かれた。

今回の催しは、去る四月に同ホールで行なわれたシンポジウム〈なにかいってくれ、いまさがす〉の姉妹篇とでもいうべきもの。前回からスタートした〈EXPOSE 1968〉シリーズの第二弾である。

ただし今回はシンポジウム形式ではなく、作品の多様な展開を一挙に展望するという目的で、全部で七つの作品が泉真也の解説つきで公開された。それらのタイトルがなかなかふるっているので紹介すると、宮井陸郎「映像と光のプロジェクションによるシネ・ハプニング《微分現象学》」、針生一郎「エレキ応用幻灯綺譚《ああ無情、夜嵐お百》」、粟津潔「八つのプロジェクション・デザイン《ホリデイ・オン・プリント》」、横尾忠則＋一柳慧「テレビ機構による映像のコラージュ《怨讐》」、及川広信「マイムX光線《人体記号透視術》」、松本俊夫「マルチプロジェクションによるシネマ・モザイク《つぶれかかった右眼のために》」に、それに一日交代で富岡多恵子、長谷川龍生、谷川俊太郎の詩が、それぞれユニークな形式で朗読されたわけである。

むろんそれらの方法やスタイルはまったくさまざまだ。たとえば一方にマルチプロジェクションやエレクトロニクスを駆使するものもあれば、他方では生身や肉声を武器とするものもあるといったぐあい。しかし全体として、これまでの映画・テレビ・スライドとはまったくちがった映像表現の追求が、「華麗な冒険」の基軸になったことは否定できない。

「まったくちがった」ということの大きなメリットは二つある。一つはマルチプルということ。複数の映像を浸透させたり反発させ合ったりしながら、その重層化した全体を「もう一つの映像」としてとらえる方法である。この方法は、必然的にエンバイラメンタルな指向性をもつが、時間・空間の両軸を相乗させ合う新しいモンタージュには、今後なにがとびだすか予測のつかない可能性を感じさせる。

いま一つはプロジェクション・アートというイデーを見

出したこと。これまでプロジェクションといえば再生しか意味していなかったのにたいして、プロジェクトすることじたいのなかに創造の契機を発見したことである。

同じフィルムでもプロジェクション・システムのつくりかたでは、まったく異なった作品になるし、同じシステムでも少し条件を変えることで、不可避的にはいりこんでくる不確定的要素と共に、表現がガラリと、あるいはデリケートに変わることに眼を向けさせられた意義は大きい。いわば現代音楽における演奏の位置が大きく変わってきたことと同位相の問題がそこにある。

しかしその先のアプローチは、当然ながら作者一人ひとりで相当のちがいがある。意味性やイメージを否定して即物的な知覚主義によるサイケデリックをめざすもの（宮井の作品）から、物語ることを新たにとらえなおそうとするもの（針生の作品）まで千差万別だが、どの方向に最も可能性があるかなどということはいちがいにいえない。

事実、今回の催しがおもしろかったのは、多様なヴェクトルがぶつかり合い、その相対化のコンテクストから現代芸術の「変身」を総体として実感できたことにあるのではなかろうか。生身や肉声だけの表現（及川、富岡、長谷川、谷川らの作品）が、映像や光や強烈なサウンドによる環境のなかであらためてその魅力を発揮したことも含めて、この種の催しはプログラミングがひどく重要だということを痛感させられる。

新しいことをするのに抵抗はつきもの。雑音は気にしない、「冒険」はいっそう果敢に続けられるべきである。〈EXPOSE 1968〉シリーズ第三弾をさらに期待したい。

作品研究——『夜のダイヤモンド』

1

私がはじめて『夜のダイヤモンド』を見たのは、ちょうど二年前のことである。新日本文学会から、「アルノシュト・ルスティクが来日するので、その講演会と抱き合わせる映画を探している。ちょうどチェコ大使館にルスティクの小説を映画化したものがあるらしいから見てほしい」、そう言われてノコノコ出かけて行ったのがきっかけである。

正直なところ、私はこれほどの掘出物に出くわすなどとは期待もしていなかった。いまから思うと恥かしいくらいの不勉強で、ヤン・ニェメッツという監督の名前すら知らなかったのである。それもそのはず、日本にはチェコの映画事情などほとんど紹介されていなかったからにほかならない。よく映画をみる私ですら、せいぜいトルンカやチルロバなどの一連の人形映画やアニメーション、『蝶はここにいない』『硝煙の中からの証言』などの収容所ものの記録映画、それにゼーマンの傑作『悪魔の発明』くらいしかみていない。劇映画ではチッヒの『ごろつき決死隊』というのがあった程度という。ところがその頃、チェコでは「遅れた雪どけ」と共に、ニェメッツをはじめ、ヒティロバ、フォルマン、シュミット、イレシュなど、「遅れた新しい波」が忽然として台頭し、かつてのポーランド派のように世界に大きな衝撃を与えつつあったのだ。要するに私たちはつんぼ桟敷に置かれていたわけである。

そんなわけで、私はむしろ内心「やれやれ面倒なことを頼まれたものだ」などとグチリながら、少しも積極的にではなく大使館に足を運んだのである。ところがどうだ。私はものの五分とたたぬうちに、すっかりこの作品にひきこまれてしまったのである。むろん私はチェコ語など一言だってわからない。しかしこの作品には幸いセリフがほとんどないばかりか、そのきわめて非凡で個性的な映像によって、作品のトータルなイメージは私の胸をしめつけるほどに突き刺ってきたのである。私は愕然とし、はげしくゆさぶられた。これはすごい！　こんな猛烈な映画がチェコにあろうとは……。しかも大使館に来ていながら誰も知らずにいたということに、私は二重のショックを受けずにはおれなかったのである。

「どうですか?」、同行した栗栖継氏に聞かれて、私は躊躇することなく、「これは大変な傑作ですよ」と興奮しながら答えたことを覚えている。

2

『夜のダイヤモンド』の原作は、栗栖氏の訳で『新日本文学』(66・4)に掲載され、その後『現代東欧文学全集』第12巻に収録されている。小説の題名は「闇に影はない」。映画の題名はそれを含むルスティクの短篇集『夜のダイヤモンド』から採ったものである。

映画の筋は至って簡単であり、大きく次のような展開をみせている。

(イ)二人のユダヤ人の少年が、収容所から収容所へと送られる貨車から、チェコの国境近くで脱走する。その追手から逃れるまで。

(ロ)二人はプラハを目指して山の中を飲まず食わずで逃げ続ける。飢えと疲労、そして寒さと孤独との闘い。

(ハ)死に瀕した彼らは、途中ドイツ領の農家でどうにも我慢がならずに一片のパンを乞う。少年は密告を怖れてその農婦を撲殺しようと思うが結局は殺せない。

(ニ)農婦の密告で二人はドイツの民間監視隊に山狩りされ、あわやというタッチの差で逮捕されてしまう。

(ホ)逮捕を祝って祝盃を重ねる監視隊たちと、裁断を待って監禁された少年たちの状況が対比される。

(ヘ)最後の裁断。少年たちの不条理な運命が象徴的に暗示される。

映画の骨格は原作のそれと大差はない。しかし何に執着するかという問題、ディテールのエピソード、想念と現実の交錯のさせ方、セリフの占める位置、そしてむろん音の取扱いにおいて多くのちがいがある。ニェメッツはもともと寡黙な原作を更に寡黙にし、その空恐ろしい沈黙の表現を通して、少年たちの状況の内部に深い錘りをおろそうとしているかにみえる。

映画は原作とくらべて多くのエピソードが省略されているが、とりわけ収容所の回想が全部はずされていることは重要である。いわゆる紋切型の収容所ものの映画が多くあるだけに、ニェメッツとしてはそれらと混同されるのを避けたかったのだろう。むろん原作がすでにそうだが、『夜のダイヤモンド』のモチーフは、ただ単に反戦・反ナチのプロテストにとどまるものではない。精神的にも肉体的にも限界すれすれの逃亡の末、夢みたプラハを目前にしながらゴールを遮断されるという設定、しかも少くともその直

一九六八―一九六九

接の原因が、少年たちのあまりにも人間的な状況選択にあったという、そのひどく不条理な内容をみてもそれは明かである。

この映画では、主人公たちは基本的に状況を外側から強制されている。しかし発端の脱走そのものを除いて、彼らじしんが状況を選択するところが、明確に二ヶ所あることに注目しなければならない。

その一つは農婦を撲殺すべきかどうかを迷うところである。しかし結局彼らは農婦を殺せない。そしてそのために彼らは山狩りに追いこまれるのである。いま一つは二人がやっと国道に辿りついてトラックに飛び乗ろうとするとき、足を痛めていた第一の少年の方が転んでしまうところである。第二の少年にとっては、自分だけ乗れば乗れたはずの、しかも唯一残された決定的なチャンスである。しかし第二の少年は第一の少年を置去りにする状況を選ばない。そしてそのために二人とも監視隊に逮捕されるのである。

この二ヶ所は、『夜のダイヤモンド』全体の構図のなかで最も重要な部分である。しかもその選択の意味がひどく不条理な内容を孕んでいるところに、この作品がありきたりの戦争ドラマではないことの一端をみることができる。

この第二の選択は、場面としては小説にはみられない。小説では逃亡の途中、第二の少年が足を痛めた第一の少年を重荷に感じ、何度も置去りにしようかと心の中で迷う事柄として描かれている。ニェメッツはそれをあくまでも行為のヒダを通して、とりわけ行為の決定的瞬間の裂目に抉りだすのである。その点映画は原作とくらべて筋立てはずっと簡略化されているにもかかわらず、トータルに受けるイメージでは決して遜色を感じない。それはモノローグ的展開など小説が存分に強味を発揮している要素を失いながらも、それを充分カバーしてしまうだけの独特な映画的転換があり、きわめて傑出した映像とその構成の論理があるからである。

3

『夜のダイヤモンド』をみて、誰もが感ずるこの映画の第一の特質は、いわゆる時間の流れが普通の場合とひどくちがうことである。この映画は、記憶（過去）や願望（未来）など少年の想像上の体験を、現実（現在）の体験と全く同等のリアリティで混織しているのだ。

私たちがはじめてそのような表現に出会うのは、二人が貨車を脱走して間もなく、いきなり白くすっとんだ画調で、街を走る市電に囚人服を着た少年の一人が飛び乗るショットがインターカットされることによってである。私たちは最初「おや」と思うが、画面はすぐ森をさまよう二人の少年に戻っている。そんな具合に、何の前ぶれも説明もなく、次第にひんぱんに、突如プラハの街角がでてきたり、恋人らしい女と立話しているショットなどが挿入されるのである。むろん私たちははじめそれが何であるかはわからない。しかし時間の進行と共に往きつ戻りつしながら、それもしばしば同じショットが繰り返されるうちに、それらのイメージ断片は徐々に連合して強烈なリアリティを構成しだすのである。

その一つの要素は明かに少年たちの願望である。願望は、ときとして身体を温める小枝の寝ぐらなどごく目前のものとして現われることもあるが、そのほとんどはプラハのイメージである。それはたとえば何の変哲もない街の一隅であり、壁や窓や階段であり、あるいはまた服を脱ぎかける女のイメージなどであって、それらには特にこれという意味もなければ脈絡もない。しかしそれらの中心に、街をよぎり、路地をくぐりぬけ、階段をのぼり、扉の前に辿りつくというイメージが、繰り返し反芻されていることは明かである。むろんそれらはプラハに行きつきたいという少年の意識の陰圧が呼びこむ願望のイメージにほかならない。

総じて願望のイメージは、森のなかの暗い画調にたいして、一段ハイキーな露出処理がとられている。そのため夢はいやがうえにも輝き、現実はますます暗く重苦しいものとして沈んでゆく。これなど文体としての映像を内的表現にかかわらせてゆく意識的な方法として注目すべきものである。

記憶もまた同様の方法で「いま・ここ」の現実に交錯される。貨車のなかで食物と靴を交換するショットが繰返しでてくるのは、むろん足が痛んで、もう一人の少年にやってしまった靴のことがちらつくからである。しかし概して記憶のショットは、彼らが捕まったあと、逃避行の回想として現われるケースが多い。貨車から飛降りる瞬間のショットなども、逮捕後記憶の断片としてでてきて、はじめて冒頭の必死に逃げるショットの具体的な状況設定がわかるといった具合だ。森をさまようショットや例のトラックで逃げそこねたショットなども再び現われる。しかしそこには無我夢中で通り抜けてきた自分たちの行為を振返るというだけでなく、「まだしもあの苦しさの方が」とか、「もしあのときうまく成功していれば」などの、最後の土壇場に追いつめられた少年たちの救いのないあがきが塗りこめられていることはいうまでもない。

願望でも記憶でもない非現実のショットは、いわば幻覚である。手足や顔いっぱいに蟻がたかっているようなイメージ、あるいは乳母車の車輪がポロリとはずれるイメージなどがそうであり、とりわけ迫力があるのは農婦を撲殺しようとするシーンの幻覚である。その心の迷いが、農婦を撲りつけ彼女が昏倒するショットの執拗なつみ重ねとして表現されている。それは一見現実とも非現実とも区別がつけにくいように描かれているため、一瞬こちらの頭がおかしくなるほどの錯乱に連れこまれるが、それはとりもなおさず少年自身のせっぱつまった想像体験なのである。

願望のイメージ以外は、記憶のショットも幻覚のショットも露出はノーマルである。そのことは願望ショットとの対比のうえで、願望のイメージが「いま・ここ」から彼方へと動いてゆくのに対して、記憶や幻覚のイメージは向こうから「いま・ここ」へと襲ってくるかのような錯覚を与えて面白い。ともあれ脳裏に浮んだことを、そのまま現実の流れに同格の扱いでインターカットし、状況と体験の重層的な構造を、現実と意識が交錯する地点から、その縫い目をたぐるようにとらえようとする方法は、きわめて豊かな今日的可能性を孕んでいる。

4

しかし『夜のダイヤモンド』の特質はそれだけではない。その映像感覚、カメラ・ワーク、異様なイメージを創りだす演出力が抜群にすぐれていることもその一つである。そのことはこの作品がはじまると同時に確信することができる。そのトップ・ショットの非凡さは誰にもできる代物ではない。二人の少年が貨車から飛降りた直後からはじまり、彼らが死にもの狂いで走りに走るのを、近づいたり遠ざかったりしながら、最後にやや小高い斜面をのぼってゆく途中まで、えんえん切れ目なくフォローするショットである。その緊張度の高い持続感が、彼らに襲いかかっている運命を息苦しいまでに予感させずにはおかない。同様木立のなかの少年たちをフォローするハンドカメラは、どこをとっても彼らの不安や焦燥、疲労や絶望を鋭く対象化していてみごとだ。

少年たちが逃亡する森は、ドイツ（西側）とチェコ（東側）の国境に横たわるボヘミアの森であろうか。いずれにせよ森を突ぬけようとする少年たちのショットを、基本的に左から右への一方向に統一していることは意図的である。次に多いのが前方に向うショット（行くイメージ）。手前に来るショットや右から左へ向うショットは極端に少い。むろんその方向は、彼らがプラハへプラハへと向うイメージを強めるためのものである。

そのことも含めて、ニェメッツの映像はひたすら少年たちの内部に深くくい入ろうとする意図で貫かれている。願望のイメージとしてでてくるプラハのショットを、輝くようにオーバー・エクスポージャーで撮影したこともそれである。しかし願望のプラハ（未来）も記憶（過去）のプラハに基づいていると考えるとき、私は彼らの過去もまた何といじましかったことかと胸を痛めないわけにはゆかない。

少年たちが憧れをこめて想い描くプラハの何と薄ら寒いことか。しかしそれら貧しくつつましやかな光景は、彼らにとってかけがえのない心のふるさとなのである。そしてそれゆえに、少年のいじましい想念を輝くように描くことで、「いま・ここ」の彼らの地獄を、恐ろしいまでに際立たせようとしたニェメッツの眼は鋭いのだ。

「いま・ここ」の彼らの地獄は、想念との対比によってのみ描かれているわけではない。それじしん容赦のない悲情さで追求されている。口をあけて雨を飲もうとする少年、むしゃむしゃメシを食う百姓を生唾をのみこんでみつめるくだり、その彼らの前でニワトリや犬すらが餌を与えられるという設定もその一端であり、ようやく農婦からパンをせしめた彼らが、極度の渇きのため口腔を血だらけにするイメージも鮮烈である。そして少年たちの飢えの表現は、逮捕された彼らの前で、監視隊の老人たちがさんざん飲み食いする場面となって、不条理な残酷さにまで達している。

この場面は実は原作にはない。しかし映画ではおそらく最も重要なシーン（少くともその一つ）をなしている。若者たちはすべて前線に徴兵されているのであろう、監視隊たちはすべてよぼよぼの老人であり、彼らは逮捕を祝って、少年たちを壁ぎわに立たせたままそのホールで祝盃を交すのである。だかそれは祝宴などというイメージとはほど遠い。彼らは生贄を前にグロテスクな儀式を演じているかのように、黙々と食い、黙々と飲み、老人ホームのうらぶれたパーティかのように、調子はずれの歌を歌い、足をよろめかせて踊るのである。

これが事実とも幻想ともつかぬ実に無気味な雰囲気をかもしだしており、異常なまでの執拗のショットのつみ重ねによって、日常と非日常の爆発的な矛盾をはらんだ圧倒的な表現となっている。

世界の不条理を人間存在の根源にみきわめようとするかのようなこの不思議な映像の肌ざわりは、望遠ショットの執拗なモンタージュによって、手に手に銃を構えた老人たちが、中深く少年たちを追い撃つ場面にもみられた。かと思うと例のトラックのくだりなどは、二人が監視隊の一群に丸く囲まれるまでひきっぱなしのワン・ショットでロッセリーニを思わせる。

いずれにせよアンバランスのバランスで支えられたそのリズム感といい、あるいはその鋭角的なチェンジ・オブ・ペースといい、またその暗くひきつるような映像のマチエールといい、ニェメッツの映像感覚は決して素質や技術の問題に解消できるものではない。それは生理にまで内面化されたニェメッツの状況感覚なのである。

5

『夜のダイヤモンド』の独自な表現を支えているいま一つの要素は、ほとんど度を越しているために、それが緊迫した表現にまで転じている禁欲的な音プランである。だいいちこの映画には音楽がない。ただ一箇所老兵たちが踊るシーンに音楽が入るが、それも劇中の現実音としてである。しかもそのシーンの間じゅう入るのではなく、入ったり消えたりなのだ。言葉も特定の部分以外は、口だけパクパクしていて声がない。そのくせ歯のぬけた老人たちが、トリのモモをクチャクチャいわせてしゃぶる音、洟をかむ音、拍手の音などが、神経を苛立たせるように強調されている。このシーンの不思議なイメージには、そのような変った音プランが介在していることを無視することはできない。

しかし、いわば一から十までがその調子なのである。タイトルもほとんど無音に近く、途中わずか鐘の音が断続的に数回入るだけである。そしてその鐘の音は、やがてプラハの願望シーンに復活し、最後は繰返し現われる扉のショットに結びつけられてゆく。むろん決して開かれない扉はカナンのイメージであり、鐘の音はその向うを夢みる少年たちの悲願の象徴である。

その幻想の扉を前にして、第二の少年が幾度もベルを押すところがある。しかし音は意識的にカットされていて聞えない。「ははーん」と思っていると、いきなり最後のベルがつんざくように鳴りひびき、だがすぐそれを打消すように「ハルト（止れ）！」という吶声が聞えて、場面は幻想から山狩りの現実にひき戻されるのだ。これなども心憎いばかりの音プランである。

普通、画面についてはかなり大胆な飛躍をみせる映画でも、音については依然クソリアリズムという作品は意外に多い。そこに当然そういう音があるはずだという具合に、ありうる音はすべてサウンド・トラックに入れようとする。

しかしニェメッツは、画面の飛躍と同程度の飛躍を音にも要求する。第一に余計な音を徹底して排除しつくすのである。プラハのショットなどには、ほとんど現実音といえるような音はない。人の歩く音、ボソボソ遠くで聞える声、物が触れ合う音など、音ともいえぬ音がかすかな幻聴のように聞える程度である。

しかし雰囲気音の省略は想念のシーンだけではない。「いま・ここ」の現実描写においても、ときどき再生装置が故障ではないかと錯覚するほど音がないのだ。セリフも無声映画に近いほど少い。むろんニェメッツは意図的に、ある種の沈黙に向って音をデフォルメしているのである。沈黙の基調音……。だからこそときどきぽつりと洩らす声、農婦を撲殺する幻想の音、犬の吠え声、銃声、水の音、小鳥のさえずり、鐘の音、時を刻む音、列車の音、呼吸の音などが、すごく肉感的に迫ってくるのである。と同時にそれらはいっそう沈黙の空間を際立たせ、このほとんど音のない世界が、少年たちの息詰るほどの孤独と閉された状況を、ひとしお厳しく皮膚的に実感させるのだ。

音で雰囲気をごまかすこともなく、また音楽で感情移入をはかることもなく、ニェメッツは二人の少年の行動を非情に追跡し、彼らの行動とその障害をとおして、置かれた状況全体を分厚い沈黙のうちに対象化した。私はここに、主観化されているがゆえに、むしろ恐ろしく現実感の強い音の例をみないわけにはゆかない。

6

『夜のダイヤモンド』がトータルに表現している世界は、その筋が語りかけてくるものと、そのコンストラクションの方法、映像の質、それにいま触れた音の演出など、それら独自な感性的構造のインテグレーションとして成立っている。そのトータルなものは、かならずしも筋から受けるものとイコールではない。

もしこの映画の筋だけを聞けば、おそらく人はこれをちょっとひねった反戦・反ナチ映画だと思うだろう。しかしこの作品全体からじかに受けるものは、どうみてもただの反戦・反ナチ映画などではない。そこには極限状況における人間存在に対する深い洞察があり、それこそ「分厚い沈黙」の意味するものである。

『夜のダイヤモンド』には、政治の図式や素朴なヒューマニズムでは決してとらえきれない現代の存在論的恐怖がある。そこにはナチスの支配と悲惨なユダヤ人虐待の体験に加えて、解放後それにとって替ったスターリン主義の暗黒政治の体験がふまえられている。しかもチェコでは非スターリン化の動きは、一九六二年の暮まで頑強に封ぜられていたのだ。チェコの「夜」はあまりにも長く、その体験は人びとの眼を存在論の地平に向けさせずにはおかなかったのである。

『夜のダイヤモンド』は、明かにチェコ独自の「遅れた雪どけ」から生れた作品である。しかしそこからつかみとられた人間と状況に対する洞察はローカルなものではない。「歴史的にも心理的にも、この作品の語っているものと共通の体験をもたない国でも共感をよぶことができた」（ニェメッツ）のは、この作品が現代の根源的な条件を衝いているからである。

『夜のダイヤモンド』は、非スターリン化のその作業が果にしばしばカフカを見出したようにきわめてカフカ的である。

そういえば人間的であろうとするがゆえに永久にプラハに辿りつけなかった少年の物語は、何とカフカ的ではないか。ニェメッツのカフカ的主題への執着は、その後彼がカフカの『変身』を映画化しようとしたことにもうかがわれるが、そのことは彼の卒業制作『一口の食物』（ルスティク原作）をみても明かである。

わずか一片のパンのために主人公が破滅に追いやられるという設定、しかもすぐ眼の前にゴールを見ながら、決してそこには辿りつけないというモチーフは、『一口の食物』から『夜のダイヤモンド』へと受けつがれたものである。

眼の前にゴールを見ながらそこには辿りつけないというモチーフはすでに過去のものであろうか。

そんなことはない。それは「いま・ここ」の私たちのものでもあるし、ますます現代に普遍性をもつ問題である。いやチェコじしんが、いま現に自由化（まぼろしのプラハ）への道を、ソ連の軍事的干渉によって遮断されてしまったではないか。『夜のダイヤモンド』は、まだまだ当分アクチュアルに迫ってくる映画なのである。

奥村昭夫のサドマゾイックなシネ・マニフェスト

この一、二年、既成の映画界から全く自立したフィールドで、さまざまな傾向のざん新な映画づくりが、画期的な勢いで胎動しつつある。そのことがはじめて明確に見えてきたのは、昨年の草月実験映画祭のときであった。映画祭には応募作品が五六本も集まり、その水準も私たち審査員が期待していたレベルをうわまわるという具合だったのである。

奥村君の『猶予、もしくは影を撫でる男』は、そのなかでもひときわ光彩を放っており、案の条審査員の大半の支持をえて最優秀作品賞を獲得した。むろん、賞をとったからといってどうということはないが、それでも『猶予』がその程度にはすぐれているという一つの裏付けとなったことは否定できない。

『猶予』は事実魅力のある実験映画である。しかし新しさという点でいえば、かならずしも最も新しいタイプの作品というわけではない。映画祭の時点でも、もっと新しい実験をしていた作品はほかにもあったし、その後も新しい試みは更に拡大されている。にもかかわらず『猶予』が一きわ光彩を放ち、いまなお魅力を失っていないのは、いわば表現の根底に何かかけがえのないものがこめられているからである。

それは大げさにいうと、いわば状況の痛みとでもいうべきものを、奥村君が自分の内側にひたむきに見きわめようとしていることである。少くとも私が心を動かされたのは、自己の存在感を、内的に反芻してゆくその執拗な追求力であった。それがあくまでもイメージの問題としてつきつめられ、それが表現の実験性を深く支えている点に私は感動するのである。

その奥村君が、再び『猶予』のスタッフと共に、第二作『三人でする接吻』を完成した。まずはともあれ、その健闘ぶりに心から拍手を送りたい。卒直に言って、私はこの二作目を一作ほどにはすぐれたものと思わない。しかし二作目は、ある意味で誰もが迷うのだ。緊張しすぎて自由さを失うという失敗はよく経験することである。それにこれは私の主観であって、「いやそんなことはない」という人だってでてくるかもしれない。

いずれにせよ大切なことは、これからも立ち現われるであろう内外の壁を、へこたれずに黙々とつき抜けてゆくことである。まだすべては始まったばかりなのだ。奥村君とそのスタッフたちには、その苦しさに耐える力があるものと信じている。

鈴木清順問題共闘会議はこれでいいのか

共闘会議の共闘内容が、五社体制の打倒に向って反権力の政治闘争になることはもちろんです。しかし清順問題として出てきた固有な問題、そこから提起されるべき映画運動の問題、とりわけ創造と享受のサイクルを体制から自立させる方向で、映画状況の根本的な変革の課題が追求されなくてはダメだと思います。

議長は意見の相違を前提とした新しい共闘のイメージを強調していましたが、どうもその相異をテコとしたダイナミックな弁証法が成立する気配はなく、一方的なモノローグ的アジテーションと、単純な共鳴や否定の増幅現象しかなかったことが気になります。

とりわけ「俺たちと意見や態度を異にするやつは敵とみなす」式の思いあがった押し付けや威圧がびまんしていたことは見すごせません。それでどうして共闘ができるでしょう。くだらぬ政治的小細工を演出することはやめるべきだと思います。

大島渚よ、君はまちがっている

「今このほうはいたる自主製作の秋に、松本俊夫は何を考えているのか。運動家として責任ある発言を聞きたい。」と、本誌先月号〔『映画評論』一九六八年九月号〕に大島渚が書いている。相変らずの無内容なアジテーションにすぎないが、わざわざ松本の発言を聞きたいという以上、むげに黙殺してやりすごすわけにもゆくまい。言いたいことは山ほどもあるが、今回は自主製作の問題にかぎって、大島の政治主義的思考法の誤りを、二、三ささやかに批判しておくことにとどめる。

大島の誤りは、第一に、自主製作ということじたいを、ミソもクソも一緒くたにして評価する点である。小川紳介も黒木和雄も、シネマ・ネサンスもグループ・びじょんも、武智鉄二も吉田喜重も、更には今井正も伊藤大輔も岡本喜八も、大島は唯一自主製作という共通分母で一括してしまう。そこにはスポンサーのひもつき映画もあれば、五社の下請にすぎないものすらあることも問題にはされない。あるいはそれらの思想、それらの方法、それらの体質、それらの目指す方向などが、めちゃくちゃにちがうということも無視されている。しかも自主製作という名ですべてを一つの括孤にくくるとき、いったい大島は自主製作ということじたいに何を見ようとしているのか。

これが映画記者あたりの書いた新聞記事なら話は別である。物事を表面の現象形態で区分けする客観主義は、そもそもジャーナリズムそのものの身上にほかならない。しかし大島あたりが、「どうやらこの秋は自主製作映画の花ざかりとなりそうである」などと書くのは愚の骨頂である。

そういえばこの種の無原則的な自主製作統一戦線論はいま「花ざかり」のように見える。自主製作じたいに憧れ、自主製作じたいを誇り、自主製作をしているというだけで、肩を抱き合う光景はそこここにある。たとえば黒木和雄の『キューバ』製作のスタッフ・アッピールなどですら『ドレイ工場』『若者たち』からアンダーグラウンドシネマまでを、「最近の自主映画の動き」としてひとまとめに評価している始末である。その調子でゆくと、五十年代に隆盛を誇った日共の独立プロ運動こそ、自主製作映画の先駆であったとして再評価される時がくるかもしれない。事実その直系ともいうべき『ドレイ工場』や『若者たち』の動きを、『キューバ』アッピールは「第二期独立プロの胎動ともいうべき〝ドレイ工場〟〝若者たち〟の自主上映の成功」という表現で讃美しているのである。

こうなると私など、いったいこの十数年は何だったのかと、きわめて憂鬱な気持になるのを抑えることができない。映画を政治や資本の奴隷から解放し、真に自立的な映画運動のありかたを追求してきたこの十数年は、ほんとうには少しも深い根をおろしていなかったということになるからである。

むろん自主映画を口にするものが、すべて日共と野合しているなどというつもりはない。大島も積極的な批判こそしないが、『ドレイ工場』や『若者たち』の運動を、慎重に彼の統一戦線リストからはずしている。しかし同じように慎重に、私がつくった自主製作映画マルチプロジェクトによるシネマモザイク――『つぶれかかった右眼のために』もはずしているのだ。しかも私に関しては、「このほうはいたる自主製作の秋に」松本は何もせず、「益々実作から遠ざかって行く」という事実の捏造をあえて吹聴し、「われわれは創らない人たちを敵とみなす」と言って、積極的に私を攻撃しているのである。しかしその期待に反し、私は更にこの秋にはやはり自主製作で『錬金術』を、来年二月には〈クロス・トーク〉に『イコンのためのプロジェクション』をつくるほか、目下ATG映画のシナリオを書いている。私は自主製作じたいを物神化する傾向に反対だが、もし自主製作しているかいないかが問題なら、私もまた自主製作に熱中しているのである。

ではなぜ、大島はあえてそれを知りつつ（少くともその一部分については絶対知らないとは言わせない）、「松本がこうした情勢の推移に対して感度が鈍く……」などとイメージの偽造をしようとするのか。どう抗弁しようと、すでにそれが一定の意図をもった政治的発言だということは明らかである。

しかしもし、大島が松本の映画傾向あるいはその運動理念と、テメエのそれが相容れぬと言うのなら、その方がどれほどすっきり筋が通っているかわからない。しかしそれにしては、大島が自分と全く相容れぬ要素を、自主製作の名で無差別的に包括しようとすることは矛盾しているといわねばならない。しかもそれらツギハギだらけの統一戦線を称して、「もはや日本映画の芸術的主流は完全に五社の手を離れた」と広言するのだから全くナンセンスである。

第二の問題に入ろう。それは映画体制という言葉で大島渚が何を意味しているかの問題である。大島の認識では日本の映画体制イコール五社体制である。それは一面では正しいが、決して充分ではない。映画体制とは、単にその機構と権力の直接性の問題だけではなく、その機構と権力によって長年にわたってつくりあげられてきた映画概念、あるいはその枠内に慣習化された視覚の構造、それらを貫くトータルな体質にかかわるものだからである。

映画資本は自らの利潤追求の装置を強化し、それを基本的に保護してくれる国家権力のイデオロギーを支える方向で、この体系化した秩序をつくりあげてきた。映画とはこういうものという既成の映画イメージもまた一面でその産物である。しかしインタビュー「二つの戦線に立って闘う」でゴダールがいみじくも語っているように、「現在の状況では、映画はあまりにも多くの信じがたい規則の数かずにがんじがらめになっている。作品の上映時間は一時間半でなければならぬとか」「映画が劇場で上映されねばならぬという理由など全然ない」。一切の映画の定義は根本的に疑われてしかるべきなのである。

私の考えによれば、映画創造および映画運動の問題として、最もラジカルに体制変革を考えるかぎり、その批評の射程は最低そのあたりまで届いていなければならない。映画体質の根底から体制的既成性を否定しようとするのでないかぎり、こと芸術運動のレベルは少しも革命的ではないのである。

しかし大島は状況変革のヴィジョンをそのようには提起していない。それは彼が「この秋は自主製作映画の花ざかり」などと痴呆的なタワ言をスローガン化していることからも明かである。たとえ自主製作であろうと、しょせん五社の配給網に色目を使っているもの、あるいは相変らず古ぼけた表現の既成体質に安住しているものなど、どうして自主製作ということだけで未来を準備する力になろうか。むしろそんなものは、たとえ自主製作であろうと、私に言わせれば体制内の補強物にすぎず、本質的には否定の対象となるべきものである。

そのあたりの認識の欠如は、大島が「日本映画の内部」という言葉で、いわゆる五社の映画界を指していることにも現われている。「今や映画を志す若者たちが日本映画の内部に入ろうとすることは全く不可能となってしまったのである。日本映画の内部に入れなくとも、映画をつくる志を失わない若者たちは、断乎自らの力で映画をつくろうと決意したのである。学生映画の隆盛からアンダーグラウンドシネマの成立に至る一連の動きは、明かに自分たちを容れない日本映画に対する若者たちの答えであり、また問いなのである」。こう書く大島の意識の底では、彼の作家形成の故郷、すなわち五社による映画界が、依然日本映画の内部だという神話が払拭できずにいる。

しかし「学生映画の隆盛からアンダーグラウンドシネマの成立に至る一連の動き」は、「自分たちを容れない日本映画に対する」非常手段として「日本映画の内部に入れなくとも、映画をつくる志を失わない」ために起きてきたのだろうか。私はそうは思わない。むろんなかには「日本映画の内部」に、招き入れられれば入れられたいと思っているものもいるかもしれない。しかし私の知るかぎり、彼らの大部分はすでに出発点から「日本映画の内部」とは全くちがったフィールドで映画へのパトスを燃やしてきているのである。前衛映画の系譜は常にそのようにして燃えてきたし、いままでもそれは例外ではない。むろんアメリカのアンダーグラウンドシネマもそうである。それは飯村隆彦が本誌前号〔『映画評論』一九六八年九月号〕で「初期からハリウッド資本とその他の群小プロダクション（その多くがハリウッド資本の下請け、あるいは予備軍だが）の下における製作と配給を拒否して、自ら作品を作り上映するという一貫した方法をとっている。これは日本でも五社及び〝独立プロ〟（それとも上映については五社資本の被影響下に置かれる）における映画製作に何らの幻想を持たない作家が続出している」と書いているとおりである。

おそらく大島はアンダーグラウンドシネマなど何も見ていないのではないか。見ていれば、それらが「日本映画の内部」などとは根底から相容れないものだということがわかるはずだからである。むろんアンダーグラウンドシネマならなんでもいいという考えは私にはない。まだまだこれぞという作品が少いことも事実である。私は最近ようやくシェルドン・レナンの『アメリカのアンダーグラウンド映画入門』を通読したが、その歴史、そのひろがりにおいて、アメリカと日本では残念ながら雲泥の差があることを痛感させられた。その意味ではすべてはまだこれからである。

しかし日本においても、何か根本的な地殻変動がはじまっていることを見すごすことはできない。私などがかねてから前衛映画運動を提唱しながら充分展開しえなかったことが、いまでは急速に開発しうる客観的条件が揃いはじめている。しかも私などもオタオタさせられるような、およそ斬新な映画へのアプローチがブスブスと多元的に胎動しつつあるのである。

むろんそれらの胎動の根底には情況の変質がある。しかしそれは七〇年へ向けてなどというストレートなコンパスにとどまるものではなく、もっとこの現代ブルジョワ社会の意識や文明の根本構造にかかわるレベルのものである。そしてそれら現存する一切の既成秩序に対する抜本的な変革への衝動こそ、いま生起しつつある地殻変動の本質にほかならない。むろん否定の対象となる映画のエスタブリッシュメントとは、制度から映画意識までを含むトータルな体質である。

したがってその地殻変動は、アンダーグラウンドシネマにおいて最もラジカルに現象するとはいえ、いわゆるアンダーグラウンドシネマの分野にかぎった問題ではない。それは映画創造のあらゆる場へとつながっている。それらを最もラジカルな部分を拠点として、全体としてエスタブリッシュメントに自覚的に拮抗させてゆくことこそ、私などが構想する映画運動の基本理念である。それは決して自主製作運動などという位相のものでもなければ、また単に制度の政治的変革の問題に解消できるものでない。しかし大島がアジっている運動の水準はそこにとどまっている。「こうした情勢の推移に対して感度が鈍い」のは、むろん大島の方である。

大島渚が自主製作をミソもクソも一緒くたにして評価するのが、一定の政治的意図に基いていることはすでに明かである。五社体制に対立する政治的エネルギーを結集するには、五社体制からはみでた自主製作のエネルギーに依拠すべきだという判断がそこにある。そして現時点で体制とぶつかり合うエネルギーの結集点は、鈴木清順問題だということにほかならない。

鈴木清順問題が「日本映画のかかえている体質的矛盾を一挙にさらけ出す発火点」だったというのは大島のいうとおりである。それが清順個人の問題でもなければ、シネクラブ研究会にふりかかった問題にとどまるものでもなく、また対日活首脳の問題ですむものでもないということ、つまり問題は明かに日本の映画状況の変革に全的にかかわるものだということは、まだ「貸さない」「なぜ貸してくれないのですか」などというやりとりをしていた初期の段階で、大島も同席していた(仲良く隣同志に座っていた)シネクラブ研究会で私も強調したことである。鈴木清順問題は、一面で否応なく体制的権力と政治的に対決せざるをえない必然性をもっている。そしてまたその政治行動は、より普遍的な反権力の政治運動とも深くクロスしないわけにはゆかない。

しかし鈴木清順問題を「映画状況の変革に全的にかかわ

るもの」として自覚を深めることは、反権力の政治運動一般に解消できない問題を含んでいる。それでは映画運動の固有な問題が抜けるからである。それは先にも述べた「映画体質の根底から体制的既成性を否定しようとする」創造課題の自覚につながるものであると同時に、映画を「見る」という行為を、体制的に飼育された場とその慣習性から自立させてゆく観客運動（批評運動）の自覚にもつながるものにほかならない。更にはその上に立脚して、いわゆる創造と享受のサイクルの質を、体制順応的なものから自立的なものに変え、その新しい物質的基盤をつくりあげてゆく方向までが検討されなければならないはずである。

しかし現状はかならずしもそのようには進んでいない。現状はより直接的な政治行動に問題は解消されがちであり、大島のアジテーションもまたその線に沿っている。具体的には映画運動の課題を自主製作運動一般に矮少化したうえ、更に自主製作のエネルギーも、五社体制打倒の政治勢力をオルグする手段として一面化されている。「彼らが自主映画をつくること、それだけでは果し切れない彼らの志は、ここに一つの巨大な突破口を見出したのだ。現在の日本映画体制をつきくずすのでなければ、彼らの志をのべることはできない」。こう呼びかける大島のすりかえ二段階論は、映画運動固有の内在的な変革の論理を放棄しているという意味で、多分に政治主義的なものである。

誤解と歪曲のないよう念を押しておくが、私は決して政治運動を毛嫌いしたり、回避したりしているのではない。それは必要であり、私もまた7・13の共闘会議〔一九六八年七月一三日 鈴木清順問題共闘会議結成集会〕をはじめ、行なわれるべき政治行動には一兵卒として参加している。私が言いたいことは、映画運動の問題を政治運動にすり変えたり、隷属させたりするなということであり、あたかも「俺の言うことをきかないやつは敵だ」とばかり、身勝手な断定ときめつけを、ごうまんな指導者づらをして他人に押しつけるなということである。

大島はそんな押しつけをいつやったと言うことだろう。しかし大島は、大島の周辺の小心者たちが、何かというと大島の顔色をうかがいながら、あるいはオベンちゃらを言い、あるいはオドオドして、大島と対立すまいと滑稽なほど気を使っている事実を知っているだろうか。そういうなかで、大島の発言と態度は、無言の強制化をもって作用しているのである。私がかつてよく大島とつき合っていた頃、大島はよく冗談のように「俺はスターリン主義者だからな」と言っていたが、事実大島の思考や行動の体質は全くスターリン主義的だというほかはない。大島は武井昭夫を文化官僚だと批判したが私にいわせれば大島もまた武井に劣らず度し難い文化官僚である。

ともあれ私は反権力内の権力意志をも否定する。かりに制度や機構上の権力奪取が行われても、そのような指導者が権力の座につくかぎり、もう一つの文化統制を強要されるくらいがオチだからである。私の考えでは、政治イデオロギーが左翼であろうとなかろうと、その種の体質は依然体制的なエスタブリッシュメントとみなさざるをえない。私などが夢みる未来社会とは、そういう残滓を一掃したレベルのものである。そして芸術や芸術運動こそ、「いま・ここに」おいて、意識や思想構造をそのレベルにまで変革してゆく可能性をもつものであり、その意味において最もラジカルにアンチ・エスタブリッシュメントたりうるのである。最近私たちの周辺ではまたぞろ近視眼的な政治主義的映画づくり（政治を扱った映画のことではない）が復活してきているだけに、私は憎まれ役を承知のうえでそのことを特に強調しておきたい。

以上が私に向けられた大島渚の問いに対する解答である。例によって大島親衛隊がキャンキャン吠えたてるであろうが、論争するに値いしない野次馬的発言は一切黙殺する。

ついでに言っておくが、五社体制の打倒を口にする以上、その裏で『新宿泥棒日記』の配給等について、こそこそ五社体制とボス取引などして私たちを裏切らないでほしい。それとも自主製作は強調しながら、自主上映の方向を語らないのは、その退路を確保しておくためであろうか。カンヌ映画祭のステルンベルグ報告をみてもわかるように、勇ましい革命的言辞の裏には、しばしば自分だけはエリートの特権を行使しようとするブルジョワ的茶番劇がかくされていることが多いので、この際念のためしっかりと釘をさしておく。

混沌が意味するもの

最近私は大島渚を批判しながら、「映画体制とは、単にその機構と権力の直接性の問題だけではなく、その機構と権力によって長年にわたってつくりあげられてきた映画概念、あるいはその枠内に慣習化された視覚の構造、それらを貫くトータルな体質にかかわるもの」であり、「映画体質の根底から体制的既成性を否定しようとするのでないかぎり、こと芸術運動のレベルは少しも革命的ではない」と書いた〔本書三二六頁を参照〕。七〇年安保が近づくにつれ、またぞろ芸術を政治に短絡させようとする傾向が強まりつつある今日、このことはいくら強調してもしすぎることはない。

それにしても、なぜ政治屋タイプの作家たちは、なにかというとすぐ、「七〇年に向けて敵に打撃を与える映画をつくらねばならぬ」などという発想をするのであろうか。だいいち私たちが真に直面している表現課題からみれば、最も本質的な問題は、そういうスケジュール闘争的な外的要請としては決してでてくるものではない。誤解を恐れずあえて言えば、七〇年安保など、こと芸術にとっては、それほど決定的な指標でも何でもないのだ。むろん政治的危機意識が、私たちの表現衝動をかきたてるということは大いにある。しかし、それと安直きわまる実効主義とは別である。

政治的実効主義者は、なにか事件があるといきり立ち、事件がなくなると沈滞する。つまり彼らの危機意識や表現衝動は、せいぜいその程度のものなのである。もし私たちを表現へとかきたてる状況の危機を問題にするとしても、それはもっとこの現代ブルジョア社会の意識や文明の根本構造にかかわるものだということを彼らは少しもわかっていない。ましてそれすらがかならずしも直線的なものではなく、もっと私たちの「生」の根源的なレヴェルで問題になってくることがわからないのだ。彼らがふりかざす唯一の批評のレヴェルは、だから相変らずごく表面的な政治イデオロギーなのである。しかしどうしてこう、いつまでもそんなところをうろうろしているのか。

事実、事態はもっと先に進んでいる。少なくとも、いかに政治イデオロギーが左翼的であろうと、表現の最も根深い部分で、依然古ぼけた既成体質に安住しているものを、芸術的にはエスタブリッシュメントとして否定できるくらいには、映画状況にも大きな地殻変動がはじまっているのだ。そしてその本質は、現存する一切の既成秩序を根底的に変革しようとする意識、あるいはその桎梏から自己を解放することによって、「生」の充実した燃焼を体験しようとする衝動にほかならない。

そのことはこの一～二年、商業主義的な劇場映画とは全くちがったフィールドで、従来の映画概念にとらわれない自由な映画づくりが、急速に胎動しつつある事実をみても明らかである。彼らの大半は、大島渚が言う「日本映画の内部」、つまり五社の映画界に入れない欲求不満を、そのような形で置きかえているわけでは決してない。彼らが映画に燃やしはじめているパトスは、はじめから五社的商業映画とは無縁であり、五社的商業映画がいわゆる映画概念のエスタブリッシュメントであるという意味では、彼らの映画への志向はおよそ反映画的である。

むろんそのような反商業主義に立脚して、既成の映画常識に挑戦しようとしてきたアヴァンギャルド映画へのアプローチは、細細とではあっても日本にもあった。私なども その一端を担ってきたつもりであるが、事実、既成の映画界への反発から、意識的に撮影所を遠く離れて、いわばアウトサイダーの道を進んできたのである。しかし私たちの世代の作業は、いまとくらべて比較にならないほどの困難な条件のなかにあった。小型映画の普及度、その経済基盤、周辺社会の関心の高まり、とりわけもろもろの神話からの解放の度合いにおいて、いまでは質的に飛躍した条件が、外的にも内的にも揃いはじめている。やはり、何かが急激に開花するためには、それなりの歴史的条件との決定的な出合いが必要なのであろう。ともあれ、現在みられる斬新なインディペンデント映画の開花は、かつて日本の映画史になかったという意味でも画期的である。

ではそれらは、どの点において斬新なのか。第一に、映画とはこれこれこういうものという一切の映画概念を崩壊させるに足る未踏の領域が、一人一派の多様な試行錯誤のなかで生みだされつつある点である。たとえばパンチの穴だけの三本のエンドレス・フィルムとカラー・スライドを同一スクリーンにマルチ・プロジェクトする飯村隆彦の『シェルター9999』、壁とスイッチのクロース・アップをえんえん一五分ほどみせ、最後に手が入ってきてスイッチを入れると会場そのものの電灯がつくという安土ガリバーの『スイッチ』、分割スクリーンの一方に横尾忠則の実像を、他方にそのシルエットの切り抜きによる虚像を配し、それぞれ周期をずらしたズーミングのエンドレス・ショットで、ときに左右の位置を変え、またときに両者を重ね合わせたりする宮井陸郎の『横尾ちゃん、だーい好き』など、いずれもそんなものは映画ではない、とこの種の作品をみたことのない人からは、十中八九どやしつけられること受け合いの映画が現われている。

ともあれこんな作品が次々と登場してくるような状況を、はたして五年も前には誰が想像できただろうか。私は『イースト・サイド・レヴュー』(66・2)に載った「映画」というメカスの宣言的エッセイを想いださずにはおれない。その冒頭に、メカスは次のように書いている。「何がシネマかという一切の定義は溶解した。われわれは何がシネマなのかわからない。かつてはわかっていたが、もはやそうではないのである。このことは、おそらく一九六六年のシネマにおいて最も重要な事実であろう。アヴァンギャルドの、つまり〈アンダーグラウンド〉映画作家の仕事、光や動きや音による新しい芸術家の仕事、サイケデリックやエクスパンディッド・シネマ、そしてまたジェリー・ジョッフェン、スタン・ヴァンダービーク、ジャック・スミス、アンディ・ウォーホル、あるいはジャード・スターンの環境シネマ。映画に関するすべての既知の、そして〈最終的〉な定義はぬぐい去られたのだ。いまや、一切の扉は開け放たれている。そして、いくつかの窓も。次が何かを知っているものは誰もいない」

このメカスの興奮は、いまや私たちのものである。あるいは、まさにそうなろうとする確実な胎動がある。明らかに映画状況は、いまや映画についてのあらゆる既成観念をドブのなかに捨てるところまできたのだ。形骸化した殿堂は、大胆な冒険のかずかずによって容赦なく破砕されなければならない。現代美術が額縁から飛びだして行ったように、あるいはまた現代音楽が騒音のなかにすら新たな自己を発見して行ったように、現代映画もまた映像表現のあらゆる可能性へと拡張しはじめたのである。

ところでこれまでに具体的に現われた作業をみるかぎり、一人一派のアプローチの多性様にもかかわらず、そこには一つの大きな共通の指向性があることを見落すわけにはゆかない。それは硬化した言語的コミュニケーションを否定しようとする傾向であり、これが斬新さの第二点である。

言語的コミュニケーションの否定は、裏を返せば感覚的コミュニケーションの重視につながっている。そこでは筋や物語はもちろん、つなぎの論理的な脈絡なども思いきり捨象されており、作品のトータルなコンセプションそのものが、そもそもはじめからプレロジカルなのである。私はつい先頃、この一〇月に開かれる〈フィルム・アート・フェスティバル東京1968〉のための予選を終えたが、審査対象となった六三本ものさまざまな傾向の映画をみながら、それらに共通して特に強く感じた点がそれである。それらの多くは、私たちならメモの断片でコンセプションの模索をするところを、すでにはじめから映像でしているのだ。そしてそのプロセスを、そのまま作品にしてしまっている面白さがある。むろん、その面白さとは、硬質の言語系がその合理性の強いフィルターからしばしばずり落としてしまいがちな混沌を、ほとんど直観的にすくいあげている面白さにほかならない。

ある種の不透明な混沌は、これら新しく台頭しつつある映画の共通した体質である。そしてその混沌は、一見コミュニケーションを拒絶しているかのようにさえみえる。しかし、拒絶されているのはステレオタイプ化したコミュニケーションの回路であって、その本来性ではない。混沌とは、新しく生起しつつある世界と、既成の言語や感覚のステレオタイプとのギャップから生まれ、そのことによってステレオタイプが攪乱されるのを自覚した状態だからである。むろん既成のコミュニケーションの体系とは、世界と私たちの関係の既成性であるという意味では、今日映像表現が求めざるをえない真に生きたコミュニケーションの場は、既成のコミュニケーションが刻々解体しつつある地点以外にないということがいえるのだ。混沌とか、ディスコミュニケーションとして現われる体験は、したがって大いにパラドキシカルな否定性である。

しかし、このプレロジカルなコミュニケーションを、機械的に言語と対立させることはまちがっている。まして、非言語的体験の強調を、言語の否定に短絡させることなどナンセンスといわざるをえない。そのことはすでに『デザイン批評』〈EXPOSE 1968〉特集号で触れたので詳しく繰返すつもりはないが〔本書二七六頁を参照〕、要するに人間の感覚能力といえども、それ自体が本来人間の言語活動の産物だということが明らかだからである。前提的に認識すべきことは、感覚の鋭さや豊かさは、言語のいきいきした働きによって拡大し、言語の透徹力やフレキシビリティは感覚の衝撃的な生命力によって深まるという関係であって、感覚と言語をエントヴェーダー・オーダーのふるいにかけることほど不毛なことはない。両者の関係はあくまでも弁証法的であり、プレロジカルな非言語的表現領域は、ロジカルな言語的表現領域の地平がひろがるとともにひろがり、ロジカルな言語的表現領域は、プレロジカルな非言語的表現領域をねじふせようと格闘することによって活性化するのだ。そしてその弁証法は、むろんマイナスの方向にも貫かれている。

では、なぜとりたてて非反省的意識としてのプレロジカルな直観を重視するのか。それにはまず反省的意識としての言語の働きが、結局は過去の認識活動の総体としての既成の言語系に依拠していることを考えなければならない。したがってそれは全くの新しい体験に対して、どうしても直ちに一対一では対応できないという遅れを生じやすい。しかし感覚はそのあたりを一挙に感じとるという不思議な能力を発揮する。このことは、何かをはっきり感じはしても、それをすぐ言葉ではうまく表現できないということとして、誰もがごく日常的に経験することである。

しかしそのことだけならば、同じことは既成の感覚系に対しても言えるはずである。なぜならステレオタイプ化は言語に対してだけでなく、感覚に対しても襲うものだからである。事実、硬直した保守的感覚は、なかなか新しい体験になじもうとしない。しかし、好むと好まざるにかかわらず、外界からの刺戟は向うから一方的にやってくるいう意味で、感覚は言語とくらべて、現実との変化に対応する可変性がより大きいということを見落すわけにはゆかない。その点、言語の既成性はより頑強である。

にもかかわらず、感覚も言語も絶えずステレオタイプ化して、新しく生起しつつある世界との間に、刻々ギャップが生じることは不可避的である。そしてそのことによってステレオタイプが攪乱されるのを自覚した状態が、例の混沌であることは前にも書いた。しかし混沌とはその意味で、少なくとも未経験の世界を受信していることであり、その能力はまず何よりもプレロジカルな直観のそれである。新しく生起しつつある世界は、いわば全身的な予感としてアンテナにひっかかってくるのだ。

しかし直観といい予感といい、それらの能力は人間以外の動物にはない。動物の能力は外界の生理的な知覚にとどまるものである。人間と動物の感覚は決定的にちがう。動物のそれには変化や形成ということがなく、またステレオタイプだの混沌の自覚だのということがない。人間の感覚が直接の生理的なレヴェルを超えて、何らかの意識の自覚をともなうのは、そこに言語の働きが介入するからである。言いかえるなら、それはすでに即自的な自然ではなく、歴史的・社会的に形成されるものである。したがって直観とか予感、あるいはマクルーハン流に言えば触覚能力だとかは、決して言語と無関係に、あるいは言語と対立して獲得

一九六八—一九六九

されるものではなく、それはあくまでも言語作用の延長である。

だがどのような延長なのかはいま少し説明を必要とするだろう。私たちは何らかの新しい体験に直面したとき、しばしばそれをうまく言葉で表現することができない。表現衝動が喉元までこみあげていながら、なおそれを発語できないというとき、言語はいわば一種のつまずきの状態で前へつんのめった恰好になる。しかし、この立往生は決してエポケーの状態ではなく、むしろ逆に、いままさに静が動に転じようとする内在的エネルギーが充満した状態である。この発語寸前のもやもやした心的状況は、あたかも言語からプラズマ状の触手が前へ延びてゆく様を連想させるが、それこそプレロジカルな感覚作用の根拠にほかならない。感覚作用が言語作用の延長であるというのはその意味であり、それゆえに感覚作用は言語作用に先行すると言えるのだ。状況が混沌とした変貌を急速に遂げつつある今日、私が特に感覚の力やプレロジカルな領域に注目するのはそのためである。

しかし私が感覚的であること、あるいはプレロジカルであることを、ただそのことだけで、ミソもクソも一緒くたに評価しているわけでないことは右の説明からも明らかである。事実この一～二年、日本でも既成の映画とはちがうインディペンデント映画が約一五〇本近く誕生したが、その大半を占めるプレロジカルな感覚的表現にも、ピンからキリまであったことは言うまでもない。そのことはその種の作品をたてつづけに何本も見くらべてみるとはっきりする。私は、〈フィルム・アート・フェスティバル東京1968〉の予選を終えたばかりなので、そのことを特に痛感するのだ。それらのなかのあるものは明らかにこちらの胸に訴えかけるものをもち、またあるものはただ単に物理的な影像がメチャメチャにつながれているにすぎない。同じ混沌でも、何かがこめられた混沌と、ただのデタラメの混沌があるわけである。

そのちがいは、これまでに述べた意味での言語作用との格闘を、映像がその深部でもっているかいないかのちがいである。すぐれた感覚的表現は、必ず明暗、うねり、深さなどさまざまなデリケートなマチエールをともなって、不断に発語寸前のもやもやした心的緊張をこちらの内側にかきたててくる。そのような映像は、その表出過程で、あらゆる常套的な言葉との対応を排しながら、なお言葉にならない言葉を模索する言語活動をかかわらせているものである。言いかえれば、そこには必ず例の言語的つんのめりの状況が孕まれている。そしてそのつんのめりが、その前方に、いままさに生まれつつある可知性としての映像、あるいは意味が定着されようとする瞬間の映像を構成するのである。

ところが、プレロジカルな感覚的表現を、ただやみくもに映像から意味性を追放することと考えているものはそのことがわかっていない。彼らは、何のことかわからないショット、ただ論理的脈絡をもたないというだけのつなぎ、そんな映像をつみ重ねさえすれば、何やら意味ありげなムードがでてくるとでも誤解しているのである。しかし、それは明らかに思いちがいであって、何らかの意味での情念も観念も孕んでいない映画は、ただの影像であり、ただの混乱でしかない。平たく言って、作者のなかに映画をつくることの心の高まりがないものが、どだい、他人の心をゆさぶる映画などつくれるわけがない、という簡単なことである。

ところで、その心の高まりとは、語りへのヴェクトルをもちつつ、遂には言語的つんのめりへと至るポテンシャルな表現衝動である。それと対応しながら形になってゆく感覚的表現は、したがって言語的つんのめりのテンションが高いほど構造的に深く豊かなものとなる。つまりそれは、命名という言語作用の極限に、そのことの不可能性のあがきによって獲得されるのであり、そのような表現ほど、見るものの意識をダイナミックに高め、あとあとまで深い思考を誘発するのである。すぐれた作品が必ずといってよいほど、その作品の享受体験について、ひとと語り合いたいという欲求をかりたてるのはそのためにほかならない。しかもその体験はとうてい常套的な硬化した言語によってはすくいきれないという意味で、私たちの言語活動を否応なく活性化する。私が、既成の言語系を超克するという観点で映像表現に執着するのも、それが知覚と想像力の間にひろがる意識の生成地帯に、生きた言語の運動をひきおこすからであり、その力こそ、真の意味での映像表現の批評性である。

したがって表現における批評性とは、何らかのヴェクトルをもった意識の結晶化の運動である。何らかのヴェクトルとは、いわば生きていることの意義を戦慄的に自覚する自由への燃焼であって、そこらの政治屋タイプの作家が言うように、決して政治的批判や主張を盛りこむなどという位相のものではない。

なるほど、時局的であることは一見たしかに強い印象を与えるかにみえる。しかし多くの場合それは単に政治的動向におもねった素材至上の反射鏡にすぎない。それはせいぜい「異議なし」とか「反対」とかの自己確認、ないし自己増幅のからくりにとどまっている。つまりは安直なタウトロギーであって、その致命的な限界は自己を自己の外に押しやるあの名付けがたい体験をともなわないことである。したがって時局的な映画は、政治イデオロギーのいかんにかかわらず、状況の変化とともにたちまち色あせてゆくのだ。その時点できわもの的な話題を賑わせながら、それらがいかにあぶくのように消えてゆくかは、過去の歴史をふりかえるまでもなく明らかである。その点、政治状況に密着した映画でありながら、なおいつまでも人の心をうつ作品には、必ず直接の時局性を超えるものがあることを見落してはならない。そこには必ず人間の「生」を根源的に体験させるに足る密度の高い情念がある。

重要なことはこの情念の有無である。愛であれ怒りであれ、あるいは恐怖であれ悲しみであれ、鮮烈な情念こそは自己を自己の外に押しやるあの名付けがたい体験をもたらすものであり、私たちを一挙に生の中心部へとひきずりこむものだからである。同じプレロジカルな表現にも、こちらの胸をうつものとうたないものがあるのは、言いかえればこの情念の有無なのだ。むろん情念とは、私たちを表現へとかりたてる最も根源的な衝動であり、直観と生きた言語活動が、最もダイナミックに交錯する場にほかならない。

情念には定形がなく、その特徴はマグマ状の混沌である。愛であれ怒りであれ、恐怖であれ悲しみであれ、私たちはその極限のさなかでは、ほとんど無我無中の錯乱を生きるのがせいいっぱいである。そこではあらゆる計算、あらゆる教養、あらゆる身構えが剝ぎとられる。そしてときには死にまで突き進むほどの、自分でもわからない力にかりたてられて生きるのだ。その状況はただの受動でもなければ、ただの能動でもない。それこそメルロ＝ポンティが『弁証法の冒険』で書いているような、「物質と精神とが、主体と客体、個人と歴史、過去と未来、規律と判断などと同じく、見わけられなくなるある昇華点」とも言えるだろう。そしてそこには、デカルト以来の近代的合理主義を超える手がかりがある。

ともあれ、その間の可逆的運動をひき起こす生きた言語活動の場を、反世界としての虚構性のなかにつくりだし、それを深く現実に拮抗させることこそ、芸術表現の根源的意味である。しかしその地点にたどりつくには、その表現過程を、かの混沌を生きる体験過程としてとらえかえさなければならない。つまり、情念の奔流を夢中で泳ぎぬけるように、つくることを生きぬくのである。私たちは、こみあげてくるはげしいエモーショナルな衝動によって、あるいは眼もくらむばかりにもちあげられ、あるいはキリモミのようにもまれ、またあるいは一気に底なしの淵にすいこまれたり、さらには、たたきつけられたりしながら、その軌跡の総体を作品として対象化するのだ。そして無限のニュアンスを秘めたプレロジカルな映像こそ、その情念の体験過程をまるごと対象化できるのである。

　しかしほんとうはそう言ったのでは正確ではない。なぜなら映像表現過程は、作家の内部にもやもやしているものを外化するという意味での純粋な自己表出ではなく、いわゆる反省的意識のコントロールをはみでて、自分でも思わぬ方向に自己増殖をしてゆく傾向があり、そのことによって、もやもやの模索が、その触手の前方からひき寄せられたり、はじき返されたりすることに重要性があるからである。平たく言えば、自分でもなぜそうしたのか説明がつかないうちに、そう撮りそうつないでしまうことがあり、その映像から逆にこちらのエモーションをかきたてられたり、屈折させられたりすることがあるということである。いや、あるというより、そのことにむしろ決定的な意義をみるべきだ、と言いなおさなければならない。

　そのことは、ちょっと他の情念の運動をみてみればすぐわかる。たとえば愛は相手を抱くことによって、怒りは相手を殴ることによって、恐怖は逃げることによって、悲しみは泣くことによって、はじめて私たちは自己の情動を思い知らされ、あるいはむしろそれをつくりあげてゆくとさえ言ってよい。映像表現過程においても同様、私たちは反省的意識が見る前に跳んでしまうのであり、その結果から自己の表現衝動を発見したり、つくりあげていったりすることを繰り返すのである。その過程は自己表出というより、むしろ自己発見ないし自己創出である。私が先に、コンセプションの段階から、すでにそれを映像で模索しはじめる傾向に注目したのもその意味からであって、そのことと、ただやみくもに撮れば何とかなる式のつくりかたとは厳密に区別しなければならない。やみくものデタラメな映画づくりには、何より混沌をつきぬけてゆく情念の運動がなく、したがって何ら自己発見も自己創出もないからである。

　したがって、いまやかの混沌が究極的に意味するものが明らかである。それは自己を自己の限界から解き放つことであり、世界と自己の既成の関係を変革することである。その体験の自覚こそ混沌にほかならない。「生きていることの意義を戦慄的に自覚する自由への燃焼」は、ほかならぬその混沌を必死に身をもってくぐりぬけることでしか体験できない。そしてその体験から生まれてくる意識こそ、この世のいっさいの桎梏と根底的に対決するものなのだ。私たちは既成性の否定ということを、少なくともこのレヴェルで考えてゆかねばならぬ地点に立たされているはずである。

新しい映画運動の砦——質、量ともに国際的規模に高まった

フィルム・アート・フェスティバル

〈フィルム・アート・フェスティバル東京1968〉の予選審査が終わった。これは去年の草月実験映画祭をさらに発展させる目的で、草月アートセンターと季刊『フィルム』誌の共催で開かれる。

フェスティバルのプログラムは招待作品と公募作品の組合わせで組まれるが、今年は外国からの応募作品もあって、名実ともに特色ある国際映画祭になりそうだ。

公募部門は、作品の応募総数が七十四本、予選審査の対象となった作品が六十三本（そのうち外国作品が十本）もあり、去年の五十六本とくらべて量も多い。去年は五十六本という数字に驚いたものだが、今年も実はこれほど集まるとは思ってもいなかった。ともあれ作品の数が多いということは大事なことである。

むろん強調すべきことはその数だけではない。全体のレベルがなかなか高いのだ。去年とくらべて箸にも棒にもかからぬ作品がほとんどなく、おしなべて質的に向上しているというのが私の印象である。

しかし何といっても重要なことは、それらのほとんどが、既成の映画概念に全くとらわれないつくりかたをしていることである。長さも短いのが一分、長いのが三十七分までさまざまであり、作品の種別も、これまでのように記録映画とか劇映画とかに分けられないものばかり。それぞれが全く自由に、これが自分にとっての映画だというやりかたでつくっている。またごく数本ではあるが、マルチ・プロジェクションによるものもあった。

変わったところを二、三紹介すると、第一に話題になると思われるのが十八歳の高校生がつくった『おかしさに彩られた悲しみのバラード・Contradiction』という作品。さまざまな映画のパロディをたくみに生かしながら、笑いあり、諷刺あり、詩情ありでぐいぐいひきつける。自分たちの青春に対する批評意識といい、豊かで斬新なイメージといい、これが十八歳の少年の作品とは驚異というほかはない。私のお気に入りの作品である。

本選前にあまり作品評価を口にするのはさしひかえたいが、イタリアからはるばる送られてきた『But Me No Buts』（しかしは御免だよ）などは、自殺不能のモチーフで、三分ばかりのストップ・アクションの映像群を、えんえん三十五分もサイレントで繰り返して異様な雰囲気を漂わす。

これなど一方の極に位置する作品で、評価はさておき、大いにスキャンダラスな問題を投げかけそう。外国からの応募作品のなかには、すでに名も知られているヤルカット（米）のものもある。今年は時代を反映してか、ポップ調やサイケ調のものが目立つ一方、その逆にわざとベル・エポック風のオールド・スタイルをねらった作品もある。

予選は粟津潔、勅使河原宏、中原佑介、松本俊夫、山田宏一によって行なわれ、慎重な選考をへて二十五本（そのうち外国作品二本）の作品が入選、それらは映画祭のプログラムに組まれて二度ずつ上映される。最高賞、奨励賞、ATG賞を選ぶ本選は、植草甚一、佐藤重臣、武満徹、勅使河原、ドナルド・リチィ、中原、松本の七人によって映画祭中に行なわれ、最終日に結果が発表されるが、私としては授賞はあくまでもアトラクションであって、むしろ胎動しつつある新しい映画づくりの、一つの相互刺激の場として映画祭をとらえてほしい。

期間中応募作品をめぐってシンポジウムを計画しているのもその意味である。

ところで招待作品は、これまたすでに国際的に話題をにぎわしている一級品がぞくぞく集まった。ゴダールの『中国女』『ウィーク・エンド』をはじめ、ニュメッツ『祭と招待客』、スコリモフスキー『ウォーク・オーバー』、マイク・スノウ『波長』、トニー・コンラッド『フリッカー』など、いずれも大きな話題を呼ぶことまちがいない。国際的にも注目されているこのフェスティバルを、新しい映画運動の砦としてぜひ成功させたいものである。

変貌する映画

——〈フィルム・アート・フェスティバル東京1968〉

いま、映画はとてつもない変貌のただなかにある。

映画はゆきづまった、映画は下火だ、こんなことがささやかれ、事実、商業主義的な映画館が救いがたい衰退の一途をたどりつつあるさなかに、実はきわめて本質的な映画革命が、一方で着々と進行している事実を見落してはならない。

このことをはっきり示したのは、フィルム・アート社と草月アート・センターの主催で、この一〇月に開催された〈フィルム・アート・フェスティバル東京1968〉である。ここには内外からの招待作品一七本、公募作品二五本が上映されたが、それらは全体として、いわば映画そのものの概念すら、一度根底から考えなおさせるほどの「とてつもない変貌」を、すでにうち消しがたい確かさで現わしていた。

その一方の極に相変わらずの韋駄天ぶりを発揮しているのが『中国女』と『ウィーク・エンド』のゴダールである。もっともそれらについては、すでに飯島耕一が本誌一一月号〔『SD』一九六八年一一月号〕で触れているので、紹介の重複を避けようと思う。しかしにもかかわらず、何か一言でもつけ加えずにはおれない猛烈な魅力を、それらゴダールの新作はいっぱい孕んでいた。映画におけるみごとなブレヒト的方法の適用。しかもブレヒト主義がしばしば陥りがちな演繹的図式化の傾向を、いわばシネマ・ベリテ的な帰納的即興主義によって克服してゆく巧みさ。きわめてダイレクトに政治を扱いながら、決して素朴なアジプロ政治主義にならない驚異。言語の重視。しかもそれを映像との相乗作用によって、やはり映画的としかいいようのない独自な表現に構造化してしまうダイナミズム。多元的断片のコラージュ。

そんな具合に、いくらでも興味深い問題点がぞくぞくひきだせるが、要するにゴダールの魅力は、一言で言って、映画はこうしてはいけない、ああしてはいけない、あるいはこうあるべきだといったたぐいの、一切の既成概念から全く自由になっている点にある。ゴダールの映画をみていると、映画ではすべてが許されているという無限の地平線をかいまみる思いがいつもする。

映画の既成概念をこわすという点では、フェスティバルのアンダーグラウンド・シネマもゴダールとは全くちがった角度から、それを極限にまで押し進めている画期的な作業だといわねばならない。

たとえば去年のブラッセル映画祭でグランプリとなったマイケル・スノウの『波長』。窓側に向けられた空部屋のフル・ショットから、壁に貼りつけられた一枚の写真のクローズ・アップまで、何と四五分もかけてじわじわワン・ショットで近づいてゆく映画である。しかしその間、露出が変えられたり、フィルターが変えられたりすることで、その同じ空間が猫の眼のように変化するのだ。部屋の内部がよくみえるときは窓外が白くすっとび、窓外がよくみえるときは部屋の内部が真暗でみえなくなる。たとえばそんな奇妙な知覚的体験を自覚しながら、観客は次第に空間の本質についていろいろ考えさせられてしまうのである。

トニー・コンラッドの『フリッカー』はさらに極端である。ここでは映画はもはや何ものをも写さない。真白のコマと真黒のコマの、数量的バランスを変えてゆくだけで構成された映画であり、画面は文字通り、チラチラした光のフリッカー現象を起こすだけのものである。しかしそれがえんえん三〇分続くうちに、観客はこれまた不思議な幻覚的体験を味わわされるのだ。たとえば何も写っていないスクリーンに、何やら不思議な抽象的な形が現われたように、錯覚したり、薄い色彩がついたように感じたり、またフリッカーのリズムが変化するプロセスでグラグラ目まいがしたりするのである。

ところでサルトルが想像力の問題を追求しながら、「イマージュと知覚は互いに拒絶し合う」として、芸術的想像世界が成立するうえで、知覚が否定される契機が必然的にあることを指摘したことは有名である。しかし『フリッカー』では、むしろイマージュの成立がなく、あるのは知覚の暴力とエロスだけであり、しかもその体験が確実に感覚と思考の変革をダイナミックに迫ってくる点考えさせられざるをえない。

シャリッツの『かみそりの刃からのスリー・ループス』やジョージ・ランドウの『スプロケットの穴やエッジ・レターや汚ない粒子などがでてくる映画』は、三台ないし二台のマルチ・プロジェクションの作品で、それはスノウやコンラッドとはまた全然ちがう実験をしていて刮目させられるが、ともあれアンダーグラウンド・シネマが、過去の映画とはおよそ断絶したフィールドで、「もうひとつの映画」の可能性を、きわめて多角的に切り開いている事実は、もう少し正当に評価される必要がある。

その点もっとも真剣に考えさせられるのは、それらの新しい映画動向に刺激を受けながら、お膝元の日本でも、この一、二年、いわゆる五社の映画界とは全くちがったフィールドから、急に続々と若いフィルム・メーカーたちが誕生しつつある事実である。今度のフィルム・アート・フェスティバルにも、予選の対象となった作品が六三点——うち外国作品一〇点も集まったことは充分注目しなければならない。むろん質の問題はぬきにはできないにせよ、いまの段階ではその数だけでも無視できない意義があるからである。

しかもその質も、全体の水準は決してばかにできないものであり、去年行なわれた草月実験映画祭の応募作品より、全体として向上していることを見落すわけにはゆかない。フェスティバルに上映された二五本の作品は、それら六三点のうちから予選を通過した作品であり、それぞれがどれも容易には甲乙をつけがたい魅力をもっていた。そのことは授賞作品の銓衡に当った審査委員の誰もが感じたことである。

最高賞一名、奨励賞三名、日本アート・シアター・ギルド賞一名の授賞選考は、フェスティバル期間中に、植草甚一、武満徹、勅使河原宏、ドナルド・リチイ、中原佑介、佐藤重臣、松本俊夫の七名によって行なわれ、その結果は最終日に発表された。最高賞は原正孝『おかしさに彩られた悲しみのバラード』、奨励賞は島村達雄『透明人間』、桂宏平『うたかたの恋』、中井恒夫『パリュウド』、アート・シアター賞はやはり原正孝作品にダブって与えられたのである。

最高賞とアート・シアター賞を独占した原正孝は、今年わずか一八歳の高校生である。作品は全体が八章に分かれた断片的エピソードのコラージュであり、映画に憧れている少年が、ようやく一本の映画を撮るに至るプロセスが縦軸におかれ、その間にいろいろなことにぶつかり、考えたり感じたりしたことがエピソードになっている。しかし何より感心するのは、この作品には奔放でみずみずしいイメージが充溢しており、映画をつくることへの心の高まりが、その自由な破格的表現を深く支えている点である。私など既成の映画のかなりいいものより、よっぽど刺激を受けたといってもいい。

奨励賞以下その他の予選入選作品も、多様な傾向をもちながらも、共通して言えることは、いずれも映画の既成体質を否定して、映画というもののとらえ方自体において、思いきり大胆に自由になろうとしていることである。二、三年前アメリカのアンダーグラウンド・シネマのすぐれたリーダー、ジョナス・メカスは「いやま一切の映画の定義は溶解したという点にもっとも重要な意義がある」と書いたが、そろそろ日本にもそういう状況が現われはじめている。

そのような胎動を背景に日本にも反既成の映画作家の集団「ジャパン・フィルム・メーカーズ・コーポレーション」が誕生したこと、あるいはフィルム・アート社によって、それに呼応した斬新な映画雑誌『季刊フィルム』が発刊されたことなど大いに注目したい。

血は混合《アッサンブラージュ》するほどよし

――ゴダールの『中国女』と『ウィーク・エンド』をみて

「十月革命以後五十年を経た今日、アメリカ映画が世界の映画に君臨している。この事実と状況にさらに付け加えるべきものは大してないが、ただ、われわれのつつましやかな次元において、われわれもまた、ハリウッド、チネチッタ、モスフィルム、パインウッドなどの巨大な映画帝国の真っ只中に、第二・第三のヴェトナムをつくらなければならぬ」

　ゴダールが『中国女』を撮り終えた後、こう宣言したことは有名である。私たちはその具体的な実践の一端を、『ベトナムから遠く離れて』のゴダールにみたが、今度〈フィルム・アート・フェスティバル東京１９６８〉に送られてきたゴダールの新作二本をみて、彼が「第二・第三のヴェトナム」をどう構想しているか、ほぼそのヴィジョンをまのあたりにとらえ得たように思う。新作二本とは『中国女』（六七年）と『ウィーク・エンド』（六八年）のことである。

　『気狂いピエロ』で一つの頂点に到達したゴダールは、『男性・女性』以後、明らかに新たな目標に向って歩いている。『男性・女性』では、それはまだウォーミング・アップにすぎず、結果としては不燃焼の小品にとどまったという印象を否定できない。にもかかわらず、そこには確実に何か新しい胎動がはじまっていた。私もある座談会で「ワイダが『夜の終りに』を一歩突きぬけたところで『二十才の恋』の「ワルシャワ」篇に到達したように、ゴダールもこれをもう一つ突きぬければ何かでてくるかもしれない」と語ったが、ゴダールの新しい試行は『中国女』『ウィーク・エンド』に至って、はっきり結実したとみることができる。

　それは何か。現在その衝撃と興奮の只中にある私としては、まだそれをすっきり論理化するだけのゆとりはない。しかしあえて言うならば、ゴダールは古典的な政治映画のパターンを完全に超えた地点で、およそ大胆に映画を政治にかかわらせながら、映画の芸術的可能性を驚くべき自由さへと解き放っている。

　『男性・女性』『中国女』『ベトナムから遠く離れて』『ウィーク・エンド』とみて、第一に目立つ特徴は、いわゆる社会的現実との呼応関係が強まっている点である。とりわけそれらの素材やモチーフに、きわめてアプ・トゥ・デイトな政治問題がとり入れられていることは無視できない。しかしそのこと自体は、かならずしもゴダールにとっての新しい局面でもないのだ。それ以前にも『小さな兵隊』や『カラビニエ』があるからである。また直接政治を扱ったものでない場合でも、ゴダールの作品には、常に深い現実凝視の批評性が貫かれている。事実、状況の歪みを鋭くみすえながら、その絶望と願望の淵を、愛と自由の問題として生き続けてきたのがゴダール映画にほかならない。

にもかかわらず、『男性・女性』以後のゴダール作品は、現実との対応のしかたが、時事的といっていいほどにダイレクトになっている。それも政治・思想問題から、社会・風俗問題までさまざまであり、とりわけしつこく扱われだしたのがヴェトナム戦争と左翼の状況、そして、第三世界や中国をふまえた革命の問題である。あるいはかならずしも時事的というわけではないが、売春や身売りの問題、またアメリカナイズされた生活とか、腐蝕したブルジョワ的日常性の問題もくりかえし扱われている。その点では「実人生に復帰すべき時である。澄みきった新たな眼をもって、現代社会の中へ突入してゆくべき時である」とゴダール自身書いているように、彼の最近作は、以前にもまして一段と映画を現実に近づけ、同時にまた現実を映画に近づけるという考えに徹してきた。

むろんその背景には六〇年代後半の状況の変質がある。ますます危機を深めつつあったヴェトナム戦争、ヴェトコンや北ヴェトナムの驚くべき反撃と勝利、中国の文化革命や米・阿のブラック・パワー、圧倒的な影響力で世界をゆさぶり続けるゲバラの思想、総じて第三世界の激動する革命的エネルギーが、豊満な死の澱みに喘ぐ西欧の日常性を、荒あらしく引裂くに至ったのだ。しかも西欧では、共産党をはじめ既成左翼はことごとく牙を抜かれて、ほとんど現体制にとって危険な存在ではなくなっている。その苛立ちこそたとえばスチューデント・パワーの基調音にほかならないが、ゴダールもいわばそれと同じグルンドから表現へと駆りたてられていることは明かである。

たとえば『中国女』は、フランスの五月革命をほぼ一年前に予言した作品だともいえる。ギョームは「共産主義にはふたつの形があるということを証明する。危険な共産主義と危険でない共産主義とだ。ジョンソンが闘わねばならぬ共産主義と、逆に彼が手をさしのべる共産主義とだ」と語り、ヴェロニクは大学の閉鎖をめざしてテロリズムに走る。彼らはモスクワとフランス共産党に反対して、「だからこそ私たちは、私たちの理想を数千キロも離れた北京に求めざるをえないのよ」と言う。「すべての道は北京に通ず」というわけである。

映画から出発し、映画に到達する

ゴダールは、ちょうどレネが『二十四時間の情事』で、ヒロシマの男をほとんど絶対性の領域に置いたように、北京と毛沢東をほとんど偶像の位置に置いている。モスクワはもちろん北京にも批判的な立場をとる私としては、ことを政治的・思想的には、この映画のいたるところにいちゃもんをつけることができる。引用された毛沢東語録やその恣意的な引用のしかたには、とりわけ一言も二言も言いたいことがある。しかしそのことから映画そのものを否定するというやり方を私はとらない。私はむしろ、この映画全体を通して、ゴダールが状況変革の糸口を必死に模索していることに素直に感動するからである。

私が重視するのは立場や結論のプロパガンダではなく、アプローチや問いかけのプロセスにこめられた、作家的情念のテンションとヴェクトルである。でなければ、私はむしろレーニンや毛沢東を読んで、映画をダシにすることなく、政治や思想を直接語った方がいい。したがって、たとえ政治的・思想的により共鳴できる結論が語られていても、その模索の対象化が作家的でない場合は、私はそんな作品に感動することはないだろう。ゴダールも言うように、前提的に確認しておかねばならぬことは、「映画から出発し、映画に到達するという了解」である。

まさにこの点に、ゴダールがおよそ大胆に政治を扱いながら、決して素朴な政治主義におち込まない秘密がある。私がゴダールの近作に衝撃を受けたことの一つは、政治主義の克服ということを、「異議なし」とか「ナンセンス」とかの政治的共鳴や反発の再確認しかひきだせないレベルから、政治の根底への作家的・思想的な問いかけのレベルへ向うことで、前向きに超えようとしていることである。

その意味で、アプ・トゥ・デイトな時事的問題に表現衝動をかきたてられること自体を安直というわけにはゆかない。むしろ今日的状況の下では、現実生活のあらゆる断面にひしめき合っている刺激的な題材に、強い関心をもたない方がおかしいからである。その点に関連して、ゴダールは『中国女』にかかる前に、「私に夢があるとすれば、それはフランスのニュース映画製作の総元締になることだ」と書いた。それも「テレビこそ現代社会の最も輝かしい表現手段の一つであり、精密なドキュメントからなる完ぺきなテレビ・ニュースほどすばらしいものはない」というわけである。しかしアメリカのテレビが資本の奴隷となっているように、国営のフランス・テレビは国家権力の武器にすぎない。そこで「このテレビでこそ可能でありながらテレビではできないこと、つまり現代フランス社会の真のニュース・トピックを映画で実現させなければならない」という主張となって、これが時事性を強める論拠ともなるのだ。

しかしニュースと言っても、ゴダールが言うニュースは、普通の意味でのニュースとはおよそちがう。『中国女』のティーチ・インで、ギョームが「ニュース映画に関していつわりの思想が横行している」と語っているのは、その意味で興味深い。ギョームは、ニュース映画の父がリュミエールだという定説はまちがいで、むしろフィクション映画の父とされていたメリエスの方が、よりニュース映画的だったという。「彼は月世界を撮った。またユーゴスラヴィア王のファリエール大統領訪問を撮った」「彼はニュース映画をつくってたんだ。それはたぶん再構成されたニュース映画だったろうけど、つまり、それが彼のつくり方だったわけだけど、しかし、それは真のニュース映画だったんだ」「メリエスはブレヒト的だったとさえ言える」、こう語るギョームのニュース映画論は、この場合そのままゴダールの意見とみていいだろう。むろんここで注目すべきことは、はたしてメリエスがニュース映画の父だったかどうかということではない。むしろゴダールがニュースという時、実は彼はそれを彼なりのやり方で再構成したものとして考え、それをブレヒトに絡めてイメージしているということである。

ゴダールはブレヒト主義の意識的適応か

この点をふまえるとき、ゴダールの映画が、きわめて時事的な題材をダイレクトにとり入れながら、それが決して素朴主義になっていない秘密の、いま一つの側面をみることができる。そういえば彼の映画のアクチュアリティは、決していわゆる現場の迫真性にすりかえられてはいない。事実の断片は、よくみると二重にも三重にも虚構化されているのだ。ダイレクトな素朴が、不思議にナマに感じないのはそのためである。その点について、ゴダールは『中国女』のキリロフのセリフをかりて、「芸術は見えるものを再生するのではない。すべてを見えるようにするのだ」「この想像性は現実の反映ではない。それはこの反映の現実なのだ」と述べているが、「反映の現実」性によって、「すべてを見えるようにする」という思想は充分傾聴するに値いする。

ところでキリロフが芸術論を開陳している間、ギョームが、黒板にびっしり書かれた古今東西の芸術家の名前を、次つぎと雑巾で消してゆくショットがある。モリエール、ピンター、ウィリアムズ……、そして最後にただ一つ残される名前がブレヒトなのだ。ゴダールは明かにブレヒトを強調しているのである。むろんこれまでにもブレヒトの影響は、『女と男のいる舗道』あたりから、次第にゴダール作品に色濃く現われていた。しかし『中国女』や『ウィーク・エンド』となると、これはもうブレヒトの影響というよりは、映画におけるブレヒト主義の意識的適応である。

そのことによってゴダールの近作が大きく変った点は、何よりも階級的変革思想の重視、叙事的方法とスタイルの徹底、認識的契機と教育性の強調ということである。そういえば、ゴダール独得のニヒリズムが影をひそめ、ラスト・シーンに一種の戦闘的オプチミズムすらが感じられるようになったことは、これまでのゴダールからは想像もできなかったことである。だいいちヴェロニクのようなタイプの主人公は、かつてゴダール作品には一度も登場したことがない。ベルモンドからジャン・ピエール・レオへ、アンナ・カリーナからヴィアゼムスキーへ……。この俳優の変化にも、そのあたりの事情はよく現われている。

と同時にゴダールの近作は、観客を醒めさせる異化効果の配慮が一段と強まってきた。『ウィーク・エンド』には、「これは映画よ」とか「どうせ架空の人間だ」といったセリフが続出するが、これは劇の進行を中断する各種のサブ・タイトルや、カチンコの挿入、音楽のブツ切りなどと共に劇にすんなりのめりこむ意識をひき剝がす。ソングの使用、劇中劇、ティーチ・インなども、同様の意味で、観客の批評的認識をうながす叙事的方法として考えられているわけである。しかし私がとりわけ興味深く思われるのは、それらの異化効果が、意外性をテコに非日常的な感覚の錯乱をひき起こしながら、私たちの想像力をダイナミックにかきたてずにはおかない点である。私たちは映画をみながら、いったいどうなってゆくのかという予測がまるでつかない。あらゆる約束事が御破算にされ、めまいがするほどの自由さの中に解き放たれるのだ。

おそらくその点において、ブレヒトとゴダールには若干のちがいがある。むろんブレヒトの想像力も自由奔放であり、その舞台はひとひねりもふたひねりもした意外性が続出する。しかし、それは比較的ストレートに、何らかの認識へと収斂する。到達すべき地点はあらかじめ先取されており、そこに導く語り口の方法として、すべてはあまりにも整合され計算の枠内に奉仕しすぎている感を否定できない。その点ブレヒトは案外演繹的であり、古典的なまでに合理的である。

しかしゴダールは、一方できわめて即興的な作家であり、アプローチのプロセスをそのまま創作過程として展開すると同時に、そのプロセスをそっくり作品の表現構造に深くすえようとし続けてきた。簡単に言って、つくり終るまでは、自分でも本当はどうなるのかわからないというところがあり、そのプロセスがまるごと作品化される点に特徴がある。そこにゴダールがメルロ・ポンティに共鳴する理由があるのだが、いわゆる演繹的な「上空飛行的思考」を排して、「いま・ここ」の視点から「まさに生まれ出でんとするロゴス」に「身体的に」立会おうとするポンティの現象学は、そのままゴダールの方法意識に深くつながっている。ゴダールが『中国女』の冒頭に、「今まさにつくられつつある映画」というタイトルを入れたのは、映画の現実的な内容と同時に、そのアプローチの方法においても、まさしくプロセッシヴなものだということを意味したかったからにちがいない。

そのあたりに、ゴダールの映画からは、いま一つジャン・ルーシュらシネマ・ヴェリテの方法を自己のうちに止揚しようとする作業があることを見抜く必要があるが、実はゴダールの独自性は、それを更にブレヒトと統一しようとしている点にあると言ってよい、つまり最近のゴダールは、認識の契機を大胆な構想力によって異化的にひきずりだそうとするブレヒトの方法をますます中心にすえようとする一方、ブレヒト主義がしばしばおち込みがちな上空飛行的な演繹法の欠陥を、シネマ・ヴェリテ的な流動的帰納法でのりこえようとしているのである。あるいはシネマ・ヴェリテのプロセッシヴな思考法のダイナミズムを根底においてふまえつつも、そのままでは全体化の思想的契機をもたないシネマ・ヴェリテの欠陥を、まさにブレヒトによって止揚しようとしているのだ。

したがってより厳密に言うならば、『男性・女性』以後『中国女』『ウィーク・エンド』に至るゴダールの斬新さは、その両者の統一のしかたにあると言い直すべきだろう。しかも『気狂いピエロ』までのリアクションとして、今度は「私」の情念の自己表出という面からではなく、新たに客観的な論理の側からイメージの運動へという課題を設定しているようにみえ、そのことが、当面はよりブレヒトにウエイトをかけるという現われかたをしているように思えてならない。

痩せた純血主義の告発とゴダールの試行錯誤

『中国女』を頂点とした演劇性と言語の重視は、その当然の帰結であろう。むろん饒舌家のゴダールは、以前から映画でよくおしゃべりをした。ブリス・パランなどの特別出演者に長ながとしゃべらせるシーン、本を読んだり、インタビューをしたりするシーン、あるいは画面の中の文字を読ませたりするシーンはこれまでにもあった。

しかし『男性・女性』以後は、言葉によるコミュニケーションの比重は、比較にならないほど大きくなっている。はやい話、それらはスーパーがなくては映画全体のイメージをとらえることができない。つまりは素材やモチーフが、抽象度の高い概念の領域に深入りしているということである。文化革命の問題、暴力とヒューマニズムの問題、思想やモラルの問題、文化行動や巡回演劇の問題、ソ連や西欧共産党のブルジョワ化の問題、あるいは第三世界の問題、ヴェトナムの問題、西欧文明や国家の問題などを、次から次へとひっきりなしに詰込もうとする以上、どうみても言語に多くを依拠せざるをえない。

「ぼくはメクラになりたい。語り合うためには、そのほうがいい。まじめに耳を傾け合えるだろうから」、『中国女』でこう語るギョームは、多分そのままゴダールを代弁しているとみることができる。事実ゴダールは『中国女』のあとのインタビューで、たとえばヴェロニクとジャンソンの対話のシーンなどは、「眼をつむってもいいから、とかく聞いてくれることを願ったのだ」と語っているからである。彼は更に、「私たちは語り部に耳を傾けることをやめた瞬間に、実に多くのものを失ってしまった」、あるいは「人びとはまだ映画の見方と共に、聞き方を知りえていない」とも語っている。つまり、ゴダールは明かに言語的コミュニケーションの復権を主張しているのだ。

このことは単純に先祖帰りを意味するのであろうか。むろんそうでないことは、ゴダールの作品じしんに立戻れば明らかである。『中国女』にせよ『ウィーク・エンド』にせよ、それは映画以外の何物でもなく、そのトータルな表現は決して安直に言葉に置きかえられる代ものではない。ゴダールはヌーヴェル・バーグの初期、映像に固有な表現の自立をはかって、これを文学や演劇、したがってまた言語の直接性からひき剥したが、いまではその極限から再び別の次元で、言語の直接性すらも、映画表現の重要なエレメントとしてとらえかえそうとしているのではないか。そしてその裏には、安直な感覚主義や純粋化論の流行に対するアンチ・テーゼが意図されているように思われる。

ここまできて、私たちはそもそも映画というものが、本来的に雑多な要素をその内にとり込むことによって豊かな表現力を獲得してきたという事実に思い当らざるをえない。正確に言うならば、映画はその混血主義によって、映画表現の固有性すら確立してきたのである。よく考えると、ゴダールは自分のフィルムに、ありったけのものを叩き込むという信念を徹底しているだけなのだ。事実ゴダール自身、「限界などあってはならない。すべてが演劇であり、すべてが映画であり、すべてが科学であり文学である。混合すればするほど、すべてはよくなるのだ」と語っていることがそのことを裏付けている。

この単純な真理は、映像表現の固有性と自立性を云々するあまり、ともすると痩せた純血主義におち込みがちな現代の芸術映画に、明かに一つの重要な警告を突きつけている。そのことは『ウィーク・エンド』にでてくる音楽共闘会議のシーンの現代音楽批判にも関わることであり、大いに考えさせられる問題である。とは言うものの、むろん何でもかんでも映画に叩き込めばいいというものでないことも明かである。思想も才能もないものがこれをやったら、ただただデタラメになること受け合いであり、ゴダールはその困難な課題を、ほとんど奇跡的に突きぬけているのだ。その意味では、ゴダールの新作にみられる圧倒的な魅力は、実は一見とうてい不可能とみえる諸もろの血液を、きわめてダイナミックに混合（アッサンブラージュ）している点にあると言える。そして私たちは、映画はこうあるべきだとか、映画はこうしてはいけないだとかの、あらゆる既成観念から解放され、眼前に開かれる無限の自由の前に圧倒されるのである。

『ウィーク・エンド』のあと、ゴダールは更に二本の新作をつくっている。それがどんなものかは全くわからないが、ゴダールの試行錯誤はゆきつく先を知らないかのようである。『ウィーク・エンド』に新たに現われだした現実と幻想の混合がどのような新たな展開をみせるか。あるいはまた一度背景に退けられた「私」の自己表出の側面、『気狂いピエロ』までの基調音ともなっていた愛と孤独の問題、それらが、今後この論理性と客観性にどう絡みだすであろうか。ゴダールに対する私の関心と期待は、ますます強烈につのる一方である。

映画表現にとっての「変革」の位相はどこか

――小川紳介の政治煽動道具論への疑問

本紙〔『日本読書新聞』一九六八年〕十二月二十三日号の「映画1968」（佐藤静子）を読んで、私は何ともムカムカした気分になった。佐藤が持ちあげた作品に私が同意できないからではない。そのこと以上に、佐藤がそれらを評価する理由として、「〝逃げ〟のドラマではなかった」ということを強調している点が気にくわないのだ。

佐藤が問題にするのは、もっぱら筋と主人公である。しかもそれらのごく表層のコンテクストのみを論じつつ、たとえば主人公がだらしなく敗北するのはダメで、「時至れば、逆にお返しする〝お礼参り〟の手がある」とか、「殺されるよりは殺した方がいいし、逃げずに突込んで行った方が効果的」だなどどバカゲタことを言う。ひと頃よく社会主義リアリズムの信奉者たちが、ふた言目には「積極的主題」だの「肯定的主人公」だのと口走る光景があったが、佐藤の批評基準も原理的にはそれと同じである。

時代の病根を抉れ

そこには第一に、主人公を作家と同一視する幼稚な錯覚がある。あるいは主人公への共鳴や反発をそのまま作品に対する共鳴や反発にすりかえてしまう混同がある。しかし作家や作品が、「たとえひと太刀でも憎き社会へ斬り込むべく必死の努力」（佐藤）をしているか否かは、そんな水準にはない。それは作品のトータルなイメージ、トータルな論理、トータルな情念が、どれほどの深さと方向性をもって、時代の病根を抉っているかにのみかかわるものである。

こんなことは初歩的前提である。少くとも思想的には、一九五十年代後半から六十年代の初頭にかけて、すでに基本的に明かにされた問題である。にもかかわらず、亡霊はくりかえし新たな衣裳を装って現われるものらしい。七十年安保が近づくにつれ、この手の安直な政治主義は、いわゆる反代々木系の映画左翼においてすら、いまやその主流にまで復活してきているのだ。

一九六八年において、そのことをあからさまに示したリトマス試験紙こそ、小川紳介の『日本解放戦線・三里塚の夏』にほかならない。私はこれをある大学祭でみたが、すっかりアジられ興奮した学生たちは、たとえば威勢よくデモ隊が敵に立向う姿や、農婦が団結を口にする表情に強い共感の拍手を送っていた。しかしこの共感の拍手は、明らかに「素材」と「姿勢」に対する政治的タウトロギーである。

政治主義への傾斜

『三里塚の夏』に寄せられた数かずの讃辞は、概してこのレベルのものなのだ。それは無邪気な政治青年たちから、れっきとした作家・評論家に至るまで例外ではない。「反権力の立場が明確だ」「カメラが一貫して闘争派の内側にある」「カメラを武器として闘っている」、彼等は異口同音にこう指摘する。だがこういう言いまわしは、「階級的立場」だの「カメラ武器説」だのを、十年一日のごとく言い続けてきている代々木の政治優位論と、どこでどれほど本質的にちがうのか。

小川紳介は可能か

むろん小川の作品は、ひと昔前の「政策の絵とき」にすぎないアジ・プロ映画と同じではない。政治イデオロギーも映像感覚もちがっている。その間にはそれなりの歴史があったのだから当然だ。だが私が問題にしているのはそんなことではない。問題は彼が時代や状況と作品の関係をどうとらえているかであり、その表現構造において、たとえば『三里塚の夏』は亀井文夫の『砂川』をどれほど本質的に超えているかということである。

小川はあるインタビューで「この作品を見終ったら見た人が三里塚へ行きたい感じにしたい」と語っている。私は映画をこういうダイレクトな政治煽動の道具とする考えに反対である。『圧殺の森』の小川だったらこんな愚かなことは言わなかったろう。『現認報告書』から『三里塚の夏』にかけて小川は明かに政治主義の道を突っ走っている。

私に言わせると、躓きの石は現場至上主義という物神にある。それはすぐさま事件主義にまでゆきつかざるをえない。こう言えば「現場にカメラで参加することの苦闘」について、幾多の反駁が投げつけられることだろう。だが私に言わせれば、そこに決定的に欠落しているのは「状況を根源的虚構性のなかに創出する芸術的苦闘」なのである。

どの位相において

芸術なんてどうでもいい、というのなら私には言うことはない。その一点をはずすなら、むしろ「政治の武器」として「映画というメディア」が利用されることじたいは結構である。問題はその種の映画が、今日映画芸術の最も先端的な課題であり、誰もが見習うべき規範であるかのように語られることにある。そして創造と批評の範疇に、政治モラルが安直な価値尺度としてすべり込むとき、再びどうしようもない頽廃がはじまるのだ。

一九六八年を振返ったとき、私はこのことこそどうしても触れておかねばならない焦眉の問題のように思われる。この一年間には、一方で鈴木清順問題をはじめ、近くは国学院大学映研問題、『山谷68冬』の竹中プロ問題などが次つぎと起り、他方では反五社的な独立プロ運動がかつてなかったほど活発化してきているだけに、状況のダイナミクスを安易な政治主義へと収斂させてはならない。

仙波輝之のように、放っておくとすぐ「小川プロと他のプロダクションというのは基本的に違うんではないか、それをはっきり踏まえたうえで、そういう意識のもとに意見をだしあっていかないと」などと、きまって軽卒にアジリまわる輩が続出しそうな気配を、いまの映画状況はただよわせているからである。

この程度のことは、頭を冷やして少しまじめに考えれば誰もがすぐわかることなのだ。真に究明さるべき問題は、反権力とか反既成ということを、創造運動ははたしてどのレベルでとらえるべきかということである。むろんそれは映画表現が「変革」を問題にするときそれはどの位相においてかという設問を内包していることは言うまでもない。一九六九年の冒頭に当って、私がとりわけ言っておきたいことはこのことである。

エキスパンデッド・シネマと現代

本誌前号（『季刊クリエティビティ』一四号）で、岸井保氏の「Message is Media」を興味深く読んだ。私は広告のことはよく知らないし、人並み以上に強い関心があるわけでもない。しかし、氏が興奮して語っておられるマルチ・メディアの問題には、私も私なりに大いに関心がある。

マルチ・メディアについては、私もまたこれまでに「環境芸術の思想」（拙著『表現の世界』収録）（本書二一〇頁を参照）、「投影芸術の課題」（『朝日新聞』68・5・28夕刊）（本書二六五頁を参照）などを書いたり、三台のプロジェクターを使って『シネマ・モザイク＝つぶれかかった右眼のために』（草月ホール、68・4ほか）という作品を作ったりもした。したがって、すでにそれらを読んだり見たりした方も、あるいはおられるかもしれない。しかし、その後、私としても、大阪万国博の《せんい館》のために、マルチ・メディアによる作品『スペース・プロジェクション・ＡＫＯ』を作る関係上、やや調べたり考えたりしたこともある。そこで、今回はそれらのことを、去年と今年、アメリカその他で見聞きしてきたことなどをふまえつつ、私流のマルチ・メディア論として書いてみたい。ただし、私はそれを広告論としては書けそうにないので、その点はあらかじめお断りしておく。

マルチ・スクリーンの歴史

さて、マルチ・メディアは、インターメディア（複合メディア）とも、エンバイラメント・アート（環境芸術）とも言われる。そのなかでとくに映像が主体となったものが、エキスパンデッド・シネマ（拡張映画）、ないしプロジェクション・アート（投影芸術）である。モントリオール万国博で一躍話題となったマルチ・スクリーンは、その中心的なものではあるが、なおその一部でしかない。同一スクリーンに多重投影するもの、被投影体がスクリーン以外のもの、他のメディアとミックスされたものなど、その範囲はかなり広いからである。しかし、それらはいずれも、従来の映画概念をエキスパンドしようとしている点で、共通の基盤に立っている。

ワン・プロジェクター→ワン・スクリーンの古典的投影法から、映画の可能性をエキスパンドしようとする試みは、実はかなり昔からあった。資料によると、それは一九〇〇年のパリ万国博にまで溯っている。そこにはすでに、グリモアン・サンソンという人が、一〇台の映写機を使った三六〇度映画を出品しているのである。それは「シクロラマ」と名づけられているが、実際には火災の危険性が生じたため、一回映写しただけで公開を禁止されたという。おそらくそれ自体は素朴な見せ物だったのであろうが、映画が誕生して間もなく、すでにそういう試みをした人がいたということは驚嘆しないわけにはいかない。

マルチ・スクリーンが成功した例としてよく知られている最初の業績は、アベル・ガンスの『ナポレオン』（一九二五）である。これは「トリプル・エクラン」と呼ばれ、三台の映写機と横に接続した三つのスクリーンが使われている。これは日本にも来たのだそうだが、私はまだ生まれてもいなかったから、むろん見てはいない。しかし、これを見た人の話によると、三つの画面は、ときに三様の異なる映像になったり、ときに連続したワイドの効果となったり、なかなか変化にとんだ演出をしていたという。これまた完成度は別として、今頃ただいくつかのスクリーンを並べることしか考えていない人には、心胆を寒がらせるにたる先駆的実験である。

ワイド・スクリーンとインボルブ

私の考えでは、これら初期のエキスパンデッド・シネマは、すべて画面の拡大と変形の欲求から生まれている。むろん、その大方は、単純にスペクタクルを求める気持と、お客の好奇心をかきたてようとするだけの見せ物意識にすぎないものだった。しかし、その欲求の根拠と意義を、前向きに追求しようとする試みがなかったわけではない。

たとえば、エイゼンシュテインである。彼は「ダイナミック・スクエア」という論文で、正方形スクリーンの主張をしているが、その主張は、摩天楼や工場の煙突のように、ますます空に伸びてゆく現代文明を表現するために、今後はスクリーンの垂直軸を強めねばならないという考えに基いていた。むろんその考え自体は、独断的でもあり、幼稚でもある。しかし、映画形式の変革ということを文明論の観点からとらえ、そのことが時代の新しい思想と表現をもたらすと予言したことの意義は大きい。

このことは、マルチ・プロジェクションやエキスパンデッド・シネマに見せ物的な興味しか示さないもの、あるいは単に形式的な実験にすぎないとして一笑に付すものに、根本的な問題をつきつけている。事実、映画そのものがそうであるように、はじめは技術と好奇心の産物としてしか現われないものも、そこには歴史の必然があり、その自覚の掘り下げからは、かならず時代表現のアクチュアルな可能性が開かれるということである。

身近な経験では画面のワイド化の列がある。ワイド・スクリーンは、一見、テレビに対する映画資本の商業主義的対抗策として現われた。その段階では、ワイド化はスペクタクルの観点から見せ物的興味をひくか、あるいは映画のフレイム意識を弱めるものとして、芸術的にはむしろネガティブにみられるかであった。

しかし、ワイド・スクリーンは、やがて私たちに不思議な体験を自覚させるようになったのである。それは「向う側に見る」視点に対して、「内側から見る」視点への変化、つまりインボルブの体験にほかならない。

マルチ・スクリーンには、このワイド化の要素と、情報の多元化の要素がある。そして、この多元的映像の複合された総体にインボルブされる体験は、不思議に現代の存在感覚に拮抗し合っている。

そういえば、現代の特徴は、一見、脈絡を欠いて輻輳する諸現象が、激しく変化する流動状の重層過程として、一つの混沌とした全体を作りあげている点にある。しかも、私たちは、もはやそれらを自分の向う側に、一挙に透視できるような主体ではありえない。むしろ私たちは限りなく断片化され、その混沌とした環境の中に包みこまれている。そのような現実をあるがままにみつめ、なおそこから現実と自分の関係をトータルにとらえかえしてゆくには、どうしたらいいか。こういう課題意識をつきつめてゆくとき、明らかにその一つの手がかりとして、マルチ・プロジェクションの問題が浮かびあがってくる。少なくとも私のアプローチはそうなのである。

フィリップス館の実験

実は私にそんな考えをはじめて抱かせた作品は、一九五八年のブリュッセル万国博で、コルビュジェ、クセナキス、バレーズが合作したフィリップス館の実験である。建物はフィリップス・ラジオ・コーポレーションのために、コルビュジェとクセナキスが設計したもので、それは独得の空間概念から、連鎖し合う一連の双曲面や抛物面を構成するよう、外部は三つの尖端を持つサーカス・テント式に、内部はPB方式によって牛の胃袋状に作られ、その内部壁面には約四〇〇個のスピーカーが設置された。

そこからは、バレーズの電子音楽「ポエム・エレクトロニク」や、建築家でもあり作曲家でもあるクセナキスの

「コンクレＰ・Ｈ」などが激烈にサウンドされ、同時に平行して、コルビュジェによって選ばれたアフリカ土人の顔や原爆のキノコ雲など、写真やコラージュ、あるいは印刷物などの映像が次ぎつぎと投影されたのである。

私はブリュッセルの万国博には行っていないので、これをじかに見たわけではない。しかし、その話を聞いたとき、私は眼の前が急に開けてゆく思いがしたものである。サウンドと映像が不確定的に衝突し合う、その渦動状況こそ、私たちを現代の内臓にひきこむ未開の体験域ではないかと直観したからである。

だが、これはあくまで私の想像である。実際はもっとちがったものだったかもしれないし、それほどのでき栄えではなかったかもしれない。しかし、少なくともその構想には、私にそんな想像をかきたてさせずにはおかない明確な思想がある。

同じくインボルブするといっても、ディズニーランドの三六〇度九面スクリーン『美わしきアメリカ』や、ヘミス・フェアで見たテキサス館の三六〇度三六面スクリーンなどには、そんな感じはない。前者は要するにスペクタクルな超ワイドの観光映画だし、後者は小ぎれいにレイアウトされたマルチ・カタログ・タイプのＰＲ映画である。この手のものは、エキスパンデッド・シネマじたいの物珍しさを除けば、その凡俗さはちょうど初期のシネマに相当する。

私の独断的な感想では、ヘミス・フェアはもちろん、モントリオール万国博も含めて、それらに出品されたエキスパンデッド・シネマの大半は、その程度のものである。むろん、そのいくつかは大いに刺激的だったということを、私もまた認めないわけではない。

モントリオールでは、チェコの『ディオ・ポリエクラン』や『ラテルナ・マジカ』、カナダの『ラビリンス』や『われら若もの』、あるいはテーマ館の『人と極地』やクリスチャン・パビリオンのマルチ・プロジェクション、ヘミス・フェアではせいぜいアメリカ館の『ＵＳ』あたり。そのへんからは、私もいろいろ触発されるところがあったのである。

それらには、まがりなりにもオリジナルな考え方が提起されていた。シネマをエキスパンドする必然性を表現の根拠に持っており、そのシステムにそれなりの思想が感じられたということである。しかし、それとても、具体的な作品のモチーフやイメージとなると、システムの構想力とくらべて、全体にその追求度が貧しいということを否定できない。

ヘミス・フェアUS館の創造的価値

たとえば、きわめて評判が高かったヘミス・フェアの『US』。ここでは、最初、それほど大きくはない劇場の正面に、上下に分割された二面スクリーンが現われ、その二つの映像が分離したり一つになったりしながら、アメリカの今日を象徴するさまざまなイメージが展開する。そして、そのなかから、黒人に対する人種差別の現実がひときわ大きく浮かびあがってきて、「おや?」と思った途端、突然、客席の両わきの壁が天井に向ってはねあがり、一挙に劇場空間全体が爆発的に広がるのである。それが、実は壁にしきられて、同じ部屋が三つ並んでいたのだと気づくのは、その一瞬直後にほかならない。そして、その瞬間から、スクリーンも三つが一つに同化して、巨大なワイドの画面へと変貌する。

この不意打ちの効果は圧倒的である。しかし、その効果は、決してただ人を驚かせるための思いつきではない。アメリカがいまなお抱えている人種差別という膿疱を、あえて万人の視野のなかに摘出しようとする意志がそこにある。なんとなく個の視線でスクリーンを覗きみるようにしていた観客は、あまり触わられたくなかった自らの恥部を、その瞬間、一挙に白日の下にひきずりだされ、しかもその問題を、不意に意識させられた隣人たちと広く共有しないわけにはゆかない。その体験の効果が衝撃的なのである。

『US』の創造的価値は、全くこの一点にかけられている。しかし、システムとモチーフの関係をこれほど深く構想していながら、その映像やつなぎにはまるで緊張感がない。人種差別の問題も、白人と黒人の生活をごく表面的に対照させる程度で、映像の展開そのもののうちに、問題をぐいぐい抉ってゆく力が弱すぎるのである。もし、これを普通の映画形式に置き換えたとしたら、そのできはせいぜい「中」か、「中の下」程度のものでしかない。

これはほんの一例である。しかし、モントリオールやヘミス・フェアに見られた作品は、最もすぐれた部分でさえ、かなり共通してこの種のアンバランスがある。他はおして知るべしだが、大半のエキスパンデッド・シネマは、なんの必然性もなく、ただ形式のみをエキスパンドしているにすぎない。ハード・ウェアの技術面ばかりに力を入れ、ごくありふれたPR映画や観光映画を、ただ複数の投影方式に置き換えたというレベルのものが大部分である。たかがお祭りではないかと言われればそれまでだが、こと芸術課題としてみたエキスパンデッド・シネマは、それでは困るのである。

スタン・バンダービークの《ムービー・ドローム》

その点、私がみるところ、エキスパンデッド・シネマのより深い芸術的追求は、こういうはなやかなエキジビションの場でよりは、むしろニューヨークやサンフランシスコなどの、ノン・コマーシャルなシネアストたちによって、はるかに鋭く押し進められているような気がしてならない。

たとえば、ニューヨーク郊外のストーニイ・ポイントに住むスタン・バンダービークもその一人である。彼は自分の家のわきに、一九六五年から二年がかりで、直径一〇メートルほどのプラネタリウム状のドームを手製で作り、それに《ムービー・ドローム》という名をつけた。内部には、床の上下に、およそ十数台の一六ミリ映写機やスライド設備、そのほかオーバーヘッド・プロジェクターや特殊な投光器が配置され、それらからは、多種多彩な映像や光が、ドームの内壁いっぱいに紡ぎだされるよう設計されている。

バンダービークは、それ以前に、一本のフィルム内で多元的な映像を激しくコラージュするという仕事にうち込んできた。《ムービー・ドローム》は、明らかにそれを同時多元空間にエキスパンドしたものである。事実、その必然性が、一本のフィルム内での従来のコラージュ作品に、すでに内在していたことを指摘するのはむずかしいことではない。

たとえば、日本でも上映された『ブレス・デス』を見てもわかるように、彼のライト・モチーフは、現代のありとあらゆる特徴的な諸現象をぶつけ合わせ、その複合から今日の狂気を浮かびあがらせようとするものだからである。バンダービークは、この《ムービー・ドローム》を「ライフ・シアター」とも「イメージ・ライブラリー」とも呼んでいるが、彼の意図するものは、それらの名称からもうかがうことができる。

しかし、従来のコラージュ・フィルムからエキスパンデッド・シネマに移行したとき、そこにはきわめて重要な実験がはじまっていたことを見落すわけにはゆかない。それは映写行為の創造性の問題である。《ムービー・ドローム》の機械操作は、大きく二つの要素によってコントロールされている。一つは可変性のドラム・プログラマーであり、いま一つは手動である。このことは、このドームのプロジェクションが、同じ材料でも、映写のしかたで多様な映像環境を生むということを意味している。事実、バンダービークは、途中で即興的に映写機をパンしてみせたり、あるいは映写そのものでズームしてみせたりしたが、そのことで映像の複合効果は、まるで生きもののように変転して私を驚かせた。

ここには従来の映画概念を大きく変える本質的な問題が提起されている。なぜなら、バンダービークは、これまで単なる機械的再生手段でしかなかったプロジェクターを、ここでは積極的な創造手段に変えてしまっているからである。

こうなると、映写行為は現代音楽における演奏の位置を思わせるが、プロジェクションに新しい創造原理を見出そうとする思想は、明らかにハプニングの思想と無関係ではない。そもそも従来の映画は複製・再生の原理に基づくものだったが、いまやエキスパンデッド・シネマの誕生とともに、その常識を破って、一回性の原理に基づく新たな映画概念が生まれたということでもある。

作品を見る形式の変化

ところで、一回性の原理は、作品を見る形式の変化からも生まれている。《ムービー・ドローム》では、観客は床の上に思い思いに坐ったり寝転んだりして、天空の映像を見る。したがって、その位置や視野の選択によって、それぞれが見る内容はかなりちがったものとならざるをえない。その見方は彫刻を見るように多義的である。厳密に言えば、同じパフォーマンスでも、そこに一〇〇人いれば一〇〇とおりの作品として見られるわけである。

このことは見る側から規制された一回性である。しかし、真に重要なことは、見る側からも反復可能の再生原理が否定されていることではない。真の意義は、ここでは作品が観客ひとりひとりの視野選択の軌跡として成立しているということであり、その意味で「見る」行為に創造の原理が見出されていることである。これが、いわゆる「参加性」を意味していることは、言うまでもない。

創作の一環に、映写や観客の参加性を組み入れてゆく思想は、従来の映画概念にコペルニクス的転換をもたらすものである。バンダービークは、エキスパンデッド・シネマの最もすぐれた作家の一人ではあるが、彼の実験はなおその一例にすぎない。ほかにもアンダーグラウンド・シネマの最高傑作の一つ、アンディ・ウォーホルの対位法的プロジェクションによる『チェルシー・ガールズ』（一九六六）をはじめ、マッド・シネマティック・コンバインやプロジェクト・ハプニングで知られるロバート・ウィットマン、あるいは現代のミスティックな聖堂《タバルナクル》を作ったUSCOグループの仕事など、注目すべき例はまだいくらでもある。

それらについて一つ一つその意義を分析する余裕がないのは残念だが、はっきり強調しておかなければならないのは、それらがいずれも、シネマをエキスパンドすることに明確な理念的根拠を持っていることである。

それらは、七〇ミリやコンピューター・コントロールを駆使した華かなエキジビションでのマルチ・スクリーンなどとくらべれば、そのほとんどが一六ミリや手製の機械を使った経済的貧しさをまぬかれていない。しかし、思想的・芸術的追求度は、一般的に、それらのほうが深いというのが私の印象である。

もっとも、ひとたび眼を日本に転じて比較すれば、たとえそういうことを試みたくても、とても個人の力ではできないほど、私たちははるかに貧しい。いきおい、大阪の万国博を、一定の限界を感じつつも、なおそのチャンスとしてとらえたくなるわけである。しかし、やる以上、それなりの理念的課題をはっきり持つべきであり、その点でモントリオールやヘミス・フェアのレベルを超える努力をしなければならない。

大阪万博における私の構想

では、お前はどういうことをするのか、と聞かれそうなので、最後に私の構想をかいつまんで披露しておこう。私の基本的なモチーフは、いわゆる実空間（現象的事実としての現実、ポジの環境）と虚空間（みかけと非在の現実、ニセと幻想の空間、ネガの環境）を、あたかも手袋を裏がえしにするように、何重にも転換させ合うことである。そして、そのような反転構造として、現代の日本を体験する「場」をつくることにほかならない。

その構想は建築から催しに至るまで一貫して構造化される。横尾忠則のアイデアになる環境彫刻としてのこの建築は、世界でも類例のない二重建築である。つまり、第一の建築の内部に入ると、そこにはニセの海や空があり、そのなかに第二の建築（ドーム）がある。したがって、第一の建築の内部（虚）は、第二の建築にとって外部（実）となり、その転換が行なわれるや第二の建築は虚構化される。ドームは直径一五メートル、高さ二〇メートルで、その内壁からは、映像内に登場するヒロインAKOの「印刷彫刻」が、あちこちにレリーフ状に突出している。

ここでも彫刻と映像の間に、虚実の反転化が行なわれるわけである。映写機は三五ミリのリア・プロジェクターが六台、フロント・プロジェクターが四台、あとスライド用のステップ・プロジェクターが八台設置されており、それらはいたるところに埋蔵された大小数百の照明機構と相乗して、床上の観客も含めたこのドームの全体を重層的に包みこむよう設計されている。サウンド機構は、同じく天井、壁、床等に数百のスピーカーが隠され、それらが八チャンネルの可動音響として激烈にサウンドする。

観客は床上を自由に歩きまわれる方式であり、しかもその動きによって、プロジェクターや照明の一部が、不確定的に光源を遮られるようになっている。つまり、その点でも、複合されるイメージは、一回一回がかなりちがうものになるはずである。

パフォーマンスの内容は、ヒロインＡＫＯの内部を通して、現代日本のトータル・イメージを追求するという以上に、いまは言えない。しかし、ここでも実現実と虚現実が、複雑に転換し合いながら、徐々に時代の中心部へと下降する意図は変らない。その果てに、「現実」が「みかけ」に見えはじめ、「幻想」が「現実」性を帯びてくれば、その奇妙な体験の根底では、立派な文明批評が成立するはずだというのが私の考えである。だが、はたしてどうなるか、それは蓋をあけてのお楽しみである。

クロス・トーク／インターメディア

飯村隆彦

飯村隆彦は、日本のアンダーグラウンド・フィルムの草分けである。彼は美術におけるネオ・ダダの潮流と共に生まれた。既成の慣習に対する破壊的否定性は、初期の作品から一貫して貫かれている。

飯村作品の特色の一つはエロティシズムである。渡米前の『オナン』や『ラブ』から渡米後の『カメラ・マッサージ』に至るまで、彼はエロスのハレンチな表現に執着し続けてきた。私が最後にみた未完の『フラウワーズ』などは、すごい乱交パーティをズバリ撮影したものである。しかし飯村のエロティシズムには、いつも不思議なポエジーが漂っている。

むろんエロティシズムの範疇に入らない作品も多い。それらは大別して、一つはハプニングなどのプライベートな記録であり、いま一つは全くアブストラクトな作品群である。しかしその場合でも、たとえば『シェルター999』のように、画面からはしばしば一種の暴力的なエロスが感じられる。

また別の視点からみるならば、飯村作品で感心するのは、その一つ一つに実に明確なコンセプションがあることである。とりわけメディアの把握に、いつも新鮮なアプローチがあり、渡米後の作品には特にその傾向が強い。その意味では、飯村作品の多くは、映画をどう考えようとしたかの映画だとも言える。

マルチ・プロジェクションやシネ・ハプニングの試みも、そういうコンテクストのなかで生まれている。それらは一見しばしばラフにみえるが、そのことも含めて、どういうイベントをつくろうとしているかのアイディアが、飯村の場合きわめて鮮明なのだ。彼の作品の魅力は、なによりもそのオリジナルなアイディアにあり、それが慣習的な映画概念を小気味よくぶちこわしている点にある。

サークルズ

飯村隆彦の『サークルズ』がどんな作品になるのかを私は知らない。ただ彼がニューヨークから伝えてきた指示によると、六台の一六ミリプロジェクターに二〇数本のエンドレス・フィルムをかけ、それを三個のバルーンに投影するという。

そういえば去年〔一九六八年〕の一〇月、飯村と私はニューヨークの「ブラック・シアター」というところで、マルチ・プロジェクションの催しを一緒にやったことがある。そのときの飯村作品が、方法的にはそれに似ているといえるかもしれない。それは三台の一六ミリプロジェクターに合計五、六〇本のエンドレス・フィルムをかけ、それを部屋全体の壁に投影するものだった。私もプロジェクションを手伝ったが、フィルムの選択からかけ掛えの時間、およびどこにどんな風に投影するかは全部まかされており、相手の映像をみながら自分の映像操作を決定してゆくところが、グラフィック・スコアによる現代音楽の演奏者の行為に似ていて面白いものだった。事実そこにはときおり偶然の新鮮な映像環境が生まれて、私たちじしんが思わずハッとするような体験をしたものである。

今度の『サークルズ』は、それとくらべて規模も大きく、被投影体もバルーンである。またエンドレスのフィルムは、すべてカメラを三六〇度回転させて撮影したという。

システムの思想は同じでも、効果はかなりちがうものとなるだろう。『シェルター9999』と同様、アルヴィン・ルシエとの組合わせであることにも大きな期待がかけられる。

イコンのためのプロジェクション

何かスクリーンでないものに投影したいという欲求がまずあった。三六〇度の観客席ではなおさらである。しかもムービーの像ははっきり映らないようにし、それをライト・プロジェクションとミックスさせること。その効果は水面にうっすらと絵具をたらしたときのように、光と色がにじみ、流動し、溶け合うようでなければならない。湯浅譲二の「イコン」にふさわしいヴィジュアル・スペースを、私はそのようにイメージした。

私ははじめそれを気体へのプロジェクションとして構想した。「イコン」から何より気体のイメージをかきたてられたからである。それに気体にプロジェクトする例はあまりない。私はこの計画に熱中した。

しかし間もなくこの計画は、スモークもドライアイスも、諸種の事情で使えないことが判明して挫折した。私はプランを変更せざるをえなくなったが、このことは今でも心残りがしてならない。

私はそのかわりに二〇個の浮遊するビニール物体をつくり、五台の一六ミリプロジェクターと一台のオーバーヘッド・プロジェクター、および一連の照明器具を用いて、それにプロジェクトすることにした。むろんそれはそれで美しいイメージを紡ぎだすにちがいない。

光と色彩と物体が、一回こっきり出会って消えてゆくとき、私はそこに未知の詩が生まれてくることを予感するのだ。あとは私も一人の観客として、その偶然のイベントに立会うだけである。

さしあたってこれだけは

「安保には反対し、反戦は口にするが、万博には協力するといった知識人、芸術家、デザイナーたちは、問題を不明確にし、支配体制を人々の眼に見えなくさせてしまっている」「かれらの意図がどうあろうと、かれらは万博に参加することによって支配に奉仕する道をひらいている」〔一九六九年〕一月二七日付の『読書新聞』に多木浩二がこう書いている。多木にかぎらず、こういう論理をふりまわす人は多い。なかには万博に関係したものを、この際はっきり敵視しようと呼びかけているものもいる。よろしい、こういう割り切りかたを認めたとしよう。するとたとえば、ほんの一例だが次のようになる。

かの有名なピカソの《ゲルニカ》はパリ万博のスペイン館に出品された壁画である。しかもヨーロッパの政治状況が、極度に険悪化した一九三七年のことだ。このことは全く許しがたい。なぜなら「ピカソの意図がどうあろうと、かれは万博に参加することによって支配に奉仕する道をひらいた」からである。

だが諸君、これではちょっとおかしくはないか。むろんおかしい。最もおかしい点は、何よりも作品じたいが捨象されていることである。かれらは作家の終局的なモラルを、作品が時代に対して持つ意義のレヴェルで把握していない。しかし、まさにその「意図」と達成度において、たとえば《ゲルニカ》は万博の作品だったことなど、全くどうでもよくなる地点へと突きぬけているのだ。

多木的論理の持ち主は、そのあたりをどう考えるのか。同じように、たとえばブニュエルの『黄金時代』は、ブルジョア（ノアイユ子爵）の依頼と支援を受けて作られたから反動的であり、その意図いかんにかかわらず、支配に奉仕したものだと言うであろうか。あるいは体制のふところで作った作家は、すべて体制に奉仕していると言うであろうか。

私は問題を戯画化しているわけではない。多木的論理はつきつめるとそうなるのであり、事実そこらの俗流自主映画論者は『獄中十八年』の論法そっくりの口調でそう言っている。だが、芸術が体制から自立する一義的位相は物理的次元にはない。それはチャチな「政治的役割論」などを、はるか突きぬけた次元に成立するものなのだ。

それにしても、予想していたとはいえ、七〇年が近づくにつれ、またしても安易に芸術と政治を短絡させる傾向が強まってきた。かれらは明らかにスターリン主義克服以前へと時間をさかのぼっている。しかしどうせさかのぼるなら、ついでにちゃんとマルクスにまでさかのぼるがいい。そうすれば、マルクスは芸術を決してそんなレヴェルで問題にしていないことを知るはずである。マルクスは芸術を一貫して人間解放の全的営為のなかに深く位置づけている。だからこそたとえばギリシア芸術を論じつつ、「困難は、それらが今なおわれわれに美的満足を与え、いくつかの点では規範として、およびがたい規範として通用するのをどう理解するかにある」という自問自答なども生まれるのだ。

しかし俗流マルクス主義者は、一度もこういう本質的問題を考えようとしない。そしてもっぱら芸術を政治に奉仕する度合において計ろうとする。だがそれがいかに不毛で有害だったかは、すでに実証ずみではないか。それにしても、生半可に政治づいた芸術家と、生半可に芸術づいた政治家ほど手に負えぬものはない。この場合も二度目に演ぜられる無知は喜劇である。

反政治主義的政治劇を

トロツキーの『わが生涯』（現代思潮社）三巻を読んだのは、たしか五、六年前のことである。本屋から買って帰ると一気に読破した。ぐいぐい読まされたが、同時にひどくやりきれない気分になったことも忘れることができない。むろんやりきれなかったのはスターリン主義の問題であり、革命的政治をも侵蝕する暗く残忍な非人間性の問題である。

私はどちらかというとそもそも政治じたいが好きではない。まして政治屋的人間は大嫌いである。政治のなかで、あるいは政治的人間関係のなかで、私も深い傷を負ったことがあるが、多くの人間がズタズタにされていくのをこの眼で見続けているからである。その意味では、私は政治などなくなる社会がくることを夢想する。にもかかわらず、あるいは、だからこそ、現代を生きようとするとき、政治は避けがたいものとしてやってくる。好むと好まざるとにかかわらず、現代人は政治の季節を生きているのである。

この荒れすさぶ政治の渦に置きながら、私は何となく「運命」という言葉を想起しないにはゆかない。「運命」という言葉が諦観のひびきを持ちすぎるなら、それを「情況内存在の刻印」と言いかえてもよい。トロツキーも『わが生涯』の序文で、「私の人生がそれほどありふれたものではなかったということを、私も否定はしない。しかしその原因は、私自身よりもむしろ時代の情況の内に求めるべきである。（中略）情況がちがったら、今は排斥されたりおしつぶされたりしている別の性質があらわれたかもしれない。結局のところ、客観的なものが主観的なものに優先して、それが一切をきめるのである」と書いている。

しかし、にもかかわらず、しばしば人間はその客観的な情況に反逆する。その情況を歪んだものとして受容れることができず、その情況を変えたいと思うとき、それがすぐにはどうにもならないときですら諦めない。結果が絶望的な死で終ろうともである。そのようなシジフォス的運命をあえて背負おうとする人間とは何であろうか。あるいはそのような人間の行為をも呑みこみ、個人の思惑を超えて滔々と流れてゆく大河のごとき歴史とは何であろうか。そこには存在と自由をめぐる永遠のドラマがある。トロツキーの『わが生涯』を通して、私が直接の政治の問題を超えて胸をうたれるのはその点である。

ところで今度、『わが生涯』の翻訳メンバーの一人でもあった栗田勇がこれを芝居にするという。はたしてどんな芝居になるのか私は知らない。まだ台本が書きあがらないというから、知ろうと思ってもむりである。しかしこれまでの栗田の仕事からみて、それが紋切型の政治劇にはならないだろうと期待することはできる。それに『愛奴』によってセックスと官能の世界を探求したのち、返す刀で政治の世界を抉るというのもしゃれているではないか。

むろんセックスと政治は遠く隔たったものではない。それはネガとポジの関係とも言えるし、双生児の関係とも言える。それは共に人間関係の根源的なかたちであるだけでなく、一方が自然で他方が歴史という、いわば個人を超越した運命的な力として、個人の生涯を最も根深く支配するものという意味で似たものだからである。そしてそこには少くとも、合理主義的な自我の過信に疑問をつきつける反近代への手がかりがかくされていることを見落すことができない。

栗田はトロツキーの『わが生涯』からどのようなドラマを構想するであろうか。それを手がけるのが、すでに栗田の『愛奴』をきわめて魅力ある舞台に磨きあげた江田和雄と人間座である。いろいろな意味で大いに期待できそうな芝居となるにちがいない。初日が近づくのが楽しみである。

資本の論理からも政治の論理からも自立させた映画を！

1、私は去年の暮、小さな独立プロをつくりました。それは自分が本当につくりたい映画をつくるために、どうしても拠点を必要としたからです。

2、松本プロの第一作は、アートシアターとの提携による長編劇映画『薔薇の葬列』です。これはエディプス劇の現代的パロディの形をかりています。しかし現代のエディプスは一国の王などではありません。それはゲイ・バー「ジュネ」の女王、ゲイ・ボーイのエディです。したがって、エディプス王は父を殺して母と寝ますが、ゲイ・ボーイのエディは母を殺して父と寝るわけです。現代では倒錯もまた二重化しているのです。この二重化した反社会的行為を通して時代の鬱屈を抉ること、その地下の殺意を地上に向かって突きつけること、それこそこの映画の意図にほかなりません。

3、いま私が次つぎと眼を注いでゆきたいものは、倒錯、犯罪、狂気など、総じて日常の秩序に対する反社会的存在、および反社会的行為です。ボオドレエルの詩に「われは傷口にして刀、いけにえにして刑吏」という一節がありますが、私としては「傷口にして刀」という存在性の意味を深く追求したいのです。また私の映画じたいをそのような存在にしたいと思うのです。

4、そういう思想は、むろん体制の論理と相容れません。既成の映画界は、基本的にそういう映画を風俗的興味以上の次元でつくらせることはないでしょう。少なくとも私は現状の五社にまるで期待を持っていません。

5、さりとて私は、自主製作・自主上映を唱える人の多くが、映画づくりの基盤を政治運動に依拠しようとするようには、映画と政治の関係を直結させたくないのです。むろん大きくは反権力・反既成という点で共通するわけですが、現状では政治左翼かならずしも芸術左翼ではないし、ときにはむしろひどく保守的ですらあるからです。

6、このことは、映画創造とか映画運動において、反権力とか反既成ということをどういう位相でとらえるかということと関連する問題です。少なくとも私は、それを政治の直接的な武器にするという次元ではなく時代や意識を可能なかぎり深い部分から、ゆさぶり、変えてゆくような次元で考えます。

7、結論的に言って、私は基本的に映画運動を資本の論理からも政治の論理からも自立させ、映画を創り見るサイクルの質を、慣習的なものから批評的なものに変えてゆくという視野のなかで、自主製作・自主上映の道を一歩一歩つくりあげてゆくよりほかはないと思います。私はその点、形よりむしろそれがどんな方向性をもっているかの方を重視するのです。

8、その道筋は多様であっていいと思います。それは各自の抱えている条件が多様である以上当然のことでしょう。私は松本プロをその一つのありかたとして、しかし私にとっては必然のものとして考えているにすぎません。

新時代の透視を──ゆたかな〝アングラ精神〟

二十一世紀に映画がどうなっているかを言い当てることはむずかしい。過去三十数年以上に、今後の三十数年の変化は激しいはずだからである。むろん最も大きく変わるのは、科学の進歩にともなうテクノロジーの側面であろう。すでに電子工学が発達したこんにち、機械産業時代の技術原理を基本的に踏襲している映画は、たとえばテレビなどとくらべて、やはり一時代前のものになったという感を否定できない。

しかし表現としての映画の魅力は、そのことによって同時にはるか色あせてしまったかというとそうでもない。むしろ私などには映画の表現の可能性はまだまだ眼もくらむばかりにかくされているという実感がある。本質論の次元では、映画資本の低俗な商業主義が追い込んでいる映画状況の危機も、表現としての映画の本来的可能性とは直接の関係はない。

はやい話、そうした映画の価値転換を企てつつあるアメリカのアンダーグラウンド映画などをみると、はっきりしてくる点がある。アンダーグラウンド映画は、ハリウッドに象徴されるブルジョア・モラルと画一主義に反逆する反商業主義映画として現われた。むろん企業の映画としてではなく、個人の映画としてである。したがって、彼等の作品には八ミリや十六ミリが圧倒的に多い。はっきりいって、テクノロジーの面では、彼らは最も初歩的な映画から旅を始めなければならなかったということができる。しかし彼らの旅は、何と自由で、何と豊かなことだろう。そこに生き生きと躍動する詩と思想があり、何よりも一切の既成概念を打破する精神の冒険がある。

私などには、思う存分金と技術を注ぎ込んだ商業主義的大スペクタル映画より、ときにはサイレント（無声）ですらあるそれらの個人映画の方が、はるかに新しく、はるかに二十一世紀へとつながる何かを準備しているように思われてならない。そのあたりに芸術問題のむずかしさがあるといってもいいだろう。つまりテクノロジーの達成度と、芸術の達成度はかならずしも比例しないのである。

かといってテクノロジーと表現とは無関係かというとそうでもない。とりわけ機械芸術としての映画は、はじめからテクノロジカルな側面を無視しては成立しない本質をもっている。事実、レンズの開発、フィルムの感光度の改良、カメラの軽量化などを抜きにしてたとえばヌーベル・バーグは生まれなかったろうという一事をもってしてもそのことは明らかである。むろんこんにち話題の一つとなっているマルチ・プロジェクション（多面スクリーン映写方式）やエキスパンデッド・シネマ（画面が伸縮する映画）など、それこそ高度のテクノロジーをふまえなければ夢想することもできない。

しかし、その場合でも、マルチ・プロジェクションという形をとることじたいが現代的なのではない。私もモントリオール万国博やヘミス・フェアで多くのマルチ・プロジェクションをみたが、その大半はごくありふれたPR映画や観光映画を、ただ複数の投影方式に置き換えたにすぎないものだった。私の知るかぎり、大阪の万国博でもそのレベルのものが大半を占めそうである。

少なくとも私は、そのレベルでうんぬんされるテクノロジー礼讃の傾向に反対である。新しいテクノロジーや新しいメディアを探求する場合に、新しい時代の本質を探る姿勢を欠くかぎり、そこには未来を拓く何かが生まれてくることを期待することはできない。たとえば、マルチ・プロジェクションを問題にする場合、そこに一見脈絡を欠いて輻輳する諸現象が、激しく変化する流動状の重層過程として、一つの混沌とした全体を作りあげている時代の構造を透視していることこそ重要である。私としては、そういうパースペクティブ（時代の構造を透視していること）から、既成の映画概念を変革してゆく精神の運動にのみ未来を見る。

映画運動論——鈴木清順問題共闘会議研究会報告

報告：松本俊夫

〔一九六九年〕二月八日（土）六：三〇〜九：三〇

於：鈴木清順問題共闘会議

松本です。いまアートシアターの映画のクランクイン直前で大変準備に忙しい状態に追い込まれているため、もう少しちゃんと整理してこなければいけないと思いつつ、実は今日、それが出来ないまま身体だけ来てしまった次第です。のっけから弁解がましいことを言って申し訳ないのだけれど、整理した問題提起がちょっと出来そうにないので、思いつくまましゃべりますので、討論の中で更にそれを補足するということでお許し頂きたいと思います。

ところで過去の代表的な映画運動というと、東宝争議以後の、いわゆる第一次独立プロ運動がありますが、これは一九五〇年代前半に隆盛を示して、五五年、五六年を境として、それ自身の内在していた矛盾の結果、全体的な状況との関係で急速に行きづまっていったわけです。そして丁度その頃、僕は映画の世界に入っていったのです。

したがってそれに対する批判というところから新しい、違った理念を持った映画運動というものをやっていかなきゃいけないという考えになって、最初に——私、記録映画作家協会に所属していましたけれど——その中での、いわゆる代々木・日共の映画運動路線に対決するところから事を始めたのです。それをやっていく中で、たまたま、劇映画その他いろいろな所で始まろうとしていた新しい映画の動きというもの、これは潜在的なものだった訳ですが、そういうものが自然につながり合うということになってきて、五七年頃に『映画批評』という雑誌を軸に結集して行くというのが、それ以前の日共的映画運動とは全く違った新しい映画運動の萌芽であったという風に思っています。

その『映画批評』という運動に結集して来た中に、当時まだ助監督であった大島とか吉田喜重とか、その他批評家では佐藤忠男や佐藤重臣なんかもいました。その頃は勿論、皆、無名でしたが、誰もが今のこんな映画の状態ではどうしょうもない、何とかして新しい映画状況を創り出して行かなきゃいけない、僕らが生きているこの時代にもっとピッと対応した映画を創り上げなきゃいけないという自覚を持った動きが、丁度その頃から始まった訳です。

私の場合には一方でその『映画批評』を拠点としながら、もう片方では記録映画作家協会の中で、いわゆる反代々木的な運動の発端を作りながら『記録映画』という雑誌を作って、いま一つの軸にしていきました。

『映画批評』が経済事情から潰れてからは、事実『記録映画』は映画運動の重要な拠点になったと言えます。記録映画作家協会は、他の分野にあった事情と同じように、日共と反代々木との政治的な対立だけではなく、文化思想イデオロギー全体にわたる対立と闘争があり、僕らはそれを意識的に分裂させて、「映像芸術の会」を作りました。悪しき意味での政治と資本の論理から映画運動あるいは映画の創造を自立させようとしたわけです。しかしそれが去年の冬頃、やはり行き詰まりへ来て解散せざるをえなくなるという風な幾つかの経験をしてきた訳ですけども、今僕が言おうとしていることは、そういう経過を報告しようと言うんではなく、そういう運動にタッチしてきていろんな問題にぶつかって、一体映画運動というのは何だろうかという問いを、今自分の中に問うというアングルから、問題を語ってみたいということなんです。

たまたま、このところ客観的な状況として、例えば鈴木清順問題共闘会議がそうであるように、五社映画の明らかな行き詰まりとどうしようもない頽廃とに関連して、反五社的な映画への創造運動、観客運動というのが大変活発になってきています。現在的に動いている状況の中で、再び映画運動とは何か、あるいはいかにあるべきかということが、客観的にも問われなければならないような状況になってきているという風に思われる訳です。

その時に、私なりにこの何年かの映画運動の中を通して考えてきたことを、現在ともかく起きている映画状況、あるいは映画運動に対して、自分自身の持っている問題を重ね合わせて見なければいけない。そしてまたそこに一つの問題を僕なりにつきつめていくことをしなければいけないと思う訳です。ですから僕は自分で経験してきたことの中からいま再びそこのところをくり返して欲しくないという問題、あるいはそこをはっきり克服すべきだと感じていることなど、いくつか考えるところがあるものですから、その辺の問題に焦点を合わせてしゃべりたいと思います。

映画運動とは何か。まず映画運動ということをアプリオリに語ることをやめて、一体映画運動というのは何で成立するのか、あるいは成立するとすればどういう次元で成立してどんな意味を持つのかということを、一番根源のところから捉えていくということを踏まえなければならないんじゃないか。そう問うことじたいが大事というんじゃなくて、そう問うことを絶えず踏まえた映画運動へと指向しなければいけないんじゃないかと思う訳です。

非常に素朴なところから問題をたてて見る必要がある。例えば、映画を見るということ、映画を見てそこに何かの意味での体験を自分の中で自覚的なものにしていくということを抜きにして、映画運動を語るのを、僕はナンセンスだと思う訳です。要するに内在的に映画運動の問題が出てこなければいけない。例えば、我々が映画を見て、育つ――それで育つ訳じゃないけれども（笑）――少なくとも映画を見て、自分の気持ちを大きくゆさぶられるといった体験を重ねることで、はじめて映画に対する内在的で自覚的なかかわり方が芽生えてくると思う訳です。

勿論、映画に感動する、あるいは何かやりきれない思いをするとか痛い思いをするとかあるいは反発をするとかいうことは、当然映画の世界だけに閉鎖的に成り立つことではないんであって、その基盤に現実の生があり、その生を生きていることの丸ごとの体験というのがある訳で、その中で自分の生きている時代を考えたり、矛盾に苦しんだり、何らかの苦痛をそこにクロスさせる訳です。そういうことと無関係に映画から感動を受けることは勿論無い。そこに当然深い関係がある訳です。

しかし、映画から我々がつき動かされていった時のありようをもうちょっと深く立ち入って考えてみると、例えば何の映画でもいいけれども、ともかくケロッと忘れられない痕跡を自分の中に受けた時、それが自分の安定した意識のバランスを崩して、ある種のアンバランスな状態にする。そしてそのアンバランスな状態を自分の中で取り戻そうとすることが意識を変革してゆく起爆力となっているわけです。

アンバランスな状態になるということは、自分と時代、あるいは状況との関係で、生きている全体の中で意識の緊張をのっぴきならないものにするということです。そして、そのアンバランスを取り戻そうとすることが、世界に対して、あるいは時代に対して、状況に対して、新しい自分との関係を取り戻そうとする、そういう一つの力が我々の中にぶち込まれるものとして体験する訳です。

その時、我々は世界に対して、状況に対して、ふと何か思ってもみなかった新しいパースペクティヴを開かれる。そして一体この世界は何かとか、あるいは状況とは何かといったことを、かなり本質的に自分自身の中に問いかける内的な契機を与えられる。この体験というものを抜きにして映画が我々の中にのっぴきならない形で関わってくることはないんじゃないかと思います。その様にして映画を媒介にして僕らがこの現実に新しい関係を、自分と現実との新しい関係を見出そうということ、それは当然、いま我々が生きているこの現実というのが、こうではダメなんだ、違ったものにならなきゃいけない、あるいは自分との関係が別な関係にならなきゃいけないという様なものを、内側にいっぱい含みながら、変革への意識と情念をかき立てていくというものとして関わってくる訳です。

　その時点において、芸術は初めて内的な関係において政治と出合うんだろうと思います。それは当然、何も映画から出発して政治へという訳じゃない。映画以前、あるいは映画以外にも僕らは丸ごと現実を生きている訳ですから、そういう生の総体との関係で映画が我々に深い意味を持って来た時に、映画と政治の本質的な意味での出合いが生まれるということです。勿論、政治の問題を狭く考えないで、非常に大きく根元的な問題として捉えるならば、よく言われるように当然その世界の変革、現実の変革という問題として、あるいは究極的に人間の解放や自由の問題として一つに重なってくるわけです。しかし重要なことは、映画が自分の中に入り込んでくることによって、映画が世界へと自分を押しやる、大きく我々を変革の問題、あるいは自由の問題への普遍性へと押しやる個〔ママ〕有な通路のことなのです。

　しかし、ここでいま一つ、僕らが映画へ関わる時の質的な転換になるポイントが、まさにその中に、もう一つの側面を生む訳です。

　それは何かと言えば、そのようにして我々をつき動かした映画とは何かという問題が、映画自身への自覚として今まで無かった映画への関係を自分の中へ自覚させていくことが出てくると思います。つまり漠然と見ていた映画というのがその意味で外的であったり、せいぜい、実際の生きている生活のみへ自分自身が何かに目ざめて行ったり、あるいは闘っていったりする時の触媒になっているという風に自分をつき動かす映画そのものへの価値に目ざめるという問題が出てくる。従って、そのような映画とは何かという問題が、素朴に映画を見ることから、映画自身を自覚的に見るという問題の意識を生む訳です。そこで映画というものの固有な問題が出てくる。世界や状況、現実へ自分自身を関わらしていく非常に固有な媒介として、映画の問題が他の問題にそう簡単に置きかえられない問題として、映画への目覚の問題が出てくる。

　勿論、いま言った、より映画と自分と世界といった構図を作るとすれば、世界の変革への問題として、それが関わってくる普遍性の問題の観点からだけ映画を捉らえようとすると、しばしば、映画を一つの媒介物としてのみ位置づけると、つまり普遍性の側からだけ映画を位置づけようとすると、その意味では映画に固有な問題がすっとんじゃう。

　しかし、映画に固有な問題というものを普遍性の問題から切り離してしまうと、これはよく言われる芸術至上主義的なものへと閉鎖的になるという問題を持っていると思う。当然そこには本来的に、映画を単純に見るということの中に内在した問題として、人間の全的な解放の問題と、それへの我々の固有な執着していく媒体として、映画の非常に個有〔ママ〕な問題として弁証的につながっていく様な通路が見出していける様な気がする。これは政治の論理の側からも捉えるべき問題だと思う訳です。

　しかし、映画運動の側というか、映画に関わろうとする者の側からは、より個別的なもの、映画の固有性みたいなものを内在原理を通して状況に関わる、ある具体的な自分の中での通路をつかんでいかないと、映画というのはいつまでたっても外的なものに止まってしまうだろうという問題を持っていると思います。

　何故こういうことを言い出したかというと、映画運動を語っていく時に、一体運動とは何なんだということを問うために、今言ったことをまず踏まえたい訳です。我々は今言ったような点の自覚、持っている意味を重視することから、それを自覚的なものへと高めて行く必要を、映画を見るという、あるいはそこから出てくる創るという問題の内在的なものとして、運動の問題が出てこざるを得ない原点を探りたいからです。

　つまり我々が映画を見て世界に目ざめていく重要な契機を与えられたり、そういう力を持った映画への自覚、ひいては芸術への自覚を深めていって、その固有な行為が人間的な歴史を築いていく上でどんな位置に位置づけられているのか、意味を持って存在するのかということを、素朴ではあるけれども、根本的な、根源的なところから捉えるという問題意識を映画運動の内側に持っていないと、本当の意味での映画運動というのは確立しないし成長しないだろうと思います。

　ある映画を見て胸揺さぶられるという体験を、他人と共に分ち合いたい、そして語り、そこに提起されている問題を共に考えていきたいという衝動を見ることの中から我々は持つ訳です。これは自覚的に我々は持っていると思います。それは、映画とか芸術が本来的に持っているものだろうと思います。

それは、更につきつけると、例えば、「永遠のロビンソン・クルーソーには芸術は成立しない」ということを時々僕は言うんですが、つまり、ある他者というか、人間の関係の中で、他人というのを想定しない中で、芸術への表現衝動は出てこない、つまり何らかの意味で、特定のコミュニケーションというものを他人と分ち持とうという何かの衝動だろうと思います。それは、我々が生きている問題、つまり時代的なもの、状況的なものへ出てくる何らかの矛盾、苦しみ、あるいはそれに対するある衝動的な、何かを言いたい気持を他人と通じあうことで、共にそういう課題を持とうとする非常に固有な媒体だと思います。

言い換えるなら、映画を見たり創ったりすることによって、ある特定のつき動かされ方をすることを通して、今のこの時代へと初めて積極的な、具体的な関係を持つことが出来る。他人と分ち合い共有することが出来る。この世界へと自分を関わらせようとする固有な、自分にとってかけがえのない手がかりとなる、そういう問題として映画が出てくる。これは当然映画以外のものでもあり得る訳です。そのように映画というのが自分の中に入り込んできた時に、初めて具体的な形で映画と自分とが深い関係を持つ。その時に、それを他人と共有しようというものを内在的に持つことが、運動の一番原理的なところにある非常に自然発生的な問題だろう。それを組織していくことが内在的に出てくる訳です。

経験的に言っても、僕らは映画について語り合うことを通していろんなことが開けていく。つまり語り合うという批評行為を媒介として我々はよりダイナミックに自分の時代への関わりを見出してゆけるようになる。そういう時に、もう一回自分の中に帰って映画を捉えていくと、この二つの地点、いわゆる生活の方だけで映画を通して映画を一応媒介として論じながら、映画を手がかりにいろんな生活や現実を語り、政治を語ることへ全部収斂していく、そういう見方もあると思います。一般的に言ってそうだと思うし、それはそれで非難する何もない訳だけど、それが映画運動として成立していく場合、そのような力を持った映画とは何かということを自覚的に深めていくことを抜きにして、映画運動というのは成立しないと思っています。

言い換えるなら、素朴な日共の文化運動がそうだったんですが、生活綴り方運動みたいなものが代表的なそれであるように、生活や政治の次元へ問題を常に抜けさせることで全て終らそうとする。つまり自分達が生きている生活への矛盾を自覚させたり、どうすればいいかを問題にさせたりという、一つの有力な道具としての武器としてしか捉えない。しかもその方向が政治的にも誤謬をさんざんくり返してきている。

それは単に政治的方向が間違っているからだけに誤りがあるのではなくて、芸術とか文化という媒介物を捉える捉え方――その位相とか、価値とかの――捉え方自体が、外在的な道具以上のものを自覚することが出来なかったという点で、根本的な間違いをそこに含んでいたと思います。

そこで徹底的に欠けているものは、一体人間が芸術のようなことを創ったり見たり、それに特別な意義を見出したりすることはなんだという、人間がより人間的になっていくといった非常に巨視的なものの捉え方の中で、一体何をもたらしているのか、意味しているのか、あるいは位置づけられるのかということへの把握が根本のところで欠けてしまって、非常にストレートに外的に政治の道具にとどめることは〔ママ※文脈から「しか」と思われる〕出来ない。

それが政治の論理としても間違いであるばかりでなく、ましてや芸術や、それを見ていく者を含めての創造至上運動が、それに対する批判を持ち得ないまま、隷属してしまうというどうしようもない頽廃現象を生んでいたことに対する根本的な間違いをのりこえるという作業として、政治の分野におけるスターリン主義の克服の問題があったろうと思います。

ですからその意味では、単に政治路線の問題だけではない、文化・思想という問題をどう捉えるのかということが欠落していたことに対する自覚から、新しい芸術運動の問題点の追及が始まっていたと思う訳です。

従って、映画が現実変革の武器になるかならないか、あるいはどういう武器になるのかが問題になる時に、変革という位相がどんなところで捉えられなければならないかということの自覚的な追及が、新しい映画運動に課せられていたし、今も課せられていると思います。その変革の思想というのは、それ自体が物理的な意味でゲバ棒になるとか石ころになるとかではない訳です。

例えば、斎藤竜鳳が最近書いていたけど、映画というのは武器にはなり得ない、現状ではなっていない、むしろ石ころを投げた方がずっと手っとり早いし、むしろその方が必要なんだという時に、それは根本から文化とか、芸術とか――思想の問題を含めてもいいと思いますが――変革の力を正当に把握していない、あるいは本来的な力が弱いとするなら、その力を強めるという方向へ問題を提起していない。それではダメなんじゃないかと思います。

　勿論、ゲバ棒を持つ石を持つこと自体否定する訳ではない。そういうことをも含めた状況全体を変革していく、あるいは世界や人間、自分との関係の全体を変革していくことの中で、さっきから言っている固有のものを、はっきりとその中に位置づけることが出来ない場合、変革のイメージは豊かでないような気がする訳です。

　勿論当面しているいろんな問題は、政治的に情勢が緊迫すればするほど、何よりも差しせまった形で政治的な権力としての変革の問題、また体制の様々な物理的なものを伴った力関係が前面に出てくるということはあり得るし、そのこと自体むしろ大いにそうだと思うのだけど、一番困るのは、それだからといってそのことから性急に文化、芸術、思想といった問題の意義を陥落させたり、それを過小評価してしまう。

　それは、かつての日共の文化運動路線が、単に総体の政治方向が間違っているだけでなく、文化、芸術、思想の意味の把握において決定的間違いを犯したという結果を克服していない点がある訳です。それではダメだ。変革というのはもっと巨視的に総体的に捉えていかなきゃいけない。当面の政治闘争というのもその中で把握していない限り、全てはダイレクトな問題に陥落してしまうと思う訳です。

　その点マルクスは、当時の資本主義から社会主義、共産主義への移行の問題を、階級闘争の問題としてラジカルに、根本的な問題を提起しながら、決して芸術・文化の問題をそのように落して捉えていない訳です。

　その意味においても、マルクスはもう一度徹底的に読みかえす必要があるんじゃないかと思います。マルクスは、まさしく革命の問題を人類史の様々な矛盾をのりこえるものとしてマルクス主義の問題、プロレタリアート独裁の問題を考えていった。従って芸術の問題も、大きく人間解放の問題の中で正確に位置づけられるという視点を巨視的に持っていたと思う。これは個々の素材として扱われた問題に対するマルクスの評価と、私なり、あなた方の評価の食い違いがあったとしても、問題意識としてそういうものを持っている。

　例えば、マルクスが、ギリシヤ芸術の問題とかシエクスピアも問題として、ギリシヤ芸術が今もって我々に大きな感銘を与えるというのは何故かということを問うという視点を持っている。そこにつき出されている問題というのは、ギリシヤ芸術が今もって意義を持ち感動を受けるのは何故かという問いの中に、文化、芸術の人間解放の行為、歴史の中に正確に位置づけようとする、その中から問題点をひき出そうという視点を持っていたということです。そういう問題の提起が、よりラジカルに追求されるということが、例えばマルクス主義の芸術には必要であった。

レーニンも、ちょっと違った出方をした訳だけど、ある手紙で、ベートーベンが自分に感動を与えた。しかし今はその感動を拒絶したい、革命のために自分を全て投入しなければならないという葛藤を手紙に書いているのがあった様に思います。しかし、当面する激動する革命的な現実の中で、二次的に後まわしにする。これは政治家として当然だと思います。レーニン個人としては、だけれど政治と芸術の関係の把握としては、決して単純な問題ではなかった。プロレットクリフトの大会でレーニンは、非常に極左的な芸術上の日和見主義に対して激しい論争をしている。例えばプロレタリア文化を問題にする時に、一切のそれまでのブルジョア文化を拒絶してそこから断絶しようとする傾向に対して、レーニンは激しく闘った。ブルジョア的社会に生まれたものは全て敵だということで、そこにある本質的なものに目を向けないで、それを捨象しようとする単純な傾向は、理論的にも間違っているし、実践的にも有害であると言ってこれに激しく反対しています。

そして政治と文化の問題は非常に複雑な問題であって、そう単純化してはいかんと言っていて、その単純な傾向を克服することがいま重要なんだという問題提起もしている。ということが革命的な現実の闘争の中で深められるという課題をマルクス主義者は持っていたろうと思います。

しかしながら、スターリン主義の時代から今日に至る最悪の状況の中で、その関係はより豊かに追求されるより、狭い政治的なものに短絡させられてしまう。しかも政治そのものも間違うという二重の間違いを犯していったことに対する破産からどうつきぬけるかの課題は、その後の変革の闘いは負わされたと思います。その時に、変革ということを、もっとトータルなものとして捉えるという中で、芸術なり映画を考えていかないとどうしようもないいんじゃないかと思います。

運動というのは、そこで、人間の意識の深い部分から人間を変革していくその力自身を、政治状況へあまりに短絡させて、それを普遍化させてしまう部分が出てきてもかまわないけど、それを一般的な命題であるかの如く、全てへと普遍化されるということからもっと大きく視点をとっていく自覚を、つまり正当に状況に対して映画を関わらせようとする自覚的な運動として成立させていかなければいけない。それは何よりも意識の次元での問題、精神の次元の問題として固有性を持っているんだという次元での意識のダイナミックスが状況に対して持つ意味を自覚させていく、また自覚的に捉えかえすことを運動の核に置かなきゃいけないんじゃないか。それがより一般的な政治状況との関係で、現実全体の変革を総体的に形成するという視野をたえず持ってなければいけないと思います。

その点で言うなら、運動というのは内在的に出てくるものを基盤にしながら、自然発生的なものを自然発生的なものに止めないで、それをより自覚的なものにしていこうという問題として出てくるのだけど、その自然発生的なものの中にすでにあった様に、自分とパーソナルな関係を持たない作品が、遠くにいる個人的なつながりを持たない自分をゆさぶるという力は、一応自然発生性に止まる。その作品と自分の間に生まれたある意識の運動、その関係を場的に形成する、それをより自覚的に高めていく場、状況を作り上げていく自覚的動きへと組織していく問題として映画運動の問題が出てくると思います。

それは創造運動から観客、批評運動に至るまで、一貫して同じ問題として出てくるんじゃないか。さっき言いましたように、素朴に映画について語り合う行為、批評行為が我々の中に何らかの意味を生んでいく時に、その一つの場を更に広げていったり、他の場との環をつなげていったりしながら連鎖的に増殖させていくという、場のダイナミックな動きを、可動状況として僕らの生きている時代と場の中におし出していくこと自体が、我々の時代状況に対して固有な意味を持っているだろうと思います。

ですから映画運動というのは、単純化して言うと、何とか運動、何とかの会という形でそこに何人結集したかという次元で成立するものではない訳です。何かの映画運動が、会なり集団なりを結成する場合には、場的に形成することを自覚的に共有するということを物理的に確立していくためにのみ、意味を持つのであって、会とか集団が物理的力として状況に意味を持つというのでは決してない。もしその次元だけで捉えるなら、それは政治運動の次元を越えないだろう。固有な問題を落しているだろうと思います。一方政治運動の側から言うなら、個別的な分野において、個別的な力を結集しながらでも、政治的な力を全体に組織しようとするのは当然であって間違いではないけれども、同時に政治の論理からしてもそこに発生している固有な力を多角的、多面的に組織しようということが、全体にどんな力を持つかを把握しなければいけないだろうし、ましてや芸術運動を内在的に関わろうとする者にとって、その問題の放棄は自殺行為に等しいと考えます。

その意味で変革の位相というのは、自分が生きている場も含めていまの自分に対する根本的な不満であるとかやりきれなさを通して別な自分、別な状況へと自分を変えていくという意識の緊張した可動状況を生み出すものへと運動は結成されなければいけないのであって、単に政治への武器としてその辺を陥落した位相で映画運動を武器化することは、本当の意味で映画運動を武器として捉えていない。本来性をひき出していないいんじゃないいか。少なくとも、そのことがスターリン主義以後の映画運動の中で問題になってきながら、十分に追及されず今日に至っていることを、その限界をも克服してより発展的に問題を追及していく課題を、現時点における映画運動というのは持つべきところを、まだ持ち得ずにいるのではないかというもどかしさを感じます。

しかし十年前と比べると違った面も出てきているけれど、それは日々激化していく政治状況の中で、とかく性急に捉えてしまって問題を単純化してしまう傾向も生まれてきている感じもしないではない。だからこそ、その中で明確にいま言った問題の正確な、豊かな把握を持っていかなければ、あるいは運動的に形成していかなければ、落ち込まないですむ穴に再び落ち込むことも絶対にないとは言えない問題もかかえて、今の状況は動いているのではないか。だからこそ、そこを問題にしたいと思います。

質疑応答の中で具体的な問題が出てくればそれに関連して補足したいと思います。

未踏の域に挑戦——映像表現の変革に賭ける

私がはじめて劇映画をとるというので、松本もまた結局劇映画の監督になりたかったのか、ということを皮肉まじりに言われることがある。むろんそういう言い方には、おのれもまた前衛映画から商業映画に転向するのか、というニュアンスが含まれている。

しかし残念ながら、私は普通の商業映画には、いまなお自分で作りたくなるほどの興味をいだいたことはない。とりわけ五社映画の現状をみるかぎり、その枠内でおよそばかげたプログラム・ピクチュアを作るなど、想像しただけでうんざりする。私が劇映画を作るのは、むしろ現状の五社的映画状況に挑戦するためである。その足場としていわゆるアートシアターの一千万円映画を選んだのは、かなりの経済的困難があるとはいえ、そこでは基本的に作家の創造上の自由が尊重されているからにほかならない。

私がしたいことは、主題と方法の追求にあたって、かつて他人が踏みこまなかった領域に切り込むことである。私は『薔薇の葬列』ではゲイボーイの世界を扱った。むろんゲテモノ趣味や風俗的興味からではない。彼らの世界を手がかりに、ボードレールが「われは傷口にして刃」と歌った意味での、いわば反秩序的な人間存在の時代的意義を見きわめたかったからである。

ちなみに『薔薇の葬列』はエディプス劇の現代的パロディである。あるいは外見上その形をかりている。しかし現代のエディプスは一国の王などではない。それはゲイバー「ジュネ」の女王、ゲイボーイのエディのことである。エディプス王は父を殺して母と寝た。しかし、ゲイボーイのエディは母を殺して父と寝る。現代では倒錯も二重化しているのだ。この二重化した反社会的行為を通して時代の鬱屈をえぐること、その地下の殺意を地上に向かって突きつけること。その点にこそ、私を表現衝動へとかりたてている内的モチーフがある。

そんな間接法によってではなく、いまの政治状況に正面から取り組むべきだという声もある。事実、最近話題になっている自主製作・自主上映の動きは、基本的にその方向をたどっている。しかし、政治を扱うことは大いに結構とはいえ、その素材や政治的姿勢じたいに映画の価値を見ようとする傾向は安直と言わざるをえない。

映画の前衛的課題は明らかにもっと先に進んでいる。少なくとも、いかに政治イデオロギーが進歩的であろうとも、表現の最も根深い部分で、相変わらず古ぼけた既成体質に安住しているものを、芸術的には保守主義として否定できるくらいには、映画状況にも大きな地殻変動がはじまっているのだ。映画体制を否定するということは、決してその機構や権力の直接性にとどまるものではない。表現の内在的課題としては、より一層、その機構と権力によって長年にわたってつくりあげられてきた映画概念、あるいはその枠内に慣習化された視覚の構造、それらを貫くトータルな体質にかかわるものである。

私が『薔薇の葬列』で最も苦心したのもその点である。新しいモチーフの追求を、何より表現の変革の問題に重ね合わせることこそ、私が心がけたことだった。その一点において、長編の劇映画をとることも、短編の実験映画をとることも、私の内側ではそれほどの飛躍はない。

その意味で、私は映像表現内のジャンルの区別など、どうでもいいと思っている。むろんジャンルのちがいによって、それぞれ固有の魅力はあるが、私としてはその時どきの表現衝動によって、それを最も表現したい形にするだけだ。それも時には、伝統的な映画形式を無視して、たとえば『つぶれかかった右眼のために』のように、三台の映写機を同時に動かして、三つの映像のモンタージュを試みたり『イコンのためのプロジェクション』のように、映像と照明と物体の不確定的な出会いを、そのまま作品とするインターメディアの方向に向かうこともある。

もっとも、その種の実験をする作家のなかには、もはや伝統的な映画形式じたいを古いとして否定する向きもあるが、私はそうは思わない。マルチ・プロジェクションやインターメディアは、むろん目もくらむばかりの可能性を予感させる未踏の領域である。映像表現をその混沌とした未知の世界に押しひろげてゆくことはすばらしい。しかし、いわゆる伝統的な映画形式にも、まだまだ映画はこれからだと言いきれるほどの可能性がある。

それらを縦横にかけめぐりながら、全体として映像表現の時代的変革に賭けてゆこうというのが私の立場だ。むろんそれらを一貫してつらぬこうと思っているのは、世界と自己の関係を、思想的にも感性的にも、不断に変革してゆく精神の自由を体得することにほかならない。もし前衛ということを言うなら、それはその一点を生きようとするラジカルな姿勢についてのみ言うべきことである。

ジャン＝リュック・ゴダールについて

ゴダールには、実に興味深い多くのエピソードがある。なかでも、わたしがとくに「なるほど」と思ったのは、本書にも収められているトリュフォーの話だ。たとえば『勝手にしやがれ』の撮影で、ゴダールがトリュフォーのシナリオのラスト・シーンを、まるっきり変えてしまったということなどである。トリュフォーのシナリオでは主人公がその日の夕刊に自分の写真がでかでかと出ているのも知らずに、ひとり道をポクポク歩いているというところで終っていた。だが周知のようにゴダールは、主人公をポリスの手で虫けらのように射殺してしまったのである。

このエピソードは、トリュフォーとゴダールのちがいを如実に物語っていておもしろい。むろんトリュフォーの原案も、それはそれでいかにもトリュフォーらしいエスプリに溢れている。しかしゴダールが改変した結末は、はるかに衝撃的にわたしたちの胸を打つのだ。

トリュフォーとの比較はさておくとして、ゴダールのラスト・シーンは、なぜあれほどに恐ろしく、なぜあれほどに悲痛に、当時のわたしたちをゆさぶったのだろうか。「どう考えてみても何が起こったかわからないのがこの映画だ。というのはわたしが意図したのは、フリッツ・ラングのある種の映画や、当時心を魅かれていた映画と同じ犯罪映画だった。アメリカ暗黒映画調のものができるはずだったのに、できあがったものはまったく別のものだった」と、後日ゴダールは自作について語っている。たぶんそれは本当のことだろう。しかし作家の本質は、しばしばむしろ作家自身の意図したものを超えて顔をのぞかせるものなのだ。ゴダールがラストをそのように表現したことについて、トリュフォーが「それは、彼がわたしよりも寂しがりだからであろう。それに彼はこの映画を撮っていたとき、失意のどん底にあった。彼は死ぬ瞬間を撮りたがっていた。そのようなラストが欲しかったのだ」と指摘したことは、その意味で問題の所在を鋭く突いている。

そういえば『勝手にしやがれ』をはじめとして、ゴダール作品のラスト・シーンは、主人公の絶望的な死で終るものが多い。死で終らないまでも、多くの場合、まったく出口のない暗澹たる状況にぶち当って終る。少くともそれは『気狂いピエロ』に至るまで基本的に続くが、それほどの執着は、確かに作家の内部の根深い心因を抜きにしては説明がつくものではない。

疑問の余地なくいえることは、そこには容易に癒やすことのできない不幸が疼いていることである。トリュフォーが、「寂しがり」とか「失意」とかの語句で表現したように、その後多くの人びとは、その不幸をアンナ・カリーナとの関係で説明した。事実カリーナの愛を失う過程で『軽蔑』や『恋人のいる時間』が生まれ、その愛をとりもどそうとしつつ、ついにそれが失敗に終った過程で『アルファヴィル』と『気狂いピエロ』が生まれたという符合がそこにはある。そういえば、その後のゴダール作品から、女の裏切りや愛の破綻のテーマがなくなっていったことが、アンヌ・ヴィアゼムスキーとの新しい愛の過程に符合するという説ももっともらしく聞えてくる。

創作の直接的な契機を、個人的な体験から発想するということはむろんありうることである。ゴダールのようなタイプの作家についてはとくにそういえるだろう。しかしかりにそうだとしても、問題のもっとも本質的な核心はそこにはない。もっとも本質的な核心は、ゴダールが個的な体験をこじあけて時代の普遍的テーマに達しているということであり、そもそも彼の「寂しがり」や「失意」が、深く世代的なフラストレーションに通底していたという点にある。虫けらのように殺されるミシェルやナナ、すべてに絶望して自爆するフェルディナン、そしてまた永遠の無を思わせる死の海原のイメージに、わたしは己れの世代の仮借ない投影を見ないわけにはゆかない。「そのようなラストが欲しかった」のは、明らかにみずからを対象化できずにいた時代そのものの潜在意識である。

しかしゴダールのラスト・シーンが感動的なのは、かならずしも世代や時代の不幸を滲ませているからではない。それは事の半面である。真に感動的ないま一つの半面は、その絶望にぎりぎりに拮抗しようとするゴダールの喘ぎが、いつも痛いまでに塗りこめられている点だ。たとえば主人公の死のイメージからは、「なぜこのようにしか生きられないか」というゴダールの問いかけが、例外なく息苦しいまでに聞えてくる。冷たく感傷を断ち切りながら、そのラスト・シーンが、きまって悲痛な精神的高まりをみせるのはそのためである。

よくゴダールはなげやりなニヒリストだといわれるが、その意味でけっしてそんなことはない。しばしばそうありえない現実のアポリアにたいして、その彼方にありうべき現実の幻影を浮かびあがらせようとする意識は、むしろロマンチスト特有のものである。事実ゴダールがもはや本質でつながれなくなった現代人の孤独を描くとき、彼がそこに欠落したものとして何よりとりもどそうとするものはきまって「愛」なのだ。あるいは時として「魂」という言葉すらが強調されることもある。

そういえばゴダールの作品中、唯一のハッピー・エンドを持つ『アルファヴィル』は、いわばメタフォアの世界のなかに、ゴダールの基本的なモチーフを、ほとんど図式的に表現しつくしていて興味深い。たとえばこのアルファヴィルという都市では、いっさいの人間的な感情をもつことが禁じられており、すでに「愛」とか「魂」などという言葉は失われている。最後にナターシャはレミー・コーションによってこの都市から救出されるという意味でハッピー・エンドなのだが、そのナターシャがラストにふととりもどす言葉と感情が「愛」なのだ。

ここには誰がみても心優しいロマンチズムがある。しかし『アルファヴィル』のモチーフは、ゴダールの作品系列のなかでけっして異質のものではない。それは本来同一の衝動に根ざしながら、普通はネガの形で表現していたものを、そこではたまたまポジの形で表現したというちがいにすぎない。だからこそ『気狂いピエロ』の出発点で、フェルディナンがマリアンヌとともに日常性の世界を脱出してゆくショットは、『アルファヴィル』のラスト・ショットから始まるのである。また逆に、『気狂いピエロ』がゆきついた世界は、まさしく死の都市アルファヴィルの世界以外の何ものでもない。

つまりゴダールの作品は、この絶望的な循環のなかで、主人公たちが状況を脱出しようと冒険に旅立ち、多くの場合挫折するという構造をもっている。したがって主人公たちの行動がドラマを展開してゆく一種の冒険映画ということもできる。『気狂いピエロ』には映画監督サミュエル・フラーが登場して、フェルディナンに「映画とは何か」と問われ、「映画は戦場のようなものだ。愛、憎しみ、アクション、暴力、死、ひとくちでいえば感動だ」と答えるところがあるが、ゴダールの冒険映画ほどこの定義にぴったりするものはない。むろん「愛、憎しみ、アクション、暴力、死、ひとくちでいえば感動」が渦巻く「戦場」への冒険こそ、人生である。

したがってゴダール作品の主人公たちは、彼らの人生を冒険的に生きる。そして生をはばむさまざまな障害と出会う。それは悲劇である。しかしゴダールが彼の主人公の日記をかりていうように、「真の悲劇は、それがどこに向い、どこにあるか、ということを知りはじめたときに始まる」

一九六八―一九六九

のだ。そういえば『女と男のいる舗道』で、ナナは哲学者から「なぜ人間は走るのかということを考えたばかりに、足が動かなくなって爆死した男」の話を聞かされるが、彼らがラスト・シーンで死に追いこまれる必然性も、その内的契機としては彼らがふと人生や愛について考えはじめることによって決定的なものになっているといえるかもしれない。

ゴダールの映画には、しばしば本能的に生きることと内省的に生きることとの葛藤が出てくるが、その人間存在の宿命的な矛盾をあくまでまるごと引き受けようとするところにゴダール作品の際立った魅力がある。ゴダールは「映画とは冒険であり、冒険と密着した哲学だ」といい、また「演出とは人生であり、人生についての省察だ」ともいっている。そのことをもっとも濃厚に感じさせるものこそ、ゴダール映画のラスト・シーンにほかならない。そこでは主人公の冒険と人生の燃焼が、カタストロフを前に逆説的な輝き方をすると同時に、あの「なぜこのようにしか生きられないのか」というゴダールの問いが、全身の重みをこめて塗りこめられているからである。ゴダール作品を見終ったとき、わたしたちはほとんど痛感にも似た情念の昂揚をかきたてられる。しかし同時にきまって人生や世界にたいする根源的な内省へと導かれるのはそのためであろう。そこには心情的な同化とも概念的な異化ともちがって、わたしたちの意識を根底からゆさぶる批評的な働きがある。

しかし考えてみれば、そもそもそれは、ゴダールを表現へと馳りたてている衝動の根拠そのものにほかなるまい。『勝手にしやがれ』を例にとれば、自分の写真が夕刊に出ていることも知らずに、主人公が街頭をひとりポクポク歩いているというイメージで終えようとしたトリュフォーの発想とくらべて、主人公を孤独の極点で虫けらのように殺さざるをえなかったゴダールの発想は、より人生的だということができる。人生や世界にたいして、「これでいいのか、こんなバカなことがあっていいはずがない」という自問自答の高まりが、作家をして表現へと導いているということなのだ。そしてそののっぴきならない表現への衝動が、わたしたちを極度の精神的緊張に追いこむのである。

当然のことながら、ゴダールの批評意識は、時代のあらゆる側面にわたって旺盛にひろがっている。生の自由な燃焼をはばむものは、手あたりしだいゴダールの俎上にのせられるといったぐあいだ。そういえばゴダールには「わたしに夢があるとすれば、それはフランスのニュース映画製作の総元締になることだ」という発言があるが、それはつまり、今日では現実生活のあらゆる断面に刺戟的な題材がひしめき合っているという認識に基づいている。事実ゴダールは、姦通、売春から、文化革命や第三世界の問題まで、きわめてアプ・トゥ・デイトな時事的問題を扱っており、最近ではほとんど宣言的な口調で、「実人生に復帰すべき時である。澄みきった新たな眼をもって、現代社会のなかに突入してゆくべき時である」と語っている。

むろん『小さな兵隊』や『キァラビニエ』を引き合いに出すまでもなく、ゴダールの作品には初期から政治的・社会的現実をアプ・トゥ・デイトに料理するという傾向はあった。しかし『気狂いピエロ』で一見それまでの総決算を試みた後、ゴダールの映画は、『男性・女性』から急激にナマな現実との呼応関係がダイレクトに強まっている。

しかしいうまでもなく、ゴダールはたんなる時評家にとどまる器ではない。たとえつぎつぎに身近な現実的素材にとびついたとしても、ちょうど彼がきわめて個的な体験から出発して時代の普遍性へと到達していたように、作品のトータルなものは、はるか素材の直接性を越えて、現代の普遍的課題に深くつきささっているのだ。たとえば『中国女』は現代の政治問題に鋭く対決した作品である。しかしそれはけっして政治主義的な作品ではない。つまり、たんに「異議なし」とか「反対」とかの政治的共鳴や反発の再確認しかひきだせないレベルから、政治の根底への作家的・思想的な問いかけのレベルへと大きくつき抜けている。人生や世界にたいして、「これでいいのか。これは何を意味するのか」と、あくまで根源的に問おうとする衝動とプロセスを、表現のもっとも根底にすえようとする点では、『勝手にしやがれ』以来ゴダールは変わってはいない。

しかし『中国女』や『ウィーク・エンド』の最近作では、そう問いつづける己れの内的情念の表出性よりは、問いかけが内包する問題の、客観的・思想的追求の方によりウェイトがかかってきたことを否定することができない。それと対応して、主人公の愛や孤独の問題が、ドラマの展開の中心部から後退し、状況のトータルなイメージ化の陰に、やや登場人物のいきいきした人間像の追求が薄れがちではないかという危惧はある。しかしそれもこれもすべては新しい映画的冒険の一過程にすぎないことだ。事実冒険はその限界を知らないかのように、ますます自由奔放の度を増している。

おそらくゴダールは、意識の変革ということを、何よりも表現の変革として誰よりも深くつきつめている作家だ。そのモチーフと同様、ゴダールは表現のうえでも、その一作一作において、自己を自己の限界から解き放ち、世界と自己の既成の関係を変革することに全力をあげている。ゴダールの作品を見ていると、彼が既成の映画概念からまったく自由に解放されていることに舌を巻かないわけにはゆかない。かんたんにいって、映画ではまだまだこんなことができるのかという発見の驚きと喜びを強烈に感じさせられる。そしてその自由な意識の獲得こそ、この世のいっさいの桎梏と根底的に対決するものなのだということを痛感させられるのだ。

最新の情報によれば、ゴダールはルソーの『エミール』にヒントを得た『楽しい科学』を完成した後、『アメリカ映画』とか『フランス映画』とかいう、おおよそ想像もつかないキテレツな映画を製作中という。ゴダールの手になれば、どんなものも映画にならないものはないかのように、映画の地平が一作ごとに押しひろげられていくような思いだ。ゴダールを論ずることは、その意味で絶望的に困難である。ゴダールをとらえたと思ったときは、それはすでにいつだって背中でしかない。こんなすごい作家は先にも後にも、そうめったにはあらわれないだろう。わたしなどは、ただゴダールの新作を胸をときめかせて待つばかりである。

私と短篇映画

　今度私はアートシアターの一〇〇〇万円映画といわれる長篇の劇映画をはじめて作った。そのせいか、最近ひとからよく「松本も結局短篇より長篇をやりたかったのだな」ということを言われる。しかしそういう言い方に、私は妙な違和感と反発を感じないわけにはゆかない。そこには、「短篇より長篇の方が映画として本格的」という根強い偏見がうかがわれるからである。

　私が今度長篇の劇映画を撮ったのは、そのようにしか表現できない衝動が、たまたまチャンスをえて燃焼しただけのことにほかならない。だが同様、私のなかでは、短篇でしか表現できないモチーフだって依然くすぶっている。だから私は、今後もケース・バイ・ケースで、その両方を作り続けることだろう。要するにただそれだけのことなのだ。「短篇を卒業して長篇へ」などという考えは私にはない。

　そんなことは、たとえば問題を文学の分野に移して考えればはっきりする。誰が長篇小説と短篇小説の間に、あるいは小説と詩の間に、芸術的価値のヒエラルキーを置くだろうかということだからである。わずか数行の詩が、大河小説より深く心に突刺ってくる例などいくらでもある。

　そういえば、短篇映画の魅力というのは、ちょうどそんな詩の魅力みたいなものではなかろうか。むろん一口に詩といっても、より客観的なものからより主観的なものまで、あるいは怒りをを叩きつけるような詩から愛の告白の詩まで、そのモチーフや形式はさまざまあるように、「短篇映画」といってもそのひろがりは多様をきわめている。しかしそれらを通して、すぐれた短篇映画には、何らかの作家の情念のたかぶりを、そのまま丸ごと輪切りにして見せられるような独特の魅力がある。それは段取りや説明を排した、イメージの直接性という魅力にもつながるものだろう。

　考えてみると、私が映画の実作に足をふみ入れるようになったのも、一面ではそういう短篇映画にすっかり魅了されたからだった。レネエの『ゲルニカ』やラモリスの『白い馬』、あるいは亀井文夫の『小林一茶』などを見て、「映画にもこんなことができるのか」と感動したものである。私はとりわけ二〇年代のアヴァンギャルド映画と、同じく二〇年代から三〇年代のドキュメンタリー映画に着目し、この両極の内的対応を一つの問題としてとらえてゆこうとするところから出発した。私は私の課題を追求するために、殊更劇映画のコンベンショナルなコースを避けて、短篇映画の世界に身を置いたのである。

しかし本当のことを言うと、私はひどく甘かったといわねばならない。日本の短篇映画界の実態が、つまらぬPR映画や教育映画に、ほとんど一〇〇パーセント近くを費やしていることに無知だったからである。「船ができるまで」とか「自転車はなぜ倒れないか」といったたぐいの映画が、私を魅了した短篇芸術映画とおよそ程遠いものだったことは言うまでもない。むろん私は失望し、後悔もした。その意味では、そういうたぐいのものしか知らない一般の人が、短篇映画というと退屈で感動がないと思うのも無理のない点がある。

一つの客観的な大きな障害は、明かに短篇芸術映画が、経済的に回収し再生産する回路を持っていないことである。早い話、短篇映画は映画館から締めだされている。つまらないから上映しない。上映の機会がないから、ますますPRや教材とはちがった短篇が作られるチャンスが少なくなる。そんな悪循環が、短篇映画を衰弱させていったことは明かである。しかし作家としては、それをひとのせいにして合理化するわけにはゆかない。それは内的な退廃だと思い直して、私はその制約を突抜ける苦戦を続けてきた。『白い長い線の記録』『西陣』『石の詩』『母たち』などは、そのささやかな収穫である。

それでも私は、なおその困難な条件に自分の無力を合理化してきたような気がしてならない。一昨年と去年、アメリカのアンダーグラウンド作家の仕事をこの眼で見てきて、私は大いに反省し、大いに勇気づけられたものである。一六ミリでも八ミリでもいい、メカスの言う「血の色をしたシネマ」を作ろうと、私は『つぶれかかった右眼のために』を再出発のための作品にした。正直な話短篇映画の新しい可能性は、まだまだこれからではないかという実感が強い。事実私は目下すでに二、三の新しい構想を練っている。

ヴァンダービークとその周辺

——エクスパンディッド・シネマの展望

私はまず、『イースト・サイド・レヴュー』(一九六六年一、二月号)に載ったジョナス・メカスの宣言的エッセイを引用することからはじめたい。メカスはその冒頭で次のように書いている。

「何がシネマかという一切の定義は溶解した。われわれは何がシネマなのかわからない。かつてはわかっていたが、もはやそうではないのである。このことは、おそらく一九六六年のシネマにおいて最も重要な事実であろう。アヴァンギャルドの、つまり〈アンダーグラウンド〉映画作家の仕事、光や動きや音による新しい芸術家の仕事、サイケデリックやエクスパンディッド・シネマ、そしてまたジェリー・ジョッフェン、スタン・ヴァンダービーク、ジャック・スミス、アンディ・ウォーホール、あるいはジャード・スターンの環境シネマ。映画に関するすべての既知の、そして〈最終的〉な定義はぬぐい去られたのだ。いまや一切の扉は開け放たれている。そして、いくつかの窓も。次が何かを知っているものは誰もいない」

一九六九年の時点において、このメカスの言葉にくだくだしい注釈は不要であろう。たまたまメカスがこう書いた六六年以降、草月シネマテークでの最初のアンダーグラウンド・シネマの紹介を皮切りに、大きなところでも国立近代美術館でのアメリカ実験映画特集、草月実験映画祭、第一回フィルム・アート・フェスティバル、そしてまたクロス・トーク・インターメディアなどを通して、私たちはすでにかなりの数のアンダーグラウンド・シネマに、じかに接してきたからである。事実それらは、私たちに多大のショックを与え、既成の映画概念を根底からゆさぶるだけの起爆力をもっていた。

それらの刺激を契機に、日本でも少なからぬアンダーグラウンド・シネマストが台頭しはじめた今日、私たちはメカスの興奮を、私たち自身の肉体として感ずることができる。一九六七年のモントリオール万国博で話題を集めた多彩なマルチ・スクリーンに関する情報も、私たちに映像表現の未踏の地平が、大きくひらかれてゆく実感を与えてくれたことを否定できない。多分アンダーグラウンド・シネマこそその最もラジカルな中心にちがいないが、既成の映画領域も含めて、ここ数年、世界のシネマ状況には、かつてなかったほどの地殻変動が確実にはじまっている。

『カイエ・デュ・シネマ』のインタヴューに答えて、ジャン＝リュック・ゴダールが「現在の状況では、映画はあまりにも多くの信じがたい規則の数かずにがんじがらめになっている」ことを指摘し、一切の「かくかくあるべきだという通念」から解放されねばならぬことの必要性を説いていることも、結局は同じ地殻変動を敏感に感じとっている作家の、エスタブリッシュメントに対する予言にみちた内在的挑戦とみることができる。ゴダールはそこで「映画が劇場で上映されねばならぬ理由」を疑い、「上映時間は一時間半でなければならぬとか、ストーリーがなければならぬとか」を疑い、「現状を変革するために現段階でなすべき最良策は、すべての技術的問題にアプローチすることであり、経済、製作、上映方法、現像所などに関するすべての再検討をおこなうことである」と述べているが、そのことの実践を、既成の映画テリトリーから完全に自立して行なっているものこそ、アンダーグラウンド・シネマにほかならない。

従来の映画概念を根底から疑う姿勢

ところで私に与えられた「ヴァンダービークとその周辺」というテーマであるが、その中心で扱うべきエクスパンディッド・シネマも、根本的には以上のような背景をふまえて把握すべきであろう。エクスパンディッド・シネマとは、従来のワン・プロジェクター・ワン・スクリーン方式の伝統的な映画形式を、すでに不動の前提として受け入れることを疑うところに生まれたものだからである。

シェルドン・レナンはその著書『アメリカのアンダーグラウンド映画入門』のなかで、エクスパンディッド・シネマについて次のように書いている。

「〈エクスパンディッド・シネマ〉は、映画製作のある特別なスタイルにあてられた名称ではない。それはさまざまな方向へと通ずる一つの探求精神に与えられた名称である。またそれは、一つの作品を上映するにあたって、多くのさまざまなプロジェクターを含むまでに拡張されたシネマである。それはまたさらに、テレヴィジョンを使ってコンピューターがつくりだすイメージや電子的に操作したイメージを含むまでに拡張されたシネマであり、全くフィルムを使わずに映画の効果をつくりだす地点にまで拡張されたシネマである」

エクスパンディッド・シネマは、その上映条件が普通の映画より手がかかるため、本場の作品が日本にじかに紹介されたのは六八年からである。おもなところでは〈第一回フィルム・アート・フェスティバル〉で上映されたジョージ・ランドウの『スプロケットの穴やエッジ・レターや汚ない粒子などがでてくる映画』、およびポール・シャリッツの『かみそりの刃からのスリー・ループス』がその最初のものだろう。前者は左右対称の同一フィルムの二面プロジェクションであり、後者は横に並列された三面プロジェクションのものだった。

今年に入ってからは、クロス・トーク・インターメディアに、スタン・ヴァンダービークが『発見されたフォルム』と『ポエム・フィールド』をもって来日したほか、サルヴァトーレ・マルティラーノとロナルド・メナスによる『LのG・A』などが発表されている。ここではとりあえずその形について述べるが、『発見されたフォルム』は六つの可動スクリーンと二つの固定スクリーンに投影されたマルチ・プロジェクション、『ポエム・フィールド』はコンピューター・シネマ、『LのG・A』は巨大な二面スクリーンと実物のアクターがからむものだった。

これらわずかの例をとってもわかるように、ひと口にエクスパンディッド・シネマといっても、その方法とスタイルはさまざまである。モントリオール万国博で脚光を浴びた、マルチ・スクリーンは、その原型的なものではあるが、なおその一部でしかない。ウォーホールの『★★★★』のように単一スクリーンに多重投影するもの、ロバート・ホイットマンやミルトン・コーヘンの諸作品のように被投影体がスクリーン以外のもの、あるいは他のメディアとミックスされたものなど、その範囲は非常に広いからである。しかしそれらはいずれも、従来の映画概念をエクスパンド（拡張）しようとしている点で、共通の基盤に立っている。

一九〇〇年に始まるマルチ・スクリーン

ワン・プロジェクター・ワン・スクリーンの古典的投影法から、映画の可能性をエクスパンドしようとする傾向は、実はかなり昔からあった。その試みは実に一九〇〇年のパリ万博にまでさかのぼっている。そこにはすでにグリモアン・サンソンという人が、十台の映写機による三百六十度映画を出品しているのである。それは「シクロラマ」と名づけられているが、実際には火災の危険性が生じたため、一回映写しただけで公開を禁止されたという。むろんそれ自体は素朴な見せ物だったのであろうが、映画が誕生して間もなく、すでにそういう試みをした人がいたということは驚嘆しないわけにはゆかない。

したがって一般に歴史上はじめて成功したマルチ・スク

リーンの作品というと、アベル・ガンスの『ナポレオン』（一九二五）ということになるだろう。これは「トリプル・エクラン」と呼ばれ、三台の映写機と横に接続した三つのスクリーンが使われている。ガンスはその後も「ポリヴィジョン」方式と呼ぶ三面スクリーンの作品をつくっているが、すでにこの時点で、三つの画面はときに三様の異なる映像になったり、ときに連続した単一のワイド画面になったり、その演出効果はなかなか変化にとんでいたという。

　これら初期のエクスパンディッド・シネマは、いずれも画面の拡大と変形の欲求から生まれている。むろんその大方は、単純にスペクタクルを求める気持と、観客の好奇心をかきたてようとする見せ物意識にすぎなかったろう。しかしそれにしても、なぜ映画のごく初期にこれほどの大胆な試みがなされたのだろうか。おそらくそれはごく初期であるがゆえにということかもしれない。つまり映画はまだ自己を固定化するほど年をとっていなかったからである。しかし映画の興行化が進むとともに、それはマス・プロの経済原則にのっとって、最も安定した形に固定化した。と同時に、映画に対するコンセプションそのものも固定化してしまったのである。

　しかし映画は「かくかくあるべきだという通念」を疑ったものが全くいなかったわけではない。たとえばエイゼンシュテインである。彼は「ダイナミック・スクエア」というエッセイで、正方形スクリーンを提唱しているが、その主張は摩天楼や工場の煙突のように、ますます空に伸びてゆく現代文明を表現するために、今後はスクリーンの垂直軸を強めねばならないという考えに基づいていた。むろんその理屈は幼稚であり、ドグマティックでもある。しかし文明論の観点から既成の映画形式に疑いをもち、その変革が新しい時代の思想と表現をもたらすと予言したことの意義は大きい。

　このことはマルチ・プロジェクションやエクスパンディッド・シネマに見せ物的な興味しか示さないもの、あるいは逆にそれを見せ物でしかないとして一笑に付すものに、根本的な問題をつきつけている。事実、映画の誕生と発展の歴史がそうであるように、はじめは技術と好奇心の産物としてしか現われないものも、そこにはそれなりの時代の必然があり、その自覚の掘り下げからは、かならず時代表現のアクチュアルな可能性が開かれるということである。

六〇年代に急速に台頭するエクスパンディッド・シネマ

戦後のエクスパンディッド・シネマの歴史は、まさしく技術と好奇心の産物から、固有な芸術的自覚に至る過程として現われている。一九六六年の『フィルム・カルチュア＝エクスパンディッド・アート特集号』に載ったダイアグラムによると、六〇年代のエクスパンディッド・シネマは、過去の万国博とディズニイ・スペクタクルの血を直接受けつぎ、それにハプニングやキネティック・シアター、あるいはジャンク・アートやセンセーショナリズムの血が流れこんで成立したように表現されている。

　事実アメリカで試みられた最初のマルチ・プロジェクションは、チャールズ・イームズ、レイ・イームズ、アレキサンダー・ジラード、ジョージ・ネルソンらデザイナーたちによって、ジョージア大学で公開された〈サンプル・レッスン〉（一九五一〜二）であり、マルチ・インフォメーション・ディスプレーとでもいうべきその方法は、その後イームズ夫妻によって、博覧会のための新しい伝達形式として確立された観がある。モスクワ見本市の『アメリカ合衆国』（一九五九）、シアトル万国博の『科学の家』（一九六二）、ニューヨーク世界博のＩＢＭ館『考える』（一九六四）などはその成果であり、それらをみると、モントリオール万国博の大方のマルチ・スクリーンなどは、基本的にイームズ夫妻によってすでにやられてしまっていることのヴァリエーションにすぎないことがわかる。

　一方、映画を伝統的なスクリーンから解放する試みが、すでに五〇年代のはじめに、ハプニングの系列からもなされていた事実を見落とすわけにはゆかない。マイケル・カービーの「ニュー・シアターにおける映画の使用」というエッセイによれば、「一九五二年の夏にブラック・マウンテン・カレッジでおこなわれたジョン・ケージの公演は、朗読や音楽や舞踏に、天井や壁に投影される映画をコンバインしたものだったし、アラン・カプローの〈六つの部分からなる十八のハプニング〉（一九五九）の一場面は一連のスライド・プロジェクション」だったという。

　要するにここでは、六〇年代に急速に台頭したかにみえるエクスパンディッド・シネマにも、それ以前にほぼ十年の直接的な先駆的アプローチがあり、結局「シネマをエクスパンディッド・シネマへと変えてきたものは、あらゆる芸術に共通して広がっている全く新しい状況と感覚の発展にほかならない」（シェルドン・レナン）ということを認識すればよい。エクスパンディッド・シネマストの代表的な一人であるヴァンダービークの出現も、ヴァンダービーク考案による《ムービー・ドゥローム》の誕生も、そのような背景から切り離しては理解できないということである。

モントリオール万国博に接して、あたかも映像革命がそれを契機に起こったかのごとく錯覚している人が多いだけに、このことは老婆心ながら強調しておかねばならない。

映像と音響が重層し交錯する《ムービー・ドゥローム》

ところでヴァンダービークの《ムービー・ドゥローム》とはどんなものであろうか。以前から話には聞いていたものの、私が実際にこの有名な夢の工場を訪ねたのは、六八年、二度目にニューヨークを訪問したときである。プラネタリウムを思わせるこの半円球の建物は、ニューヨークから車で約一時間ばかりとばしたストーニィ・ポイントの、緑の森に囲まれたヴァンダービークの住居のすぐわきに立っていた。言うまでもなく、ストーニィ・ポイントは、ヴァンダービークのほかにもジョン・ケージやデヴィッド・テュードアをはじめ、多くの前衛的な芸術家が住んでいる村である。

持ち時間はわずか二時間であった。その日の三時に西独に立つというのに、ヴァンダービークは気さくにその直前の訪問に応じてくれたのである。時間が一刻も惜しかったので、私は予定していたインタヴューとスチール撮影を、同行の飯村隆彦とピーター・ムーアに後日委託することにして、まずは《ムービー・ドゥローム》で実際のパフォーマンスをみせてもらうことにした。

《ムービー・ドゥローム》は直径約五メートルの半球体であり、お椀を逆さにしたような天井は、特殊加工の紙を貼り合わせたスクリーンになっていた。床のあちこちに十六ミリと八ミリとプロジェクターが十数台、それに数台ずつのストリップ・プロジェクターとスライド・プロジェクター、そのほか中央に魚眼レンズのついた特殊プロジェクターなどが配置されている。二、三台のオーバーヘッド・プロジェクターもあった。それらのいくつかは手動であり、またいくつかはセントラル・プロジェクション・コントロールによって、プログラムの指令どおりに作動するようになっていた。プログラマーは精巧な小型のドラム・タイプのものである。

ヴァンダービークは私たちにクッションをくばった。床の上の好きなところにごろごろ転がって、天井を仰ぎみろというわけである。その日は助手がいないので、ドームの全面投影は無理だが、部分投影でも感じはつかめるだろうという説明があったのち、ヴァンダービークはいくつかの映画とスライドを、次つぎとマルチ・プロジェクトしてみせたのである。

一方にニュース映画のようなものが映り、また他方にはアニメーションが、さらに別な一角には生物映画のようなものが現われるといった具合だった。そしてそれらを埋めるように、人物や抽象模様のスライドが投影されもした。それらは重なったり、離れたり、ときには映写機そのものがパンをして、ある映像が他の映像をよぎりながら天空を移動したりもする。カラーあり、白黒ありの、全天周・ノン・フレーム・マルチ・プロジェクションである。サウンドも多チャンネル、マルチ・スピーカーによる移動音響で、《ムービー・ドゥローム》の内部は、たちまち映像と音響が、多層状に交錯する不思議なエンバイラメントになっていったのである。

多元的映像と現代

《ムービー・ドゥローム》のプロジェクションを見ながら、私をふと一つの連想に導いたものがある。一九五八年のブリュッセル万国博で、コルビジュエ、クセナキス、バレーズが合作したフィリップス館の実験である。建物はフィリップス・ラジオ・コーポレーションのために、コルビジュエとクセナキスが設計したもので、それは独得の空間概念から、連鎖し合う一連の双曲面や抛物面を構成するよう、外部は三つの先端を持つサーカス・テント式に、内部はPB方式によって牛の胃袋状につくられ、その内部壁面には約四百個のスピーカーが設置されたという。そしてそこからは、バレーズの電子音楽「ポエム・エレクトロニク」や、建築家でもあり作曲家でもあるクセナキスの「コンクレP・H」などが激烈にサウンドされ、同時に平行して、コルビジュエによって選ばれたアフリカ土人の顔や原爆のキノコ雲など、写真やコラージュ、あるいは印刷物などの映像が次つぎと投影されたのである。

私はその話を聞いたとき、眼の前が急に開けてゆく思いがしたことを否定できない。サウンドと映像が不確定的に衝突し合う、その渦動状況こそ、私たちを現代の内臓にひきこむ未開の体験域ではないかと直観したからである。《ムービー・ドゥローム》の映像に包みこまれながら、私はその体験がまっすぐこのフィリップス館の実験につながっているのではないかと連想したのである。

そういえば現代の特徴は、一見、脈絡を欠いて輻輳する諸現象が、激しく変化する流動状の重層過程として、一つの混沌とした全体をつくりあげている点にある。しかも私たちは、もはやそれらを自己の向こう側に、一挙に透視できるような主体ではありえない。むしろ私たちは限りなく断片化され、その混沌とした環境の中に包みこまれている。そのような現実をあるがままにみつめ、なおそこから現実と自己の関係をトータルにとらえかえしてゆくにはどうすればいいか。こう考えてゆくとき、その手がかりの一つとして、明らかにマルチ・プロジェクションの問題が浮かびあがってくると言ってよい。事実《ムービー・ドゥローム》でその一端をのぞいたように、滲透と衝突をくりかえす多元的映像の複合された総体にインボルヴされる体験は、不思議に現代の存在感覚に拮抗し合っているのである。

ヴァンダービークとコラージュ・アニメーション

滲透と衝突という形で、多元的映像を複合しようとするオリエンテーションは、《ムービー・ドゥローム》以前の、ワン・プロジェクター・ワン・スクリーンの作品にも、ごく初期から一貫して内在しているものである。その原理こそコラージュにほかならない。

ヴァンダービークは一九三一年にニューヨークで生まれた。彼はニューヨークのサイエンス・ハイスクールを卒業したあと、建築を学ぶために短期間クーパー・ユニオンに通い、一九五二年にはブラック・マウンテン美術学校に入っている。この学歴は、後日彼が自分の手で《ムービー・ドゥローム》を建てたり、終始アニメーションに熱中してきたことをうなずかせるものだろう。ともあれ、美術から映画へと向かったヴァンダービークの経歴は、常に彼の作品に深い痕跡を落としている。

『なにが、だれが、どうして』（一九五五）にはじまる初期の作品は、そのほとんどがコラージュ・アニメーションである。この時期のものでは日本にも『サイエンス・フリクション』（一九五九）がきたが、それらはライフやプレイボーイ誌などからの切り抜き写真をおもな材料として、車や女、フォークや鳥や政治家などが、めまぐるしく融合し合ったり、はじき合ったりするものだった。この衝突のイメージと、車が女になったり、手が小鳥に変貌したりする幻想性と、皮肉な笑いをこめた社会風刺の傾向は、ヴァンダービークの作家的体質の一つとなっている。

六〇年前後の中期の作品には実写の要素が加わり、特殊合成による実写と写真の切り抜き、あるいは実写とアニメーションを結合したものが多い。この時期には社会風刺の傾向が一段と強まり、政治批判や反戦のテーマがくりかえし現われてくる。日本でも上映された中期の代表作『ブレスデス』（一九六三）は、キートンとチャップリンに捧げられた反戦映画であり、ニクソンの口から足が突きでたり、しゃれこうべや水爆のイメージが強迫観念のようにコラージュされるのが印象的だった。

そういえば、ヴァンダービークの激しいフラッシュ・モンタージュには、どこか破滅の強迫観念にかりたてられているようなところがないでもない。私は今年の〈クロス・トーク・インターメディア〉で彼と再会したときそのことを聞くと、彼はその種の突然の挿入ショットをジャンプ・カットと称しながら、「日本人ならたとえば突然の大地震で一切が崩壊するかもしれないという予感を抱くことがあるように、アメリカ人にしてもある日突然原爆が落ちてきて死ぬかもしれないという恐怖の予感を抱くことがある。潜在意識におけるその種の強迫観念がジャンプ・カットとなるのだろう」と語っていた。その意味では、ヴァンダービークのコラージュは、私たちを包囲する多元的な狂気と強迫観念を、一本のフィルムに複合する欲求から生まれているのではないかと思われる。

《ムービー・ドゥローム》は、明らかにそれを同時多元空間にエクスパンドしたものにほかならない。

そのことは、そもそも彼のコラージュには時間性がそれほどなく、むしろ同時性のアッサンブラージュという傾向が強かったことを考えると必然である。

しかし同じコラージュといっても、シェルドン・レナンが指摘するように、初期の作品はアニメーションのコラージュ、中期のものは映画テクニックのコラージュ、最近のエクスパンディッド・シネマではメディアのコラージュになっていることを見逃すわけにはゆかない。

映写行為が新しい創造の原理にクローズ・アップ

しかし従来のワン・プロジェクション・ワン・スクリーンの映画から《ムービー・ドゥローム》のエクスパンディッド・シネマに移行したとき、そこに現われた決定的な映画概念の変貌は別の点にあった。それは映写行為が作品創造のきわめて重要な要因になったことである。

私は先に《ムービー・ドゥローム》の機械操作が大きく二つのシステムによってコントロールされており、一つは可変性のドラム・プログラマーであり、いま一つは全くの手動であることに触れたが、このことは、このドームのプロジェクションが、たとえ同じフィルム素材を使っても、映写のしかたで異なるさまざまな映像環境を生むということを意味している。事実ヴァンダービークは、途中で即興的にプロジェクターをパンしてみせたり、あるいは映写そのものでズームしてみせたりしたが、そのことで映像の複合効果は、まるで生きもののように変化して私を驚かせたものである。

ここには従来の映画概念を大きく変える本質的な問題が提起されている。なぜならヴァンダービークは、これまで単なる機械的再生手段でしかなかったプロジェクターを、ここでは積極的な創造手段に変えてしまっているからである。

こうなると映写行為は現代音楽における演奏の位置に似てきていることがわかるが、プロジェクションに新しい創造原理を見出そうとする思想は、明らかにハプニングの思想と無関係ではない。そのことはエクスパンディッド・シネマの初期において、イームズ夫妻らの実験がその点を抜きにしたマルチ・システムの構想だったのに対して、ケージやカプローのハプニングの系列からでてきた実験が、そもそもはじめから映写の不確定性をふまえたものだったことを思いだすだけで十分である。ともあれ従来の映画は複製・再生の原理に基づくものだったが、いまやエクスパンディッド・シネマの誕生と共に、その常識を破って一回性の原理に基づく新たな映画概念が生まれたということである。

一回性の原理は、作品を見る形式の側からも生まれている。《ムービー・ドゥローム》には普通の映画館のような座席もなければ、ディズニイの三百六十度九面スクリーン方式のように、正面の方向性を指定してしまう誘導もない。観客は床の上に思い思いに坐ったり寝転んだりして、自由気ままに天空の映像をみるようになっている。

したがって、その位置や視野の選択によって、それぞれが見る内容はかなりちがったものとならざるをえない。その見方は彫刻を見るように多義的である。厳密に言えば、同じパフォーマンスでも、そこに百人いれば百とおりの作品として見られるわけであり、作品は観客ひとりひとりの視野選択の軌跡として成立しているということである。

言うまでもなく、「見る」行為に創造の原理を見出し、作品創造の一環にプロジェクション行為や観客の参加性を組み入れてゆく思想は、従来の映画概念にコペルニクス的な転換をもたらすものである。そういった新しいシネマ・コンセプションは、何もヴァンダービークの発見というわけでもなく、大きな現代芸術の動向のなかで次第に確立されてきたものにほかならない。しかしそれをかなり包括的に高い完成度で体系化したという点で、やはりヴァンダービークはエクスパンディッド・シネマの代表的な作家の一人なのである。

機械芸術とテクノロジー

しかし私にはエクスパンディッド・シネマの現代的な創造課題とテクノロジーの把握のしかたにおいて、ヴァンダービークの楽天主義に少々へきえきさせられていることを否定するわけにはゆかない。それは別項のインタヴュー〔『美術手帖』一九六九年八月号〕に対する彼の解答を読んでもらえば明瞭である。

そういえばヴァンダービークの楽天主義は、《ムービー・ドゥローム》の理論づけの作業のなかにすでに現われていた。《ムービー・ドゥローム》に関して、彼はいくつかの宣言的エッセイを書いているが、そのいずれをみても、新しく模索しようとしているエンバイラメントについて、そのイメージのコミュニティを、表現論の問題としてよりはむしろ情報論の問題にウェイトを置いて論じている。

たとえば彼が「世界は動詞と名詞の脅威におびやかされており、言語と文化的な交流は爆薬と核エネルギーによっている」と言うとき、彼は現在世界の共通言語が核戦争に象徴される破滅のイメージによってしか逆説的に成立していないことを正当に認識している。しかし彼がその危機意識をとことん対象化する作業をぬきにして、その危機は世界がお互いを十分理解していないところからくると考えるとき、私はそこにヴァンダービークの状況認識の甘さをみないわけにはゆかない。事実彼はそのような認識のうえに、何よりも世界の相互理解を深めるため、核兵器による国際言語に代わって、真に国際的な非言語的視覚言語を開発しようと提唱するに至るのである。さらに彼はこの計画を「カルチュア・インターコム」と呼び、世界の政府が各都市に彼のと同じような《ムービー・ドゥローム》を建て、人工衛星による宇宙中継によって、各文化間のイメージをすみやかにコミュニケートし合おうとまで言っている。ここまでくると、私は彼の空想的ロマンチシズムを憎む気はしないものの、ほとんどばかばかしくなってくるのをかくしきれない。

それと関係あるのかないのか、最近のヴァンダービークの作品には、かつてのブラック・ユーモアや強迫観念にまで高まった死滅のイメージが薄れ、よりグラフィックな造形性への志向が強まっているように思われてならない。それもコンピューター・フィルムなど最新のテクノロジーを使うことじたいに、異常なまでの関心を示している。ヴァンダービークのコンピューター・フィルムは、ブラウン管を用いた画面を直接フィルムに記録してゆくものらしいが、少なくとも今のところ、色彩のすばらしさをのぞけば、そのイメージはあまりにも平板なデザインに終わっていて私は感心できない。

むろんコンピューターを映画に応用することじたいがまだはじまったばかりである。その結果が未熟なのはむしろ当然だろう。しかし私が疑問なのは、それを貫くヴァンダービークの表現衝動がよくみえない点である。私は彼が来日したときその点を質問した。すると彼は次のように答えたのである。

「いまのところ、テクノロジーの問題があまりに進んでいるので、それをまず自分のものにしたい気持でいっぱいだ。はやくコンピューターの実験を終えて、脳の映画館に、人間と社会を扱った作品を、エレクトロニクスを通して実現したいと願っている」

この優等生的な答弁を私は納得したわけではない。むろん映画やテレビのような機械芸術にとって、テクノロジーの問題はしばしば先行するということを私も知らないわけではない。時には純技術的にテクノロジーが開発され、芸術が後になって、それをふまえることで表現を豊かに拡大してゆくということはいくらもある。しかし一人の作家の内部で、技術の探求と表出衝動が、二段階的に使いわけられるということは、ありえないしあってはならないと思うからである。私はヴァンダービークの映画史的意義を十分認めつつも、彼の最近のテクノロジーに対する物神崇拝的傾向は、より若い世代にそろそろヴァンダービークももはや古いと言われだしたことの焦りが反映しているように思えてならない。

エクスパンディッド・シネマの作家たち

ヴァンダービークのほかに、独自な環境をもつエクスパンディッド・シネマの代表的な作家としては、USCOやミルトン・コーヘンなどがいる。USCOとは、映画作家をはじめ、詩人、画家、その他のアーティストや技術者を含むグループで、彼らの共同製作になる《タバルナクル》と呼ばれる聖堂は有名である。これも《ムービー・ドゥローム》のように、それ自身の目的で建てられた独特の建築であり、直径四、五メートルの五角形の部屋に、半球ドーム型の白幕が天井に張ってある。絨毯がしきつめられた床の中央にはキノコ状の噴水柱が突出しており、五面の壁には人型や同心円模様などの壁画があって、この奇妙な環境に映画やスライドが投影されるわけである。タバルナクルとは「非国教徒の礼拝所」という意味らしいが、あらゆる視聴覚メディアを結合したこの全身的体験のエンバイラメントは、神不在の現代に、ある精神的高まりとしての宗教的体験を求めようとしているとみれないこともない。

きわめて高度なテクノロジーと結びついたエクスパンディッド・シネマに、しばしばこの種の宗教的環境が求められていることは、大いに私の興味をひくところである。私は一般にサイケデリック・ショウといわれているものにすら、その種の宗教性が感じられるものが多かったことを思いださないわけにはゆかない。その意味で私が最も感動したものは、サンフランシスコの有名なアバロン・ボールルームでみたサイケデリック・ショウだった。そこでは約千人をも収容できる大ホールの壁面、十五台のスライド・プロジェクター、三台のオーバーヘッド・プロジェクター、五台の十六ミリ・プロジェクターから、鮮烈な色彩の非具象的な映像が、叩きつけられるように投影されていた。ジェリイ・アブラニオの演出によるそのマルチ・プロジェクションは、ヴァンダービークの《ムービー・ドゥローム》すら色あせて感じさせるほどの強烈なものだったが、私はしばし忘我の境でその只中にたたずむうち、ふと一種の宗教的としか言いようのない精神的戦慄が、はげしく背筋をつきぬけていったことを忘れることができない。その瞬間、無気味なまでにいつまでも立ちつくしている大群衆の姿の中に、私はひたすらゴドーを待つ現代人の渇いた精神的状況をみる思いがしたが、その体験はもっぱら風俗的でしかない日本のサイケデリックとは、およそ程遠いものだったことを強調しておこう。

ミルトン・コーヘンが自宅のアトリエにつくりあげたスペース・シアターは、部屋の中央にモビール状の一連のスクリーンをとりつけた回転パネルがあり、それを包囲する映写機の砲列と共に、壁ぎわの三角スクリーンやさまざまな天井の構成物が向き合っている。この内部で観客たちは、自由に動きまわったり、座ったりしながら映像を見るわけである。

コーヘンの公演のひとつをマイケル・カービーのエッセイから引用すると、たとえば次のような具合である。「さまざまなテクスチュアやパターン、あるいは地図のような形態が、あらかじめ計画された順序と配置で中央の装置から投影された。こんななかで、何となく非人間的にふくらんだ衣裳の少女が、壁の一方に向って単純な動作をくりかえしており、衣裳の内側では赤ランプが点滅している。この少女とコーヘンの姿がスクリーンに映しだされるが、観客にはプロジェクターを操作している現実のコーヘンの方も視野に入っている」

この独自なシステムと環境もさることながら、上記のパフォーマンスのなかで、私が注目するのは、スクリーン内の虚像と、スクリーン外の実像が奇妙に交錯し合うことで、虚構と現実の境目がなくなってしまう不思議な感覚である。

ヴァンダービークを越える世代の台頭

映像と実像を関連させたエクスパンディッド・シネマは、ハプニングの系列からでてきた作家の作品に多い。その代表的な作家ロバート・ホイットマンは、映像の人物と実像の人物をくりかえし対応させる方法をよく使っている。たとえば『平らな刈り込み』では、スクリーン内の少女が裸になると、実像の少女の方はそれと同じ動作を衣裳をつけたまま行ない、最後には少女の等身大の裸像が、衣裳をつけた実像の少女の上にぴったり重なり合うように投影されたという。

また「イメージのコミュニティ」というエッセイにおける飯村隆彦のレポートによれば、マータ・ミヌージンの『ミニコード』という作品は、やはり虚像と実像に関する興味ある実験をしているという。それを引用すると、「これは画廊でパーティを開き、その際、四方の壁に数台のカメラを装置し、パーティの一部始終を撮影したものを、のちに同じ位置から上映した。したがって今度は実在の人物の代わりに、一面を除いて三方の壁にほぼ等身大の人物が映る。カメラは全く忠実な記録装置として(ただし、この場合、同一人物は三面に分解されるわけだが)機能した。さらにこの場合、追加されねばならないのは、この映画壁をみる観客の影が、パーティ(映画)の人物たちにシンクロすることである。この奇妙な部屋では、見る者と見られる者が同時化し、実在の人物が影となり、虚像である映画(カラー)の人物が実像化している」とのことである。

このほかにも映像メディアと現実のアクションをコンバインした作家としては、『フィルム・ステージ』のロバート・ブロッサム、同じくステージを使うが、レディ・メイドのフィルムをかみ合わせるONCEグループなどがいるが、もはやその一つ一つの例をあげて説明する余裕がない。その種のエクスパンディッド・シネマは、実際に見ないとなかなかつかみにくいが、その意味でクロス・トーク・インターメディアで上演されたマルティラーノとナメスの『LのG・A』は、きわめてすぐれた一つのサンプルだったといえる。モントリオール万国博で話題となったチェコの『ラテルナ・マジカ』なども、映像と実際の人物を巧みにコンバインした一種のエンターテインメンタル・エクスパンディッド・シネマにほかならない。

以上例をあげたいくつかのエクスパンディッド・シネマは、まだまだ氷山の一角程度にすぎないものだろう。その意味ではアンダーグラウンド・シネマ一般と同じく、思わぬ新しいコンセプションをもった試みは、むしろ水面下におそるべき姿を深くかくしているようにも思われる。そういえば私はサンフランシスコのある禅料理店で、シェルドン・レナンに一人の利口そうな顔をした少年を紹介されたことを思いだす。彼は有名なジョン・ホイットニイの息子のマーク・ホイットニイだったが、レナンに言わせると「ヴァンダービークなど問題にならないほどすごいコンピューター・フィルムやマルチ・プロジェクションをつくっている」という彼は、何とまだ十八歳になったばかりだとのことだった。時間の都合で彼の作品を見れなかったのはかえすがえすも気がかりだが、ともあれ彼ら若き世代のアーティストによって、シネマは私などの想像もつかない地平に、今後いっそう無限にエクスパンドされてゆくことだけは疑いようがない。

私もまたメカスと同様、「次が何かを知っているものは誰もいない」と、半ば興奮をこめ、そして半ばやけくそな気分に襲われながらつぶやくだけである。

「傷口」を「刃」に転換

私は今度ATGとの提携作品『薔薇の葬列』で、いわゆるホモ・セクシュアルの世界を描いた。そのことを意外だと言って驚く人も多い。なかには堕落だの頽廃だのと口ぎたなく非難する人もいる。しかしなぜホモ・セクシュアルというだけで世間はうさんくさげな顔をするのか。そういえばテレビや一般商業新聞などでは、その一点で『薔薇の葬列』の取扱いにためらいをみせる傾向もある。およそバカげた話だが、事実三大新聞の記者で、たとえば「ゲイ・ボーイ」という言葉すら使えないと言って頭をかかえるものもいた。

S・ソンタークは『パイデイア・5』（『季刊パイデイア』第五号）でユダヤ人と同性愛者の近似点を指摘しているが、なるほどホモ・セクシュアルというのは、その存在じたいが嫌悪と排斥の対象になる意味において、どこかユダヤ人に似た不条理を感じさせる。しかしそういう存在としてのユダヤ人と同様、ホモ・セクシュアルに対する嫌悪と排斥は、実は嫌悪し排斥する側の恥部を浮かびあがらせるように思えてならない。むろんそれはこの世界の秩序を支えているモラルにかかわるものである。

だが私が性倒錯者の悲劇を描こうとした意図も、そもそもその種の秩序意識を、思わぬ角度から襲撃してやりたいがためであった。もらしそれが病気なら、病気の原因は何かという問いを、鏡をつきつけるようにつきつけたかったのである。たとえばサルトルは『聖ジュネ』のなかで、ジュネがなぜおかまになったのかという問題にふれつつ、たしか一人の少年がそのようにしか見出しえなかった人生の出口としておかまを選んだのだと書いている。とすれば、そのようにしか出口を見出しえなかった主人公のうちに、そのようにしか出口を与えなかった時代を抉ることもできるのだ。私は言うなればそのように問題を立てたのである。

私に最初そういうモチーフを抱かせたきっかけは、一昨年のニューヨーク訪問の時であった。御承知の方もあろうが、ニューヨークの繁華街タイムズ・スクェア付近には、堂々とエロ本・エロ写真を売っている店が軒並みに並んでいる。日本ではいずれも直ちに発禁になるような代物だが、私が衝撃を受けたのは、むしろどの店にもその一角に一糸もまとわぬ男性ヌードの写真がずらりと並べられ、それを男性の客がこそこそと買ってゆく姿だったのである。

昨年再びニューヨークに行ったとき、私はその点についてその数倍も仰天した。一年前には店の角隅に置かれていた男性ものの写真や雑誌が、どの店でもほぼ半分のスペースを占めるまでにふくれあがっていたからである。むろんそれは、それだけ買手が増加していることを示している。そしてホモ・セクシュアルが激増していることを証明するような現象を私はいくつも見た。

むろんホモ・セクシュアルな現象は、何も現代になってはじめて出できたものではない。それはほとんど人類の歴史と共に、古代からあったことを様ざまな書物は伝えている。しかしごく短期間の間に、その種の現象が驚くべき激増ぶりを見せてきたことをどう把握したらいいのだろう。このところ急速に性の観念やモラルが変ってきたこともある。しかし私にはどうもそれだけのようには思えない。私はそこに、そのようにしか出口を与えない時代の鬱屈と、そのようにしか出口を見出せない人びとの分厚いフラストレーションを直感するのだ。

それはアメリカのことであって、日本のことではあるまいと言う人がいるとすれば、その人は全くの認識不足である。問題は明かにインターナショナルな性格をもっており、現に日本でもその種の現象はかなり表面に現われてきた。これは私の調査からも充分言えるだけでなく、例の六本木のゲイ・ボーイ殺人事件の際、東京の潜在的なホモ人口が推定約六〇万人と発表された数字からも想像できることである。高度の現代文明の底流には、恐るべき腫瘍のような病いが、どうにもならないところまでひろがっているのだ。

私が『薔薇の葬列』の冒頭に、ボードレールの『悪の華』から、「われは傷口にして刃、いけにえにして刑吏」という一節を引用したのはその意味においてである。男でありながら女としてしか生きられない同性愛者たち、しかも母を殺し、父と寝たあげく、遂にはみずからの両眼を抉るに至る主人公エディの運命に私はこの世界の「傷口」であると同時に、それゆえにこの世界に対して鋭い「刃」となるような存在論的構造をみないわけにはゆかない。

もっとも本来的にこの世界の陰画としての反秩序的存在性も、しばしば日本的風土のなかではすぐ風俗化しがちである。風俗化とは、むろん秩序の側からの解毒化作用にほかならない。そしてポジとネガをワンセットにして、あらゆる毒物を秩序の胃袋に呑みこんでしまう体質が日本にはある。同じく本来反秩序的意味をもっていたアングラやヒッピー現象も、事実日本ではその思想的自覚の不足から大半は風俗化した。そのような体質をも串刺しにしなければ、本当に「傷口」を「傷口」とし、「刃」を「刃」とすることはできない。私のモチーフはそのように深められていったのである。

私はしたがって『薔薇の葬列』を、主人公がその本来的毒性を秩序内的次元からとり戻す過程として構造化した。ラストでエディが己れの眼を抉るシーンは、決してエディプス劇の定石として踏襲したのではなく、その形をかりながら、本質的な自己否定を自らの血を流して遂行するイメージにほかならない。血まみれになったエディが、孤独に耐えておよそ日常的な群衆と対峙するラスト・ショットは、「傷口」を「刃」に転換させようとする私なりのメッセージである。

傷口と刃

私が『薔薇の葬列』でゲイボーイを描いたことに驚いている人が多い。なかにはこの激烈な政治の季節に、私が現実を忌避していると言って非難するものもいる。つまり彼等は、まず何よりもゲイボーイという素材が、この現実とどうかかわるのかがわかっていないのだ。だがそれにしても、わからないこと、意外なこと、未知のことなどに、なぜ彼等は旺盛な精神的好奇心を燃やそうとしないのだろう。私などはそれが姿をかくしているがゆえにひかれるというのに、彼等は物事をつねに幼児のぬり絵のように縁どろうとする。

しかし物事ははたして、いつもそのように明確な輪廓をもって存在するものだろうか。そんなことはない。むしろ今日では、あらゆる物事は複雑にからみ合い、何重にも屈折し、それらが更に丸ごと変化と流動を続けている。言いかえるなら、たとえば現実と虚構、正常と異常、男と女、充足と虚脱、正と悪、追うものと追われるもの、そんな諸観念の二元的輪廓が混沌と溶解し合っているだけでなく、しばしばそれらは相互にその関係を反転し合うのだ。

少くとも私は、そのような迷路をくぐりぬけていない思想を、今日の思想として受け入れるわけにはゆかない。たとえ威勢のいいラッパを吹き鳴らそうとも、そのメロディが通俗きわまりないものではどうしようもないのだ。私はかつて「いかに政治イデオロギーが進歩的であろうとも、表現の最も根深い部分で、相変わらず古ぼけた既成体質に安住しているものを、芸術的には保守主義として否定できるくらいには、映画状況にも大きな地殻変動がはじまっているのだ」と書いたが〔本書三八〇頁を参照〕、何といっても表現としての思想を問題にする以上、物の見方、感じ方がラジカルでなくて、どうして作品そのものをラジカルだということができよう。こんなことは全くのイロハだが、イロハがイロハとして通用しにくいのも現実である。

したがって私は『薔薇の葬列』では、流動する重層的な現実を、どれだけ流動する重層的な表現として浮びあがらせることができるかという点に苦心した。私が、男でありながら女として生きようとするゲイボーイに眼を向けたのもその点からである。いや、正確に言えば、彼等は男でありながら女としてしか生きることができない。彼等はポジとネガがソラリゼートされる両性具有の迷路に、不可視の糸にたぐられるように足を踏み入れてしまったのだ。

むろんホモセクシュアルな現象そのものは、かならずしも現代に特有のものとは言えない。それは人類の歴史と共に古代からあった。しかしこの数年、国際的な規模でその種の現象が激増していることの意味をどう理解したらいいのか。しかもそれは資本主義が高度に爛熟した文明の日陰に、あたかも陰花植物のように増殖を続けている。

その意味では、そこには疑いようもなく現代がある。サルトルは『聖ジュネ』のなかで、ジュネがなぜおかまになったかということに触れて、それは一人の少年がそのようにしか見出しえなかった出口だったと指摘しているが、むろんそこで問題になってくるのは、そのようにしか出口を見出しえなかった状況にほかならない。事実陰花植物が異常に繁殖しやすい現代の地層を一皮むけば、そこには腫瘍のようにどす黒い鬱屈が重くうずいている。

私が『薔薇の葬列』の冒頭に、ボードレールの『悪の華』から、「われは傷口にして刃、いけにえにして刑吏」という一節を引用したのもその意味からである。男でありながら女としてしか生きる出口を見出せなかったゲイボーイたち、しかもとりわけ母を殺し父と寝た主人公エディの運命に、私は時代の「傷口」であると同時に、だからこそ時代に対して「刃」となりうる存在論的構造をみないわけにはゆかない。

だがまさにその点において、ゲイボーイと作家は何と似ていることだろう。むろん作家といってもいろいろだが、私は芸術なんていうものも、その本質は、しょせんそのようにしか見出しえなかった必死の出口ではないかと思えてならない。そしてその出口は、ゲイボーイの場合も作家の場合も、自分にとってかけがえのない根源的虚構性である。しかもどちらの場合も、想念の世界に飛翔しようとする衝動の裏には、容易には他人にわかってもらえそうにない心の傷がかくされているのだ。何重にも仮面をかぶり、嘘とほんとうが自分でもわからなくなるような世界を生きようとするものは、まず例外なくどこかに孤独な暗いかげをひきずっている。そういえばどこかでアントニオーニが、ドラマとは何よりも現実に適応できない人びとのものだと語っていたが、たしかに虚構には、現実の抑圧を「もう一つの現実」のなかに解き放とうとする欲求がある。

だがそれゆえに、鬱屈の爆発としての虚構の世界は、しばしば現実の秩序に対して反秩序的とならざるをえない。「われは傷口にして刃」というのは、同時に作家の存在性についてもいえるのではないのか。つまり己れの「傷口」

を「傷口」として自覚的に対象化しえたとき、その表現はこの現実世界に対して「刃」となるということである。私は『薔薇の葬列』で、ゲイボーイの虚構世界を作品の虚構化過程と重ねながら、虚構と現実の反転構造を何重にも追求したが、その意図はこのあたりの問題意識につながっている。

だが芸術もゲイ術も、ただそれだけで反秩序的でありうるわけではない。とりわけ日本的風土のなかでは、その本来性もまたしばしば毒気を抜かれて風俗化しがちである。むろん風俗化とは、秩序の側からの解毒作用にほかならない。したがって私は『薔薇の葬列』を、いわばそのような風俗の次元から、主人公の本来的反秩序性をとり戻す劇として構造化した。それがラスト・シーンで、エディがみずからの眼を抉るイメージとして象徴化されていることはいうまでもない。そしてそのことによって同時に、私は『薔薇の葬列』という作品じたいを、ラストのエディと同位相のものにしようとしたのだ。

その意味において、『薔薇の葬列』は私の芸術論をそのうちに含んでいる。言いかえるなら、それは対象の対象化であると同時に、その対象化の論理を更に対象化したものでもあるのだ。つまり虚構と現実の反転構造は、作品のなかからその外へと波及しないわけにはゆかない。したがっておそらく、『薔薇の葬列』を見終った観客は、血まみれのエディをみて奇妙なとまどいをみせたラストの群衆のように、何とも不思議な意識のきしみを感じることだろう。その摩擦感の残像こそ、言うなれば私なりのメッセージである。

映画愛好者のためのお祭り

金坂健二たちが出している、『ニューズリール』という新聞に、〝フィルム・アート・フェスティバル・東京ボイコット宣言〟という文章がのっています。いろいろ小理屈がならべられていますが、要するに、（一九六九年）一〇月一四日から草月ホールで開かれるその映画祭は、カンヌをはじめ世界の映画祭が造反されているというのに時代錯誤も甚だしい、よってぶっつぶすべきだという次第であります。なるほどいまは何でも造反の時代であります。

しかし造反にはそれなりに理由があるわけで、だから〈造反有理〉という言葉もあるのです。ところが金坂たちの〈宣言〉は〝理〟があるどころか、どうみても今の造反ムードに便乗した悪意ある中傷としか思えません。

だいいち小生に言わせれば、〈フィルム・アート・フェスティバル〉をカンヌと一緒くたにするなんて目茶苦茶です。カンヌなどの大映画祭がけしからんのは、それらが近年とみにコマーシャリズムに毒されているからにほかなりません。その証拠にそれら大映画祭の舞台裏では、業者が目の色を変えて暗躍する姿が目立ちます。むろんその種の公認映画祭で上映された作品、とくに受賞作品は、世界の映画市場での商品価値があがるから必死になるのです。そこでは出品から審査にいたるまで目にあまる裏面工作が行なわれ、事実その力で予選や授賞が左右されることすら少なくありません。つまり、すべては腐り切っているわけで、しかもその体質が、そっくり現在の文化体制を支えているところに問題があるのです。しかし〈フィルム・アート・フェスティバル〉の場合はどうでしょう。ここで話題になった作家や作品が、それを機にはなばなしく映画界にデビューしたとか、その商品価値があがったなどということがあったでしょうか。この映画祭に作品を買いにくる業者がいたでしょうか。あるいは更に、その出品や審査が資本の力で工作されたなどというバカげたことがあったでしょうか。

むろんノーであります。それどころか、このフェスティバルは、既成の映画界からはむしろ白い目でみられてきたのです。なぜならこの映画祭は、彼らによって牢固としてつくられてきた古い映画状況をうちこわし、いかなる既成の観念にもしばられない自由な映画づくりの気運を高めることを唯一の目的としてきたからにほかなりません。事実、ここには決して商業映画館では見ることのできない新しい映画の動きが反映され、そのような新しい映画を模索している者にとっては、無くてはならない刺激の〝場〟となっているのです。しかも今年は公募作品は全作品が上映されますが、こんな映画祭は世界のどこにもないでしょう。

ではなぜ金坂たちは造反をアジるのでしょうか。彼はよく「アングラはオレが紹介したのだ」とか「これこれの風潮をはやらせたのはオレだ」とか、何かにつけ「オレ」ということをうるさいくらい書く人なので、たぶん今度も自分が指導権をとりたいという私的な感情がそうさせるのでしょう。ともあれ造反ムードに便乗した行為ほど、はた目に見ずらいものはありません。宮本研の芝居にならっていえば、そういうのを〈造反有理〉ではなく、〈造反有利〉というのです。

60万の陰花植物

私は最近『薔薇の葬列』という映画を演出したが、ブラック・ユーモアというテーマを出されて、ふと思い出したのが、そこに登場する本物のゲイボーイたちのことである。れっきとした男性にもかかわらず、けんめいに女性として生きようとする彼らは、考えてみると何とも妙ちくりんでユーモラスだ。しかし同時に、そこにはどことなく陰花植物を思わせる一種の暗さがつきまとっている。

ゲイボーイたちは例外なく度はずれのナルシストである。暇さえあれば、すぐ鏡をとりだして口紅をひきなおし、パフをはたいたり、アイラインを入れたりお化粧に余念がない。そして、

「どう、センセ、今日のあたしきれいでしょ」

などとぬけぬけという。撮影中、私は彼らに原則としてラッシュ・フィルムを見せなかったが、彼らはきまって心配顔に、

「センセ、あたしきれいに映ってましたか」

とよく聞きにきた。いかにうまく演じられたかということより、まずはいかにきれいに撮れているかということの方が気になるのだ。その点ゲイボーイたちは、ある意味で女以上に女性的だったということができる。

『薔薇の葬列』をご覧になればおわかりと思うが、主人公のエディを演じたピーターとか、そのライバルのレダを演じたウサギなどは、事実そこらの女性が脅威を感じるのではないかと思うほど美しい。とくにピーターには何ともあやしげな魅力があって、正直な話、私などもひょっとした瞬間に思わず抱きしめたくなるような衝動にかられたものである。かと言ってそんな不思議な体験を意識したのは私だけではない。『薔薇の葬列』のスタッフたちは、しばしば同じような思いをしたことを語り合い、よく「ああ、頭が変になりそうだ」と、半ば冗談に、そして実は半ば本気で笑い合ったものである。

こんなことを言うと、そもそもそんな映画をつくったお前たちは、はじめからちょっとおかしかったんじゃないかと思う人もあるだろう。

事実、私たちはそう言ってよくからかわれもした。しかし私などは、なぜ、あいつがゲイボーイを映画にしようとしたのか、どうもうまくつながらないと言われているほどノーマルなのであり、ほかのスタッフたちにしても同様で

ある。その証拠に、『薔薇の葬列』をみた人たちのなかで、ピーターのとりこになってしまったものは意外に多いのだ。

「オレはその気がないと思っていたけど、〝薔薇〟をみたあとすごく不安になった」

と告白するもの、

「頼むからピーターにひき合わせてくれ」

とせがむものが続出する始末である。それとも彼らもまたはじめからそもそもアブノーマルだったのだろうか。

だが私にはそうは思えない。私にはどうもノーマルとアブノーマルの境界など、はっきりしないように思われるのだ。ひょっとしたきっかけで、私たちの誰もが深層心理のミステリーゾーンに足を踏み入れてしまう可能性をもっている。本人のプライバシーを尊重して名前をあかすわけにはゆかないが、『薔薇の葬列』のスタッフにEという人がいた。Eには奥さんも子どももいるが、いつの頃からか、『薔薇――』に登場していたJというゲイボーイとおかしくなってしまったのである。Jはかならずしも美人とはいえないが、『薔薇――』に登場したゲイボーイのなかでは最も女らしく、気だても優しいカワイコちゃんである。二人はよく仕事のあとドライブしたり、お茶や食事をさそい合っていたらしい。ところがある時それがバレて、みんなから大いにからかわれたことがある。Eが真っ赤な顔をしてあれこれ弁解したことは言うまでもない。ところが非常に印象的だったのだが、Jはそれをかくそうとしないばかりか、むしろその恋がオープンになったことに喜びを感じているかのようにみえたのである。

Eはその後、悪夢から逃がれようとするかのようにJを避けるようになった。かわいそうなのはふられたJであり、いつもEを遠くから悲しげにみつめていた。私は、ある日、Jが荒れて酒を飲みながら、

「恋って苦しいものね」

とつぶやいたのを、忘れることができない。

男でいながら男しか愛せなくなってしまったゲイボーイたちは、孤独である。彼らはよく、

「あたしたちの最大の夢は結婚衣装を着ることよ」

と言う。絶対に不可能であるがゆえに、それを最大の夢として胸に抱き続けている彼らは、むしろロマンチストというべきかもしれない。彼らが虚構の人生を楽しもうとするのは、現実世界からの拒絶を、想念の世界でとり戻そうとするためだろう。そういえば彼らが寄り集まると、すぐ好きな男の話をし合うのも、どことなくお互いに彼らの根源的孤独を癒やし合おうとしているかにみえる。

だがそれにしても、なぜ人間にはこのような倒錯があるのだろう。むろんホモ・セクシュアル自体は、人類の歴史と共に古代からあった。その意味ではそれは生理学や心理学の範疇で扱われる病気なのかもしれない。しかしこの数年、国際的にみてもその種の倒錯現象はすさまじい勢いで激増しているという。

日本でもつい先頃、六本木のゲイボーイ殺人事件があった際、警視庁は東京の潜在的ホモ人口が六十万人と推定していたが、こうもホモ人口がふえるということのなかにはやはり現代がある。事実、ホモ現象が目立つのは、とりわけ資本主義が高度に爛熟した都市文明の日陰地帯なのだ。

ここにはおそらく適応性の問題がある。サルトルはジュネがなぜおかまになったかということに触れつつ、倒錯を、一人の少年がそのようにしか見出しえなかった出口としてとらえている。むろんその裏には、そのような出口しか見出せない状況があり、出口は状況の恥部にほかならない。

だがいつの場合でも、与えられた状況を日常性とみるかぎり、その秩序に適応できないものは滑稽な存在にみえる。そのズレがトンチンカンな行動を生むからである。たとえばチャップリンの『モダン・タイムス』は、そのような主人公を巧みに描いていた。むろんそこには鋭い諷刺があり、その笑いには痛烈なトゲが含まれていた。しかしチャップリンのユーモアは、かならずしもブラックではない。その主人公は、かりに世間からバカにされ、さげすまれるようなことはあっても、どす黒い不快感を与えるようなことはないからである。

しかし性倒錯となると、どうだろう。

たとえばこういうことがあった。八月二十九日、私たちが『薔薇の葬列』の一般試写会を朝日講堂でやったときのことである。その日は映写の前に、私のほか、ピーターとウサギが短い挨拶をすることになっていた。ところがその直前になって、朝日の係員がゲイボーイを舞台の上にあげるのは困ると言いだしたのである。私たちはそんなバカなというわけで、すったもんだしたあげく、結局、短い挨拶を認めさせたのだが、私はそのとき秩序の良識というやつをまざまざとみせられる思いがした。つまりゲイボーイたちには、その存在じたいにおいて暗い反秩序性があることを、秩序そのものが示したのである。

結局、私はブラック・ユーモアというやつは、同じユーモアといっても、そこに秩序に対する破壊的性格が孕まれているものをいうのだと思う。ゲラゲラ笑いながら、その笑いが頬のあたりで凍りつくような笑いなのだ。むろん凍りつくのは、モラルや感性において、自分の内側にこびりついている秩序意識が、ガタガタとゆさぶられるからである。事実、ゲイボーイをみていて、男と女、虚構と現実、正常と異常、正と悪、刺すものと刺されるものといった二元的観念が、根底から崩れてゆくのを感ずるとき、私は壮大な意識のカオスのなかから、毒のある黒い笑いがこみあげてくるのを抑えることができない。

ジャパン・コープ総会への提言

運営委員会によって発行された「ジャパンコープの存続は可能か」という文章を読みました。私見によれば、この文章は誤謬と歪曲にみちみちており、コープの運営上の民主的原則をふみにじるばかりでなく、コープ存立の思想的基盤をもねじまげ、最悪の場合、コープの一部会員によってコープが私物化される危険性を多分に含むものと言わざるをえません。私は仕事の都合上、〔一九六九年一一月〕四日の総会には東京を離れていて出席できませんので、私が発言したいことを以下項目に列挙して提出いたします。

1　まずあまりにも自明の事柄から触れますが、右の文中に飯村隆彦に対する批難が載っています。私の知るかぎりこの問題は、その先に金坂健二とおおえまさのりの連名によって、サンフランシスコのキャニオン・シネマのニューズ・レターに投書された飯村に対する個人中傷に端を発しています。それをコープを代表しての公的見解であるかの如く偽った金坂・おおえの越権行為は、恥知らずな英文解釈論議にすりかえられ、遂にその責任問題はうやむやにされました。私は今ここでその論点をむしかえそうとは思いませんが、少くともその際、「今後コープあるいは運営機関の名において、会員を批難・中傷することはやるべきでない」と、はっきり確認されたことを想起したいと思います。それはあらためて確認されるまでもなく、過去の歴史的経験から運動が学びとってきた組織運営の民主的原則にほかなりません。しかるに今回配布された文章は、明かに運営委員会の名において、一会員を批難・中傷しているのです。このことをどう考えたらいいのでしょうか。

2　それだけではありません。右の文章は運営委員会の名において発行されていますが、それにも偽りがあるようです。私はこの文章を読んだあと、たまたま波多野〔哲朗〕運営委員に会ったので、右の疑問と抗議を彼に申し立てました。ところが驚いたことに、波多野はそれを知らなかったのです。彼の言によれば、今回のビラは波多野が起草し、しかも波多野個人の名において会員に呼びかけようとしたものが、彼の承諾もないまま、勝手に文章が書き変えられ、その際に飯村批判もつけ加えられ、しかも運営委員会の名において発行されたというわけです。それも私が波多野に会ったとき、彼はまだそのビラを見ておらず、その内容を後で知って驚き、しかもそのような処置に対する事後承諾すら受けなかったというのだから何をか言わんやです。いったい誰が、いかなる権利でそのような勝手なことをしたのでしょう。むろん、これも機関運営の民主的原則をふみにじったやり方です。

3　その問題と関連して、いま一つ見過すことのできない事実を指摘しましょう。このビラに先立って、私たちの手元に「フィルム・リスト」が配布されました。奇妙なことに、その七頁をみると、不自然な空欄があり、それが「☆《ホシ》印」で埋められています。そして、注意深くそのリストを読むと、問題の飯村隆彦の作品が一つも出ていません。私は不審に思い、その点を飯村に聞きました。するとこれまた驚いたことに、飯村は自分の作品の登録をやめた覚えがないばかりか、その「フィルム・リスト」さえ配布されていないのです。私は波多野運営委にその点も問いただしたのですが、波多野も、その処置に関知しておらず、それは多分飯村がアメリカから委託された作品の登録を、現コープに対する不信と危惧から一時とりさげたことに対する報復手段としてやられたのではないかということでした。しかし事情はどうあれ、どうしてそんなバカげた処置が勝手に行われていいことになるのでしょう。かりに飯村の行動に問題があったとしても、その報復手段として、彼の作品登録を削除するなどもってのほかです。作品登録の削除とは、言いかえるならその会員を除名したのと同じことです。しかしコープの規約には除名の規定はありません。かりに除名規定を持っている運動組織でも、実際の除名決定は、慎重のうえに慎重をかさねて、衆目の納得のうえに最終的になされる最高の罰則であることは常識です。もしかりにそれほどの問題がコープで発生した場合は、その処置は総会だけが判断を下せるのであって、運営委員会ですら為すべきではありません。まして、一部運営委員が、感情的な私怨によってそのような独断をしたのだとすれば、それは言語道断の許すべからざる行為であります。

4　以上一連の事実を見ても、コープの運営が一部運営委員によって勝手気ままに私物化されていることが明かです。彼らによって運営の基本的ルールが二重にも三重にも犯され、事実上運営委員会はその正常の機能を失っていると言ってもいいでしょう。これは重大な責任問題であり、総会はこのことを決して許してはならないと思います。むろん結果的にはその共同責任を現運営委員会は全体で負うべきですが、私は総会が、何よりも直接の独断的一部運営委員の責任を追及し、その徹底的な自己批判を要求すると同時に、会のこのような体質がどこから生じているのかを、とことん抉り出すべきだと思います。

5　さて、このようなファッショ的、もしくはスターリン主義的組織運営の危険があるとき、今回配布された文章が、しきりにコープの大原則、すなわち「コープは入会希望者に対して何ら拒否する権利を有しない。配給するだけの価値があるものかどうかの断定を下さない」という「憲法第九条」を変えたがっていることの意味は、きわめて微妙、かつ重要な問題性を孕んでいると言わねばなりません。もし総会がそんなことを認めたら、コープの指導権を握っている一部の連中が、権力を乱用して「この作品はダメ」だとか「あいつは気にくわないから入会させない」とか、とんでもない恣意的行為をほしいままにすることは眼に見えています。またかりに運営委員会が正常に矯正されたとしても、私は前記の現行規約を変えてはならないと思います。たとえ運営委員会であれ総会であれ、作家の入会や作品の登録資格を、いかなる権利で、あるいはいかなる基準で決めることができるでしょうか。ビラには「作家の創造行為の外延化において成立する筈のコープが、作品内容に関して不関知であるということは、明らかな矛盾であるといわねばならない」とありますが、「明らかな矛盾」は、何よりもたとえばフィルム・アート・フェスティバルに押しかけて審査制度の廃止を叫んだ連中が、コープの登録作品を審査しようという考えに傾いている事実にこそあるのです。これこそ、いかに彼等が結構な大義名分を並べようとも、内心では「もう一つの権威」と指導権を露骨に欲しがっているという薄汚い馬脚をあらわしたものというほかありません。

6　ではコープは、協同組合的経済主義でよく、またその活動はプリント・マネージャー同然のものであってよいのでしょうか。むろんよくありません。コープは何よりも各作家の内発的な創造行為を基礎としながら、それらを相互に交錯させ合う刺戟の「場」であり、その相互刺戟をテコとして、私たちの創造課題を、映画体質の根底から体制的既成性を否定してゆく方向に、自覚を深め合う運動体であるべきです。そしてその創作的成果を広く観客に見せてゆく媒体となり、映画を見せ、そして見るという行為を、体制的に飼育された場とその慣習性から自立させてゆく観客運動、ないし批評運動の起爆力ともならねばなりません。こういう自覚的な活動の総体の上に立脚して、いわゆる創造と享受のサイクルの質を、体制順応的なものから自立的なものに変え、その新しい物質的な基盤を確立してゆく方向までが検討されねばならないのです。プリント貸出などの実務は、すべからくそのようなヴィジョンの上に位置づけられ、またそういう実質をともなってゆかないかぎり、それだけがマネージャー業のように機械的に浮きあがってしまうことは当然です。

7　しかしそういう方向にコープを燃焼させてゆくことと、その課題に個人個人がどうアプローチしてゆくかということとは、決して近視眼的に短絡させるべきではありません。個人個人のアプローチは、当然多様であるし、多様であらねばなりません。運営委員会が今回配布したビラは、この多様性が、「会員の個人的自由の絶対視へと進みながらコープの存在を危くしている」として、会員作家の創作的アプローチに枠を設け、その基準を外的に規制しようとする意志をちらつかせています。しかしそれは絶対にまちがっています。そうではなく、私たちに欠けているものは、お互いの内部を深くかかわらせた相互批評であり、そこから課題を深め合おうとする総体の作業なのです。ただし、個人においてはそれはあくまでも内発的であらねばならぬという意味で自由であるべきであり、その多様な総体が、いかに活性化しているか、あるいはその総体が、映画状況のエスタブリッシュメントに対していかなる意味をもつか、という位相でコープの存在意義が問われねばならないのです。したがって、一個人のアプローチを他人に押し付けるとか、一部会員の主張をコープ全体の主張であるべきかのように働きかけ、対外的に旗色を鮮明にすることばかりに気を使い、それを会員に外的に規制しようという考えは、まったく有害無益というほかありません。

8　したがって最も重要なのは、コープが会員一人ひとりの緊張した内発性によって成立しているかどうかの問題であります。私見によれば現コープはその点こそダメなのであって、それはコープの成立過程が、内発性をかきたててゆく方向にではなく、外容を上からつくりあげてゆく方向で行われてきたことと無関係ではありません。そこには芸術運動の内実とは何よりもインビジブル（不可視）な位相のものであり、組織とはあくまでもその媒体にすぎないという認識が欠如しているのです。その点の逆立ちした考えが、運動を外界志向型の動脈硬化に追込み、あまりにも情けない日本的部落意識まるだしの排他主義におち込んでゆく原因になっているのです。

9　私はコープの総会に、何をさしおいても、以上私が提起した問題を検討してくれるよう要請します。私は私なりに、私がかかわってきた過去十数年の芸術・思想運動の経験の総括のうえに、くだらぬ誤ちをくりかえすまいとして発言しているのであって、そこには摂取されてしかるべき問題性が必ず含まれていると確信しています。私たちは低次元のセクト的抗争を越えて、状況に対して巨視的に立ち向かう視点を共有し合わないかぎり、どうしようもなく救いがたい不毛の泥沼に落ち込むばかりでしょう。私は総会がその点をこそふまえて、真に再出発できることを期待してやみません。しかし、もしそれとは反対に、総会が一会員の率直な提言に耳を傾けず、一部会員の硬直したアジテーションにあやつられ、視野の狭い盲目のセクト的徒党となるならば、多分、あるべきコープの未来性はそこで絶ち切られることになるでしょう。そのときは、私は、コープにかかわる接点がなくなったと判断し、退会の権利を行使するほかはありません。

一九六九年十一月一日　松本俊夫

ジャパンコープ総会御中

〝場〟はあくまでも媒体

――芸術運動の内実は不可視な位相のもの

〈フィルム・アート・フェスティバル東京1969〉が、杉並シネクラブ、ニューズ・リール一派などの問答無用の実力行使にあって、やむなく全面中止となってからすでに二十日になる。その「造反」劇は、権力の中枢と血を流して闘っている学生の造反などとはちがって、不純な私怨すら含んだおよそセクト意識まるだしのものであった。それだけにあの事件が、私たちの映画状況に何を生みおとしていったかを考えると、私はその馬鹿げた不毛ぶりに、何とも砂を嚙む思いがにがにがしく残るのを否定することができない。

おそらく私と同じように、割切れぬ気持にいらだっている人も多いのだろう、その後私はあちこちで、なぜ中止したのか、力づくでも強行すべきではなかったのか、という不満をよく耳にする。だがそれは無理というものだ。あの状況であれ以上もみ合えば、いやでも機動隊が介入してくることは眼に見えていた。私たちは、警察権力の介入によるフェスティバルなど、絶対にしたくなかったまでである。

だが私は今さらそんなことに触れようというのではない。フェスティバルはできなかったが、いぜん私に解決を迫ってくるのは、商業映画館ではまず見ることのできないああいう映画を心から見たがっている観客、あるいはまた、普段なかなか発表の場がないため、ぜひそういうチャンスに自作を大勢の人に見せたいと思っている無名の作家たち、しかもそこにこそ映画変革の貴重なエネルギーを秘めたそれらの高揚しつつある欲求を、いったいどうしたらいいのかということである。

私は当日の会場でも、何よりもその事実から出発すべきだということを主張した。観客や作家たちからも、その点のヴィジョンを示せという質問が粉砕派の連中に向けられもした。だがそれに対しては、彼等からは「こういう政治状況なんだから、映画を見たいなどという欲求は抑えるべきだ」「いまは粉砕だけが必要なんだ」という、およそ無責任きわまる小児病的暴論以外、何ひとつ説得力のある意見は聞けなかったのである。

この種の俗論は、かつてスターリン主義全盛時代に大いにのさばったものだが、亡霊は再三形を変えて、しかも造反に便乗するあつかましさで復活の機をねらっているらしい。そういえば彼等は、私などが「いま映画状況には根本的な地殻変動がはじまっており、それは何よりも映画が資本の奴隷から解放され、たとえ八ミリでも一六ミリでも、創りたいものを自由に創れるようになってきた」と言うと、「それは現在の深刻な状況から眼をそらさせる芸術至上主義的ブルジョワ理論だ」と断定する。まして彼等は、私がもう一年以上も前から「映画体制とは、単にその機構と権力の直接性の問題だけではなく、その機構と権力によって長年にわたってつくりあげられてきた映画概念、あるいはその枠内に慣習化された視覚の構造、それらを貫くトータルな体質にかかわるもの」であり、「映画体質の根底から体制的既成性を否定しようとするのでないかぎり、こと芸術運動のレベルは少しも革命的ではない」と言い続けてきたことの意味など全くわかっていない〔本書三二六頁を参照〕。もしそれがわかっていたなら、〈フィルム・アート・フェスティバル〉に反映していたそういう動向の貴重な芽を、少くともより豊かに開花させようとする前向きのかかわり方をしたはずである。

私がフェスティバルの中止によって、それら新らしい作家や観客のエネルギーが宙に四散してしまうことを危惧するのはそのためである。事実あの事件以来、もう何もできないというふさぎこんだ気分が漂いだした気配もあるが、それどころかいま私たちにますます必要となっているのは、すでに確実に始まっている新らしい映画への志向、それらを「見せたい」「見たい」というそれ自体何ら誰からもとやかく言われる筋合いのない正当な欲求を、相互に交錯させ合う刺戟の「場」であり、そこからどん欲に私たちの創造課題を深め合ってゆく作業である。

私に言わせれば、そのような「場」はあちらでもこちらでも沢山できるほどすばらしいのであり、その個々にアプローチのちがいがあっても、決してくだらぬ指導権争いや足のひっぱり合いをすべきではない。むしろそのちがいと多様性をテコに、それらが総体として映画状況のエスタブリッシュメントに拮抗してゆく意義を共有すべきなのだ。

そんなことは、ひとたび視点を作家や観客の側においてみればあまりにも明らかなことであろう。どの「場」を選ぼうと、あるいは異なる「場」をいくつ選ぼうと、そんなことは彼等の自由であり、むしろ「場」をつくりあげてゆく真の荷い手は彼等だからである。ここでも充分銘記すべきことは、芸術運動の内実とは何よりもインビジブル（不可視）な位相のものであり「場」とか組織とかは、あくまでもその媒体にすぎないという一点にほかならない。

Ⅲ——一九七〇—一九七一

極左的空語の害毒

1

金坂健二は「〝廃墟としての芸術〟の廃棄」（『SD』六九年二月号）という文中で、冒頭昨今の文化情況を廃墟としてとらえつつ、「われわれのこの社会で「芸術」に一種の自律性が容認され、この固有の価値が社会的価値の外側にあるとされたことが、そもそも罠だったのではないか」と自省し、さもさも大発見でもしたように、実は芸術は現実に拘束されており、その自己完結性ないし自律的自立性の幻想は破れ去ったのだ、と御宣託を垂れている。

だがカントではあるまいし、いまどき芸術の絶対的自律性やいわゆる無関心の美学をもちまわるアナクロニストがどこにいるというのだろう。むしろ、生まれてはじめてちょっとばかり外界の風に当たって破れ去ったのは金坂のオツムのなかの幻想であって、芸術が好むと好まざるにかかわらず世界内にアンガージェされていることくらい、すでに私たちにとっては前提の常識ではないか。しかもあきれたことに、彼は自立の思想的意味などまるっきりわかっていないのだ。少なくとも私たちは、自立の意味を芸術が能動的に現実にかかわる固有の位相の問題として追求してきたのであり、そこで到達した認識のポイントは、何よりも現実と意識が深く交錯する部分を、芸術表現の模索と構築のなかに対象化するその緊張した行為と固有性において、それは自立的でなければならないということだったのである。

むろんそれもまた資本制のすさまじい桎梏の只中でなされる以外にないということくらい、私だってむしろ身をもって知っている。事実いつでも、食うか食われるかという必死の思いをしないで、一作だって創ることも見せることもできたためしはないのだ。だからたいがいの場合、手をもがれ足をそがれることはざらである。しかもなお一点、心臓の鼓動だけは伝えられるはずだと信じつつ、その固有な回路をけんめいにつかみとろうとする位相にこそ自立の核心的問題性があるのだ。私がかつて「鎖につながれた獄中でも自由をかいまみることができる」と言ったのもその意味にほかならない。

だが金坂は、そういうダイナミクスからは絶対に出てくるはずがない鳥瞰的視点から情況を次のように解説する。「〈芸術〉はしたがって永遠に檻の中の獣だった。獣の腹の中にどんな妄想が巣喰っていても、それが檻を食い破らないかぎり、飼主としてはいっこう構わなかったわけであり、かえってそういう檻を構内に持っているということは、彼の自尊心を高からしめるだけでなくて、プレスティージにもなったのである」と。

むろんここで飼主が支配権力を、檻が文化管理体制を意味していることはいうまでもない。たとえどんな作品でも、発表と享受の過程が体制ににぎられている以上、その表現はしょせん檻のなかの獣を超えられないという認識がここにはある。しかも御丁寧に、かりに飼主が獣を「たまに檻の外で遊ばせるとしたら、そいつが最後の最後は自分のためになることを知っているからだし、その範囲でやらせるにすぎないこともまた、考えてみるまでもありはしない」というわけだ。

よろしい、では聞こう。そう金坂が書いている雑誌『SD』は鹿島建設の出版物である。金坂流に言えば、それは飼主にとって彼の自尊心をみたし、同時に威信と名声をもたらせている檻にほかならない。そしてその檻の不可越性を決定論的にみるかぎり、金坂の書いている主張も、金坂がそこに書くという行為も自己矛盾におちいらざるをえまい。いったい金坂はこの静力学的なアポリアをどう考えるつもりか。もっとも、こと金坂に関するかぎり、彼の檻獣論も自分に対しては適応するだろう。——金坂は表では「批評家とかなになに審査員の介入がまさに犯罪的に今ある事態」とか、「権力への上昇志向が廃棄されたサブカルチュアの領域の奪還」などと御立派なことを口にしながら、裏では全く同時期にシッポをふりふり〈毎日映画コンクール〉の審査員をひきうけているのだから［1］。「時には檻の外の飼主が、ごっそり餌を投げ与えて、獣を踊らせて見る」というのは、こういう人をナメたペテン師的茶番劇を指すのだ。

だが、それならばもっと本物の獣の場合、たとえば『共産党宣言』や『資本論』が、岩波書店など体制内出版の檻のなかで、明らかに「商品」として扱われている現象をどうみるか。体制がみずからの流通機構内で扱うことじたい、彼らかその書物を「最後の最後は自分のためになることを知っているからだ」と言い切る石頭たちは、たとえマルクスといえども、商品化される程度には今日すでに革命的ではなく、これもまたしょせん檻のなかの獣にすぎないとでも言うのであろうか。それとも、同じ著述でも体制のふところ内で出版されれば彼らの文化管理に奉仕することになり、それを自主出版でもすれば反体制的になるとでも言うのであろうか。

むろん、そんなことを言うのはバカのこっちょうである。なるほどマルクスといえども、それが書物として商品化され、その結果、剰余価値を生みだすかぎり、不可避的に体制の物質的側面に「奉仕」させられている。だが書物の本来的生命、すなわち精神的側面では徹頭徹尾、体制に敵対する猛獣であることを妨げられてはいない。それどころかその思想的パワーは、何がしかの利潤提供とひきかえに、終局的には体制の存立を根底からおびやかす政治的パワーをもつくりあげてゆくのだ。資本主義がしばしば抱え込まざるをえないこの種の自己矛盾は、むろん資本主義に内在する彼らの泣きどころである。その弱みを見抜けず、もっぱらその檻の威力を宿命論的に誇大視するところからは、たとえば次のような珍論が、もっともらしい革命的装いをもって流行する。

読むだけバカバカしいかもしれないが、一応、大野耕司と森弘太の対談「ブニュエルと市民権」（『杉並シネクラブ会報』24号）から若干引用しておこう。「きわめて反体制的であるブニュエルの作品そのものが資本主義体制の中で市民権を得てる。ここにこそ問題がある」「いかに口で反体制的姿勢を叫ぼうとも、思考しようとも、それすら敵の流れにくみこまれてしまっている現実、これは文化といえるしろものではなく、市民権を得ることのできない活動、これしか文化を創るうえにない」（以上大野）、「いかにすぐれた天才のブニュエルであろうとゴダールであろうと、作品の変革は作品によるしかないという命題が、資本主義では通用しない」「ブニュエルが市民権を獲得した！　つくる作品すべてが！　このことは彼の中のシュールレアリスムが後期資本主義社会ではもう衝撃力をもっていないということ」「だから巨匠にはなりえても、変革者ではない」（以上森）といった具合の、およそ雑ぱくなおしゃべりが威勢よくまき散らされるのだ。

言うまでもなく、大野や森らのこの得意気な断定は、先に述べた金坂の檻獣論と瓜ふたつである。そして今や大流行の三段論法（Aは反体制的にみえるが市民権を獲得している→市民権の獲得は体制支配にくみこまれることを意味する→したがってAはすでに体制側である）を、もっぱら演繹的にこじつけているにすぎない［2］。

しかし、「市民権の獲得＝体制への同化」という図式、言いかえれば「体制が許容するものはバツ、体制が拒絶するものはマル」という気楽な判定法は、それこそ「大衆が支持するものはマル、大衆が認めないものはバツ」という古典左翼の俗論と何と似ていることだろう。「映画企業でつくられた映画はノン、自主製作・自主上映の映画バンバンザイ」という言いまわしもそうだが、こういう思考のパターンが何よりもダメなのは、批評が常に外在的でしかないという点である。むろん私は、その逆の命題をそれに対置させるつもりは全くない。だか少なくともごくフランクに作品が己れに語りかけてくるものから出発するかぎり、その逆もまたいくらもあるという事実を直視するまでである。そしてむしろ立場や大義名分など一切の先入主をはるかはじきかえす次元にこそ、芸術や思想という名の獣が一種の相対的自立性を獲得しつつ、制度の檻をインヴィジブルに突きぬけうる独自な位相があると思うのだ。

2

ところでこういうことを言うと、こじつけにしか興味をもたない言葉の愚連隊たちは、えたりとばかり「それは檻の存続を合理化するものだ」と中傷するだろう。だが私は一度たりとも檻はそのままでよいなどと思ったことはない。それどころか資本主義であろうと社会主義であろうと、檻などというものは一切たたきこわすべきなのだ。しかもそれを物質的に可能にするのは政治革命をおいてほかにない。しかしそのことと、ミソもクソもダイレクトに政治に短絡させようとすることとは別である。私は革命の歴史的経験から言っても、「政治にアプローチする態度で芸術にアプローチしてはならない」(トロツキー)という命題の、いまなお生きつづけている意義の重要さを強調しているだけである。

そういえば、トロツキーがずばりそう言い切ったのは「文学とロシア共産党の政策について」(二四年)であるが、彼はその少し前の部分で、外国の白系新聞(ブルジョア機関)に支持されているという理由でヴォロンスキーを誹謗したヴァルジンを批判して次のように述べている。「芸術を扱う時は芸術を扱うように、文学を扱う時は文学を扱うようにしなければならない。つまり人間の創造活動の全く特殊な面として扱うべきだ。もちろん、われわれは芸術に対しても階級的評尺を持っている。だがこの階級的評尺は、芸術上の屈折をみるべきだ。われわれが評尺を適用するところの創造活動が持っている全く独自な特殊性に見合ってそれは屈折すべきだ。ブルジョアジーはこのことをよく知っていて、芸術に彼ら自身の階級的観点からアプローチし、芸術から必要とするものを受けとることを心得ているが、それはまさに彼らが芸術に芸術として接近しているおかげでそうなのだ」と［3］。

　こんなことを言うからトロツキーは追放されたのだろうが、事実ゴチゴチの先入主に支配された極左的教条主義者より、質のいいブルジョアジーのほうが、まだしも作品と率直に対話する能力があるというやりきれない矛盾は、いまなお私たちの周辺にもゴマンとある。全く例挙にいとまはないが、宮内康の「コンペを告発せよ！――近代市民社会の幻想を廃するために」（『デザイン批評』10号）からほんのちょっと引用しておこう。宮内は白井晟一が六九年度の建築学会賞を受賞したことに歯ぎしりしながら、「正統派ばかりが多いわが国の建築家のなかにあって、彼の孤高は驚異であり、異端であることがまさに彼の価値となり、その神秘な姿は、つねに若い世代の憧れの対象であった。絶対性にまで高められたかに見えた彼の一回性、彼の実存は、しかし学会賞の受賞によって一挙にはぎとられてしまった。学会賞や建築年鑑賞を受賞した彼と彼の作品＝親和銀行は、もはやぼくらの果てしない問いかけの対象ではなくなってしまった」と書いている。

　こういう文章にぶつかって私が驚かざるをえないのは、なぜ受賞したからといって、作家や作品に対する評価がガラリと変わるのかという問題だ。それでは受賞したからといって、急にその作家や作品をありがたがる俗物意識の裏返しにすぎまい。あるいは作家活動以外の、他の何事かに対する共鳴や反発によって作家や作品を評価するという、昨今ますます眼にあまる批評の退廃にもつながるだろう。ともあれいずれの場合も、対象と己れの内部の「果てしない問いかけ」を、他の外的基準によってたちまち見失ってしまうところが絶望的にダメなのだ。

　だかそれにしても、受賞そのものをそれほどまでに過大評価するのはなぜなのか。私はそれこそ権威主義のとりこではないかと苦にがしくなるが、そんな権威がいかにチャチなものかということは、過去のさまざまな受賞作と、真にあとあとまで輝き残っている作品とが、かならずしも一致しないという事実によっても明らかである［4］。にもかかわらず受賞ということに、世俗一般はもちろん、作家や批評家までがかくもふりまわされるかぎり、その点からも受賞制度などというものは一刻も早くなくしてしまったほうがいい。ただしそのことによって批評の主体性が回復すると考えるのは甘すぎる。なぜなら批評の主体性とは、対象と己れの内部の「果てしない問いかけ」を、芸術体験の最も内発的な本質として形成されるものだからである。

　したがって受賞したがゆえに白井を否定するという宮内

の拒絶反応は、「ブニュエルと市民権」で森らが示した体制アレルギーと同様、度はずれの潔癖感からヒステリックに自閉してゆく小児病患者を思わせずにはおかない。しかしそれはしょせん敗北主義である。体制にノミネートされたもの、あるいは何らかの意味で体制に容認され市民権をえたもの、さらには体制の制度のなかから生まれたもの、それらすべてにノンを言うかぎり、いわば過去一切の文化・芸術をオール否定せざるをえない。事実、今日ではアンチ・エスタブリッシュメントを強調するあまり、オール否定主義の傾向は現実的に強まっている。彼らは「階級社会のカルチュア＝階級支配の道具」という一般論だけで、本来その総体の構造こそが問題なのに、そのなかから生まれてきたすべての個別的価値（貴重な富も！）を屑籠に放りこんでしまうのだ。

この革命的気焔は、私に「われらの明日のためにはラファエルを焼き捨てよう。博物館は打ち壊せ！」と叫んだキリーロフを思い起こさせる。さよう、無知が革命の味方をしたためしは一度もない。この場合も私たちは、血のにじんだ歴史的経験から今日なお生きつづけている思想的遺産を吸収すべきである。今から半世紀前、やはりブルジョア文化の全否定と一切の伝統的遺産の廃棄を主張したプロレットクリト一派に対して、レーニンがくりかえしその極左的ゆきすぎを批判したことの意味を想起せよ！　レーニンは次のように書いた。「マルクス主義は、それがブルジョア時代のもっとも価値ある達成をすこしも捨てなかった。逆である。人類の思想と文化との二千年以上の発展における価値あるものすべてを摂取改造したということによって、革命的プロレタリアートのイデオロギーとしてその全世界史的意義を獲得したのである。」（「プロレタリア文化について」）

レーニンという権威によってではなく、そのことが示す真理によって、この原理的命題は今日なお死んではいない。それどころかここには私たちがいま直面している諸問題、たとえば檻（階級社会の支配制度）と獣（思想・文化・芸術の価値ある達成）はどのような関係にあり、それらにはいかなるアプローチがなされるべきか、それが可能になるのはいかなる根拠によってか、そういうきわめて重要な諸問題に対して、理論的観点からも実践的観点からも豊かな追求の手がかりが示唆されている。愚劣なもの、有毒なものに対する仮借ない否定はむろん必要なことである。しかしわがえせラジカリストたちがダメなのは、私たちを理屈ぬきにゆさぶる獣（価値ある達成）を、率直にとりこみ、乗りこえようとする貪欲な止揚の意識が欠如している点にほかならない。

　その点銘記すべきことは、文化・芸術問題に対して真のマルクシストたちがとった態度は、まず何よりも対象から受ける直接の享受体験に驚くほど率直だったということである。マルクスにせよ、レーニンにせよ、トロツキーにせよ、彼らはその享受体験の事実を、先験的な観念に整合させようとして強引に歪曲したり否定したりするようなことはしていない。むしろその逆である。彼らは何よりも自身の享受体験から出発し、きわめて複雑かつ困難な理論的問題を正面からひき受けることによって、その意味、その理由、その位相を、根底的に問いつめる視角を提起したのだ。私が「マルクスは芸術を一貫して人間解放の全的営為のなかに深く位置づけている」として、ギリシア芸術の超時代的生命に関するマルクスの自問自答を問題にしたのも（本誌〔『季刊フィルム』〕第2号）、ひたすらそのことを言いたかったからである［5］〔本書三六一頁を参照〕。

　少なくともその意味において、彼らには文化や芸術の価値を、現実変革のダイレクトな有効性に還元してしまう考えはない。あれほど政治闘争に専念したレーニンですら、ブルジョア文化の全面否定論者に対しては、たとえば論文「少しでもよいほうがよい」で「初めのうちは真実のブルジョア文化で十分である」とさえ言い切り（ただし今日ではすでに時代的条件がちがう）、さらには「文化の問題において性急と奔放とは何よりも有害である」と警告を発した事実（これはなお有効な原理的命題だ！）、またトロツキーに至っては、「必要とあらば敵からでも学ばねばならぬ」（「プロレタリア文化とプロレタリア芸術」）とさえ諭した事実、そのことは彼らがいかに文化や芸術の複雑な性格と意義を把握していたかを物語るものである。

　だかもし、わがえせラジカリストが当時生きていたらどう言うであろうか。多分彼らは「ナポストウ」一派のように、それを日和見主義とも妥協主義ともののしることだろう。そしておそらく、心情主義的俗物たちには、彼らのほうがレーニンやトロツキーよりも、もっと革命的でカッコよくさえ見えるかもしれない。だがかりに試行錯誤のぶざまさをみせても、視野を広く、長く、深くとるかぎり、結局、問題を根源的（ラジカル）に追求する態度のほうが革命的（ラジカル）なのである。

3

　さて私は、文化や芸術に対する暴論にも等しい極左的なおしゃべりが、いかに危険でまちがっているかということを述べてきた。おそらく情況の変化に対応して、何度も新装をこらして復活してくる政治的効用主義に、私は私なりの歴史的経験から極度に過敏になりすぎている面もあるだろう。だがそれにしても、私たちはなぜこうも同じ道を二度も三度も通らねばならないのか。

いや、厳密にはその言い方はまちがっている。たしかに出発点は決して同じくりかえしではないからだ。いま私たちがくぐりつつあるシュトルム・ウント・ドランクは、これまで手垢にまみれるほど言い古されてきた転換期一般ではない。そこには明らかに、いつのまにか歪みに歪んでしまって、もう窒息するか発狂するかしかどうしようもなくなっている私たちのトータルな生存条件に対する否定の衝動がある。だから私も、エスタブリッシュメントに対する全的懐疑が映画の表現から制度に至る一切の慣習化された体験の内部に向けられ、ここにも何か根本的な地殻変動がはじまりかけたとき、実はいちはやく次のように書いたのだ〔本書二一七―二一八頁を参照〕。

むろんそれらの胎動の根底には情況の変質がある。しかしそれは七〇年へ向けてなどというストレートなコンパスにとどまるものではなく、もっとこの現代ブルジョワ社会の意識や文明の根本構造にかかわるレベルのものである。そしてそれら現存する一切の既成秩序に対する抜本的な変革への衝動こそ、いま生起しつつある地殻変動の本質にほかならない。むろん否定の対象となる映画のエスタブリッシュメントとは、制度から映画意識までを含むトータルな体質である。［6］

（「大島渚よ、君はまちがっている」『映画評論』六八年一〇月号）

私がこう書いたとき、私が抱いていた問題意識は、この腐敗したクレージーな現代文明に対する絶望的な否定衝動を、いかに映画の既成性に対する変革へと転換させ、その幻想領域への表出行為を、いかに現実との対応において拮抗させうるかということだった。だが何をつくっても、その拮抗の位相は現実に対して直接的であるはずがない。むしろ直接的にはすべてが商品として資本制の回路に回収されてしまうという焦りが生まれ、ますます抑圧の度を深めてのしかかる現実の重圧感の前に、芸術などというものが全くちっぽけなものとしてしか映らなくなるのは当然である。その無力感は、それじたいにおいてすぐさま有効性の論理を呼びこまずにはおかない。そこから、基本的には「また来た道」がはじまるのである。

こうして檻獣論や「市民権の獲得＝体制への同化」論が横行し、それらがエスカレートしたところには、その論理的帰結として芸術廃棄論が現われるのだ。私の記憶では、やはり六〇年安保のとき、学生文化戦線の一部で芸術廃棄論が流行したことがある。そのとき、その理論的バックボーンとなったのは豊増秀俊の『芸術の排撃』［7］だった。だが今ではどうやらそれにとって代わる聖典はアラン・ジュフロワの「芸術の廃棄」らしい。ジュフロワは言う。資本主義社会では「芸術は抑圧のイデオロギー的道具となる」。（それはじまった！）「自由に制作された作品をすべて（自己目的のために）回収しようと図り、そうやって自己の最も血なまぐさい抑圧の体制を頬かむりしている社会のために、芸術は道徳的煙幕を張ってやることになる」（結果論的効用論だ！）「前衛芸術をこういう社会の文化的産物として提示すること――事実社会はそうしている――、それは明らかに国際的規模で組織されている反革命の陰謀に加担することだ」（政治屋がよく使う聞き飽きた常套句だ！）したがってその手にくみしないためには「結局は芸術を、乗り越えるべきもの、ついには消してしまうべき何物かと見なすことである」（何という対他的解決！）

ごちゃごちゃとその他多くの枝葉はあるが、ジュフロワの芸術廃棄論の骨格はそれだけのものである。あとはそのための戦術、たとえば「考えることはできるが、実際には実現不可能な作品をすべて展示し、書くことはできるが、実際には公刊できない文章を出版する」など、その種の合目的手段が提供されているにすぎない。もっともここらには、たとえば赤瀬川原平の「ニセ千円札」などある種のコンセプション・アートが一見ダブるようにも思えたり、あるいはジュフロワが文学においてサドやアルトーを評価しているあたりから、ひょっとしてそこにはもっと深い思想がかくされているのではないかと幻惑されもするが、少なくとも彼の論理的主張のコンテクストをたどるかぎり、その大脈は近代的教養をまぶした政治優位の効用論なのだ。事実ジュフロワのその後の論文「〃芸術〃をどうすべきか」では、彼は革命に役立つ武器としての芸術を、したがって政治主義的に言われる意味での芸術の廃棄を、より公然と主張するに至っている。

だかその革命的な情熱にもかかわらず、ジュフロワの芸術観が、理論的観点からも、実践的観点からも、危険なまちがいを多く含んでいることはもうくだくだ言うまでもあるまい。それは吉本隆明風に言えば、個人幻想と共同幻想がデタラメに混同されているところにそもそもの躓きがあるのだ。言いかえるなら、それは獣（個人幻想）の檻（共同幻想）に対する自立の問題を、全く正しく理解していないところに根ざしている。

むろんジュフロワが芸術を何より生きた現実にかかわらせようとしていることを、私があたかも芸術至上主義的に拒絶しているなどと誤解しないでもらいたい。それどころか今日のような時代にあっては、私は作家が己れののっぴきならない問題をとことんみつめようとするかぎり、生きた現実はいやがおうでも向こうからかかわってくると思っている。そしていやがおうでもかかわってくるという位相でこそ、生きた現実は表現の領域に骨肉化されるのだ。そうではなく、「現在の情況はこれこれである、したがって今やこれこれのものをつくらねばならぬ」という形でつくられた作品が、いかにつまらぬものとなるかは実証ずみではないか。

こういうとそれは作品至上主義であり、できあがった作品より「革命的芸術を志向してゆく「行為」の方が問題なのだ」（「われわれはなぜ「草月フェスティバル」を粉砕するか」杉並シネクラブ（『眼』3号））とひらきなおる連中がいる。これももう幾度となく聞いてきた言葉だ。たとえば一九五〇年代前半、日共の映画戦線記録教育映画製作者協議会の諸君は、まさしくこれと同じスローガンをかかげて農村へ工場へと出かけて行った。そして結果はどうだったか。思想的にも芸術的にも、しかも皮肉なことには政治的にも人間にも、るいるいたる無残な死骸の山を残しただけである。そして私たちはこういう愚かな遺産から、芸術というものが、時代と、現実と、革命と、どうかかわるべきか、あるいは本質的にどんな関係があるのかということを、血みどろになって学んできたのではなかったか。そして最も基本的な原理としてつかみとってきたのが自立の思想だったはずである。

「「行為」の方が……」、冗談じゃあない。表現もまた行為である。それは生きることのすべての行為を背負っている。それは行為もまた表現だという言いかたによって、表現一般（人間の対象化行為一般）に解消してしまえるほどナメたものではない。そういうやり方は問題の解決ではなく、問題の回避である。そして回避した問題からは、かならず手ひどく復讐されるというのも歴史の教訓だ。直接の権力奪取にとどまらず、人間の全的解放を夢みる真の革命家ならば、その総体的な営為のなかに芸術の位置する意味を正しく把握するだろう。ただいつの時代でも、時流におもねってカッコよく自分を変えてゆこうとするえせラジカルな俗物インテリだけが、「芸術の廃棄」などという極左的空語をもてあそぶのである［8］。

筆者注

［1］——「第24回映画コンクール選定委員名簿」（毎日新聞社発行）参照。金坂の売名行為については、佐藤重臣からも「草月造反も元はといえば自分が草月審査員になれなかったことにあり、アンチ万博運動も、粟津潔に働きかけたが一向に万博の仲間に入れてもらえなかったことに至っては何をかいわんや」（『映画評論』七〇年二月号）とからかわれている。

［2］——同じ杉並シネクラブの機関誌『眼』3号に載っている原正孝の「松本俊夫・その擬似主体の犯罪性」もその滑稽な例である。原は言う。「映画『薔薇の葬列』および作者松本俊夫に関して、最も犯罪的な性格はその批評性の欠如が明白でないことである。擬似的に批評性があるし、擬似主体も存在するということである。そこに主体までも擬似として体制に組込んでゆく支配イデオロギーの貫徹と、もうどう仕様もない映画情況の退廃を見る」「個々の表現者の自己表出性、反体制性まで体制側に吸収することによって、そして今度はさらに体制化された自己表出性、反体制性を作り出してゆく」「このように外化され客観的になった作品は、表現者の意志にかかわらず、情況のなかでこうした役割をになう」エトセトラ、エトセトラだ。だが何という紋切型の苦しげなこじつけか！　私こそ、こののぼせあがったメクラのエセ紅衛兵に、「もうどう仕様もない批評意識の退廃をみる」と言いたい。

［3］——この「特殊性」と「屈折」の要因として、トロツキーは「他人の管理や指導には緩慢に、ものうげにしか従わない」ところの「潜在意識」を挙げている。これは作家の創作活動にあっては、合目的的なゾーレン意識（かくかくあるべきだという意識）より無意識の肉体性のほうを重視する考えにつながるだけでなく、作品が享受者に働きかける位相の本質をもついていて卓見である。

［4］——映画のベスト・テンなどはその最たる例である。たとえば『キネマ旬報』に例をとると、かの『忘れられた人々』（ブニュエル）が九位（五三年）、『二十四時間の情事』（レネ）が七位（五九年）、『勝手にしやがれ』（ゴダール）が八位（六〇年）と決してよくはなく、日本

映画も『羅生門』(黒沢)が五位(五〇年)、『日本の夜と霧』(大島)が一〇位(六〇年)といった具合で、大島の『青春残酷物語』や吉田の『ろくでなし』など、一般には後日評価されるようになった松竹ヌーヴェル・ヴァーグの作品に至っては全く除外されている。このことは批評のインチキぶりを暴露するものではあっても、決して作品の出来の悪さを証明するものではない。

[5]――同じような自問自答は、ダンテの『神曲』に対するトロツキーの思索にもみられる(「文学とロシア共産党の政策について」)。彼は『神曲』の意義を「特定の時代の特定の階級の気運を理解させることにある」とするラスコリニコフの意見を批判し、「問題をこんなふうに立てるということは、『神曲』を芸術の分野から抹消してしまうことを意味する」、そこには「私自身の感じ、気分に語りかける何ものかがあるはず」であり、われわれは『神曲』に「芸術的受容の源泉として接している」のであって、研究のためとか教訓をひきだすためではない。むろん後者は前者に影響を与えるとしても、「その一方をもって他にすりかえてはいけない」と述べている。つまりトロツキーは明らかに芸術にひきつけられる固有な本質をつかもうとしているのだ。また彼が時代を超えてわれわれと『神曲』の間に「なぜ直接的な美学的関係を考えうるのか」と自問し、そのあれこれの理由の追求に、「死の恐怖といった初源的な生理学的感情」すらを考慮に入れていることが興味をひく。

[6]――こういう私の発言を読みもしないで、石子順造は「〝場〟は〝媒体〟でない」(『SD』七〇年一月号)で、松本は「制度としての映画」のことは言っても「映画としての制度」の問題を見落としていると批判し、「今や映画は映画館論でもなければならないのだ」と教えてくれている。だが私はその程度のことなら、すでに『映画評論』の同じエッセイのなかで、「現在の状況では映画はあまりにも多くの信じがたい規則の数かずにがんじがらめになっている。作品の上映時間は一時間半でなければならぬとか」「映画が劇場で上映されねばならぬという理由など全然ない」というゴダールの発言に共鳴しつつ、「映画創造および映画運動の問題として、最もラジカルに体制変革を考えるかぎり、その批評の射程は最低そのあたりまで届いていなければならない」と書いている〔本書三一六頁を参照〕。だがその後一年半、私がむしろやりきれぬ思いをしているのは、映画創造の内的格闘をぎりぎり押し進めていったところでそういう問題に突き当たるのではなく、日頃ダラダラPR映画しか作っていないような連中にかぎって、すぐ「今や映画は映画館論でもなければならない」といったスローガンに安易にとびついている事実だ。こ

ういう偽瞞は、日頃ろくすっぽ表現と格闘していないダルな連中にかぎって、すぐ「表現の廃棄」といった言葉にとびつく傾向とともに、いま私たちが最も警戒しなければならないことである。

[7]——改訂本の題名は『芸術の批判』。豊増の主張は、「宗教の廃棄の次に置くべき資本主義文化批判の窮極目標は芸術の廃棄である」という単純明快な命題に要約できる。それにしても「いまや実際において、芸術的世界観そのものの砕破なくしては、一切の文化をその内面より染色している階級的拘束によってまさに窒息せしめられている人間性をふたたび解放し、あらたなる自由の実現を期することは、ほとんど不可能な状態にまでたち至っている」という豊増の認識が、そっくりそのままジュフロワはじめ今日の政治主義的「芸術廃棄論」者に復活していることに驚かされざるをえない。

[8]——政治主義的観点からではなく、前衛芸術の先端部分から出ているもうひとつの「芸術廃棄論」がある。それは環境の芸術化、あるいは芸術の環境化という考えを徹底することから生まれている。彼らもまた芸術を孤高の聖域から解きはなち、すべての源泉である生きた現実に復帰させようとする。そしてほとんど日常の行為や日常の物体が芸術とされ、したがって逆にいうと芸術が無化される。しかしその行為は基本的に精神的・思想的過程を日常生活それじたいの位相から自立させることによって独自の意味をもちえており、その意味において本質的には既成の芸術（近代）の廃棄による逆説的な芸術になっている。ただしこの意味での芸術廃棄論も、一方で産業ディスプレーに、他方で政治行動や政治デザインに癒着する傾向もあるので、そのへんの吟味と批判がぜひ必要である。

不断の前思考と即興演出

——蓮實重彥・柴田駿監訳『ゴダール全集4』

ゴダール全エッセイ集

かつてゴダールの即興演出ということがよく議論されたとき、私は当時一般的だった二つの反応に疑問を抱きつづけてきた。一つは現場でのプロセッシヴな発見を重視するあまり、一切の前思考を軽視する傾向である。いま一つは前思考による脚本とコンテを重視するあまり、現場的な演出をその肉づけ以上のものとは認めない傾向だ。そして私は、そのいずれもがゴダールを全く誤解しているとしか思えなかったのである。むろん私もゴダールの魅力を、基本的には「いま・ここ」からの帰納的クリエーションにみる。だが彼ほどのすぐれた即興演出は、たとえ脚本を書かないにせよ、偶然との出合いを鋭く全体にかかわらせるだけの、不断の前思考がなくては可能なはずがない。その関係に眼を向けるべきだというのが私の主張だったのである。

ところで今回はじめてその全貌に接することかできたゴダールの全エッセイ集は、その疑問に明快な解答を与えている。すなわちゴダール作品の背後には、これほど厖大で、これほど豊かで、これほど鋭い、きわめて旺盛な思考作業が不断になされていたということだ！

むろんゴダールが映画をつくる以前に批評家だったという事実はよく知られている。だがいつ頃からどんな批評を書いていたのかは紹介されたことがない。だからこのエッセイ集はまずその意味で興味深く、貴重である。そして一読、私は批評家ゴダールの才能にも、あらためて舌を巻かずにはおれなかったのだ。ゴダールは何と二十才から批評の筆をとっており、二十代前半ですでに驚くべきレベルに達している。現代の芸術・思想全般にわたる深い洞察が、その頃からすでに彼の思索にきらめていることも驚異だが、何よりもいたるところで、たとえば「芸術は、われわれの心の中でいちばん隠しておきたいものをあばいてみせる時しか、人を惹きつける力をもたない」などという文章に出くわして、思わずドキリとさせられるのだ。

ゴダールは後日、かつての批評家時代をふりかえって、それはすでに映画作家として批評を書いていたのだと語っている。事実彼の映画批評は、他人の作品を論じながらも、実は常に自分自身の作家的課題を模索しているという感が強い。その自問自答が、彼の批評の主体的な姿勢を確立させているのである。彼の批評的オリエンテーションが、総体として亡び去るべきものを徹底して墓場に追いつめ、生まれでるべきものの水先案内人たらんとする意志と自負に貫かれているのもそのためにほかならない。

したがってゴダールが、チャンスをえて、一挙に実作に没頭していったことは、彼の批評活動をたどるかぎり必然のなりゆきだったろうと思われる。そしてそれらが映画史に決定的な問題をつきつけるに至ったのは、むろんゴダールに圧倒的な才能があったからにせよ、加えて情報化された長期の厳しい前思考が、意識的にも無意識的にも彼の作品に深く投影されているからだということを疑えない。ゴダールの即興演出にみられる自由奔放さとは、明らかにそういった前思考の結果獲得されたものである。

実作に没頭していったあとのゴダールは、当然のことながら批評をペンで書く機会は少なくなっている。しかし彼の批評精神は何よりもそっくり作品のなかに展開されているだけでなく、各種のインタビューのなかでますます鋭さを増している。そこには実作を通した深まりこそあれ、実作と批評・理論活動が相互に足をひき合う関係などは全然みられない。たとえばカイエのインタビュー「ジャン＝リュック・ゴダールに聞く」などは、私にはほとんど映画に関心あるものにとっての必読文献のようにすら思えるのだ。

その意味でこのエッセイ集にとって最も残念なのは、これ以後に行われたインタビュー「二つの戦線の闘争をおこなう」が収録されていないことである。それこそはゴダールの全思考作業の一大頂点であるだけに、何とか追加収録されることを望みたい。

勅使河原宏について

勅使河原宏は、美術から出発して映画の世界に移っていったという点で私の先輩である。それもドキュメンタリーに立脚しながら、アヴァンギャルド映画への関心を強め、既成の映画界に対しては全くアウトサイダーの独自な道を進みつつ、一風変った劇映画の製作に入っていったという点も共通だ。

だから少くとも、そういう足どりについては、私は勅使河原にいつも特別の近親感をもち続けてきた。思いかえしてみると、彼の存在は、私にとって時には励ましであり、時にはジェラシーの対象であり、要するにひどく気になる作家の一人だったことを否定できない。

私が勅使河原の作品にはじめて心をうたれたのは、16ミリの記録映画『ホゼイ・トレス』である。彼にはそれ以前にも『北斎』や『いけばな』などがあったが、当時レネの『ゲルニカ』にぞっこん参っていた私としては、比較上それらにむしろ不満だったように記憶する。しかし『ホゼイ・トレス』は文句なしに私を魅了した。そこにはニューヨークのダウン・タウンを背景に、一人のボクサーの丸ごとの「生」が、優しさと鋭さを交えたみずみずしい映像で、実に見事にドキュメントされていた。この作品は、記録映画は人間の内面を描けないという俗説を一蹴しただけでなく、映像のすみずみまで作家のデリケートな息づかいを感じさせていたという点で、他の凡百の記録映画から今もってきわだっている。

『ホゼイ・トレス』は、勅使河原が彼の直接の師でもあった亀井文夫のすぐれた部分を見事に吸収しているだけでなく、一流の作家のみが持っているきわめて個性的な資質を豊かに発散させている。これは小品かもしれないが、私は彼の全作品のなかでも最も好きなものの一つだ。その後一般上映用に画面も音も改変されたが、私は武満の音楽も含めて、16ミリの旧作の方がむしろよかったのではないかと思っている。

次の『おとし穴』も私を大いに興奮させた作品だ。勅使河原の初の長編劇映画だが、私が興奮したのは、そのロジックといい映像感覚といい、この作品は過去の日本映画にはなかった独特の新しさを持っていたからである。テーマ上の認識の図式性がやや気になったとはいえ、これほど大胆にこちらの想像力を刺戟してくる作品はそうめったには

一九七〇―一九七一

ない。むろんそこには脚本の安部公房の力が大きく貢献していることは事実である。だが監督としての勅使河原の才能も、同じ材料を扱った同じ安部脚本のテレビ・ドラマ『煉獄』と比較すれば明らかだ。ともあれ陥落沼の格闘など、『おとし穴』には、今なお脳裏を去らないすぐれたシーンが多い。

しかし何といっても、安部＝勅使河原のコンビによる傑作中の傑作は『砂の女』であろう。正直なところ、私はこういう傾向の映画をつくりたいと考えていたので、ついに先にやられてしまったかとひどく嫉妬したものである。現実とも非現実ともつかぬ、残酷なポエジーがあふれたメタフィジカル・ドラマほど私を興奮させるものはない。その意味で『砂の女』は、溝口の『雨月物語』や、黒沢の『羅生門』と共に、日本映画史上に特異な位置を占めて残り続ける作品だ。そしてとりわけ私が注目するのは、安直な社会派とも心理派とも、総じて日本映画の主流を占める心情主義的体質を、勅使河原はすっぱり切捨てた地点で映画をつくっていることである。

『ホゼイ・トレス』から『砂の女』に至る勅使河原は、新しい日本映画の一つの頂点を一気にきわめた作業であった。それだけに自分でその自分を越えてゆくことはひどく苦しいことにちがいない。しかし『他人の顔』や『燃えつきた地図』などの試行錯誤を通して、何かが新しく醱酵しはじめていることも事実である。それが次回作あたりで、見事な燃焼をみせてくれることを期待しているのは私だけではあるまい。他人の野次馬批判など気にせず、ひたすらゴーイング・マイ・ペースで前進すべき季節である。

狂気とエロス的体験の場——せんい館

私がコーディネーターの協和広告から万博《せんい館》の仕事を依頼されたのは一九六七年の十二月冒頭であった。《せんい館》を映像中心のパビリオンにしたいので、ぜひ私にやってほしいのだという。私は熟考の末、二つの条件を提示した。一つは創作上の問題に干渉しないこと、いま一つはスタッフの編成を私にまかせること、この二つを約束してくれれば引受けましょうというわけである。

協和広告が出展主催者の日本繊維館協力会と相談のうえ、私に示した回答は意外にもOKであった。意外というのは、むろん最初に私の基本構想が承認されればという前提ではあったが、金を出す側はえてしてそれ以上に、こまごま口を出さずにはおれないのが通例だからである。やりたいことができるなら、それはそうめったにはない実験のチャンスにほかならない。私の脳裏には、一九五八年のブリュッセル万博の〈フィリップス館〉の試みや、スタン・ヴァンダービークの《ムービー・ドゥローム》、ニキ・ド・サン・ファールの巨大な女のハリボテなど、いくつかの先駆的なエンバイラメンタル・アートがちらついた。私はかねがねそれらの仕事に刺戟を感じており、私は私なりに映像を主体としながらも、他のメディアと渾然一体となったインターメディア・プロジェクトを、いつかはしてみたいという衝動があったのである。

私は直ちにコンセプションを練り、その原案を図面にした［①・②・③］。高さ二十メートル近くもある男女六体の巨像に囲まれた吊鐘型のドームをつくり、映像、彫像、照明、音響をダイナミックに混淆させながら、そこにエロスとタナトスがソラリゼートするバロック的な時空間を受胎させるというのが基本のモチーフである。したがってこのドームは比喩的にいえば「子宮」であり、同時に複合メディアによる男女六体の巨像のコンジュゲーションの場という意味では、観客は一種の感覚的・精神的な乱交パーティにインヴォルヴされるわけである。私はそんなイメージを背後にこめながら、それを依頼主に「先端的な時代感覚を全身的に体験する場」という表現で説明した。

依頼主たちは半分狐につつまれたような反応をしながらも、基本的には私の提案に興味をもってくれ、原則的にその線で事を進めることを了承してくれた。そこで私は早速年内（一九六七年）にコア・スタッフを編成したのである。

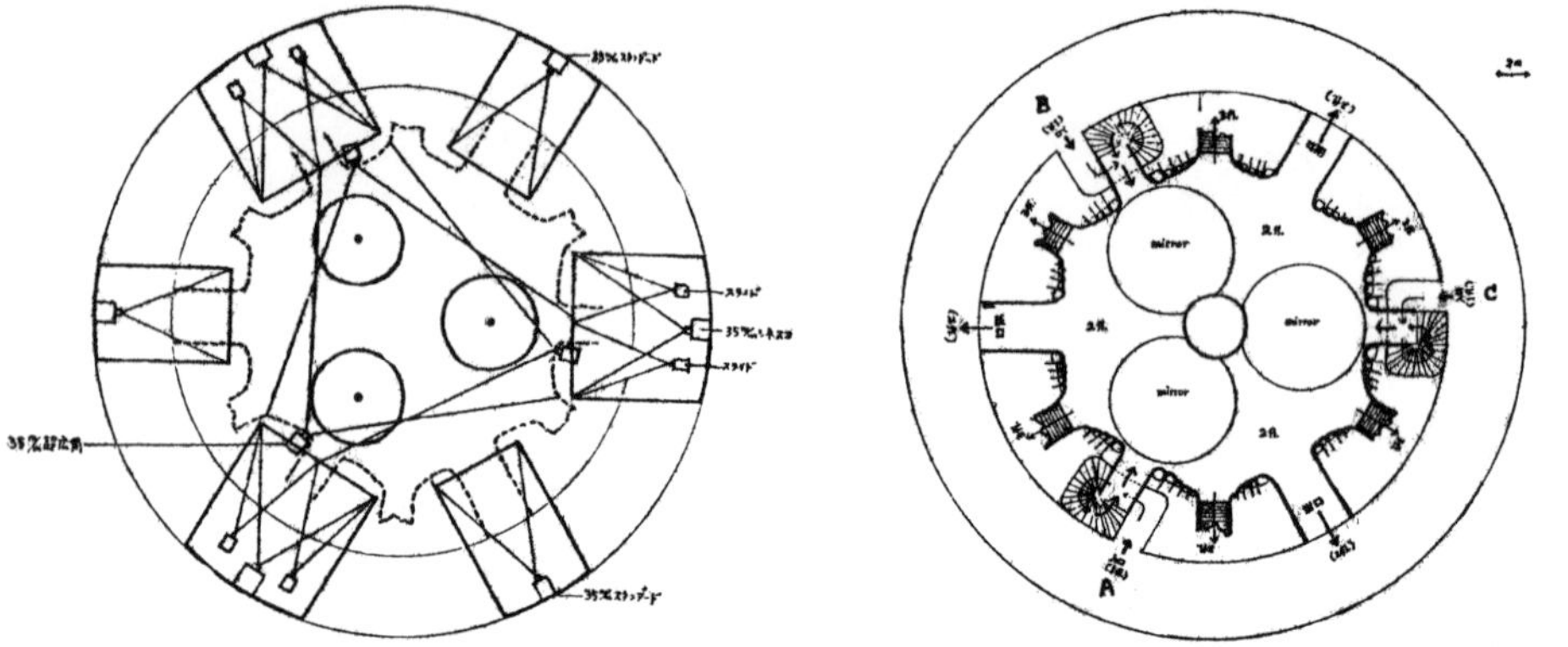

図①・②　せんい館概念原案（42年12月）

その間わずか一ヵ月たらずという素早さであった。ただし組織構成と任務分担が最終的に決まったのは年が明けてからで、その時点でのメンバーと担当は次のとおりである。

総合プロデューサーに工藤充、総合ディレクター兼ドームの創作ディレクターに松本俊夫、映像ディレクターに鈴木達夫、音響ディレクターに秋山邦晴、照明ディレクターに今井直次、造形ディレクターに横尾忠則（建築デザインとドームの影像を担当）、展示ディレクターに植松国臣と福田繁雄。そのほか実際の創作段階に入って、作曲家に湯浅譲二、音響技師に塩谷宏、ドームのスライド映像担当に遠藤正が加わり、また途中事情があって福田繁雄がやめ、新たに吉村益信と四谷シモンが参加したことをつけ加えておかねばならない。

さてコア・スタッフの編成と同時に、私が最初に確立したのは集団創作の原則である。それがいかに重要な意味をもつかは、スタッフに映画や舞台の経験者が多かっただけに切実に問題視されたといってよい。私たちが確認し合った基本的なルールは次の二点である。第一点は対内原則であり、このパビリオン全体がコア・スタッフの共同作品だという意識を共有し合う観点から、そこに貫こうとする思

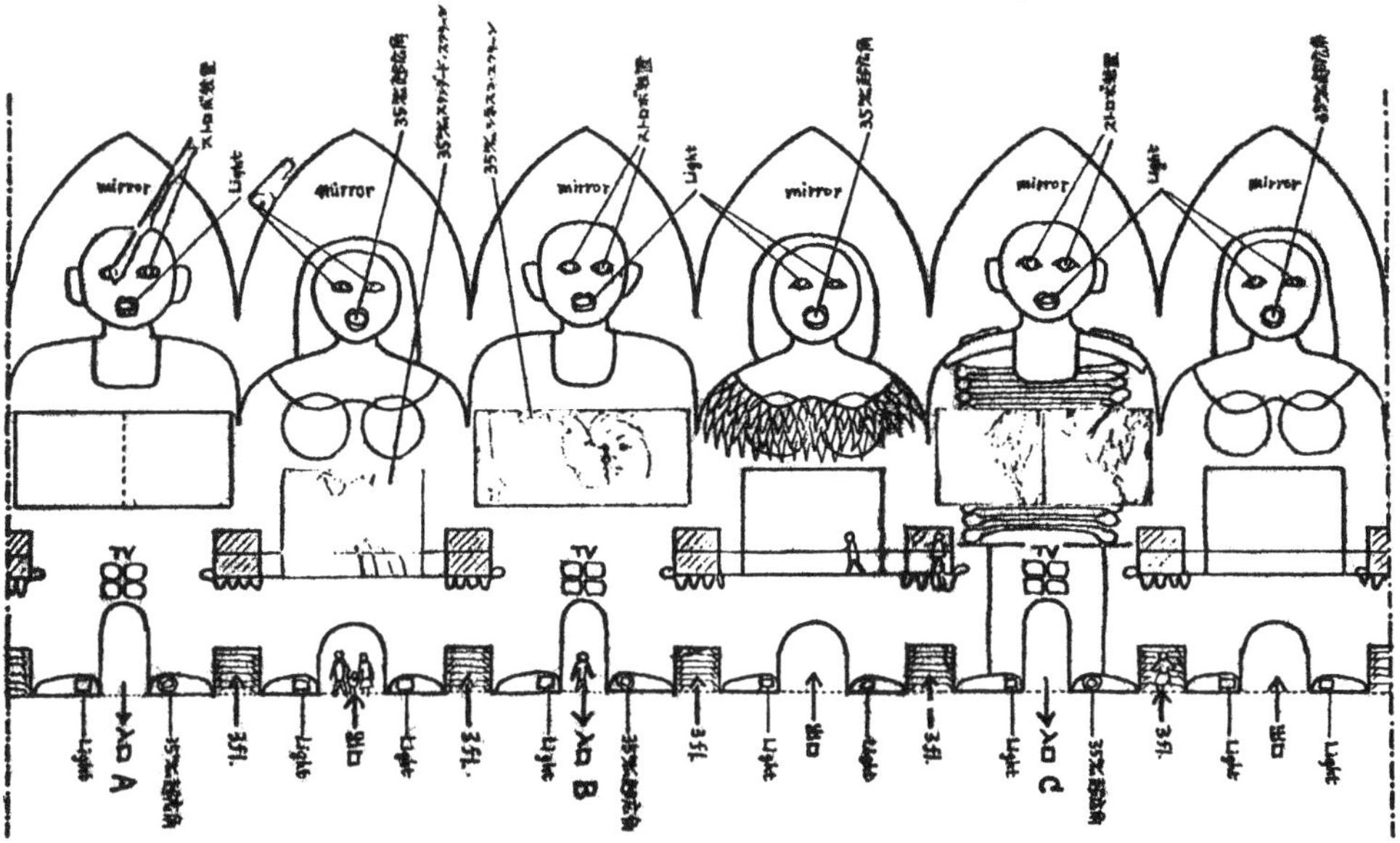

図③　同

想、方法、体験の質など、それが全体に関連する問題は必ずコア・スタッフ会議の俎上にのせ、原則的に全員の納得のうえで事を進めること。と同時に、各部門の創作じたいは全面的に担当作家にまかせることである。第二点は、たとえば経済上の制約がともなう場合などはともかく、こと純粋な創作上の問題は、かりに依頼主の趣味に合わなかったり理解できない場合でも最終的にはコア・スタッフにまかせ、コア・スタッフ会議で確認されない事項は一切有効にならない保証をつくること。これは主として対外原則であり、すでに私が依頼主と約束してあったことの再確認である。

この二原則は、後述する一点を例外として最後まで守られたが、《せんい館》が創作的に一貫した徹底度をもちえたのは何よりもそのためにほかならない。

ところで私たちは、私の原案とその概念模型［④］をたたき台として、構想の深化と具体的な展開を幾度となく協議した。その際私たちのアプローチが、普通よくあるように容器から内容へという二元的段階過程をとらず、あくまでもモチーフそのものの対象化として、環境の構造とシステムを追求していったことは特記しておくべきだろう。具体的にはむしろドームのパフォーマンスから建物を構想す

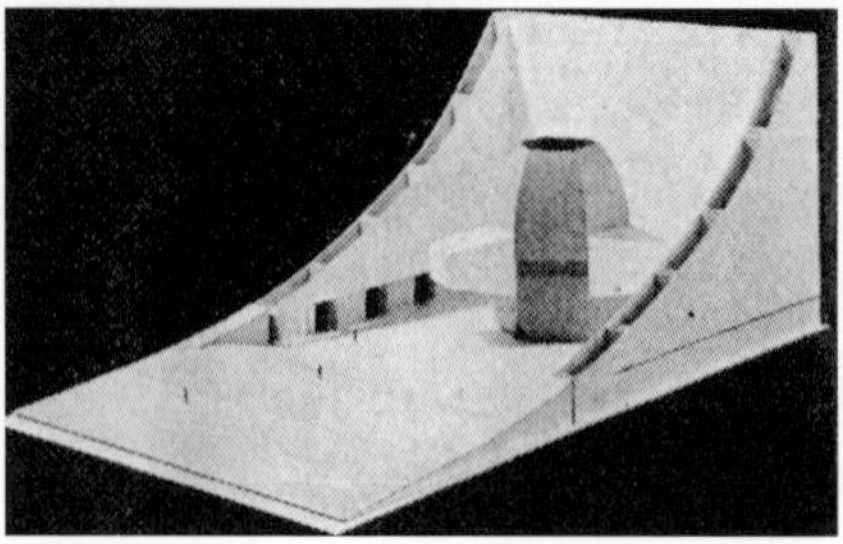

図⑥　パビリオン断面模型。二重建築の構造に注意（43年3月）

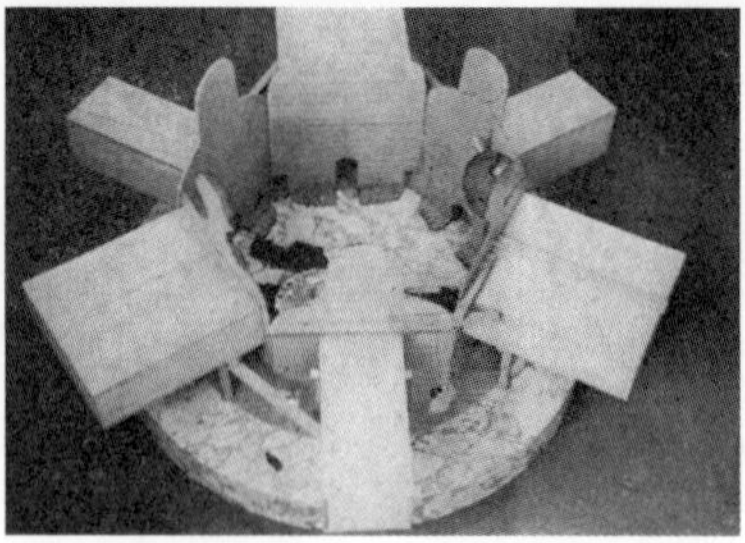

図④　建築概念模型（43年3月）

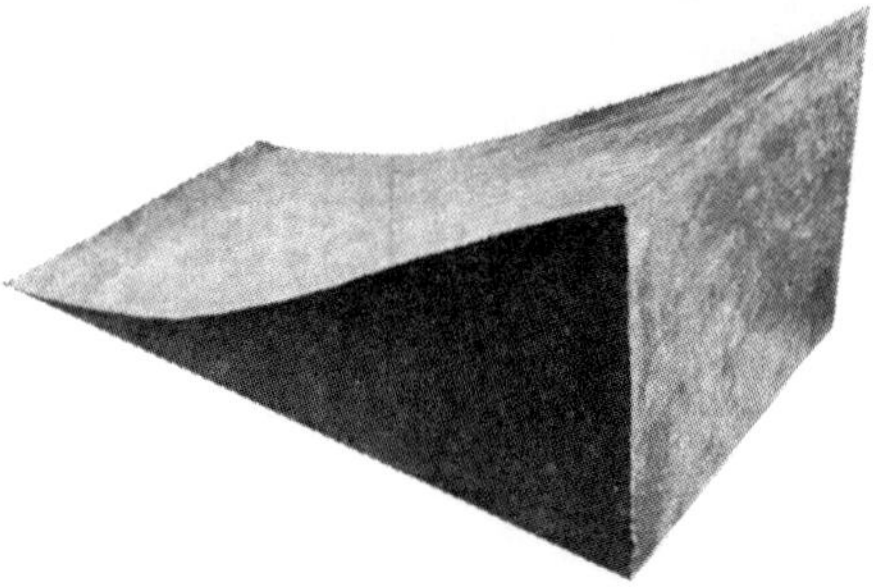

図⑤　横尾忠則の建築原案。
くさび型の単純な形体は、建築をもひとつの彫刻とみる明快なこころみのひとつ（43年3月）

るという方向がとられ、あらゆる空間は建築上の機能よりも、空間感覚や意味のほうを重視するといった具合に決められた。

いずれにせよ私たちが最も真剣に考えたのは、いかにして万博会場のトータルな環境性に異和的な拮抗状況を投入できるかということだった。したがってそれは本質的にスキャンダラスな衝撃力をもつものでなければならなかったのである。とりわけ近代主義的なバラ色未来主義のオプチミズムとは、水と油のように「調和」しないパビリオンをつくるというのが私たちの暗黙のモットーだったといえる。実空間（日常の現実性、ポジの環境）と虚空間（非日常の幻想性、ネガの環境）を戦慄的に反転させること、良識と秩序につちかわれた安定した座標軸を突き崩すこと。そのショックと錯乱の体験、したがって狂気のインヴォルヴィング・エンバイラメント、あるいは感覚の暴力性とエロス……。私たちはそんなことを幾度となく論じ合ったかしれない。以下は各部門におけるその具体化のあらましである。

《せんい館》の建築を構想したのは横尾忠則である。横尾の原案をコア・スタッフ会議が若干の肉づけをし、それを大林組が図面化した。今にして思えば専門の建築家に依

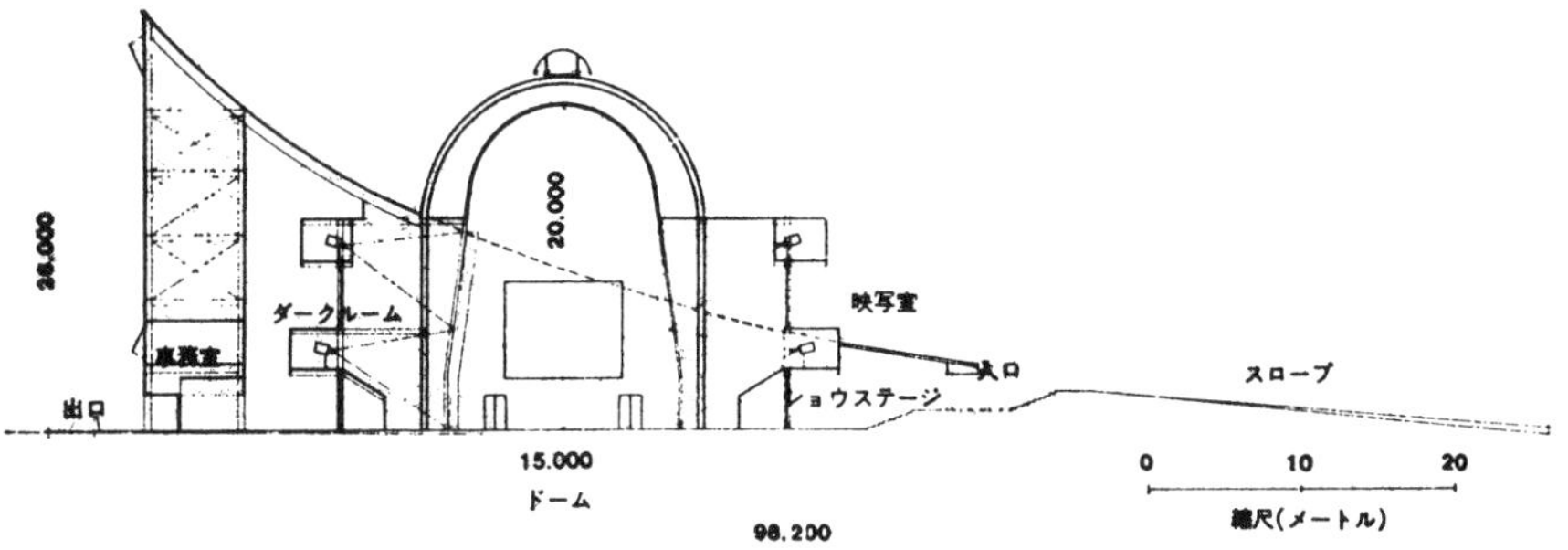

図⑦　パビリオン側面図

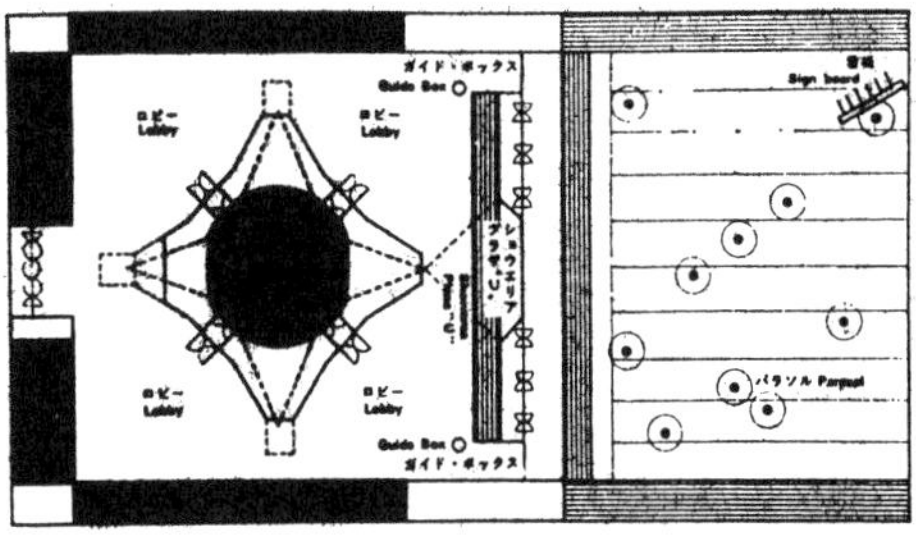

図⑧パビリオン平面図

頼しなかったことも、横尾がドームの彫像と共にはじめて立体のデザインに取組んだことも、きわめて興味をそそる思い切った実験だったといわねばならない。横尾の原案[⑤]はくさび型のプライマリー・ストラクチュアを思わせるものだった。そこには明らかに建築を環境彫刻化しようとする意志が働いている。その内側から対照的に不格好なドームがスロープの大屋根を突き破り、その二重建築の接合スペースを、植松・福田案によって回廊およびロビーのディスプレー空間として構想しえたとき、《せんい館》の環境的構造はほぼ決定されたといってよい[⑥・⑦・⑧]。

ここには少なくとも重要な三つの特徴がある。第一に二重建築ということ。それはドームを「子宮」にみたて、胎内に奥深く入りこんでゆくという進入感を高めるだけでなく、第一の建築の内部が第二の建築に対しては再び外部化されるというトリックによって、ここですでに空間感覚を攪乱するのを助けている。第二に挙げるべきことは、建築の外皮を銀色に、内部を徹底して真紅に塗りつぶした点である。内部のロビーは、はじめにせの外景を横尾の壁画で描こうとしたのだが、結局経済的に不可能になったのを、横尾の強い希望で全面的に赤にしたものだ。だがそのことによって胎内のイメージが一段と強まり、空間に狂暴なエ

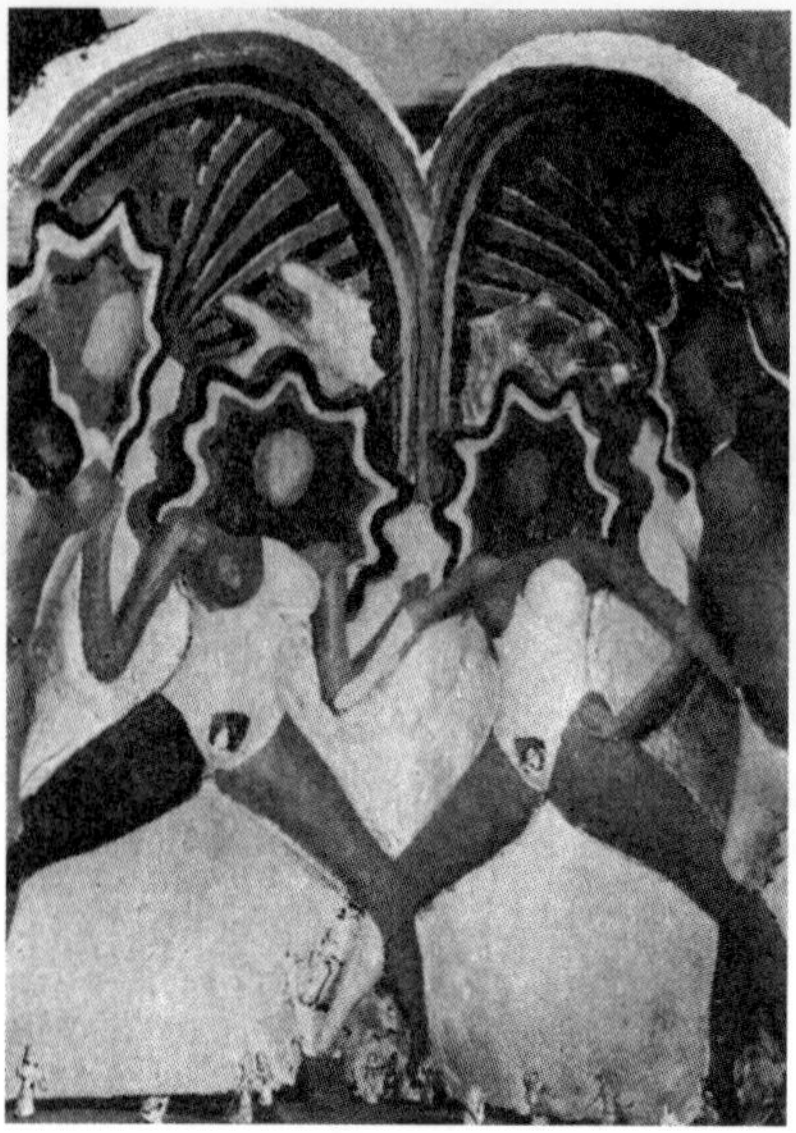

図⑨　横尾忠則によるドーム内壁の影像模型。あまりにエロチックだとクレームがつき実現しなかった（43年3月）

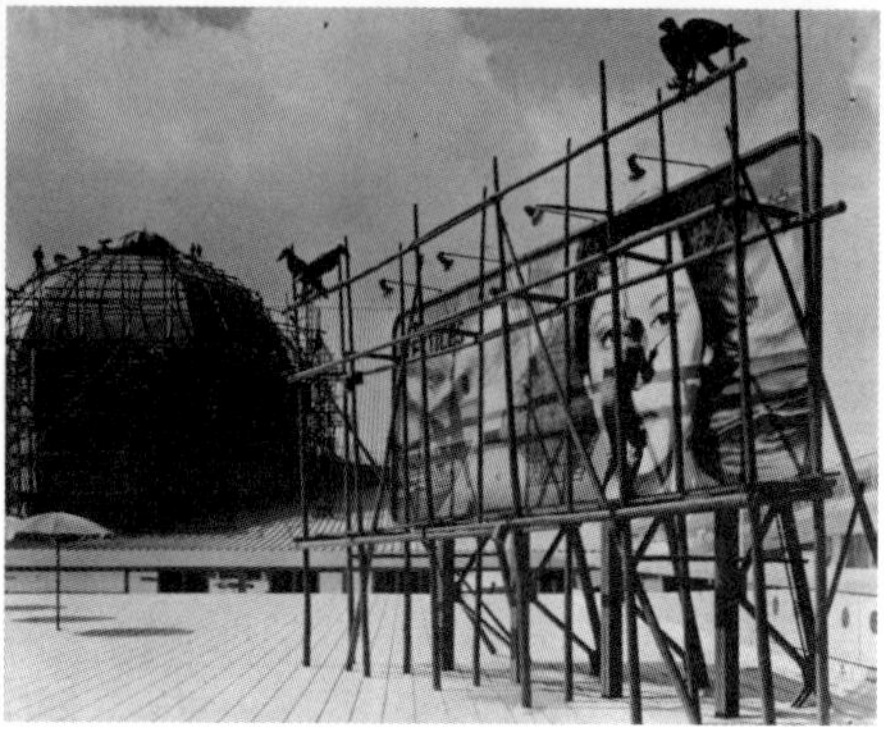

図a　せんい館外観（撮影：遠藤正）

ロチシズムと毒どくしい気品が備わってきたことを見落とすわけにはゆかない。第三点は、その内臓が建物の外部に露出してきた部分を、いわば工事の途中で一瞬シーガル風に凍結してしまい、それもまた真赤に染めてしまったことである。それは入口の大看板にも及んでおり、更にそれらには万博のオープン直前に吉村益信制作になる数十羽の真黒な怪鳥が群がった〔a〕。その異様な光景は万博会場のトータルな環境性に対して、ねらいどおりハレンチなスキャンダルとなっている。

ドームの内部は私の原案をもとに、その時点ですでに四角のスクリーンをやめようと考えていた私の意図を汲みつつ、横尾が壁面のデザインを粘土で製作した〔⑨〕。その過程で男女六体の巨像は女の像だけになったが、私はそのギラギラした俗悪な華麗さにひどく魅了されたといってよい。しかしこれは繊維協力会から、あまりにエロチックすぎて万博規制に触れるからぜひ考え直してほしいとクレイムがでた。むろん私たちは喚いたり懇願したりして説得これ努めたのであるが、結論的にはこの案は廃棄せざるをえなかったのである。これが先に述べた創造問題に対する不干渉の原則が破られた唯一の例外にほかならない。

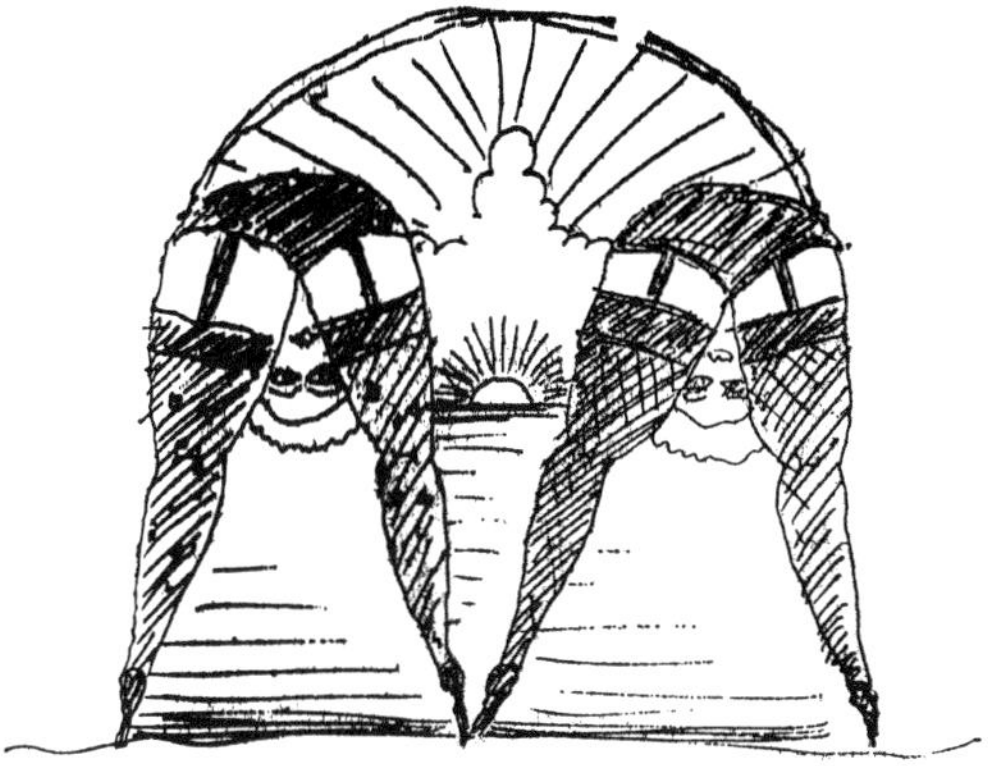

図⑩　横尾忠則によるドーム内壁のデザイン習作「前（図⑨）がダメならバックでゆこう」ということで半ばヤケぎみのときのもの（43年4月）

図⑪　同じく考えがまとまらず低迷をつづけた時期の横尾忠則によるドーム内壁のデザイン習作（43年4月）

　私たちは大いに落胆し、ヤケになった横尾は「前がダメならバックでゆこう」などと大いにケッ作なスケッチ〔⑩〕を描いたりしたが、その後はしばらくの間避けがたく低迷したことを否定できない〔⑪〕。私は横尾と何度となく討論したが、結局押されて後退するのではなく、むしろ私たちじしんがこれを機会に未知の新しい位相に前向きに突きぬけるべきであり、そのためには体験のトータルな次元で、インビジブルに成立するエロスをこそ追求すべきだという結論に達したと記憶する。そうして私のマルチ・プロジェクション・システムの構想と嚙み合わせながら、ある朝突然ひらめくように横尾からでてきたのが、現在ドームの内壁にみられる「断片的人体によるストロボ彫刻」のアイデアである。しかもその影像は私の映像にでてくるヒロインから型をとり、それをそのままそっくり拡大するという。なおその時点では、更にその上にモデルの写真を印刷した布地を貼りつけるという発想もあった。だがこの印刷彫刻の発想は、後にブラック・ライトとの関係で、彫像の表皮を無色の蛍光塗料で覆うという案に変えられたのである。

　私は横尾の影像プランとプロジェクターの光学的諸条件をふまえて映像エリアをレイアウトし、その有機的な相互

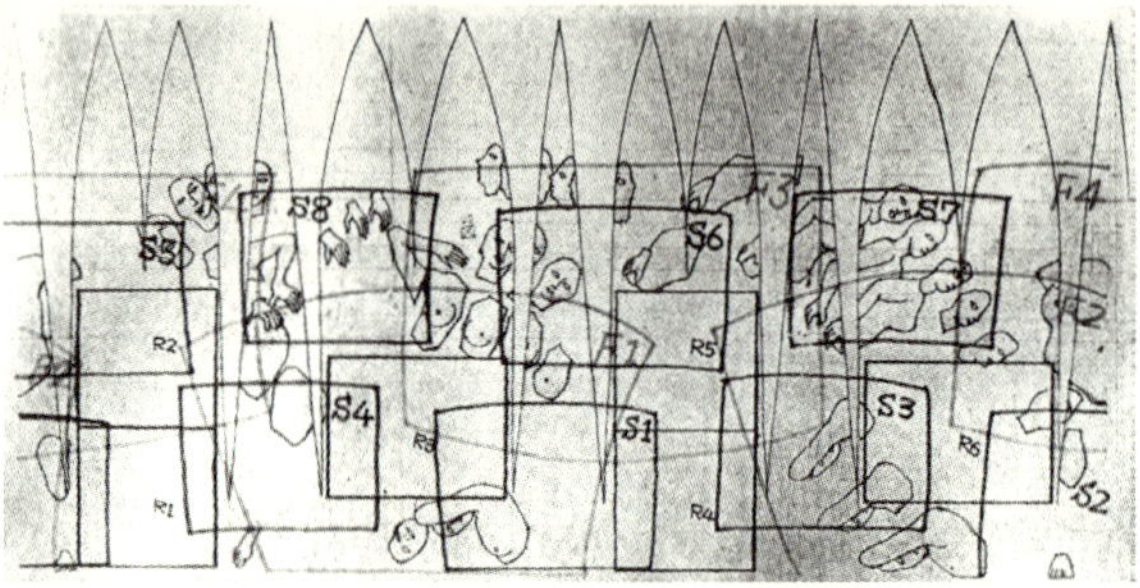

図⑫　松本俊夫によるドーム内映像エリアのレイアウト（43年6月）

図⑬　横尾忠則による影像の立体配置模型（43年3月）

関係を調整し合って図面を完成した〔⑫〕。一方、横尾は影像の立体配置を模型でアプローチしたが〔⑬〕、振り返ってみると、横尾と私にとってはここに至るまでがいちばん苦しかったといえるかもしれない。

私はドームのパフォーマンスを『スペース・プロジェクション・アコ』と命名した。「アコ」とは、映像に登場する女性の愛称である。ただしできるだけイメージを醱酵させるため、撮影は翌六九年にぎりぎりまで延ばすことにして、その後技術部門がハード・ウェアを製作する間、創作部門は適当な研究と準備に当てることにした。

私としてはその間に『三台のプロジェクターによるシネマ・モザイク＝つぶれかかった右眼のために』、〈クロス・トーク／インターメディア〉の『イコンのためのプロジェクション』、アート・シアターの『薔薇の葬列』などを製作し、一方新しい芸術動向を視察するためちょっと外国をまわってきたりしたわけである。

『薔薇の葬列』を完成させたあと、私は直ちにドームの演出プランを具体的なものにしていった。十台の三五ミリ・プロジェクター、八台のスライド・プロジェクターの相関関係を明確にするため、一見オーケストラの総譜にも似たグラフィック・コンテ〔⑭、図版が不鮮明なため割愛〕を

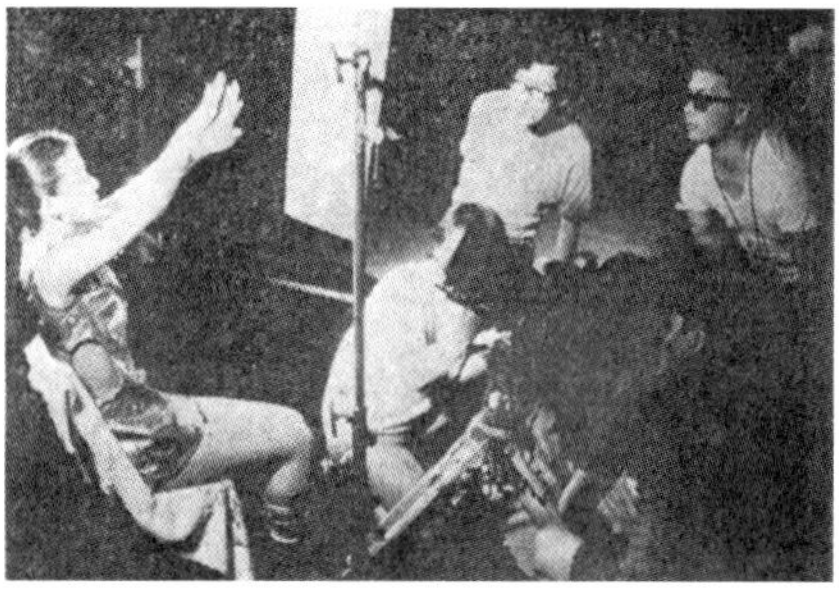

図⑮　松本俊夫監督の映画「アコ」の撮影シーン。撮影はすべてスタジオで行なわれた（44年8月）

図⑰　電子音楽とオーケストラによる金管、木管、絃などバラバラに分解録音された音響は、最終的に映像や照明とともに綜合的ダビングを行なった（45年1月）

書きあげたのが六九年七月、撮影はすべてスタジオで〔⑮〕これが八月、第一次編集が九月、ドーム内で実際に投影しながら修正を行なった第二次編集が十一月である。

一方それと平行して音響の制作が進められた。作曲は湯浅譲二。曲は電子音楽と楽器演奏を複合するもので、ドーム内の天井や床を含むあらゆる内壁に配置された五十七個のスピーカーから六トラック、二十六チャンネルの音像移動システムでサウンドされるものである。映像との関係はやはり音響のグラフィック・スコア〔⑯、図版が不鮮明なため割愛〕をつき合わせることで打ち合わせを重ね、ディテールのぶつかり合いは偶然の効果を期待した。音響の製作は電子音楽の部分が初夏の二ヵ月、それをふまえて楽器演奏の部分が作曲され、十月末に八十人のオーケストラが、金管、木管、絃とバラバラに分解されて録音され、それらは七〇年一月最終的にドーム内において、映像や照明と噛み合わせながら綜合的にダビングされたのである〔⑰〕。

『スペース・プロジェクション・アコ』は、多分他とくらべていくつかの独自な特徴をもっている。

まず第一に前述したようなオリジナルな環境とシステムをもっていること。それは劇場が容器として先行し、作品がその内容として盛られるといったものではなく、容器じたいがすでに作品内容の一部であり、映像、彫像、照明、音響が分かちがたく構造的に一体化されていることと無関係ではない。だからこれは映像に大きなウェイトがかけられているとはいえ決して映画ではない。あるいは万博の映像作品の大半を占めると思われるいわゆる一般的なマルチ・スクリーンでもなければ、映像をトリック・エンターテインメントやディスプレー効果として応用した類いのものでもない。ドームの壁面がすべてスクリーン化されているといっても、たとえばアストロラマなどの全天全周のものとも、ヴァンダービークの《ムービー・ドゥローム》などとも全くちがうのである。

ちがうといえば《せんい館》は一見して映像の質的世界が他とへだたっている。私はよくあるように、世界各地の珍しい風俗とか壮大なスペクタクルなどを撮ろうとはしなかった。同様『人間みな兄弟』式のヒューマン・ドキュメントも斥けたのである。私が素材としてカメラの前に置いたのは、ただ一人の女だけである。背景は何もなくすべて真黒。この原則はスライドの映像にも徹底して貫いている。ただしその映像は、鈴木、遠藤両カメラマンのすばらしい感覚と技術で自由奔放にデフォルメされており、千変万化するそれらの映像は、増殖と収縮の絡み合いで、他のメディアと渾然一体となって観客を非現実の世界に包みこむのである。要するに私は「外部のスペクタクル」ではなく、「内部のスペクタクル」の体験をはかったといってよい。

更につけ加えておくと、その際背景をすべて真黒にしたアイデアには、実は一石三鳥のねらいがこめられていた。一つはむろん具象的な外界を捨象することである。いま一つはそのことによって映像につきもののフレイム（額縁）を撤廃し、エリアを無限定にドーム全体にエクスパンドすることである。第三はマルチ・プロジェクションの弱点である光の相互干渉を、少しでも量的にへらすことである。この一石三鳥のねらいは基本的に成功したと思っている。

そのほかにも、固定された客席をつくらず、立とうが坐ろうが、どこからどちらを見ようが観客は全く自由であり、したがってひとりひとりの視野の軌跡としてその人の体験が成立するということ、観客もスクリーンの一部になったり、観客の影が不確定的に壁にうつって偶然の変化を生むこと、床からも照明や音が襲って座標の安定性を奪うこと、とりわけ激烈なサウンドによって、全身をインヴォルヴされる感覚が極度に高められることなどを列挙しておこう。

ところで『スペース・プロジェクション・アコ』で、ひ

図ｂ　せんい館ロビーと人形（撮影：遠藤正）

とは結局のところどんな世界を体験することになるのか。物語性も論理的脈絡もないこの十五分で、ひとがそれをどう受けとめるかはさまざまだろう。反応の多義性はむしろねらいである。だが私が誰にも前提として提供したい状況が一つある。それはイメージの幻想性と知覚の暴力性によって、ある種の「エロス」を体験してほしいという一点にほかならない。ただし私がいう「エロス」とは、感覚と精神の間をはげしくフィードバックするサド・マゾヒスティックな恍惚感のことである。

幻想と狂気の環境は展示ゾーンにも待ちうけている。だいたい展示といっても、普通の意味での展示があるわけではない。たとえば「ドーム」を出て一息つこうとしたひとは、一歩ロビーに足をふみ入れて思わずドキリとしないわけにはゆくまい。そこには背の丈二メートルはある奇怪な老紳士が、黒の山高帽と黒のフロックコート姿でずらりと並んでいるからである〔b〕。それは一見ルネ・マグリットを思わせる超現実的な光景である。しかし真赤な血の空間にたたずむ黒ずくめの老人形は、その異様な風貌と共にむしろ江戸川乱歩の世界に近いかもしれない。口もとの大きなイボなど、小憎らしいほど人間の醜悪さを表わしている。耳を近寄せると、関節がはずれたような言葉のナンセンスなコラージュが聞こえるのも妙にユーモラスだ。状況劇場の女形役者でもあり、知られざる非凡な人形師でもある四谷シモンの傑作である。

　その人形の行列から眼を斜めにふりあげると、これまた無気味な真黒な怪鳥が、一群となって宙を舞っている。かつてのネオ・ダダの闘士、いまでは口ぐせのように「状況芸術」を説く吉村益信の荒あらしい挑発である。しかしよく見ると、怪鳥の胴から色っぽい女の素足がとびだしていたり、口をパクパクさせている怪鳥が、虎造の「森の石松」をうなっていたりするから愉快である。その怪鳥の群れの下には、すぐにはそれとわからないほど巨大なモップが数本立てかけられている。四谷シモンとはまたちがったショックが、ここにも意地悪く仕掛けられていることを見逃すわけにはゆかない。

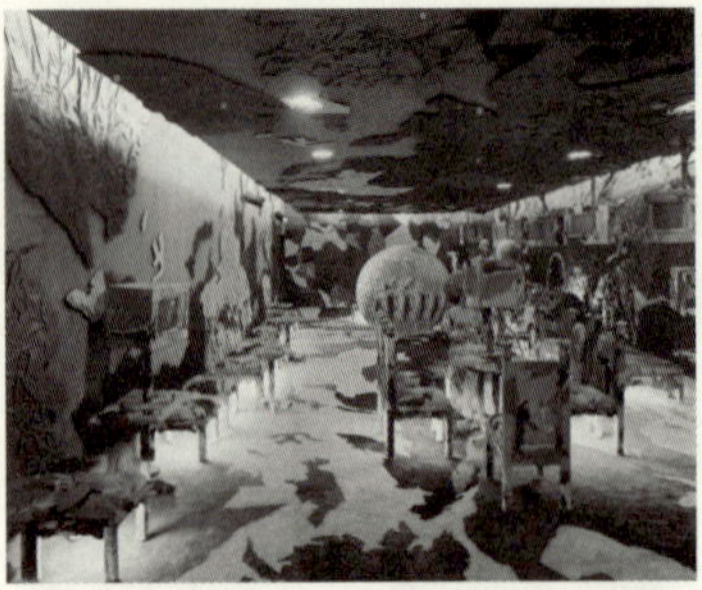

図c　上〈カラフル・ワールド〉（同）

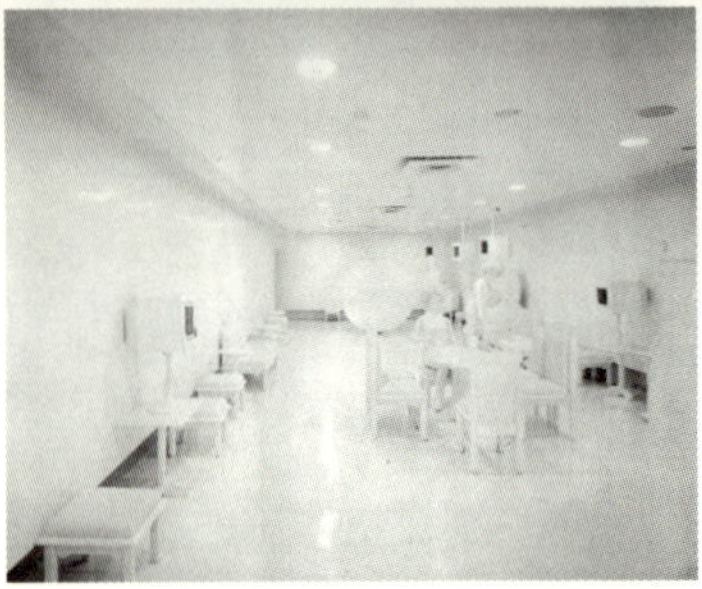

図d　下〈ホワイト・ワールド〉（同）

　だが吉村の本領は、〈カラフル・ワールド〉〔c〕と〈ホワイト・ワールド〉〔d〕と称する対照的な二つの部屋で更に強く発揮されている。一方は眼もくらむばかりの極彩色の空間であり、他方には全く色彩というものがない。よくみると前者はカラフルな布地でデフォルメされた世界地図ですべてが覆われている。後者はちょっと『2001年宇宙の旅』のラストにでてくる無重力の孤独な部屋を思わせる。どちらに入っても私たちは眼の奥がぐらぐらするような衝撃を受けるが、前者には圧迫される感じを、後者には吸いとられる感じを受けるのは不思議といわねばならない。ここには色彩に対する深い思索があるだけでなく、直接的に知覚と意識をゆさぶるラジカルなもくろみがある。

　こんな《せんい館》にも、ほっと息をつかせるオアシスがないでもない。植松が担当した左右の回廊ディスプレーである。植松は一方の明るい回廊には、四枚一組の透明なアクリル仮に花や蝶、鳥や波など小紋と縞の模様をシルク・プロセスし、それを左右に移動させることでモアレ効果を錯覚させたり、四枚がぴたりと重なる瞬間に人間のパ

図e　回廊ディスプレー（同）

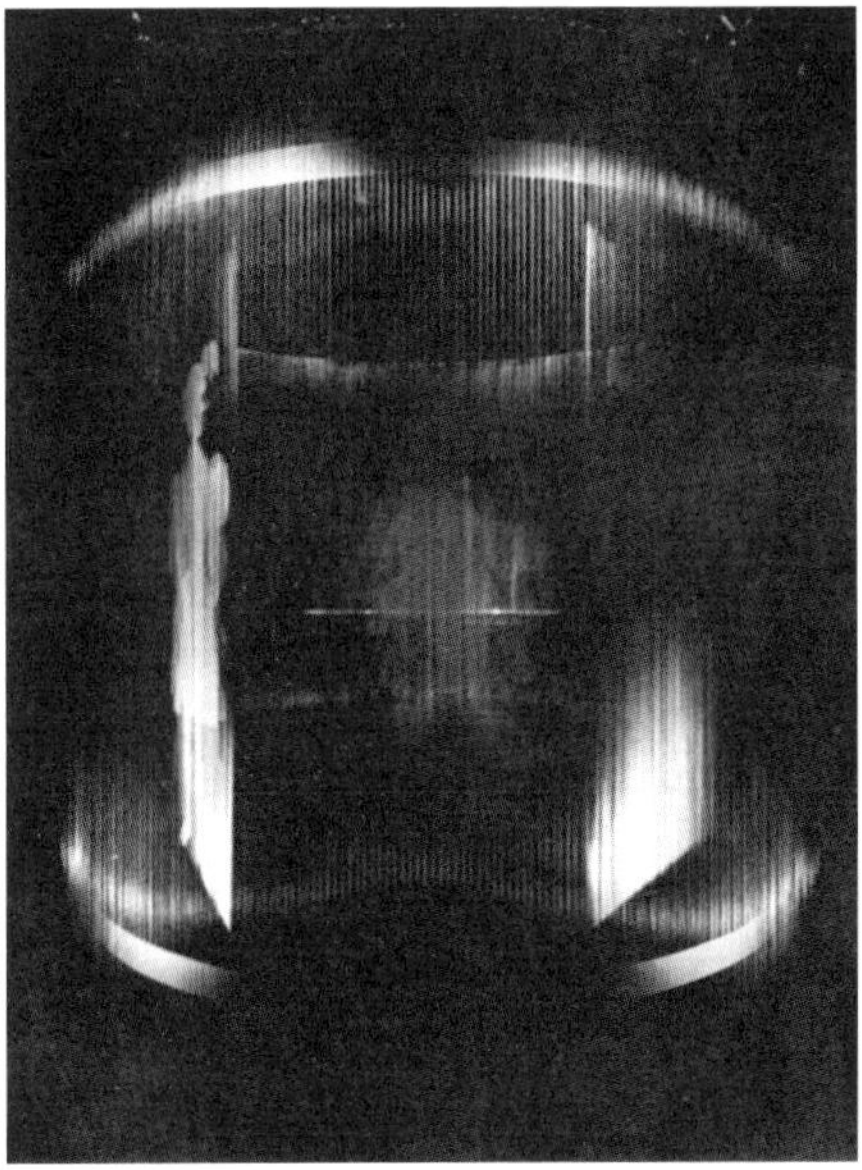

図f　回廊ディスプレー（同）

ターンを浮びあがらせるような遊戯を試みている〔e〕。また他方の部屋は暗く、そこには数万本の糸を張った回転板がいくつかあり、点滅する照明のかげんで人間のシルエットを浮びあがらせるという趣向である〔f〕。これもまた微視的素材のゲシュタルトで、巨視的な想像空間に別なイリュージョンを錯覚させる試みにほかならない。心なごむ優しさがにじんだスペースだが、基本のコンセプションではむろん《せんい館》全体のテーマにつながっている。

なお展示ゾーンのいたるところに仕掛けられたさまざまな音響はすべて湯浅と秋山の担当でつくられたものである。

私の一枚——サルヴァドール・ダリ《ゆでたインゲン豆のある柔らかい構造(内乱の予感)》

　何か一枚の絵をと言われたとき、どういうわけかとっさに浮んだのがダリの《内乱の予感》である。あとで考えると、まだほかにも好きな絵、気になる絵がなかったわけではない。エルンストの《雨後のヨーロッパ》、フォートリエの《人質》、あるいはウォーホルの《電気椅子》など、これまで感銘を受けた作品が私の記憶の画廊から次つぎと呼び醒されてくる。だが、どだい一枚だけ選べなどというべらぼうな注文を、それほどシリアスに思いつめることもないだろう。こういう場合は、とっさに浮んだことじたいを選択の理由にしてしまうのが一番いい。ダリの《内乱の予感》、大いに結構、それでゆこうというわけである。

　しかしそう決めてよく考えると、やはりなぜとっさにダリが浮んだのかが気になってくる。しかもとりわけ恐ろしく、とりわけ異様なこの一枚を思いだしてしまったのはなぜだろう。そういえばこういう場合、アブストラクトなもの、コンセプチュアルなものが、ふと甦えってくるなどということはかつてあったためしがない。夢においても同様である。その意味では、下意識の腐蝕力はやはり非合理で具象的なものの方が強いのだろうか。それともそれはただ単に、個人の好みの問題にすぎないのだろうか。

　これはなかなか面白そうな問題だが、ここでそんなことに触れるのは場ちがいだろう。ここでは確かに私の好みが、非合理で具象的なもの、それもグロテスクで残酷なものにしばしば執着する傾向があることを告白しておく必要がある。事実私は映画『薔薇の葬列』のラストで、主人公のエディが自分の両眼を抉るシーンを撮影したときなど、そのつぶらな瞳がざくろのように裂けて、真赤な血がどくどくと頬を伝わり落ちるのを見ながら、全くのところエクスタシーを感じてしまったほどなのだ。

　もっともダリの絵にはめったに血が描かれることはない。彼は「腐った驢馬」のなかで、「汚物と血と腐爛物の三大幻像」という言い方をしているが、にもかかわらずなぜか血を描こうとしないこと、それどころか血につながる真赤な色じたいを使おうとしないことは見落せない。それにひきかえ汚物と腐爛物の方は、とりわけダリの三〇年代の絵にはトレードマークのようにでてくるものである。《内乱の予感》でも、バラバラ事件のようにデペイゼされた人体はたとえば手首や足首が腐爛化し、また突出した臀部には巨大な汚物がだらりとぶらさがっているのをはっきり確認することができる。

　しかし私がいつも不思議に思うのは、この絵にかぎらず、ダリの腐爛のイメージは、どれをみてもジクジクと肉がくずれる際の、悪臭を漂わすような湿り気がない。むしろそれらは灼けつくような太陽のせいか、たちまちからからに乾いていきなりミイラ化してゆくような感じを抱かせる。そしてそれは奇妙に、一方ではやはりダリがよく描く例のかさかさのパンに、いま一方ではダリの風景によくでてくるかのクレウス岬の岩肌に、どこかで深く通底し合うように思えてならない。私のパラノイアによれば、パンと故郷の大地は同質であり、そこにはじきだされる共通分母は「母」である。しかも母とは誰もが知るように、一切のリビドーと可食的な美の源泉にほかならない。

　こんな妄想をかきたてられるのも、私がダリの絵に飽きることのない魅力を感じる理由のひとつである。私は仕事に疲れたりゆきづまったりするとよく画集をひろげる習慣があるが、そんなときダリを見たいと思うことが多いのも、多分そんな具合に想像力を活性化される度合いが大きいからだろう。

　妄想のついでだが、いま《内乱の予感》をみながら、ふと気がついたことがある。前からこれは何だろうと思っていたのだが、画面の左下にやや遠く小さく描かれたり男の立像は、その独得のポーズからみて明らかにミレーの《晩鐘》ではないだろうか。ダリが《晩鐘》の隔世遺伝を、ダリ的パラノイアによって何枚も描き変えていることはよく知られている。その際ダリが、この敬虔な一組の夫婦から、手袋を裏返すように抑圧された性欲と。しかも事がすめばメスがオスを食い殺してしまうカマキリのイメージをひきだしてみせたことは有名だ。そのかくされたドラマを、爆発的に顕在化させたのがこの《内乱の予感》ではなかろうか。そんな妄想がいまこれを書きながら私をとらえつつある。そういえば《晩鐘》の右側の女性は、ここではそのカマキリ的本性をむきだしにして化物のように肥大化し、一方の手で自らの乳房をかきむしり、他方の手を男の局部に向って差しのべている。とすれば差しのべられた手の一部に奇妙な突起があるのは、その向うの男の勃起したペニスを象徴するものにほかならない。女性の側に置かれた引出しは、ダリが《引出しのあるミロのヴィナス》についで「良心の苛責というキリスト教の発明をまだ知らなかったため、ひろびろとした肉体にあらゆる引出しを取付けなければならなかった」と書いたキャプションにヒントがかくされているだろう。般若のようにゆがんだ女のすさまじい形相は、したがって欲望を抑圧に引き裂かれた内面のストラッグルを表わしている。

だがそれとはちがった解釈が一般的であることを私も知らないわけではない。この引き裂かれた激情は、スペインの内乱を予感したものだという見方がそれである。事実ダリ自身も「この題名はスペイン内乱の半年前につけたものだが、ダリ的予言を十二分に示したものだ」と言っているし、私もまた全くそう思う。この絵の異常な緊張感は、それだけの重いモチーフを感じさせるのに十分である。

しかし、にもかかわらず、私はたったいま私が発見したモチーフが、やはり《内乱の予感》という題名と何ら矛盾しないまま、同時にかくされているということを疑うことができない。つまり、ここにもまたダブル・イメージがあるのである。ダリは最初たとえば《ヴォルテールの彫像が隠された風景》のように、ある現実の形態のなかに同時に別な虚像の形態をみた。しかしたとえば《ナルシスの変貌》では、そのダブル・イメージを横に並べている。《内乱の予感》では、それをモチーフじたいの二重性として試みているのではないかと私には思えるのだ。

だがいずれにせよ、こういった隠し絵の解釈めいたことは二義的なものにすぎない。《内乱の予感》から受ける衝撃的なイメージは、解釈以前の直接性としてまずあるからである。それはあらゆる解釈の多義性を内側にかかえこみながら、トータルには何らかの内的アンビバレンツの、不安と戦慄の予感的表現にほかなるまい。そのずばぬけた幻覚化のリアリティが、いまなお私たちの内側にひそむ内乱を挑発しつづけるのだ。そのかぎりこの一枚は、なお私たちにとって無気味であり、真にグロテスクでありつづけるだろう。

無気味とは抑圧され意識下に隠されていたものが、何かの拍子に意識の表面に自覚化される感情だとフロイドは言った。またグロテスクとは一つの包括的な構造として疎外された世界であり、グロテスクな表現とはこの世においてデモーニッシュなものを呼びだしつつこれを清祓しようとする試みだとカイザーは書いている。これは《内乱の予感》が私たちをゆさぶる位相を、真に理解するうえで示唆的である。ダリは、今日ようやく現実的に深刻になりつつあるデカルト以来の近代的世界観と、そのうえに構築された合理主義的機械文明のゆきづまりに避けがたく内乱が起るであろうことを予感していたように思えてならない。

別役実の〝新演劇宣言〟

――演劇企画66・楽団六文銭公演『スパイものがたり』を観て

存在性のメタフィジック

不思議なフィーリングをもった芝居である。ユーモラスでほろ苦く、優しくて、残酷で、超現実的でいて現実的でもあり、感覚的でいて哲学的でもある……、つまりは多層的な、しかも容易には解けない謎が漂わす魅力がここにはある。

　それにしてもスパイとは、なんとうまいところに眼をつけたものだろう。かつて花田清輝が「スパイ礼賛」などいくつかのエッセイでスパイの魅力について語っていたのを思いだすが、なるほどこの芝居にでてくるスパイも奇妙に人の心を惹きつけずにはおかない。むろんスパイが私たちの心を惹きつけるのは、何よりもその存在性のメタフィジックである。彼は彼でいながら彼ではなく、この芝居の他の登場人物、たとえば「オマワリサン」や「配達夫」、あるいは「オクサン」や「オジョウサン」のようにれっきとした身分証明書をもち合わせていない。したがってスパイとは本質的にうさんくさい存在であり、見方を変えればこの世界に居場所のない孤独な人間である。

　あまりにも人間臭いわれらがスパイは、当然のことながら市民権を獲得しようと涙ぐましい努力をする。そのためには彼は、他人がそう思いこみたがっているスパイの類型に自分を近づけさえするが、この世界の住人たちは結局のところ好奇心とわずかの同情以上のものを彼に触れ合わせようとはしない。この舞台の唯一の小道具で、むろんコミュニケーションをシンボライズした電話やポストも、住所不在の異邦人にはしょせん永久のオアズケを暗示する悲しげな記号に変ってしまうのだ。

円は円であって月ではない

　こういう状況はすぐれてカフカ的であり、あるいはベケット的である。だが「誤解する権利」をフルに活用させてもらうなら、私には別役のスパイにはどこか作家というものの不条理な存在性を、そこにダブらせてみているような気がしてならない。そういえば他人の思い出に忍びこむスパイのイメージも、他人とめぐり合おうめぐり合おうとして、そのためには時に痛ましいまでのサービスにこれ努めながら、結局いつまでもアウトロウでしかない孤独な道化師のイメージも、どことなくいやったらしいほど作家に似てみえてくる。

とすると地球を買うとか、地球を食べてしまうというのは何を意味するのだろうか。あるいはスパイが昇天するとか、へのへのもへじの赤ちゃんというのは何を意味するのだろうか。と、つい考えたくなってしまうが、それこそ別役がしかけた意地の悪い罠にほかなるまい。なぜなら別役はこの芝居の最後に映画によるエピローグをつけ、そこでたとえば円は円であってお月様ではないこと、つまり人間の抽象能力が生んだイメージの世界は、それそのものであって決して実在の世界の何かを「意味する」記号ではないことを強調しているからである。

だが別役は更にそれに加えて、ひどく気になる謎なぞをつきつけている。彼はこの映画の最後でも、再び舞台の最後に登場させた「へのへのもへじ」を黒板に書き、これは「人間の発明したなかで、最もわかりにくいもののひとつ」であり、これはすでにこれであることを嫌っているという意味のことを言うのだ。

演劇的直接性を成立させる

しかし意味に還元するなと言いながら、なお再び意味を問いかける別役の目論見には、どうやら彼一流の演劇論がかくされているのではなかろうか。彼は既成の言語体系によりかかった意味の世界を否定して何よりも演劇的直接性を成立させようとする。しかしそれはまだ未知の、名前をまだもたない生まれたばかりの何か、その意味でそれそのものの直接性でありながら、全く新しい意味を獲得しようとしている何かだということを言おうとしているように思えてならない。「へのへのもへじの赤ちゃん」とは、そのような新しい世界あるいは新しい芝居であって、それを把握できれば、「古い思い出の地球」あるいは「お父さんのことも、お母さんのことも、お兄さんのことも、お姉さんのことも忘れるでしょう」ということになる。

したがって私の独断によれば、『スパイものがたり』は別役の新演劇宣言であり、その実作の試みである。この芝居の謎めいた魅力的なフィーリングはそれ自体がまだ名づけられない「へのへのもへじの赤ちゃん」の魅力であろう。後半ややナンセンス化（第一段階としての既成の意味性の否定）の作業が弱く、性急にメタフィジックを直接語りすぎるという疑問を除けば、常田富士男の何とも味のある存在感をはじめ、緻密でリリカルな小室等の音楽といい、鋭さもふくらみもある古林逸朗の新鮮な演出といい、おおむね私はこの個性的なミュージカルに満足し、少からず刺戟を受けたと言っておきたい。

魔性の回復――P・パオロ・パゾリーニ監督『王女メディア』

『王女メディア』をみるまでは、私にとってパゾリーニはかならずしも心酔できる作家だったとはいえない。私の『薔薇の葬列』がたまたま『アポロンの地獄』とネガ・ポジの関係になったことから私のなかにはなにがしかの個人的な敵対意識が作用してもいただろう。だが私がパゾリーニに一流作家の資質とスケールを認めながらも、なおどことなくすっきり共感できなかったのは、『アポロンの地獄』はもちろん、その前の『奇蹟の丘』もその後の『テオレマ』も、結局は解釈と比喩の限界をこえないのではないかという疑問がつきまとったからである。つまりはいつも言いたいことの底がわれすぎているのだ。

『王女メディア』にもそういうところはやはりある。しかしここでは、美しいけれどしょせんは観念の絵ときにすぎないといった図式性がそれほどない。むしろ何よりもデモーニッシュな情念の奔流が、意識による意味づけ作業をこえて何かを強く訴えてくるのだ。

たとえば『テオレマ』と『王女メディア』のラスト・シーンをくらべてみるとそれがよくわかる。『テオレマ』では、父親パオロは一切の富を放棄し、全裸になって果てしない荒野に悲痛な叫びをあげて出発する。むろんここでパゾリーニが問題にしているのは、現状の否定でありそれを行為する狂気である。しかしそれはあまりにも図解的だということにひっかからないわけにはゆかない。「裸」も「荒野」も「叫び」も「出発」も、すべては直線的に意味を負わされた「記号」として露出しすぎている。だから感じる余地がないほどわかりすぎてしまうのが私には不満なのである。

しかし『王女メディア』ではどうだろう。メディアはイアーソンに復讐するため、彼との間に生まれた二人の愛児を殺し、家に火をつけ、自らもその炎のなかに呑まれてゆく。ここでもやはり現状の否定とそれを行為する狂気が問題になっている。だかそれはそこに現われた表象を、記号から意味へと翻訳することによって了解されるわけではなく、もっと体験の直接性として感じとれるものである。言いかえるなら、パゾリーニは『テオレマ』では狂気を論じているのに対し、『王女メディア』では狂気を生きているといったちがいが明らかにある。

とはいっても、私が「意味すること」じたいを否定しているなどと誤解しないでもらいたい。その点はパゾリーニが、「映画における隠喩は、たとえそれが最大限に詩的なものとして示されようと、映画のもつもう一つの性質、つまり散文のもつ厳密に伝達的な性質と、常に、かたくむすばれている」（「ポエジーとしての映画」）と書いているとおりであって、その意味での意味性の追求が弱ければ、映画のトータルなイメージに深い構造を獲得できないこともまた明らかである。メディアが愛児を殺害し、イアーソンの眼の前で火を放つという狂気も、むろんそれに至る劇的状況の意味をふまえればこそ私たちを揺さぶる衝撃力をもつのだ。

ではパゾリーニは、このメディア伝説にいかなる劇的意味性を追求しているだろうか。それはパゾリーニがこの映画で、第一に荒あらしい原始的生命力に溢れたコルキスのメディアを（一方ではまだ冒険と恋に生きる青春の激しさをもっていたイアーソンを）、次に爛熟してすでにヴァイタリティを失っている文明の地イオールコスとコリントでのメディアを（一方でははやくも青春の激しさを失い打算と安定に埋没してゆくイアーソンを）、そして最後にその裏切りと偽瞞に死を賭して復讐するメディアを（一方ではそのような状況をつきつけられて茫然と立ちつくすイアーソンを）、きわめて弁証法的に構成してみせた意図からはっきり読みとることができる。すなわち『王女メディア』の骨格をなすものは、メディアがメディアじしんをとり戻す劇性にほかならない。

むろん一般的な意味での「メディア劇」は、何よりも愛を裏切られたメディアの、嫉妬と怨憎と復讐の劇である。その度はずれた情念のうねりに、メディアのかけがえのない魅力があることは言うまでもない。パゾリーニもそういったメディアの気性に内的リアリティを与えるために大きな力をそそいでいる。マリア・カラスの起用はその点大いに成功しているといえるだろう。パゾリーニ作品の男優は、『アポロンの地獄』のエディポをやったフランコ・チッティといい、今回イアーソンをやったジュゼッペ・ジェンティーレといい、全く存在感のないでくのぼうで感心しないが、女優の方はこれまでのシルヴァーナ・マンガーノと同様、今回もカラスの印象は強烈である。もっともイアーソンを一目惚れするところなど、いくつかの点でパゾリーニの演出と共に首をかしげたくなるところもあるが、弟を平然と殺してその死体をバラバラにしてしまうところとか狂うがごとく火のなかに消えてゆくラストとか、あれほど詩的な妖気をただよわせることのできる女優はざらはいるものではない。

　しかし私が『王女メディア』全篇中最も興奮したのは、メディアがイアーソンに復讐するため、彼がメディアを捨てて打算的に結婚しようとしているグラウケー王女を呪い殺すくだりである。メディアはイアーソンと二人の息子を呼び、一見自ら折れて和解したかにみせかけ、コルキス時代の衣裳をとりだしてグラウケー王女に贈り物として届けさせるのだが、この衣裳を着たグラウケーが呪い殺され、そのかけつけた父王クレオンもそれに触れて絶命する。そのくだりが一度目は願望の幻想として、二度目は実行の現実として、しかも幻想のなかではグラウケーが火だるまになり、現実では絶壁から転落するというちがい以外は、すべて正確に二度くりかえされるのだ。そのリフレイン効果が、いわば魔的なポエジーにまで聖化されていて実にすばらしい。

　ところでこの復響のきっかけに、メディアが「昔のお前に戻るのだ」と語りかける祖父太陽神の声を聞くところがある。むろんそれは彼女じしんの内心の声でもあるが、彼女が長らくしまいこんでいたコルキス時代の衣裳をとりだすのが、「昔の自分に戻る」決意につながっていることはもちろんである。エウリピデスやアヌイの『メディア』では単に回想するセリフとしてしか触れていない「昔のメディア」を、パゾリーニがその呪術的な風土と共に執拗かつ魅力的に描いたこと、しかも先に述べたようにメディアの状況変化を三段階に構成したことの意図がここになって明らかになってくる。

「彼女は、故郷には信頼しきれる世界があったのに、世界のこちら側にはなじめないのだ」と賢者ケイローンはイアーソンに言う。そのことはすでにメディアが「世界のこちら側」に着いたとき、突然狂ったように「この国は沈む！　支えがない！」「大地よ、太陽よ、語れ！　汝らはすでに失われて二度と戻らぬものなのか！」と絶叫するシーンに予感されていた。その不在性の予感は、その後間もなくイアーソンがおち込んだ打算と偽瞞の日常性となって現われるわけである。エウリピデスの戯曲には、イアーソンと言い争うメデイアか「仕合わせな暮しでも、悲しいものならいりません。心に辛いような富などが欲しいものですか」と言うセリフがある。このセリフは何となくドゴールに向って、「われわれは富める奴隷より貧しい自由を選ぶ」と宣言したギニアのセクトムーレの言葉を思いださせるが、あるいはそんな意味も含めて、パゾリーニはメディアに第三世界の怨念をだぶらせてイメージしていたと言えなくもない。

だがこういう怨念は、むろん第三世界に最もラジカルな原点をもつとはいえ、もっと広く現状の文明社会に根本的疎外を感じているものが共通して抱いているものではなかろうか。パゾリーニが『王女メディア』に塗りこめようとしたモチーフも、おそらく「何をもってこの世界の支えをとり戻すか」という問いだったように思えてならない。パゾリーニはその不在性に、根源的な生命力を孕んだ魔的なもの、すなわち呪詛的な狂気を甦えらせようとするのだ。その意味において冒頭ケイローンが、「聖さは呪いと共にある」「神話的なものだけが現実的であり、現実的なものだけが神話的だ」と語るのが象徴的である。

むろんこのようなパースペクティヴから、パゾリーニが聖性と神話の成立地点に眼を向けようとしたのは『王女メディア』がはじめてではない。それはこれまでもパゾリーニに一貫したモチーフである。しかし『王女メディア』は、聖性と神話の成立地点を知的に指し示すのではなく、映画行為そのものでそれを「体験」させるに至っているところが衝撃的である。その意味において、私はこの映画でようやく本格的にパゾリーニに惹きつけられたと言ってよい。

前衛映画の思想

──既成秩序に抜本的に変革を加え反体制、反権力のパワーと対応する

現代映画の最前線情況

かつて前衛映画は、国やグループにまとまって何らかのイズム（共通の思潮）として現われ、常に異端の少数派だったことから、映画のなかのごく特定の小ジャンルとして受けとられる傾向が強かった。

だが今日では事情はすでに大きく変わっている。今日の前衛映画は、世界のいたるところで、きわめて多彩な展開をみせており、その厚みとひろがり、方法やスタイルの百花繚乱ぶりは、これまでの映画史上に全く類例をみないものである。したがってそれは少なくとも特定のイズムやジャンルとしてではなく、むしろそれら現代映画の最前線に大きく共通してみられる前衛的な精神と動向の総体としてとらえねばならない。

ではそれら現代映画の最前線は、いかなる共通の特徴において前衛的であるか。私の考えでは、その最も基本的なものは次の三点である。

① 一切の既成の映画観を疑い、かつて体験したことのない新しい映像表現の世界を切りひらいている。ものの見かた感じかたの固定化、言いかえれば慣習的な意識に対する否定の精神こそは、前衛的と呼ばれるもののもっとも本質的な核心にほかならない。

したがってすぐれた前衛映画に接したとき、私たちは必ずと言ってよいほど一種の精神的混沌を味わわされ、めまいにも似た心のたかぶりを体験させられる。そしてそこでは例外なく、「映画でもこんなことができるのか」という驚きが生まれ、同時に「映画とは何か」という自問自答をつきつけられざるをえない。だがそのことは本来前衛映画がそれ自身に内包しているものであり、その意味において、前衛映画は必ず「映画とは何かを追求する映画」という一面を含んでいる。

② 今日の前衛映画は、いくつかの流派や傾向に分類できないほど多彩な展開を示しており、それはほとんど一人一派の観を呈している。それは何よりも個別的な作家の映画であり、いわば「私にとっての映画」という個人性が強い。重要なことは、資金的制約以外の何ものにも制約されない自由奔放な映画づくりが、この一〇年間に世界のいたるところにほうはいとして現われてきた事実である。

③ 前記二項と関連して、それらは必然的に反規格主義で

あり、反商業主義である。あるいは慣習的な映画制度に対して破壊的に作用しないわけにはゆかない。

第一に一六ミリであろうが八ミリであろうが、あるいはわずか一分の作品であろうが八時間の作品であろうが、彼等は作りたいと思ったように作るだけで、一切の約束事から自由である。

映画が映画館で上映されねばならぬという理由もなく、事実彼らはあえて倉庫や喫茶店、あるいは個人の部屋や野外など、映画が写り、人が集まれるところなら、どんな場所で上映するのもためらわない。物体や人体をスクリーンにしてしまうこともあれば、同時に何台もの映写機で投影することもある。

いわば映画を上映する形式や制度までも、根本から疑ってかかるところに、今日の前衛映画のラジカルな特徴をみてとることができる。

主役はアンダーグラウンド映画

今日の前衛映画にみられる最も基本的な特徴は以上の三点である。それらは何よりも映画に対する精神のありかたであり、あらゆる映画領域での先端部分を包括するものである。したがってそれは特定の方法やスタイルを指すものではないが、便宜的にそのジャンルを大別すると次のような群がある。

(A) 何と言っても今日の前衛映画のラジカルな中心はアンダーグラウンド映画である。それは一九六〇年代前半にアメリカで不動の領域を確立し、六〇年代後半にはヨーロッパや日本にも急速にひろがった（ドイツではアンドレ・キノ＝別の映画と呼ばれている）。

アンダーグラウンド映画はあまりにも多彩な展開をみせていて分類しにくいが、いずれも素材やモチーフ、あるいは表現方法やスタイルにおいて、商業主義的な既成の映画がタブー視していたもの、さらにはおよそ想像もしなかった未知の世界に達している。

たとえばそこには怒りや狂気など激しい情念によって変形された映画（ケネス・アンガー『スコーピオ・ライジング』、スタントン・ケイ『ゲオルグ』、ジャック・スミス『燃えあがる生物』）もあれば、何も起こらない日常性の一角にカメラを向けて、見ることの意味を極限的に問い直そうとする映画（アンディ・ウォーホール『眠り』、レノンとヨーコ『スマイル』、マイケル・スノウ『波長』）もある。これまで絶対のタブーだった性交や出産をズバリ撮影しながら、感動的な詩にまで高めたもの（飯村隆彦『ラブ』、スタン・ブラッケージ『窓・水・赤ん坊・動き』）、新しいテクニックを使って、不思議な非現実的イメージを生みだすもの（バートン・ジャシュフィールド『バファロウが消えた今』、島村達雄『幻影都市』）、イメージを拒絶するところまで知覚作用の暴力性を追求して一種のエロスにまで達しているもの（トニー・コンラッド『フリッカー』）、あるいはフィルムの素材性の新たな発見をそのまま表現に転換させようとする試み（ハイン夫婦『ラフなフィルム』）など、考えられるかぎりの多種多様な実験がなされている。

(B) アンダーグラウンド映画の特殊な一部でもあり、それじしん独自な領域を作りつつあるものに、エキスパンデッド・シネマ（拡張映画）と呼ばれるものがある。これも多種多様だが、基本的にはワン・プロジェクター・ワン・スクリーンの伝統的な投影形式から、映像メディアをその枠外の可能性に拡張しようとする試みである。

たとえば複数のプロジェクターを使って、複数の複合された映像空間を作ろうとするもの（ジョージ・ランドウ『スプロケットの穴やエッジ・レターや汚ない粒子などがでてくる映画』、ポール・シャリッツ『かみそりの刃からのスリー・ループス』）、マルチ・プロジェクションを独自な環境にシステム化するもの（スタン・ヴァンダービーク《ムービー・ドローム》、USCO《タバルナクル》、ミルトン・コーヘン《スペース・シアター》）、サイケデリック・ショウに応用したもの（ベン・ヴァン・ミーター、ジェリー・アブラニオ、宮井陸郎）、映画やスライド、彫像や照明など種々のメディアを渾然と一体化したもの（松本俊夫『スペース・プロジェクション〈アコ〉』）、映像と実演、あるいは映像と小道具を複合させたもの（ロナルド・メナス『LのG・A』、安土ガリバー『ボックス』、ロバート・ホイットマン『化粧台』）、テレビの像を電気的に変形するもの（白南準、アルド・タンベリーニ）など、それらはしばしば、もはや映画という概念ではとらえられない未知の界域に足をふみ入れている。

(C) わずかな例外としてではあるが、これまでの商業映画のベースにのりながら、そのぎりぎりの限界でやはり注目すべき前衛的な試みをしている若干の映画がある。

たとえばアラン・レネエ『去年マリエンバートで』、フェデリコ・フェリーニ『8½』、ヤン・ニェメツ『夜のダイヤモンド』、ジャン＝リュック・ゴダール『ウィーク・エンド』、イェジー・スコリモフスキー『バリエラ』、グラウベル・ローシャ『アントニオ・ダス・モルテス』などは、いずれも現代の内面的な危機に迫ろうとして、きわめて独自な映画の時間・空間概念に達しているという意味でも、強烈な精神的戦慄を呼びさます立派な前衛映画である。日本でもわずか最近のATG映画（大島渚『絞死刑』『新宿泥棒日記』、松本俊夫『薔薇の葬列』、吉田喜重『エロス＋虐殺』）に、その種の前衛的な試みをみることができる。

既成の関係を変革するもの

現代映画の最前線を便宜的に類別すれば、大まかに以上のようなことになる。それにしても、今日、かつて映画史上にみられなかったほどの地殻変動が、広く、世界的な規模で根底的に行なわれつつあることの意味は、つきつめて考えられねばならない。

私がみるところ、その動向は明らかに現代ブルジョア社会の意識や文明の根本構造にかかわるものであり、それら現存する一切の既成秩序に対する抜本的な変革の衝動こそ、いま生起しつつある地殻変動の本質にほかならない。

むろんそれは今日世界の政治に大きな問題を投げかけている反既成・反権力のパワーと深く対応しており、その底流で交錯するマグマ状の情念、すなわち現代社会の桎梏から自己を解放することによって、「生」の充実した燃焼を体験しようとする衝動こそ、今日の前衛映画の根底にあるものである。それは自己を自己の限界から解き放ち、世界と自己の既成の関係を変革しようとする「自由」への欲望に貫かれている。

ビートルズ──映画『レット・イット・ビー』

今年の三月、ポール・マッカートニーが突如ビートルズを脱退したというニュースは、私たちを驚かせた。『レット・イット・ビー』は、それより約一年前の映画である。それだけにこの映画は何とも奇妙な感慨と郷愁なしには見ることができない。その間彼等の風貌が変わったせいもあってか、四人とも精神的にぐっと大人になった印象を受ける。

『レット・イット・ビー』は、前二作とちがって劇仕立てではない。すべてはぶっつけ本番の記録映画で、その内容はこの映画のために行なわれた即興演奏を中心に、そのほかいくつかの練習場面や、演奏の合間のスケッチなどによって構成されている。

そのことからもわかるように、これはビートルズをダイレクトに楽しむ映画である。ビートルズを使って何かを表現しようとしているわけでも、映画を特別技巧的に見せようとしているわけでもない。卒直に言って、映画それ自体は平凡である。しかし少なくともビートルズは生きいきととらえられておりその点だけでビートルズ・ファンなら満足することだろう。

この映画では、ビートルズの曲が新旧合わせて二十数曲演奏されている。私はなかでも、「LET IT BE」「GET BACK」「ACROSS THE UNIVERSE」「THE LONG AND WINDING ROAD」「I'VE GOT A FEELING」「OH DARLING」「OCTOPUS'S GARDEN」あたりに心を奪われた。やはりビートルズならではの名曲・名演奏である。

だが楽しいのはそういうまともなところだけではない。時折たわむれに、ポールが「ベサメ・ムーチョ」を歌ったり、ジョンが「ユー・リアリイ・ゴット・ア・ホールド・オン・ミー」を歌ったりする場面があるが、そういう「遊び」も、レコードでは聴けないものだけに大いに楽しい。

むろんこの映画の曲は、大部分レコードで聴くことができる。しかしビートルズの魅力は、ただ聴くだけでなく、見ることによっていっそう高まるものではなかろうか。彼等の視覚的なフィーリングによって、私たちは曲の内側にいっそう引き込まれ、インボルブされればされるほど、私たちはビートルズのとりこになってしまうというところが多分にある。

事実、ビートルズは本来環境的である。キザに言えば、いわば全身的なアジテーションなのだ。その点この映画のラストで、彼等がアップル・ビルの屋上で演奏する場面は圧巻である。周辺のビルや地上の通路に群衆が集まり、遂には交通がマヒしてポリスが出動されるが、それを尻目に彼等が平然と「ゲット・バック」を歌い続けるところが何とも小気味がいい。それがビートルズなのである。

そのビートルズからポールが脱退した。この映画ではその徴候すら感じられないが、それとは別に、ここにはすでに、終始レノンと共にいる小野洋子の姿が、きわめて印象的に見られることをつけ加えておこう。

新宿・映画・青春

新宿がぼくの生活のなかで大きな位置を占めだしたのは、たしか昭和二十三年頃、ぼくが高校（西高〔都立第十高等学校〕）二年の頃からだったと記憶する。マンネリの授業にあきあきしたぼくは、午後になると代返をたのんで学校から姿を消すのが日課のようになっていた。その行く先が新宿だったのである。

新宿でぼくはその大半を映画をみて過していた。新宿の映画館はどこでも入れるという特別の株主優待パスを、ぼくは友人からずっと一人占めにして借りきっており、新宿で上映される映画はほとんど全部みていたと言っても言いすぎではない。

ぼくをそれほどまで映画に熱中させたのは、主としてデュヴィヴィエやクレール、あるいはフェデエなどのフランス映画だったのである。ぼくは感動すると同じ映画を何度もみに行ったが、なかでも最高記録が『旅路の果て』『望郷』の八回、『女だけの都』『自由を我等に』の七回、『格子なき牢獄』の六回と、いまでもはっきりと覚えている。

もっとも『格子なき牢獄』は映画がよかったというより、その主演女優のコリンヌ・リュシエールに、ぼくがすっかり惚れこんでしまったため六回もみたのだが、ぼくは彼女に対する恋心にすっかり胸を痛めながら、よく遅くまで新宿の街をもんもんとしてほっつき歩いたものである。

そうしたある日。ぼくは新宿の裏路地でポリ公の不審尋問を受けてしまったのである。そういえば当時のぼくは、天狗がはくようなでかい高ゲタをカランコロンと音を立ててひきずり、ショーユでにしめたような汚ない手拭を腰にぶら下げ、どうみても異様な格好をしていたのだから呼びとめられるだけのことはあったのだろう。しかしぼくは、何しろコリンヌの幻影にポーッと心を奪われていたので、瞬間しどろもどろになり、たちまち不良学生とみなされて学校に通告されてしまったのだ。

ぼくが担任の先生にこっぴどく叱られたことは言うまでもない。もっともぼくは終始反抗的に黙秘権を行使してそのトンボというあだ名の先生を手こずらしたが、でもトンボが「お前のしたことが良いことか悪いことか、よーく自分のリョーシンに聞いてみろ」と言いだしたときには大いにあわてたものである。ぼくは「良心」を「両親」にとりちがえ、「どうか両親にだけは内緒にして下さい」とあやまった次第だが、そのときトンボがキョトンとした顔を思い浮べると、ぼくはいまでも一人でゲラゲラ笑ってしまうほどおかしくてならない。

その後ひと月ほどきんしんすると、ぼくはまた新宿に通うようになったが、そんな具合にぼくを新宿にひきつけたものは映画だったし、ぼくを映画にひきつけたものは新宿だったのである。そうしてぼくは、大学から大学卒業後へと、次第に深く新宿の魅力にとりつかれて、昭和三十七年から三十九年まで、とうとうコマ劇場の裏歩いて三分くらいのところに下宿するまでになったのである。その間約三年の間に、ぼくは泥棒に二度入られて金目のものはすべて持って行かれたりしたが、結婚するまでは結局新宿を去ろうと思ったことは一度もない。あらゆる意味で新宿はぼくの青春の舞台だったのである。

ヨーロッパ映画見聞記

ベルリン映画祭に招待されたので、この機会に日本では見られそうにない作品をいろいろ見てこようと、むしろそっちのほうに期待をかけて、約五〇日余りヨーロッパをうろついた。見た映画の数は長編・短編合わせて約二〇〇本。そのうち短編の実験映画については、すでにほかにも書いたり喋ったりしたので、今回ここでは、長編の旧作・新作をひっくるめて、そのなかから問題作と思われるものをピック・アップしてみよう。

まずとりあげたい映画のハイライトは、ブニュエルの『エル』と『ナサリン』である。

『エル』(五二年)は愛と嫉妬に狂う男の物語だが、その情念のうねりは全くブニュエル一流の激烈さで貫かれ、それはちょっと『黄金時代』の主人公を思い起こさせる。その男フランシスコは、自分の妻が、かつてのフィアンセと密通しているのではないかと妄想する。その妄想に狂う狂いかたがすごく、たとえば元フィアンセに鍵穴から覗かれていると思いこんだフランシスコが、鋭利な長い針で、その穴の向こうの眼を突き刺そうとする場面など、いまでもゾッとするような残酷なイメージが随所にあるのだ。

この男の狂気は二重の意味をもっている。ひとつはその度はずれた妄想が、深くブルジョワ的なモラルに根ざしているということ、いまひとつはその度はずれた狂気が、鋭くブルジョワ的な秩序と対立するということである。しかしフランシスコの場合、その葛藤は、罪意識の勝利によって宗教へと克服され、ラストの主人公は、そのような自分自身を僧院の壁に閉じこめるのである。

『ナサリン』(五八年)はより直接的に宗教の問題を扱っている。主人公ドン・ナサリオは絶対的に純粋であろうとする牧師である。彼は警察に追われる娼婦をかくまい、教会からも破門され、家も焼かれて、娼婦と女中につきまとわれながら荒野に旅立ってゆく。しかも旅先では、善意がアダとなって再び警察に追われ、遂には捕えられて護送されるのだ(本誌〔『季刊フィルム』〕5号シナリオ参照)。

私は『ナサリン』を見ながら、あるインタヴューで「キリストが再来したら、大司教や教会は彼に罪を宣告するだろう」と語ったブニュエルの言葉を思いだしていた。つまり、ナサリオはキリストなのである。キリストはキリスト教的秩序のなかで挫折する。ブニュエルはその矛盾の根を容赦なく抉りだすのだ。

こう言えば読者は直ちに『ビリディアナ』を思いだすにちがいない。事実、このふたつの作品には多くの共通点がある。だが私は、不透明な神秘性、狂暴さと優しさのアンビヴァレンスの度合において、『ナサリン』のほうが一段と凄味があるように思われる。

最新作『トリスターナ』(七〇年)については、近く日本でも公開されるというので紹介をはぶくが、これなどもう今年七〇歳になる老監督の作品とは到底信じることができない。ともあれブニュエルの作品は、いつかブニュエル・フェスティバルでもやって、始めから終わりまで全部見たいものだと夢みるが、せめて『エル』『ナサリン』、それに私が数年前ニューヨークで見た、まごうことなき傑作『皆殺しの天使』などの代表作は、ぜひATGあたりで漸次上映してほしいものだ。

さて次はブレッソンである。ブレッソンの『ムシェット』(六六年)である。ブレッソンは『バルタザール、どこへ行く』がさんざんな興業成績だったから、多分『ムシェット』は日本で上映されることはないだろう。だが私は、これはブレッソンのなかでも最高の作品であり、映画史上に確固として残る傑作だと思う。

『ムシェット』は一四歳の少女の絶望的な物語である。彼女は貧困のどん底に生きており、しかも周囲の人びとからはひねくれ娘とみられて、冷たくのけものにされている。ある日彼女はアル中の密猟師に犯される。その時彼女は彼との間に幻想上の秘密を持つが、その複雑な内面の体験など誰にも理解されないまま、彼女は密猟師と寝た不良少女と罵られて死に追いやられる。その彼女が、孤独を噛みしめながら、白衣を抱いたまま死の池に向かって土手をごろごろ転がり落ちてゆくラスト・シーンは、ほとんど戦慄的だったと言ってよい。

『ムシェット』は地味な映画である。ブニュエルの映画もそうだが、これも特別これといって新しさを感じさせるわけでも、けんらんたるテクニックを感じさせるわけでもない。むしろストイックなまでに古典的なのだが、そんなことはどうでもよくなる次元で私をゆさぶるのだ。超一流の作品とはそういうものだろうが、結局人生を抉る精神作業の深さの前には、一切が虚飾として色あせざるをえないのではないか、と私は表現の原点に連れ戻される思いがしたものである。

そういうシリアスな意味ではないが、ヒティロヴァの『ひなぎく』(六七年)も、私を十分興奮させた映画である。

ヒティロヴァは今度の旅行で初期の『ストロップ』（六三年）も見たが、これはひとりのモデルが恋をし、失恋するに至るデリケートな心理のひだを、いかにも女流作家らしいきめ細さで描いたもので、十分才能を感じさせはするものの、その印象はヴァルダの『5時から7時までのクレオ』にすっぽり抱きかかえられてしまう程度のものだった。しかし『ひなぎく』は、はるかそれを突き抜けていて独創的である。

『ひなぎく』にはいわゆる筋らしい筋はない。ふたりの食いしんぼうの現代的なチャキチャキ娘が、全く荒唐無稽に大人の世界を翻弄する。そして一切の良識的秩序を、小気味よく破壊するおかしさで全編が貫かれているのだ。その表現が何とも自由奔放で、これまた従来の映画文法を無視した大胆かつ美しいイメージでみちみちている。こんな変わった映画は見たことないという感じだが、あえて同傾向の作品を挙げれば、クラインの『ポリー・マグーよ、お前は誰だ』というところだろう。

クラインといえば、彼の長編第二作『ミスター・フリーダム』も見た。これも前作同様一種の非現実的な大人のメルヘンだが、こちらは一転して政治的な風刺映画になっている。つまり、ミスター・フリーダムという名のスーパーマンは明らかにアメリカの象徴であり、その彼は物力にまかせて世界中におちょっかいを入れる。そのミスター・フリーダムの帝国主義的本性を、中国やソ連を象徴する別な怪人物などとの関連でバクロしてゆくものだが、私に言わせるとこれはごく常識的な政治認識を、いかにも浅はかな図解で戯画化してみせたものにすぎない。ディテールのイメージも貧困だし、クラインの才能には期待していただけに大いにがっかりした。

期待して見に行ったものの、その期待ほどではなかった作品はほかにもたくさんある。その主なところは、レネの『ジュ・テーム　ジュ・テーム』、ゴダールの『イタリアで の闘争』、スコリモフスキーの『出発』、リヴェットの『狂気の愛』などであろう。むろんそれらは、『ミスター・フリーダム』などとくらべればはるかにすぐれており、日本で封切られれば必ずその年の収獲作品に挙げられる高水準のものである。要するにそれらは、私が期待しすぎていたレヴェルに照らして、それが十分にはみたされなかった、ということにほかならない。

レネの『ジュ・テーム ジュ・テーム』（六八年）は、一種のSF形式をとっている。主人公リデールは自殺未遂で命をとりとめた直後、某研究所に連行され、ある秘密の実験の人間モルモットになることを依頼される。それは人間を過去の時間に旅立させるもので、とりあえずは一年前の同時刻に一分間だけ遡るというものだ。リデールはそれを承諾し実験がはじまるが、どうしたことか、彼は予定外の時間の迷路を、ジグザグに行きつ戻りつして、遂には永久に現在に戻れなくなって死んでしまう（本誌前号〔『季刊フィルム』6号〕のシナリオ参照）。

お膳立てはこんな具合だが、レネはその中に記憶を再び生きなおすという、いつもの主題を巧妙に重ねることを忘れていない。そして前後の脈絡を断たれたリデールの過去の断片は、徐々に連合して、ひとりの男の愛とそのゆきづまりのドラマを浮かびあがらせるのだ。

この発想は、私をわくわくさせる。事実『ジュ・テーム……』は、普通のSFには決してみられない格調の高さを持っており、ひとりの男を自殺に追いやったものの重さが、追体験を通した二重の劇性として厳しく掘り下げられている。しかし、その掘り下げが見事であり、その結果一種の疼くようなポエジーが漂いだせばだすほど、このこけおどしのタイム・マシンというお膳立てがいかにもチャチで、しかも劇の本質とは何の関係もない空疎なものに見えてくるのだ。そしてその分裂は私をひどくいらだたせる。少なくともあの不朽の傑作『去年マリエンバートで』にくらべると、これはずっと質が低い。

ゴダールの『イタリアでの闘争』（七〇年）は『東風』の次の作品であり、トータルな印象はほぼ『東風』と同じである。例によって毛沢東やレーニンがおびただしく引用され、革命、ストライキ、闘争といったたぐいの字幕が次々と投げこまれる。だが私は今これを書きながら、どんな画面があったかを思いだそうとしても、ごく二～三の断片的なショットしか思いだすことができない。それほどこれは視覚的でないのだ。

むろん『イタリアでの闘争』は、それはそれでスキャンダラスな刺激があったことを否定できない。人一倍映画の表現力を身につけたゴダールが、ほとんどデタラメなまで映画になることを廃棄しようとし、洪水のように政治的発言をわめきちらす狂気は、私に軽く素通りできない何かを突きつけてくる。だが同時に、私はひとりの男のマントをぬがそうと競う太陽と風の寓話を思い起こさずにはおれない。ゴダールはしきりに強風であろうとしているが、もし映画が人間の変革に力を及ぼすことがあるとしても、それは平たく言って結局「心」をゆさぶる位相の問題であって、それ以外ではないという一点をどう考えるのか。私はブニユエルやブレッソンに深く「心」をゆさぶられた体験とくらべて、近作のゴダールは意外と「心」に痕跡をとどめていない事実にどうしてもこだわりを感ずる。

スコリモフスキーの『出発』（六七年）は、ひと組の若い男女の愛を扱った美しい作品である。私はそこに決して月並ではない才能と、あふれるばかりの豊かな感受性を見る。それは、初期のトリュフォーのようにみずみずしく、エスプリにみちている。しかし私にとって、これまでスコリモフスキーとは何よりも『バリエラ』であった。あの大胆不敵で、しかも電撃的な痛覚をもった『バリエラ』と比較するとき、私には『出発』がいかにも手なれた巧い作品でしかなく、一番大切な精神的冒険が明らかに稀薄化していることを不満に思わないわけにはゆかない。東欧の若い作家のなかでは、私はニェメッツとともに誰よりも彼に期待していただけに、その後退は砂を嚙むように残念である。

リヴェットを見たのは『狂気の愛』（六九年）がはじめてである。これは四時間一二分という気ちがいじみた長さの超大作で、しかもストーリーらしいストーリーはない。映画の大半は、劇中劇ともいうべき芝居の稽古風景で占められている。しかしその稽古の過程で、演出家セバスティアンと、その妻クレールと、そして芝居の主役を演じる女優マルタの間に、内向する深刻な三角関係が見えてくる。リヴェットはそのこじれを、彼らによって実際にやらせたというラシーヌの『アンドロマク』の稽古過程に、執拗に重ねながら危機へと追い込んでゆくのだ。

たしかにこの伝説的な監督には、何かとてつもないものがあると言えるだろう。しかし私は夜の一一時頃から見たというコンディションの悪さもあってか、いささかしんどい思いをしたことも否定できない。四時間というのは何と言っても長いし、リヴェットの演出には、ある劇的条件だけを与えて、あとは役者にかなり自由にやらせ、それを延々つみ重ねてゆくうち、何かが内発的にでてくるのを待つというところがある。それが面白さであると同時に、そのねらいがわかってしまうと、気の短い私などは、ついイライラしてしまうのだ。ただし『狂気の愛』は、私と個人的にウマが合わなかったというだけで、客観的にはもっと良い映画だったという気がしないでもない。

あと私の印象に妙に強くこびりついた作品に、ハンス・W・ガイゼンドルファーの『レナ・クリストの場合』（六八年）がある。これはバイエルンに実在した女流作家の一生をモデルにしたものだ。レナ・クリストは何度も結婚したり離婚したり、さまざまな不幸に遭いながら、何とか生きようとして小説家になってゆく。しかし何重にも覆いかぶさってくる残酷な逆境に、遂に絶望して服毒自殺する。その悲惨な一生を、ガイゼンドルファーは全くそのクロノロジーを無視して、現在、過去、想念などを行きつ戻りつ交錯させながら、その背負わなければならなかった時代像をくっきりと浮かびあがらせるのだ。

ガイゼンドルファーはその後、吸血鬼を扱った『ヨナサン』（六九年）という映画を撮っている。これは私がみるところ、明らかに吸血鬼をナチズムにみたて、その吸血鬼退治は果たして成功したかという問いを重ねたものである。そのアイディアはなかなか卓抜だが、どことなくポランスキーの『吸血鬼』に似たところがあってすっきりしない。少なくとも私は『レナ・クリストの場合』のほうをはるかに高く買うが、ドイツでの興業成績はその逆だったという。

そう言えばドイツの作家たちは、しきりに良い作品と当たる作品が相容れないことをなげいていたが、ツァデックの『奥さま、私は象です』（六九年）などは、その両方に成功した例外的な作品かもしれない。これはミュンヘンのある大学を舞台に、いわゆるスチューデント・パワーを扱ったものだが、私はそこにあちらの新左翼を見る面白さだけではなく、明らかにそれと共通の精神的風土に根ざしながら、映画そのものをも大胆に変えてゆこうとする試みを見て興味深かった。無能で反動的な教師たちに対する痛烈な批判、大学封鎖と学生の自主管理の問題、警察の暴力に対する武力的抵抗の問題など、全編にシリアスな素材が扱われていながら、ツァデックはそれを決してくそリアリズムでは描かず、時間と空間、現実と想像を自由に解体させながら、むしろダダをほうふつとさせる破壊的ユーモアをもって描いている。少なくとも私は、ドイツの映画界にも、こういう若きアンチ・エスタブリッシュメントが出現していることに、大いに興味を抱かないわけにはゆかない。

ところで最後に今年のベルリン映画祭の作品について触れよう。全体としては、予想どおり今年集まった作品のレヴェルは例年とくらべても低かった。映画祭じたいも、遂にその旧態然たる機構をもうそれ以上保持できなくなっており、たまたまある一作品の取り扱いをめぐって見ごと空中分解してしまったことは周知のとおりである。だが映画祭というものの存在理由、およびそのあり方については別機会に述べることにして、ここでは触れない。ここでは、そのなかのめぼしい作品についてだけ報告することにする。

私が最も注目した作品は、ベルナルド・ベルトルッチの『コンフォルミスト』（七〇年）である。これは戦前のイタリア・ファシズムの台頭期に焦点を合わせ、ファシストの秘密組織に関係しているマルチェロという男を主人公に、輻輳した性と、政治の問題を扱っている。マルチェロは、組織の命令でジュリアとのハニムーンを利用して、パリで活躍する反ファシストの某教授を暗殺しなければならなくなるが、そこに少年時代、ホモセクシュアルの相手をピストルで射った体験が、深層意識の次元で絡んでくる。そんな設定をもうけながら、ベルトルッチは、マルチェロの屈折して揺れ動く意識と行動の軌跡に、ファシズム前夜のどす黒い状況を、社会的・心理的に見事に浮き彫りにしてみせるのだ。

私はイタリア語など全くわからないにもかかわらず、『コンフォルミスト』にぐいぐい引き込まれていた。しばらく見ていると大きな筋は必ずたどれるものだが、何より直接的に、その緊迫した画面から伝わってくる鬱屈した暗いイメージが、たちまち私を劇の中心部に引き込む力をもっていたとも言えるだろう。とりわけ、教授が最後に殺されるくだりから、その後間もなくファシストのデモを背景に、マルチェロが昔のホモセクシュアルの相手と再会するラスト・シーンにかけての圧倒的な表現力は、並大抵のものではない。映画が終わったあと、私はずしりと重い衝撃がいつまでも残るのを感じたが、この作品によって、私はこれまであまり好きになれなかったベルトルッチを、すっかり見なおす気持になったのである。

ドイツの新鋭ライナー・W・ファスビンダーの『アモク氏はなぜ自殺したか』（七〇年）も、あとあとまで不思議な感動を残した作品である。主人公のアモクは、ある小さな設計事務所をもった建築家であり、美しい奥さんとひとりの子どもとともに、何不自由のない幸せな生活を送っている。その日常のディテールが、まるで遠隔操作の無人カメラで撮られた記録映画のようにたんたんと続く。と思っていたら、あるとき突然、アモクは気が狂ったように、自分の奥さんと子どもと、それにたまたま遊びに来ていた奥さんの友達を撲殺し、自分も設計事務所のトイレで首をくくって死んでしまうのである。

アモクの自殺はあまりにも突然である。そしてそれがほとんど衝動的に襲った事件だけに、私たちは異常なショックを受けないわけにはゆかない。さしあたり思い当たる原因が描かれていないだけになおさらである。つまり、アモク氏はなぜ自殺したか、というわけだ。ファスビンダーは、その問いを投げ出すだけで答えを与えようとはしない。観客は何とも不安定な状態に宙吊りにされるわけだが、やがて否応なく、アモクを自殺に追いやったものが、彼の「幸せ」と見えた日常そのものではなかったかということに思い当たるのである。ファスビンダーは同時にアンチ＝テアトルの演出家でもあるらしいが、私は彼の作品のなかに、現状の富める文明のなかに、無気味な死を予感するヨーロッパの精神的危機をかいまみる思いであった。

ベルリン映画祭で私が特にとりあげたい作品は以上の二本である。それに準ずるものとしては、ロブ＝グリエの『エデンとその後』（七〇年）、およびブラジルのマウリセ・カポヴィラという初めて聞く作家の『飢餓』（六九年）が挙げられるくらいだろう。

ロブ＝グリエの作品は、例によって実在と幻想が全く複雑に入り組んだ迷路のような世界を繰りひろげている。「エデン」という名の学生喫茶で、学生たちが現代文明や革命の問題を論じ、それを寸劇で演じたりするあたりは、ゴダールの『中国女』の影響かもしれない。そういえば「エデン」でのレッスンを、中近東を舞台に実践し、最後に再び「エデン」のレッスンに戻してくる構成にもそれを感じさせる。

しかしロブ＝グリエの特徴は、そのコンテクストが、それが夢かまことかほとんど区別のつかない錯乱のイメージとして現われる点にある。そして私たちは、絶えず対象が不確かな多面鏡のなかで乱反射することにめまいを感じてしまうのだ。そのあたりの手腕は、じつに魅惑的であり、ロブ＝グリエの独壇場がここにあると舌を巻かざるをえない。しかし私はいつも、ロブ＝グリエの作品をどうも好きになれないのである。好みの問題と言ってしまえばそれまでだが、私はロブ＝グリエの作品に、いつも血がかよった肉体がなく、作家の息づかいや鼓動が感じられないのが何とも不満なのだ。

その意味では私はむしろ、カポヴィラの『飢餓』のほうに、もっとはげしくひきつけられたと言うべきだろう。これはブラジルの貧しい田舎の祭りを巡業してまわる河原こじきの一座が素材になっている。彼らはほとんどペテンともいえる見世物を開いて金をかせぐのだが、団長がキリストを真似て奇蹟を見せかけることから波乱が生じてくる。村民は彼を本当のキリストの再来と思って詰めかけ、当局と教会は人心を乱すものとしてこれを弾圧しようとするのだ。その奇怪な渦を通して、ブラジル社会の何重にも歪められた貧しさがむきだしにされてくるのである。

だが私がこの映画に強くひきつけられたのは、ただそういった状況追求のパースによるだけではない。むしろその

一九七〇―一九七一

構図は単純で浅すぎるとも言えるのだが、それが私にとって非常にショックだったのは、いわばロブ＝グリエにはない血がかよった肉体そのもので、あるいは作家の息づかいや鼓動だけで、そういう主題を鮮烈にぶつけてくる点だったのである。いや、それだけでなく、そのデモーニッシュとも言えるリズムやフィーリングが、かつて欧米のどんな映画からも感じることのなかったきわめて独得な体質をもっていることだったのだ。

私はそこに、ようやく第三世界が、借りものでないみずからの映像言語をもって、じしんを語りはじめたという印象をもたずにはおれない。そしてその頂点には、いまのところローシャが現われているのではなかろうか。そのフィーリングというやつは何とも言葉にはしにくいが、最近ようやくローシャの『アントニオ・ダス・モルテス』が、フィルム・アート社の手でATGに配給されることが決まったので、ぜひ読者諸氏にごらんになることをおすすめしたい。

そういえば、いまヨーロッパでも、ローシャ旋風が吹きまくっているところである。

ヨーロッパの地下映画作家たち

今年の六月から七月にかけて、約二ヵ月近くヨーロッパを旅行した。その間各地でヨーロッパのアンダーグラウンド映画を見たので、その代表的な作家と作品、あるいは特徴的な傾向、さらにはその種の映画の製作と上映の諸状況などについて紹介しておこう。

ヨーロッパのアンダーグラウンド映画が、一九二〇年代から三〇年代にかけてのアヴァンギャルド映画に匹敵するほどの動きをみせだしたのは、この二、三年のことである。むろんそれまでにも、各地でごく少数の作家たちが、こつこつと実験映画を作り続けており、とくに六〇年代になると年々その種の作家がふえつつあったことを、私たちはいくつかの資料によって知ることができる。しかし質量ともに、それらが爆発的な輝きをみせだしたのはごく最近のことなのだ。

その新たな動向の火つけ役となったのは明かにアメリカのアンダーグラウンド映画である。言うまでもなくヨーロッパにとってアメリカはごく近い。アメリカでの映画革命の動きが、日本に対してよりも、ヨーロッパに対して、より大量に、しかも刻々と伝わっていったのは当然である。とくに具体的な作品がどんどん紹介されていることはまったくうらやましいかぎりで、私が今度の旅行中にみた約百五十本ばかりのアンダーグラウンド映画も、そのうち三分の一から五分の二はアメリカの作品だったほどである。

事実ヨーロッパのアンダーグラウンド映画には何よりもアメリカの作品から受けた影響が濃厚にある。そして不思議なくらい、かつてのアヴァンギャルド映画の影響がない。しいて過去との血縁関係をたどるなら、それらはその精神的風土において、シュルレアリスムよりはむしろダダへとつながっている。むろん例外がないではないが、大きくは被写体に対してもメディアに対しても即物的なのである。あるいは知覚や意識の秩序性に対して、しばしば暴力的な破壊力をもっている。

しかしヨーロッパのアンダーグラウンド映画が、アメリカのそれとどうちがうかということになると大へんむずかしい。個々の作家をみた場合、なかには明らかにアメリカの作品にはみられない独自な体質を感じさせる作家が何人かはいる。だかそれこそがヨーロッパ的なものなのか、あるいはただ単に従来なかった新しい個人の世界なのかは、

一九七〇—一九七一

そもそも区別しようがないものである。むしろヨーロッパの作品とアメリカの作品を、ごちゃまぜにして上映すれば、誰もその間に明確な一線をひくことなどできるはずがない。まして、アメリカを脱出してそのままヨーロッパに住みついてしまったマーコポロスなどを、いまやいったいどっちに入れて扱うべきかという問題もからめれば、ヨーロッパのアンダーグラウンド映画に固有な性格を抽出することはますます困難である。

かくして私たちは、再び個々の作家へと連れ戻されざるをえない。しかもあまりに膨大な数の作家や作品があるため、それらを万べんなく包括的にとりあげることも不可能である。したがって私は私なりの関心と好みに応じて、主として私がこの目で見たものを中心に、私がめぼしいと思う作家と作品を、紙数の許すかぎり紹介することにとどめたい。

もっともユニーク——フランス・ツヴァルチュス

いろいろな意味で、私が最もユニークで注目すべきだと思った作家に、オランダのフランス・ツヴァルチュスがいる。私は彼が去年から今年にかけて作った五本の作品を見たのだが、これがなんとも異様で魅惑的なイメージにみちみちているのだ。

ツヴァルチュスの作品は、いずれも単純で短い。『扇』(一九六九)は、ただ一人の女が扇をあおいでいるだけのものだし、『鳥』(一九七〇)は、寝ている一人の女の首のあたりを、玩具の鳥が小刻みに揺れているだけのものである。『鳥』はその間に、目にもとまらぬ早さで女の股間のクローズ・アップがときどきインサートされたが、どちらも全体の印象はアール・ヌーヴォー風のワンシーン・ピクチュアで、しかも女はまるで放心しているかのように表情を動かさないのだ。ところが不思議なことに、四分、五分とたつうちに、私は神経質ないらだちと共にゾクゾクするような目まいを感じたのである。

『シート・ツー』(一九七〇)は、二人のレズビアンがソファーにじっとたたずんでいるだけのものである。そして二人は一枚の山の写真を、性具でもてあそぶようにいつまでもいじくっている。ただそれだけの十分間なのだが、その山の風景と二人のレズビアンのイメージがくりかえし浸透し合ううち、彼女らは目にみえないテレパシー・ラヴにしびれてゆくかのように、かすかに熱い息づかいをもらしはじめるのである。その怪しげな生理の波動が、むせかえるような頽廃の空間を浮かびあがらせてゆくあたりの迫力は、ちょっとほかに類例をみない。

『ホーム・スイート・ホーム』（一九七〇）、『イーティング』（一九七〇）になると、ツヴァルチュスにはそれまでになかった新しい要素が加わってくる。人物が行動するようになり、映画の時間展開が何らかの意味でドラマティックになるからである。『ホーム・スイート・ホーム』は、男二人、女一人の異常な三角関係を扱ったものである。その病理学的な葛藤が、死とエロスの交錯し合うきわめてデモーニッシュなイメージで描かれ、観客はおよそ破滅的な悪夢に巻きこまれてゆく気分を味わわされるのだ。

そのサディスティックなまでの破壊衝動は、『イーティング』ではほとんどケイレン的な美にまで高められていると言わねばならない。ここでは一人の男と、男の仮面をつけた二人の女が、裸同然の姿で食事をするだけである。ところが食事をするといっても、彼らはテーブルに山とつまれた食物を、片端から手づかみで食べてゆき、次第に食物をテーブルや床といわず、自分たちの顔やからだ中にもベタベタにこぼして、そこら一面をメチャメチャに汚してしまうのである。いや、汚すというより、最後はもうクソ溜めのなかで、三人の男女がなお食い続けながら、お互いの粘膜を触れ合わせているようなエロティシズムさえ感じさせるのである。そこには食欲と排泄とセックスが、ダイレクトに混淆し合う破壊的な快楽がある。

この氾濫する食物のイメージは、ちょっと初期のイヨネスコにみられる「もの」の増殖性を思い起こさせる。事実、時間的な推移と共に、様相がみるみる非人間的に解体してゆくイメージは、現代のヨーロッパに共通してあると言えるかもしれない。しかしイヨネスコの段階とくらべて、ツヴァルチュスのそれは一段と死臭を放っていて、より破壊的である。ともあれ、私は彼の五本の作品に、かつて見たことのない不思議な世界を経験しただけでなく、そこにただれるように死を予感してのたうつヨーロッパの精神的状況を見たのだ。

もっとも破壊的——オットー・ミュール

いま一人、同じくらい抜群にすごいのがオーストリアのオットー・ミュールである。ミュールはギュンター・ブルス、ヘルマン・ニッチとともにウィーンの三羽ガラスと言われる破壊的なハプナーだが、そのすさまじいまでの反社会性が古色蒼然たる保守的な街ウィーンできびしく弾圧されるようになり、やむなくハプニングの公開を断念して、それらをもっぱら映画に記録し、映画で自分のハプニングをぶつけてゆくようになったのである。はじめその映画の製作は後述するクルト・クレンによってなされていた。だが、一九六六年ごろから自分でも映画をつくるようになり、現在までにすでに十数本の作品ができている。

私はそれらをほとんど見たが、なかでも圧巻だったのが、『アモーレ』（一九六八）と『ソドマ』（一九七〇）である。『アモーレ』にはほぼ全裸に近い女一人と男三人が登場する。男の一人が床に横たわると、他の三人がその肉体に、さまざまな塗料、メリケン粉、ソースやトマトケチャップなどを、これでもかこれでもかとぶっかけ、最後にはグジャグジャになって転がりまわるその男に、女が鞭をうち、他の二人の男がほんとうに小便をひっかけてしまうのだ。

このあたりまでは、まだしも彼がマテリアル・アクションと呼んだハプニングのていさいが保たれている。しかし『ソドマ』になると、もはやハプニングというよりは、倒錯性の強い一種のポルノグラフィーに近づいていることに驚かざるをえない。具体的には、性器をサディスティックにいじくりまわす行為、排尿や脱糞などの排泄作用、まったくダイレクトな性行為などが前面にでてくるのである。『ソドマ』はそういう断片的アクションを、約一時間ばかりに集めたものである。順不同にそれらの一部を紹介すれば、たとえば次のような場面を思いだすことができる。ミュール自身が裸になり、そのペニスを女がマッサージする。ペニスがようやくエレクトしてくると、それにガラス製の減圧器をはめこみ、器具内の空気を抜く。するとペニスはまるでゴム製の物体のように膨れあがるのである。同じように女性のヴァギナにゴム管が挿入され、管のいま一方の端からむりやり空気が送りこまれるという場面もある。しかし性器に対するサディズムで一番すごいのは、いっぱいにひろがった女性のヴァギナに、長さ三十センチ前後の金属性の串や、シャンペン用の大きな栓抜きを差し込むくだりである。その重さで哀れヴァギナはいまにも裂けてしまうのではないかと思うほど歪むが、ミュールはまだその程度では女を放免しようとしない。彼はさらにその上に、トマトケチャップの真赤なゲロを吐き、油や卵、絵具や小便をぶっかけるのである。

そのほか『ソドマ』には各種の性交がズバリでてきたりするが、全編中の圧巻は何といってもそのラスト・シーンだろう。まず女がケーキを食べる。ミュールはその女の股を開かせ浣腸をすると、その下に全裸で寝ころがる。やがて待つうちに、女の肛門から噴水のように下痢が吹きでてきて、ミュールはその黄金の聖水を全身に浴びるのである。

すると女装のホモの男が現われ、介添人のようにその排泄物をミュールのからだにくまなく塗ったくると、その手でペニスのマッサージをはじめるといった具合なのだ。

『ソドマ』のサド・マゾヒスティックなスカトロジーは、ちょっとこれ以上のことは考えられないほどに極端ですさまじい。時間経過と共に様相が泥状化するのは、ツヴァルチュスの『イーティング』と共通するところがあるが、ツヴァルチュスではどことなく湿った不思議な黒いイメージを漂わせているのに対して、ミュールのそれはカラッとしてダイレクトであり、何よりも肉体とセックスが前面に押しだされている点、それもしばしば肛門性愛的な傾向を示す点など、明らかにツヴァルチュスとはちがっている。ツヴァルチュスが内面からの崩壊感を表出しようとしているのに対して、ミュールのそれが外部からの狂暴な破壊性として表われていることも見落とすわけにはゆかない。

オットー・ミュールは、私がヨーロッパで見たアンダーグラウンド映画のなかでは、最も破壊的なパワーをもった作家である。ただ、いまのところ、その起爆力はもっぱらレンズの向こう側に負うており、映画は彼自身言うようにそれらのハプニングを「保存しておく冷蔵庫」にすぎない。その点、映画がいま一つディストラクティヴなものを生みだすメディアとしてとらえかえされる必要を感じないでもないが、一方ミュールの映画がパワーをもつのは、もしかするとその無技巧な素朴さにあるのかもしれず、その点は何となく気になる問題を考えさせる。

オーストリアの作家としては先述したクルト・クレンも重要な存在である。クレンはミュールが自分で映画を作りだす前の、一九六四年から一九六七年に至るミュールのハプニングのほとんどと、いくつかのギュンター・ブルスのハプニングを撮っている。しかしクレンはそれを彼独自のみごとなカッティングと、不確定的なリズムを生みだすモンタージュによって再構成する。なかでもブルスを撮った『セプテンバー』(一九六七)は、飲食行為と排泄行為を、ほとんど同時にダブって見えるほどすばやくモンタージュした効果によって有名である。クレンはもともと五七年から映画を作りはじめたヴェテランで、はじめのうちは抽象性の強い純視覚的な作品を撮っていた。それがミュールらと出会うことで、その影響を大きく受けて彼らのハプニングを映画にする作業が続き、ミュールが自分で映画を作るようになってからは、再びクレン独自の道を歩みはじめている。

日本でも一部の人の眼に触れた『いい奴』(一九六八)は、

クレンの近作のなかでも代表的なものだろう。最初ぼんやりと波のように揺れ動いていた画面が、やがてあぶりだしのように像が鮮明となって、それが強制収容所の死体の山のなかに、呆然と立ちつくすナチスの将校を写した一枚の写真になる。わずか三分のワンシーン・ピクチュアだが、静かな恐怖感をかきたてる傑作である。

クレンと同じくヨーロッパ・アンダーグラウンド映画の草分けで、やはりオーストリア出身のペーター・クーベルカについては、これまでもしばしば語られてきたので、ここでは改めて多くを紹介する必要はなかろう。ここでは彼が、黒コマと白コマだけで作った純知覚映画『アルヌルフ・ライナー』（一九六〇）の作者だということを思いだしてもらえばよい。彼はその後『われらのアフリカ』（一九六六）などのように一見記録映画風の作品も作っているが、やはり彼がエポック・メイキングな存在理由をもったのは『アルヌルフ・ライナー』のためである。

それにしても、きわめて保守的な伝統にがんじからめになっているオーストリアから、一方では極端にホットで具象的なミュールが、他方では極端にクールで抽象的なクーベルカが、その頑迷な母胎に反逆するように出ていることは興味深い。ただし彼らは決定的な少数派であり、結局のところ祖国での活動が困難となって、クーベルカはもうかなり以前からどちらかというとアメリカに滞在している方が長くなり、ミュールやクレンはドイツを拠点にヨーロッパ各地を放浪しながら、いずれも外国で作品を発表することの方が多くなっている。

アンドレ・キノ＝別の映画

ドイツにはアンダーグラウンド映画の作家が多い。また国内国外の作品を問わず、その種の映画が上映される機会がヨーロッパでは随一である。そしてここではその種の映画をアンドレ・キノ（別の映画）と呼んでいる。

ドイツの作家でまずあげなければならないのがW＆B・ハイン夫妻である。ハインは夫婦共同で一九六七年から映画を作りはじめ、現在までにすでに十数本を発表しているが、彼らに特徴的なのは、いずれもフィルムというマテリアルに対する新鮮な発見があることである。たとえば彼らの代表作『ラフなフィルム』（一九六八）や『再生』（一九六九）を見ると、カメラ操作やオプティカル処理では求められない奇妙なイメージの洪水にでくわす。そのイメージを言葉で伝えるのは不可能に近いが、それは十六ミリ・フィルムの上に、たとえば八ミリのフィルム断片、他の映像が映っているフィルム屑、パーフォレーションやエッジ・ライン、あるいはフィルム以外の微細なゴミなどをペタペタ貼りつけ、それをプリンターにかけてデュープを起こしたり、透明スクリーン、ヴィディコン、ムヴィオラなどによって、既成のフィルムを異なる任意のスピードで再撮影するといった技法が使われているのだ。その無造作な偶然の効果が、一種の幻覚体験に似た奇妙なイメージをかきたてるところが実に面白い。つまりハイン夫妻のユニークさは、フィルムという素材の新発見を、新しいイメージとリズムの創造へとかかわらせている実験性にあると言えよう。

ハンネス・フックスの『フィルム68』（一九六八）も私が感心したドイツのアンドレ・キノを代表する作品である。この映画は妊婦の膨れあがった腹の上で、両手の指が数をかぞえるように動きながら、そこに「私は××ができない」という無数のナレーションを重ねるプロローグによってはじまる。私には何もかもできない、という不能性告白のけだるくなげやりな数え歌は、最後に妊婦の腹がいきなりパンクしたように縮まることで、この映画の意図を明らかに暗示するのだ。つまりこの映画は、フックスが、ついに生まれることのできない胎児として、一九六八年をイメージしようとしたものにほかならない。彼はたとえば軍隊の分列行進とマスターベーションするヴァギナ、ビアフラの飢えた子を映すテレビの画面と幸福そうな母子の笑い声、といったコントラプンクトをふまえつつ、全体としてユーモラスな風刺と、ニヒルなナンセンス・タッチで、刻々流産する状況のイメージと、それに対する無力感を色濃く浮かびあがらせたのである。

ナンセンス・フィルムと言えば、何ともダダ的なナンセンスに徹しきったヴラド・クリストルの『マドレーヌ・マドレーヌ』（一九六四）、『カプリチオ・イタリアンヌ』（一九六八）、『映画か権力か』（一九七〇）にぜひ触れたいところだが、この調子でゆくといつまでたっても終わりそうもない。したがってここではクリストルという作家が、ドイツにとどまらず、ヨーロッパ全体のアンダーグラウンド映画のなかでも、絶対名前を落とすことのできないユニークな才能だということを強調するにとどめておこう。なおドイツには、ほかにもせめて名前だけでもあげておくべきものとして、ヴェルナー・ネケスの『弧』、ヘルムート・コスタートの『熱い点』（一九六八）、アンドレ・クラハトの『嫉妬』（一九六九）、『英雄的な風景』（一九七〇）、ペーター・コヘンラスの『屁』（一九六七）などがある。

なんといってもすごい――ケネス・アンガー

イギリスではスティーヴ・ドゥスキンが代表選手ということになるだろう。私が見たのは『中国風のチェッカー』という作品で、ふたりの女がチェスをしているうち、何となく変な雰囲気になってきて、いつのまにかレズりだすというものだが、話によれば新作『私たち』の方がはるかにいいと聞く。それは全裸のカップルが、狭い風呂場でえんえんとお互いに関係のない個人的ゲームを続けるが、そこではカメラが安全《（ママ）》にゲーム中のひとりになっているため、ふたりがひとりになり、ひとりがふたりになるといった具合に、撮影されているふたりは、撮影者を含んだ一人称になってしまうという。

　同じくイギリスのマルコム・レグライスは、大きく言えばドイツのハイン夫妻と共通した種類の映画を作っている。たとえば『ロジャーのための小犬』（一九六八）は、彼の父親が昔撮ったというホーム・ムービーを、新たに十六ミリに貼りつけてプリントしたものだが、同じような手続きをしていても、私には彼はハイン夫妻より一クラス落ちるように思われる。ただレグライスの場合は、『ええ、だめ、多分、だめかも』（一九六九）もそうだが、二台の映写機でダブル・プロジェクションをするあたりが、ヨーロッパのアンダーグラウンド映画としては珍しいケースかもしれない。

　ところでこれをイギリスの映画と言っていいかどうかが問題だが、アメリカ嫌いで近年しばしばアメリカからとびだしているケネス・アンガーが、今年『わが悪魔の兄弟の祈り』（一九七〇）という最新作をイギリスで作っていて、これがやはり何と言ってもすごいのだ。むろん筋めいたものはないが、終始ひとりの、まだ若いくせにすっかり髪が白くなってしまった男がでてきて、その男を縦軸に、アンガー独特のどす黒い呪術的な幻覚が次つぎと紡きだされてゆく。そのなかにしきりにヴェトナムが現われることから、この男の白髪は、ヴェトナムで経験した極度の恐怖にもとづくもので、男はその不条理を意識の底に反芻しながら、この世を呪っているのだということが次第にわかってくる。かつて私たちを殴りつけるように感動させた『スコーピオ・ライジング』ほどの迫力はないにしても、それでも地獄の底から一生呪い続けているようなアンガーの怨念と、その肌に粟を生ぜしめるような魔的なイメージは、相変わらず私を戦慄的に興奮させたと言わなければならない。

　あと、めぼしいところではスイスのデーター・マイヤーの『セルフ』（一九六八）が、ごく数分の小品ながら光っている。これは始めから終わりまで、要するに自分の顔をセルフ・ポートレートとして撮っているだけのものである。だがこの自画像は、ちょうどフィルムがひきつっているかのように、顔が上下に異様なバイブレーションを起こしているのだ。これは言葉では言い表わしにくい不思議な魅力をもった映画である。スイスにはいま一人『プレイ』の連作（一九六七―七〇）で無視できないクラウス・シェーンヘルと、いまやアメリカから移住した観のあるかの有名なグレゴリー・マーコポロスがいるが、これも紙数の関係でここではその名前に注意を喚起しておくだけにする。

あとはアメリカのアンダーグラウンド映画の影響とは、まったく無関係に出てきているチェコのヤン・スヴァンクマイヤーと、フランスのクリスチャン・ボルタンスキーをあげれば、ヨーロッパ・アンダーグラウンド映画の突出部分は、ほぼひと通り触れたことになるだろう。

スヴァンクマイヤーの『ひそかなる一週』（一九七〇）は奇妙な映画である。一人の男が、ひと目を忍んである一軒の空家にやってくる。彼は鞄から大工道具をとりだして、何やら電源にコードを接続させると、目覚し時計をかけてひと眠りする。時計が鳴ると男はドリルをとりだし、閉ざされた扉のど真ん中に穴をあけて部屋の内部を覗きこむ。するとまったく言葉にはならない超現実的なヴィジュアル・アクシデントが幻覚のように起こり、それを確認すると男は壁に貼りつけたカレンダーの月曜の項を消すのである。それが火曜日、水曜日と繰りかえされ、男は七つの扉の向こうに、七つの異なる不思議な世界を見るわけだ。男は道具類をすべて鞄にしまい込み、時限爆弾を時計にしかけてそそくさと立ち去ってゆく。ところが何を思いだしたのか、男は途中から顔色を変えてその空家に戻ってくるのである。そして男は何と消し忘れたカレンダーの日曜日の項を塗りつぶして、再びあわてて一目散にその場を逃げてゆくのだ。

その映画がいちいち何を意味しているかは私にもわからない。しかし、そもそも謎なぞを絵ときしている映画ではないのである。ただ確実にわかるのは、この映画がひどく何かにおびえており、鬱屈した孤独と、半ば自嘲的な昏い否定衝動をいっぱい抱えていることである。それがこのいささか滑稽で異常なシチュエーションと、それに何よりも扉の向こうに見た不思議なイメージに分厚く塗りこめられており、それは妙なリアリティをもって私の存在感覚に共振を迫ったのである。

ボルタンスキーの映画はいずれも三十秒から二、三分までという短いものだ。彼の作品はごく最近その数本が日本でも特別に上映される機会があったので、すでに見ている人もあるだろう。それでもおわかりのように、ボルタンスキーの世界は、どこかこの世の終わりを見てしまったものの、うめきとも呪いともつかぬ、恐怖の電撃的イメージによって充電されている。『なめる男』『私の思いだすすべてのこと』『咳をする男』『われらいかに耐えるか』など、それらの作品のなかで、私がずばぬけて好きなのは『咳をする男』(一九六九)である。それはどこかの屋根裏部屋で、顔中ホウタイを巻きつけたミイラ男が、のどを破れんばかりに咳をしつづける。そのたびに男は血を吐き、血は男のホウタイといわず服といわず、最後はあたり一面の床までを真赤に染めあげてしまうのだ。そのイメージは凄惨であり、とまることのない咳声で、こちら側の喉まで息苦しく締めつけられるような気分に襲われる。ほかの作品はともかく、これだけはボルタンスキーのなかでは文句なくすごい。

スヴァンクマイヤーやボルタンスキーは、一見いわゆるアンダーグラウンド映画と呼ばれているものとやや毛色がちがってみえる。それは彼らが、多分にシュルレアリスムの血を受けついでいることからくるのかもしれない。しかし、それらは一九二〇年や三〇年代のシュルレアリスムの単なるくりかえしなどではなく、明らかに今日的な存在感覚に裏打ちされた新しいそれである。そして私は、この種の映画も、言葉の原点的な意味においてアンダーグラウンド映画であり、その総体の座標に正当に位置づけられてしかるべきではないかと思う。

質量ともに開花するヨーロッパ

まだまだ多くの作家と作品についてまったく触れられなかったものがあるが、以上紙数の関係で、最も私の印象に残ったものに限って紹介した。

総じて言えることは、いまやヨーロッパのアンダーグラウンド映画は、質量ともにきわめて重要な開花をみせており、アメリカのそれと共に、今日その動向を無視しては、もはや現代映画を語れないところまで一大王国を築くに至っているということである。そしてその背景には、一つには現代欧米社会に対する絶望的な崩壊感覚と、それから脱出したいという強い否定衝動があり、いま一つはその表出行為が既成の映画では不可能だという、つきつめた自覚があることを見落とすわけにはゆかない。

現在のところヨーロッパには、ロンドン、ハンブルグ、パリ、アイントホーヘン、ストックホルム、チューリヒ、ローマにそれぞれフィルム・メーカーズ・コーポがあり、それらを核としてアンダーグラウンド映画の作家が集まっている。しかし、コーポに所属していない作家ももちろん多く、各自の創作活動は結局個人単位にほかならない。そして経済事情もふくめて、映画を個人単位で作ることの困難さは同じことである。またたとえ活発になっているとはいえ、それらの上映活動から資金が回収されることもいまの段階ではまだありえない。しかし、急速に盛りあがってゆく総体の動きが、彼らを支えていることは明らかである。

上映活動は、コーポを中心に、画廊や美術館、ときには倉庫や個人の家、あるいは力関係によって映画館のハネたあとや、公共施設の会場などを借りて行なわれることが多い。コーポでなく、主催が個人である場合もあれば、ドイツのＰＡＰのように芸商ともいうべきディストリビューションヨン活動が行なわれているところもある。

しかしいまのところ、ヨーロッパの全体を見まわしたなかで、検閲が実質上なくなっているという点でも、ドイツが最も活動しやすい場所になっており、いきおい諸外国との作品や作家の交流もいちばん活発化しているという点で、ヨーロッパのアンダーグラウンド映画は、ドイツをその拠点としつつあることは注目すべきだろう。もし、てっとり早く沢山のアンダーグラウンド映画が見たかったら、目下はドイツに行くのがいちばんである。

『修羅』と南北と現代とわたし

十一月二十日、『修羅』の撮影がクランク・アップした。撮影実数三十日、予定より数日余計にかかったが、約二時間の作品だから、まあまあだろう。精神的にも経済的にも苦労の連続だったが、無我夢中で全力投球をしたつもりである。

『修羅』は『薔薇の葬列』に次いで、私がATGで作る長編映画の二作目である。『薔薇の葬列』はオイディプス伝説を下敷にしたが、『修羅』の場合は鶴屋南北である。南北が、かの有名な『東海道四谷怪談』の作者であることは説明するまでもなかろう。私はもともと南北が好きだが、南北を映画にしたいと思ったきっかけは、篠田監督の『心中天網島』をみたときのことだった。

むろん近松は大いにすばらしいが、私には、心中という絶対のカタルシスは、いささか美しすぎるように思えたことを否定できない。現代は心中という絶対のロマンチズムが成立しないほど、もっとどす黒く引裂かれているように思えたし、ああいう救いすらないのが現代ではないかと、考えさせられたからである。そのとき、ふと「オレだったら南北をやるだろうな」と思ったのがきっかけである。南北がつきつけてくる昏い奈落の世界は、妙になまなましく今日の存在感覚にピタリと重なるのだ。

とはいっても、私はその時点で南北を第二作の原作に選ぼうと決めたわけではない。私ははじめ、第二作は私じしんの青春体験に、あるけじめをつける映画をつくりたいと考えていた。人並に七〇年という地点に立って、私は私なりに、五〇年代から六〇年代に体験した私の青春とその時代の意味をとらえ返し、直面するであろう七〇年代の私なりのイメージを描きたいと思っていたわけである。しかし、いざ手をつけてみると、それはどうしようもなくナマになりがちで、直接ナマの素顔を露出するのが嫌いな私としては、それをいま一つ屈折させる仮面を見つける必要があったのである。その格好の仮面として、再び念頭に浮んだのが南北にほかならない。

私は早速、南北に取組んだ。去年の秋のことである。原作の候補としては、『桜姫東文章《さくらひめあづまぶんしょう》』、『金幣猿島都《きんのざいさるしまだい》』、『盟三五大切《かみかけてさんごたいせつ》』の三本にしぼられたが、私は種々熟考の末、この最後の作品を選んだのだ。『盟三五大切』は文政八年(一八二五)、南北が『東海道四谷怪談』に次いで、同じ年に書き下ろしたものである。その内容があまりにもすさまじいせいか、歌舞伎の世界では昭和になってから一度も上演されておらず、新劇の世界が（青年座で）、石沢秀二の改作台本で一度上演したきりである。むろん映画には今まで一度もなっていない。

『盟三五大切』は、主人公たちが、愛にも、政治にも、はたまた他人にも、自分にも、この世の一切に裏切られてゆく残酷と狂気の物語である。しかし血と怨念に彩られたこの中世の悪夢は、同時に先にも述べたように、今日私が抱き続けている切実なモチーフに深く重なってくるのだ。そしてそれは、『薔薇の葬列』のラスト近く、主人公のエディが、この世の真実を知って己れの眼を抉るに至る過程を、一本の映画に拡大深化させることにほかならない。

私はこの試みに熱中し、主題が私の内部で爆発的に醱酵してくるのを待った。その間、私は西欧的近代のゆきづまりを越える手がかりとして、あらゆる面から東洋思想の根底にあるものへと眼を向けていったが、その作業はこの夏二ヵ月ほどヨーロッパをまわって一つの確信に達し、それと同時に、『修羅』のシナリオを一挙に書きあげたい衝動にかられて第一稿を北欧で一週間で書きあげたのである。

そのシナリオは、近く本誌に発表されるはずである。その折、今回書き落したことを若干補足させてもらうつもりだが、いまはともあれ仕上げの作業に追われていて、自分のしたことを振返る暇がない。『修羅』の封切は、来春二月になる予定である。

『GOOD-BYE』――メルカトールの地図

金井勝の新作『グッド・バイ』をみた。期待たがわず、私にはすごく魅力的な作品だったことをまず言っておく。期待たがわずというのは、前作『無人列島』をみて以来、私はこの金井という作家を、ただものではないなと思って、ひとかたならぬ関心を抱いてきたからだ。

そういえば、普通よく「作家は概して自分の処女作を超えられないものだ」ということが言われる。まあそれは極端な言いかたかもしれないが、そういうアフォリズムを軽く一蹴できない真理もそこに含まれている。処女作というものは、その作家がそれまで貯めこんできたものを、その一作に賭けるというところがあり、いわゆる完成度はともかく、その作家の資質やスケールは、しばしばそのなかに最高度のあらわれかたをするケースが多い。むろん、そのの処女作から何もギラギラ光ったところのないやつは論外である。だがそうではなく、処女作で結構いい線までいっていても、なかに何かがいっぱい詰っていないやつは、一発目で空気が抜けた風船みたいにすぐしぼんでしまう。そしてそうなりそうかどうかは、シャープな批評眼の持主なら、ほぼその処女作のなかに見抜けるものである。つまりは底が見えるか見えないかの問題であり、全くごく少数だが、ほんとにすごいやつがでてきたときは、ぞっとするほど底を見とおすことができない。金井の『無人列島』にはそんな恐ろしさがあったのだ。

だから私は、金井の第二作を期待してみにいった。そしてぐいぐい引きこまれ、うーむとうなり、試写の帰り道、ひとりでトボトボ歩きながら、やはりこいつはただものではなかったわいと、半ば舌を巻き、半ば対抗心をかきたてられて、しばらくは不思議な胸さわぎが沈まらなかったほどである。

はじめのリフレーンが終って、とある海辺で女が少年を犯すに至るまでは、まだそれほど強烈なショックはない。飴屋の歌?

それは幼児期の記憶、もしかしたら意識のはるかかなたの母胎のなかまで私たちをいざなう案内人の役割を果すものだ。あの少年とすれちがう女は、むろん性欲の対象であると同時に、母胎の象徴でもあるだろう。ラーメン屋は食欲。失語症? それは多分山積の本(教養)によって、本能と土着(母胎あるいは故郷)から肉ばなれをした意識が、そのヘソの緒の先は思いをめぐらすとき、きまって頭をもたげてくる内的抑圧のせいにちがいない。あの古風な電車は、きっとそのヘソの緒の先まで少年を運んでくれるはずだが、少年は踏切の危険信号の前で必ず立ちどまってしまうのだ。するとあの何やら意味ありげなメルカトールの地図は？　とその謎に気づきかけたとき、三度目のリフレーンで、例の女は少年を海辺の砂浜へと連れてゆく。それみろ、やっぱりそうだ。海は羊水にきまっている。それをすぐ実証するかのように、女は少年に異性と母性の両面をあらわにして覆いかぶさってゆく……。

ここまでだったら、私はうーむなどとうなることはなかったろう。なるほどこのリフレーンの謎なぞは気が利いている。しかし、ちょっと図式的にすぎるともいえるし、このくらいまでなら、そこらのアングラ小僧にもできなくはない。さて、これからどうするつもりだろう……。そう。まさにそう思いかけた矢先、全く想像もしていなかった不意打ちを金井はくらわせたのだ。

少年はメルカトールの地図に吸いこまれ、昏い奈落の底から、どこか見慣れぬ全く別な海辺に打ちあげられるのである。見慣れぬ部落。見慣れぬ人びと。そして少年に注がれる不審のまなざし……。私がギョッとした第一の点は、こんなシチュエイションの意外な転換である。だがまてよ、このイメージはどこかでみたことがある。私の脳裏にとっさに浮んできたのは、つげ義春の『ねじ式』である。そういえば『ねじ式』にも、こんな不思議な部落があり、そのどまんなかに通底している一本の線路と古風な汽車があった。そして、やはり一人の少年が、なぜか異邦人のように海からやってくるのである。

金井の頭に『ねじ式』があったかどうかは私は知らない。かりにそうだとしても、次の瞬間、私はそんなことがすっとんでしまうような事実に気づかされるのである。人びとの服装からうすうす気づいてはいたものの、地下道からでてきた少年の眼にとびこんできた風景は、明らかに朝鮮の街であり、その念押しをするかのように、少年に場所をきかれた男は、少年が手にした例のメルカトールの地図の朝鮮半島をはっきりと指さしたのである。朝鮮……！　これが私がギョッとした第二点である。

だがそれだけではない。少年が部落で「一度きたことがあるような気がするのですが」「あなたにもどこかでおあいしましたね」と、変に気になることをしゃべったこと。場面が街になってから、この映画を撮っている金井じしんが、虚実の額縁をとり払って登場し、実は自分はこの国にいるはずの親父を探しにきたんだと打明けること。その二つが、これまでのすべてと一瞬のうちに結びついて、私は突然金井のモチーフの全体の視野を一挙につきつけられる思いがしたのである。そう、そういえば、少年が意識の奈落をくぐって朝鮮にやってくる前のリフレーンは、「父」を訪ねて朝鮮にやってきた作者の故郷探し=母胎幻想とピタリと重なってくるのではないか！　そして例の女もまた、そのあとこの国の巫女として再び現われるのである。こうなると、もうとてもそのあたりの並みのアングラ作家には及びもつかないすごみを帯びてくるのだ。私が強烈なショックを受けたのは、何よりもこういう構図がみえてきたからにほかならない。

性や政治の多義的イメージをねじり合わせながら、狭く暗い地下の密室に、一挙に状況へと通じ合う意外な抜け穴をぶち抜いてみせる金井の手腕は、『無人列島』にもこれと同じようなかたちであった。たとえば尼僧たち（連合国）、とくにあの特別に妖しく美しい尼僧（アメリカ）によって、愛の鞭を受けつつエクスタシーに達した主人公（日本の支配階級）が、それを機に背中に奇型児（戦後民主主義）を孕み、尼僧が殺した朝鮮人（朝鮮戦争）の死体をハイエナのようにむさぼりつつ、やがては成長した背中のやっかいものを殺してたくましく自信をつけてゆく……。そんな論理とイメージの展開が、今度は同じく女に犯される（母胎回帰）ことをきっかけに、自己の肉体的原点を模索するドラマになったと言えるだろう。

ところで自分の血の原流をたどった金井は、独立運動時代にスパイとして活躍したという「父」に、いかにしてめぐり合うのか。それを逐一紹介する余裕はすでにないが、私はただひとつ、彼が「父」の姿を暗い洞窟のかなたに見出すのは、彼が父の部下と名乗る謎の男に、最も破廉恥で、最も屈辱的な姿勢で、背後からアヌスを犯されることによってだったということを指摘しておきたい。この地獄の鶏姦のさなかで、「男」と金井が、映画と革命の問題について問答するが、金井が「男」に「日本人の主体的革命なんて信じられるものか」と徹底的に罵倒されながら、いわばマゾヒスティックに忘我の境に達したとき、まさにその瞬間「父」なる地獄星をみたという設定は重要である。こうして最後に、李瞬臣の像の前に並んだ金井と少年とその「男」が、はるか海のかなたに日本列島をみつめるラストシーンは、タイトルの『グッド・バイ』の意味も含めて、私に重い感動を与えたことをかくすことができない。思いきりグロテスクで、しかも思いきり美しい、そうめったにはあらわれないすぐれた映画である。

『修羅』のためのノート（抜粋）

冒頭に、血の海を思わせる真紅の太陽が沈む。あとは一切、底知れぬ昏さを秘めた闇のシーンに徹すること。

これは見るものに耐えがたい苦痛を強いることになるかもしれない。だが、その苦痛すらこの映画では必要なのだ。

屋外屋内を問わず、空間の基調をなすものは黒。その暗闇のなかに、コントラストの強い光をそそぎこみ、登場人物たちをそのなかにギラギラと浮かびあがらせる。ここでは光すらが残酷でなければならない。

冒頭の日没は、ぜひカラーで撮影すること。身の毛もよだつ真紅の色彩で、あたかも太陽の断末魔のように空を染めあげる必要がある。

血まみれの太陽――。

カラーはそのあと、決定的な血のシーン（小万殺し）で復活させる。むろん、ねらいは血の赤だ。そのおびただしい血の海のなかで、多分エロスとタナトスが、きわめて戦慄的に出合うことだろう。

「闇」と「血」、「黒」と「赤」、それこそ『修羅』をつらぬく主旋律である。

では闇と血をつなぎ合わせるものは何か。

「怨恨」である。怨恨とは、凌辱され、どこまでも下降していった情念が、いわばくろぐろとした鬱屈の沼底を這いずりまわりながら己れを凌辱したものに対して抱きつづける無限の復讐心である。

したがって源五兵衛が抱えた怨恨の深さを抉りだすためには、

その被凌辱性の深さを、

その鬱屈と執念の深さを、

そしてあるとき、堰を切って狂的にほとばしる嗜虐的な殺意の深さを、

それぞれとことん掘りさげて描かねばならない。

「南北劇の根底は「怨恨」のラジカリズムということにつきるかも知れない。そして、怨恨とか悪とかの裏側にとぐろを巻く存在構造の理不尽さこそは、江戸末期の歌舞伎劇のもっている本質的な昏さであり、都市下層民の生と死の根源と深く連繫してゆくなにものかであった」

――笠原伸夫『美と悪の伝統』より

源五兵衛の被凌辱性。
それは源五の小万に対する愛が、無残に裏切られることによって生じたものにはちがいない。だかそこには、仇討も忠義も、一切の武士の面目を捨てて、「たとえ惰弱と言われ、裏切りとののしられようとも、それでよいと思うた」ほどの、狂気と破滅に身をさらした全的な賭けが介在していることを忘れてはならない。

全的な賭けとしての愛↓裏切り

このプロセスをたんねんに描くこと。

ここで大切なことは、源五が三五郎と小万の仕掛けた罠に、一歩一歩からめとられてゆく過程が、そのままいったんは断念した愛を、動揺と煩悶の試行錯誤の末、再燃させる過程に緊密に重なっているということだ。

後半の殺しを、単に見た目の凄惨さにとどめることなく、人間存在の恐るべき地獄として表現するためには、何よりもこの前提（被凌辱性の深さ）をバッチリ描かなくてはならない。

二軒茶屋の罠（芝居）は、客席から舞台を見ているように撮る。源五がのりこむ廊下は、花道を思わせること。

ただし、このくだりは、構成上も演技上も、決してひと芝居を仕掛けているように表現すべきではない。石沢改作台本はこの点を誤っている。

俗説ブレヒト主義の認識教訓劇ではなく、被凌辱性（怨恨の成立）を体験として共有する劇を！

「劇にひきこまれるというのは、かならずしも観客から批判的な意識を奪う感情移入やカタルシスだけとはかぎらない。私はむしろ劇にひきこまれながら、同時に目ざめている状態にこそ、意識が批判的になりうる積極的な条件があると思うのだ。そしてそのパラドックスは、理論的にも経験的にも可能である。芸術における批評性とは、精神に深く刻みこまれた生傷が、彼の意識をたえず不安におとしいれ、その傷の意味をいやでも問いつめずにはおれなくさせるものではなかろうか」――拙著『表現の世界』より〔本書一三二―一三三頁を参照〕

このことは、この映画全体についても言えることだ。

源五兵衛の鬱屈と執念。

むごい仕打ちにズタズタにされた心の被凌辱性は、たぎりたつ怨恨感情を内深く積もらせてゆく。その情念のポテンシャリティが強い場合は、心の闇は時間がたとうと、振り払おうと癒やされることがない。そして必ず凌辱した相手に向かって、恨みつらみを晴らそうと底なしの執着心を強めてゆくものだ。

怨念をしたたらせながら、逃がれる相手をどこまでも追いつめてゆくヘビのような執拗さ——。

映像的には、たとえば次のようなイメージをしっかりおさえること。

四谷に逃がれた三五と小万が、何やらほがらかに家のなかに姿を消す。だかカメラは、そのまま空舞台の路地を去るうとしない。一瞬おいて闇の中から、ひとりの編笠の浪人が、音もなくぬーッと現われる。

あるいはまた——、

小万、門口の戸をあけて、ドキリとする。戸口の向こうの闇のなかから、源五兵衛がぬーッと現われて、おもむろに笠をとる。

この「闇のなかからぬーッと現われる」というところが大切なのだ。とりわけその「間《ま》」と「リズム」に、ぞっとする執念が感じられなくてはならない。

源五が「小万のことは水に流す」と言いながら、口とは裏腹にさりげなく毒酒をすすめるくだりが二ヵ所ある。

ここも、源五の怨恨の深さを表現するうえで重要である。このとき、一瞬源五の眼の奥に、キラリと異様なものが光る、といった具合の演技をさせること。

妄想と怨念。ふたつのタイプ。

その一。被凌辱体験の再生。これは主として幻視・幻聴として現われ、源五を苦しめる。その葛藤は、源五の鬱屈を表現するうえでのポイントである。

その二。凌辱者に対する嗜虐の願望。これはもっぱら想念として現われる。むろんこの種の妄想も、源五の鬱屈した怨恨に根ざしている。

妄想のイメージは、ややドギツく誇張する。ただし、妄想と現実の撮りかた（照明、露出、構図など）は基本的に変えるべきでない。

また妄想と現実の境界はつくらず、とりわけ現実から妄想に入ってゆくときは現実の延長のように思わせ、妄想から現実に戻すことによって、それが妄想だったことをはじめて知るように表現する。

「知っていても、地獄に入ってゆかざるをえないほど、愛欲にまとわれた心の闇は暗いのである」

「地獄は、苦悩が純粋化され、客観化された世界である」

——梅原猛『地獄の思想』より

源五兵衛の嗜虐的な殺意。

小万殺しが、その頂点である。源五が小万をなぶり殺すさまは、これ以上の残酷さは考えられないと思うほど残酷でなければならない。積年の怨恨を、この一点に激烈に燃えあがらせるのだ。

最高の残酷さは、源五が小万に刀を持たせて、むりやり赤ん坊を刺すくだりである。

源五はここに至って鬼となる。いや、絶対に恐るべき鬼にしなければならない。源五を、この世の人間とは思えぬ怪物にまで押しやることによって、残酷さが意味するものは深い内面性を獲得するのだ。

だから、どうあっても赤ん坊を殺すことはやりとげる必要がある。しかも、それを実の母親（小万）にむりやり殺させる残忍さが必要なのだ。いかなる障害とたたかっても、これをやりとげなかったら『修羅』をつくる意味はない。


ヒューマニズムを超えること。

小万をメッタ切りにする源五からは、一種のサディスティックな恍惚感すら感じさせねばならない。


「その残酷をあえてしなければならないところまで追いこんだもの、つまり、それらの根源に厳として存在していて人を操っている、手のつけられないほど大きい「残酷なちから」に対して、観客はより大きな残酷を感じ、「おそれ」と「憎しみ」を抱かずにはおれなかったにちがいないのだ」

——服部幸雄『残酷の美』より

ブニュエルとの共通点。大いにあり。


きわめて重要な注意——。

決して源五を善玉、小万、三五を悪玉として描かぬこと。

あるいはまた、単純な被害者対加害者の類型になることを避けること。

たとえば源五のなかに、伊右衛門とお岩が同時に存在していることを見抜くことだ。

これは他の主人公にもいえることである。

一九七〇—一九七一

彼らは相互のもつれ合った展開過程で、その関係が逆転して現われるにすぎない。

だから観客は、恨みを晴らした源五に「よくやった」と拍手を送る気にもなれないし、殺された小万や自殺する三五に、「ざまあみろ」という気にもなれない。

観客は、彼らにひとしく、かぎりないおそれと憐れみを同時に抱くはずである。そして何よりも、彼らをそこに追いやった残酷な運命の意味を考えるはずである。

こういった構造が、同じ怨念劇ではあっても、いわゆる普通のヤクザ映画とちがうところなのだ。


小万の首を前に、酒をあおりながら、己れの虚脱感をのぞくように語る源五の長ぜりふは、私じしんの心情を最もこめたいところだ。「すべてが崩れ果てたいま、残ったものはどこまでも続く闇だけじゃわい。小万、その向こうに何か見えるか。あの世にまことの五大力はあるか」、肺腑を抉るようにこうつぶやく源五に、はじめてひと粒の涙をみせること。

これはベケット的状況を思わせる。だがそこには、あまりにも人間的な痛みが疼いているという点で、よりスタティックなベケットの絶望とはちがう。


『修羅』の残酷さは、最後の意外な結末によって、いまひとつやり切れなさを増す。

三五と小万の行動動機が、何とブーメランのように源五へとつき戻されるからだ。

ここに至って、ある意味では、小万と三五は最も無残な存在として浮かびあがってくる。そして、その事実をもすべて背負わねばならぬという意味で、源五の悲惨も一躍エスカレートしないわけにはゆかない。


この結末の地獄絵は何を意味するのか。

なげやりのペシミズムか。

むろんちがう。そうであってはならない。

絶望を全的に背負いながら、その闇のかなたに、何かをまさぐろうとする意識の働きこそが問題なのだ。

処方箋を示せというものに呪いあれ!

これを敗北主義というものに呪いあれ!

これをファシズムに通ずるなどと言うものに呪いあれ!

そのような意見は、芸術が誘発する批評意識の位相を、まったく理解していない連中のたわごとにすぎない。

『記録映画』覚え書——戦後の映画雑誌④

映像芸術の会がつぶれてしばらく、私は多くの人から非難の集中攻撃を受けた。なぜつぶしたのか。あるいは、なぜ総括をしないのか。彼らが私につめ寄ったのは、この二点である。だが私は沈黙しつづけた。故意にというよりは、ただただあまりにも言葉が重たかったからにほかならない。私にとっては、映像芸術の会の運動は、その前の記録映画作家協会時代の運動から、それだけを切り離して考えることなどできなかっただけでなく、このひとつながりの運動の頓挫は、いささかプライベートな心情を加味していえば、私じしんの青春の全く無残なピリオッドでもあったからである。

いや、それだけではない。誰もが知るようにこの種の運動が分解過程をたどるとき、そこにはきまって、最も近くにいたはずの友人が寝首をかきにくるという類いの、不信と怨憎むきだしの人間関係が生まれがちである。私たちの運動の末路も例外ではなく、加えて内外の権謀術数の渦中で、私は生涯絶対忘れることのできない屈辱を、しばしばじっと堪えて受けもしたのだ。そんなやり切れなさが、私をますます寡黙にしたことを否定できない。しかしおかげで、私はその間少しばかり「沈黙」の意味について深く考えることができたし、また私のなかに積もりに積もった昏い怨念の何がしかを、近作『修羅』に塗りこめることができたともいえる。

だが記録映画作家協会から映像芸術の会に至る運動の総括を、いざ文章で書かなければならないとすると、いぜん私の気持はひどく重い。対象を雑誌に限定してみたところで同じことである。ほかに誰か書き手がいないかとも思うが、『(第一次)映画批評』を書くのに最もふさわしかったのが粕三平だったというのと同じ意味では、『記録映画』と『映像芸術』について書けるのは私か野田真吉だけだろう。私は「とりわけ松本が書くべきだ」という編集部の説得に負けてペンをとったものの、資料を読み返すうち、やはりこの課題は私の気持のうえでなお時期尚早だったという後悔に襲われている。ただしいまさら放てきするわけにもゆかないので観念して書きはじめるが、したがって以下私が書くことはどうしても「覚え書」程度のもので、しかも主として私との関係で辿らざるをえないことを御了承願いたい。

雑誌『記録映画』は、教育映画作家協会（のちに記録映画作家協会と改称）の機関誌として一九五八年六月に創刊され、以後一九六四年三月、協会の分裂問題で廃刊されるまで月刊で出版されつづけた。その間諸種の事情で二ヶ月分を合併号にしたことが五回、その他は月刊を堅持して通算六十五冊を世に送っている。現役の作家たちが、自力でこれだけ映画の運動誌を出しつづけた例は、多分世界の映画史上でも稀だろう。

『記録映画』創刊の導火線となったのは、それまで出されていた協会内部の『会報』（一九五七年十二月号）に、私が書いた「作家の主体ということ」と題する挑戦状である〔I巻二三頁を参照〕。まだ映画の世界に足を突込んだばかりだった私は、それだけに映画人たちの底知れぬ不毛と沈滞に腹を立てて次のように書いたのだ。「戦争中には無批判的に戦争協力の映画を作り、全く外在的な力で進路を転換されると、深刻な内部批判もせぬまま他動的に方向を変え、一寸した政治的昂揚期には、すぐヒステリックに芸術を政治に隷属させるような小児病的偏向を犯し、一般的後退期には無節操にフィルム宣伝広告業に順応する。ここには終始一貫主体欠如の奴隷的職人がいるだけで、作家ははじめから不在ではなかったのか」と。むろん私の批判の対象になったのは旧世代の映画人一般であったと同時に、とりわけ当時の大問題だったスターリン主義の克服など、まるで本気で考えてもみようとしない日共映画人とその周辺だったのである。

案の定、私がつきつけた一撃は多くの物議をかもし、ともあれ議論の場を作ろうという声が高まって、それが一挙に雑誌の発行計画へと具体化されていったと記憶する。創刊当時の編集委員は、岩佐氏寿、飯田勢一郎、岡本昌雄、小島義史、谷川義雄、丸山章治、松本俊夫、諸岡青人の八名、編集人は協会委員長の吉見泰という顔ぶれであった。

ところで、協会内の諸傾向に平均的な眼くばりをしながら、書きたいことを自由に書かせるという格好で生まれた創刊号は、それゆえに当時の会内の問題意識を、いわば縮図のように反映していたといえる。柱となった私と吉見の論文をのぞけば、わずか「メソポタミアの経験」の桑野茂が、民族的優越感について誠実に内省している文章が問題を考えさせるくらいで、あとはなまぬるい親睦同人誌でも読んでいるかのように、語ることの内的根拠をほとんど感じることができない。つまり無思想無関心の不毛な状況を背景に、芸術的思想的デスターリニゼーションの闘争宣言をかかげて突立った私と、およそ無反省に自己を合理化しようとするスターリニスト吉見との対峙が、その後の『記録映画』の基本的方向を暗示していて象徴的である。

吉見は創刊号から三回連載で「戦後の記録映画運動——記録教育映画製作協議会の運動を中心に」を書いた。いうまでもなくそれは、先にも触れた『会報』で私が何よりも彼ら日共映画人の根本的誤謬を斬り、その運動から創作方法に至るまでの理念と体質を否定したことに対する自己合理化として書かれている。むろん新たな記録映画運動を出発させるに当って、良い意味でも悪い意味でも、戦後唯一の映画運動だった記製協のそれを批判的に止揚することは重要であった。事実その躓きからは、多くの本質的な問題を学びとれたし、その必要があったのである。また私といえども、その当事者を機械的に打倒することに本意があったのではなく、むしろ彼らの中からも真剣な自己克服の作業がはじまり、できうればその良質部分とも課題を共有しながら、新たな映画運動を確立することに本意があったのである。

だが吉見は決してそのような意識をもって総括をしていない。吉見はただ運動過程の回顧的羅列を、「作家はこうして、国民と直接結ぶことによって映画を作り、真に映画を国民のために役立てるという実践の第一歩を、ここにふみだした」とか、「取りあげるテーマや課題が階級間の利害に深く結びついたものであればあるほど、この闘いは深刻なものになるし、摑みうる真実の深さ（また、作品を貫くリアリズムの深さ）は、そうした闘いの力関係を如実に反映するものだということを痛感しました」といった類いの、およそ皮相な既成左翼の公式で綴り合わせただけである。そして吉見は、その運動が一九五五年以降急速に解体した原因にふれつつ、そのトータルな欠陥と成果を次のように要約するのだ。「1 活動が精鋭主義的な傾向におち入り運動が作家全体のものに広がらなかったこと。2 とりあげられるテーマと材料が、いわゆる闘争という点にしぼられ過ぎ、問題が尖鋭な傾向に流れすぎて、はばのせまいものとなり、説得力に欠けてきたこと。3 製作運動をすすめる中で、作品組織（製作委員会）を、普及する組織に発展させ、非劇場地帯での観客を定着、拡大させてゆく工作がたちおくれ、そのために製作運動の経済基盤を築くことができず、経済的に息切れしてきたこと。」これが欠陥であり、「一方では、国民的な運動の武器として映画製作を活用する——いわば映画を国民のものとするという経験と思想を広く普及し、その実績をあげてきたという事実は画期的なものがあったし、自主的な企画と自主的な主張をもった作品の製作の仕方についての一つの方向を見出した点に大きな意義がありました。しかも特に、作家にとって、その間に得た体験は貴重なものであり、多くの作家はリアリズムの追求、創作方法の追求の上で確かな訓練を積むことができました。」これが成果だという。

それに対して、私の「前衛記録映画の方法について」は、全くそのような没主体的・没作家的政治主義と決定的に訣別する宣言だったということができる〔I巻二六頁を参照〕。これは後日若干の加筆訂正したものを私の第一評論集『映像の発見』に収録してあるのでこまかい紹介ははぶくが、私は過去のドキュメンタリーが何よりダメだったのは、自らの内部世界を自覚することなく安易に外部にもたれかかる意識、いいかえるなら対象と自己のかかわりの表現をつきつめなかった点にあるという見地から、当時まだ無名だったアラン・レネの『ゲルニカ』を手がかりに、「事実を事実としてそのアクチュアルな物質的現実を、それがまさに同時にそれと対応する内部現実の克明な記録であるようなしかたで記録すること」の重要さを主張したのである。

この私の宣言的エッセイは、後に次第に『記録映画』運動の原理的命題になっていったとはいえ、当時はむしろ会内部で四面楚歌の反感を買う有様だったことを思いださずにはおれない。事実「一つ、編集委員は絶対にかくな、必ず他の会員に語らせよ。二つ、必ず多数が問題にしている問題を問題とせよ。さもないと、せっかくの公器が一握りの好事家の趣味の道具になってしまう」(岩堀喜久男・8月号)という類いの投書が集中して、私はその後数号は原稿を書けなかったほどである。ただそのような孤立のなかにあって、いち早く共鳴の手を差しのべてきた人が二人いた。いずれも私は初対面だったが、一人は『映画批評』の編集長だった粕三平であり、いま一人は会員の野田真吉だったのである。私は粕との接触によって、当時まだ助監督だった大島渚や吉田喜重ら劇分野の同時代人と横に連帯してゆくきっかけをつかむと同時に、野田との接触によって、協会内部に造反運動の足がかりを築くことができるようになったということができる。

対象を一応『記録映画』に限定すれば、最初の一年は、一方で協会内部に反スタ分派のケルンを作りつつ、他方誌上に可能なかぎり芸術的・思想的問題提起を行うことによって、状況の微温的日常性を揺さぶるというのが私の方針であった。この当時の野田を、後日「ずるい変り身」として非難する人もいるが、それは事実に照らしてかならずしも当ってはいない。なるほど野田は、私がはげしく糾弾した記製協の指導的メンバーの一人であった。しかし彼は、私とはじめて会った時点ですでにその誤謬を認めていたし、少くとも旧世代の頑迷きわまる映画人のなかでは、全く例外的に、正面から自己変革の課題ととりくんでいたという事実を野田のためにいっておこう。ともあれ私はくりかえし野田とディスカッションを重ね、その接触を軸に、まず野田の助監督だった高島一男、少し遅れて『記録映画』編集部員に就職し、とりわけ私の愛すべきアシスタントとなっていた佐々木守、それに賛助会員となって私たちの運動に支援を惜しまなかった大島辰雄らが加わり、徐々に新しい運動の基礎が作られていったのである。

　その基礎づくりの過程で、吉見の三回の連載が終ると、高島がその批判として「戦後の記録映画運動をめぐって」（58・10）を書いた。高島は、まだ随所に「〝芸術は政治に従属する〟という命題が、客観的、結果的には芸術が政治に隷属し……」、などという混乱とあいまいさを残しながらも、基本的に吉見の無反省ぶりを抉り、「近代的意識と前近代的意識が混淆されたまま育くまれてきた日本のインテリゲンチャーが、自己の内部世界――思想構造にメスを入れる努力も果さず、いわば未成熟な思想構造のうえに、本に竹をつなぐようにイデオロギーが存在したと直察したとき、私たちはそこに、政治に芸術がふりまわされた厭わしき所以を、形象化において主観的意図のみがむきだしにされた。その根本的原因を明らかにすることができるのではなかろうか」と指摘したのである。

　記録教育映画製作協議会の運動については、その後私の「迫りくる危機と作家の主体――警職法改悪に私たちはいかに対決するか」（58・12）〔Ⅰ巻六一頁を参照〕、野田真吉の「戦後記録映画運動についての一考察」（59・3）と受けつがれて論及が続き、平行して『五二年メーデー』『米』『京浜労働者』『日鋼室蘭』『月の輪古墳』『一人の母の記録』など、記製協運動とその周辺に生まれた作品を片端からみて研究会を続けることで、ほぼその批判と止揚の問題点は明らかにされたといえる。野田がそれを「作家主体の確立の基盤のないままに運動がすすめられたこと」「作家はその政治路線のあやまりをみぬけず追従したこと」「たとえ政治プログラムが正しかったにせよ政治と芸術の混同があったこと」の三点に要約したこと、私が「ここにみられる現実に対する主体と表現の関係が、戦争中における戦争記録映画のそれと、その本質的な構造においてほとんど変っていないという事実」を指摘し、「まさにこの歴史を縦貫する作家の没主体的な構造を自己否定してゆく闘い」の必要性を強調したことなどがそのポイントである。

他方、作家にとっての主体の確立とは、表現方法の質的変革の問題を抜きにしてはありえないという見地から、私たちはよくドキュメンタリーの新しい方法論を問題にした。「アクチュアリティの創造的劇化」と題して、五八年十一月から三回にわたって連載された野田の労作もその一端である。野田は私の「前衛記録映画の方法について」や「映画のイマージュと記録」(『映画批評』58・11)、柾木恭介「記録とフィクション」(『新日本文学』58・4)あたりをたたき台として、事実、物、意味、アクチュアリティ、モンタージュ、物語性、日常性、綜合化、大衆化などについて、きわめて多角的に論じている。ややオリジナルな思考力に欠けるが、視野の狭い映画人には、その窓枠をひろげてやるうえで、当時大いに啓蒙的役割を果したことは評価しなければならない。

啓蒙的役割といえば、語学に強い大島辰雄が、労をいとわず海外の資料に眼を通して、たえず有益な知識と情報を啓発してくれた意義もまた大きい。「レネエにきく」(58・12)、デュラ=レネエのシノプシス『ヒロシマ・わが恋』の翻訳(59・2)などは、私たちにきわめて新鮮な刺戟を与えてくれたものである。ともあれ老獪な野田、大島(辰)らの先輩が味方にいなければ、圧倒的少数派だった私たちの運動は、これほど早く協会内の思想的リーダーシップをとることはできなかっただろう。いささか生硬な思弁で、もっぱら不遜なストレート・パンチに終始し、とかく共鳴よりは反発を買いがちだった私だけでは、いかに孤軍奮闘してもこうはいかなかったにちがいない。事実一九五九年に入ると、『記録映画』の基本的な編集方針は、いっそう明確に私たちの運動理念を反映するようになっている。ちなみに三月号から改選された編集委員は、岩佐氏寿、吉見泰、野田真吉、谷川義雄、松本俊夫、大沼鉄郎(以上常任)、八幡省三、西本祥子、長野千秋、秋山矜一、近藤才司である。

ところで五九年度からは、毎号巻頭論文に協会外の作家・評論家が執筆するようになっている。それは一つには不勉強な会員の視野をひろげるため、いま一つには『記録映画』の会内機関誌的性格を破って、もっと開かれた状況に運動誌としてかかわらせるための方策であった。そこには柾木恭介「フィクションについて」(59・1)、長谷川竜生「物のはずみについて」(59・2)、花田清輝「ライネッケ・フックス」(59・3)、乾孝「視聴覚的人間形成の問題点」(59・4)、関根弘「条件乱反射」(59・5)、佐藤忠男

「子どもに〝悪〟を！」（59・6）、瀬木慎一「衝撃的モンタージュの回復」（59・7）、武井昭夫「ヤンガージェネレーションの戦後意識」（59・8）、佐々木基一「記録映画と政治」（59・9）、針生一郎「戦後体験とドキュメンタリーの方法」（59・10）、爪生忠夫「新しい映画運動への一つの提言」（59・11）、柾木恭介「被害者意識のパターン」（59・12）などが並んでいるが、こう書きだしていまさらのように気がつくのは、ここにはいわゆる新日文反代々木派の連中が多いことである。後日私は彼らとも訣別せざるをえなくなるのだが、当時はむしろ彼らと急速に接触を深めつつきわめて意識的に文学・芸術分野における反代々木統一戦線の形成を計ったのである。

　こんな動向のなかで、会内代々木派はいたるところで私たちに対するムード的反発をあおりたてていたが、理論的水準の低さを自覚してか、全く公平に門戸は開かれていたにもかかわらず、『記録映画』誌上で論陣を張ろうとすることには尻込みをしつづけた。むしろまず正面切って論争を挑んできたのは、岩波映画にいた構改派の花松正卜だったのである。花松は「修正主義に反対し、二・三の原則を論ず」（59・2）、「〝片隅の事実〟は主張する」（59・3）を、「〝主体性論〟への提言」その一、その二と副題をつけて書いた。花松の論旨は次のような一節で代表することができる。「〝主体性の確立〟論は、たんに私たちの運動の展開に際してのみ有害であるのではない。戦後十余年の複雑な要因に満ち満ちた歴史の推移に照らして、当時の政治と芸術の関係、大衆の動向等々の総体を、詳細に分析し、自らの生命を賭した運動の実体に密着しつつ、そこから理論を抽出し、そこにあるマイナス面をプラスに転化するという操作に今後の方向を見出そうという、既に開始された極めて有意義な仕事に、この得体の知れぬものが導入され、その中心に据えられることによって、この極めて重要な、かつ困難な仕事は、まさに流産の危機に瀕しているのである」。

　少くとも花松は代々木の連中のように、党の神話を合理化する観点から反論を加えてきているのではない。むしろその誤謬をいかに超えるかというとき、「問題は主体性などではなく」、「実践的なプログラム」を「何よりも客観的に、科学的に問うこと」の優位を主張することによって、「私たちの前進は、〝主体性の確立〟というオシャベリを、私たちの周囲から追放することから始まる」と説いたのである。

　花松の見解は、政治運動の一般原則からすると正論にみえる。しかし私は、ことスターリン主義克服の問題は、決して綱領やプログラムの是正などですむ問題ではなく、変革主体の思想や意識の構造的体質を、根底からつくり変えねばならない問題であり、それはとりわけ芸術・思想の分野にたずさわるものとしては、この際何よりも最もラジカルに取組まねばならない課題だと考えていた。したがって私は「倒錯者の論理」（59・6）で花松に応じながら、少くとも私は「〝主体性〟などという主観の産物を発想の基軸に据え置いた」（花松）のではなく、あくまでも問題にしているのは「客観的な現実」としての「主体」であり、「私たちをこのような窮地に追いこみ、その失敗の本質を真剣に自己批判しようともしない無責任でくさり果てた思想と体制が、私たちの運動内部において基本的に克服されるに至るまで、矛盾の主要な側面を「主体」の検証と変革にみなければならない」と書いたのである〔Ⅰ巻八一頁を参照〕。

しかしそれに対して、花松は「不毛の論理・〝主体論〟からの解放」（59・9）で、それは「人間革命が社会革命に先行するという俗論」であると一蹴し、「今日の世界の物質的構造が根本的に変化した状況の下にあっては、〝主体論〟のごとく物事を絶対的に眺める思考から解放されて、もっと相対的に眺めることが必要であり、更に物事の本質と共に物事を機能的に観察することが必要なのである。要するに〝主体論〟は、具体的論理としては全く役に立たない」といい切ったのである。だがそういい切ったとき、花松はおよそオプチミスティックなプラグマチズムに転落していることを自覚していない。むしろその後十年の歴史は、いかに人間革命ぬきの社会革命が堕落するか、そして真に革命的であるということは、いかに絶対の探求を理念的にもたねばならないかということを教えている。しかも皮肉なことに、いかに戦術的観点からであるとはいえ、花松が「〝無責任でくさり果てた体制〟ではあっても、自己の置き場がそこにしかなく、更に現状では大衆のエネルギーの組織的中核としてはそれをおいてほかにない」と書いたとき、彼の相対的改良主義は、代々木派の居直りを助長させるのに「役立った」のである。

事実、協会内代々木派の連中は、花松の主体論批判に鼓舞され、ようやくそのあたりから再び私たちに対して反撃をはじめている。その代表的なものは、丸山章治の「作家の内部世界をどうとらえるか——作家主体論争への一つの異見」（59・5）、および吉見泰「創作の条件」（59・5）、同「政治と作家」（59・9）であろう。ここで興味深いことは、丸山も吉見も口裏を合わせたように、「主体の喪失などという事件は一度も起らなかった」「これは主体の喪失ではなくて、実は主体の不確立を指している」（以上丸山）、「作家は常に主体はあったのだ。ただそのあり方、その内容に問題があった」（吉見）などとヘリクツをこねていることだ。そして丸山は「組織化された暴力の前には、個個の主体性などは全く無力に等しかった」という花松の一句に共鳴しつつ、「主体の問題は、主体でないものとの関係において追求されるべきものだ」として「外部条件」を問題にし、「〝外部条件の圧力〟を軽視する思想は、そのおもむくところ当然大衆路線軽視の思想につながる」と書いた。吉見もまた「私の不満は、私の報告に対する批判が、いきなり主体の欠除をつくという形で起っただけで、それも主体意識を強調するだけで終った点にある」とし、続けて「それは常に現実認識の問題に裏付けられる」「そこに根がない限り、主体意識の強調に終る空虚さは避けがたい」と述べている。

それに対して私は、「「敗戦」と「戦後」の不在」（59・8）で（I巻八六頁−八九頁を参照）、直接にはまず丸山を血まつりにあげ、「あたかもクイズかパズルでももてあそぶように文字づらでのタウトロギー（同義語反復）をもてあそぼうとするその自己偽瞞」を糾弾しつつ、「問題が何であるかははっきりしている。それは〝敗戦〟の事実から何ものをも得ようとせず、そのことによって〝戦後〟を挫折させたものたちが、戦後十四年を経た今日、敗戦を〝敗戦〟たらしめ、戦後を〝戦後〟たらしめることによって、現実変革のプログラムとその実践主体の革命をなそうとすることをまたしても拒否しているということであり、そのような傾向に対して、私たちが断固非妥協的に闘いぬくことによって、私たちの戦後史に責任を負わねばならぬということである」と、ほとんど阿修羅のごとく再度激烈な闘争宣言を発しなければならなかったのである。

この激突によって、協会内部に不穏な緊張が高まったことは否定できない。たとえば「編集委員をかさに着て、人を傷つけるにも程がある。余り手前勝手なことをいいすぎる。機関紙はお前一人のものではないぞ。編集委員会の反省を促がす」（諸岡青人）といった投書もあり、私はいつ、どこで袋叩きに遭うかわからないという実感をもたざるをえなかったほどである。だが念のためつけ加えておきたいが、私たちは前にも後にも、『記録映画』を私たちが独占しようとしたり、反対派の意見を書かせまいとしたことなどは一度もない。むしろ異なる意見がぶつかり合うほど読者の批評意識は高められるという見地から、大いに反対派の執筆を歓迎したほどであり、論争も最後は相手の文章で打切るという神経を使ったものである。

事実、次号（59・9）では、吉見は「政治と作家」で「主体を失って政治スローガンの要請にひきまわされたのかと詰問されて、否、否と子供っぽく首を振るという風なことではなしに、私たちのスタートは、描きたいものを描くということに尽きていたのである」と開き直り、丸山は「作家の主体と戦争戦後責任について――松本俊夫の毒舌に答える」（59・12）で、ただただ狼狽と錯乱のヒステリー症状を爆発させ、更には誰も自分を弁護してくれないなどと泣きごとを並べる始末だったのである。丸山はこれを機に約半年ばかり協会から離れていたが、翌年安保闘争のなかでひょっこり私の前に現われ、「私がまちがっていた。その後ひとりでいろいろ勉強して考えつづけてきたが、やっとスターリン主義の根深い誤まりの意味がわかってきた。私の足は遅くてはがゆいだろうが、私のようなものも戦列に加えてほしい」と、一段と白くなった頭を下げてきたのには全く驚きもし、また感動もしたことを忘れることができない。そして事実、その後丸山は進んで反スタ分派のアクチヴになっていったのである。私が「〝敗戦〟と〝戦後〟の不在」を『映像の発見』に収録するに当って、丸山の名を仮名に変える気になったのはそのためにほかならない。しかし時間というものは何と残酷なのだろう。その丸山も、映像芸術の会の分解過程では再び最もはげしい松本打倒論者に転じ、私とは遂に敵対し合ったまま二年ほど前この世を去った。何とも感無量だが、私と丸山が再び対立せざるをえなかった問題点については、『映像芸術』の項であらためて触れることにする。

野田もまた精力的に書いたが、とりわけ「非現実性のアクチュアリティ」（59・5）は示唆に富むエッセイであった。私は前半の芸術大衆化論のお題目は俗論として受けつけがたいが、後半、欲求不満と欲望のあらわれに着目し、それが「〝代理空想〟によって〝代理満足〟をうけとる」構造を、非現実性のイメージに探りあてているくだりには深い興味を抱かずにはおれない。野田はそれを『つつじの乙女』という民話をひき合いに出して、そのすぐれた想像力、その発想と表現のリアリティの核心に、大衆のエネルギーの秘密をみようとする。更にはそこから魔術の魅力の内側にも迫っているが、ここには従来の追随主義的大衆論にはない鋭いアプローチを随所にみることができる。

野田はほかにも二回連載で、「挫折・空白・胎動」（59・10〜11）と題し、亀井文夫の『砂川』『生きていてよかった』『世界は恐怖する』から私の『安保条約』までに立入りながら、記録映画製作協議会以後のドキュメンタリー運動を論じている。むろんその労は貴重であり、いつか誰かがやらねばならないことではあるが、それらをさばく野田の手つきは、すでに記製協の総括的批判によってつかみとった評価尺度を、いささか演繹的に適応してゆく安直さが見えはじめていることを見逃すわけにはゆかない。またいま読み返してみて、亀井や私の作品が過大評価されていることもさることながら、私は当時さして疑問視しなかった次のような箇所に妙にひっかかってしまうのだ。

野田は亀井の作品に記製協のそれにはみられなかった作家の独自性と形象性を評価しつつ、「しかし彼の作品活動は、軍事基地反対運動や原水爆禁止運動に、一作家として参加することによってすすめられたのであって、芸術運動として、記録映画製作運動として展開されたものではなかった。このことは彼の作品の評価とは別ではあるが、運動の側面からみるとき、それは運動とはいえない」と書いている。だがはたしてそうか。野田は芸術運動あるいは映画運動をも、ヴィジブルな組織的行動の有無ではかっている。だが芸術運動の根本的意義がはたしてそんな位相のものかどうか、その点は今日なお充分究明するに値いする問題であるが、いまの私には疑問なのである。そのあたりの吟味は、私たちの運動が後日次第にゆきづまりをみせはじめてきたあたりの問題点とからめて再度なされる必要がでてくるだろう。むしろ一九五九年の時点では、私たちの新芸術・思想運動は、ヴィジブルにもインヴィジブルにも、基本的には上昇確立過程にあったため気づく余地がなかったのかもしれない。

事実一九五九年は、『記録映画』運動の全過程のなかでも、一冊一冊が前方目標に向って登りつめてゆくという実感のある、その意味で最も充実した年であった。私たちはたえず状況論、創作方法論（表現論）、運動論の三本柱を立てて、それらの相関的追求から、真に変革にかかわることのできる作家主体とその戦線の確立をめざし、一九六〇年を左右の旧体制・旧思想との決定的対決の年とすべく準備を重ねたのである。

思えば状況も運動も、そしてまた私自身も、良くも悪しくも「青春」そのもののさなかにあったというべきである。

（未完）

一九七〇—一九七一

『記録映画』覚え書——戦後の映画雑誌⑤

その二

一九六〇年は協会としても安保闘争に明け安保闘争に暮れた年であった。私たちは映画創造ないし映画運動における安直な政治主義を終始批判しつづけたが、それは決して政治運動そのものの忌避を意味していたわけではない。むしろ私たちは政治運動そのものに対しても、映画界のなかではもちろん、いわゆる文学・芸術分野全体のなかでも、行動的に最もラジカルだったということができる。少くとも映演総連はじめ、当時代々木派一色の映画諸組織のなかにあって、私たちはいわゆる「整然たる」お焼香デモと流れ解散に終始する代々木の日和見主義に反対して、しばしばその官僚的な画一主義的統一行動の枠を破ってトロツキストとのしられたものである。政治理念としても、もっぱら問題を反米に収斂させてしまう代々木の方針に反対して、充分に復活しきった日本の国家独占資本に対する反権力闘争を前面に押しだすといった具合で、いきおい安保闘争は私たちにとって、同時に反代々木闘争とならざるをえなかったのである。

しかし当時の『記録映画』を読み返すと、そこには政治問題をストレートに扱った文章は意外に少ない。それは当時まだ私たちが党内の革命的分派としてとどまっており、統制違反の文書的証拠を残すまいとした配慮の反映だったと思われる。だがそれも代々木指導部が、全学連をトロツキスト挑発集団として積極的に攻撃を始め、樺美智子の国民葬をボイコットするに至って一変せざるをえなくなっている。その爆発は九月号に最も公然と現われた。

巻頭論文の関根弘「黄色いタンカ」は、「樺美智子は、安保反対闘争における国民総抵抗のなかで死んだのであり、それゆえに象徴的な存在となり、英雄になったのだ。日本共産党は、そういう巨視的視点についに立つことができなかったし、大衆的な感情を無視した。もっぱら微視的に、樺美智子が共産主義者同盟（トロッキスト）であったことにこだわり、〝特殊な状況のなかの死〟を見落した。それが国民葬ボイコットにあらわれ、アカハタ紙上における、いぎたない罵りとなっていまなお尾を引いている」として、アカハタの引用をしながら「こういう無神経な文章をそのままのせているアカハタの編集感覚に、わたしは非人間的なものを感じないわけにはいかない」と書いた。私もまた

「政治的前衛にドキュメンタリストの眼を」（60・9）で、樺をガボンにみたてて挑発者扱いにした宮本党書記長に嚙みつきつつ、「前衛指導部は人民の意志を無視し、実践的な破綻と現実の動向にすら眼をふさいで、あくまで自らのシナリオを固執し続けるつもりであろうか。前衛指導部がダイナミックな現実の動向と複雑な人民の意識を鋭く洞察して、自らのシナリオを断えず自己否定してゆくことを恐れないドキュメンタリストの眼を獲得するに至るのは、一体いつのことなのであろうか」と書いたのである〔I巻一三五頁を参照〕。

党中央に対する公然たる批判のリアクションは、むろんさまざまな形ではねかえってきた。だが反代々木の態度を文書化しようとしまいと、すでにその時点では、私たちの言動のことごとくが実質的には党主流と激しい火花を散らしていたのである。『一九六〇年六月』の製作スタッフ（構成編集＝野田真吉、大沼鉄郎、富沢幸男、杉山正美）と、代々木直系の配給組織＝勤労者視聴覚事業連合会の間に起った対立もその典型的な一例にほかならない。野田真吉は「その根をとりのぞけ」（60・10）で、「僕たちは《六月》を、作家の眼でとらえた闘争記録を〈作家の証言〉として提示する作家的な立場で構成編集しようとしたのに対して、彼等は一つの政治的結論のもとに構成すべきだと主張した」と書いたが、その対立の本質は、党がこの安保闘争の記録から六・一五を抹殺し、代々木のヘゲモニーによって行われたハガチー事件を評価の中心に据えさせようとしたことにあったのである。党の映画製作に対する干渉は、私もまたその一年前に作った『安保条約』でいやというほど体験したことであったが、アカハタや『文化評論』などで、私たちに対して行われた攻撃は、それまでの「一部記録映画にみられる反党トロツキスト」という表現から、このあたりを機に名指しによる誹謗へと変っている。

映画の世界において、党が目の敵にしたのは、私たちのほか、劇映画における大島渚であった。周知のように大島は、この一年に『青春残酷物語』『太陽の墓場』『日本の夜と霧』の三本を精力的につくったが、とりわけ『日本の夜と霧』に対する党の攻撃は、体制権力のそれと同様破廉恥きわまりないものだったことを思いださずにはおれない。私たちは大島らと共同戦線を張って『記録映画』誌上でも、彼等を支持しつつもはや公然と党に反撃を加えていったのである。

私は「残酷をみつめる眼」（60・12）で、『日本の夜と霧』にトロツキズムのレッテルを貼ったアカハタの文章を引用して次のように書いた〔Ⅰ巻一四四頁を参照〕。「この筆者は、この作品が反体制運動内部の、なかでも前衛党内部の病巣を抉りだそうとしたというただそれだけのことで、しかもこの作品全体を貫く作家の批評がどのようなヴェクトルをもつかということをいささかも吟味することなしに、いとも軽々とこれにトロツキズムの刻印をおすのである。トロツキズムというレッテルを貼りさえすれば、それでもはや相手を葬り去ったとするあの憎悪すべき不毛の論理が、ここにまた臆面もなく復活してきているのだ。かつて井上光晴や田中英光を苦悶のどん底に追いこんだこのような破廉恥な詐術は、同じく「反革命挑発者の論理」（『アカハタ』9・23）という論文によって、吉本隆明の戦争責任論や転向論に対し、これを「共産党と進歩的運動への非難と中傷、文化人相互の分裂をかもしだすことを目的とした、きわめて粗雑な反共宣伝でしかない」ときめつけ、提起された問題を一方的にねじまげることによってこれを強引に流産させようとした橋本貢などの官僚主義的な論理とともに、今や完膚なきまでに破壊しつくさねばならないのだ。そして、このような思想がいまだ運動の主流を支配しており、それがぬくぬくと居直ることのできる無批判的な土壌が温存されているがゆえに、大島渚の『日本の夜と霧』は今日きわめて重要な存在理由をもつものだったのである」。

協会内代々木派の反論ないし主張は、不思議に六〇年の『記録映画』には載っていない。むしろ代々木派のスポークスマンであった吉見泰すらが、たとえば「政治・芸術・人間」（60・5）などでは、労働組合の映画運動にみられる大衆追随主義、あるいは思想性と芸術性を機械的に対置させる考え方を批判して、「そこにも創作運動（文化活動）を政治のプログラムに従属させる危険がいつでもひそんでいる」といった具合に、いつのまにか私たちが彼等を批判した論理を、何らの自己否定の作業もみせぬまま迎合的に着服するという滑稽な風景がみられるほどである。理由は、その時点において、記録映画の世界では、すでに党内の主流が反代々木派に転じており、とりわけ安保闘争を通じて党中央の無謬性の神話が、誰の眼にももはや疑問視されるに至っていたという背景があったからにほかならない。裏側で私に執拗に統制違反でくいつき続けた、かんけ・まりなどごく少数のゴチゴチスターリニストをのぞけば、その後党中央のテコ入れで代々木一派の一大反撃カンパニアが行われるまで、彼等は少くとも表面上は全くの戦意喪失状態に陥るのである。

むしろここでも相変らず威勢のいい批判者は、構革派の花松正卜であった。花松は「安保ボケの風景」(60・12)で冒頭から構革派のイデオローグ佐藤昇の文章を長ながと引用しながら、今度はホコ先を私から大島渚へと転じ、『日本の夜と霧』は「旗色鮮明であり、現実変革の意志表示は強烈で誠に結構なことであるが、その現実認識や変革のための具体的論理を探ってみると、あまりにも脆弱でとうてい現代に通用するようなしろものではない」「こうしたことは、全て〝挫折感〟を披れきすることで自己を合理化している作者の浅薄な現実認識の結果として表れているにすぎないのである」と書いた。だが私との論争でもそうだったが、花松は相変らず客観的な現実認識や変革の具体的論理という言葉を口にするだけで、その自分なりの展開もなければ、とりわけそれを作家の表現の問題として掘下げてゆく視点は全くない。その意味ではたとえ綱領的プログラムの転換を問題にしたところで、状況・主体・表現の構造的体質の変革を問題にしない者は、ことごとく芸術運動の核心的課題を疎外した政治主義者にすぎないというのが私の花松批判の立脚点だったのである。

したがって私たちは、『記録映画』の編集方針を大きく次のように立てる点で常に自覚的だったということができる。第一に作家主体と状況のかかわりを論理化すること。第二に作家主体と表現のかかわりを論理化すること。そして第三に(というより終局的に)、この「主体—状況」と「主体—表現」の深い対応性を論理化すること。そのなかにはじめて創出さるべき新たな主体のヴィジョンを模索することによって、「かかわり」の構造を根底から変革してゆこうというのが、少くともこの時点での私の基本的な問題意識だったのである。

だがあらゆるテーゼは、それが定式として受けいれられるとき、それはそれゆえに現実に対する一定の力を獲得すると同時に、しばしば与えられた物差として機能するという安直さを生みがちである。その危険は、『記録映画』誌上でも、私たちが少数派から多数派になるのに比例してやってきたといわねばならない。そして心あるものが、その水ぶくれ的不感症状況の肥大化に危惧を抱きだしたのもこの頃からである。たとえば粕三平は「平衡感覚の破壊」(60・1)で、「文句としてこの定式さえもちだせば、すべてがたちどころに解決すると錯覚している手合いがごろごろころがっている」と書き、「その平衡感覚がほんのすこしでも存立できぬように、一挙に破壊するなんらかの方法をさがしださねばならないのだ。そのためには、素朴な再現を拒否するために戦後映画がこれまでに手に入れた「観

一九七〇—一九七一

念」と「表現」を、もういちどわれわれの手でうちこわし、限界状況そのものをひきさくメタモルフォーゼの装置を、再びわれわれ自身の手で意識的にくくりつけねばならないのである。ぼくは松本俊夫の記録映画作家へのきびしい主体喪失の指摘も、この地点をもっと具体的におしすすめねば、すでに袋小路に入りこむ危険さえあると思う」と指摘した。

そのような前向きの批判は、ドキュメンタリーの理論上の問題としても現われだしている。たとえば康浩郎は「モンタージュの前衛」（60・1）で、とりわけ柾木恭介と野田真吉によってくりかえされた「事実を〈意味〉と〈もの〉に分解する」という定式を吟味して次のような疑問を提起した。「果して意味を失ったムキダシの〝もの〟として、そのように固定化して〝もの〟はあるのだろうか。それはそこにある（あった）意味の消滅のみを内容としているのではなかろうか。〝もの〟が主体的に再構成されることによって新しい意味が具現される前に、〝もの〟自身に動き（ムーブマン）があるのではなかろうか。それがそれまでの日常性・意味によっては説明がつかないだけのことではなかろうか。〝もの〟の新しい意味の獲得は、〝もの〟に動きを認めたうえでのもう一つのオペレートを附加する必要があると思う」。

粕や康の問題提起は、かならずしもすぐにその後の筆者諸氏に受けとめられていたとはいえない。私が私自身のことをいうのは何ともいいにくいが、それを正面から受けとめて問題をマンネリ打破の方向に深化させたのは、私の「隠された世界の記録」（60・6）だったと自負することができる〔I巻一一四頁を参照〕。私はフロイトの「無気味なもの」というエッセイを手がかりに、ドキュメンタリーの概念を実存の発見へとかかわらせようとして、「対象の実在性とはすなわちheimlich《ハイムリッヒ》な（馴染のある）ものにほかならず、そこでは疎外された現実の実相は、日常的な意識のステレオタイプによって抑圧されheimlich《ハイムリッヒ》な（隠された）ものとなっているということであり、むしろそれだからこそ日常意識が勝手にそうあると思いこんでいるともいえる対象の実在性あるいは因果律を、私たちの意識がまだとらえきっていない非日常的な隠された現実、いい換えれば私たちの日常意識には非在としてうつる世界によって強力に否定し、くつがえずとき、私たちの意識は、はじめてそのような現実にふれることによって外界との間のバランスを解体し、それを異常、あるいはunheimlich《ウンハイムリッヒ》な（無気味な）ものとしてうけとめるのだ」と書き、この「隠された」世界のエネルギーを、それを「隠す」抑圧の構造に拮抗させてゆく視点を開いたのである。これは後日紹介されたヴォルフガング・カイザーの『グロテスクなもの』に通ずる論理でもあったと同時に、それまで「意味を剝奪された裸形の〝もの〟」という以上になかなか深められなかった「もの」論を、明らかに一歩内容的に深化させたものだったと言うことができる。

このような原理論上の作業があった一方、もっと具体的な作品、あるいはもっと具体的な創作体験からでてくる貴重な問題提起が、やはりそれまでの私たちの作業の、無視できぬ弱点の指摘と克服をめざして現われはじめていたことに触れておかねばならない。たとえば大島渚の「ショットとは何か」（60・11）などもその一つといえよう。大島はショットの一般的な定義や一本の映画のなかにおけるショットの意味を論理的に追求するというよりは、一人の監督として、きわめて具体的に対象にカメラを向ける行為のなかで、いわば日頃痛感し、考え続け、ほとんど決意にまでしている原則と当為の問題としてショットを論じ、「作家の方法は、作家の体質（そのなかには美意識も含まれるだろう）と作家の現実認識の結合の仕方であるような気がする。（なかには現実認識のない体質だけの作家がおり、実にひどいのになると体質もない作家！　がいる）。一つのショットにも作家の方法があり、作家の体質と現実認識がうかがわれなければならない」「如何なるショットも批評的でなければならない。一ショットの映像はつねに対象に対する作家の批評を含み、映像そのものは状況に対する作家の批評を含み、同時に作家を批評するものでなければならない」と書いている。あらゆるショットが隅から隅までこれほど意識化された内的必然として撮られることには疑問が残るにせよ、いわばこれほどまでのショットに対する厳しい態度は、とかくモンタージュを重視するあまりショットのつきつめをないがしろにしがちな記録映画作家には、思わずギクリとさせられる警告として強く印象に残ったことを否定できない。

また当時の記録映画一般の作品的水準とその体質にとって、痛烈な批判の矢となった文章の一つに黒木和雄の「スクリーンと新しい映像」（60・11）がある。黒木は、直接的には野田・富沢らがつくった『一九六〇年六月』を俎上にしつつ、そこに「映像の貧困」や「セックス喪失」をみて「変革のエネルギーを被写体におきながら、フィルム自体が、そのエネルギーを持ち合わせるまでには到っていない、カメラが単に変革のエネルギーに密着して描写しているにすぎない」と指摘し、「ぼくは記録映画の衰弱現象を、この「セックス」の一方的不毛と考える。ぼくにとって必要な「セックス」とは、むしろ生理学的カテゴリーをでないものからそのグロテスクなエネルギー、生への異常な執着力、ドラマを行動する軌跡そのものである」「それは〝軌跡〟そのもののもつ流動感、不安定感、偶発性を追う執拗な目線だ」と書いた。黒木が映像に「セックス」があるとかないとかいうとき、それはむろん感覚的な比喩にはちがいないが、その言葉によって言おうとしていること、たとえば「被写体への主観的な、生理的な追求を意識的に排除してきたことがぼくらの映像を閉鎖的にし、教訓的にし、涸渇させてきた」という指摘などは、記録映画作家一般の体質的弱点を鋭く衝いていたといわざるをえない。

「生理」を重視する思考は、ひきつづき翌年冒頭に書かれた田村孟の「否定の論理と否定の生理」（61・1）によって、いっそう深められている。彼はほとんど歴史的に神格化されてきたエイゼンシュテインの『戦艦ポチョムキン』にみられる現実否定の論理の明快さに驚嘆しながらも、他方「作家の内部が、対象とかかわり合う以前にすでに論理化されていて、論理化されることに焦立ち、引戻そうとする生理が欠けているのではないか」という疑問をさしはさみながら、「対象にへばりつこうとする無機的なキャメラアイから、すでにそれ自身クリティックを含んだ、主体的な肉眼に至るには、どのような道があるのだろうか。クリティックの眼とは、あれはあれ、これはこれと腑分けする眼ではない。腑分けした時に、それをなしくずしにしようとする生理が主体内部にあって、その生理を自己否定の論理がねじ伏せよう、ねじ伏せようとしても、ゼロにすることができない、そういう引裂かれた地点でこそ、作家は肉眼をもちうるのではなかろうか。言葉をかえていえば、自己否定を論理化できない時にこそ、人間的事実としての生き生きした創造活動が可能なのではないだろうか」「挫折が内部に惹き起こした傷の疼きを、生理の中で常に再生産し、現実否定という論理すらも、常に不可知へと追いやること、これなくしては論理の骸骨に生命を吹きこむことは不可能なのである」と書いた。

田村の指摘は、日頃つくりたい映画もつくれない欲求不満を、いきおい論理の作業に横すべりさせ、そのことによって知らず知らずのうちに観念過剰となって、いわば自己の生理を衰弱させがちだった私たちに致命的な批判となって突き刺さってくるものであった。いまにして思えば、『記録映画』から『映像芸術』に至る運動の内在的ゆきづまりの原因の一つは少くともその点にあり、反代々木派内部に、映画ないし映画運動をどうとらえるかという点で、その後避けがたく新たな対立と分裂が生じはじめるのも、そのあたりをどう自覚的にふまえるかのちがいに根ざしていたと言わざるをえない。

だが当時の時点では、日共の露骨な政党支配と、頑迷きわまる古い映画観ないし古い映画運動理念に対して、それと闘い抜くという共通課題のゆえに、それら内在する矛盾と対立は、ほとんど深刻化しないまま底流に内向していったとみることができる。むしろ動向の表層を追うかぎり、こと記録映画作家協会内部に関していえば、六〇年は反代々木派が決定的に指導権をとるに至り、私たちはかつての四面楚歌の状態から圧倒的多数派へと転じていたのである。そしてそのような力関係を背景にしながら、協会第七回総会（60・12・28）は、協会名を従来の教育映画作家協会から記録映画作家協会に改称し、ここに教育という言葉につきまとう様ざまな桎梏を脱して、協会は名実ともにドキュメンタリストの集団として再出発することになったのである。新体制における『記録映画』編集委員のメンバーは、野田真吉、黒木和雄、徳永瑞夫、松本俊夫、西江孝之、熊谷光之（粕三平）、長野千秋の七名であった。

ところで新体制下に発行された六一年における『記録映画』を読みかえしてすぐ気がつくことがいくつかある。第一に、政治的にも芸術的にも、倒すか倒されるかという類いの論争がない。いきおい熱しきった論文が少ないということにもなるが、それは状況が安保後の日常性に急速に覆われていったこと、総体として党中央は各戦線における不信を反映してか、この時期には反対派を正面から攻撃してくるよりは、裏面から徐々に切り崩しを計る方向に動いていたという事情が挙げられるだろう。

第二に気づくことは各号の特集方針が、すでに狭義の記録映画の範囲を超えて各ジャンルの問題にも共通する芸術一般の問題にひろげられる傾向が強まり、執筆メンバーも、協会員よりは各ジャンルの作家や評論家が多くなってきていることである。このことは協会内の書き手に、質的にも量的にも限界がみえはじめてきたことの現われであると同時に、『記録映画』がより広く社会化され、また意識的にも社会化しようとしたことの現われだったということができる。六一年六月号からは表紙がはじめてカラーとなり、あらゆる面で店頭販売に対する配慮が強まってきていることもそのためにほかならない。

第三は特集テーマが、運動がぶつかってきた諸問題を論

一九七〇―一九七一

理化してゆくというより、新しい芸術動向に目くばりをしながら、「さて今月は何にしようか」という具合に、やや外から頭をひねって特集テーマを立てるという傾向がみえはじめていることである。むろんそんななかにも、情念の問題を多角的に追求した「現代のエモーション」(61・6)、アヴァンギャルドとモダニズムの区別を明確にしようとした「現代モダニズム批判」(61・3)など、なかなか読みごたえのあるシャープな問題追求がないではないが、どちらかというと「シナリオ論」(61・2)、「現代のリアリズム」(61・5)、「私の方法論」(61・8)、「ドキュメンタリーの現代的視座」(61・9)、「映画と思想」(61・10)、「作家研究」(61・11)など、テーマの切りこみ方に固有な問題意識のない、あまりにも一般的にすぎるものが多くなってきていることを否定できない。

『記録映画』の運動は、ブッシュをかきわけかきわけ、しゃにむに山を登ってゆく初期の迫力をやや失い、よくいえば少々余裕をもって、悪くいえば若干惰性的に、いわば周囲の景色を楽しみながら、ゆるやかな尾根づたいをたんたんと迂余曲折するといった時期にさしかかっていたのである。

(未完)

『記録映画』覚え書――戦後の映画雑誌⑥

その三

安保二年目の状況は、まさしく停滞と混迷の季節であった。一見尾根歩きのように見えた坦たんたる日常性が、私たちの位置測定に不安と焦燥をかきたてはじめたのもその頃である。私たちは果して前へ進んでいるのだろうか。同じところをどうどうめぐりをしているのではなかろうか。あるいはひょっとしてとんでもない方向に歩いているのかもしれない……。そんな内心の動揺とたたかいながらも、私はしばしばあの『眼には眼を』のラストシーンのように、私たちの前方に見渡すかぎり果しない熱砂の広野が、気の遠くなるほどせりあがってくるイメージにおびやかされつづけたといえる。

なるほど私たちは、少くとも記録映画の分野において、すでにこの時期には圧倒的な影響力をもつ前衛部隊として位置していた。しかし私をいらだたせたものは、その影響じしんが、山際永三が「作家の構造」（62・1）で「方法論と主体論を十ぱひとからげにして、何についても〈記録〉を乱用するむきすらある」と皮肉ったように、たしかに命題の単純化と類型化によって、運動が水増し的に平板化する傾向だったのである。しかも運動の裾野とその周辺に至っては、何事につけ全く手応えのない、のっぺりしたアパシーの日常性で覆いつくされ、運動の相対的な安定様態の裏では、はかりしれない風化と断絶が進行していたことを否定できない。

木崎敬一郎の「前衛エリートの大衆疎外」（62・1）は、そのような私たちの苦にがしげな表情をみすかすかのように、久方ぶりに再開された代々木サイドからの反撃の発端をなすものであった。木崎は私の『安保条約』や『西陣』が広範な大衆的支持を受けなかったという事実を唯一の証拠物件としてふりかざし、それらは「大衆と大衆運動の組織者の現実から断絶しているがゆえの孤立感に、どう耐えるかというかたちでしか自己のエネルギーを消耗しようとしないエリートの、働きかける対象との緊張関係を失った遊戯のさんざめきといえる。そこにはもちろん、エリートがエリートであるがゆえの鋭い示唆がないではない。しかしその体質は、あくまで大衆的現実から自己疎外されることによって、ようやくその鋭さを保つたぐいのひよわなものでしかないのである」と書いた。

一九七〇―一九七一

木崎の視点は、ちょうどそれと前後して、日共の『文化評論』(61・12と62・2)にYという人物(山形雄策か山田和夫だろう)が書いた次のような文章と符合するものである。Yは書いている。「主体論の思想は、種々の色合いを持ちながら、マルクス・レーニン主義を自認する記録映画の一部作家、大島渚などを中心とする劇映画新人作家の共通する立場となっている」「(このような思想)にもとずい《ママ》て創造される作品は、現実の大衆要求を、直接うけとめていないし、作家が提起する課題は、大衆の現実の感覚をもってうけとめられていない。主体論の理論的けん引者とみなされる松本俊夫の作品『西陣』も、現実にたたかっている大衆の感覚と感動を通じて、直接にうけとめられていない。簡単にいえばわからない方が先に立つのである」「主体論思想のおとし穴は、その主観主義的一面性のために、そのはげしい現状否定と既成世代の責任追求《ママ》のなかで、労働者階級と人民に対する不信を深めてゆくことである」。

全くばかばかしいかぎりだが、そうも言っていられないので、私は「大衆という名の物神について」(62・2)でそれらに対する反論を展開した〔I巻一九三―二〇一頁を参照〕。私はまずなにかというとすぐ御都合主義的に大衆の反応を楯にする彼等が、「作品の思想や感情のひだを下降しながら、己れの現実意識や芸術意識をこれと交錯させて、作品そのものと対決しようとする批評的態度をまるでもち合わせていない」ことを指摘し、そのような俗流大衆路線と素朴な政治主義が癒着する悪しき「奉仕論」を、その典型的な教条の一つである毛沢東の『文芸講話』をひき合いにだして批判したのである。

衆知のごとく、『文芸講話』は文学・芸術を「まずなによりも労働者・農民・兵士のためのものであり、労働者・農民・兵士のために創作し、労働者・農民・兵士のために利用されるものである」(傍点筆者)という。しかし私はそれをナンセンスであるとし、「ここにみられる毛沢東の思想は、徹底した政治的プラグマチズムである。そこには芸術の本質(芸術行為の意味)に対する思想的追求はなく、もっぱら目的(動機)と効果の機能主義的な政治論があるにすぎない」「したがって、彼が「芸術性のとぼしい芸術作品は、政治的にはどのように進歩的であっても、やはり無力である」として「ポスター・スローガン式」の傾向に反対するときですら、その「無力さ」とは結局政治的効用の無力さを問題にしている」のであって、「思想性を内容とみ、芸術性を形式とみる、思想と芸術の二元論、ないし大衆奉仕の効用性をアプリオリな基準とする政治優位論は、その必然的帰結であった。したがって、そこには表現過程そのものを肉体化された思想の形成過程としてとらえる視点はなく、芸術に内的な座標軸の上に、芸術と政治の関係、もしくは作家と大衆の関係を論ずる立場は、はじめから捨象されていたといわねばならない」と書き、むしろマルクスの『経済学・哲学手稿』や『経済学批判』を積極的な手がかりとしながら、そこから五つの重要な問題を抽出したのである。私は次のように書いた。「一つは、人間の感覚は、系統発生的にも個体発生的にも、非芸術的なそれから、芸術的なそれへと創造されてきたものだということであり、二つは、それを可能にするものはすぐれた芸術作品とそれを享受する主体的能力だということであり、三つは、人間の感覚の芸術的形成過程には不均等的な発展があるということであり、四つは、すぐれた芸術を生みだす芸術の前衛は、一時的・条件的に、より粗野な感覚をもったより多数の人々から、理解されないことがしばしばありうるということであり、五つには、それにも拘らず「すぐれた芸術」が存在し、また存在しなければならないということである」。

木崎はそれに対して、「芸術の前衛における大衆不在」(62・6)で再度私に批判の矢を放っている。彼は大衆の即自体を物神化するなと論じた私の主張を受けて、「むしろ大衆の主体が弱く未形成であればあるほど、逆にそれを積極的に肯定し、それに向って一旦自己を解体し、大衆の多様なリアクションの彼方でふたたびトータルに構成できる強靱な主体をこそ、より強く要請されているのである」と切りかえしたが、それ以上には私に「前衛物神化」という逆レッテルを貼るくらいのことしかなしえていない。しかしこの木崎の意見は、己れと大衆のかかわりをどう措定するかという点で、私が「大衆という名の物神について」で「己れのなかに他者(大衆)をみいだし、他者(大衆)のなかに己れをみいだす視点が、いかに獲得されうるか」と自問しつつ、「私たちの運動は、ディスコミュニケーションの凝視の果てに真の人間連帯を発見してゆく地点から組織されないかぎり、もはやどうにもならないところにきている」と書いた視点と鋭く対立するものだったのである。

私は当然より積極的な私の大衆論を書くことで、木崎との論争をいま一歩押し進めるべきだったろう。だが私は結局それをしていない。仕事に追われて文章を書く暇がなかったことも事実だが、その時点で私は「拒絶」をバネにしながら、ふたたびどのような位相で大衆と出会うかに、いま一つわからない問題があったからでもある。しかし母胎からの身をひき剥して旅立ったインテリゲンチャーとしての

一九七〇—一九七一

私が、安易な母胎回帰ではなく、母胎との緊張した対応関係において、不可視のヘソの緒の先に、抑圧された沈黙の血が還流し合う回路をみいだすに至ったのは、ずっと後のことだったといわねばならない。それからいま一つ、私がその時点で木崎との論争を中断したことにはそれとはまた別の理由もあったのである。それはその論争と同時期に載った谷川雁の「反《芸術運動》を」(62・2)が強烈であり、私としては木崎とそれ以上低い次元でやり合う意志を失ったからにほかならない。

谷川雁の「反《芸術運動》を」は、当時記録映画作家協会の新たな内的危機を前にして、そもそも芸術運動とは何かを問い直さざるをえなくなっていた私に、きわめて衝撃的に本質的な問題をつきつけてきたといえる。谷川は「芸術ならびに芸術運動が人間を組織するさいの独得なあり方」を問題にし、「組織する行為だけがあって、組織された結果としての組織はすでに組織ではないという不断の決定的な態度がなければ、私たちはもはや組織から何事かを汲みとる事はまったくできなくなっている」と指摘して、「すべての眼にみえる、定有としての組織を拒絶することは芸術運動の必然であり、問題はただその拒絶の深さにある。その深さによって眼にみえない、非定有としての組織を獲得できるという信頼だけが芸術運動を可能にする」「本来の芸術運動とは風みたいなものであって、ひるがえる木の葉のような宣言と寄せてはかえす波のような雑誌があれば、装備はすべて終る。そこから一切を透視しようとする反〝前衛〟反〝芸術〟反〝運動〟が前衛芸術運動である。芸術運動は本質的に非肉眼的な現象であり、不可視の運動である」と書いた。

谷川はこの運動論を、より直接的には新日本文学会の運動を念頭に置いて書いている。しかし谷川の問題提起はその枠を超えて、あらゆる芸術運動が不断に自己に向って問いただしてみなければならない根底的な命題を含んでいる。少くともそこからは、芸術行為を運動として成立させることの意味、したがってまた芸術が変革にかかわる位相の問題を、しみじみと深く考えさせられずにはいない。私たちの運動もまた、記録映画作家協会という「定有としての組織」に、否応なくこだわらざるをえなくなったとき、明らかに初期の生いきしたエネルギーを失いかけるという深刻な現実に直面していたのである。

だがこの問題は、運動過程の具体的現実的条件をたどるかぎり決して単純ではない。たしかに私たちの運動は、「ひるがえる木の葉のような宣言」によって、「非肉眼的な現象」としての意識の渦動状況を組織することこそを目指していた。しかしそのためには、その具体的な行動として、私たちは雑誌『記録映画』をはじめ、ドキュメンタリー理論研究会、記録映画（作品）研究会、実験映画をみる会、記録映画をみる会など、かずかずの「場づくり」を定期的持続的に運営してゆく必要があったのである。それは一見外部からは、きわめて精力的ではなばなしくみえたと聞いている。だが実態はそうでもなく、それらも結局かぎられた少数精鋭部隊によって、一人何役というかたちで支えられていたのであり、そのしわ寄せは、たとえば創作活動の制限、あるいは経済生活の犠牲をともなう苛酷なものだったのである。当時は会員約二百名、そのうち何らかのかたちで協会の活動に参加していたといえる会員約二十名、常時積極的に動いた会員十名たらず、またこの時点での『記録映画』の編集は、実質上、野田真吉、西江孝之、佐々木守、そして私の四名で支えていたと言ってよい。

　こうなってくると、組織の基本財政を会員の会費によって維持している運動体が、その停滞の末にきまって顕在化させる危機が会費滞納による財政問題であるように、わが協会もまた、六二年度後半にはかつてなかったほどの財政危機に見舞われるようになったのである。その結果が『記録映画』の発行体制に大きく影響しだしたことは言うまでもない。そして私たち編集委員会は、「編集手帖」（62・9）で「読者は徐々に増えても減ることはないという状態なのに、財政的に未曾有の困難に直面させられ、積極的な手をうちえないと命とりになるかもしれない」という警告と訴えを書かざるをえなかったのである。そして危惧は現実となり、『記録映画』は創刊以来五十二冊目（62・10）をはじめて欠号としなければならない事態に陥ったのである。私たちはここで、最低雑誌をだし続けようとするかぎり、現実的には協会組織のたてなおしをはからざるをえないという意味において、否応なく「定有としての組織」にかかずらわざるをえなかったと言わねばならない。

　このような事態に対して、協会内部に潜在していたさまざまな矛盾が、一挙に露呈しはじめるという二重の困難が私たちを襲ってきた。佐々木守の「運動の終結」（62・11）によれば、協会のあり方に対する考え方に「大別して二つの意見がある。即ち「芸術運動体」にすべきだ、という考えと「職能組合的組織」にすべきだという考えとである。そしてつけ加えれば、それら二つの矛盾を矛盾として包括してゆかなければならないとする意見もまたある」といった具合だったのである。むろんなかでも量的に多いのが職能組合派であり、彼等はたとえば『記録映画』は観念的抽象的で高邁すぎ、自分たちの現実的な仕事（ＰＲ映画）と関係なさすぎるという不満を抱いている層である。彼等にとっては、集団でいるということは何よりも生活互助的なメダカの本能によってであり、加えて進歩的団体に所属しているということで、何となく良心の満足をえているといった連中が多かったのである。その点佐々木は歯に衣を着せずに次のように書いた。「記録映画作家協会はもともと芸術家の集団として成立したものではなかった」「即ち〝作家〟と〝非作家〟の総合体という矛盾」をかかえてきたのであり、「協会の停滞・衰弱の原因は、〝作家〟という協会成立の基本条件の脱落にある」と。

佐々木の直言は、一方でとりわけ対外的に協会を可視的組織のレベルでまるごと芸術運動体だと誇示し、またそうあらねばならぬとする連中（佐々木のいう芸術運動派）に対して、リアルな認識に立つことをつきつけるものであった。だがそれははじめからわかりきった前提だったのであり、私などはむしろ、一方でその〝非作家〟的層まで含めて運動の財政的基礎にしようとするワルなところがあったと同時に、他方少しでも広い範囲にわたって、状況の風化に拮抗する力をつくってゆくため、「矛盾を矛盾として包括して」ゆく立場をとったのである。したがって私は佐々木の分析では第三の立場の代表とみなされているが、それに対して佐々木は「協会の中に相も変らず牢固として残る矛盾の一切を剔抉しようとするとき、協会内部の前世代から持ち出されることばは、〝過渡期である〟である。そのことばは、陰に陽にぼくをしめつける」として、もはやそういう過去の「運動の終末」を宣言したのである。

そのような若い世代からの不満は、すでに六二年後半に徐々に頭をもたげていたものであった。それに対して佐々木の分析ではやはり第三の立場に立つ大島渚が、「過渡期の日本映画と我々の立場」（『映画評論』62・11）で「彼らは我々の芸術上の諸プランを基本的には支持し、それが力を持たないことに対し一種焦だちに似た憤りを持っている。その憤りはしばしば我々に対する全面否定に彼らを導く」。しかし彼らは「我々がそうした諸プランを形造るために持った日本映画の権力的な傾向に対する否定のパトスとエネルギーを持ちえていない」と批判した。だが佐々木は「この意見の正当性を一方では支持しつつもぼくは猛烈な反駁を感じざるをえない」と書き、佐藤忠男の『斬られ方の美学』の書評（62・9）に典型的だったように、かつての『映画批評』同人はいまや日本映画の体制となったと主張するに至ったのである。
いうなれば私たちは、この時点で右からも左からも不信をつきつけられるという格好で、しかも現実性のある外科的手術プランをその段階で持ちえないかぎり、やはり時期がくるまでは内科的療法によって、一時的にでも活性度を回復させるという戦術に依拠せざるをえなかったのである。そのためには、私は一方で運動理念の戯画的な俗流化の傾向を批判し、他方私たちに対する〝非作家〟層の不満を「生活と権利を守るたたかい」のスローガンで組織しはじめていた代々木派の巻き返しを叩きつぶしながら、そこに孕んでいる根深い矛盾、つまり理想と現実の絶望的なギャップをどうとらえ、どう越えてゆくかということを説得的に提起しなければならなかったといえる。

私は「肉を切らせて骨を切れ」（62・11）で次のように書いた（Ⅰ巻二一二―二一九頁を参照）。「本来「主体」だの「日常性の否定」だのという言葉は、もっともっと重い意味を塗りこめられて語られたはずのものでした。しかし、現在では「主体」という言葉が没主体的に語られ、「日常性の否定」などという言いまわしが日常性そのものになるという、きわめて茶番的な現象が一般化してきているのです」。そして「どうもこのところ具体的な創作活動や置かれた「場」の条件の問題から遊離して、しばしば空疎な抽象論議や、観念的な言葉の遊戯に堕してゆく傾向が生れてきている」と憎まれ口をたたかざるをえなかったのである。また一方、「スポンサー映画という妾の腹から生れて、なおかつ映画芸術を志向している沢山の私生児たち」にふれ、その努力を徒労として自嘲する敗北主義、あるいはその裏返しとして、自身の出生の秘密（選ぶ前に選ばれてしまったPR映画部落民）をかくし、もっぱら抽象的な議論にふける空想主義を否定し、私たちの前にたちふさがる「この壁を、一歩でも半歩でも向う側へ押しやってゆくという作業を、一作一作の日常的な創作の場で、まさに運動として共有するということこそ、より普遍的な課題となすべきではないでしょうか」と書いた。

この私の発言が、一ヶ月後に開催される予定の協会第九回定例総会を念頭に入れたものだったことは否定できない。それは、明らかに啓蒙的政治的発言であり、私は当時、組織のリーダーであることによって余儀なくされる自己疎外に、しばしばたまらない嫌悪を感じたものである。だが現実にはこのような柔軟戦術をとることによって、私たちは総会時点での危機をのりこえたことも事実である。そして近距離目標と遠距離目標を結ぶ媒介的なプログラムが問題となり、PR映画をどうふまえるかということが盛んに論ぜられるようになったのもこの頃からである。だが例えば野田真吉が「蛇のように身をくねらせて目標に迫ろう」（62・12）で「その限界性をテコとして、自分が表現したいものをあきらかにしてゆく向自的な作業がぬけおちているか、衰弱しているからである。この向自的な自己の再把握がないところに、僕たちは状況打破の方向、必然的に反体制的な芸術運動の方向と組織への自己変革の契機を、その限界性のなかにつかみえないであろう」と書き、また西江孝之が「ロカビリー死刑」（62・12）で「PR映画制作の日常性に溺死することなく、逆にスポンサーとの矛盾をとらえかえして、その対立関係を粘り強く主体的にたどってこそ、そこにブルジョワPR映画が支配的なこの恥ずべき状況を最終的に揚棄できるのである」と書くとき、私にはどうしてもその大仰さが空ぞらしく、むしろたとえば黒木和雄の『わが愛北海道』一篇の作品の方が、たとえPR映画という根本的な制約があっても、そこにまぎれもなく一人の〝作家〟が自己形成をとげてゆく姿を示していて、はるかに刺戟的だったと言わねばならない。そしてその刺戟が生みだす意識の渦動状況を組織することこそ、谷川雁のいう「非肉眼的な現象」としての芸術運動ではないかと思いつつも、結局古典的な責任意識から「定有としての組織」にかかずらうという矛盾を、当時の私は苦にがしく自己の内部でかみしめていたと言える。

その意味で、座談会「われわれは何に固執するか」（63・1）で、佐々木守が「松本さんのいう運動の責任者というものは、いわゆる過去の運動にがんじからめにされてどうしようもなくなっているんじゃないだろうか。運動に対する責任をとれというような形で彼が出してきているものは、伸びていく可能性のない過去の運動にふりまわされて、そのなかから全然でていくことのできないようなものとしてしか現われてないんじゃないか」と発言している部分は、私に対する批判としても、またその時点での協会の運動に対する評価としても当っている。この座談会は私には耳の痛い貴重な発言が多く、とくに田村孟が「たいへん個人的な仕事を徹底的にやることの方が、みのりのあることだと、暴論であることを承知しつつもいいたい」と語り、同じ問題を大島渚が「いまはすでに非常に一般的な意見というものは力をもたない」と語ったことは、とかく普遍と一般に問題を解消しがちだった協会の運動の体質的弱点を鋭くつくものだったと言わねばならない。

ところで協会の運動の停滞と混迷は、六三年度に入って少しでも克服される方向に動いたであろうか。残念ながら否である。PR映画論議は、結局再度作品から遊離した観念論議に陥るか、さもなくばごく低次元でスポンサーとトラブルを起すことを体制とのたたかいと錯覚する傾向を生むか、あるいはPR映画にも意味があると自分に言いきかせて、その実くだらぬPR映画の量産を合理化するか、結果は意識の自己偽瞞性が加わっただけむしろ事態は悪化した。更に私を絶望的にさせたのは、たとえば「主体」という言葉を「没主体的に」語るべきでないといった命題を、まるで語録の朗唱のようにとくとくとさえずり、それを免罪符化するナンセンスな傾向だったのである。これは全く不毛の極であり、ここに至って私は記録映画作家協会に芸術運動の可能性をみようとする考えを、内心ひそかに断念したのだということを告白しなければならない。そんな私に佐々木は「結局才能のない連中とやっても無駄ですよ」と言い、また「編集手帖」（63・8）でもあからさまに「才能もないのに芸術団体に所属しているが故に芸術家だと自分も思い人にも思わせている」と悪態をついた。むろんすぐれた才能がないところにすぐれた芸術が生まれるわけはなく、その意味ではたしかに佐々木の言うように、協会内部の才能のレベルは全体としてあまりにも低すぎたことは事実である。だが芸術運動は決して才能の組織化ではない。それは何よりも基本的に意識の組織化である。したがって問題は、意識の動脈硬化の原因になっているコレステロールが何であり、それは除去できるのか。できなければ、もう一度はじめからやりなおすべきではないか、といった具合に立てられるべきだったのである。私の気持は徐々にその後者に傾いていったと言うことができる。

私をそう決意させたことの一つに、当時アメリカから帰った山口勝弘に、はじめてジョナス・メカスという存在を教えられ、メカスを中心に新しい映画運動がはじめられていることを聞いた点がある。山口勝弘は「ある手紙と日記による反省」（63・1）で、「私は芸術は金で売れないと言っていたメカスの言葉を再び想いだします」「日本の芸術的PR映画が中途半端になってしまうのは、映画作家の心の位置が問題なのではないでしょうか」「私はだからといって、メカスたちのニューヨークの不毛な作家の孤独な環境が、前衛にとって最良の状態だとは思っていません。しかしそういう中で、心の底から鍛えられてきた作家の信念が前衛の姿勢を正しくしているものだと考えるのです」と書いた。思えばこれは日本にはじめて伝えられたアンダーグラウンド・シネマの情報であったが、当時私は山口の話

一九七〇―一九七一

を聞きながら、メカスという名前を記憶に深く刻みつけられると同時に、私か求めていた芸術運動もそういうものだったのではないかと痛感させられたものである。

六三年度はあらゆる意味で末期的であった。『記録映画』も概して低調であり、再度四月号と十二月号が欠号になるという醜態をも演じている。しかしそれらを読みかえしてみて、そんなどうしようもない空語の洪水のなかで、二人の新人が新しい思想をもって現われていることを特記しておかねばならない。一人は飯村隆彦であり、いま一人は宮井陸郎である。飯村は「家具としての映画・記念写真について」（63・6）で次のように書いた。「ジョン・ケージは映画についての話の中で、彼の考えている映画について、カメラの位置を動かさず、ニューヨークのビルの掃除人が一室一室電灯を消してゆく過程をそのまま同時撮影するという構想をのべている」「このケージの構想は、一層記念写真の考えに近づいている。カメラの固定とその対象物のカメラに対する働きかけ、そしてその正面性。さらに同時記録による無編集。ケージはニューヨークの一篇の記念写真を試みようとするのに外ならない」、飯村はこういうアプローチに興味を示し、「私は今、自分のアルバムをめくるように映画をつくることを考えている」と書いた。

飯村の反芸術映画観は、当時の協会員には全く無視されたが、これも日本のアンダーグラウンド的思考の最初の自己表現だったのである。

宮井は「かくして意識の透明性にぶつかる」（63・10）で次のように書いた。「私も《主体》という言葉で特殊な課題をもって自己と外界の関係を表現しえていた。それが今崩れてきたのは、言葉のシンボルのもっている意味退化ではなくて、その言葉によって表現しえた自己と外界の関係の推移——情況の変質によるものだ」「もうすでに政治の突風は去り、情況の透視図を一挹に造れる超越的観察者の眼はもてなくなっている」、そして「情況の変質過程に対応した方法意識を、自己史の横たわりのなかでどうとらえるかということがまず出発点としてあらねばなるまい」と指摘した。このまだ学生だった宮井の思索は、協会員の思想水準をはるかに抜いていただけでなく、主体がかぎりなく断片化され現象化される情況の変質を、いちはやく敏感に感じていたという意味でも注目すべきものであった。

いうなれば私たちの運動は、少くともこういう自立した個人個人のオリジナルな思考の相互刺戟を前提として、「場」的に意識の渦動状況をつくりあげてゆく作業として形成さるべきであった。むろん黒木和雄が「連帯の彷徨」

（63・11）で強調してやまなかったように、「作家として自立しようとするとき、不断にたたかわねばならないものは何か。それは作品を創ることである」ということを明確に決意しつつである。もはや記録映画作家協会の体質改善は内科的治療では不可能であり、いちかばちかの外科的手術に賭けて、別な何ものかへと変質する必要に迫られていたのである。

私の「運動の変革」（63・11）は、『記録映画』における私の最後の発言となった〔I巻三四四―三五〇頁を参照〕。私は「一切の物差が無効となってしまったアノミックな状況の意味を、それぞれの立脚点の最も根源的な部分でつきとめえなかった運動が、この間ことごとく底知れぬ停滞と混迷の泥沼におち込んで行ったのは、むしろ当然だったのである」「今日芸術運動とは何かという思想的な意味を追求することなく、ひたすら解体する組織を補強し続けようとすることほど、およそ無意味かつ保守的な態度はまたとあるまい」「問題は、状況の全構造に鋭く拮抗しうる、本ものの芸術運動をつくることである」と展開し、そのためには「それぞれが己れの存在の深部で、ただ一人孤独に状況と向き合った部分とのみ結びつこうと思っている」「私は「一人が百歩進むより、百人が一歩進む方を」などというスローガンに甘えたくない。こと芸術運動に関するかぎりそう思うのである。二人でも三人でもよいから、そこからのみ始めたいのだ。どうやら芸術運動はそろそろ再編成さるべき時期に来ているように思われてならない。少くとも第一ラウンドは終っている。そして今や第二ラウンドを始めなければならないのだ」と結んだ。

私たちがこのように運動の根底的変革を求めて苦しんでいるとき、代々木派は異分子を詐術的に排除した第八回党大会の〝満場一致の成功〟と、『文化評論』（64・1）で山形雄策が、私たちを「徹底的に民主陣営から排除しなければならない」と書いたアジテーションに鼓舞されて、協会内の指導権を奪還すべく猛烈な巻返し戦にでてきていた。そして63・12の第十回定期総会、および64・2の臨時総会で、彼らは大挙動員主義によって、投票の結果協会内の指導権を握ったのである。彼等は協会の性格を「日常的な生活諸要求を主軸とした作家の職能的集合体である」と規定し、また彼等の憎悪の対象だった雑誌『記録映画』は64・3号をもって事実上廃刊となったのである。私がその組織に残って代々木派と不毛な指導権争いをする気がなかったことは言うまでもない。私はあくまでも、芸術・思想運動の一義性を質的突出性にみていたからである。私たちが新たに映像芸術の会をつくったのは六四年六月、ちょうどそれとダブるように『あるマラソンランナーの記録』事件という代々木の弾圧事件があり、その決着をつける必要上、私たちが作家協会を集団脱会したのはほとんどその年の暮れのことであった。

『映像芸術』覚え書――戦後の映画雑誌⑦

雑誌『映像芸術』は、映像芸術の会の機関誌として発行され、通算十五冊を世に送っている。具体的には、第一期として一九六四年十二月に創刊され、以後六六年四月までに原則として月刊体制で十二冊（したがってその間五号欠落）、第二期として一九六六年十一月に再刊、以後六八年二月までに一応季刊として（実際には全く不定期に）わずか三冊だしたままで廃刊となっている。いま少し詳しくみると、何とか月刊をきちんと維持し続けていたのがはじめの八号まで、それから三号にわたってガタがきはじめ、あと残りの四号はやっとの思いで発行したというのが実状である。

このデーターは、『映像芸術』がいかに困難な事情を内包していたかという事実を示す以外の何ものでもない。むろん困難な事情は、何よりも『映像芸術』の発行母体である映像芸術の会にあったのである。その意味では、ここでは一応「戦後の映画雑誌」という範疇で『映像芸術』を検証しなければならないにせよ、その問題性を掘り下げるためには、どうしてもこれを映像芸術の会の運動的経緯から切りはなして語ることはできない。

ところで映像芸術の会が、記録映画作家協会の政治的思想的分裂を契機に結成されたことについては、『記録映画』の項のしめくくりのなかで触れた。事実64・2の作協臨時総会で、ペテン的な票集めで日共に組織のヘゲモニーを奪われたとき、私はすぐさま新たな運動的ケルンをつくろうと決心したのである。ただし当初の私個人の考えは、その後実際に展開した組織づくりと、基本的な点で微妙にちがっていたということを言っておかねばならない。私の発想の根底には、『記録映画』誌上の私の最後の発言にも書いたように、「それぞれが己れの存在の深部で、ただ一人孤独に状況と向き合った部分とのみ結びつこうと思っている」「一人でも二人でもよいから、そこからのみ始めたいのだ」という理念が横たわっていた。そのような質的突出性を状況のなかに創出しうるか否かに、従来くり返されてきた政治運動の映画部門的なものとはちがって、非肉眼的な意識の渦動状況を組織する拠点としての、芸術・思想運動の一義性を獲得しうるか否かがかかわってくるという考えが私にはあったからである。そのうえで、その拠点に立脚しながら、より広義の「場」的な変革の運動に参加し

一九七〇―一九七一

てゆくというのが私の考えであり、そのかぎりでは、日共にヘゲモニーをとられた記録映画作家協会も、一時的・条件的になおそこに居残りながら彼等を下から粉砕する闘争の場としてとらえようとする視点をも持っていたのである。

しかし実際には、状況はそのようには展開していない。一方では、私が同志的結集を呼びかけた大島渚ら何人かの旧友の反応がかならずしも同調的でなく、「ただ一人孤独に状況と向き合った部分」の連帯すらが容易ではないことにぶつかったからであり、他方では、これも当然のことながら、協会内反代々木派の諸君のなかに新たな組織をつくろうとする要求が高まり、これはこれで私もまたその高揚したエネルギーに加担する必要を感じたからである。

協会内反代々木派のエネルギーは、六四年三月に端を発した『あるマラソンランナーの記録』事件と称する代々木の弾圧事件によって火に油をそそがれた形となり、その闘争が自然の成りゆきとして、新しい映画運動づくりの推進力となっていったことを否定できない。『あるマラソンランナーの記録』事件とは、黒木和雄が東京シネマで作った『青年』（後に先の題名に変更）という映画を、会社が作家に無断で改作しようとしただけでなく、これに抗議するスタッフを脅迫めいた言動で疎外するというトラブルとして現われた。少なくとも発端における現象はそのようなものだったのである。しかし一皮むけば、新体制となった代々木作協の委員長吉見泰を重役とするこの東京シネマは、企業が丸ごと日共の巣窟となっており、この抗議運動を反党主義者に煽動された日共攻撃として受取ったためこじれたといえる。その証拠としては、後日暴露されたとおり、東京シネマとは直接何の関係もない徳永瑞夫と小泉堯が、五月十四日、堂々と日共を代表して（二人は新作協の新運営委でもある）黒木に面会を求め、黒木が松本や野田ら反党主義者と関係がないという一札を文書で入れれば、党が事態を円満に解決すると約束した事実一つを挙げるだけで充分である。彼等がその時点ですでに大衆的に要求されていた「事件をめぐる公開シンポジュウム」を言を左右にして回避し、裏面でこのような卑劣な工作をしていたことが、協会内部の反代々木派会員の戦闘心をいっそうかきたてたことはいうまでもない。

映像芸術の会は、そのような闘争と深く関係しながら設立されたのである。このことは会の設立作業を景気づけ、その活動力に明らかに一定のヴォルテージを与えるものであった。しかしそれと同時に、私にはそれゆえにこそきわめて本質的な危惧が感じられたことも事実である。それは私が抱いていた新しい映画運動理念とのズレの問題であり、危惧は主として次の三点に要約されるものだったのである。第一に、そこに結集した闘争エネルギーの質が、いわば反代々木という共通項にくくられる以上のものでも以下のものでもないこと。第二に、そのエネルギーの高揚が全体として集団心理に相乗された心情的性格が強く、きわめて直接的な眼前の敵を見失ったとき、はたしてどこまで持続するかということ。第三に、各自の運動への参加の原理が、私がいうところの「それぞれが己れの存在の深部で、ただ一人孤独に状況と向き合った部分」とのみ連帯しようとする主体的な厳しさを自覚しているだろうかということ。その三点、いいかえるなら、もし作協の組織的へゲモニーを代々木に奪われず、また格好の時期に『あるマラソンランナーの記録』事件などが起きなかったとしても、はたして彼等は私が「運動の変革」で提起したように、何よりも自らの内的要請として、自己否定的に運動の質的転換を求めたであろうかという点に危惧を抱かざるをえなかったのである。

　しかし結論的には、私は私なりに、それがたとえ不充分ではあっても、いま起きつつある運動エネルギーに加担する態度を決め、そこからいかに真の運動的自覚を生みだすかという課題を自らに課したのである。したがって私は会の設立準備会では、機会あるごとに手ばなしのオプチミズムと対立し、いま設立されようとしている会の内実の自己検証を迫りつつ、それを「真の運動を模索する運動」として、いわば「過渡的なもの」であることを強調したのである。しかし大部分の参加者は私がいおうとする真意を理解できず、なかには松川八洲雄のように、「なぜ松本は燃える火に水をかけるようなことをいうのか」と、さも不愉快そうに食ってかかった友人もいたことを忘れることができない。

　ともあれ、多くの議論と試行錯誤の末、一九六四年五月二十四日、「映像芸術の会」は会員約八十名で正式に発足した。ジャンルや職能の枠を超えて呼びかけたため、記録映画作家協会時代にはいなかった山際永三（劇映画）、鈴木達夫（撮影）、小川紳介（当時はまだ無名の助監督）らが加わってきた反面、佐々木守などは設立準備会の発起人にまでなっていながら、『映画芸術』（64・7）に「記録映画界の大騒動をめぐって」というゴシップ的なひやかし記事を書いて、結局会には参加しないという一駒もあった。一応創立時点での役員を列挙すると運営委員長黒木和雄、副委員長松本俊夫、事務局長岩佐寿弥、運営委員研究会担当が松川八洲雄、東陽一、西江孝之、機関誌担当が野田真吉、松本俊夫、財政担当が土本典昭、大沼鉄郎、組織担当が大沼鉄郎、長野千秋である。会は当初、毎月一回日本読書新聞と共催で「記録と映像の会」を新宿文化で開催、同時に小冊子『記録と映像』をその都度出版する一方、主として会内部で会員の作品研究会や理論研究会などを精力的に行っているが、雑誌『映像芸術』が創刊されたのは一歩遅れて同六四年十二月であった。発刊当時の編集委員は、野田真吉（長）、大沢健一、大津幸四郎、土本典昭、中川すみ子、長野千秋、西江孝之、平野克巳、山際永三、渡辺重治である。私は実質的に全分野に目くばりせねばならぬ立場にあっただけでなく、当時『新日本文学』の編集委員もしていたため、『映像芸術』は編集担当運営委員としてタッチするだけで直接の編集にはたずさわっていない。

　ところでこのようにして月刊体制で発刊された『映像芸術』創刊号（64・12）は、まず冒頭に宣言「「映像芸術の会」を創立するに当たって」を掲げている〔I巻「解題」五八二―五八四頁を参照〕。これは私によって起草され、同年六月運営委員会で採択されたものだが、そのポイントは映像芸術の会の運動理念を端的に規定しているので引用しておきたい。宣言はまず映画状況の桎梏を「一方で資本の支配による商業主義に代表されるものであり、他方では政治の支配による政治主義に代表されるものである」として、「われわれが会を発足させるのは、何よりもこのような状況の壁を打破するためであり、映像芸術の芸術的本来性とその自律性を回復するためである」と述べている。しかしこれだけでは誤解と逃避的幻想が生じる恐れもあると考え、私は更に「むろんそのことは、既にどこかにあった映像芸術の純潔性を守るなどという消極的なものではありえない。それは、映像芸術そのもののイメージと、その創造の場を、新たに変革し創出してゆく積極的な闘いである。言いかえるなら、その闘いは、あくまでも現実と映像の固有な関係、その創造的・批評的な関係を、芸術意識の上でも、「場」的な条件の上でも、自立させてゆく作業にほかならない」と強調したのである。

　しかしその点の認識を共有し合えても、なお会が同人的同志的結合体ではない以上、具体的なアプローチはむろん多様にならざるをえない。そのとき私たちは、過去の運動経験に照らして、その多様なアプローチの差異にいかなるヒエラルキーをもつくってはならず、同時にその間に、いかなる慣れ合いも排した相互緊張の状況をつくり、そのダイナミズムを運動の積極的な条件としてとらえる理念を明確化する必要があったといえる。宣言中、「われわれは一方でその多様性を認め合い、他方で相互の立場を厳しくぶつけ合うことによって、その相互批評と相互刺戟から、われわれの創造的課題と、その物質的な基盤を、大局的に変革する点で連帯する。われわれの運動的な連帯が個の自立を前提として成立ち、また個の創造作業が運動の全作業との連帯によって深められるという関係こそ、われわれが目指すべき運動のあり方である」とあるのはその意味である。「したがって映像芸術の会は、広義の意味での芸術運動体である」と私たちは規定した。「こと映像芸術運動に関しては、全映像芸術創造者の意識が全的に変革されてゆかないかぎり、現実的には一歩も前に進めなくなる」という認識から、一方狭義の意味での芸術運動をあくまでも質的突出性の創出にあると想定したうえで、それに対して映像芸術状況全体の実体的変革をめざす運動という意味あいの強さを「広義の」と形容したわけである。客観的にいうならば、私はかねてから本来芸術運動のトータル・ヴィジョンを、この「狭義」と「広義」の両運動の動的対応関係にみるが、より主体的課題として何より質的突出性を重視する観点から、その不可視のケルンを生みだす本質的目標を見失うまいとする意識が、当時会の創立宣言を起草しているさなかにも強く働いていたということかもしれない。宣言の最後を、会の自己規定として「当面する創造運動の過渡的課題を背負うものである」と結んでいるのは、そんな私のこだわりの表現だったように思われる。

私がながながと、映像芸術の会の設立のいきさつ、およびその理念的結晶としての宣言文に触れたのは、私が現在映像芸術の会およびその機関誌『映像芸術』を検証するに当って、常に立ちかえる基準はそこにしかないと考えたからである。その初心に照らし合わせたとき、その後の運動の経緯は、その初心を実現しつつ、その内包する矛盾を前進的に克服する方向に向ったのか、あるいは逆に初心のなかに予感されていた危惧を拡大する方向に向ったのか。問題の焦点は、まず何よりもその一点をおいてほかにはありえない。そしてその基本的な問題点は、会活動の一年、具体的には一九六五年五月と六月の二回にわたって開かれた第二回総会、雑誌『映像芸術』のうえでは、その総会に提出された運営委員会の「総括（及び今後の方針）のために」が掲載されている六五年八・九月合併号までをひとくぎりとして明確化されたというべきである。

大きくいえば、会創立以後一年の歩みは次のような変遷の起伏を示した。まず第一段階が六四年九月を頂点として十月頃まで。この時期は、先にも述べたように『あるマラソンランナーの記録』事件をめぐって、代々木派と反代々木派、新記録映画作協と映像芸術の会が鋭く対立し、会設立の新気運を背景に、いわば会内の運動エネルギーが最も多角的・流動的に顕在化した時期である。しかしそのエネルギーは、9・12に遂に開催に追い込んだ「事件をめぐる公開シンポジュウム」での対立両勢力の一大激突と、その結果なされた作協からの集団脱会闘争を頂点として、眼前で物理的に摩擦し合う敵対対象を失うにつれ、急速に後退していったといわねばならない。

しかしそのことは別の角度からみると、かならずしも後退ではなく、会のエネルギーが日常のリズムへと地道に復帰してゆく過程だったとみることもできる。事実、この時期には、黒木和雄の『とべない沈黙』、土本典昭の『留学生チュアスイリン』という二つの画期的な作品をはじめ、幾人かの会員が次つぎと情熱をそそいだ創作的諸成果があったのである。またこの間『映像芸術』が創刊され、その他各部門の日常活動が地道に続けられていたのである。しかしこの過程にいま一歩立入ってみるとき、そこには一方で作品活動にのめりこんだものは、物理的にやむをえないという程度以上に、会の実務活動を無気力・無責任に放てきする傾向が生まれ、他方目立たぬ実務活動を行っているものは、そのしわ寄せを二重三重に背負って、作品をつくりたくても作れないという、きわめて好ましからざるアンバランスが生じていたということを見落すわけにはゆかない。共通の敵に向って共通の行動をとっていた時期にはかくれていた会員相互の資質や思想のちがいを、お互いが違和感をもって意識しはじめたのもこの頃からである。少くともこの時期、多様性の統一としての共通分母が見失われたという意味では、会の運動エネルギーは本質的にはやはり後退したのだというべきである。これが第二段階であり、その時期は第一段階とオーバーラップしながら64・10あたりからはじまり、日々内向していた物理的・心理的アンバランスが実質的に破綻をみせはじめる65・1あたりまでである。

第三段階はそれ以降、65・5と65・6の第二回総会までであり、この時期にはすでに早くも会はあらゆる面で破綻を深め、運営機能がどうしようもなく危機的にマヒしてしまうというていたらくを示した。それはまず活動家不足と、したがってますますしわ寄せを背負わねばならなくなったごく少数一部会員の疲労の結果として、何よりも運営委員会と編集委員会の正常機能の停止、「記録と映像の会」の中断、研究会の流会、『映像芸術』の発刊の遅れなどとして現われる一方、会費滞納者の増加がもたらす深刻な財政危機として現われたのである。そして会全体を覆った運動意識の稀薄化は、緊急事態として呼びかけられた第二回総会が一回では成立せず、更に約一ヵ月の期間をおいて二回も開催しなければならなかった事情に端的に示されている。

　しかしこの時期、私が最も心痛の思いをしたのは、会員相互の不信と断絶が、もはや実質的に運動の共有を不可能にするほど深まっていたという事実である。とりわけ私がショックだったのは、この間運営委員長の黒木和雄と、同じく運営委員の西江孝之が脱会の意向をもらしたり、やはり運営委員の土本典昭が日共に復帰しようかと思うと相談をもちかけてきたこと、あるいは五二年メーデーの被告で、長い政治運動の経歴すらもった滝沢林三が、全く知らぬまに自衛隊のＰＲ映画を手がけていたことなどである。結局私の批判と嘆願を混えた説得によって結果的には黒木も西江も脱会を思いとどまり、また土本も日共への復帰などという馬鹿げた考えを改めてくれたものの、私は内心、会の中心メンバーがこうでは、もう映像芸術の会も終りだと思ったことを否定できない。私はといえば新記録映画作協に対する闘争から映像芸術の会の設立と運営の諸活動に全く忙殺され、他方短篇映画の世界からは危険分子と目されて仕事をホサれていたこともあって、映画はつくりたくともつくれず、専ら運動のオルグに終始していたのである。思えば「定有としての組織」に芸術運動の一義性はないと常に心に言いきかせていた私が、なぜか誰よりも「定有としての組織」に最もかかずらわざるをえなくなるサマは、およそ悲喜劇的だったといわねばなるまい。

　ところで雑誌『映像芸術』は会活動の拠点と考えられていたので、この苦しい期間も含めて何とか65・7までは月刊体制を維持しつづけている。編集方針は一貫して状況論・運動論と創作方法論の追求を二本柱として、あと私たちの関心に貴重な刺戟を与えてくれる海外の論文やインタビューを紹介し、他方内外を問わず実験的な問題作のシナリオを掲載するという方向をとった。全体としては「じっくり腰をすえて」という姿勢がみられ、他の商業映画雑誌のように、そのときどきのジャーナリスティックな話題を追うというあり方を殊更排除しているのも特色である。

　この間のいわゆる力投論文としては、野田真吉「ポールが帽子を脱ぐとき」（64・12）、いいだ・もも「映像芸術の会創立アッピールをめぐる寸感」、林吾郎「映画運動における映像芸術運動論の試み」、新藤謙「リアリズム論の再検討」（以上65・1）、松川八洲雄「映画空間におけるキューブ」、飯村隆彦「映画の実験か実験の映画か」（以上65・2）、平野克巳「沈黙と叫び」（69・3）、竹内健「幻視とは何か」（65・5）、粕三平「カワレロヴィッチについて」、長野千秋「状況のなかの記録者」、野田真吉「フレームの破壊」（以上65・6）、土本典昭「プロセスの中の〝作家〟として」（65・7）などが挙げられ、さまざまな意味で問題を考えさせたものとしては、座談会「現代芸術をいかに拓くか」（石堂淑朗＋関根弘＋東松照明＋粟津潔＋松本俊夫、64・12）、ブニュエル「詩と映画」（64・12）、ブニュエルのインタビュー集（65・2）、持田裕生「運動の蘇生」、東陽一「不毛の批評に反対する」（以上65・2）、菅原克巳「現代詩の会解散事情にふれて」、丸山章治「政治の優位性を擁護する」（以上65・3）、西江孝之「創造の自由と反戦の物質的根拠」（65・6）、山際永三「〝映画批評〟運動の総括」（65・7）、レネ「二匹の蛇とメルクリウスの杖」、「総括（及び今後の方針）のために」（以上65・9）などが挙げられる。しかしこうした反面、『映像芸術』は『記録映画』時代との関連でみたとき、全体として独自な新鮮さがでていないということ、後日に残るような際立つ論文、あるいは状況を揺さぶるポレミカルな論文、旧人をおびやかす新人の論文がほとんどないということ、企画に鋭角性が欠けていることなど、何かいま一つパンチが不足しているという印象を否定できない。

　パンチ不足は、明らかに先に述べたような会の運動の矛盾と弱点の反映である。それをストレートに反映した論文や記事が少ないのは、その種の問題はなるべく外聞を考え『会報』で扱ったからにほかならない。だが実際には、私たちが直面していた苦しみを、正面から問題にしてぶつけてゆこうとするエネルギーとそれを論理化する能力が、会内に決定的に不足していたところにこそ深刻さがあった。そして私にいわせれば、会の設立当時私が危惧していたように、事件があればすぐ集団ヒステリー症状を起していきりたち、事件がなくなると全く見事に解体風化してしまう運動の体質にこそ、私たちが真剣に検討してみなければならない本質的な問題があったのである。

　しかし考えてみると、一九六四年から六五年にかけての状況というのは、かならずしも映画の世界だけでなく、一般的にすべてがのっぺりした日常性にとりとめもなく拡散してゆく季節であった。そして運動という運動がその存在理由を見失って、どうしようもなく停滞するか、あるいは現代詩の会のように解散するかという問題にぶつかっていたのである。そのようなとき、状況に対するいらだちは、私たちが深く考えぬかねばならぬ屈折した問題を、えてして清算主義的に素朴なふり出しへと連れ戻す傾向がある。丸山章治の「政治の優位性を擁護する」（65・3）はその典型的な一つの現われであった。丸山は次のように書いている。「文学（芸術）は、松本俊夫君のいうとおり〝疎外からの固有の自己回復活動〟である」「しかしながら、政治主義に反対して文学（芸術）の相対的独自性を擁護するのあまり、政治と文学（芸術）との関係を交互作用、相関関係としてしかとらえず、両者のどちらが優位にあるかという本質関係をアイマイにしてしまったようにみうけられる」「文学（芸術）等の文化イデオロギーは、直接下部構造によって動かされるのではなくて、政治を媒介し、政治を通過して動かされるものと考える。この運動関係を、構造的にいえば、政治の位置は、文学（芸術）等に対して優位にある、ということである」「およそ政治運動とかかわりをもたない文学（芸術）運動などというものを一切私は信用しない」と。私がうんざりしたことはいうまでもない。私はたまたまこの時期、芸術上の課題としては、こういう発想と結びついた題材主義の根本的な揚棄を、むしろ状況論から存在論への下降によってなしとげようとしていたからである。しかし、その種の先祖帰りの傾向は、会の内部に緊張感が薄れ、実質的なアパシー状況が根深く蔓延するに従って、それに焦燥感を抱く活動家の側から、次第に会の基本理念そのものに対する不信（従ってその代表的イデオローグとみなされていた私に対する不信）として頭をもたげてきた。と同時に、作家エゴイズムに徹し、自分の作品が関係する問題には積極的になるが、ほかのことにはほとんど関心を示さず、会内の職務（運営委員長）や運動的責任を全く放棄してはばからなかった黒木和雄とその周辺に対する不満が、会の一部に強くふくれあがってきたことも、会内の雲ゆきをいっそう複雑にさせたといえる。

そんなことから、会の創立以来最も注目すべき作品的成果として生まれた黒木の『とべない沈黙』も、会内の一部からいわば偏見にみちた反発の眼でみられ、たとえば佐藤久義「現実感覚の鈍りと思想の貧困」（65・5）のように、「〝とべない沈黙〟の映像の美しさは、表面的なイメージの新鮮さにのみ眼を奪われて、内容を失い、テーマを失った技術主義的な映像主義者の、浅薄なモダニズム以外の何も表現してはいなかった」という類いの、およそ粗雑な題材主義的切り捨て批判が陰に陽に横行する気配を生んだのである。こういう空気に対して、黒木が会の冷さに不満を示

一九七〇―一九七一

し、とりわけ会の土壌が作家的刺戟を欠いた不毛の束縛にしか感じられないと語ったことは、黒木の身勝手さに対する不満とは別に、事実その時点での会に対する批判として正鵠を射ていたといわねばならない。

会の設立以後一年目の総会を前にして、会内はこのような相互不信でバラバラになる一方、無関心派の増大も加えて機能はマヒし、私たちはあらためて会の存在理由とその成立根拠を問い直さなければならなくなっていた。こんなことであらためて再出発する連帯の契機を見出せるのか。それとも解体か。あるいは見切りをつけて訣別すべきか。私はいずれにしても問題をはっきりさせようと思い、総会で徹底した一年の総括をする必要を主張して、運営委員会に歯に衣を着せぬ自己切開的な問題提起をするよう要請したのである。こうして書かれた「総括（及び今後の方針のために」（65・9）は、結局私が起草し、運営委員会によって採択されたものだが、ここには会が抱えていた主要な問題点があますところなく指摘されている〔I巻五〇七―五二〇頁を参照〕。

「われわれにとって会とは何か。われわれは会をほんとうに必要としているのか。われわれが会を創立した根拠は今ではどうなっているのか。その間の矛盾を孕んだ変貌、および理念と実態の背理は何を意味するのか。われわれはどこで連帯しているのか。またすべきなのか。われわれは会をどうしたいと思うのか。またどうすることができるのか。」

私は「総括」をそのような問いかけではじめ、まず卒直に滝沢が自衛隊のPR映画を手がけた問題、黒木と西江が脱退しかけた問題にふれて次のように書いた。「要するに本質において問題はきわめてシリアスに共有されていながら（あるいは共有されうる可能性をもちながら）、それが日常的には全くディスコミュニケートされているという事実、ここにわれわれの会の現在的な病状が覆いがたく表現されている」「この二つの問題には、必ず状況を総体的に規制しているいる通底器がみえてくるはず」であり、「このおそるべき通底器は、必ずわれわれひとりひとりの内部にまでつながっている。われわれがいまここであらためて連帯の条件を再発見しようとするとき、その前提となるべき作業は、各自がその通底器を自己の固有な存在性のかけがえのない部分に見出すことであり、その亀裂との格闘を、状況の総体に向かって戦闘的に投げかえすことである。少くともそのような作業を共有することをぬきにして、われわれの連帯などというものはありえない」「いまわれわれは、おしなべてなしくずしの転向過程に日々身をさらしている」「われわれが会の運動を必要とする最大の根拠はここにある。われわれは日々われわれの作家的存在の内実を深くつきつけ合い、相互刺戟による意識の緊張を「場」的につくりだすことによって、この総転向の潮流に鋭く拮抗しなければならない」「むろん弛緩した会の実態は、会の本質的理念を裏切っていたということであり、それは即転向に無抵抗になってゆく姿にほかならない。変革と自由を標榜する運動がそのような傾斜に不感症となるとき、それは最も危険な馴合いの欺瞞集団に転落することを、この際重い反省をもって熟考する必要がある。」

「総括」は更に「直接の外敵が遠のくと、昂揚したエネルギーが弛緩と惰性の日常性に拡散しがちだった事実」を指摘する一方、「究極において芸術運動は生みだした作品をぬきにしては語れない」という観点から会員の創作活動を分析し、数本の刺戟的作品以外にみられる「作家であることの必然性をひとかけらも見出しえないような粗製乱造、麻痺した感覚、習慣的な手つき、低次元での自己満足的な擬似実験等、むしろ衰弱と貧しさとしかいいようのない現象」を批判して、「重要なのは、われわれがその一作一作に何をどのように賭けているか、その内的根拠を表現の深層にみきわめることである。少なくとも作家というものは、そこにしかいないのであり、その一点での連帯をぬきにして芸術運動組織の連帯の条件はありえないことを再確認する必要がある」と書いている。ただしそのくだりは、この間作品をつくれなかった私としては、書きながらひどくつらかったことを告白しておかねばならない。

そのほか私は会活動のあらゆる側面に分析を加えたが、そのうえに立って、最後に次のように「総括」をしめくくっている。「創造運動はまず何よりも自発的なものである。自発性に依拠しない義務的な運動は、決して創造運動とはなりえない。しかし創造運動がその本質的願望と意志においてつくりだそうとするものは、自由を外的にも内的にも解体しつくそうとする状況に対して、それに根源的に拮抗する緊張した「場」を、持続的に深く広くつくりあげようとする点にある。そのことをぬきにして、とくに集団的場的にしか作品をつくりえない映像芸術の具体的な創造活動は、一歩も押し進められなくなる終局的な関連がある。したがって真の創造者はどうしても戦闘的に運動を組織する観点をおろそかにすることはできない」「映像芸術の会はそのような観点に立つ運動体であり、すべての会員は運動的な創造者でなければならない。その点において、すべて

一九七〇—一九七一

の会員は運動を主体的に組織するものでなければならず、受け身であったり、アナーキーなエゴイズムを無制限に許されるいかなる特権も持つことはできない」「会活動を支える実質的なエネルギーにアンバランスな偏重が生じるとき、会の活動には必ず無理が生じて、破綻や衰弱を招かざるをえなくなる」「われわれは、創造活動に関してはあくまでも自発性を重んじ、運動を物質的に保証する側面では義務性を重んじた方がよいと考える。ここでもわれわれは常に会の存在理由を問うべきであり、その問いかけのかなたに垣間見るであろう自由にかけて自己を律すべきである。会の存在理由を問うことは、そのまま会への参加理由を問うことである」と。

いささか長い引用となったが、あえてこの「総括」を重視するのは、ここには過去の映画運動がぶち当ったすべての基本的な問題点が反映されていると同時に、それらの問題と格闘して、その先にあるべき運動理念を模索した思想的到達点が、一応集約されていると思うからである。一九六五年六月、映像芸術の会第二回総会は、この問題提起をめぐって、久しぶりに内的緊張を孕んだ長時間のディスカッションを交わしたということができる。

（未完）

『映像芸術』覚え書——戦後の映画雑誌 ⑧

その二

一九六五年六月、映像芸術の会第二回総会での議論は、滝沢問題と黒木問題を中心に沸騰した。

滝沢問題については、滝沢林三が自衛隊映画を手がけたことに対する激しい糾弾があったことは当然にしても、いま振りかえると、その糾弾の大部分が、いわば自己を第三者の高みに置いた検事的発言であり、糾弾者もまたすぐ地続きの淵に立たされているという自覚を欠いているばかりか、少くとも日常私たち自身が、生活と創造のはざまに引裂かれながら、しょせんPR映画という奴隷の言葉から自由になれずにいる苦しみを、同時に串刺しにする発言がきわめて少なかったことにあらためて思い至らざるをえない。そしてこのことは、終始映像芸術の会の体質的弱点だったのである。

同じ弱点は、黒木和雄のエゴイズムと無責任さに反発するあまり、坊主憎けりゃ袈裟まで憎いと、黒木の『とべない沈黙』に感情的に反発する一部の傾向にも現われていた。明らかにその多くは、己れの創造的格闘のすべてをそこに対決させることなく、しかもはじめからけなす結論を先行させたイージーなものだったのである。その点土本典昭が、「批評の質は、創作者としての苦悩をかいくぐったうえでの批評でなければうけいれたくない。雑誌にのせている論文は、イデーのために作品を抹殺している」「私は仕事に対する燃焼度を知ったうえでものを言わざるをえない。作品をつくった原点、どこで作ったかという肉声がほしい」（第二回総会議事録）と発言したことは、作品批評のありかた、とりわけ作家相互の批評原則を鋭く明確化したといえる。

ともあれ第二回総会は、かくして映像芸術の会創立以来の問題点をつきつけ合い、その緊張感をカンフル剤として会の再確立を決意し合ったわけである。新運営委員会は、委員長松本俊夫、事務局長西江孝之、以下野田真吉、東陽一、土本典昭、松川八洲雄、大沼鉄郎、山際永三、櫛野義明、持田裕生、黒木和雄、畠田昌慶、平野克巳、間宮則夫であった。私としては「かけ声だけで実践しないというのが今の会の現状だ。義務化したものは自ら義務としてしばりあげるようにしなければだめだ」（『会報』15）と強調したものの、総会の高揚感が相変らずの一時的なみかけに終るのではないかという危惧感を終始払いのけられなかったことを否定できない。事実それからわずか五ヵ月後、私は「破産の事実に眼を向けよ」（『会報』17）で会の財政的破綻を宣告し、「このままでは会の維持は不可能に近い」と訴えざるをえなかったのである。まさしく「喉もと通れば熱さ忘るる」の喩えのごとくであるが、私はこのいつ墜落するともしれない片肺飛行のなかで、もはや会に多くを期待することを内心断念し、最低機関誌『映像芸術』をどこまでだし続けられるか、その一点のみに賭ける以外なくなったことを悟ったのである。

『映像芸術』は、編集長野田真吉、編集委員大島辰雄、粕三平、黒木和雄、四宮鉄男、東陽一、平野克巳、藤原智子、宮井陸郎、編集担当運営委員松本俊夫のメンバーで第二期を発足し本誌先号で触れた八・九月合併号に続いて十月号、再び一ヵ月置いて十一・十二月合併号を、文字通り四苦八苦の思いで発行したと記憶する。注目すべき問題提起、あるいは刺戟に富んだエッセイの主なものは、葛井欣士郎「アートシアターは苦悩する」、江馬英治「我らにとって例外なく」、中島彰亮「〈イ〉について」（以上、65・10）、塩瀬宏「アンチ・テアトルとシネマ」、唐十郎「役者の台頭あるいはNON〈アート〉論」、宮井陸郎「状況のなかの想像力」、北村皆雄「想像力の存在論的考察」（以上65・12）などである。

なかでも私がアイクチを突きつけられる思いがしたのは唐の論文であった。唐は『映像芸術』創刊号の座談会「現代芸術をいかに拓くか」のなかから、東松照明と私が「見る」ことの意味に触れている部分を引用し、そのような〝見る〟立場から始まった芸術の正統派たちとは違って、〝見られる〟立場から始まった無用者の芸術」にこれからの可能性があると断じている。彼は、浅草のストリップ劇場の寸劇役者ミトキンをひき合いにだしつつ、「ミトキンは怪物の貌をして現われる。彼は何もしない。立っただけなのだ。それだけで客はどよめき、彼は自らの内に憎しみの生まれるのを座を見る」と書き、「怪物の座から、向う岸を眺む目と、投げられる人々の視線を受けとめる目が、彼の内で激しく交叉し、切り合う運動の形の在り方」に注目して、「この怪物のソシャクが、創造を通して一つの形態にゆきつくのはいつのことか?」と自問した。むろんこの「呪い殺しの形態学が、劇場という穴ぐらで成立する可能性」は唐じしんがその後誰よりもまず状況劇場の赤テントのなかで具現してみせたといえる。この唐のアイクチは当時私を深くおびやかしたといわねばならない。しかしそれならば、生まれつきさらされる立場ではなかった私たちプチブルインテリはどうすればいいのか。私にいわせれば、さらされる立場の最もよき理解者づらをすることほど嫌悪すべきものはない。少くとも私ができることは、絶対的にさらされたものによって私もまた逆にさらされてしまうことを自覚し、彼らの呪いの視線を浴びつつ私もまた多分に自己憎悪を噛みしめながら、またしてもそのような己れと世界の関係を「見る」ことである。もし万が一にも、私がミトキン→唐の「見られる」立場に拮抗しうるとすれば、それは私の「見る」位相を、そのような関係の極に押しやる以外にない。それが当時レネの『二十四時間の情事』に深く影響されていた私のさし当っての結論だったのである。

しかし「見る」ことの意味の深化を主体の確立の問題としてとらえかえそうとしていた私にとって、実はいま一つ何とも確信のつかない疑問が横たわっていた。それは果して今日、主体とはそのような確固としたものとしてありうるのかという根本問題だったのである。その不安は、むろん状況一般、あるいは映像芸術の会の解体拡散化に何がしか根ざしていたとはいえ、本質的にはもっと世界の時代的構造にぬきさしがたくかかわるものとしてあったといえる。宮井のエッセイは、そのあたりの問題に刺戟的な切りこみかたをみせていた。宮井は「状況を思考によってからめとり状況の全体図を視界の下におさめることができると考えた時代は歴史の中に消失していったのではないでしょうか」という観点から「状況の内側から状況の意味を問う」「ドキュメンタリストの存在論的視点」を、アントニオーニの映画にみられる「心像《イメージ》を意味の世界に置きかえることを拒否するもの」、あるいは「日常的なショットの積み重ねによって全体的イメージを積分してゆく方法」のうちにさぐっている。これは不断の失落と無化にさらされた主体のパースを追求している点でいちはやく新しい状況に光をあてていただけでなく、『情事』を「愛の眩暈のなかにお互いの非存在と化そうとすることの挫折」としてとらえるなど、数あるアントニオーニ論のなかでもとりわけすぐれていたということができる。

だがこの十二月号をだしたところで、私たちは累積された極度の財政危機のため、次号を続けてだすことが不可能な事態に追いつめられてしまったのである。私は運営委員長として財政的窒息の「最大の原因は会費の滞納にある」ことを指摘し、「当面のピンチを姑息な手段で乗りきることができても、長期の対策にメドがつかないかぎり、同じ危機のくりかえしで、結局会の解散にまで追いやられることは明らかである」こと、また「私個人の考えでは、不毛の重荷と共にすべてをダメにしてしまうよりは、すぐれた真剣なエネルギーを再組織して、この際質のケルンを築き直す方が大切ではないかとさえ思われる。ともあれ私は、こういう状態と慣れ合うことが、いま最も危険な敗北の道であることを自覚しないわけにはゆかない」（以上『会報』17）と強調して、事態の根本解決をはかるべく緊急に第三回めの総会を開くよう呼びかけたのである。

結論的にみるならば、一九六六年一月二十三日に開催された第三回総会は、第二回総会が抱えこんだ矛盾を、いっそう拡大する方向で露呈したといわざるをえない。総会議事録（『会報』19）からそのポイントになる発言をコラージュして、問題の所在を浮びあがらせると次のようになる。

西江孝之「創造と会活動が分離し、運動が両極に分離している」

櫛野義明「自分のなかに会をうちたてる方向ではなく、運動の困難を避け、自分を会の外に置く傾向が顕在化してきた。〝会はつめたい〟〝会には魅力がない〟〝成果がもたらされないから会費を払わない〟などという倒立した主体的でない言葉が横行するようになった。悪循環がはじまり会のルールと体制がこわされていった」

土本典昭「〝とべない沈黙〟が奥歯に物のはさまった扱いをうけている。組織の疎外の一つのピークだ」「上映運動を会がやるのが当然ではないか。そうさせないかくれた心情が会にある」

北村隆子「会の運動としては支持したいが、創作方法上の問題では、個人として言いたいことがある」

東陽一「作品を高く評価していなくて支持するなんてことはありえない」

野田真吉「〝とべない沈黙〟がわれわれの創造の主たる方向だから支持するということにはならないだろう」「飯村の八ミリも、会としては同じように可能性を発見し支持する努力をはらわねばならない」

松本俊夫「会として作品の評価づけをするなどということはありえない。肯定・否定にかかわらず、会全体で問題にするにたる作品を通じて対話を交しながら課題を明らかにしてゆくことが大切なのだ」「個々の会員がどう評価するかは自由だ。黒木の会活動がいいかげんだから支持しないということもありえない。黒木のサボタージュについては別個に批判の対象にされるべきである」

櫛野義明「野田編集長すらみていない。ほかにも見ていない会員が多くいる。見ていない作品を支援せよといわれても支援しようがない」

西江孝之「小川（紳介）スタッフの場合も、たとえ会費を払ってなくても、自らの作品づくりを会に持ちこんでゆくような主体的なかかわり方が必要だ」

丸山章治「気の合った仲間同志に逃げこみ、異質なものと闘い合うということがなくなってきている。いま何を共有し何によって連帯するかが問われねばならない」「お前はお前、俺は俺といっていていい状況ではない」

松本俊夫「たしかに〝われわれ〟という実感がなくなってきている。〝おれ〟にとって〝お前〟がいなくなっているということだ」

東陽一「どこでつながるかという問題については、ふつうの生活者の基盤と我々のそれとは相異があることを忘れてはならない。芸術的・思想的な位相で連帯するのだ。連帯の基盤については創立総会で成文化した。しかし時間の経過のなかで問題が輻輳し、理念と現実との亀裂が生じたものと私はみる。その原因は創立宣言そのもののなかにある。一方で多様性をみとめ一方できびしい相互批判をというが、多様性が敬遠し合うことになっていなかったか、逆にきびしくということで排他的になることはなかったか」

総会で交された議論はざっとこんな具合であった。しかもこのしんどさに加えて、財政の実情から、製作進行中の『映像芸術』をなんとか刊行したあと一時発刊を停止せざるをえないこと、更に有能な専従活動家だった櫛野事務局員の辞任の問題などもでて、映像芸術の会は創立以来最も見通しの暗い状況に突入していったのである。

そんなどん底を這いつくばりながら、私たちが製作進行中の『映像芸術』をなんとか世に送ったのは66・4としてである。財政的な制約が大きかったため、バランスとして翻訳ものが多いが、アンドリュウ・サリス「地下映画」、ドナルド・リチー「実験映画における性的なもの」、またロバート・ブリアのコンテ「パットの誕生日」などは、いわゆるアンダーグラウンド映画の可能性を、きわめて刺戟的に示唆してくれた初期の情報だったということができる。

しかし同号の『映像芸術』（66・4）で、とりわけ私にとって忘れることのできない論文は石堂淑朗「再び〝美学よ去れ〟」にほかならない。これは世に言ういわゆる「石松論争」なるものの発端をなすものであり、当時の状況に対する私なりの内的モチーフをこめたシナリオ「瀕死の太陽」(『映画芸術』65・12)を、石堂が小川徹の映画不完全芸術説の尻馬にのって、映像の重視即超階級的非政治的という政治主義的観点からこきおろしたものである。その具体的内容と、私との間に交された論争の経緯についてはここでは省略するが、いま改めて読みかえしてみて、私が思わず苦笑せざるをえなかったある一点についてのみここでは触れておきたい。それは以後五年における石堂の変貌ぶりである。たとえば石堂は私の作品を「アート・シアターの知的俗物青年の前に公開されるにふさわしい」として、しきりにアートシアターに毒づいているが、その後石堂は実相寺昭雄と組んですでに二本のアートシアター作品を書いている。これはアートシアターの路線が変ったからか、石堂の考えが変ったからか。また新作『曼陀羅』は巨大な性器のうえにいきなり肥大化した頭脳をのせたような作品で、その中間の肉体、とりわけ心臓が消失している分だけ、こむずかしい理屈をうんざりするほどセリフでしゃべりまくらせている観があるが、それは石堂が私の作品を称して「あんなむつかしいセリフをいくら書いてもいいならこの何年間の私なりのシナリオ作業は全く愚かしいことだったのである」と書いたこととどう関係があるのか。むろん五年もたてば、人間いろいろな意味で変って当然ともいえるが、政治性の重視から反政治主義へ、大島渚の腰ぎんちゃくから反大島の先鋒へ等々、私にいわせればどうみても脈絡を追うことのできないデタラメな変節ぶりが眼についてならない。

だがここではこれ以上石堂にかかずらうべきではないだろう。私は『映像芸術』がこの号をもって一時停刊となったこと、以後機関誌再刊委員会を設置して悪戦苦闘したものの、およそ半年は会そのものが危篤状態を低迷せざるをえなかったことについて触れておく必要がある。想像したように、会の支柱を失った運動の結束は避けがたく崩壊の歩を早めたのであり、再刊委員会のアッピール(『会報』20)にも記録されているように、「刊行を中止してからの現状は一層会の拡散を促し、会外の真剣な刊行待望の声をよそに、復刊そのものについての見解の一致を見出せぬまま危機の度合を深め」たのである。このようなどんづまりの状況に対する焦躁の表現として、会の内部では、一方で丸山章治、山際永三、松川八洲雄を中心に「連帯とは何か」についての論争が続けられ、「作家集団の無媒介な連帯をあせったり失望したりしないで、その間に、いい作品、いい評論、いい発言を放って、間接的ながらも深い触発・挑発をやってくれたらいいじゃないか。こちらもしゃべるべく努力する。それを通じて、見せかけの連帯ではなく、彼方の連帯といったものを志向したい」（『会報』20）と書いた山際発言に対して、丸山が一貫して理論的統一の喪失と指導性不在の責任を、とりわけ運営委員会と、暗に脱党メンバーに向けて追及しつづけたことを思いださずにはおれない。丸山の主張は、その後運動再建のメドを政治闘争への方向転換のなかに求めるようになり、それを安直なすり変えと考える私とやがて非和解的に対立せざるをえなくなるからである。

他方『映像芸術』再刊の動きは、「雑誌が出ない状態が異常なことでなくなった時こそ、映像芸術の会の崩壊の時である」という宮井陸郎と北村皆雄のアッピール（『会報』21）、66・6におこなわれた会員十四名による復刊対策会議等一部会員の地道な努力によって、季刊増頁十月復刊を目標に、一歩一歩案を具体化していったといえる。にもかかわらず会全体としては大沼鉄郎の「会の現状をめぐって」（『会報』23）にもあるように、「会報は読まれない、会費は集まらない、原稿は集まらない、研究会は出席が悪い」という動脈硬化症状が一向に好転せず、したがって財政的裏づけがなかなか得られないことから、発刊は極度の難産に陥る破目となったのである。

こうしたなかで、放っておいても会じたいが死滅するくらいなら、最後の力をふりしぼって、一かバチか、帝王切開であろうと何であろうと、意地でも再刊一号だけは陽の目をみせてやろうというのが当時の私の考えだったといえる。私たちは全力をそそぎ、編集長松本俊夫以下、野田真吉、粕三平、西江孝之、東陽一、宮井陸郎、北村皆雄の新編集委員会を編成して、予定より一ヵ月遅れた66・11に、ようやく復刊一号を発行することができたのである。

復刊一号の主な内容は次のようなものであった。野田真吉「楽天的な、余りにも楽天的な」、東陽一「裏と表について」、西江孝之「詐欺師の真実」、石崎浩一郎「性と死をめぐる世界」、北村皆雄「表現主義映画論」、ジョナス・メカス「映画へのメッセージ」、武井昭夫と松本俊夫の対談「映画状況の焦点は何か」、宮井陸郎の報告をめぐるシンポジュウム「ゴダールとわれわれ」。

ところでそれらを再読してみて、ここには当時私たちの運動がたどりついた思想的到達点が、運動論から創作論にわたってあますところなく展開されており、私見によれば

『映像芸術』全巻中、最も重要な号になっていることを自認することができる。私個人にとっても、武井との対談は武井との分岐点を明確にし、ひいては新日文的古典左翼の運動とはっきり訣別してゆく結節点になったものとして忘れることができない。

武井との争点はきわめて多岐にわたっていて要約しにくいが、象徴的にいえば、武井が『ビバ・マリア』を評価するのに対して私が『鬼火』や『軽蔑』を対置させ、武井が鳥瞰的な絶対的透視図をもとうとするのに対して、私が「予断を許さない現実の運動過程に大たんに身を投じて、自分自身を相対化しながら、進行形の現実を進行過程でプロセッシヴにとらえようとする」思考を重視し、また武井がブレヒト主義一点ばりを主張するのに対して、私が「メイエルホリッドからピスカトールやカイザーを経てブレヒトに至る系列と、ジャリからアルトーやボーチェを経てベケットやイオネスコ、アダムスに至る系列と、それを相互否定的に止揚する課題」を強調したちがいにみてとることができる。なお問題が運動のありかたに触れて「多様性の統一」がうんぬんされたとき、私が「それを高みに立って言うんではなくて、自分をその中の一つの位置に置いて内側から実践的にみると、対立しながら統一するというのは猛烈な努力を必要とする。なぜなら多様性の統一というのは、自分とは意見のちがう相手との関係で出てくるわけで」「否定しながら、対等の立場で相手を認めて、その矛盾を孕んだ緊張関係を、創造と批評の契機として共有する。そこで動きだす場的関係、その動力学をぼくは重視したい」と語り、「状況の変化や動きに原則の物差でしか身を対しえない保守的な意識」を否定して、「原則に常に立ち戻りつつも、一方では常に未知の領域に身を投じてゆく精神の冒険が欲しい」と発言したことは、私の芸術運動論の核をなすものとしていまでも変っていない。

この「未知の領域に身を投じてゆく精神の冒険」は、私たちのアンダーグラウンド映画に対する強烈な関心に典型的に現われていた。私たちはメカスの「既知のシネマの最終定義は一切合財ぬぐい去られた。いまやすべてのドアは開かれている。そしていくつかの窓も。次に何がくるか、知っている奴はいない」という言葉を彼の第一宣言「新らしい映画だけが目的ではない。新らしい人間、それがゴールなのだ。私たちは芸術を求める。だがそのために人間がどうなってもいいというものではない。ピカピカした、ベラベラしたものはもうゴメンだ。荒けずりでナマでいい、生きていてほしいのだ。バラ色ではなく、血の色をした映画がほしいのだ」という言葉と共に、興奮して読んだものである。野田はこういうメカスらの運動を規範に、私たちの運動の本来的なありかたもかくあるべしと書いたが、その「楽天的な、余りにも楽天的な」展望は、事実いまでは若い世代のなかに静かに現実化しつつある。

　しかしその時点では、私たちの運動は、「運動の本来的なありかた」を模索する運動にとどまらざるをえない限界があった。私たちは、私たちの前方に未来を思い描きながら、みずからは疲労困憊のあげくカナンの地を前にダメになってしまうかもしれないという悪い予感に絶えずおびやかされていたと言ってよい。いや、再刊一号がでても、会内の事情は決して好転のきざしをみせず、ひたすら解体の一途をたどるばかりだということをみせつけられたとき、悪い予感ははっきり現実のものとなっていったのである。「私たちは会を混迷に陥しめる組織的な内実を抱えている。この内実を同じように抱えながら会を云々することは、もはや私は徒労の極みだと思う」（持田裕生、『会報』24）、「私が会の現状に対して無関心におちいってゆくのは、そのような虚名の会、実体のない空虚な運動に対する離反です」（野田真吉、『会報』24）という発言が、会の実質的活動家のなかから堰を切るように出はじめたのもこの頃からである。

　そんな頃、いわゆる「丸山意見書」なるものが会員に配布された。丸山章治が会の指導部を総批判し、会運動の衰退を政治課題の喪失にあるとする持論を展開したものである。

　たとえば丸山は、私と武井の対談（再刊一号）には、「新日文的な芸術運動と映像芸術的芸術運動のちがいがありありと反映している」とし、「新日文が目標を〝民主主義文学〟と規定しどんな傾向の文学をも無差別的に受け入れようとはしなかったのに比べると、われわれの会には文化的自由主義がみちみちている」と書いている。つまりは丸山の政治性復活論は、即新日文的なそれであり、私にいわせれば状況の焦躁感を反映した素朴な先祖帰りにほかならない。丸山が芸術・思想運動のインビジブルな変革力の位相を見ぬけず、それを直接の政治革命に短絡させようとしていることは、丸山がメカス流の自立映画運動を提唱した野田に対して、そんなものに力を注いだところで「つまり体制はそのままで、ただ体制の支配のとどかぬ個人のアトリエや車庫の片すみにとじこもって、小さな小さなミニコミの自立映画なるものをつくったり上映したりしてほくほくと自己満足していよう、というだけのことである」と反発している次元の低さからみても明らかである。

しかし、日映新社でグループびじょんを結成した平野克巳が、「ぐちってもしょうがないということで、私なりに打開すべき問題をつきつめた結果、……自分が現在足場にしている映画創造の立脚点（映画企業）を、それを許容している自分の自己変革を含めて変革していかないことにはどうすることもできないという当面の問題が大きくクローズアップされてきた」（『会報』27）と書いたように、状況の無風状態を、政治闘争によって突破しようとする欲求が、会内のいらだちの背後に広く潜在化していたことは事実である。そしてそれは、状況変革の一般的課題としては、あらゆる場で積極的に顕在化させてゆく必然性を、大状況じたいがすでに大きく孕んでいたということができる。だがそれはそれで、私がそのことに否定的になるはずがない。私が絶えず否定的だったのは、映画運動のゆきづまりを政治運動にすりかえる安直さであり、その困難な固有な課題を放棄して、例によって例のごとく、「事件があればすぐ集団ヒステリー症状を起していきりたち、事件がなくなると全く見事に解体風化してしまう運動の体質」だったのである。そしてそれが創作意識になだれこんだとき、たとえばその頃開催された〈映像芸術フェスティバル〉の上映作品、間宮則夫の『いろはにこんぺいとう』のように、幸わせそうに遊んでいる日本の子供とベトナムで怪我した子供を、対比的にカットバックでつなぎ合わせて何かをプロテストしたつもりになっている愚劣な作品を生むのである。だが概して言えば、一部のごく少数の作家を除くと、映像芸術の会の会員作家のダメさかげんは、結局現実とのクロスのしかたをその程度の水準でしか発想できないところにあったと言い切れるかもしれない。

一九六七年五月二十一日、会創立より二年目を迎えた第四回総会は、明らかに会のそれまで抱えこんできた矛盾がくるところまできて、総会議事録からわざわざ発言を引用するのも虚しくなる空語の束が、気合いの入らないキャッチボールのように義務的に投げ交わされ、遂に何ひとつ積極的な前進の契機を見出しえないまま、慣習化された儀式のように、運営委員長西江孝之、書記局長山際永三、編集長松本俊夫、以下野田真吉、土本典昭、黒木和雄、松川八洲雄、大沼鉄郎、東陽一、平野克巳、持田裕生の運営委員を選出して閉会した。グループびじょんの活動報告をめぐって会内に共振的刺戟をもたらしうるかのごとき錯覚がちらついたことを論外として置けば、東陽一がフェスティバル作品、とくに間宮のそれに正確な批判を放ったほか、私が一方で丸山章治の政治主義的傾斜を、他方で長野千秋の軽薄な新しがり屋主義を、それぞれ両極化した躓きとして串刺しにしたくらいが、わずかかきたてることのできた波紋だったのである。

第四回総会以後の会は、会じたいとしてはほとんど半身不随で完全にマヒ状態に陥り、会員であることに意味を見出しえなくなった部分が飯村隆彦はじめボロボロと脱けはじめ、野田真吉や間宮則夫らは杉並シネクラブをつくって、活動の拠点をそちらに移しはじめるといった具合であった。その間唯一本質的に注目すべき動きを示したのが、小川紳介の『圧殺の森』だったのである。

ところでそれと前後して、『映像芸術』再刊二号が編集、発刊された。第二号は今村昌平の『人間蒸発』をドキュメンタリストの眼でどう評価するかというところに特集のポイントを置いたが、原稿の集まりが悪かったこと、財政上の無理がたたったことなどの理由で発刊が遅れに遅れ(67・9)、いささか気のぬけたビールのごとく冴えなかったといわざるをえない。ただ小川紳介の『青年の海』とそれを高く評価した東陽一に対して、大沼鉄郎の「ヒドラ論」が若干の疑問を提出し、それを東が『会報』32号で猛然と反論したうえ、「結局ぼくにはこの会の水が肌に合わない」と書いたとき、私は遂にくるべきもの(分解)が近づいたことを直観しないわけにはゆかなかったのである。

事実、映像芸術の会は、六七年の暮れに向って、実質的に収拾不能の相互離反を顕在化していった。それは会の創立以来潜在的に進行していた会員相互の不信と感情的・思想的対立の結果だったのである。分裂は、主として実務型活動派と創作至上派、機関会員と一般会員、政治優位派と芸術自立派、編集部派と書記局派等々の多角的な軸によって進行する一方、更にはグループびじょん、旧岩波グループ、杉並シネクラブ、小川プロ、映像社グループ、ユニットプロ等々、小グループによる同志的結合体、あるいは個人の単位に至る別の軸によっても進行していったとみることができる。つまりはその多様な組合せによって、反目と解体の構図は、四分五裂の輻輳した混沌を呈したと言ってよい。私はといえば、「なぜ作家的魅力のある連中が運動の実務に無責任で、実務活動に信頼のおける連中がなぜ作家的に魅力がないのか」と、終始その間にはさまって悩みながら、それらの多角的な極に引裂かれつつ、結局ただ一人孤塁を守る結果になったのである。

私の記憶によれば、六七年の秋から暮れにかけて、私は運営委員会の席上、一方で西江や山際と怒鳴り合い、つか

一九七〇―一九七一

みかからんばかりの論争をくりかえし、他方これが最後になるかもしれないという予感をもちながら『映像芸術』再刊三号の編集に当っていた。このあたりになると、むしろ会の最後の解散問題の方が切実であって何となく雑誌の内容に詳しく立ちいる余裕がないが、一応その主なものは、宮井陸郎「現象学的ドキュメンタリー・ホップシネマの方向性」、北村皆雄「政治の美学」、松本俊夫「実感的映画状況論」、粕三平「土本典昭について」、シンポジウム「〝圧殺の森〟と〝現認報告書〟をめぐって」、「小川紳介へのアンケート」等であったことを記録しておきたい。しかしそれらは共通して、時代の先端を生きようとする作家が、このはげしい転換期をどうとらえ、どう表現してゆくべきかというモチーフで、いずれも示唆深い予言的発言をしていると言うことができる。

そして『映像芸術』三号が発刊された六八年二月こそ、映像芸術の会は急速に組織的分裂と解体の段階に入っていたのであり、「一九六八年二月五日、映像芸術の会運営委員会は、会運営の決議機関としての機能を停止しました」という書きだしの「報告」(『緊急会報』)を発表して、「今後会をどうしてゆくかの討論と決議を会の最高議決機関たる総会に委ねます」と訴えざるをえない状態に追いこめられていったのである。そのいきさつについては、西江が「方向決定と責任」(同会報)で「運営委員＝黒木、土本、東、会員＝鈴木(達)、押切の諸君から文書あるいは口頭で提出された退会の意志表示、そしてこれをめぐって延々六時間にわたる運営委員会の席上で表明された運営委員松本の退会の意志表示は、それがあまりにも会の実体を深刻に反映しているものである」と書いているとおりである。

私のみるところ、黒木ら旧岩波グループは明らかに相談し合って退会の意志を決めていた。彼らは「今、会をやめることが自分にとってはどうしても必要なことであり、最も責任をとる行為でもある」(東)と発言したが、端的に言えばもはや会との不毛な関係を切ってすっきりしたいという気持でいっぱいだったのではないかと想像する。はじめは私も「そう簡単に言うな」と対話を深めようとしたが、もはやその時点では、私も自分のすべてを賭けて彼らを止めうるほど、会に対する確信が崩れていることを逆に思い知らされたにすぎない。ともあれ私としては、作家として最も魅力的だった彼らを、結局とどめておけないような芸術運動体に未来はないと考えざるをえなかったのである。だが私は私の性格から、自分の意見を明確にしておくべきだと考え、二月十日付けの「退会届」(『緊急会報』)で、私が一貫して「会の理念と実態のズレ」を縮めようと努力しながらどうにもならなかったことに触れ、続けて次のように書いたのである〔本書二四七頁を参照〕。

「私は会を最低作家意識が相互に刺戟し合う緊張の場にしたいと考え、一時的・条件的にでも、心臓を救うために、腐った手・足を切るべきではないかという強硬な主張もした。少くとも会員ひとりひとりの自発性と主体的な参加意志に基づかない芸術運動など意味がないと考えたからである。しかしその意見は、くりかえし極左的であるとして否定された。しかもその内実が年々衰弱するなかで、私は私の存在がしばしば会内で反発の対象ともなり、また私は私で会の「場」から刺戟を吸収してゆくことが少くなっていったことを否定できない。私は会の内外で孤立をよぎなくされていったとき、私ははじめて痛切に会が私にとってかけがえのない精神的根拠地ではなくなっていることを思い知らされたといえる。」

私ははじめ、こんな自己欺瞞的な集団は解散に導くべきではないかとも思ったが、危機の様相を深めつつある政治状況のことを考え、芸術運動体としてはゼロだが、政治的抵抗のエネルギーを少しでも持ちつづけているかぎり、あえて解散を提起することもなかろうと思い、単独で自発的に退会を決心したのである。そして私は正直なところ、私が作家であろうとする以上、個人の内的問題としては、一度どうしても私を長い間がんじがらめにしてきた禁欲的な義務感から解放されて、少しは自分でも手がつけられないほどアナーキーになり、あるいは混沌の渦のなかで何もかもわからなくなるような狂気の瞬間を生きる必要を感じていたのである。

私の退会後まもなく、映像芸術の会は結局全面的に解体した。確実に一つの時代が終り、私の青春もまた終ったのだというやり切れない思いが、しばらくは私を苦しめ続けたことを、いま私は改めて余りにも苦い多くの記憶と共に想いださないわけにはゆかない。そして同時に、私は私の退会後、かつての会員たち、かつての友人たちによって、きわめて悪質な誹謗の対象にされていったくやしさと憎しみを想いださないわけにはゆかない。しかし、そのことも含めて、その後私が何をどう考えてきたかということについては、またあらためていつの日かどこかに書きとどめるつもりである。

『記録映画』から『映像芸術』に至る私の「覚え書」は一応ここで終りとする。途中すでに多くの旧会員からのブツブツいう声を耳にするが、もし私に異論があれば、もっ

一九七〇―一九七一

と正面から批判なり反論なりを展開するよう要望したい。
無論それに意味を認めれば、私はいつでも論争に応ずる用意があることをここに明らかにしておく。

（完）

不可視の映画運動

この一文は、『映画批評』誌に連載された「『記録映画』覚え書」「『映像芸術』覚え書」の続編として書かれたものである。

私は雑誌『映画批評』に、五回にわたって、記録映画作家協会時代から映像芸術の会時代にかけての、雑誌を中心とした映画運動の私的総括を「覚え書」という形で発表した。私はその冒頭で、「編集部の説得に負けてペンをとったものの、資料を読み返すうち、やはりこの課題は私の気持のうえでなお時期尚早だったという後悔に襲われている」と書いたが、その重苦しい気分は、ペンを進めるにしたがってますます深まりこそすれ、決して軽減することはなかったと言わなければならない。終始運動の中心にいた私としては、それらに対していまなお距離をとることが困難だったからである。

しかし困難だったのはそればかりではない。私が運動の経緯をふまえようとするとき、『映画批評』誌の連載企画としての「戦後の映画雑誌」という範疇でものを語らねばならなかったという制約もさることながら、とりわけ私をはがゆくさせたものは、論の展開を原則として活字化された資料に依拠しようとする自己限定性にあったと言える。少なくとも内側からの視点で歴史的体験を辿りなおすとき、運動の盛衰や曲折の裏側には、しばしば当事者ないしごく限られた数人にしか知られていないいくつかの決定的な事柄もあり、それを語らないかぎり本当のことは理解できるはずがないと思いつつも、なおあえていまはそれを語るまいとする配慮が、その分だけ記述を生きた真実から遠ざけてしまうことに対して、私はひどくいらだたなければならなかったのである。

運動の内部にいたものでも、それら非公然の事柄、とりわけ人間関係に生じた微妙な心理が、時として諸種の議論や行動の方向を左右することすらあったことを知るものは少ない。ましてその外側にいたものが、活字化された資料の表層をひとなでする程度で記録映画作家協会や映像芸術の会の運動を云々するとき、私などには、それらのほとんどが、せいぜい剝製標本を博物館の整理棚に仕分けしているくらいにしか映らなかったものである。そういえば私は映像芸術の会が解散して以後しばらく、よく学生諸君などに「なぜ運動をつぶしたのか」と詰問されたが、事実彼らの多くが、会の実態について全く無知であるにもかかわらず、会が雑誌『映像芸術』を発行し、また記録と映像の会など、少々目につく活動を続けてきた新左翼の映画運動体だったという外ヅラの一面のみをみて、その解散を即敗北と断じるその素朴さに二の句がつげなかったことを思いださずにはおれない。

しかし映像芸術の会の運動的経緯がどんなものだったかということは、すでに私が書いたように惨たんたるものだったのである。そのような内実は、雑誌『映像芸術』をどんなに丹念に読んだところで決してわかるものではない。そこで私としても、映像芸術の会のくだりについては、「戦後の映画雑誌」という『映画批評』誌の企画範疇を少々逸脱させてもらって、「活字化された資料」の範囲を、せめて「お家の事情」の会内コミュニケーションのために配布されていた『会報』にまで広げざるをえなかったのである。それとても内ヅラの一端しか記録されていないが、少なくとも映像芸術の会の運動的解体が、実質的には会の創立後一年目にすでに明確だったこと、厳密には一九六五年六月の第二回総会でその危機が深刻に論じられたにもかかわらず、それから五ヵ月後、私が「破産の事実に眼を向けよ」(『会報』17)を書かねばならなかった時点で決定的だったという程度の認識は得られるはずである。そのあたりをふまえるかぎり、一九六八年における会の組織的解散はいわば枯木が倒れるべくして倒れたにすぎないことは明白であり、実質的にはそれよりすでに二年半ほど前、インヴィジブルに解体していたものが、その後あらゆる手段を講じたものの、遂に蘇生することなく、その必然的結果をヴィジュアライズしたということにほかならない。

その意味において、私が運動の組織者として非難さるべき点があるとすれば、それは第一に一九六八年の会の解散をめぐってではなく、一九六五年の実体的解体をなぜくい止めえなかったかという問題としてであり、第二に、私自身早くから「組織そのものの維持を自己目的化するとき、その瞬間から運動は常に堕落をはじめるのである」(「運動の変革」63・11)と書きながら〔Ⅰ巻三四五頁を参照〕、結果的には必要以上に「定有としての組織」にかかずらいすぎた点である。いまから振りかえって、第一の点については、当時の主体的客観的条件が同じだとすれば、私はやるべきことはすべてやったし、それ以外に別な対処のしかたがありえたとは全く思うことができない。だが第二の点については、せいぜい一九六六年の第三回総会(1・23)で何らかの決断を下すべきだったように思われる。それを逡巡し、結果的には組織に対する保守的態度を脱却しきれなかったことこそ私が反省すべき点である。

　実をいうと、私は私の周辺の友人たちには、その第三回総会で会員にやる気がでてこなければ脱会するかもしれないと洩らしていた。にもかかわらず、『映像芸術』の一時停刊、櫛野事務局員の辞任等、会が創立以来最も見通しの暗いどん底におち込んだことをはっきり露呈した第三回総会以後も、なお脱会も解散提起もできなかったのは、ひとえに「ではその先、どうこの状況を突破するか」という明確なヴィジョンをもちえなかったからであり、そのあたりの確信がなければ、そのほぼ一年前、発展的解散を宣言しながら結局拡散の一途を辿った現代詩の会と、同じ轍を踏まないという保証はなかったからである。

　このようななかで、私が私じしんに課した課題は、あらためて「映画運動とは何か」という問いを、映画を創り、かつ見るというサイクルの原点に下降して、可能なかぎり原理的に追求することであった。私が表現行為の根底から、それが時代や変革にかかわる固有の位相を問題にし、そのレヴェルで運動の意味をとらえなおそうとしたのはそのためである。しかし私の問題意識は、当時嘲笑の対象にこそなれ、その意図すらも正当に受けとめられたとは言えない。『映画芸術』（66・7）の花田清輝と武井昭夫の対談などもその一例である。私は花田からは「松本俊夫君なんかも運動族とパーティ族の間をふらふらしている」と揶揄され、武井には「彼の意識が運動の課題を見失っていて、スコラ的な映像論議ばかりやっている。それも古典的な映像観の上に立ったもの……」とすらきめつけられている。ただし彼らの評価基準がいかにズレているかは、その対談が創造的な理論の例として千田是也の『新劇入門』を挙げ、吉本隆明の『言語にとって美とはなにか』をプソイド＝アカデミズムの一語で「バカバカしい」と一笑に付していることによっても明らかである。

　ここで私が特に注意をうながしておきたいことは次の二点である。ひとつは運動族を自認する彼らの運動意識が、創造の問題を低次の実効意義で計る悪癖をぬけきっていないということであり、いまひとつは「古典的な党派意識の上に立って」、対立者に排外主義的にレッテルを貼る愚行をなお犯しつづけていることである。それらがスターリン主義時代以来の、退廃した遺伝的体質を受けつぐものであることは言うまでもない。「新日文」のそのような体質を、私は組織をあげての反吉本キャンペーンのときにまざまざとみたが、同じ仕打ちは規模の差こそあれ、私が「新日文」を脱会した後にも感じたことである。とくに時流に乗ってうまく政治的に立ちまわることにたけた針生一郎が、それを境に私を脱落者呼ばわりし、ことあるごとに偏見に充ちた悪態をまきちらしてきたことを私は忘れはしないだろう。

こういうことを言うのも、私は、私が映像芸術の会を退会したあと、旧会員の多くが私にとった態度について触れたいためである。私は一九六八年二月一〇日付の「退会届」(『緊急会報』)で次のように書いた〔本書二四八頁を参照〕。「……私としても手をこまねいたまま、これ以上嘘の関係を続けるわけにもいかないし、沈没する船とともに心中するわけにもいかない。私の前には新しい状況と新しい芸術課題が次々と立ち現われている。私はそれにどう生いきと対処するか、そのための運動的な可能性はどこにあるかということに忠実でありたいわけで、死んでいる組織の維持に忠実であろうとは思わない」「私はほとんどいま精神的余裕のない追いつめられきった地点で、起死回生に賭けるだけである。そのような信念から、私はより多くの人に、会の欺瞞的な現状から脱出するための、自己自身の内的闘争に厳しくなることを呼びかけたい。むろんそのことはひとりひとりの内部を通すべきもので、強制できるものではないが、この先お互いがどういう道を選ぼうとも、この際その点の自己検証こそが最も大切なものだと考える。いまのところ、私にとって私と意見を異にするものを敵対物とは思っていない。むしろいつの日か、それぞれの過程をへて、同じ道を再発見してゆくことを期待している。しかし、きわめて低次元で、この陣痛の作業を誹謗し邪魔するものとは、容赦なく闘うであろうことをも言っておく。すでにその気配なきにしもあらずだからである」と。

「その気配」は、その時点では「会を存続させよ」と主張していた諸君、とくに西江孝之、山際永三、松川八洲雄、持田裕生、丸山章治、北村隆子あたりを中心にくすぶっていたと言うことができる。彼らは脱会や解散は無責任であるとして、とりわけ私にあらんかぎりの悪罵を浴びせたが、そう言えるだけやるべきことをやり、かつ正面から堂々とフェア・プレイで私とわたり合ったのは山際ひとりである。その意味で私は山際の誠実さをいまでも信頼するが、ただ私に言わせると、山際は映画運動を全く組合主義的にしか理解しておらず、常に「作家」の問題をずり落としてしまうという点で、私とは思想的にも体質的にも全く相容れなかったと言わねばならない。あとは概してサボタージュとヒステリー的高揚をくりかえしていた連中であり、しかも正面からではなく、とくに西江や松川のように裏で嘘八百を並べて汚なく立ちまわる傾向が強かったのである。

　たとえば松川は「ＰＲ映画作家を区別すること。ヤク殺することと。ＰＲ映画を作りつつ、この作業を七〇年にむけて進めてゆくために、僕は結論的に七〇年まで解散に反対する」（『緊急会報』）と勇ましく書いたが、映画運動を政治運動の道具と考える相変わらずの誤りもさることながら、その御当人こそその政治運動でも決定的なところでは常に日和見主義者であったこと、ＰＲ映画作家をヤク殺するなどと言いながら、これまた御当人こそ常に映画資本家に最も受けのいい協調的なＰＲ映画作家であったし、その後も最も典型的なＰＲ映画作家にすぎないこと、そのあたりの言行不一致をどう考えるか、とっくり聞かせてもらいたいものである。ついでに言っておくが、当時松川は、私が退会したことを裏切り呼ばわりし、私がかつて新理研映画の争議でもそうだったと吹聴したと聞くが、それがいかに悪質なデマゴーグであるかは、あの争議で処分されたのが私ひとりだったという事実をもってしても明白であろう。その後私が処分撤回闘争に見切りをつけたのは、松川を含む組合員諸君が、私のクビとひきかえに受け取った報酬を、無収入になった私に少しでもカンパする意志すら全くなかったからにほかならない。

　こんなことまで言わなければならないのは、その後退会者も含む旧会員の間に、集団ヒステリーのごとく広まった反松本カンパニアの多くが、いわばこの調子の中傷で埋められていたからであり、しかも事実を知らず、また私の発言を吟味しようともしない軽挙妄動の連中が加わることによって、私はたちまち「裏切り」「転向」「芸術至上主義」「体制迎合」などのレッテルを貼られていったことにがまんがならなかったからである。映像芸術の会の解体、七〇年安保に対する危機感に加えて、私を格好の悪役に見立てて高揚する気運を背景に、旧映像芸術の会の会員を中心に、いくつもの自主製作・自主上映運動が生まれていったことは周知のとおりであるが、ひとつの運動の内的崩壊を極限的に生きることによってかなりズタズタになった私としては、そうもすぐ次なる旗をかかげて気勢をあげられる彼らの「回復ぶり」に、正直なところ唖然としないわけにはいかなかったものである。

　『映画評論』（68・9）に大島渚が「今このほうはいたる自主製作の秋に、松本俊夫は何を考えているのか。運動家として責任ある発言を聞きたい」と書いたのに対して、私が「大島渚よ、君はまちがっている」(同誌68・10)(本書三一四頁を参照)でそれに応酬し、さらに大島との対談「われわれは間違っていたろうか」(同誌68・11)で直接意見をたたかわしたいわゆる「大松論争」は、そのような状況を背景にして行なわれたものであった。したがって、ここには当時私が、映画運動についてどう考えていたかが明確に記録されている。私の論点を要約すると、次のとおりである。

1 自主製作・自主上映を無条件的に讃美するのはまちがっている。そのなかには安直な先祖帰りの傾向もあれば、体制の補完物にすぎないものもある。

2 映画体制とは単にその機構と権力の直接性の問題だけでなく、その機構と権力によって長年にわたってつくりあげられてきた映画概念、あるいはその枠内に慣習化された視覚の構造、それらを貫くトータルな体質にかかわるものである。

3 したがって映画運動は、単に政治イデオロギーの問題や体制的制度の否定の問題にとどまることなく、映画概念から映画体質までをひっくるめた既成秩序の根底的変革をめざさなくてはならない。その意味ではたとえいかにラディカルな左翼イデオロギーを振りまわしても、芸術上は保守的なエスタブリッシュメントに過ぎないということもあるのであり、それをも否定するのが芸術的ラディカリズムである。

4 そのような変革作業の拠点は、基本的に既成の映画制度から自立した非商業主義映画の自主製作・自主上映のフィールドにある。ただし、そのことは反制度的フィールドから生まれた映画を盲目的に肯定したり、制度の制約のなかから生まれた映画をそれゆえに否定することを意味しない。むしろ真の創造が稀に到達する深い変革力は、しばしば制度の制約のなかから生まれながらも、その制約を圧倒的に突きぬけてしまうという形でありえたのであり、そのおそるべき位相ににじり寄ろうとしない意識は、遂に真に深い意味での創造運動の課題を理解することができないとさえ言うことができる。つまりは、私たちが問題にしなければならないのは、可視的レヴェルでの立脚点ではなく、不可視の精神や思想のレヴェルでの立脚点である。

5 追求すべき新しい映画運動は、こういう創造課題の自覚につながるものであると同時に、映画を「見る」という行為を、体制的に飼育された場とその慣習性から自立させてゆく観客運動(批評運動)の自覚にもつながるものである。さらにはその上に立脚して、いわゆる創造と享受のサイクルの質を、体制順応的なものから自立的なものに変え、その新しい物質的基盤をつくりあげてゆく方向までを、自覚的に共有するものでなくてはならない。

6　ただしそのアプローチは多様でありうるし、多様性のゆえに一見アナーキーな流動過程として現象するものである。私たちの映画運動は、むろんそれら相互のアプローチを非妥協的にぶつけ合わせつつ、何よりもそこに生まれる渦動状況のヴェクトルを、あくまでも関係性の全体として、体制的なエスタブリッシュメントに対して拮抗させてゆくことの意味を共有する次元で成立するものでなければならない。その作業のなかでは、それを性急に可視的な組織に統合しようとすることはもちろん、ましてその指導権を争うことは害あるのみである。

7　私は反権力内の権力意志をも否定する。かりに制度や機構上の権力奪取が行なわれても、そのような指導者が権力の座につくかぎり、もうひとつの文化統制を強要されるくらいがオチだからである。私の考えでは、政治イデオロギーが左翼であろうとなかろうと、その種の体質は依然体制的なエスタブリッシュメントとみなさざるをえない。私などが夢見る未来社会とは、そういう残滓を一掃したレヴェルのものである。そして芸術や芸術運動こそ、「いま・ここ」において、意識や思想構造をそのレヴェルにまで変革してゆく可能性をもつものであり、その意味において最もラディカルにアンチ・エスタブリッシュメントたりうるのである。

　対談をも含めた大松論争において、旧映像芸術の会の会員を中心とした自主製作・自主上映運動、および鈴木清順問題共闘会議の動向などを念頭に置きつつ、私が提起した新しい映画運動のための主要な問題点はこのようなものであった。これと、さらに同時期に書かれた私の表現論「混沌が意味するもの」（『季刊フィルム』創刊号68・10）〔本書三二一頁を参照〕は、映像芸術の会の解体以後ほぼ半年をかけた私の思索の到達点であり、その後の私なりの展開のベースとなったものである。

　だが私にとっては、そこから先に体験した事柄は、ある意味で映像芸術の会の解体前後に味わった以上の苦痛の連続だったと言わねばならない。私もまたひとつの基本的な創造運動の根拠地にしなければならないと考えて参加した日本のアンダーグラウンド映画運動は、第一段階において、金坂健二と佐藤重臣のあまりにもジャーナリスティックな私的欲望にひきまわされて、「もうひとつの商業主義」と風俗化にさらされ、第二段階において、同じく彼らの権威欲にひきまわされて、醜い主導権争いと二重、三重の分裂に追いやられたと言える。私はといえばその間ここでもけむたがられて、さまざまな中傷と画策のもとに疎外され続けたが、この稿ではそれらのいきさつについて立ち入る余裕がない。ただここではとくに金坂健二が、その指導権争いをアメリカのコーポにまで持ち込んでその後の国際的な作品交流を困難にさせただけでなく、日本のアンダーグラウンド映画の発表機会と相互刺戟の最大の場であった〈フィルム・アート・フェスティバル〉を粉砕して、その後の創造気運を消散させた陰謀家であったこと、しかもその裏では全く同時期に〈毎日映画コンクール〉の審査員を引き受け、フェスティバル粉砕の口実すら自分自身で裏切ったこと、彼の「反博」行動すら、元をただせば自分の売り込みが失敗に終わった結果だったという茶番的事実が暴露されたことなどを指摘しておくにとどめる。

そういえば「万博ヴィールスを叩きだせ！」(『映画芸術』69・1)を書き、あること無いことをデマって私のイメージ・ダウンにこれ努めた西江孝之も、金坂同様、実は新理研映画で万博映画の脚本を書いて不採用になったということだが、〈フェスティバル〉問題や万博問題については、そういう下らぬ次元ではなく、もっと作家営為の本質的な問題としてあらためて考えぬかねばなるまい。少なくともこのふたつの問題は私を苦境に追いこんだが、それだけに時流に乗ったエセ造反派の連中よりは、私のほうが少なくとも自身を切りさいなんで問題の核心に迫ったと思うし、時流に反してでも、自己の信念と課題に忠実であろうとすることが、いかに強靭な意志力を必要としたかという点でも、いささかもまれて鍊えられるところがあったと思っている。

しかしいずれにせよ、何が正しく、どこに真の可能性があったかを知るには、まだ時間があまりにも経っていない。それでもすでに、またしても事件屋的な馬脚を露呈した連中が多いのは滑稽だが、彼らの位置づけも含めて、体験を思想化するには五年や一〇年の歳月が必要だろう。作家や運動を正当に評価するためには、その歩みの軌跡を巨視的にみなければ、象をしっぽとみたり、あるいは逆に、しっぽを象とみまちがうことがしばしばあるからである。

ドイツ映画祭によせて

考えてみると、わたしたち日本人は、ドイツ映画についてあまりよく知っているとはいえません。どういうわけか、ドイツ映画はほとんど日本に輸入されていないようです。たまに、おやドイツ映画をやっているなと思うとそれはたいがいピンク映画だったり、セックスものの記録映画だったりする場合が多く、そのためドイツ映画というと、そういうたぐいのエロチックな映画しか連想できなくなっているというのが実情です。これはわたしたちにとってもドイツにとっても、やはり不幸なことだといわざるをえません。

こういうわたしも、昨年ベルリン映画祭に招待されてドイツに行くまでは、せいぜいそんな程度の知識しかもっていなかったといえます。ですから行ってみて、事実はかならずしもそうではないということをはじめて知ったのです。

とはいっても、はじめてドイツの街をうろついたときは、ああやっぱりと思うほどピンク映画が目立ったことも事実です。ドイツではすでに検閲が全くといってもいいほどなくなっており、恥毛や性器がみえる程度の映画は普通の映画館でも日常茶飯事の有様で上映されています。もっともいかにもドイツらしくいわゆる性科学・性教育映画のていさいをとっているものも多いのですが、いずれにせよドイツ映画をごくうわべで一瞥するかぎり、裸、また裸の印象をもつことも否定できません。

しかし、しばらくして、エドガー・ライツ、フォルカー・シュレンドルフ、ウラ・シュテックルなどの映画監督、あるいはヒルマー・ホフマンなどの評論家、そのほかアトラス・フィルムやベーター・フィルムなどのまじめな配給業者たちと会い、いろいろ立入った話をしたり、映画を具体的にみせてもらったりしているうち、やはりそれは決してすべてではなく、たとえ少数ではあっても、ドイツにも国際的な水準で注目すべきすぐれた映画が生まれており、またそのような映画をつくるべく日夜がんばっている人びとがいるということを知るようになったのです。

私の総合的な印象を結論的にいうと、ドイツの映画界は実によく日本の映画界に似ているということがいえます。むろん先にもふれたように映倫規制がないに等しいとか、あるいは映画会社が日本の五社とちがって地方分散的で、しかも基本的に製作会社と配給業社が分立しているとか、その他さまざま異なる諸状況があることは、いうまでもあ

一九七〇—一九七一

りません。しかし、まず大きくテレビの影響などによって映画産業が年々衰退していること、そのようななかにあって、一方に既成の映画企業でいわば迎合的なプログラム・ピクチュアをつくっている大部分の映画人があり、他方でそれに押し流されまいと、いわゆる芸術的に意欲のある映画をつくろうと奮闘している少数の監督中心の独立プロがあること、さらにはそれすら否定して、上映方法も含むこれまでの映画常識を全く超えたアンドレ・キノ（もう一つの映画、つまりアンダーグラウンド映画）にとりくむ人びとがほうはいと生まれつつあること、そんな構図がとても日本に似ているように思われるのです。

そして当然のことながら、私が興味をもって接触したのは、この第二、第三のグループでした。とりわけここでは、わたしのように、ちょうどアート・シアターの映画をつくっているような第二のグループのことを、もう少しくわしく紹介しておきましょう。昨年のベルリン映画祭で、もし例年のように授賞の選考があれば、当然グランプリの最有力候補になったと思われる『アモク氏はなぜ自殺したか』のライナー・W・ファスビンダーなどはさしずめこの第二グループのチャンピオンにほかなりません。

『アモク氏はなぜ自殺したか』は、たしかに心に深い感動を残すすばらしい作品でした。主人公のアモクは、あの小さな設計事務所をもつ建築家で、美しい奥さんと可愛い一人の坊やと共に、何不自由のない幸せな生活を送っています。その日常のディテールが、まるでカメラを意識させない記録映画のようにえんえんと続くのです。と思っていたら、ある日突然、アモクはいきなり気が狂ったように奥さんと子どもと、それにたまたま遊びにきていた奥さんの友達を撲殺し、自分も設計事務所のトイレで首をくくって死んでしまうのです。

それはほとんど唐突とも思われるほど全く衝動的に起った事件だけに、わたしたちは異常なショックを受けないわけにはゆきません。さしあたり思い当る原因が描かれていないだけになおさらです。つまり『アモク氏はなぜ自殺したか』というわけです。ファスビンダーは、その問いを投げだすだけで答えを与えようとはしないのです。したがってわたしたちは映画をみたあと何とも不安定な状態に宙吊りにされる思いですが、やがて否応なく、アモクを自殺に追いやったものは、彼の「幸わせ」とみえた日常そのものではなかったかということに思い当るのです。わたしはこの映画をみたあと、正直なところ、現状の富める文明のなかに、無気味な死を予感するヨーロッパの精神的危機をかいまみる思いで胸をしめつけられました。

ファスビンダーは、そもそもは演劇界の人でいわゆるアンチ・テアトル派の演出家らしいのですが、このほかにも一昨年あたりからたて続けに五、六本つくっており、ドイツでは非常に人気があり、ベルリンのキネマテークでも全作品の一挙特別上映をしていたほどです。一方、ベルリン映画祭の附随行事で、一五人の批評家賞というのを受けたハンス・W・ガイセンドルファーの『ヨナサン』という映画も、吸血鬼退治とその復活の恐怖を、いわば比喩的にナチズムにひっかけた面白いものでした。

しかしこのガイゼンドルファーの作品では、ミュンヘンでシュレンドルフにすすめられてみた『レナ・クリストの場合』という映画が圧倒的によく、これは私がドイツでみた劇映画のなかでも、最高の作品だったと思われます。これはバイエルンに実在した女流作家の一生をモデルにしたもので、何度も結婚したり離婚したり、さまざまな不幸に遭いながら何とか生きようとして、小説家になっていったレナ・クリストが、なお何重にも覆いかぶさってくる残酷な逆境に、ついに絶望して服毒自殺する物語です。その悲惨な一生を、ガイセンドルファーは、全くそのクロノロジー(年代記的な時間の配列)を無視して、現在過去、想念などを行きつ戻りつ自由に交錯させながら、その背負わなければならなかった時代像をくっきりと浮かびあがらせているのです。

これは実にすぐれた作品でしたが、地味なせいかお客はあまり入っていませんでした。そういえばライツなどは、しきりに良い作品と当たる作品が相容れないことをなげいていましたが、それはお膝元の日本をみてもわかるとおり、どこに行っても悩みは同じだと思わないわけにはゆきません。むろんたまには例外的に良くて当るめぐまれた作品もあるわけで、さしずめペーター・ツァデックの『奥さま、わたしは象です』などはそのよい例だといえるでしょう。

これはミュンヘンのある大学を舞台に、いわゆるスチューデント・パワーを扱ったものですが、わたしはそこにあちらの新左翼をみる面白さだけでなく、明らかにそれと共通の精神的風土に根ざしながら、映画そのものをも大胆に変えてゆこうとする試みをみて大いに共感したものです。無能で反動的な教師たちに対する痛烈な批判、大学封鎖と学生の自主管理の問題、警察の暴力に対する武力的抵抗の問題など、全編にシリアスな素材か扱われていながら、ツァデックはそれを決してくそリアリズムでは描いていません。いま世界的にはやりといえばはやりなのですが、彼も

一九七〇―一九七一

まだガイセンドルファーと同様、時間と空間、現実と幻想をきわめて主観的に解体しながらむしろダダをほうふつとさせる破壊的ユーモアをもって描いているのです。少なくともわたしは、ドイツの映画界にも、こういう若き反逆児がでてきていることに、大いに興味を抱かずにはおれません。

『奥さま、わたしは象です』などは、どちらかというとさっき挙げた第一のグループに属する既成企業の作品で、その意味でも何かの拍子に偶然でてきた例外でしょう。大きくみると、これはいい映画だなと思う作品は、やはりほとんど第二のグループから生まれており、日本の監督プロ作品と同様、苦しい資金ぐりと窮屈きわまりない予算で、細ぼそとつくられているのです。それでもライツなどは自宅のマンションに、カメラはもちろん、立派な編集機材から映写機までをちゃんと揃えており、苦しい苦しいといいながらも、わたしなどからみればうらやましいような生活をしていました。つまりは日本の監督はケタはずれに貧しいということです。

ところで今度ドイツ映画祭が日本で開かれ、あまりなじみのなかったドイツ映画が、日本の映画観客にじかに紹介されるということはまことに喜ばしいかぎりです。上映予定作品をみると、ちょうど向うでぜひみたいと思いながらタッチの差でみれなかったフライシュマンの『山狩』も入っており、そのほかにもクルーゲ、シュレンドルフなど、いわば食指が動く監督の、わたしもみていない作品ばかりなのでその日がくるのが楽しみです。そういえばドイツでも最近の若き日本映画はほとんど紹介されていませんでしたが、できればこういうことをきっかけに、両国のすぐれた映画がもっともっとお互いに交流し合えるようになることを期待してやみません。

ドイツ映画祭をみて

〔一九七一年〕三月四日から一週間、東商ホールで行なわれていたドイツ映画祭が終わった。戦後の公式ドイツ映画祭としては、これは一九五九年以来二度目の催しである。

ところで私たち日本人は、戦後のドイツ映画についてあまりよく知っているとはいえない。そもそもドイツ映画の輸入本数も少ないが、たまにドイツ映画をやっているなと思うと、それはたいがいピンク映画か性記録映画のたぐいで、一般的にはドイツ映画というとその種のエロものしか連想できなくなっている。

折りしもいま国立近代美術館フィルム・センターでは、戦前のドイツ映画を回顧上映しているが、『メトロポリス』『M』『会議は踊る』『三文オペラ』など、往年の輝かしいドイツ映画を知っているものには、こういう現状がいささかもの悲しく、いささか苦々しく思われてきたことを否定できない。

たが皮肉なもので、昨年ドイツを訪れてわかったのだが、ドイツからみた日本映画の印象も全く似たりよったりだったのである。ドイツで封切られている日本映画はほとんどピンク映画であり、おおかたのドイツ人は、日本映画というとそんなイメージしかもっていなかったのだ。情報不足というのはこわいもので、日本でもたとえ少数ではあっても、年々国際水準の注目すべきすぐれた映画が生まれているように、実情はドイツでも全く同じことだったのである。

今回のドイツ映画祭は、そのギャップを埋めるうえで、少なからず役立ったのではないかと思われる。私が知るかぎり、ここに集められた作品は、少なくともいわゆる商業主義に徹したプログラム・ピクチュアとは異なり、主題的にも表現的にも、さまざまな傾向の意欲作だったということができる。

上映された長編劇映画は全部で七本、ハラルド・ラインルを除くと、監督はすべて三十代の若きドイツ映画のにない手たちである。その先輩格のアレキサンダー・クルーゲの『サーカス』は、サーカスの現代的改革をめざす女曲芸師レニを描いた風格の高い作品だ。彼女は理想と現実のズレに苦しむが、それはあたかもドイツ映画人の苦境を物語っているようで身につまされる。またトーマス・シャモニの『大きな灰色の青い鳥』は、想念と現実を大胆に交錯させた実験が興味をひく。そのなかに含まれた哲学的主題と

一九七〇—一九七一

荒唐無稽のアクション的要素がうまくこなれていないが、ドイツ映画にもこういう型破りの試行錯誤があるという意味で無視できない。

映画祭の代表として来日したフォルカー・シュレンドルフの『テルレスの青春』も、地味ではあるが、きめこまかい充実した作品であった。同じことはペーター・フライシュマンの『山狩り』にも言えるが、シュレンドルフが学園生活を舞台に、フライシュマンが農村を舞台に、それぞれ異分子に対するサディスティックな集団ヒステリーを描いているのが注目される。ここには明らかに、保守的社会機構とファッショ意識の形成関係が鋭く表現されているからである。

少なくともこの四本の映画は、ドイツ映画がかならずしも絶望的でないことを物語っている。とはいえ、昨年私がドイツでみたハンス・W・ガイゼンドルファーの『レナ・クリストの場合』とか、ライナー・W・ファスビンダーの『アモク氏はなぜ自殺したか』など、国際的にも最高水準の映画とくらべると、今回のプログラムにはやや疑問が残らないでもない。シュレンドルフが挨拶でも言っていたように、紹介の基準が平均化しすぎたきらいがあるからである。

その穴埋めかどうか、一月二二日から草月アートセンターで開かれる〈ドイツ映画の新しい波〉には、ファスビンダーの『でかせぎ』、ツァデックの『奥さま、私は象です』、ストローブの『妥協せざる人々』など、ドイツ映画の最先端の仕事が紹介されるが、ともあれこういう催しをきっかけとして、両国のすぐれた映画が、もっともっと積極的に交流し合えるようになることを期待してやまない。

血と闇に彩られた洞穴《グロッタ》——猜疑心と自棄の情念

昏い怨恨感情

私は『修羅』を完成させた直後、江東文化の支配人に教えられて、原作者鶴屋南北の墓を訪れたことがある。南北の墓は、押上駅近くの、すでに廃屋と化したある小さな寺の庭の片隅にひっそりと立っていた。立っていたというより、墓もまた人知れず荒れ朽ちようとしていたというほうが適切かもしれない。ともあれそれは、歴史に残る偉大な劇作家の墓とはとうてい信じられないほどさびれたものだったのである。そのとき私は、もし『修羅』が当たれば、もう少しましな墓を寄贈でもしようと思ったものだが、結果は皮肉にも記録的な不入りで（作品は良いにもかかわらず！）、南北も私も浮かばれない結末とは相成ったのである。

浮かばれないといえば、この上昇を断たれた無念の挫折感は、どこか怨念の醸成地帯にひそかに接続しているように思われる。それは「くそ、この怨みはいつかきっと晴らしてやるぞ」とギリギリ歯ぎしりをしながら、かぎりなく奈落に下降する情念の形式にほかならない。『修羅』（原作は「盟三五大切《かみかけてさんごたいせつ》」）の主人公薩摩源五兵衛を闇の冥府にひきずっていったのもそのような怨念であった。彼は武士の名誉も大義名分もかなぐり捨てて、本心愛した女にすべてを賭けたにもかかわらず、それを無残に裏切られることによって怨念の鬼と化したのである。ここでは怨念とは、被凌辱者が凌辱を加えたものに対して抱く底なしの復讐心として現われている。

だが『修羅』のシチュエーションにかぎらず、あらゆる怨念は、結局虐げられ傷つけられたものが、彼をしてそこに追いこんだものに抱く昏い怨恨感情にほかなるまい。そしてそれが煮えたぎる殺意にまでポテンツを高めてゆくためには、自身を焼きつくさんばかりの忍耐と、すぐには晴れやらぬ長い鬱屈の潜在期間が介在することを見落すわけにはゆかない。その間ガン細胞のように、心の奥深く増殖を続ける無限の執着心こそ怨念の本質である。

いわゆるヤクザ映画といわれるものは、多かれ少なかれそのような構図をもっている。そしてヤクザ映画ファンは、高倉健や鶴田浩二が、抑えに抑えた屈辱の怨みつらみを、一瞬堰を切るように爆発させるあの高揚の瞬間に、全身の血が沸騰するほどのエスタシーを感じるがゆえに、くり返し深夜興行に通うのである。むろんヤクザ映画は、そのストーリーといい、ヒーローのタイプといい、あまりにも異花同根の類型にはまっている。しかしヤクザ映画の独得の魅力は、一本一本の個性（近代したがって署名性）にあるのではなく、むしろ潮流としての心情の型（前近代したがって無署名性）にあるのであって、私たちは多分、それら類型の反復のかなたに、私たちが現実生活のなかに抱いている鬱屈した情念の共同体を見ていると言うべきかもしれない。言いかえるなら、それは類型であるがゆえに、怨歌の類型性と同様、被凌辱的存在としての抑圧された下層階級の怨恨感情をよりよく背負うのである。

願望の虚構化

ヤクザ映画を、倫理的社会的に見る見方が、ことごとく本質からそれてしまうのはその一点とクロスしないからである。本質はあくまでも、それらを貫く怨念の形成と爆発のリズムにあるのであり、そのリズムが浮かばれない大衆の分厚い沈黙性を、いわばアン・ジッヒに対象化している点にある。言うまでもなく、その沈黙性とはスタティックな没表出性と同義ではない。それは言葉が重すぎて、あるいはある一つの言葉を発したとき、その言葉が表現衝動の根っこにうずくまる被凌辱の体験そのものをとうてい掬いきれないことを感じて、どうにも発語できなくなった状態である。だからそこには言葉にならない言葉がうめくようにつまっており、それゆえにそれはただただ歯ぎしりとなり、その昏い息づかいを主旋律として怨念は胎生するのである。

だかそのことを充分認知したうえで、私はなおヤクザ映画の怨念の構造に、自分を充分展開しきれない何かが残ることを感じないわけにはゆかない。それは主として、ヤクザ映画の本来最も魅力的なヘソをなす怨念の爆発が、しばしば浅いカタルシスに昇華されてしまう物足りなさにある。むろん私もそれが大衆の怨恨感情を、疑似的に晴らす願望の虚構化であることをわからないわけではない。私もまた高倉健や鶴田浩二が、抑えに抑えた勘忍袋の緒を切って、単身おとしまえをつけに黙々と敵地にのりこんでゆくとき、私のからだ中の血が熱く騒ぐのを感ずるし、そのなかに私じしんの無念の怨みつらみがほとばしるのを思い知らされる。しかしどうも後になると、いつもそれほど問題は単純ではなく、私のなかにとぐろを巻く怨念の構造も、それほど透明でないことに気づくのである。

気がつく最大の不満は、大部分のヤクザ映画が、きわめて単純明快に善玉と悪玉、ないし被害者と加害者の葛藤として劇性が構成されている点である。したがって被凌辱性としての怨恨感情は、悪玉の加害性に対する善玉の被害性としてのみ培養される傾向があることを否定できない。しかし私が私じしんの怨念を思うとき、その被凌辱性は、もっと屈折した自己憎悪のプリズムが加わることによって、はるかに不透明な淀みをつくっている。言いかえるなら、私は被害者であると同時に加害者にもなっており、もはや善とか悪とかの常識的な規範では、どうにもねじ伏せられない次元で闇を抱えこんでしまっている事実に思い当らざるをえないのだ。

怨念は空しく

私が南北の『盟三五大切』にひかれたのはまさにその点である。源五兵衛は、自分を素裸にした人間的誠実さを裏切られることによって、烈火の如き怨恨感情を抱き、深夜その怨みを晴らそうとして、三五郎の子分五人を斬殺する。私たちは、多分そこまでは源五兵衛に自分を同化させながら、ヒーローの殺意の爆発にも小気味よい鬱憤の共振感情を抱くことができる。その意味では、その怨念の描く軌跡は、普通のヤクザ映画のそれと大差はない。しかし後半、源五兵衛が、取逃がした小万と三五郎を蛇のように追いつめ、あたかも異常性格者のような復讐の鬼と化して、一寸きざみ二寸きざみに小万とその赤子を殺す段になるともう普通の人間なら、源五兵衛に声援を送るなどという気持にはならないだろう。むしろ私などは、そこに人間性などという枠をとうにはみだした一個のおそろしい化物を見る思いで、背筋が寒くなるほどである。

その時点に至れば、もうここでは単純な意味での加害者対被害者あるいは悪玉対善玉などという対立の構図は消滅してしまう。ここでの源五兵衛は、いわば『四谷怪談』の伊右衛門とお岩の両方を同時に生きる存在だからである。彼はすでに地獄に突き落されているだけでなく、猜疑心と自棄の情念によって、自分自身をいっそう深く地獄に追い落してもいるのだ。また三五郎や小万も、その真意がわかるにつれ、同じく加害者でも被害者でも、あるいは悪玉でも善玉でもなくなってくるが、そうなると主人公たちを引き裂いた怨恨は、全くやり場を失って宙吊りにされてしまうことを見逃してはなるまい。つまり怨念は空しくそしてあまりにも無残に無化されるのである。

この構図はどことなく嘔吐感を催す。どす黒く化物のように肥大化した怨念はその内的ポテンツの強烈さによってねじまがりほとんどグロテスクな貌を露わにするからである。こうなると観客はヤクザ映画にするようには『修羅』には感情同化をすることもできなければ、ヒーローの復讐にさわやかな共振の快感を味わうこともできない。むしろ観客を最後に待ち受けているものは、サド・マゾヒスティックな精神的苦痛と、ほとんどグロテスクなまでの荒涼たる風景である。これではお客がやんやとつめかけるわけもないが私に言わせると、怨念の世界を極限まで追いつめるかぎり、血と闇に彩られたこのようなグロッタ（洞穴）にまでゆきつかざるをえないのだ。

地獄のうめき

私はかつて「隠された世界の記録」という文章で、フロイトの、「無気味なもの」という論文に触れて「結局「不気味なもの」とは、本来心的生活にとって、かつてはheimlich《ハイムリッヒ》であった（親しく馴染あった）何ものかであり、ただそれが現実生活の中で抑圧され、意識下に隠されていたのであって、それが何かの拍子に意識の表面に現われてきたとき、私たちはそれをunheimlich《ウンハイムリッヒ》（無気味な）として感受するわけで、したがって「無気味な」という言葉の前綴un《ウン》は抑圧の刻印にほかならない」と書いたが〔I巻一一一頁を参照〕、この心的構造は、そのままグロテスクという範疇にも敷衍できると思われる。すなわち『修羅』が抱えたグロテスクな世界は、単純な共振感情からはひきずりだせない地獄の底からのうめきの現われであり、もはやそこでの怨念は、人間存在の根源的不条理に対する最も凌辱された位相からの呪いとして表出されるのである。

怨念をグロテスクなものというパースペクティヴでみるとき、私はヴォルフガング・カイザーの『グロテスクなもの』を思い起さずにはおれない。カイザーは「グロテスクなものは一つの包括的な構造として、疎外された世界である」「グロテスクなものは不可解な、非人称的なあるもの（エス）の表現である」「グロテスクなものの表現は、気まぐれに不合理なものをもて遊ぶ遊戯である」「グロテスクなものの表現は、この世においてデモーニッシュなものを呼びだしつつ追い払う、いわば清祓する試みである」と要約したが、この指摘は怨念の意義を認識するうえでも示唆深いように思われる。

ただしいうまでもなく、怨念を認識することと、怨念につき動かされて生きることは別である。怨念とは、認識のうえに当為として抱くものではなく、存在性そのものの深みから避けがたくとりつかれるものだから。

斎藤竜鳳の批評と私

　意見はちがうが、人間的にはむしろ好感がもてるという類いの人がいる。心情の根底では大いに共鳴し合えるにもかかわらず、考え方をつき合わせると、どうしようもなく対立してしまう関係の人である。斎藤竜鳳は私にとって、結局そんな種類の友人だったように思えてならない。状況に対する苛立ち、革命に対する純粋でロマンチックな姿勢、弱者に対する優しさ、不正に対する怒り、そんな点で私は竜鳳にこよなく親近感と好意を抱いていた。だが同時に、私は彼の余りにも素直すぎる楽天性、調子のよすぎる自己陶酔的なアジテーション、ナニワ節にコロリと参るセンチメンタリズムとりわけ毛沢東主義とヤクザ映画に対する盲目的ともいえる心酔ぶりに、いかんともしがたく共鳴できなかっただけでなく、映画をダイレクトに政治の物差で計りすぎる彼の批評の体質には、しばしば真向うから対立せざるをえなかったのである。

　そもそも私と竜鳳の個人的関係は、そんな対立をきっかけにはじまったといえよう。対立の発端は、たしか竜鳳の『陸軍残酷物語』評に、私がちょっとオチョッカイを入れたことにあったと記憶する。竜鳳は「ボクの軍隊論＝《陸軍残酷物語》」（『映芸』〔『映画芸術』〕63・9）で、（この映画が「悪名高き日本陸軍内務班を敵にした映画だから」という理由だけで共感し、「よくぞ十八年、うらみを忘れず映画にしてくれました。よくぞ陰湿な内務班を再現してくれました」とベタボメにした。それに対して私は「日常性と凝視」（『新日文』63・10）で、「再現されたもの（標本）は真に迫ってたわ。映画も真に迫ってたわ。単純なものね、そのまぼろしがまるで本ものそっくりなものだから、見物に来た人たちは泣いているのよ」というレネエの『二十四時間の情事』の冒頭シーンにでてくる女のセリフの一節をひき合いにだし、「このセリフをしゃべる女の位置と、斎藤竜鳳の批評の位置とが、ほとんど同じところにあることに注目してもらいたい。むろんレネエは「事実」の迫真的な「再現」のなかなどにヒロシマは「存在しない」と言っているのであり、そのレベルでなにかを「見た」というのは、結局「何も見ていない」に等しいと言っているのである。」と書いて〔I巻三一一—三一二頁を参照〕、素材と意図の進歩性をそのまま映画の進歩性とみなすテーマ主義、ないし事実の迫真的再現性に映画のリアリティをみる旧態然たるリアリズム観に批判の矢を放ったのである。

当時、『内外タイムス』以外の一般誌に猛然と勇ましい文章を書きはじめたばかりの竜鳳としては、いわば藪から棒にビンタをくらって面くらったという。そのことであちこちに電話をかけて気にしていたということを、小川徹ほか何人かの人から聞かされた。しかし私としては斎藤竜鳳批判が日的だったわけではなく、三回にわたって連載した現代映画論の枕に、たまたま彼を引合いに出しただけだったので気の毒なことをしたと思ったが、それにしてもひどく勇ましい文章を書くにしては、ずいぶん気の弱い人だなと思ったものである。

だから私はそれっきり竜鳳のことを忘れていた。ところがそれから二ヶ月後、「乞食の二点張り批判＝『競輪上人行状記』の実践的教訓」（『映芸』〔『映画芸術』〕63・12）で、竜鳳が八ツ当り的に私に嚙みついているのを読むことになったのである。そこで竜鳳は私のことを「体制にゆがめられた人間の内的構造変革にこだわるあまり、下部構造を根底からひっくりかえそうという反社会的エネルギーが不足する。花札一つさわれない自称〝映画前衛〟」とののしり、『競輪上人行状記』はそういう奴に、ぜひともみせたい「鮮かなオイチョカブ」であって、その「ラストのアジプロは、戦略戦術を提起しない衰弱映画横行の今日、ボクをしてめずらしくタカぶらせる戦闘的要素をふくんでいた」と書いている。これを読んで私が苦笑したことはいうまでもない。「花札一つさわれない」などという言いまわしは泣かせるなとおかしかったが、私は勇気とか度胸とかいうことをもっとスケールの大きいところで考えているので、こういうチンピラヤクザ的な肩のいからしかたをあわれに思ったものである。だがそれはともかく、私として本質的にやり過ごせなかったのは、いわゆる内的意識の深部疎外と変革の問題を掘りさげようとすることを非戦闘的と思い、映画にひたすら戦略戦術の提起とアジテーションの機能を求める、その政治主義的映画観だったといわねばならない。

したがって、私は竜鳳がそれと前後して、「自分のウソに酔ってはならぬ＝63年の学生映画」（『読書新聞』63・11・25）で、要するにその調子の「戦闘的アジテーション」をぶちまくっている文章と共に、再び批判の対象にしないわけにはゆかなかったのである。そこでは竜鳳は、学生映画はケンカの相手（政治上の敵）をみていないし、戦闘性が稀薄だからダメだといい、突如「今世紀後半の命題は社会主義を志向することだ」、したがって「非政治主義的な、唯映像論的な映画をこしらえてはいけない」と御託宣を垂れている。だが私にいわせると、これでは素朴な唯映像主義をそっくり裏返しにしただけの、素朴な唯政治主義以外の何ものでもなかったのである。

私は「政治主義復活批判」（『読書新聞』63・12・2）で次のように書いた。「こういう戦中派が今もってただただ素朴に「戦闘性」などということをふりかざし「内的構造変革」などにこだわるな、「制度の方にこそ責任を負わせるべきだ。ガバガバと負わせるのだ」と調子よくアジっているのをみると、こういう手合いこそ政治的にも芸術的にも、状況の根本的変革をつねに阻んできた連中ということがよくわかり、私ははげしい怒りを抑えることができなくなってくる。その意味では、今日真に「戦闘的」であるということは、なによりもまず斎藤的エセ戦闘性なるものの眼のうろこをそぎ落し、このおそるべき空洞化状況の事実を直視する勇気を持つことでしかない。斎藤は、マルクスが「ラジカルであるということは、ものごとを根底においてつかむことだ」と言ったことの意味をよく考えるべきだろう」と〔I巻三五八頁を参照〕。

要するに私は、一九五〇年代後半、日本におけるいわゆる非スターリン主義化運動の陣痛を苦しみながら、私たちがかの神話化されていた社会主義リアリズム論をあらゆる角度から批判しつつ、悪しき政治主義の奴隷の位置から、表現行為の真に深い意味を解き放つべく模索してきた思想的遺産を、竜鳳が全く何ひとつふまえていないことに腹を立てたのである。むろん私とて、竜鳳が六三年当時のふぬけた状況に苛立っていたことを理解していなかったわけではない。私もまた、そんな具合に竜鳳と論争めいたことをしていたのと全く同時期、たとえば「運動の変革」（『記録映画』63・11）では、ほとんど竜鳳と同じくひどく苛立ちながら、「安保闘争後三年数ヵ月、思えばわれわれをとりまく全状況は、はるか地殻の深部から、かすかに無気味な地響きをたてつつ、しかも急速に一変してきているように思われる。ここしばらくをこのままに放置するならば、この解体拡散過程は、遂に行きつくところまで行ってしまうのではないかという思いが、どこか私の心の片隅で、一種やりきれない痛覚をともなって浮かびあがってくる。状況は悪い。しかもひどく悪い」と書いたのである〔I巻三四四頁を参照〕。だからこそ私は意識の最も根底に下降する位相で表現と変革の問題をかかわらせようと四苦八苦していたのに、竜鳳が全く素朴に思想的には基本的に克服したはずの亡霊をひきずりだそうとしていたことに、私は二重に苛立ったということができる。

一九七〇—一九七一

素朴な直球投手

それ以後、私は竜鳳批判を書いていないし、論争をしていない。依然芸術論は全くくいちがいっぱなしだったが、むしろ個人的には逆に好感を抱いて、試写会の帰りなどにはよく話し合ったりもした。まさかそんななれ合いからではなかろうが、私がまだ分裂前の劇団青俳に、ピランデルロを飜案した戯曲を書いて演出したときなど、竜鳳が『内外タイムス』でこれをベタホメにした批評を書いたのを、何ともくすぐったい気持で読んだのを覚えている。だが彼は、私の知るかぎり人の顔色をうかがって、心にもないことを戦術的に書くタイプの批評家ではない。むしろ良くも悪くも、素朴な直球投手であることに竜鳳の竜鳳らしさがあったのである。他人がどう書こうとも、オレはオレの思うことを書く、という信念みたいなものが少くとも彼の批評にはあった。歯切れのいい勇ましい文体は、おそらくそんなところに支えられていたのだろう。しかし反面、私の批判をひどく気にしていたように、意外なほど気が小さいところもあったらしく、彼が大島渚の『悦楽』に批判的な文章を書いたときなど、何とも気の毒なほどひとりで悲愴がっていたことを思いださずにはおれない。クスリの愛好家は概して気が弱いものである。

新日文になぜいた？

意外といえば、竜鳳が死ぬまで新日文の会員だったということは意外であった。もう何年も前だったが、たしか小川徹と竜鳳と私が新日文問題をめぐって話し合ったことがある。そのとき私は、武井や針生に対する失望と対立が生じていたことも含めて、新日文に最後のみきりをつけて脱会する意志を表明した。しかし竜鳳は、そのとき何となく武井と訣別するふんぎりがつかない様子であり、そういえばどこか二人には共通したところがあるなと思ったりもしたが、彼の政治的立場からして、死ぬまで新日文に籍を置いていたとは不思議である。

私はかならずしも竜鳳の熱心な読者だったとはいえない。むしろ読んだかぎりでは、こと映画に対する考え方では意見が対立することが多かった。しかししばしば読後、それとは別に、一種のさわやかさと感動めいた心のたかぶりを抱かされたことも否定できない。それは彼の文章が、常に革命に対する純粋な情熱にあふれており、その心情のたかぶりが、映画に対する意見の相異を超えて私をたかぶらせたのである。その意味で竜鳳は、映画批評家というよりは、すぐれた革命のアジテーターだったというべきである。奇妙な関係に終始した一人の友人の冥福を心から祈らずにはおれない。

自己否定性の軌跡

——石崎浩一郎著『光・運動・空間——境界領域の美術』

　これは一九六七年から六八年にかけてアメリカに滞在した石崎浩一郎が、アメリカを中心にめまぐるしく変貌する最先端の美術動向に触れて、氏が何に興味を示し、それをどう考えたかを、渡米中から帰国後二年にわたって、美術雑誌や建築雑誌に発表してきた評論をまとめたものである。一般には映画評論家で知られる氏が、現代美術にもかくも深い造詣を示していることに、まず率直に心から脱帽しないわけにはゆかない。

　だがそもそもそういう言いかたこそ、石崎は最も不満とするところだろう。なぜなら、映画評論と美術解説などという既成の枠組におさまりかえれないところにこそ、氏の批評家としての思想と資質があるからである。そのことはこの著作を一読すれば、すぐ納得できることにほかならない。氏の関心はひたすら既成のジャンルを超えた「——と——の間」、この本の副題にもあるように「境界領域」にこそ向けられているからである。

　石崎はこの評論集を大きく四つの章にまとめている。第一章ではジャスパー・ジョーンズ、オルデンバーグ、ウォーホル、クリストなど抽象表現主義以降のニューヨーク・アートを、第二章ではキネティシズムやオプティカル・アートを、第三章ではルミニスムを、第四章ではいわゆるインター・メディアを扱いながら、氏はその文脈を通して、この二十年間の美術のアプローチに、「主観と客観の間が、内部と外部の間が、イメージと現実の間が、つまりさまざまな間や境界線の接点が」問題とされ、更には「絵画や彫刻、映画や音楽、等の近代美術の体制の外側に溢れ出した諸ジャンルの中間地帯が」生みだされてきたいきさつとその意味をさぐるのである。

　石崎がこの「どこか地崩れを思わせる現象」にみる最大の問題は、デカルト的「コギト」に立脚した近代思想の解体である。その当然の結果、現代の作家たちは自我世界の閉鎖的な完結性を相対化しながら、とりわけ日常的現実や外界の空間へと開かれてゆく回路を模索し、しばしば主観的なコミュニケーションと表現そのものの無化にすら向わざるをえない。したがってこの自己否定性の軌跡に、氏が現代の文明論的思想状況をみようとすることは充分説得的である。

　氏の分析的批評の展開はきわめて綿密であり、実にねばっこく対象にくいこんでゆく理解にみちた追求の姿勢は非常に好意をもつことができる。このことは、安直な物差で対象をなで切りにすることをシャープさと思いちがいをしている批評が多いなかで特記してよいことであり、とりわけディテールの吟味からは、美術の問題を超えて、現代の芸術や思想を考えてゆくうえで多くの示唆を得ることができる。そのうえで、なおいま一つ、大胆な仮説的命題が提起されてほしかったとも思うが、それがなかなかでにくいのは氏だけの問題ではなかろう。近く映画に関する評論集もでると聞くが、そちらの方も大いに期待したいものである。

遙かなり天国

「天国についてですって⁉　そりゃ何かの……、え、まちがいじゃない。なるほど。フム、フム。じゃあ、ともかく何か考えてみましょう」

そんな具合に電話で原稿の約束をしてしまったものの、いざこうして机に向かってみると、どうしたわけか天国のイメージがまるっきり浮かんでこない。浮かんでくるのは相変わらず地獄のイメージばかりである。地獄についてならいくらでも語りたいことはある。先にアートシアターで発表した『修羅』も、いわば私の内なる地獄の表現にほかならない。いや、それどころか『修羅』は私にとって、その後きわめて現実的なシュラとなって私をさいなんでいる。むろん『修羅』は誰が何と言おうと私の自信作だが、興行的には吉田喜重の『煉獄エロイカ』と並び、アートシアターの邦画興行史上最も無残な結果に終わったからである。もっか(四月末現在)配給収入はゼロで、今後の見通しもいまのところ全くない。したがって私が背負ってしまった借金がおよそ七百万円。私としてはその返済にいまや毎日毎日地獄の苦しみを味わっているのだから、考えてみると(いや考えるまでもなく)、私にとって「天国」などという言葉はそもそもひどく非リアルで縁遠いものだったのである。アア、ソレナノニ、ソレナノニ……、「何か考えてみましょう」などと返事をする私のバカさかげんもさることながら、それを承知で私に天国について書けという『黒の手帖』編集部のブラック・ユーモアぶりも相当なものと言わねばならない。

だがもう締切日はすぎている。いまさら断わるのも気がひけて、何かヒントはないかと周囲の画集をひっくりかえしてみた。しかし不思議なことに、地獄の描写では身の毛もよだつものがいくつもあるのに、天国の描写では心身をしびれさせてくれるようなものはほとんどない。《瑠璃色の微粒子的昇天》などダリが後期に描いたいくつかの天国ものの絵にしたところで、彼が中期に描いたかずかずの地獄画にくらべるとイメージが貧弱だし、ボッシュにしても、《悦楽の園》より《地獄》の方がイメージは一段と具体的で豊かなのである。それは日本の場合も同じで、蓮の花と、仏陀をあしらったたぐいの山ほどある極楽図の類型とくらべて、《地獄草紙》《餓鬼草紙》《辟邪絵巻》などのいわゆる六道絵の方がはるかに精彩を放っている。

しかし地獄のイメージに対して、とかく天国のイメージが観念的で抽象性が強く、想像力をかきたてられる度合いも、幅も、どことなく弱いのはどういうことなのだろう。むろん地獄も天国（極楽）も、しょせんは人間の想像力が生みだした比喩的幻想の世界である。だが、そこにはよく考えると微妙なちがいがあるように思えてならない。簡単に言って、地獄のイメージはより現実的な生活体験に直結した比喩であるのに対して、天国のイメージはけっきょく願望の比喩なのである。だから天国というのは、常に地獄あっての天国で、要するに地獄から解脱したいという気持ちが、いま・ここの自分のかなたに天国を幻想するわけである。だが地獄はそれじたいでこの足元にある。決して天国を媒介にして生まれる観念ではない。人類がこれまで描いた天国と地獄のイメージを比較して、地獄のそれの方が概して深いリアリティに支えられているのは、私のみるところ、そんなあたりに秘密があるように思われるのだ。

そういえば有名な源信の『往生要集』などを読んでもつくづくそう考えさせられる。源信は最終的に極楽浄土への願望を語ろうとしながら、その前提として六道の苦しみを微に入り細に入り語りつくすのである。その叙述には迫力がある。だがそのあと、そのような不浄の苦界から救われるため、極楽浄土を心に念じて思い浮かべなさい、と言って描いているくだりは、せいぜい澄みきった空と水、そして蓮の池に金色まばゆくおわします阿弥陀仏といったたぐいの表現しかみられない。そしてそこにはいっさいの苦悩はなく、感覚的にも精神的にも喜びに充ちていると言って、源信が浄土の美しさを強調すればするほど、その裏にかえってこの世の悲しさと苦しさが重く顔をのぞかせてくるかのようにすら思われるのだ。そのことは、もっぱら他力本願的に阿弥陀仏の光明を賛え、生命の歓喜を声高らかに歌い続けたかにみえる親鸞の場合ですら同じである。しょせんユートピアとは、語源的にみてもトポス（場所）の否定語であって、「どこにも存在しない場所」の意味なのである。

神などいないことを知った現代人にとっては、天国もまたますます幻想しにくくなってしまったと言えるだろう。だが地獄幻想は相変わらず強く、そこからのがれたいという願望もなくなるはずがない。さしずめその現実的な手がかりとしてエロスへの探求があることもまた確実であり、本誌（『黒の手帖』）六月号で特集されたドラッグ・レボリューションなどもその一つの試みと言えなくもない。私も二度のアメリカ旅行でマリファナは毎日のようにやり、次第に感覚が鋭敏にエクスパンドするハイの状態を体験したが、私としてはどうしてもそのあと醒めたときの空しさがやり切れなく、人間こんなことで救われるのだろうかと、その恍惚感と隣り合わせに疑念が去らなかったことも事実である。そういう私に、ベン・ヴァン・ミーターやダグラス・アカギは、苦しみをかかえているときLSDはいけないと言って、頑強に私にLSDをくれなかったが、たしかにオプチミストになれない私はバッド・トリップ型なのである。

そんな私は、しょせんベケットのように永遠の悲惨な猶予に宙吊りにされたまま、もっぱら地獄としかつき合えないのかもしれない。そういえば、私が天国という言葉でまっ先に思い浮かべたのは、なぜかカブリックの『2001年宇宙の旅』の、あの幻覚体験のあとにただ一人、恐るべき孤独をかかえながら永遠の闇を漂いつづけることとなった主人公の姿だったのである。

地獄妄想の鏡——私のなかの南北

私がこの春、アートシアターで発表した『修羅』の原作は、鶴屋南北の晩年の作『盟三五大切《かみかけてさんごたいせつ》』である。そんなことから時たま南北について発言を求められることがあるが、正直なところ、私は南北を論じうるほど南北を研究しているわけではない。ただなぜか、あの底知れぬ闇を抱えた南北の世界に、いつからか、どうしようもなくひきつけられてきたということはできる。

事実ここに、たとえば近松門左衛門、鶴屋南北、河竹黙阿弥という、江戸劇壇にそびえる三大劇作家を並べたとする。むろんこの三人のうち、誰がいちばんすぐれているかなどという選別は簡単にはできない。しかし私にとって、いちばん空恐ろしく迫ってくるのはやはり南北である。

映画との関係でいうと、この三人のうち最も多く映画化されているのは近松だろう。すぐ思い出せるものでも、溝口健二『近松物語』、今井正『夜の鼓』、堀川弘通『女殺し油地獄』、近いところでは篠田正浩『心中天網島』などがある。そしてそれらはいずれも映画としてもなかなかの傑作だ。だが私にはいま一つぴたりとこない微妙な一線があることも否定できない。たとえば『心中天網島』で、治兵衛と小春がいわゆる「橋づくし」から死へと登りつめる末尾のカタストローフには、そのようにしか愛を結びえなかった主人公たちの胸をかきむしるような哀しさがあると同時に、愛を一気に絶対へと高めるべく走りぬけるものの充実した燃焼がある。それはあまりにも純粋であり、あまりに美しい。だがそれゆえに、そのヒューマンなカタルシスに私などはどうしても距離を感じてしまうのだ。

私の感じでは、現代にはそのような絶対的合一へと高まる愛（あるいは人間関係一般）は、もはやほとんど成立しないように思われる。たとえ死にまで追いつめられた悲劇だとはいえ、心中という結末には明らかに一種の救いがあり、それすらいまの私たちには失われているというやり切れなさが私などにはある。それどころか、私たちの時代の人間関係は、とかくこじれたパズルのように絶えずくいちがい、傷つけ合うディスコミュニケーションとしてしかない。誤解と不信、謀略と裏切り、そしてガン細胞のようにふくれあがる猜疑と憎悪……。そんなグジャグジャの人間関係に引裂かれながら、私たちはかぎりなく奈落に落ちつつあるとさえ言い切ることができる。

そんな地獄妄想にとりつかれている私が、とりわけ南北に深く感動するとしても不思議はなかろう。あのどす黒い怨恨をたぎらせながら、血と闇に彩られた洞穴の底を這いずり、ひたすらこの世の存在性の不条理を呪い続ける南北の世界は、そのまま私の内部の鬱屈へとつながっているかのごとくだ。それからいま一つ、私が南北に深く共鳴する大切なポイントがある。それは既成の価値観、あるいは既成のモラルに対する徹底した否定性にほかならない。何が善で何が悪かなどという良識的規範は、南北の世界のなかでは粉ごなに砕けてしまう。加害と被害の関係にしても同様である。例えば『心中天網島』では、主人公たちの追いつめられた悲劇の対極には、それを追いつめた社会制度が悪として浮かびあがるという構図が据えられている。しかし南北の劇にはそのような割切りかたはほとんどない。むろん制度の加害性に対する憎悪をはげしく抱きながらも、そこには更に人間存在そのものの不条理性に対する自己憎悪が介入してくることを見落すわけにはゆかない。だから同じ怨念劇でも、南北のそれは当節流行のやくざ映画などとちがって、いわゆる悪玉の加害性対善玉の被害性という図式が最後まで適度の葛藤によって保たれることはなく、たとえば伊右衛門とお岩のように加害と被害の位置が逆転し、遂には加害も被害も、善も悪も、すべては相対化され無化されることによって、この世は救済も浄化もない無明の闇に宙吊りにされるのである。

勧善懲悪の思想とは無縁であるばかりか、しばしば破滅的な悪の魅力にのめりこむ南北の世界はアナーキーである。しかしそのアナーキーな衝撃力は、この世の一切の秩序意識をきわめてラジカルに揺るがすものであり、私が戦慄的に共鳴するのもその点にほかならない。要するに私は、「私にとっての南北」としてしか南北を理解していないが、それもまた伝統に対するアプローチの一つのありかたではあるだろう。事実私は、南北という鏡のおかげで、私の内部の容易には言葉にならない言葉を、かなりはっきりみつめることができるようになったといえる。

ところで南北の映画化といえば、もう何度となくつくられた『東海道四谷怪談』しか記憶に浮かばない。そこで私としてはそれ以外のものでやろうと思い、候補を『桜姫東文章』『盟三五大切』『金幣猿島都』の三本にしぼったうえ、結局私のモチーフを最も表現しやすいプリズムとして『盟三五大切』を選んだのである。それとても私好みに、ラストをはじめ筋や人物のシチュエーションを幾つか変えたが、私の知るかぎり『盟三五大切』ほど残酷で絶望的なドラマは、世界でもそうざらにはない。そういえば私が南北にひかれる気持は、私がピランデルロやブニュエルに一貫してひかれてきたことと、おそらくどこかで深くつながっているといえるだろう。

思えば南北ほどの作家が、これまで近松ほどの知名度が全くなく、作品集や研究書が意外なほど少なかったというのも不思議である。最近ようやく全集がではじめたのは大いに嬉しいが、私たちの時代が、ここ数年南北の再発見がはじまっているのも、南北の生きた文化文政期にどこか重なってきているということかもしれない。いずれもポスト元禄の精神危機が深まっている時代であり、ヴォルフガング・カイザー風に言えば、グロテスクなものを必然的に生み落す一つの包括的な構造として疎外された世界、したがって最も本質的な意味において時代の転換期なのである。

孫悟空と釈迦の掌

孫悟空が一瀉千里、金斗雲に乗って宙をかけめぐり、得意満面となってはるか天界の果てにそびえる五本の柱に、そこまできた証拠として名前を書きつけて帰ってきたところ、それはなんと釈迦の掌のなかだったという説話は有名である。

私は現代文明の限界について考えるとき、なぜかいつもこの孫悟空と釈迦の話を思いださずにはおれない。たしかに現代人は、科学の無限の力を過信しながら、この物質文明という名の金斗雲に乗ってはるかかなたまでやってきた。そして人間の能力というのは何とすばらしいのだろうと、ついこの前までは孫悟空のように得意づらをしながら世界を征服したつもりにでもなっていたはずである。ところがどうだろう。いまではむしろ、その矛盾と破綻がいたるところに現われてきて、西欧をパイオニアとしたこの現代の物質文明が、逆に人間を深い危機に導いてきたのではないかということに気づきはじめている。明らかに私たち現代人もまた、しょせんは釈迦の掌を越えていないというか、少くともいまでは得意づらどころか逆にうちのめされて、精神的には一種の救いすら求めざるをえないほど巨大な壁にぶつかっているように思えてならない。

そういえば、ちょうどそれと同じような光景が映画にもあった。カブリックの『２００１年宇宙の旅』である。あの主人公は、機械文明の勝利の象徴ともいうべき宇宙ロケットに乗って、文字どおり天界の果てまでやってきたのである。ところが彼は、人間の先祖が禁じられていた木の実を食べてしまったばかりに永遠の業を背負わされてしまったように、やはり禁じられていた一線を越えてその向うに行けると自己過信したばかりに、恐るべき孤独の闇に永遠に宙吊りにされてしまったといえる。あの映画が日本で封切られたとき、ほとんどの人はその深い意味を理解することができず、とりわけ主人公が宇宙の果てで目撃した一見プライマリーストラクチュア風の不思議なオブジェに困惑したものである。しかしカブリックがあのオブジェによって象徴しようとしたものが、私のいう釈迦の掌だったことを私は疑うことができない。それは人間が人間そのものの挫折感の向う側に見る超人間的な何かである。

むろん私たち現代人は、この世に神が実在するなどということを信じてはいない。しかし神など存在しないことを百も承知のうえで、なお人間は幻想性としての超人間的な何か＝擬神を持とうとすることも事実である。つまり人間そのものの根源的な挫折感を体験することによって、現代人も何らかの擬宗教的な意識を、何よりもまず己れの内側に抱かずにはおれなくなっているということかもしれない。そのオントロジカルな意味は何かということが、最近の私にとっては切実なテーマになってきている。

　ところで『２００１年宇宙の旅』のいちばんラストシーンは、無のなかで死んでいった主人公が、何と胎児に転生して再び地球に回帰してゆくイメージで終っていた。この強引な判じ絵によってカブリックが言いたかったことは、多分原点回帰ということである。手中にした一切の擬制の文明を捨てて、人間存在の無垢な原点をとり戻さねばならないとする作者のメッセージがそこにあるのであり、たとえばヒッピー・レヴォリューションなども、結局は原点回帰の運動にほかならない。

　しかし原点回帰という場合、原点それじたいと回帰願望とは全くちがうということを混同するわけにはゆかない。数年前ジョン・ケージが日本にきたとき、彼が山小屋の水車をみて、何とすばらしいのだろう、ここには詩がある、私もあの水車番みたいな生活がしたい、と語ったという話を武満徹から聞いた。だが水車番じたいが自分自身の生活を、はたして詩的であると思っているかどうかは疑問であり、彼じしんは一刻も早くこんなみじめな生活をやめて都会にゆきたいと思っているかもしれない。つまり詩的であるのは、水車番じたいの側ではなく、そこに何か忘れていた大切なものを見出して、ふと水車番の生活に憧れたケージの意識の方なのである。

　ここではっきりさせておかねばならないのは、原点回帰の思想というのは、近代を通過して、なおかつ近代のゆきづまりを自覚した意識が、近代にまだ毒されていない世界に光をあてる意識だということである。したがってそこには、人間中心＝自我中心＝われらが文明中心の自信にみちた近代的世界観が挫折する契機が横たわっている。したがってそれは基本的にインテリゲンチュアの反省的意識として現われるものである。その意味での世界観の挫折ということは庶民にはない。むしろ庶民はいつも基本的に原点を即自的に生きている。そのへんの問題を念頭に入れて歴史を振りかえるとき、私たちは庶民なるものがいかにもプリミティヴであり、プリミティヴであるがゆえに常に根源的な何かであったことに思い至らざるをえない。一見いかにも「その他大勢」の背景的群像であるかにみえながら、歴史のうねりが一段落してみると、結局はそのベースを本質的に決定してきた主役として認識されるのが庶民である。インテリゲンチュアは庶民的原理の素朴性《プリミティヴィティ》をはるか遠く飛翔してゆくかにみえながら、いつのまにか再三再四、庶民的原理の根源性《プリミティヴィティ》に回帰せざるをえない。その意味で比喩的にいえば、インテリゲンチュアと庶民の関係は、先に述べた孫悟空と釈迦の関係である。

　少し横にそれるが、このインテリゲンチュアと庶民の関係は、同じく男性原理と女性原理の関係に似ていないでもない。むろん個々の次元にひきもどせば、すべての男性がインテリゲンチュアというわけでもなく、また、女性にインテリゲンチュアがいないわけでもない。しかし大きく原理的範疇でいうなら、やはりそのような対応関係がかならずしも社会的制約論によっては説明しきれない本質として明らかにある。そしてそれゆえに男性原理は女性原理をどこか見くだす感じで、「どうせ女なんかにわかりっこない高み」へと飛翔してゆくわけである。

　だがこの場合にも、不思議というか無念というか、結局男性原理としてのオデッセイは、眼にみえぬ糸にたぐられるようにして、女性原理としての母なる故郷に帰ってくるものである。事実、常に理屈としては相手をやりこめても、世の男性どもはいつのまにか結局女房や恋人たちの軌道の内側に回収されてしまう事実、あるいは男どもがあれこれ考えぬいて到達した結論を、女たちはごく素朴な直観で先取りしてしまう事実など、私たちがごく日常的に経験する範囲でも、その種の実例を列挙するのはそれほど困難なことではない。

　そういえば、私は次のようなエピソードをきわめて興味深く思いだすことができる。かのサルトルとボーヴォワールが何年か前に日本を訪れたとき、「あなたにとっていま最も大きくあなたの心を占めている問題は何か」という記者の質問に、ボーヴォワールが「それはサルトルがいつ死ぬかということだ」と答えたというエピソードがそれである。当時私はそのようなボーヴォワールに、いわく言いがたいショックを受けたものである。それがもしサルトルだったら、決して「ボーヴォワールがいつ死ぬか……」などと言うはずがない。彼なら多分、世界の政治情勢やむずかしい哲学的問題をとうとうと述べたことだろう。むろんボーヴォワールだって名だたるインテリゲンチュアである。それくらいのことはいくらでも語れるはずなのに、彼女はただひと言、愛するサルトルに去られる心配を語ったのである。私がショックを受けたのは、そこに一人のごくプリミティヴな「女」をみたからにほかならない。そして一瞬、この世のあらゆるこむずかしい理屈が、そのひと言の前に色あせる観がして、本心「かなわないなあ」と思ったものである。

私に言わせれば、それもまた釈迦の掌である。そしてそこではもはや、たとえばボーヴォワールという署名性に固有なものではなく、庶民的無署名性のなかに普遍化された無媒介的な了解回路だけが問題になるということを見逃すことはできない。それに対して、インテリゲンチュアの本質は他と己れを区別する個性（自我性）であり、したがって署名性である。そして言うまでもなく、個性（自我性）とか署名性とか呼ばれるものは、近代の属性なのである。その近代の勝利が今日根底から疑われざるをえなくなり、近代そのものの挫折を否応なく嚙みしめなければならなくなったとき、私たちは存在のより根源的な本質、さまざまな意味をこめて私が釈迦の掌と称してきたものに眼を向けざるをえなくなってきたといえる。

たとえば映画でいうと、いまようやく少し下火になってきた観があるが、いわゆるヤクザ映画が根強いブームを持続してきた現象の本質的な部分にはそのような問題がある。ヤクザ映画というのは基本的に無署名性のものである。むろん個々には署名的な作品がないわけではないが、ヤクザ映画に時代的な吸引力がある（ないしあった）というとき、それは基本的に潮流としてのそれにほかならない。その魅力は、「庶民的無署名性のなかに普遍化された無媒介的な了解回路」としての一種の心情の型にあるのであり、その核心をなすものは、被凌辱者の凌辱者に対する無限の怨恨感情である。それは筋立てといい、主人公のタイプといい、大部分は異花同根の類型として成立っている。個性はそのような類型を破る方向に飛翔するものであるが、無署名性の自己表現は、むしろ他から己れを区別する一回性としてではなく、形をかえて反復される類型であるがゆえの魅力として生き続けるところに本質があるように思えてならない。それはおそらく、類型であるがゆえによりよく庶民の分厚い沈黙の怨恨を背負うからである。ヤクザ映画の深夜興行にみられる一種独得のコミュニティは、たとえば高倉健や鶴田浩二が、積年の怨みつらみをじっとこらえている無念の情動と、それを一瞬堰を切るように爆発させるカタルシスの共有感によって成立しているとみることができる。

しかしいま一歩立入ってみるとき、言うまでもなく同じ類型の反復体験のなかにも、よりぐっとくるものと、それほどでもないものとのちがいがある。その場合私が注目するのはそのちがいがしばしば、ヒーローが凌辱された無念の情をじっと内にこらえるこらえかた、あるいはそれを遂に爆発させるに至る情念の起伏と噴出のしかた、そういうさわりの呼吸や鼓動とでもいうべき、プレ・ロジカルな内的リズムに決定的にかかわっているという事実である。その意味では、よく素朴なヤクザ映画ファンが、ヤクザ映画は理屈ではない、「わかる!」というひと言の共感だけだ。というのもあながち侮どることのできない真理を含んでいる。

たしかに呼吸とか鼓動とかいま私が呼んだところのものは、方法論でもないし、観念でもない。それはあえて言えば身体的直観性とでもいうべきものであり、その背後に尨大な無署名性を背負って突出した部分のことである。私は近年遅まきながら少しづつ歌舞伎や浄瑠璃、あるいは三味線や尺八などの民俗芸能にも眼を向けつつあるが、そこにみられるいわゆる名人芸と称されるものは、決して私たちが言うところの個性的自己表現ではなく、無署名性の底流に息づく情念のリズムや肌ざわりを、きわめて本能的に対象化するすぐれた技とフィーリングではないかと思えてならない。明らかにその意味での名人芸は、深く無署名性の意識下に錘りをおろしている。

それは一見シュールレアリズムが、近代の合理主義的世界観に疑問をもって、人間の意識下に眠る非合理世界に深く下降していったアプローチと重なり合うかにみえる。しかしこの両者には際立った対照的なちがいがあることを見逃すわけにはゆかない。そのちがいはシュールレアリズムが抑圧された個人の無意識に合理的方法的に迫ろうとするのに対して日本の民俗芸能にみられる名人芸は、抑圧された庶民の集合的無意識を本能的直観的にそれじたいで背負っているという点である。私はまずそのちがいを見据えたうえ、なおかつその対応する構造に問題追及の重要な手がかりをみるが、ここではとりあえず、私たちが近代的自我を確立させるためには、何よりもこの無媒介的な直観の美学を職人芸として切り捨ててきたという事実を確認しておく必要がある。そうしなければ私たちは個々における主体の確立を基本的な命題にすることすらできなかったとはいえ、それは少くとも無署名性の表現に対する不当な過少評価だったことを否定することはできない。

これもまた孫悟空と釈迦の掌の関係である。しかしいずれにせよ、たとえ呼吸や鼓動の意味を重視するにしても、その「意味の重視」を自覚化する力は結局言語能力であり、男性原理であり、インテリゲンチュアの思索活動だというパラドキシカルな関係があることもまた事実である。庶民は即自的な存在であるがゆえに、庶民の哲学を自分で生むことはない。あらゆる庶民観は、結局庶民から肉ばなれしたインテリゲンチュアが、めぐりめぐって母体を振りむくかたちで出てくるものである。原点回帰の思想がすぐれてインテリゲンチュアの意識であり、近代の否定の思想が、近代を通過して近代を最も先端的にのぼりつめたものの自己否定の思想として現われてくるのはその意味である。

　その場合、先にも触れたように、原点そのものと原点への回帰願望とはちがうということをあらためて強調しておく必要があるだろう。私が重視するのは、あくまでも近代を通過して、近代の巨大な壁にみずから頭をぶつけた意識が、その対極に無署名性の母体を見据えざるをえなくなったパースにほかならない。母体の即自性から肉ばなれしてはるかなる旅立ちにでたインテリゲンチュアは、遠くにくればくるほど、自分が切り捨ててきたヘソの緒の向う側を意識しだすものである。そして己れのヘソの痕跡に、母体の血が還流していることをうずくように意識しだしたとき、彼が母体に対してとる態度は次の三つに分れるように思われる。

　第一は素朴な胎内回帰である。これは私が強調したところの回帰願望の意識を重視するよりは、一足跳びに原点との同化を重視する思想である。たとえばヤクザ映画を礼讃する一部のインテリ批評家が、それを足場として一切のインテレクチュアルな西欧風の映画を全面否定する光景はその一例である。しかし私には、そこにどこか自分の特権的生活をわきに置きながら、一切特権などもたない下層大衆の代弁者づらをするいやらしさと嘘を感じないわけにはゆかない。むろんすべてがそうだというわけではないが、俗にいう土着派の多くはそんなところがある。

　第二は、かりに母体が妙に気になったとしても、あくまで己れと母体はすでに無関係だと自分に言いきかせつつ、近代的自我の絶対的な自立への道を盲進する思想である。この素朴な近代派は、いまそのような世界観が、大きくは第三世界の台頭に匕首をつきつけられながら、急速に自壊の歩を早めている現実に全く不感症であるという意味においておそろしくおめでたい。

　第三は、何より回帰願望の意識を重視する思想であり、己れのヘソの緒の切断部に母体の血が還流するのを断えず意識しながら、決して素朴に故郷に帰るのではなく、はるかかなたの母体とインパクトのある対応関係をもちつつ、あくまでも己れの立脚点を下降することによって、母体と通底し合う回路を見出そうとする思想である。私はその意識のフィードバックに、インテリゲンチュアが釈迦の掌とかかわる唯一のありうべき関係をみるが、それはどことなく、レネが『二十四時間の情事』で、真にヒロシマを見ることは、己れの内部にヒロシマを見ることだと主張した思想的構図と、正確に相似していることにあらためて思い至らないわけにはゆかない。むろんこの第三の思想こそ私がとろうとする立場である。

この第三の思想は、角度を変えると、人間の言語活動をどうとらえるかという観点を抜きにしては語ることができない。そもそも言語活動は、母体から肉ばなれする方向に成立つものであり、その意味においてインテリゲンチュアに対応するものである。しかしたとえば尺八の音が、一息鋭く静寂の空間を引裂くとき、その呼吸とか間が鮮烈に表現するものは、しばしばあらゆる言葉をはじきかえすように思われる。呼吸とか間とかいうものは、言語のように明確なフォルムをもたないだけでなく、しばしばそこにはかの尨大な無署名性の世界の、積もりに積もった分厚い沈黙の言語が塗りこめられるからにほかならない。私が先にその直感的なコミュニケーションを指して、「庶民的無署名性のなかに普遍化された無媒介的な了解回路」と規定したのはその意味である。

ところで私たちは、ここに二種類の沈黙が生まれていることに着目しなければならない。一つは庶民が直接の生活体験を適切に言語化しえないときの沈黙、いま一つはその分厚い沈黙の前に、それに拮抗する言葉を失って立ちどまらざるをえなくなるインテリゲンチュアの沈黙である。しかしその沈黙はいずれも決して考えることを放棄した沈黙ではなく、何か言わずにはおれない心の高ぶりを、言語へと結晶化しようとする意識の運動を孕みながら、なお発語できずに前方へとつんのめった状態にほかならない。したがって、そこには内的前言語とでもいうべきものがつまっており、そのつんのめりがあればこそ、その苦痛の触手が前方に直観やフィーリングという、人間に固有な能力を生み落すのである。その意味で、私は物を考えようとしない脱思考型の人間にも、またすべてをでき合いの言語でねじふせてしまおうとする言語万能主義者にも、共に真に豊かな感覚能力は育たないと思うが、その点についてはは私の「混沌が意味するもの」（『季刊フィルム』創刊号）〔本書三二一頁を参照〕にくわしいので読んでいただきたい。私がここで言いたいことは、その二つの沈黙が、私が先に述べた第三の思想、己れの限界にぶち当った孫悟空と釈迦の掌の対応関係に重なるという点である。
インテリゲンチュアは、己れをいきなり無署名性のなかに解消することによって己れの躓きを越えようとすべきではない。それは不可能であり、ときには偽瞞ですらある。肝心なことは、彼が無署名性の沈黙に通底するためには、己れの二重化された沈黙をくぐるほかないという一点である。そのとき彼は、彼が個の世界に下降することによって、個を超えた時代の沈黙があたかも自分の姿をかりて上昇してくるのを感じるはずである。そのとき私たちは、言葉の真の意味において、はじめてもしかすると作者はいないと巨視的に言いきることができる。

さて私は時代のファッションということを語らなかったであろうか。そんなことはない。私はファッションの根源的な意味を語ったはずであり、それをどうとらえるべきかのありかたを語ったはずである。

幻覚志向のかなたにあるもの

アメリカ文化センター主催の〈アメリカ実験映画＝三十年の回顧史〉をみた。公式のプログラムとして上映されたのは、スタン・ブラッケージ、マヤ・デレン、ケネス・アンガー、ジェームズ・ブロートン、スタン・ヴァンダービーク、ブルース・ベイリイの六人の作品である。

このプログラムを組んだのはドナルド・リチイだと聞く。そういえば、今回はじめて日本に紹介されたジェームス・ブロートンなどは、ただちにリチイの『五つの哲学的な童話』を想起させるほど彼に似た体質をもっていた。私はブロートンは数年前サンフランシスコで『ベッド』と『母の日』をみていたが、今回上映された『快楽の庭』なども含めて、たしかに不思議なユーモアを漂わすユニークな作家である。ただブロートンを「三十年の回顧史」を代表させる六人に含めるのが適当かどうかには疑問があるが、いずれにせよ過去三十年のアメリカ実験映画を、わずか六人で代表させることには誰がプログラムを組もうと、本質的に困難があることを否定できない。言いかえれば過去三十年のアメリカ実験映画は、とりわけこの十年から十五年の間に、それほど質量ともに、圧倒的な広がりと深まりを築きあげてきたということである。

思えばそれらの具体的な作品が日本にはじめて上陸したのは一九六六年だから、それからすでに五年になる。その間さまざまなチャンスを得て日本で上映されたアメリカのアンダーグラウンド映画もまだまだ多いとは言えない。それも六九年の〈フィルム・アート・フェスティバル〉が中止になって以来、その種の映画がまとまった形で紹介される機会はほとんどなくなってしまったというのが実状である。ネックは何と言っても経済問題にあるが、それだけに日本のアンダーグラウンドの担い手たちが、内ゲバによる足のひっぱり合いをして、その種の映画を少しでも多くみて栄養を吸収するという最低の条件すら確保できなくなってしまったことは不幸というほかはない。加えて風俗としてのアングラ・ブームも下火となり、日本のアンダーグラウンド映画の状況はヨーロッパなどとくらべてもはるかに遅れをとり、いわば個々人がバラバラの状態で、なんとか火を絶やすまいと細ぼそと頑張っている有様である。

そのような事情をふまえるとき、今年はフィルム・アートのシネマテークで先にウォーホルの『チェルシー・ガールズ』が初公開され、続いて今回の〈アメリカの実験映画＝三十年の回顧史〉が催されたことは、アンダーグラウンド映画に多大の関心をもつ者にとってきわめて喜ばしいことであった。更に今回の〈回顧史〉の解説役として来日したシェルドン・レナンが、非公式に持ってきたスコット・バートレットやジョーダン・ベルソンの作品を、かぎられた範囲ではあってもみることができたことを考えると、今年は結構刺激的な収穫があった方だということができる。

ただ若干の苦言を呈すれば、今回の〈回顧史〉で上映された作品のうち、ヴァンダービーク、ベイリー、デレンのなかのかなり多くの作品が、これまで何らかの機会に日本にすでに紹介されたものとダブっていたことである。むろんその折みそこなった人も多いだろうし、またすぐれた作品がくりかえし上映されることじたい悪かろうはずはない。しかしこういう機会が稀なだけに、主催者が作品をわざわざ向うからとり寄せる場合は、原則として初公開の作品を選ぶよう配慮してほしいものである。そのためにも、このあたりで一度、過去に日本で紹介された海外のアンダーグラウンド映画を全部リスト・アップし、再上映の希望などについてもアンケートその他で調査をしておく必要がある。

ただアンダーグラウンド映画の紹介を計画するものが、必ずぶつかる一つの頭の痛い問題があることは知っておかねばならない。それは「検閲」の問題である。この障害があるかぎり、きわめて多くのアンダーグラウンド映画が、性器や恥毛の露出、あるいは大胆な性描写があるという理由で日本に持込むことができない。したがってジャック・スミスや最近のウォーホルなどは絶対みれないだろうし、たとえチラリ程度でもその種のショットが入っている作品は、税関でストップされてしまうためプログラム編成の対象がひどく狭められてしまうのである。こんなバカげた検閲はすでにヨーロッパあたりでも近年急速に解除されているが、日本でも検閲の撤廃、あるいはせめても条件緩和のための闘いを、そろそろ現実的に組む段階にきているように思われる。そのことを抜きにしては、アンダーグラウンド映画のかずかずの傑作はいつまでも日本ではみられないし事実今回の〈回顧史〉でも、最初候補に挙げられていたというアンガーの『花火』も、あるいはブラッケージの『犬・星・人』のなかの第三部も、結局その点がひっかかってはずされたといういきさつがある。（レナンの説明によれば、アンガーの近作『わが悪魔の兄弟を呼びだす呪文』も同じ理由で日本に持込めないということだが私の記憶ではこの作品にはそういうショットはなかったように思えてならない。と

一九七〇―一九七一

もあれ、この狂気のかたまりのような傑作はぜひ機会をみて日本に上陸させたいものである。）

ところで今回日本で初公開されたものでいえば、私を刺激してやまなかった作品は、アンガーの『快楽殿の落成式』（一九五四）、ブラッケージの『犬・星・人』（一九五九―六四）、それと非公式に紹介されたベルソンの諸作品である。こう並べてみると、アンガーとベルソンを両極に、この三作家の体質は見事なほどかけ離れている。しかし同時に、この三作家には不思議なほど共通した点と、奇妙な対照的関連があることを見落すことができない。このかけ離れた三人を一つに結びつけうる共通点は、彼らがいずれもきわめて個的な執着力の強い幻覚性のパラノイアをもっている点である。それは度はずれて徹底しており、いずれも一種の気狂いじみたトランス状態に達している。対照的な差異はその方向性であり、アンガーは無限に地獄に下降するデーモン志向であるのに対して、ベルソンはＬＳＤ的な酩酊体験を通して、一切の煩悩を解脱したコスミックな世界に一挙に上昇しようとし、ブラッケージはその中間で、あくまで現世的な人間的煩悩にかかずらいながら、徐々に徐々にこの世界の現存的原点に接近しようと試みている。そしてその表現も、アンガーは具象、ベルソンは非具象、ブラッケージは半具象と対照的であることも興味深い。

アンガーを表現へと駆りたてているものは、しばしば極度の鬱屈を内深く秘めた魔性の衝動である。彼は自分を魔術師と呼び、映画を呪術行為と考えているらしいが、その憑依性は今回紹介された、『暗褐色の瞬間』（一九四八）や『人造の水』（一九五三）など、ごく初期の作品から濃厚に現われている。前者の衣裳に対するフェティシズムや装身行為に対するアニミスティックな執着は、すでに何気ない日常の対象に別な隠された世界を幻覚するパラノイアを感じさせるが、同じ偏執性は後者のポエティックな作品にも充満しており、この単なる月夜の噴水の庭にぞくぞくする妖気が漂うのは、そういう憑かれた視線で対象が変貌してしまうからである。その意味で、たとえば題名の『人造の水』というのも、文字どおり噴水を指していると同時に、「人造の」という語感に「魔法をかける」というニュアンスがこめられていることは言うまでもない。

しかし、ここでも見落すことができないのは、アンガーの幻覚的なまなざしには、終始「死」のイメージがつきまとっていることである。『人造の水』がそうであるように、アンガーの作品のベースに流れるトーンは、月光に妖しく浮びあがる魔のラビリンスにほかならない。ここには明らかに、ぽっかりと黒い口をあけて誘なう死の淵に立って、その魅惑に戦慄したものだけが体験する異常な恍惚感がある。むろんそれは、その後のアンガーの作品に次第に露わになってくるマゾヒステックな同性愛のモチーフにもつながっている。その異端の世界の住人となるためには、人はファウストのように悪魔と契約を交さなければならない。『快楽殿の落成式』はその秘儀とでもいうべき作品である。

『快楽殿の落成式』は、アンガーが尊敬するイギリスの神秘主義者アレィスター・クローリーがやっていた異教主義復興の儀式にヒントをえたものという。ここで繰りひろげられる毒の花園のような呪術的パーティについては、とうてい言葉でうまく説明できるような性質のものではない。格別筋立てがあるわけではなく、ただ一人の魔女の手で配られる幻覚剤的な酒によって、儀式はおそるべきクレージーな「ハイ」の様相を深めてゆき、私たちをかぎりなくカバラ的宇宙へひきずりこんでゆくだけである。むろんの呪「旅」は実にデモーニッシュなバッド・トリップだが、そそこには呪いと恐怖と恍惚が奇妙に入り混っている。この呪いと恐怖と恍惚の世界が、その後アンダーグラウンド映画の傑作中の傑作『スコーピオ・ライジング』で爆発的に炸烈し、性と死がどす黒く交錯する現代の鬱屈を、ほとんど肉体的な卒直さで抉りだすに至ったことは、すでに数年前〔「六〇年代のアヴァンギャルドたち」〕〔本書一四〇頁を参照〕にも書いた。

現代の地獄に一直線に下降しながら、この現世の抑圧を呪いに充ちた視線でみかえすアンガーに対して、ブラッケージはもっと現世的な日常のヒダをたんねんに綴り合わせながら、この世界の根源的な真実を求めて放浪する詩人哲学者のおもむきがある。ブラッケージのハンドカメラは、対象に対する彼の実にナイーヴな感性をこのうえなくよく現わしていて素直に心に訴えてくるものをもっている。しかし同時に、彼の映像は反面きわめて複雑に加工され、レンズや露出によるデフォーメイションをはじめ、人工着色、フィルムへの直接的なひっかきや貼りつけ、二重あるいは多重の焼付け、スヌケやブラック・リーダーの多用、意図的なピンボケ・ショット、更にはコマ編集の採用など、常に新鮮な視覚的表現への追求がなされている。だが、それらは決して技術主義的な興味の次元でなされているのではない。そのことは、それらの多彩な映像が一つの束にねじり合わせられてゆくとき、そのイマジネールな光と色の奔流は、かならずブラッケージの内観の軌跡として姿を現わすことによって明らかである。その現われは、ブラッケー

一九七〇―一九七一

ジの場合、アンガーやベルソンとくらべてきわめて振幅の度合いが大きく、作品によってホーム・ムーヴィ的なドキュメンタリーになることもあれば、『モスライト』のように工芸的ともいえるアブストラクションになることもある。

だがその意味でも、ブラッケージの思想や体質、あるいは終局的に模索されている世界や方法が、一点に凝縮され集大成された作品は、今回上映された『犬・星・人』にほかならない。レナンによればこれはジョイスの『フィネガンズ・ウェイク』のようなものだということだが、たしかにこの巨大な作品は、際立って誠実な作家の内省によって、生きることのトータルな究極の意味を問い続けられた意識のフェノメノロギーである。今回の日本での上映は、先にも述べたように愚かな検閲によって第三部がはずされていたが、全体としては「プレリュード」にはじまって、「第一部」から「第四部」までの五つのパートで構成されており、一人の木樵が丘に登って木を切り倒すという骨太のイメージを縦軸に、その周りに彼の家族とその生活の断面、更に小は血液の流れから細胞の原形質の動きに至るミクロの宇宙が、大は太陽のコロナから月や星に至るマクロの宇宙が、渾然と浸透し合って一つの全体を築きあげている。

むろん『犬・星・人』も筋としての展開はなく、しかも映像は輪郭の定かでない外界と内界の識閾を行きつ戻りつしながら試行錯誤するため、それはほとんど錯乱すれすれの混沌としたうねりにしかみえない。だがその度はずれの狂気じみたオブセッションの果てには、明らかに現世的な個の限界性を超えて、このミクロからマクロを含む宇宙的存在の根源的なエグジスタンスにミスティックに交感しようとする壮絶な意識の渇望がみえてきて、私たちをうつのである。

その点ベルソンは、ブラッケージがまきちらすあまりにも人間的な苦悩のプロセスを超えて、一挙に現世的な煩悩を解脱した天国的コスモスへと上昇する。私は以前「遥かなり天国」(『黒の手帳』71・7)〔本書五八六頁を参照〕で過去の芸術作品のなかに描かれた地獄と天国のイメージを比較し、「地獄の描写では身の毛もよだつものがいくつもあるのに、天国の描写では心身をしびれさせてくれるようなものはほとんどない」として、「地獄のイメージはより現実的な生活体験に直結した比喩であるのに対して、天国のイメージはけっきょく願望の比喩なのである」「人類がこれまで描いた天国と地獄のイメージを比較して、地獄のそれの方が概して深いリアリティに支えられているのは、私のみるところ、そんなあたりに秘密があるように思われる」と書いたが、『サマディ』（一九六七）、『コスモス』（一九七〇）、『世界』（一九七一）など一連のベルソンの作品にみられる天国のイメージは、これまで私がみたもののなかで最も心を高ぶらせるものだったといえる。

ベルソン自身は、彼の世界を東洋の仏教的な宇宙観に重ねて考えているという。それがはたして妥当かどうかにはやや疑問が残るが私にはむしろＬＳＤの酩酊体験が最も「ハイ」の恍惚状態で開示する世界に近いのではないかと思われる。ともあれ、そのすばらしく透明に輝く星雲状の色光が、比類のない高度な技術と緻密な計算によって戦慄的に浸透と流動を深めてゆくとき、私のように本来バッド・トリップ型のなかなか解脱できない人間でも、思わず忘我の域にひきこまれてゆくのを感じないわけにはゆかない。むろん私は私なりに、そこに「祈り」にも似たトランス状態が現われてくることに感動するのだが、その種の一種宗教的な体験を全身的に感じることができたのは、数年前サンフランシスコのアバロン・ボールルームで接したジェリイ・アブラニオのサイケデリックショウと、この夏箱根で接したピンク・フロイトのロックに次いで三度目である。

私はアンガー、ブラッケージ、ベルソンの作品に、それぞれ方向を異にしながら、共通してそれらにきわめて個的な執着力の強い幻覚性のパラノイアがあり、共に、一種の気狂いじみたエクスタシーに達していることに触れた。むろん狂気とエクスタシーはメダルの裏面のようなものだが、本来エクスタシーとは、語源的にも個の限界性を超えて、超越的なコスモスと一体化しようとする意識の超出体験を意味するものであり、その意味でこの三作家が模索している世界には、きわめて切実に現代の精神的苦悩か貼りついていることを思い知らされずにはおれない。

思想的建前の許容範囲——岩崎昶著『現代映画芸術』

岩崎昶が西ヨーロッパの新しい映画動向を中心に、一冊の本を書きおろしたと聞いて、内心意外に思ったのは私だけではないだろう。なぜなら氏は、日ごろその種のものについて、ほとんど積極的な発言をしてこなかったからである。だが驚いたことに氏の勉強ぶりはあなどりがたく、アントニオーニ、フェリーニ、ゴダール、ルネ、ベルイマンはもちろん、その論及範囲はニェメッツやファスビンダーからウォーホールやエクスパンデッド・シネマにまで及び、さらには事のついでとはいえ、マグリット、ベケット、イヨネスコ、あるいはポンティ、ソンタグからヤングブラッドまでが引用されている。

それだけではない。氏は現代を表現するうえで古典的ドラマツルギーが非力化してきたことを認め、現代映画の特徴として、感性的なものの拡大、不条理性と形而上的主題への執着、視点の多義化（したがってドラマが観客の意識の内側で結晶化する傾向）、現実と想念を対等に扱う反ドラマ志向などをあげつつ、「いうところの〈近代化〉社会、大衆社会に住む人間の当面するのっぴきならぬ苦境は、ひと口にいえば、人間喪失、疎外情況というに尽きる。したがって現代の真剣なまた敏感な芸術家がこの主題をとりあげずにすまないことは当然である」と書いている。

意表をつく軌道修正

このことは、基本的に社会主義リアリズム路線を信奉しつづけてきた氏を知るものにとって、いささか意表をつく軌道修正である。そしてたとえ修正程度であれ、そのズレを埋めざるをえなかった氏の良識は、いまなおそれらの新しい映画動向に「ブルジョア的退廃」のレッテルを張るしか能のない氏の周辺のオールド・レフトとくらべて評価すべきだろう。だがそのことを一応認めたうえで、あえて率直にいえば、この本で氏が書きつづったことの大半は、いまではすでに一定の常識となっていることの、整理と解説とごく一般向けの啓蒙の域をでていない。しいて氏のオリジナルな論評が感じられる部分を捜せば、それらは概して氏が許容範囲の原則逸脱を警戒する姿勢の方に悪しき尾骶骨として現れている。

たとえば氏は、あまりにも性急にその試行錯誤の行先を危惧して、アントニオーニにみられる現実と幻想の等質化に対しては「新しい装いの一種の観念論であり、現代映画の落ちこみつつある一つのワナである」と述べ、またベルイマンの暗い絶望的な主題に対しては「出口のないペシミズムにおちいっている」といった具合のチェックをせずにはおれない。あるいはフェリーニの『8 1/2』については、そのラスト以外を「現実そのものを一つの宇宙的な迷宮と見る世界観からの浸食がまだ彼の中に強く尾をひいている」と断じ、ただラストに至って作者は「大衆との連帯を回復することなしに映画を作ることができないと信じはじめたのであった」という我田引水の強引な解釈をほどこす始末だ。

このようにすべてを自己の思想的建前によって整合しようとする悪癖は、氏がこの本のしめくくりで、「私の考えでは、古いものの中から救いだせるもの、今後も生きつづけるものを念入りに選びだすこと、同時に新しいといわれるものの中からじつはすぐに過ぎ去るもの、忘れられるものを見わけることが肝要である」と書いているような氏の批評原理によって合理化されている。

客観主義的な教養の限界

私はこの言葉じたいをまちがっているとは思わない。しかしそのことの正当性を主張しうるためには、まず何よりも変革をはばむ古い体質と観念を否定しつくすこと、同時にたとえ付随的な欠点や未熟さをひきずっていても、本質的な問題提起をもつ新しい歩みに主体的に賭けることこそ肝要なのであって、私が氏の批評態度に根本的に抱く疑問は、その一点が見事に欠落していることである。氏が『ウッドストック』の集団的狂気を、「地すべり的にまたファシズムにも転化しうる」というセンテンスに力点を置き、そこに表現されたアンチ・エスタブリッシュな原点志向の文明論的な意味を主要な問題提起として受けとめようとしないこと、またヤングブラッドの試行錯誤に、もっぱら「テクノロジーへの絶対的信頼に発する手ばなしの楽天主義」を指摘するだけで、そこに意識の拡張による人間変革のテーマが模索されている事実を無視してしまうことなど、その最たる現れとして容認するわけにはゆかない。

その意味でも、氏はしょせん地図のない未踏の地平を、作家と共に喘ぎ喘ぎ歩く批評家ではないだろう。

この本が妙にそらぞらしいのも、その混沌を共に突きぬけてきた思索の重さがないからである。

私は氏の勉強ぶりと一定の良識が、氏を相対的に極度の動脈硬化から救っていることを認めはするが、いずれ客観主義的な教養の側からは、決して現代映画の内的核心には迫れないということも、この際あらためて痛感せざるをえなかったといっておかねばならない。

大島渚の眼は節穴か

『映画批評』（71・11）に大島渚が「松本俊夫・修羅と主体」という文章を書いている。大島によれば、松本の関心は「方法」にしかないのであって、「主体」や「主題」や「現実意識」の問題にはまったく眼が向けられていないという。それが大島の思いあがりからくる強引なでっちあげであることは、すでに出揃っている資料によって客観的に判断できることだから、私もあえて実証的に反論しようとは思わない。ただ大島はそのことを私の『修羅』批判を中心に展開しているので、ここではその点の反批判にしぼって、大島の眼がいかに節穴同然かということを指摘しておこう。

まず大島の『修羅』批判の中心的論旨を引用する。

「松本の源五兵衛に対する見方の基本的な誤りは、源五兵衛がもともと阿呆であること、そして加害者であることを、全然見ていないところにある」「誰が基本的な加害者で、誰が基本的な被害者であるかということは、当然存在するのであり、それを正確に定めることこそが、作家の第一の仕事ではないだろうか」「加害者は加害者の、被害者は被害者の論理をそのまま貫くことが、世界のあり方であり」「〈昏い怨念〉を仮託するとすれば、それは、三五郎と小万の夫婦にでなければならなかった」にもかかわらず「松本俊夫はこんな初歩的なことはまったく盲目であるのだから、これはもうお話にならない」

大島がまるで鬼の首でもとったように、『修羅』の致命的欠陥はこれだとばかり強調してみせた批判点は、右の引用に尽きている。しかしそれにしても、私は大島の了解前提の基本的な誤り、ないしピントはずれのはなはだしさに唖然としないわけにはゆかない。私はもうとうの昔から、一方に加害者（ないし悪玉）を、他方に被害者（ないし善玉）を設定して、その対立と葛藤によって劇を展開させてゆくドラマトゥルギー（物のみかた）にあきたらず、むしろ何が加害（ないし悪）で何が被害（ないし善）かの良識的判断がくずれ、眩暈と恐怖におののきながら、その先に「この世界は何を意味するのか」と問いつめずにはおれなくなる位相にこそ、より今日的な劇をみようとしているからである。

しかるに大島は、何を早合点したのか、私が「加害者を被害者と見誤り」、「おのれの〈昏い怨念〉を一筋に源五兵

一九七〇—一九七一

衛に塗りこめようとした」と思いこんでいる。だがそれなら私はこの映画のラストを、小万と三五郎を死に追いやってもなお、源五兵衛の怨恨はけっして晴れることなく、ますます深まる闇の虚空に宙吊りにされてしまうといったぐあいには描かなかったろう。源五兵衛は、すべて事の真相を知ったとき、とりかえしのつかぬ呵責の念とともに、彼らを襲ったこのうえない不条理な運命の意味に、人間存在それじたいのやりきれなさを痛感したはずである。私があえて原作とは逆に、ラストの主人公を討入りから脱落させたのはそのためにほかならない。

　またもし、私が大島の指摘どおり、小万や三五郎を加害者（ないし悪玉）と規定してかかったとすれば、私が彼らの死に、あれほど痛みをこめようとしたことも矛盾しているといわざるをえない。私は三五郎が絶望のあまり腹をかき切って死ぬとき、「もう何も見たくも、聞きたくもござんせん。たとえこの世に陽がさそうとも、このうじ虫野郎は闇にはまるばかりでござんす。思えば無駄な一生でござんした」というセリフを吐かしている。こんなセリフは原作にはない。むしろ南北は、この場におよんでもなお三五郎に「その百両、御用に立てて敵討ち、……あなたにも、忠義の武士と末代まで、その名をあげて下さりませ」と語らせ、その滅私奉公の心が盲目的な分だけ、客観的にはあわれさが際立つように仕組んでいるが、私はその点、大島の断定とは逆に、もっとダイレクトに私じしんの心情を三五郎にこめずにはおれなかったのである。

　だがここでこういうことをいうのは、「つねに〈運動〉のリーダーであった松本には、百両を用立てる目的を疑いもせず、目的と手段の乖離にそう深く悩みもせず、目的を終れば小市民の生活に帰る町人夫婦におのれを仮託するところから始めるなどということは思いつきもできなかったろう」といったぐあいのこじつけきわまる大島の愚劣な裏目読みにたいして、いやそうではない、私は三五郎たちにちゃんとおのれを仮託しているではないかなどと、さも弁解がましく立場のアリバイを立証しておきたいからではない。その意味では、私は源五兵衛にも、小万にも、三五郎にも、あるいは八右衛門にも、時に私の心情をもろにこめもしたし、逆にそのいずれにも、ベッタリ感情移入することもなかったのである。もし「おのれを仮託する」といういいかたでいうなら、私はあっちかこっちかではなく、それらの関係が生みだすあの劇的脈絡の総体が開示している世界にこそ、私が表現せずにはおれなかった「昏い怨念」を仮託しているのだ。

このあたりが、私と大島がどうしようもなくちがう点である。小万殺しのシーンをみるみかたが、私と大島で百八十度ちがってしまうのもそのためだろう。大島は、私が「演出ノート」〔本書四九八頁を参照〕に書いた「源五が小万をなぶり殺すさまは、これ以上の残酷は考えられないと思うほど、残酷でなければならない」という一節を引用し、そのあげ足をとるように「松本は、いつから、〈なぶり殺すさま〉などによって〈残酷〉を表現するようになったのか」と書いている。だが彼は、私が「演出ノート」のそのくだりに続けて、わざわざ服部幸雄の『残酷の美』から、「その残酷をあえてしなければならないところまで追いこんだもの、つまり、それらの根源に厳として存在していて人を操っている、手のつけられないほど大きい〈残酷なちから〉に対して、観客はより大きな残酷を感じ、「おそれ」と「憎しみ」を抱かずにはおれなかったにちがいないのだ」という文章を、注意深く書きとどめていることにはことさら眼をつぶっている。だがもし、大島が心底小万殺しのシーンに、ただたんなる〈なぶり殺すさま〉としての残酷しか感じなかったとすれば、私は彼がよほど鈍感か、あるいはよほど偏見に支配されているとしか考えることはできない。素直にみるかぎり、小万殺しのシーンの残酷さとは、明らかに「その残酷をあえてしなければならないところまで」主人公たちを「追いこんだ」シチュエーションの残酷さ以外の何ものでもないからである。

小万殺しのシーンにせよ、三五郎の自害のシーンにせよ、そこに被害者が加害者にたいしてうらみを晴らすときのカタルシスがないのはそのためである。ひとはそのいずれか一方に感情移入することはけっしてできない。そこではすでに、どちらが加害者（ないし悪玉）でどちらが被害者（ないし善玉）かといった問題軸そのものが無化されており、ひとは既成のモラルや価値感そのもののグロテスクな崩壊に立ち会うはずである。

片岡啓治はそのことの理解を示した数少ない批評家の一人であり、「醜の論理」（『ＦＩＬＭ』〔『季刊フィルム』〕９号）のなかで、私の『修羅』に触れてつぎのように書いている。「……見のがしてならないのは、この主題をとりあげた監督のまなざしであろう。すなわち、これをとりあげる心の傾斜には、すでに、善と悪、正義と不正、公と私は、截然とふりわけられるものでもなく、どちらかが絶対的優位というものでもない、という深い道徳的な懐疑がある。ひとつの正義のためにはひとつの悪があり、対するに、ひとつの〈私〉の幸福もまたそれ自体として善であるわけではなくて、同時にひとつの悪でなくしてはありえないという因果的な循環。そこにはヤヌス的な双面性をこえる道徳そのものの揚棄があり、どのような生であれ、ひとつの生そのものが罪であり、罪であるほかない、というつきつけられた疎外があり、生はそのとき生みすがら極限まで無化されている」と。

この片岡の洞察とくらべると、「加害者は加害者の、被害者は被害者の論理をそのまま貫くことが、世界のあり方であり……」などと、一つ覚えの階級論をふりかざす大島の図式的認識は、月とスッポンのように浅薄である。そして『儀式』をはじめ、大島作品に一貫してみられる鳥瞰的な典型論、さらにはそのうえに立って人物を将棋の駒のように演繹的に動かしてゆく役割論のつまらなさが、すべてそのような図式的認識に根ざしていることはいうまでもない。だがむろん、その方が「意味」を読みとりやすい分だけ、通俗批評家の咀嚼水準に見合っていて受けるのである。

さて、大島が『修羅』の致命的欠陥として措定した批判の中心点にたいする反論は以上である。あとはすべて、このような誤った前提から出発したこじつけばかりなので、私としてはそれらにいちいちかかずらう気はまったくない。ただ大島が私のフィルモグラフィーを問題にしながら、わざわざ最後に「松本の〈主題〉とは、いったい何なのであろうか」と問うている点については、その場合もまた、主題はそれら全体が開示している世界とその意味するものの位相にしかない……、と言っておこう。大島に実験映画のことをいってもわからないだろうからここでは触れないが、私の劇作品にかぎっていうと、私がそれらの原作ないし媒介にしたものが、ピランデルロの『各人各説』（→『嘘もほんとも裏からみれば』六四年、青俳公演）、ソポクレスの『オィディプス王』（→『薔薇の葬列』六九年、ATG）、そして鶴屋南北の『盟三五大切』（→『修羅』七一年、ATG）だったことをよく考えれば、そこにみられる意外なまでの共通点から、私が執着してきた「主題」（と「方法」）が何であるかをおぼろげにでも理解できるにちがいない。これがいま私じしんによって示唆できるヒントの限界である。

（未発表、71・12）

映画『メタスタシス』制作にあたって

「新陳代謝」という一風変わった題名は、この映画で私が意図したモチーフを端的に象徴しています。私が「便器」を前にして、まず考えたことは「排泄」ということの意味でした。それは「吸収」と表裏一体となって「生」そのものの基本的なリズムを構成しています。それこそ古い細胞が刻々死滅し、代って新らしい細胞が生まれてくる新陳代謝のリズムにほかなりません。

　私が表現したかったものは、そういった「生＝新陳代謝」の直截なイメージです。何もないところから一個のかたちが生まれ、やがて再び無のなかに回帰してゆくという生の巨視的《マクロ》な様式《フォルム》と、一見同一の個体でありながら、その実徐々に、あるいは時として急速な変貌をとげてゆく生の微視的《ミクロ》な肌《マチエール》ざわりを、哲学的であると同時に詩的に表現することこそ私が意図したものなのです。

　私はそのために技術的にもきわめて新らしい実験を試みました。簡単にいうと、それは電子工学的に色彩をコントロールする技術であり、そのことによって、これまでの映画技法では想像することもできない未知の映像をつくりだすことができたのです。私が知るかぎり、こういう実験は少なくとも日本ではこれがはじめてです。いままでの映画概念にとらわれずに、絵や彫刻に接するときのように、この映画を鑑賞して下さるよう願ってやみません。

解題

阪本裕文（執筆協力＝江口浩・川崎弘二）

本著作集成Ⅱは、映画監督・映像作家である松本俊夫の一九六六年から一九七一年までに書かれた著作を対象として、主要な文章一二三本を選出したうえで、その初出を収録したものである。これには松本の第二著作集『表現の世界——芸術前衛たちとその思想』（三一書房、一九六七年一二月）に収録された文章のうち、一九六六年から一九六七年までに書かれた二二本と、第三著作集『映画の変革——芸術的ラジカリズムとは何か』（三一書房、一九七二年三月）に収録された文章のうち、一九六七年から一九七一年までに書かれた二九本、第四著作集『幻視の美学』（フィルムアート社、一九七六年五月）に収録された文章のうち、一九七〇年に書かれた一本が含まれている。単行本に収録された著作についても、その初出を底本とし、初出の発表年月に準じて編年体で収録した。ただし、連載など内容に連続性のあるものについては適宜収録順を変更した。本著作集成では、悉皆調査で判明した松本の著作物を可能な限り収録することを基本方針としたが、松本の著作物は、対談・座談会を含めて八〇〇本を超す膨大なものであるため、記述内容の重複する文章や、アンケート、コメントなどの短文および対談・座談会については一部を除いて収録の対象外とした。

本解題の末尾には参考資料として、一九六九年の〈フィルム・アート・フェスティバル東京1969〉中止事件の前後に運営委員会から出された二つの文書を収録した。

一連の悉皆調査は、筆者と江口浩氏（映画研究）、川崎弘二氏（電子音楽研究）の三名によって行われた。本解題についても、筆者の原稿をもとに江口氏・川崎氏の加筆修正を加えながら作成された。また、波多野哲朗氏にはジャパン・フィルムメーカーズ・コーポラティヴに関して、西川智也氏にはキャニオン・シネマの刊行物に関して、その他多くの方々にも調査等でご協力いただいた。また、写真家の遠藤正氏が撮影したスチール写真の利用に関しては、作家の関係者より許諾をいただいた。

本解題では、一九六六年から一九七一年までの期間を、本文同様に三部構成とした上で、収録論文の書誌情報と解説を記載した。ⅰは書誌情報、ⅱは再録等の補足情報、ⅲは解説にあたる。映画・映像作品等のスタッフ・クレジットについては、簡単に言及する場合には監督・助監督名の記載にとどめ、詳細に説明する場合には演出・脚本・撮影・音楽等の情報を記載した。

一九六六

偶然の問題——フォトイメージの可能性・その1

i 『カメラ時代』一九六六年一月号、四六—四七頁

iii 『カメラ時代』は写真同人社が出版していた雑誌である。後に同社が出版する共著書『映像とは何か』にも、松本は参加する。

「見る」ことの意味——フォトイメージの可能性・その2

i 『カメラ時代』一九六六年二月号、四二—四三頁

ii 『表現の世界』「現実の主体化（一）「見る」ことの意味」

iii 土門拳・木村伊兵衛・亀倉雄策らのあいだで交わされたリアリズム論争とは、『アルス写真年鑑一九五三年版』に掲載された座談会「写真の芸術性」と、『カメラ』一九五三年一〇月号に掲載された座談会「近代写真の諸問題」での論争を指す。

なぜ撮るか——フォトイメージの可能性・その3

i 『カメラ時代』一九六六年三月号、四二—四三頁

ii 『表現の世界』「現実の主体化（二）なぜ撮るか」

iii 文中で言及されている作品は、グンナール・ヘグルント監督『太陽のかけら』*Kungsleden*（一九六四）である。
オーストリアの『マグナム』誌の編集長カール・パウェクの企画・構成による〈世界写真展〉は一九六五年から世界三〇カ国を巡回し、日本では図録『人間とはなにか？ 世界写真展』（丸善、一九六五）も出版された。

物差を捨てる精神

i 『児童詩教育』一九六六年一月号、一四—一五頁

iii 『児童詩教育』は、少年写真新聞社から発行されていた教育専門誌である。

黒木の映像について

i 『アートシアター』三八号、一九六六年二月、一五—一七頁

iii 黒木和雄監督の長編劇映画第一作である『とべない沈黙』（一九六六）は、東宝と日本アート・シアター・ギルドの共同配給によって一九六六年二月一一日より劇場公開が開始され、公開に併せて発行された『アートシアター』同号でも特集が組まれた。岩波映画製作所時代の『海壁』（一九五九）、『ルポルタージュ・炎』（一九六〇）、『恋の羊が海いっぱい』（一九六一）、『わが愛北海道』（一九六二）、そしてフリーになってからの『日本一〇ドル旅行』（一九六二）、『太陽の糸』（一九六三）、『あるマラソンランナーの記録』（一九六四）といった作品を経て、記録映画から劇映画に進出した黒木の存在は、映像芸術の会が目指す方向を体現するもので、会の内部でも特に松本や土本典昭は、本作を積極的に論じてゆくべきだと主張していた。しかし、映像芸術の会では運動の解体が既に進行しており、黒木に対して否定的な立場をとる

会員も少なくなかった。黒木に対する評価は、『映像芸術』一九六五年五月号（通巻六号）に掲載された試写会後の座談会や評論に詳しい。

前衛性の本質について

i 『世界前衛映画祭』草月アートセンター、一九六六年二月、六四―六五頁

ii 『表現の世界』「前衛性の本質」

iii 〈世界前衛映画祭――映画芸術の先駆者たち〉（第一期＝一九六六年二月一日から一四日、草月会館ホール。第二期＝三月一四日から二七日、草月会館ホール。三月五日から九日、大阪・毎日新聞社講堂。三月一一日から一五日、大阪・科学技術センターホール）は、草月アートセンターの主催による映画祭であり、本稿はそのパンフレットに掲載された文章である。本映画祭では、シネマテーク・フランセーズのアンリ・ラングロワによって、一九二〇年代の前衛映画にはじまり、アニエス・ヴァルダやアラン・レネ、クリス・マルケル、ジャン・ルーシュ、ロマン・ポランスキーなどの戦後ヨーロッパを中心とした新しい映画、ノーマン・マクラレンやヤン・レニツァなどの実験アニメーションまでを含むプログラムが組まれた。ただしラングロワの視点は、ヨーロッパにおける前衛の歴史に依拠したものであったといえ、アメリカのアンダーグラウンド映画については、新しい動向を押さえていない。その後、草月アートセンターは、フィルム・アンデパンダン（一九六四年に飯村隆彦、石崎浩一郎、大林宣彦、高林陽一、金坂健二、佐藤重臣、ドナルド・リチーによって結成された、実験映画を制作・上映する作家および評論家のグループ）のメンバーであり、アメリカに渡航して国内に最新の動向を紹介していた金坂の協力を得ることによって〈アンダーグラウンド・シネマ――日本・アメリカ〉を開催する。そして、草月アートセンターやアンダーグラウンド蠍座の上映活動と、佐藤が編集長を務めた『映画評論』の後押しによって、アンダーグラウンド映画はひとつのブームになってゆくが、金坂は次第に草月アートセンターと距離を置くようになり、代わって一九六六年よりアメリカに渡航していた飯村が、海外の実験映画を紹介する役割を担うようになる。やがて、この一連の上映企画は、一九六七年の〈草月実験映画祭〉の開催に結びつく。〈草月実験映画祭〉に至るまでの上映企画の展開は次の通り。

- 〈アンダーグラウンド・シネマ――日本・アメリカ〉（一九六六年六月二九日から七月二日、草月会館ホール）
- 〈アンダーグラウンド・フィルム・フェスティバル〉（一九六七年三月八日から三月一四日、草月会館ホール）
- 〈アメリカの実験映画――シュールレアリスムからアンダーグラウンド・シネマまで〉（一九六七年五月八日・一五日、朝日講堂。五月一八日から二〇日、草月会館ホール）

草月アートセンターは、草月流の創始者・勅使河原蒼風の息子である勅使河原宏によって、一九五八年に設立された組織である。草月会館ホールを拠点としながら、現代音楽・ジャズ・映画・アニメーションなどの越境的な催しを次々と企画し、一九六〇年代

の前衛芸術運動の中心的な役割を担っていった。

〈フランス映画の回顧上映〉とは、〈日仏交換映画祭――フランス映画の回顧上映〉（第一期＝一九六二年八月一四日から二六日、第二期＝九月一日から二七日、第三期＝一〇月六日から一一月一日、第四期＝一一月一七日から一二月九日、第五期＝一二月一四日から二一日、国立近代美術館フィルムライブラリー）を指す。この上映企画は大規模なもので、シネマテーク・フランセーズからは一八九四年から一九六〇年にかけてのフランス映画一七三本の貸与を受け、フィルム・ライブラリー助成協議会からも一三〇本の映画をフランスに貸与した。

『とべない沈黙』論ノート

i 『映画評論』一九六六年三月号、四〇―四七頁

ii 『表現の世界』「ゴッタ煮の美学」
『現代映画理論大系4 土着と近代の相剋』冬樹社、一九七一年二月
『映画作家 黒木和雄の全貌』アテネ・フランセ文化センター・映画同人社、一九九七年一〇月

iii 『とべない沈黙』は当初、松川八洲雄監督で企画されたが、松川が黒木和雄に監督を譲ることで製作に至ったという経緯がある。鈴木達夫が過去に担当した作品とは、黒木の監督による『群馬県』（一九六二）と、土本典昭監督『路上』（一九六四）である。前者は、日本教育テレビで放送されていた番組「日本発見」の一編として岩波映画製作所によって製作されたが、演出が問題視されて未放送となり、羽仁進監督によって作り直された別バージョンの『群馬県』が放送されるに至った。その後、鈴木は『母たち』（一九六七）をはじめ、数多くの松本の映画で撮影を務めることになる。

世界前衛映画祭について――その1

i 『カメラ時代』一九六六年四月号、一二六―一二七頁

iii 本連載は〈世界前衛映画祭〉第一期を観た直後に執筆されたとみられ、第二期で追加された作品については言及されていない。

世界前衛映画祭について――その2

i 『カメラ時代』一九六六年五月号、一一二―一一三頁

ランボオとマルクスの統一――ルイス・ブニュエルの根底にあるもの

i 『アートシアター』四〇号、一九六六年四月、一二一―一二五頁

ii 『表現の世界』「ランボオとマルクスの統一」

iii 『アートシアター』同号の特集はルイス・ブニュエル監督『小間使の日記』*Le Journal d'une femme de chambre*（一九六四）であり、同作は日本アート・シアター・ギルドの配給で劇場公開された。

自己救済の儀式

i 『俳優小劇場公演17 黒人たち』劇団俳優小劇場、一九六六年四月、二二―二三頁

ii 『表現の世界』「自己救済の儀式」

iii 本稿は、俳優小劇場によるジャン・ジュネの戯曲の舞台『黒人た

ち』のパンフレットに掲載されたものである。同公演は一九六六年四月二一日から三〇日にわたり厚生年金会館小ホールにて上演された。

映像表現とは何か Ⅰ

i 『放送朝日』一九六六年四月号、九三―九六頁

ii 『表現の世界』「自立化の意味」

伊藤美一編『映像とは何か』「映像表現の固有性について」写真同人社、一九六六年九月

iii 同連載は、『映像とは何か』に収録される際に一つの論文にまとめられて、「映像表現の固有性について」と改題された。同書の共著者は、岡田晋・浅沼圭司・吉村伸哉・和田勉・近藤耕人・佐々木基一・伊藤美一・福島辰夫・津田新一であり、写真評論および美学に焦点を合わせた編集方針が採られていた。

映像表現とは何か Ⅱ

i 『放送朝日』一九六六年五月号、八八―九一頁

ii 『表現の世界』「制約と可能性」

『映像とは何か』「映像表現の固有性について」

映像表現とは何か Ⅲ

i 『放送朝日』一九六六年六月号、八八―九一頁

ii 『表現の世界』「芸術における自由」

『映像とは何か』「映像表現の固有性について」

正確でみごとな編集――野田真吉のこと

i 『シ・ドキュメンタリ・フィルム第15回例会パンフレット』シ・ドキュメンタリ・フィルム、一九六六年五月、頁付けなし

iii 本稿は、シ・ドキュメンタリ・フィルム第15回例会〈眼を変革する＝耳を変革する〉映像と音の出合い〉（一九六六年五月二六日、京都・山一証券ビル）に掲載されたものである。同例会では野田真吉の『忘れられた土地』（一九五八）、『まだ見ぬ街』（一九六三）、『モノクロームの画家　イヴ・クライン』（一九六四）、『ふたりの長距離ランナーの孤独』（一九六六）が上映されたほか、一柳慧の「ライフ・ミュージック」も上演された。シ・ドキュメンタリ・フィルム（シ・ド・フ）は京都の自主上映団体であり、松本の『西陣』（一九六一）を自主製作した京都記録映画を見る会が消滅したのち、これを引き継いで一九六四年四月に発足した。

批評意識の貧困と現在――大島渚の前衛映画論について

i 『映画芸術』一九六六年六月号、三四―三八頁

ii 『表現の世界』「批評意識の貧困」

iii 本稿は、石堂淑朗との論争を含め、大島渚周辺と松本との論争の最初に位置付けられる文章で、直接的には『日本読書新聞』一九六六年三月七日号に掲載された大島による「前衛映画とは何か――世界前衛映画祭を観て」に対する批判となっている。大島は同論のなかで、『ラ・ジュテ』*La jetée*（一九六二）と『アンダルシアの犬』*Un chien Andalou*（一九二九）に例外的な高い評価を与えながらも、他の作品については「ドキュメンタリー映画は前

衛映画ではない」「前衛映画は作家の内的なイメージによって全てが決定される」という言い方で一律に否定する。これは、作家の内的なイメージが大衆の意識と関わりを持たない限り、状況に対する実効性を持ち得ないという大島の立場を示している。これに対して松本は、ドキュメンタリーをジャンルの問題として捉える見解を批判し、『バレエ・メカニック』*Ballet mécanique*（一九二四）のような純粋映画におけるイメージの複合性について論じ、「映像の純粋性と意味性の弁証法的な統一」という方向を提起する。文中にある、白坂依志夫による〈世界前衛映画祭〉への批判とは、『映画評論』一九六六年四月号に掲載された「性的な映画についてのメモ」を指す。吉本隆明の「映画的表現について――映像過程論・序説」は、『キネマ旬報』一九六〇年三月下旬号に掲載された。また、同誌一九六〇年五月上旬号には続編となる「続・映画的表現について」も掲載された。

アンチ・テアトルは頽廃か

i 『文学座 犀』文学座、一九六六年八月、一二―一四頁

ii 『表現の世界』「アンチ・テアトルは頽廃か」

iii 本稿は、劇団文学座によるウジューヌ・イヨネスコの戯曲の舞台『犀』のパンフレットに掲載されたものである。同公演は一九六六年八月二四日から九月七日にわたり紀伊國屋ホールにて上演された。

漂う孤独の表情――第4回フランス映画祭をみて

i 『サンケイ新聞』一九六六年一〇月二二日号夕刊、一〇面

iii 〈第四回フランス映画祭〉（一九六六年一〇月一一日から一九日、東商ホール・草月会館ホール）はユニフランスの主催により開催された映画祭であり、アニエス・ヴァルダ、アラン・レネ、ジャン・リュック＝ゴダール、ロベール・ブレッソンなどの映画二三本が上映された。

橋の上に展開する人生の姿
――アンドリッチ著『ドリナの橋』（松谷健二訳）

i 『日本読書新聞』一九六六年一〇月二四日号、五面

iii イヴォ・アンドリッチによる「ドリナの橋」の書評である。『現代東欧文学全集第12巻 ドリナの橋』（松谷健二訳、恒文社、一九六六）として出版された。

人間座に期待する

i 『人間座』一八号、一九六六年一一月一日号、三面

ii 『人間座第一八回公演 アダムとイヴ』人間座、一九六六年一一月に抜粋再録
『人間座第一九回公演 愛奴』人間座、一九六七年二月に抜粋再録

iii 本稿は、劇団人間座による寺山修司の戯曲の舞台『アダムとイヴ――わが犯罪学』の初演に際して執筆され、同劇団の新聞に掲載されたものである。同公演は一一月二五日から一二月一〇日にわたりアートシアター新宿文化にて、江田和雄の演出によって上演

された。栗田勇の戯曲の舞台『愛奴』の初演は、一九六六年九月二一日から二五日にわたり俳優座劇場にて、江田の演出によって行われた。その後、一九六七年二月二日から五日にわたり同劇場にて再演された。文中にある寺山の戯曲の舞台『吸血鬼の研究』についての批評とは、『人間座』一六号に再録された「血の形而上学」（本著作集成Ⅰに収録）を指す。津野海太郎による演劇時評とは、『新日本文学』一九六六年十二月号に掲載された「コミュニケイションとメッセージ」を指す。

作品研究——『魂のジュリエッタ』

i 『アートシアター』四五号、一九六六年一一月、四―一〇頁

iii 『アートシアター』同号の特集はフェデリコ・フェリーニ監督『魂のジュリエッタ』*Giulietta degli spiriti*（一九六四）であり、同作は東和と日本アート・シアター・ギルドの共同配給で劇場公開された。

威勢のよい保守主義者——石堂淑朗の批判に答える

i 『映画芸術』一九六六年一一月号、七〇―七三頁

ii 『表現の世界』「威勢のよい保守主義者」

iii 石堂淑朗との連載論争の一回目。冒頭にある松本への批判は次の文章を指す。

- 石堂淑朗「再び〝美学よ去れ〟」『映像芸術』一九六六年四月号（通巻一二号）
- 飯島耕一「ブニュエル神格化への疑問——松本俊夫氏に」『映画芸術』一九六六年六月号
- 大島渚「魔の思想と運動の思想」『映画芸術』一九六六年八月号
- 花田清輝・武井昭夫「対談・映画評判記3——批評家を批評する」『映画芸術』一九六六年七月号

本稿に先立つ「再び〝美学よ去れ〟」のなかで、石堂は松本の構想段階のシナリオである「瀕死の太陽」を取り上げて、映像主義的な演出への批判と、映画におけるシナリオの優位を論じた。これは大島による前衛映画に対する批判に同調するものでもあった。松本が文中で言及する武井昭夫との論争とは、『映像芸術』季刊第一号（通巻一三号）での対談「映画状況の焦点は何か」を指す。そのうえで松本は、小川徹が編集長を務める『映画芸術』誌上での石堂との論争を開始する。この論争は、応答を順番に掲載するのではなく、両者の文章を三回にわたって併載するかたちで進められた。同号に併載された石堂の文章は「めめしき映像論者たち——松本俊夫に与う」。

弁証法的思考の欠落——言語か映像かではない

i 『映画芸術』一九六六年一二月号、三一―三四頁

ii 『表現の世界』「弁証法的思考の欠落」
『映画芸術』一九八四年四・六月合併号

iii 石堂淑朗との連載論争の二回目。文中には、岡田晋や柾木恭介らによって交わされた「映像論争」への言及がある。この論争は、岡田が「映画における映像の意味」（『現代芸術』一九五九年三月号）と「映像の論理と言語の論理」（『現代芸術』一九五九年六月

号）、および羽仁との共同執筆による「新しい映画の論理」（『映画評論』一九五九年四月号）のなかで、いわゆる「映像論」を提示したことによって始まる。これは、映像は言語によって表せない思考を表現することができるとして、モンタージュを批判しながらワンショット・ワンシーンを重視する考え方である。これに対し柾木は、現代芸術の現状のなかで、異質なものを総合化してゆく方法論において映像を考えるという立場で論争を展開した。さらに、安部公房と中原佑介も共同執筆「映画と文学」（『キネマ旬報』一九五九年一〇月上旬号）によって、ジャンルの純粋化に向かう「映像論」を批判する立場から、映画における文学の重要性を唱えて論争に参加したほか、佐々木基一も「映像と音声の美学を！」（『キネマ旬報』一九五九年一一月下旬号）によって論争に参加した。松本は文中で、岡田のような映像論者と自らの理論的差異を明確にすることで、石堂との論争の焦点が、かつての「言語か映像か」という二項対立に矮小化されることを回避する。同号に併載された石堂の文章は「松本俊夫におけるスターリニスト的側面」。

一九六七

映像表現のアンガージュマン

i 『映画芸術』一九六七年一月号、二五―二八頁
ii 『表現の世界』「表現におけるアンガージュマン」
『映画芸術』一九八四年四・六月合併号
iii 石堂淑朗との連載論争の最終回。ここで松本は石堂との論争を、映像表現に固有のアンガージュマンとは何か、という主題に焦点化する。そしてジャン＝ポール・サルトルの「芸術家と彼の意識」（吉田秀和訳『シチュアシオンⅣ 肖像集』人文書院、一九六四）の音楽論によって示されたアンガージュマンの思考範囲の拡大と、時代の普遍性と個人の独自性の相互作用についての「独自的普遍」（universel singulier）の概念が参照され、松本が直近の文章で論じてきた、映像表現の感覚的側面と意味的側面の二重性が再検討される。これは大島渚や武井昭夫による一連の批判の背景にあった、映像表現と運動の結びつきという問題に対する、ひとつの回答となる。同号に併載された石堂の文章は「定説的アヴァンガルヂスト」。木崎敬一郎による『文化評論』での批判については、Ⅰ巻「解題」五七四頁を参照。

環境芸術の思想

i 『カメラ時代』一九六七年一月号、六七―七〇頁
ii 『表現の世界』「環境芸術の思想」
iii 〈空間から環境へ〉展は、エンバイラメントの会の主催によって一九六六年一一月一一日から一六日まで、銀座松屋八階にて開催された。参加者は靉嘔・秋山邦晴・粟津潔・泉信也・磯崎新・一柳慧・今井祝雄・大辻清司・勝井三雄・木村恒久・高松次郎・瀧口修造・多田美波・田中一光・東野芳明・東松照明・永井一正・中原佑介・奈良原一高・原広司・福田繁雄・三木富雄・宮脇愛子・山口勝弘・横尾忠則・吉村益信などで、美術・写真・音楽・

建築・インダストリアルデザイン・グラフィックデザインなどの領域を超えて、多くの作家が出品した。その趣旨書では、ジャンルの総合ではなく自己崩壊したジャンルが交錯する混沌とした場への関心が示され、そのうえで「われわれは、とくに新しい都市デザインや最近の美術に適応され使われ始めているENVIRONMENTという概念を意識しています。都市を建築や〈間〉の空間や機能や形態などの固定した部分の総体と考えずに、すべてが有機的に動的に関連したENVIRONMENT DESIGN。見る者を肉体的に物質的に取り込んでしまう巨大なニューヴェルスンの彫刻やポロックの絵画の持つENVIRONMENTな性格。あるいは人間の行動を物体や偶然と衝突させ、不可知な結果を求めるハプニングな場としてのENVIRONMENT」(『美術手帖』一九六六年一一月増刊号)として、環境芸術のコンセプトが表明されている。このようなコンセプトは、日本万国博覧会に参加する前衛芸術家たちの理論的背景となった。

批評性ということ——俳優座公演『肝っ玉おっ母とその子供たち』

i 『新日本文学』一九六七年一月号、九八—一〇三頁

ii 『表現の世界』「ブレヒト劇の批評性」

iii 劇団俳優座によるベルトルト・ブレヒトの戯曲の舞台『肝っ玉おっ母とその子供たち』は、一九六六年一〇月二七日から一一月九日にわたり渋谷公会堂にて上演された。その後、一九六七年七月六日から三〇日にわたり国立劇場小劇場で再演された。テレビドキュメンタリー『あなたは……』は、街頭などでのインタビューのみによって構成された作品であり、一九六六年一一月二〇日にTBSテレビにて放送された。構成=寺山修司、ディレクター=萩元晴彦・村木良彦、音楽=武満徹。

可能性はどこにあるか(上)——チェコ映画『夜のダイヤモンド』について

i 『映画評論』一九六七年一月号、一九—二三頁

ii 『表現の世界』「遅れた新しい波」

『草月シネマテーク第18回　東欧映画への招待——チェコスロバキア』草月アートセンター、一九六六年一二月に抜粋再録

iii 文中にある通り、アルノシュト・ルスティクの短編集『夜のダイヤモンド』の一編「闇に影はない」は、『新日本文学』一九六六年四月号に掲載された。その後、ヤン・ニェメッツ監督『夜のダイヤモンド』*Démanty noci*(一九六四)は、ルスティクの来日を記念して同年一一月一四日に紀伊國屋ホールで開催された〈東欧文学への招待〉のなかで上映され、松本も講演を行った。後年になって制作された松本のビデオアート『気配』(一九九〇)のなかでは、ニェメッツとミロシュ・フォアマンを一九六九年一〇月の〈フィルム・アート・フェスティバル東京1969〉のため日本に招聘した際の思い出と、その後伝え聞いたエピソードが、松本自身によって語られる。それは、日本から母国に戻ったニェメッツが、チェコ事件以降の政治的抑圧によって、映画を作れずに苦しい生活を強いられてタクシーの運転手になり、遂にはホームレスになったというエピソードである。なお、実際のニェメッツ

は、政治的抑圧から逃れるため一九七四年にドイツを経由してアメリカに亡命しており、テレビドキュメンタリーや結婚式のビデオ撮影の仕事をしながら生活していた。そして、共産主義体制の崩壊を受けて一九八九年に母国に帰国し、映画製作に復帰する。

可能性はどこにあるか（中）――六〇年代のアヴァンギャルドたち

i『映画評論』一九六七年二月号、二五―二九頁

ii『表現の世界』「六〇年代のアヴァンギャルドたち」

iii この時期、松本は東欧から出てきた戦後の新しい映画や、アメリカのアンダーグラウンド映画（実験映画）に映画を変革する可能性を見出していた。その視点は、後にフィルムアート社が創刊する『季刊フィルム』の編集方針に引き継がれてゆく。なお、次回は日本映画が取り上げられる予定で、森弘太監督『河――あの裏切りが重く』（一九六七）への言及もあるが、連載はここで中断した。

エセ批評性に対立――状況への映像固有のアプローチを

i『日本読書新聞』一九六七年一月一六日号、八面

小説と演劇――劇団青俳公演『地の群れ』

i『新日本文学』一九六七年二月号、一二一―一二五頁

ii『表現の世界』「憎悪の底にあるもの」

iii 劇団青俳による、井上光晴の同名小説の舞台化である『地の群れ』は、一九六六年一一月一五日から二一日にわたり俳優座劇場にて上演された。

核心にあるもの

i『アメリカの実験映画――シュールレアリスムからアンダーグラウンドシネマへ』草月アートセンター、一九六七年五月、六頁

ii『表現の世界』「アンダーグラウンド・シネマの核心」

iii 本稿は、草月アートセンターの主催による〈アメリカの実験映画――シュールレアリスムからアンダーグラウンドシネマへ〉（一九六七年五月八日・一五日、朝日講堂。五月一八日から二〇日、草月会館ホール）のパンフレットに掲載されたものであり、松本がアンダーグラウンド映画に見出していた意義が集約されている。ここで示された「虚偽的な世界に対する否定の思想と情念」という本質は、松本が記録映画の領域で追求してきた、慣習的な意味を否定し、非合理な意識の動きを重視する態度と共振する。同上映会ではヨーロッパの前衛映画の影響下で始まった初期のアメリカ実験映画から、一九六〇年代のアンダーグラウンド映画の隆盛に至るまでの系譜をたどるプログラムが組まれた。上映された主な作家は、オスカー・フィッシンガー、レン・ライ、ハリー・スミス、イアン・ヒューゴ、マヤ・デレン、ケネス・アンガー、カーティス・ハリントン、シャーリー・クラーク、スタン・ブラッケージ、スタン・ヴァンダービーク、ジョー・セデルマイヤー、ポール・シャリッツ、アルド・タンベリーニ、ロバート・ブリア、ジョン・ホイットニー、ブルース・ベイリー、ブルース・コナーなど。松本は文中にてケネス・アンガー監督『スコルピオ・ライ

ジング』*Scorpio Rising*（一九六三）とアンディ・ウォーホル監督『チェルシー・ガールズ』*Chelsea Girls*（一九六六）を表現形式の点から比較するが、後者は通常の映画上映とは異なり、二つのフレームを左右に並べたマルチ・プロジェクションの上映形態をとる。ちなみに当初『スコルピオ・ライジング』は通関できなかったが、手違いで税関から搬出されたため上映可能となり、非公式ながら本上映会が日本国内での初上映となった。『チェルシー・ガールズ』はこの時点で、まだ日本未公開である。ジョナス・メカスの作品は日記映画が広く知られているが、『樹々の大砲』*Guns of the Trees*（一九六一）はメカスのフィルモグラフィーでは珍しい劇映画である。

スコピオ・ライジングとアメリカの肉体

i 『大山デブコの犯罪』天井桟敷、一九六七年六月、一二―一三頁

iii 本稿は、天井桟敷による公演『大山デブコの犯罪』のパンフレットに掲載されたものである。同公演は一九六七年六月二七日から七月一日にかけて新宿末廣亭にて上演された。文中で松本はアメリカの性風俗と、『スコルピオ・ライジング』*Scorpio Rising*（一九六三）が結びつけて論じられているが、そこには『薔薇の葬列』（一九六九）に至る関心の原点が示されている。松本はこの年、プリマハムのPR映画『母たち』（一九六七）の撮影のため、パリ、ニューヨーク、ベトナム、ガーナを回った。文中のエピソードは、この撮影旅行中に経験した出来事と推測される。この撮影旅行には、カメラマンの鈴木達夫とともに、作中の詩を担当する寺山修司も途中まで同行した。

作品研究——『気狂いピエロ』

i 『アートシアター』五〇号、一九六七年七月、四―一〇頁

ii 『表現の世界』「孤独と狂気」
宮本研編『ドラマの書き方』明治書院、一九七〇年一〇月

iii 『アートシアター』同号の特集はジャン・リュック＝ゴダール監督『気狂いピエロ』*Pierrot le fou*（一九六五）であり、同作は日本へラルド映画の配給で劇場公開された。

蒸発の根に何を見るか
——『情事』『気狂いピエロ』にない日本的歪みと因果律

i 『映画芸術』一九六七年九月号、四四―四九頁

ii 『表現の世界』「蒸発の根に何を見るか」

iii 文中で言及されているのは今村プロダクション、日本映画新社、日本アート・シアター・ギルドの提携（製作費の共同負担）による、今村昌平監督の記録映画『人間蒸発』（一九六七）である。

キリアンと猫——『支えがほしい』について

i 『映像芸術』季刊第二号（通巻一四号）、一九六七年九月、九〇―九四頁

ii 『映画の変革』「キリアンと猫」

iii 文中で言及されているのは、ヤン・シュミット＋パヴェル・ユラーチェク監督の短編劇映画『支えが欲しい』*Postava k podpírání*

（一九六四）である。その後、本作は一九六七年一一月の〈第一回草月実験映画祭〉にて上映された。

『母たち』を監督して

i 『プリマ』一号、プリマハム、一九六七年一〇月、四頁
ii 『母たち』プリマハム、一九六七年（発行月不明）
iii 本稿は、プリマハムの消費者向けPR冊子『プリマ』創刊号に掲載された、『母たち』（一九六七、三六分）についての連載である。同作はプリマハムをスポンサーとして、電通・藤プロダクションが製作したPR映画であるが、作品からは企業宣伝的な要素は完全に払拭されており、世界四カ国の母親の姿を題材とした叙情的な映像詩となっている。制作スタッフは次の通り。製作＝工藤充、監督＝松本俊夫、撮影＝鈴木達夫、詩＝寺山修司、声＝岸田今日子、音楽＝湯浅譲二。

ハーレムという黒人街

i 『プリマ』二号、プリマハム、一九六七年一一月、四頁
iii 『プリマ』の刊行は二号までしか確認できなかったため、本連載の継続については不明である。

映像表現の批評的変革を！——公募作品の審査を終えて

i 『第一回草月実験映画祭』草月アートセンター、一九六七年一一月、三―四頁
iii 本稿は、草月アートセンターの主催による〈第一回草月実験映画祭〉（一九六七年一一月七日から二五日、草月会館ホール。一一月二二日から一二月四日にかけて京都・大阪・名古屋・札幌を巡回）のパンフレットに掲載されたものである。同映画祭は実験映画祭と題されているが、上映プログラムは狭義の実験映画のみに限定されたものではなく、アニメーション作品から、ジャン・ルーシュやジャン・ユスターシュ、イェジー・スコリモフスキ、サミュエル・ベケットなども含まれる幅の広いものであった。草月アートセンターによって進められてきたアンダーグラウンド映画の国内紹介は、この年より、作品公募によって作り手の層を広げる段階に入る。最優秀作品賞を獲った奥村昭夫は、その後、『三人でする接吻』（一九六八）、『狂気が彷徨う』（一九七〇）を監督したのちに翻訳家としてゴダールなどの翻訳を手がけた。〈草月実験映画祭〉の審査委員は、粟津潔・植草甚一・川喜多かしこ・久里洋二・勅使河原宏・松本俊夫。公募部門で受賞した作品は次の通り。

- 最優秀作品賞＝奥村昭夫『猶予もしくは影を撫でる男』
- 奨励賞＝なかのまさたか『一・二・三・死』、岡部道男『天地創造説』、須賀喜久雄『地上懸垂あるいは映像の本質とは』、矢崎勝美『女』、大井文雄『伝説』、東陽一『情動・予告編』、粕三平（熊谷光之）・山際永三・村木良彦・田原総一郎『罠』、山田学・月尾嘉男『風雅の技法』
- 日本アート・シアター・ギルド賞＝島村達雄『幻影都市』
- 入選＝細川正司『ミルクお入れしますか』、吉良敬三『かるま』、今井祝雄『円』、田中邦彦『ミニ・ミニ・マクロ』、中井恒夫

『仮眠の皮膚』、大竹明『選ばれた少年』、柳沢美和子『側』招待部門では次の作品が上映された。

- タデウシュ・コンヴィツキ『夏の最後の日』*Ostatni dzień lata*（一九五八）
- ジャン・ルーシュ『ある夏の記録』*Chronique d'un été*（一九六一）
- スタントン・ケイ『ゲオルグ』*Georg*（一九六四）
- ブルース・ベイリー『弥撒』*Mass for the Dakota Sioux*（一九六四）
- ヤン・シュミット＋パヴェル・ユラーチェク『支えが欲しい』*Postava k podpírání*（一九六四）
- アラン・シュナイダー＋サミュエル・ベケット『フィルム』*Film*（一九六五）
- アンディ・ウォーホル『ヴィニール』*Vinyl*（一九六五）
- ジョージ・クッチャー『呪いの崩壊』*Corruption of the Damned*（一九六五）
- アレクサンドル・マルクス＋ヴラジミル・ユトリシャ『蠅』*Muha*（一九六六）
- イェジー・スコリモフスキ『バリエラ』*Bariera*（一九六六）
- ヴァレリアン・ボロフチク『ロザリー』*Rosalie*（一九六六）
- ジャン・ユスターシュ『サンタ・クロースの眼は青い』*Le père Noël a les yeux bleus*（一九六六）
- マニュエル・オテロ『逆足』*Contre-pied*（一九六六）

レネの思想と方法について

i 『アートシアター』五三号、一九六七年一一月、二二－二五頁

iii 『アートシアター』同号の特集はアラン・レネ監督『戦争は終った』*La guerre est finie*（一九六六）であり、同作は東和と日本アート・シアター・ギルドの共同配給で劇場公開された。また同号には、『戦争は終った』と併映された、松本の『母たち』（一九六七）の小特集も掲載された。

映画と演劇

i 岡田晋・佐々木基一・佐藤忠男・羽仁進編『現代映画事典』美術出版社、一九六七年一一月、二六－三〇頁

ii 岡田晋・佐々木基一・佐藤忠男・羽仁進編『改訂現代映画事典』「映画と演劇」美術出版社、一九七三年九月

浅沼圭司・岡田晋・佐藤忠男・波多野哲朗・松本俊夫編『新映画事典』「映画と演劇」（全面書き直し）、美術出版社、一九八〇年九月

iii 美術出版社が一九六七年に出版した『現代映画事典』は、一九七三年に『改訂現代映画事典』として改訂され、一九八〇年に『新映画事典』として刷新された。松本はこの全てに関わったが、担当した項目はその時々の映画状況の変化を反映して、度々書き直された。『新映画事典』では、それまでの担当項目に加えて、新たに以下の一二項目が追加された。「映画と身体」「映画と技術」「創作現場の理論」「映画と現代芸術の思想的関連」「映画と共同幻想」「〈なにを、いかに、なぜ〉」「実験的アニメーション」「前

衛映画」「アメリカ実験映画」「西独の新しい波」「実験映画の系譜」「映像表現の現状と未来」。

創作過程とその創造的契機

i 『現代映画事典』一〇〇―一〇四頁

ii 『改訂現代映画事典』「創作過程とその創造的契機」
『新映画事典』「映画創作過程の特殊性」（全面書き直し）

演出、非演出――コンティニュイティ主義と即興主義

i 『現代映画事典』一二四―一二六頁

ii 『改訂現代映画事典』「演出、非演出」

表現形式の実験

i 『現代映画事典』一五四―一五七頁

ii 『改訂現代映画事典』「表現形式の実験」（全面書き直し）
『新映画事典』「表現形式の実験」（全面書き直し）

アラン・レネとそのグループ

i 『現代映画事典』二五四―二五八頁

ii 『改訂現代映画事典』「アラン・レネとそのグループ」
『新映画事典』「アンチ・ロマン派」（全面書き直し）

ポーランド派とその後

i 『現代映画事典』二六二―二六六頁

ii 『改訂現代映画事典』「ポーランド派とその後」
『新映画事典』「ポーランド派とその後」（全面書き直し）

アンダーグラウンド・シネマ

i 『現代映画事典』二七七―二八二頁

ii 『改訂現代映画事典』「アンダーグラウンド映画」（全面書き直し）
『新映画事典』「実験映画」（全面書き直し）

iii フィルムメーカーズ・コーポラティヴは、一九六〇年にジョナス・メカスらが設立したニュー・アメリカン・シネマ・グループの一部門として組織された、自主映画を配給する作家主体の協同組合である。その後、一九七〇年にメカスは自主映画・実験映画・前衛映画の保存と上映を行う施設であるアンソロジー・フィルム・アーカイブスを、ジュローム・ヒル、スタン・ブラッケージ、ペーター・クーベルカ、P・アダムス・シトニーと共に、ニューヨークに設立した。『フィルム・カルチャー』誌は、メカスと弟のアドルファスが一九五五年から一九九六年まで刊行した映画雑誌であり、実験映画からハリウッド映画までを含む幅広い作品を誌面で取り上げた。

実験の思想的意味を自覚せよ――第一回草月実験映画祭・報告

i 『シナリオ』一九六七年一二月号、四四―四五頁

地獄絵的状況への暗い情念
――東欧の新しい波・アメリカのアンダーグラウンドシネマの可能性

i 『日本読書新聞』一九六七年一二月一八日号、八面

ii 『映画の変革』「変貌の開幕」

iii 本稿は「映画状況論1967〜68」と題された特集の一編である。ここでも松本は、東欧の戦後世代の映画とアメリカのアンダーグラウンド映画（実験映画）を、映画の変革の兆候として併置している。文中にあるイェジー・スコリモフスキ監督『バリエラ』*Bariera*（一九六六）の「モザイクの積分」とは、断片的なシーンの積み重ねを指し、アンディ・ウォーホル監督『ヴィニール』*Vinyl*（一九六五）の「一点凝視」とは、長回しの固定ショットの使用を指す。

Ⅱ 一九六八―一九六九

一九六八

書評――山崎正和著『芸術現代論』

i 『中国新聞』一九六八年二月五日号、面不明

ii 『福井新聞』一九六八年二月六日号、面不明

iii 山崎正和『芸術現代論』（中央公論社、一九六七）の書評である。

実感的映画状況論

i 『映像芸術』季刊第三号（通巻一五号）、一九六八年二月、二六―二九頁

ii 『映画の変革』「実感的映画状況論」

iii 映像芸術の会の機関誌である『映像芸術』は、運動の停滞から一九六六年四月に一時刊行停止となり、松本が編集長を務めることで一九六六年一一月に季刊第一号として再刊した。しかし、その後も発行ペースは著しく遅れ、季刊第二号が発行されたのは一九六七年九月一日、そして最終号である季刊第三号が発行されたのは一九六八年二月であった。また、一九六七年一一月より映像芸術の会は岩波映画労働組合・グループびじょんと共同で、羽田闘争を題材とした『ドキュメント権力（仮題）』の製作運動に加わっていた。同作は小川紳介を監督とし、タイトルを『現認報告書』に変更して完成した。この製作運動への参加には、現実の問題を手掛かりとすることで、本来個人的なものである芸術運動を連帯のなかで共有するという意図があったことが、山際永三「運動論の欠落」（『映像芸術の会緊急会報』一九六八年二月）のなかで述べられている。しかし、映像芸術の会を持続させようとする活動も、最終的にその目的を果たすことはできなかった。本稿において松本は、戦争・戦後経験と結びついた状況論が失効し、状況の重層化によって外部世界に対する主体の内部は不確かなものとなったと述べているが、そこには会の解体過程の経験が反映されている。文中では山崎正和著『芸術現代論』（中央公論社、一九六七）への言及が行われている。季刊第二号に掲載された柾木恭介の文章とは、「ヲコの映画――ゴダールと柳田国男」を指す。

《退会届》

i 『映像芸術の会緊急会報』一九六八年二月、六─八頁

iii 映像芸術の会では、一九六八年二月五日の運営委員会を目前としたタイミングで、青の会の作家である黒木和雄・土本典昭・東陽一・鈴木達夫などから、次々と退会表明が出されるに至る。この事態を受けて運動の解体は決定的なものになり、松本も運動の継続を遂に断念し、二月一〇日付で退会届を提出する。一九六八年二月一四日に発行されたこの緊急会報には、映像芸術の会の運動を担ってきた作家らの、運動に対する総括が掲載された。そして、一九六八年三月三日に臨時総会が開催され、続く三月二〇日の総会をもって同会は解散した。

宮井陸郎のこと

i 『解説冊子』日本アンダーグラウンドセンター、一九六八年三─四月頃

ii 本稿は、新世代のアンダーグラウンド映画作家として注目されていた宮井陸郎と安土修三（ガリバー）の上映企画のために、佐藤重臣が主宰する日本アンダーグラウンドセンターが発行した解説冊子に掲載された文章である。文中にはゼロ次元によるハプニングを撮影したフィルムを、二台の映写機によって重ね合わせてプロジェクションする宮井のエクスパンデッド・シネマ作品『時代精神の現象学』についての言及がある。同作は一九六八年三月九日から二〇日にわたり自由劇場にて開催された上映会〈三月のアンダーグラウンド〉で初演されており、本稿の執筆はその直後と推測される。

『母たち』

i 『保育の友』一九六八年四月号、一〇頁

日本における政治映画の可能性──映画作家にとって政治とは何なのか

i 『キネマ旬報』一九六八年四月下旬号、六三─六五頁

ii 『ベスト・オブ・キネマ旬報（下）』、一九九四年一一月

iii 松本は本稿のなかで、オムニバス映画『ベトナムから遠く離れて』*Loin du Vietnam*（一九六七）に並べて論じるに値する作品として、小川紳介監督『圧殺の森』（一九六七）と大島渚監督『絞死刑』（一九六八）に言及し、高く評価している。その一方で松本は小川紳介監督『現認報告書』（一九六七）について、事件それ自体に振り回されているとして批判を向けている。同様の批判は『映像芸術』季刊第三号（通巻一五号）に掲載された「シンポジウム つきぬけたもの・ぶつかったもの」のなかでも行われている。

新しい政治参加の方向──『ベトナムから遠く離れて』を中心に

i 『映画芸術』一九六八年五月号、二五─二七頁

iii 文中で言及されているのは、クリス・マルケルの呼びかけによるオムニバス映画『ベトナムから遠く離れて』*Loin du Vietnam*（一九六七）であり、アラン・レネ、ウィリアム・クライン、ヨリス・イヴェンス、アニエス・ヴァルダ、、クロード・ルルーシュ、

ジャン＝リュック・ゴダールが参加した。

投影芸術の課題――アーチスト自身の思想と自覚

i 『朝日新聞』一九六八年五月二八日号夕刊、九面

ii 『映画の変革』「プロジェクション・アートの課題」

iii 秋山邦晴、湯浅譲二、ロジャー・レイノルズの企画によりアメリカ文化センターが主催した〈クロス・トーク〉は、朝日講堂にて、一九六七年一一月一二日に第一回が開催された。一九六八年三月一六日に開催された第三回では、飯村隆彦のフィルム・パフォーマンスとアルヴィン・ルシエの四チャンネルの電子音楽による『シェルター９９９９』（一九六七）などが取り上げられた。

幻覚とその意味――『白昼の幻想』

i 『ＳＤ』一九六八年六月号、七四―七六頁

ii 『映画の変革』「幻覚体験とその意味」

iii 文中で言及されているのは、ロジャー・コーマン監督『白昼の幻想』*The Trip*（一九六七）である。

現実が生む幻想と幻想が生む現実
――アラン・ジェシュア『殺人ゲーム』をめぐって

i 『映画芸術』一九六八年六月号、三一―三三頁

ii 『映画の変革』「現実が生む幻想と幻想が生む現実」

iii 文中で言及されているのは、アラン・ジェシュア監督『殺人ゲーム』*Jeu de massacre*（一九六八）である。

俺たちはみんな気狂いピエロだ――〈*ex・pose'68 なにかいってくれ いま さがす〉第2日報告

i 『デザイン批評』№6、一九六八年七月、四〇―四六頁

ii 『輝け六〇年代 草月アートセンターの全記録』フィルムアート社、二〇〇二年一一月

iii 草月アートセンターと粟津清が編集長を務める『デザイン批評』（風土社）の主催により、一九六八年四月一〇日・一五日・二〇日・二五日・三〇日にわたって、連続シンポジウム〈*ex・pose'68 なにかいってくれ いま さがす〉が草月会館ホールを会場として開催された。このシンポジウムは報告や討論、ハプニング、サイケデリック・ショー、朗読、映画上映などが渾然一体となって進行するもので、同時代の混乱を露呈させることが目論まれた。第二日目（四月一五日）においては、エクスパンデッド・シネマ作品『つぶれかかった右眼のために』（一二分、一九六八）の上映、長谷川龍生による朗読、粟津の『ホリディ・オン・プリント』の上演が行われ、その後、松本の報告と討論へと進んだ。本稿は、松本による報告の採録である。『つぶれかかった右眼のために』は、一九六八年二月から三月にかけて起きた事件や様々な出来事のドキュメントを、三台の映写機によってプロジェクションする作品である（左右に並んだフレームに、中央のフレームが重なる）。作品の最後ではスクリーン側から観客に向けて激しいフラッシュを焚くハプニング的演出も盛り込まれた。製作＝工藤充、監督＝松本俊夫、撮影＝鈴木達夫、音楽＝秋山邦晴。

『男性・女性』以後

i 『アートシアター』五九号、一九六八年七月、一四―一七頁

iii 本稿は架空の対話形式をとった文章である。『アートシアター』同号の特集はジャン＝リュック・ゴダール監督『男性・女性』*Masculin féminin*（一九六六）であり、同作は東和と日本アート・シアター・ギルドの共同配給で劇場公開された。

記憶にのこる八作品――オーケストラル・スペース'68をきいて

i 『音楽芸術』一九六八年七月増刊号、四九頁

iii 一九五七年から開催されていた20世紀音楽研究所（吉田秀和所長）による〈現代音楽祭〉は一九六五年に終了し、一九六六年五月に武満徹と一柳慧の企画・構成により内外のオーケストラ作品を中心に紹介する〈オーケストラル・スペース　現代音楽の夕〉が日生劇場にて開催され、一九六八年六月には第二回目となる〈オーケストラル・スペース'68〉が開催された。後者では武満の代表作「ノヴェンバー・ステップス」の日本初演や、一柳の「オーケストラ、グループ・サウンズとテープ音楽のための「Up to date applause」の初演が行われている。

あなたは若いころどんな思想家、批評家（主として日本人映画作家をのぞく）に影響されましたか。また誰を憎みましたか。

i 『映画芸術』一九六八年八月号、五一頁

ii 本稿は無題であるが、同誌のアンケート回答として掲載されたため、これをタイトルとした。

iii 戦時中の一九三九年九月に文化再出発の会を組織して機関誌『文化組織』を刊行していた花田清輝は、敗戦後すぐの一九四六年一〇月に『復興期の精神』（我観社）を出版して、当時の若い作家に影響を与えた。そして、一九四七年七月には綜合文化協会を組織して機関誌『綜合文化』を刊行し、一九四八年一月一九日には岡本太郎とともに総合的な芸術運動体である夜の会を発足させる。このような花田の活動によって、戦後の若い世代によるアヴァンギャルド芸術の運動は準備されたのであり、松本も、花田の影響下で自らの思考を形成したといえる。瀧口修造著『近代芸術』からの影響に関しては、一九六三年に執筆された「書評――滝口修造著『近代芸術』」に詳しいが、読んだ時期についての記述が異なる。同級生の花崎皋平は哲学者として知られ、アイヌ民族に関わる詩集も著している。花崎が一九五六年に発行した詩集『明日の方へ』（国文社）の装丁は、松本が手がけた。

言語的つんのめりと舞台表現

i 『テアトロ』一九六八年九月号、一二一―一二五頁

iii 一九六〇年代とは新劇からアングラ演劇への過渡期であり、一九六七年には寺山修司により実験演劇室天井桟敷が結成され、唐十郎の紅テントが花園神社に初めて立てられるなど、身体を媒介として状況を現前させる小劇場運動の新しい動向が生まれていた。アメリカから輸入された「アンダーグラウンド」という言葉は、ここで演劇に転用され、それらはアングラ演劇と呼称されるようになる。松本も、早い段階から発見の会などの活動に注目して、

『メタフィジカル・コメディ 嘘もほんとも裏から見れば……』――合唱風幕間劇つき2幕または3幕』では、虚構と現実の境界を崩して、混乱した状況を出現させる演出に取り組んでいた。本稿でも、『ヒロシマについての涙について』への厳しい批判という形で、新劇に身体的な現前性を持ち込むことが提起されている。劇団三十人会による舞台『ヒロシマについての涙について』は、一九六八年五月に紀伊國屋ホール・都市センターホールにて上演された。発見の会の研究生公演である『此処か彼方処か、はたまた何処か』は、一九六七年一一月一〇日に、千日谷会堂の駐車場に仮設された舞台で初演され、一九六八年三月から四月にかけて再演された。劇中では舞台の仕切り布を外し、周辺の都市空間を出現させる演出が採られた。この戯曲の作者の一人である内山豊三郎は『薔薇の葬列』（一九六九）でゲバラ役を演じている。

ミックスド・メディアの実験
——シンポジウム〈変身、あるいは現代芸術の華麗な冒険〉の可能性

i 『美術手帖』一九六八年九月号、三四―三五頁

ii 『輝け六〇年代 草月アートセンターの全記録』フィルムアート社、二〇〇二年一一月

iii 〈変身、あるいは現代芸術の華麗な冒険〉は、草月アートセンターの主催によって一九六八年七月一七日から一九日にかけて草月会館ホールにて開催された。文中で述べられているように、このイベントは〈*ex・pose'68 なにかいってくれ いま さがす〉の続編に位置付けられるものであり、松本はここで『つぶれかかった右眼のために』を再上映した。

作品研究——『夜のダイヤモンド』

i 『アートシアター』六一号、一九六八年九月、四―一〇頁

ii 『映画の変革』「まぼろしのプラハ」

iii 『アートシアター』同号の特集はヤン・ニェメッツ監督『夜のダイヤモンド』*Démanty noci*（一九六四）であり、同作は複数の上映会を経て、一九六八年九月より日本アート・シアター・ギルドの配給で劇場公開された。

奥村昭夫のサドマゾイックなシネ・マニフェスト

i 『THEATRE SCORPIO FILM EXPERIMENT №10 岡部道男のキャンプないたずら／№11 奥村昭夫のサドマゾイックなシネ・マニフェスト』、アンダーグラウンド蠍座、一九六八年九月、頁付けなし

ii 本稿は無題であるため、上映会名をタイトルとした。

iii 本稿は、アンダーグラウンド蠍座の上映会〈奥村昭夫のサドマゾイックなシネ・マニフェスト〉（一九六八年一〇月二〇日から一一月九日、アンダーグラウンド蠍座）のリーフレットに掲載された文章である。その後、奥村は『薔薇の葬列』（一九六九）にも演出助手として参加した。

鈴木清順問題共闘会議はこれでいいのか

i 『映画芸術』一九六八年一〇月号、映画芸術社、六四頁

ii　本稿は無題であるが、同誌のアンケート回答として掲載されたため、これをタイトルとした。

iii　鈴木清順問題共闘会議の結成は、一九六八年四月に日活が鈴木清順との専属契約を解除し、シネクラブ研究会による鈴木作品の貸し出し要求を拒否した問題に端を発する。これは鈴木個人の問題にとどまらない、映画業界における体制との闘争として拡大した。七月一三日には結成大会が開かれ、川喜多和子（シネクラブ研究会）の司会のもと佐々木守（創造社）・松田政男などを議長として、日本映画監督協会や独立プロ（若松プロ、小川プロ、黒木プロ、グループびじょん、シネマ・ネサンス）などの団体、観客組織（シネクラブ研究会、草月シネマテーク）、各大学の映画研究会が集結した。結成宣言では「われわれは、鈴木清順問題を、一作家対一映画資本の問題にとどまらないと考える。それは、作家の著作権と生活権の侵害、観客全体への露骨な侮辱と無視、創造運動の抑圧を続けて来た体制権力との戦いであると確認する」「われわれは、この戦いが日本映画の未来を左右するものと自覚し、多様で自主的な共闘戦列を組み、最も尖鋭的に戦うことを決意する」などの方針が述べられた。参加者総数はのべ五百名程であり、当日は松本も参加した。他方でシナリオ作家協会など参加を見送る団体も出た。共闘会議の方針には大島渚と松田の意向が強く反映され、共闘しない団体・個人に対しては厳しい批判が向けられていたことから、小川徹はこれを批判し、自らが編集長を務める『映画芸術』一九六八年一〇月号で「鈴木清順問題共闘会議はこれでいいのか」と題する特集を組んだ。本稿は、松本がこの特集に寄せたコメントである。

大島渚よ、君はまちがっている

i　『映画評論』一九六八年一〇月号、一八―二三頁

ii　『映画の変革』「大島渚よ、君は間違っている」

iii　大島渚は、『映画評論』一九六八年九月号に掲載された「感度が鈍いことは罪悪である」において、鈴木清順問題共闘会議に非協力的なシナリオ作家協会への批判と重ね合わせて、松本への批判を述べている。大島の主張は、実相寺昭雄、小川紳介、黒木和雄、シネマ・ネサンス、グループびじょん、武智鉄二、吉田喜重、さらに今井正、伊藤大輔、岡本喜八を列挙して、日本映画の芸術的な作品は自主製作によって生み出されており、それは大手五社から離れたというものである。そのうえで、大島は共闘会議への学生の貢献を称揚し、学生映画やアンダーグラウンド映画の盛り上がりを例に挙げ、若者たちは五社体制に関係なく、自分の力で映画を作り出そうとしているのだと評価する。本稿は、このような大島の主張に対する松本の反論である。その後、『映画評論』一九六八年一一月号において、大島・松本の「我々は間違っていたろうか」と題された対談が組まれる。この対談のなかで大島は「五社以外の映画の可能性というと、単純にいえば、記録映画とか、PRとか」と松本に問いかけ、松本は「PRなんかに可能性はないよ。要するにアヴァンギャルド映画だ、ぼくが執着するのは」と答える。大島は、鈴木清順問題を映画業界の資本の論理と、それに対抗する自主映画製作の結集という構図に押し込めており、

体制を変革する実効性を持った運動に依拠している。しかし松本は実効的な運動以前に、個人の内部における概念や視覚の構造を含む総体的な変革こそが問われるという態度に至っていた。佐藤重臣が編集長を務める『映画評論』がこの対談を企画したのは、佐藤が共闘会議に親和的な立場をとっていたためである。

混沌が意味するもの

i 『季刊フィルム』創刊号、一九六八年一〇月、九三―九七頁
ii 『映画の変革』「混沌が意味するもの」
iii 本稿は大島渚との対談と同じ時期に執筆されたものであり、映像芸術の会の解体や大島周辺との論争を踏まえ、次の段階へと進みつつあった松本の思考が集約されている。ここで松本は、非言語的表現領域と言語的表現領域の弁証法的対立と活性化という構図に基づきながら、映像表現の過程が反省的意識のコントロールを逸脱してゆく事実に着目している。文中で言及された飯村隆彦、安土修三（ガリバー）、宮井陸郎の映画は、いずれも伝統的な映画の外部（特に現代美術やサブカルチャー）との混淆によって生まれた極端な例であり、このような実験映画の発生は、混沌とした時代についての松本の直感を裏付けるものとして扱われた。

『季刊フィルム』はフィルムアート社から一九六八年一〇月に創刊された、映画にとどまらない越境性をもった雑誌である。一九七二年一二月まで一三号+増刊一冊を刊行した（後継誌は『芸術倶楽部』）。〈草月実験映画祭〉の成功を受けて、この動向を発展させるため、草月アートセンターの奈良義巳が創刊のために働いた。編集委員は同人制で、創刊当初は粟津潔・飯村隆彦・武満徹・勅使河原宏・中原佑介・松本俊夫・山田宏一が務めた（途中で飯村と山田が抜け、石崎浩一郎と今野勉が加わった）。〈フィルム・アート・フェスティバル東京〉の運営委員も編集委員が兼任しており、誌面の特集と映画祭のテーマは関連しあっていた。映画が備えている変革的機能を、芸術全体に差し向けるという態度は、「映画の変革」であると同時に「映画による芸術の変革」を意味するものであり、本誌の性格は既存の映画雑誌とは一線を画するものであったといえる。編集委員会の署名による創刊号の巻頭言を、次に転載する。

「発刊のことば
その時、突然、ぼくらは、今日の世界の迷路の真只中で、〈もうひとつの映画〉への意志にめざめていた。映画を観念として、理論として、思想として、感覚として、行動とぼくらの生活の次元に放ち、映画の中にみずからとびこみ、その無限の無方向性の中であがきつつ、ぼくらは、まず、季刊〈フィルム〉を創った。もちろん、それは万里の長征の第一歩にしかすぎない。
今日、芸術のジャンルは崩壊し、相互に混合と拡大を求めあう苦悶が世界をゆさぶっている。それは〈創造〉という美しい錦の御旗の下で、単に状況（反状況的イデオロギーをも含めて）に対応していた芸術というものの死を意味する。ブレヒトのメッセージを、今日、ぼくらなりに敷衍すれば、世界をその変化と変革の中で捉えない限り、世界を芸術によって再生することはできないということだ。

芸術ジャンルの境界を破壊し、そして、芸術そのものを〈仮象〉や〈虚構〉から脱出させる、その変革的機能において、映画ほど、今日の迷宮世界に突き刺さる強力な武器はないはずだ。ぼくらはヒステリックに映画＝芸術の権威回復を叫ばない。ぼくらは、映画を芸術として限定はしない。映画を、ひとつの、ワルター・ベンヤミンのいう〈破壊的性格〉として捉え、所有するのだ！

《破壊的性格は持続を認めない。だからこそ、逆に、いたるところに道が見えるのである。他のひとびとが壁にぶつかったり、山塊に出くわしたりするところでも、破壊的性格は道をみつける。しかしまた、いたるところに道が見えるからこそ、逆に、いたるところで道から外れていかねばならなくなる》（ワルター・ベンヤミン　高原宏平訳）

来たれ、大いなる魂よ！　ぼくらはきみをよぶ。きみをまねく。

季刊〈フィルム〉編集委員会　　文責＝山田宏一・粟津潔」

各号の特集は次の通り。特に、No.2でパゾリーニの「ポエジーとしての映画」とNo.3でクリスチャン・メッツの「新しい映画と物語性」（蓮實重彥ほか訳）を掲載するなど、映画言説に政治的な読解とは別のアプローチを持ち込んだことの意義は大きい。

- 創刊号（一九六八年一〇月）特集1＝感覚の解放、特集2＝ジャン＝リュック・ゴダール
- No.2（一九六九年二月）特集1＝日本映画をどうする、特集2＝エクスパンデッド・シネマに何を見るか
- No.3（六月）特集1＝映画の錬金術、特集2＝溝口健二
- No.4（一〇月）特集1＝転換期のシネマ、特集2＝ルイス・ブニュエル
- No.5（一九七〇年三月）特集＝表現を廃棄しうるか?、特集2＝ピエル・パオロ・パゾリーニ
- No.6（七月）特集1＝言語と映像、特集2＝映画作家インタヴュー、特集3＝飯村隆彦の作品にふれて
- No.7（一一月）特集1＝俳優論、特集2＝第三世界の映像作家―グラウベル・ローシャ、特集3＝『東風』
- No.8（一九七一年三月）特集1＝映画眼、特集2＝G・ローシャ論
- No.9（七月）特集1＝アンディ・ウォーホル、特集2＝危機意識からの表現
- No.10（一〇月）特集1＝死をめぐる想像力、特集2＝映画宣言集―またはいかにして映画に旅立ったか
- 臨時増刊号（一一月）特集＝アニメーション
- No.11（一九七二年四月）特集＝ポルノグラフィ的想像力
- No.12（七月）特集＝メディアと共有と複写の思想
- No.13（一二月）特集＝映画史をいかに越えるか?

フィルムアート社とは、〈フィルム・アート・フェスティバル東京〉の開催と『季刊フィルム』刊行のために、一九六八年一〇月一日に設立された会社であり、中原が取締役社長を務め、粟津・松本・今野・寺山修司・石崎・黒川紀章・勅使河原・笛木利忠・奈良が取締役を務めた。草月アートセンターの活動の延長線上で、しかし草月とは一定の距離を置いて雑誌刊行や映画祭を開催する

ことのできる場所であり、映像芸術の会解散以降の松本の活動の拠点となった。

新しい映画運動の砦

――質、量ともに国際的規模に高まったフィルム・アート・フェスティバル

i 『美術手帖』一九六八年一一月号、一二一―一二三頁

変貌する映画――〈フィルム・アート・フェスティバル東京1968〉

i 『SD』一九六八年一二月号、七七―七八頁

ii 『映画の変革』「反既成映画の胎動」

iii 〈フィルム・アート・フェスティバル東京1968〉（一九六八年一〇月一八日から三〇日、草月会館ホール。一〇月三〇日から一二月一八日にかけて神戸・名古屋・京都・大阪・札幌を巡回）は、〈草月実験映画祭〉を改称し、主催を草月アートセンターと『季刊フィルム』としたものである。『季刊フィルム』の誌面とも連動しながら、ゴダールをはじめとした世界各国の作家の新作・近作や実験アニメーション、そしてマイケル・スノウ、トニー・コンラッド、ジョージ・ランドウ、ポール・シャリッツなどの構造映画を取り上げたプログラムが組まれた。最優秀作品賞を獲った、当時高校生の原正孝（原將人）は、『薔薇の葬列』（一九六九）に演出助手として参加し、大島渚の『東京战争戦後秘話』（一九七〇）に脚本で参加した。その後も『初国知所之天皇』（一九七三）などを発表してゆく。

公募部門で受賞した作品は次の通り。

- 最優秀作品賞＝原正孝『おかしさに彩られた悲しみのバラード』
- 奨励賞＝島村達雄『透明人間』、桂宏平『うたかたの恋』、中井恒夫『パリュウド』
- 日本アート・シアター・ギルド賞＝原正孝『おかしさに彩られた悲しみのバラード』
- 入選＝前田達雄『はばたき』、辻勝之『暗黒の儀式』、ワーレン・ジョンソン『オディ』*Odi* マリオ・フェレロ『But Me No Buts』、矢崎勝美『女×女＝女』、黒木和雄『椅子を探す男』、坂本行正『ポジ・ポジ』、奥山淳一（順市）『Bang Voyage』、川口芳宏『フィルム・ジョイント』、林静一『かげ』、大井文雄『(無限大・無限小)』、竜村仁『ユウリィ、時計をごらん』、細川正司『コロンブスの卵』、ジャド・ヤルカット『Beatls Electroniques』、山田学・月尾嘉男『見える見えない』、大竹明『サマータイム』、月岡貞夫『ある男の場合―3』、宮井陸郎『続・時代精神の現象学』、加藤正『ガザに盲いて』、金沢秀一『一銭五厘の末裔』、ストーム・デ・ハーシュ『ペヨーテの女王』*Peyote Queen*

招待部門では次の作品が上映された。

- イェジー・スコリモフスキ『不戦勝』*Walkower*（一九六五）
- サンチャゴ・アルバレス『ナウ』*Now*（一九六五）
- ジョリーン・コンプトン『挫折した青春』*Stranded*（一九六五）
- ヤン・ニェメッツ『パーティーと招待客』*O slavnosti a hostech*（一九六五）

- ローラン・トポール＋ルネ・ラルー『かたつむり』*Les escargots*（一九六五）
- ジョージ・ランドウ『エッジ・レタリング、ごみ、スプロケット穴などが現れるフィルム』*Film in Which There Appear Edge Lettering, Sprocket Holes, Dirt Particles, Etc.*（一九六六）
- ディウルカ・メドヴェッキ『マリーと司祭』*Marie et le curé*（一九六六）
- トニー・コンラッド『フリッカー』*The Flicker*（一九六六）
- ネップ・ヨージェフ『五分間の恐怖』*Öt perc gyilkosság*（一九六六）
- ピーター・エマヌエル・ゴールドマン『沈黙のこだま』*Echoes of Silence*（一九六六）
- ポール・シャリッツ『かみそりの刃からのスリー・ループス』*Three Loops from Razor Blades*（一九六六）〔『かみそりの刃』*Razor Blades*（一九六五―一九六八）を構成する14本のループのうち、3本のみを映写したと推測される。〕
- ジャン＝リュック・ゴダール『中国女』*La Chinoise*（一九六七）
- ジャン＝リュック・ゴダール『ウィークエンド』*Weekend*（一九六七）
- ピーター・フォルデス『頭脳的美女』*La belle cérébrale*（一九六七）
- マイケル・スノウ『波長』*Wavelength*（一九六七）
- 飯村隆彦『スリー・カラーズ』*Three Colors*（一九六八）
- カルロス・マルキオリ『トリアーナ』*Triana*（一九六八）
- ノーマン・マクラレン『ふたりの足あと』*Pas de deux*（一九六八）

『ＳＤ』一九六八年一一月号の飯島耕一の文章とは「ゴダールの〈ウィーク・エンド〉と〈中国女〉」を指し、ここで飯島は、簡素なエッセイと短い詩を掲載している。

一九六九

血は混合するほどよし
――ゴダールの『中国女』と『ウィークエンド』をみて

i 『映画芸術』一九六九年一月号、七四–七八頁

ii 『映画の変革』「血は混合するほどよし」

iii 文中で言及されているのは、ジャン＝リュック・ゴダール監督『中国女』*La Chinoise*（一九六七）と『ウィークエンド』*Weekend*（一九六七）である。

映画表現にとっての「変革」の位相はどこか
――小川紳介の政治煽動道具論への疑問

i 『日本読書新聞』一九六九年一月一三日号、八面

ii 『映画の変革』「変革の位相」

iii 小川紳介は羽田闘争を題材とする『現認報告書』（一九六七）を経て、成田空港建設反対運動（三里塚闘争）を題材とするため三里塚に入り、『日本解放戦線・三里塚の夏』（一九六八）を製作する。同作の制作中には、機動隊と学生の衝突を撮影した際に、カ

メラマンである大津幸四郎が逮捕されるという事件も起きた。国学院大学映研問題とは、映画研究会の学生が一九六八年一〇月二一日に起きた新左翼学生による新宿騒擾事件を撮影したところ、一一月二〇日になって警察によってフィルムが差し押さえられた問題を指す。『山谷68冬』の竹中プロ問題とは、記録映画『さんや68冬』を制作していた竹中労による竹中プロが、一一月五日に行われた山谷労働者による都庁での抗議活動を撮影した際に、スタッフが逮捕され、フィルムが警察に押収された問題を指す。

エキスパンデッド・シネマと現代

i 『季刊クリエティビティ』一五号、一九六九年一月、一二三―一二九頁

iii 松本は、一九六七年一一月に協和広告を通して日本万国博覧会せんい館における展示映像の製作を依頼され、一九六八年より『スペース・プロジェクション・アコ』のリサーチと製作準備に取り掛かっていた。その着想にあたっては、ル・コルビジェ、ヤニス・クセナキス、エドガー・ヴァーレーズによるモントリオール万国博覧会フィリップス館と、スタン・ヴァンダービークからの影響があったことが示されている。岸井保の「"Massage is media"――テレビを中心にしたマス・コミュニケーション」は、アメリカの広告業界の動向を伝える内容であり、『季刊クリエティビティ』一四号（一九六八年一〇月）に掲載された。

クロス・トーク／インターメディア

i 『クロス・トーク／インターメディア』東京アメリカ文化センター、一九六九年二月、頁付なし

ii 『飯村隆彦フィルム・カタログ』私家版、一九七一年（発行月不明）に抜粋再録

『飯村隆彦映像作品論集』飯村隆彦映像研究所、二〇〇五年（発行月不明）に抜粋再録

iii 〈クロス・トーク／インターメディア〉は東京アメリカ文化センターの主催によって、一九六九年二月五日から七日にかけて、国立代々木競技場を会場として開催された。このイベントには、ジョン・ケージ、ゴードン・ムンマ、ロバート・アシュレー、デヴィッド・ローゼンブーム、アルヴィン・ルシエ、武満徹、湯浅譲二、一柳慧、松平頼暁、グループ・音楽や、スタン・ヴァンダービーク、飯村隆彦といった映像作家などが参加した。松本は、このイベントの初日（二月五日）に『イコンのためのプロジェクション』（一二分、一九六九）を上演している。同作はオブジェ・スクリーンとしての複数の巨大なバルーンに対して、一六ミリ映写機五台とスライド一台、そして照明によって映像と光をプロジェクションする作品である。音楽は、当時既に発表されていた、湯浅による五チャンネルの電子音楽「ホワイト・ノイズによる「イコン」」が使用された。監督・編集＝松本俊夫、音楽＝湯浅譲二、投影物製作＝篠原有司男・三沢憲司。

また、松本は同年五月にはインスタレーション作品として《シャドウ》（一九六九）も制作し、〈第9回現代日本美術展〉（東京都

美術館、五月一〇日から三〇日）に出品している。これは、明滅する照明が回転しながら、室内の壁に観客の影を映し出すという環境的な作品で、『つぶれかかった右眼のために』『イコンのためのプロジェクション』と同じく、『スペース・プロジェクション・アコ』に繋がってゆく作品である。

文中で言及されている、松本と飯村が一緒に催した「ブラックシアター」での上映とは、一九六六年にアルド・タンベリーニが設立した、ニューヨークのゲートシアター／ブラックゲートでの上映会（一九六八年一〇月四日～六日、ブラックゲート）を指し、『つぶれかかった右眼のために』（一九六八）が上映された。

さしあたってこれだけは

i 『季刊フィルム』No.2、一九六九年二月、二頁

iii 本稿は、多木浩二による万博参加への批判（「危機を芸術家に強制――参加と引きかえに支配に奉仕」『日本読書新聞』一月二七日号）に対する応答として、『季刊フィルム』の巻頭に掲載された文章である。戦後日本社会の経済成長を象徴する国策イベントとなった日本万国博覧会には、岡本太郎を始めとして戦後のアヴァンギャルド芸術に関わってきた多くの作家が参加した。また〈*ex・pose'68 なにかいってくれ いまさがす〉や〈クロス・トーク／インターメディア〉といった一連の催しも、万博のプレイベントとしての意味を持っていた。国策イベントにデザイナーや芸術家が加担することを批判する立場の作家たちは、万博破壊共闘派などに代表されるパフォーマティヴな反対運動を展開した。また針生一郎は、この問題をテーマとして『われわれにとって万博とはなにか』（田畑書店、一九六九）を編纂した。このような批判は、この年に起こる〈フィルム・アート・フェスティバル東京1969〉中止事件の一因となる。

反政治主義的政治劇を

i 『人間座』二七号、一九六九年三月一日号、面不明

iii 本稿は、劇団人間座による栗田勇の戯曲の舞台『詩人トロツキー』の初演の直前に執筆され、再演のタイミングで同劇団の新聞に掲載されたものである。同公演のパンフレットに掲載された可能性もあるが、確認には至らなかった。同劇団による『詩人トロツキー』の初演は、一九六八年一二月一七日から二一日にわたり日本青年館ホールにて江田和雄の演出によって行われた。その後、一九六九年三月二〇日から二五日にわたり同会場で再演された。

資本の論理からも政治の論理からも自立させた映画を！

i 『世界画報』一九六九年三月号、六九―七〇頁

iii 本稿は『世界画報』に掲載された小特集「映像ゲリラからのメッセージ」の一編である。同特集は、新左翼学生の運動とも通底する映画運動として、東プロ、小川プロ、グループびじょん、黒木プロ、国学院大学映画研究会、松本プロ、杉並シネクラブへの聞き取りを実施し、それを構成したものである。松本プロダクションは、『薔薇の葬列』（一九六九）の製作のために、一九六八年一一月一五日に設立された。劇映画の製作の他に、コマーシャルフ

ィルムや実験映画の製作にもプロダクションとして取り組んだ。

新時代の透視を——ゆたかな“アングラ精神”

i 『ほるぷ新聞』一九六九年四月一五日号、四面

ii 『映画の変革』「テクノロジーと映画の前衛」

映画運動論——鈴木清順問題共闘会議研究会報告

i 『討論 日本映画の現状と批判 1969年春季研究会討論記録Ⅰ 日本映画変革への展望』、鈴木清順問題共闘会議、一九六九年四月、一—二五頁

ii 本著作集成では討論部分は割愛した

iii 本稿は、鈴木清順問題共闘会議による連続研究会「日本映画変革への展望」における報告の採録である。松本の報告日は一九六九年二月八日、会場は鈴木清順問題共闘会議事務所。

未踏の域に挑戦——映像表現の変革に賭ける

i 『読売新聞』一九六九年四月二九日号夕刊、九面

ii 『映画の変革』「挑戦の精神」

ジャン＝リュック・ゴダールについて

i ジャン・コレ『ジャン＝リュック・ゴダール』（現代のシネマ1）竹内健訳、三一書房、一九六九年五月、二七九—二八六頁

iii 本稿は、ジャン・コレ『ジャン＝リュック・ゴダール』の解説として、同書巻末に収録された。

私と短篇映画

i 『Iwanami Hall』一九六九年六月号、岩波ホール、一〇頁

ヴァンダービークとその周辺——エクスパンディッド・シネマの展望

i 『美術手帖』一九六九年八月号、七〇—一〇五頁

ii 『映画の変革』「エクスパンディッド・シネマの展望」

iii スタン・ヴァンダービークはアメリカの実験映画作家であり、エクスパンデッド・シネマの代表的な作家として知られる。ヴァンダービークは、一九六三年よりドーム型上映設備である《ムービー・ドローム》の建設に着手し、複数台の映写機によるマルチ・プロジェクションの実験を行ったほか、コラージュによるアニメーションや、コンピュータ・グラフィックスに取り組んだ。ヴァンダービークによる「カルチャー・インターコム」のマニフェストは『フィルム・カルチャー』№40（一九六六年春号）に掲載された。USCOグループは、当時のサイケデリックカルチャーを反映したマルチメディア・グループで、《タバルナクル》と呼ばれる幕屋を設置して、各地をパフォーマンスをして回った。松本は一九六八年にせんい館のリサーチのためにアメリカを再訪し、ヴァンダービークをはじめとする作家のエクスパンデッド・シネマを体験した。『美術手帖』同号には、松本によるヴァンダービークへのインタビューも併載された。文中で言及されている「国立近代美術館でのアメリカ実験映画特集」とは、同館フィルムライブラリーでの〈実験映画の特集〉（一九六八年六月一日から七月十四日）を指す。飯村隆彦のエッセイである「イメージのコミ

ユニティ」は『季刊フィルム』№2に掲載された。

「傷口」を「刃」に転換

i 『週刊読書人』一九六九年九月八日号、七面

iii 『季刊パイデイア』第五号に掲載されたスーザン・ソンタグの論考は「キャンプとは何か」(喜志哲雄訳)を指す。

傷口と刃

i 『アートシアター』七〇号、一九六九年九月、一六―一七頁

ii 『映画の変革』「傷口と刃」

iii 『アートシアター』同号の特集は『薔薇の葬列』(一〇五分、一九六九)である。『薔薇の葬列』は、松本プロダクションと日本アート・シアター・ギルドとの提携による、松本の長編劇映画第一作であり、一九六九年九月一三日より日本アート・シアター・ギルドの配給で劇場公開された。日本アート・シアター・ギルドは、製作費を独立プロと折半する方式によって商業的に成立しにくい作品を製作しており、本作と『修羅』(一九七一)もこの方式で製作された。エディプス物語を下敷きに、舞台を現代日本に置き換えたホモセクシュアルの愛憎劇であり、時制の混乱を引き起こし、虚構と現実をメタ化するような演出が随所に仕掛けられている。複数のシーンが、『映画芸術』一九六五年一二月号に掲載されたシナリオ「瀕死の太陽」と共通している。スタッフは脚本・監督=松本俊夫、撮影=鈴木達夫、美術=朝倉摂、音楽=湯浅譲二。キャストはピーター(エディ)、土屋嘉男(権田)、小笠原修(レダ)、内山豊三郎(ゲバラ)であり、劇中に登場するゲイボーイには本物のゲイボーイが起用された。また劇中では、松本監督による『マグネチック・スクランブル』(一九六八)と『エクスタシス=恍惚』(一一分、一九六九)が引用された。『マグネチック・スクランブル』は新宿LSDにて上演されたビデオパフォーマンス作品であり、強力な磁力によってテレビモニターに映し出されたビデオの映像を歪曲させる作品である。監督・編集=松本俊夫。『エクスタシス=恍惚』は、ミニマルな運動の反復によって観客に催眠的な感覚をもたらす実験映画であり、『薔薇の葬列』の撮影から派生するかたちで、独立した作品として制作された。監督・編集・音楽=松本俊夫、撮影=鈴木達夫。

映画愛好者のためのお祭り

i 『週刊大衆』一九六九年一〇月二三日号、一四頁

iii ゴダールらによるカンヌ国際映画祭粉砕事件や、一連の万博批判を受けて、この年開催予定であった〈フィルム・アート・フェスティバル東京1969〉に対しても、造反の動きが起こっていた。金坂健二をメンバーに含むニューズリール・ジャパンは、声明「フィルム・アート・フェスティバル東京'69ボイコット宣言」を機関紙『ニューズリール』第一号(一九六九年八月六日)に発表し、〈フィルム・アート・フェスティバル東京〉にみられる政治的な管理体制をボイコットすべきであると主張した。ニューズリールとは、ジョナス・メカスの呼びかけによって一九六七年一二月にアメリカで発足した、ニューレフト運動を記録する組織であ

る。ニューズリール・ジャパンは、日本におけるニューズリールグループとして、金坂・おおえまさのり・中平卓馬などによって一九六九年に発足した組織である。これを受けて、フェスティバル運営委員会は協議を行い、公募作品を無条件で全作品上映すること、予選を行わないこと、複数の推薦委員による作品評価を行うこと、映画上映だけでなくディスカッションの場を設けることなどの方針を決定し、これを告知する声明「〈フィルム・アート・フェスティバル東京1969〉開催を前に」を九月二五日付で発表する（本書参考収録①を参照）。しかし造反の動きは収まらず、今度は杉並シネクラブの草月フィルム・アート・フェスティバル粉砕実行委員会から、声明「『フィルム・アート・フェスティバル』の開催中止を望む！」が一〇月一一日付で発表される。杉並シネクラブとは、一九六七年に野田真吉や佐々木基一らが設立した自主製作と上映活動を行うシネクラブであり、映画理論誌『眼』を刊行した。若い世代のメンバーには森弘太や前年の同フェスティバルで最優秀作品賞を獲った原正孝がおり、シネクラブ内の粉砕行動の中心となった。こうした動きの帰結として〈フィルム・アート・フェスティバル東京1969〉は、初日にあたる一〇月一四日に、ニューズリールの金坂・おおえ、杉並シネクラブの森・原、万博破壊共闘派（ゼロ次元）、日大全共闘映画班などによる造反グループの直接的な抗議活動を受けて中止となった。本稿は、その内容から開催日以前に書かれた文章であると推察される。

60万の陰花植物

i 『随筆サンケイ』一九六九年一一月号、一二五―一二七頁

ジャパン・コープ総会への提言

i 未発表、一九六九年一一月、一一―一四頁

iii 佐藤重臣は、一九六七年六月に日本アンダーグラウンドセンターを設立して、アンダーグラウンド映画の興行を開始するが、これに加えてフィルム・アンデパンダンに代わる作家を主体とする共同組合を構想していた（『映画評論』一九六七年七月号に掲載された「アンダーグラウンド常設興行に関する草案」に詳しい）。そして、ジョナス・メカスが組織したニューヨークのフィルムメーカーズ・コーポラティヴに倣うかたちで、一九六八年三月にジャパン・フィルムメーカーズ・コーポラティヴが設立される。これに併せて『映画評論』一九六八年三月号では「アンダーグラウンド本年度事業計画」が、四月号では金坂健二による宣言「我々は何故コーポラティブを作るか――アンダーグラウンド独立宣言」が掲載された（実質的に活動を開始したのは同年九月頃であったと推察される）。コーポは登録契約によって誰でも参加することができ、作品の判断を一切行わずに配給を行うことを目的としており、松本を含め多数の個人作家が登録作家としてコーポの会員になった。しかし翌年になり、その運動には不協和が生じ始める。まず、草月アートセンターとフィルムアート社の方針に反感を持っていた金坂・おおえまさのり・佐藤の連名による投書が、サンフランシスコの実験映画の配給組織であるキャニオン・シネ

マの『ニューズレター』№5（一九六九年発行月不明）に掲載される。それは、メカスがヴェネチア国際映画祭に送付した審査員辞退の手紙に記された、全てのフェスティバルに対するボイコットの呼びかけを引用したうえで、コーポが〈フィルム・アート・フェスティバル東京1969〉のボイコットを決定したことを伝え、この映画祭に協力しないように呼びかける内容であった。その理由として三名は、草月アートセンターの姿勢が専横なものであり、日本における自由な映画制作とコーポの発展を阻害していることを挙げる。また映画祭の委員に飯村隆彦が就いていることに言及し、それは海外に滞在していた飯村が日本の状況を理解していないためであると説明する。この投書を受けて飯村は、次号の『ニューズレター』№6に、コーポが映画祭のボイコットを決定したという事実はなく、先の投書は三名の個人的な意見であるとの投書を行った。同じく映画祭事務局の奈良義巳も、批判に対して事実に基づいて説明する投書を行った。次いで金坂と佐藤の間でも対立が生じ、一九六九年七月三〇日の総会にて、佐藤はコーポから脱退する。新体制になったコーポは一九六九年九月一一日の臨時総会で、運営委員として飯村・金坂・おおえ・岡部道男・野中憲明・波多野哲朗を選出する。そしてコーポは配給作品のリストを発行するが、松本が文中で指摘している通り、リストからは飯村の作品が削除されていた（飯村がニューヨークのコーポなどから持ち帰ったフィルムの扱いについて、対立が発生していたことに起因するとみられる）。そして、同年一一月四日に臨時総会が開催されることになり、会員に対して「ジャパンコープの存続は可能か　総会を開催」と題された文書が配布される。これは、会員の個人的自由の絶対視がコーポの存続を危うくしていると主張すると共に、飯村への批難を含む内容であった。松本が文中で記している通り、この文書は波多野が準備していた原稿が、本人の全く預かり知らぬところで書き直されたものである。本稿は、このようなコーポが抱えていた問題に対しての提言書であり、臨時総会直前の同年一一月一日に提出された。しかし、総会の場では黙殺されたとみられる（このような経緯のなかで波多野はコーポの活動から距離を置き、映画雑誌『シネマ』の編集に注力するようになる）。その後もコーポはシネマテークを開催するなどして活動を継続していたが、一九七一年頃に活動は終息する。

“場”はあくまでも媒体──芸術運動の内実は不可視な位相のもの

i 『週刊読書人』一九六九年一一月一七日号、八面

ii 『映画の変革』「エセ造反批判」

iii 本稿で松本は、〈フィルム・アート・フェスティバル東京〉に反対する造反グループの主張を批判して、芸術運動とは何よりも不可視なものであり、「場」は媒体にすぎないとの考えを述べている。ここには、映像芸術の会の解体を踏まえた、芸術運動に対する松本の思考の変化が表れている。しかし、石子順造は『ＳＤ』一九七〇年一月号に掲載された「〈場〉は〈媒体〉ではない」のなかで、このような「場」の制度性を括弧に括る態度には矛盾があるとして、「「場」がニュートラルな媒体ではない」という事実に取り組まなければならないと主張した。この主張は同時期の単

純化された政治的批判を超えるものであった。これに対して松本は『季刊フィルム』No.5に掲載された「極左的空語の害毒」の註釈のなかで反論する。石子も『シネマ70』五号（一九七〇年六月）に掲載された「性の暴力性と映画の近代」の註釈と、『SD』一九七〇年六月号に掲載された「再論〈場〉は〈媒体〉ではない」で再反論するが、議論は深まらないままに終わる。

Ⅲ 一九七〇―一九七一

一九七〇

極左的空語の害毒

i 『季刊フィルム』No.5、一九七〇年二月、一一八―一二一頁

ii 『映画の変革』「極左的空語の害毒」
『現代映画理論大系5 幻想と政治の間』冬樹社、一九七一年一〇月

iii 文中に出てくる金坂健二の「〝廃墟としての芸術〟の廃棄」は『SD』一九六九年一二月号に掲載された。大野耕司・森弘太の対談は『杉並シネクラブ会報』二四号（一九六九年七月）に掲載された。杉並シネクラブの署名による「われわれはなぜ「草月フェスティバル」を粉砕するのか」と原正孝の「松本俊夫・その擬似主体の犯罪性」は杉並シネクラブの機関誌『眼』三号（一九六九年一〇月）に掲載された。松本は、このような主張は芸術廃棄論であり、過去の左翼記録映画運動における共産党の政治主義と同じであることを指摘する。そして、このような主張の流行の背景として、アラン・ジュフロワの「芸術の廃棄」の存在を挙げる。ジュフロワの論考は、粟津潔・泉真也・川添登・針生一郎・原広司らが編集委員を務めていた『デザイン批評』で紹介されており、「芸術の廃棄」は『デザイン批評』No.8（一九六九年一月）に掲載された。「「芸術」をどうすべきか――芸術の廃棄から革命的個人主義へ」は『デザイン批評』No.9（一九六九年六月）に掲載された。この問題については『季刊フィルム』同号の「特集＝表現を廃棄しうるか？」のなかでも論じられた。

不断の前思考と即興演出――蓮實重彦・柴田駿訳『ゴダール全集4』

i 『日本読書新聞』一九七〇年三月九日号、四面

iii ジャン＝リュック・ゴダール『ゴダール全集4 ゴダール全エッセイ集』（蓮實重彦・柴田駿訳、竹内書店、一九七〇）の書評である。

勅使河原宏について

i 『シネマ・デッセイ』一四号、アートシアター新宿文化、一九七〇年四月、頁付けなし

iii 本稿は、アートシアター新宿文化が発行する会報に掲載された文章である。同号の特集は「日本映画」。

狂気とエロス的体験の場――せんい館

i 『美術手帖』一九七〇年五月号、八二―八八、九七―一〇〇頁

ii 『映画の変革』「狂気とエロス」

iii 『スペース・プロジェクション・アコ』は、日本万国博覧会（一九七〇年三月一四日から九月一三日）に参加した日本繊維館協力会せんい館のための作品である。松本はせんい館の総合ディレクターとして全体を統括し、横尾忠則のデザインによるパヴィリオンの館内でマルチ・プロジェクションとして本作を上演した。それは、「アコ」の巨大な影像が組み込まれた館内の内壁に、三五ミリ映写機一〇台によって「アコ」の映像をプロジェクションし、さらにスライド投影機八台、そして多数の照明を加えて、混沌とした環境を出現させる作品であった。総合ディレクター＝松本俊夫、造形ディレクター＝横尾忠則、映像ディレクター＝鈴木達夫、音響ディレクター＝秋山邦晴、照明ディレクター＝今井直次、展示ディレクター＝福田繁雄・植松国臣・吉村益信、ロビー人形制作＝四谷シモン、作曲＝湯浅譲二。

本稿には多数の図版が掲載されていたが、本書ではレイアウトを変更しながら再録した（図1―17）。ただし、グラフィック・コンテ、グラフィック・スコアである図14・16については、元の図版が著しく不鮮明なため割愛した。また、同号では記録写真（撮影＝遠藤正）によるせんい館の小特集も掲載されており、文中には小特集内の写真を参照するように指示されている箇所が複数あった。これについて本書では、文中で指示されている写真についてのみ再録する方針を採った（図a―f）。

私の一枚――サルヴァドール・ダリ《ゆでたインゲン豆のある柔らかい構造（内乱の予感）》

i 『みづゑ』一九七〇年五月号、五〇―五三頁

ii 『幻視の美学』「妄想のリアリティ」

iii 《ゆでたインゲン豆のある柔らかい構造（内乱の予感）》*Construction molle avec des haricots bouillis, prémonition de la guerre* は、サルヴァドール・ダリによる一九三六年制作の絵画であり、同年スペイン内戦が勃発したことで知られる。

別役実の〝新演劇宣言〟
――演劇企画66・楽団六文銭公演『スパイものがたり』を観て

i 『週刊読書人』一九七〇年五月四日号、一〇面

iii 演劇企画66によるミュージカル舞台『スパイものがたり――へへのもへじの謎』は、一九七〇年四月六日から二〇日、五月二六日から六月四日にかけてアートシアター新宿文化にて上演された。

魔性の回復――P・パオロ・パゾリーニ監督『王女メディア』

i 『映画評論』一九七〇年六月号、二二―二六頁

ii 『映画の変革』「魔性の回復」

iii 文中で言及されているのは、ピエロ・パオロ・パゾリーニ監督『王女メディア』*Medea*（一九六九）である。

前衛映画の思想
――規制秩序に抜本的な変革を加え反体制、反権力のパワーと対応する

i 『新問題を追う年鑑1971』自由国民社、一九七一年六月、六

三―六七頁

ii 『映画の変革』「前衛映画の思想」

ビートルズ――映画『レット・イット・ビー』

i 『草月』七三号、一九七〇年一〇月、六〇頁

iii 文中で言及されているのは、マイケル・リンゼイ＝ホッグ監督『レット・イット・ビー』*Let It Be*（一九七〇）である。

新宿・映画・青春

i 『新宿プレイマップ』一九七〇年一一月号、五六頁

ヨーロッパ映画見聞記

i 『季刊フィルム』No.7、一九七〇年一一月、五八―六七頁

ii 『映画の変革』「ヨーロッパ映画見聞記」

iii 松本は、『薔薇の葬列』がベルリン映画祭で上映されるのに合わせて、一九七〇年五月二九日より七月二〇日にかけて、ヨーロッパに長期出張している。この期間、松本はヨーロッパを中心とした多数の映画をリサーチして回った。その報告となるのが、本稿と「ヨーロッパの地下映画作家たち」である。前者では劇映画、後者ではアンダーグラウンド映画（実験映画）が対象とされており、これらのレポートは表裏一体となって当時のヨーロッパの映画状況を浮かび上がらせている。文中で言及された主な映画は次の通り。

- ルイス・ブニュエル『エル』*Él*（一九五二）
- ルイス・ブニュエル『ナサリン』*Nazarín*（一九五八）
- ロベール・ブレッソン『少女ムシェット』*Mouchette*（一九六五）
- イエジー・スコリモフスキ『出発』*Le départ*（一九六七）
- ヴェラ・ヒティロヴァ『ひなぎく』*Sedmikrásky*（一九六七）
- アラン・レネ『ジュ・テーム、ジュ・テーム』*Je t'aime, je t'aime*（一九六八）
- ウィリアム・クライン『ミスター・フリーダム』*Mr. Freedom*（一九六九）
- ジャック・リヴェット『狂気の愛』*L'amour fou*（一九六九）
- ペーター・ツァデック『奥さま、象は私です』*Ich bin ein Elefant, Madame*（一九六九）
- アラン・ロブ＝グリエ『エデン、その後』*L'Eden et après*（一九七〇）
- ジャン＝リュック・ゴダール『イタリアにおける闘争』*Lotte in Italia*（一九七〇）
- ハンス・W・ガイゼンドルファー『レナ・クリストの場合』*Der Fall Lena Christ*（一九七〇）
- ハンス・W・ガイゼンドルファー『ヨナサン』*Jonathan*（一九七〇）
- ベルナルド・ベルトルッチ『暗殺の森』*Il conformista*（一九七〇）
- マウリセ・カポヴィラ『飢餓』*O Profeta da Fome*（一九七〇）
- ライナー・ヴェルナー・ファスビンダー＋ミヒャエル・フェングラー『アモク氏はなぜ自殺したか』*Warum läuft Herr R. Amok*

（一九七〇）

- ルイス・ブニュエル『哀しみのトリスターナ』*Tristana*（一九七〇）

ヨーロッパの地下映画作家たち

i 『美術手帖』一九七〇年一一月号、八二―九五頁

ii 『映画の変革』「ヨーロッパのアンダーグラウンド映画」

iii 本稿は、『美術手帖』における特集「地下映画」の一編となる、ヨーロッパを中心としたアンダーグラウンド映画（実験映画）の報告である。松本はここで構造映画にも言及しているが、それよりもフランス・ツヴァルチュスの不気味さや、オットー・ミュールおよびクルト・クレンの異質性に関心を示している。文中で言及された主な映画の詳細は次の通り。

- ステファン・ドゥースキン『中国風のチェッカー』*Chinese Checkers*（一九六五）
- ペーター・クーベルカ『われらのアフリカ旅行』*Unsere Afrikareise*（一九六六）
- クルト・クレン『セプテンバー』*16/67: 20 September*（一九六七）
- W＋B・ハイン『ラフなフィルム』*Rohfilm*（一九六八）
- オットー・ミュール『アモーレ』*Amore*（一九六八）
- クルト・クレン『いい奴』*20/68: Schatzi*（一九六八）
- ディーター・マイヤー『セルフ』*Self*（一九六八）
- ハンネス・フックス『フィルム68』*Film 68*（一九六八）
- フランス・ツヴァルチュス『扇』*A Fan*（一九六八）
- フランス・ツヴァルチュス『鳥』*Birds*（一九六八）
- マルコム・レグライス『ロジャーのための小犬』*Little Dog for Roger*（一九六八）
- W＋B・ハイン『再生』*Reproductions*（一九六九）
- クリスチャン・ボルタンスキー『咳をする男』*L'Homme qui tousse*（一九六九）
- ケネス・アンガー『我が悪魔兄弟の呪文』*Invocation of My Demon Brother*（一九六九）
- フランス・ツヴァルチュス『イーティング』*Eating*（一九六九）
- フランス・ツヴァルチュス『スペア・ベッドルーム』*Spare Bedroom*（一九六九）〔文中にある「ホーム・スイート・ホーム」*Home Sweet Home* は5部作のシリーズ名であり、本作はその一編である。〕
- ヤン・シュヴァンクマイエル『家での静かな一週間』*Tichý týden v dome*（一九六九）
- オットー・ミュール『ソドマ』*Sodoma*（一九七〇）
- フランス・ツヴァルチュス『シート・ツー』*Seats Two*（一九七〇）

『修羅』と南北と現代とわたし

i 『キネマ旬報』一九七〇年一二月下旬号、一二七頁

iii 『修羅』は、松本プロダクションと日本アート・シアター・ギルドの提携による、松本の長編劇映画第二作であり、一九七一年二

月一三日より日本アート・シアター・ギルドの配給で劇場公開された。鶴屋南北の「盟三五大切」と、それを翻案した石沢秀二の戯曲を原作とする前衛的な時代劇であり、残虐性において人間の深い情念を表現している。スタッフは脚本・監督＝松本俊夫、撮影＝鈴木達夫、美術＝朝倉摂、音楽＝西松文一（地唄）。キャストは中村賀津雄（源五兵衛）、三条泰子（小万）、唐十郎（三五郎）。『アートシアター』八四号では『修羅』が特集され、松本のコメント「演出のことば」も掲載された。

一九七一

『GOOD-BYE』――メルカトールの地図

i 『映画評論』一九七一年三月号、九四―九六頁

iii 金井勝の『GOOD-BYE』（一九七一）は「微笑う銀河系・三部作」のひとつにあたる。他の作品は、『無人列島』（一九六九）、『王国』（一九七三）。

『修羅』のためのノート（抜粋）

i 『季刊フィルム』No.8、一九七一年三月、一三八―一四〇頁

ii 『映画の変革』「『修羅』のためのノート」

iii 文中での構想とは異なり、最終的に劇中の小万殺しのシーンはカラーからモノクロに差し替えられた。そのため、冒頭の日没のシーンのみがカラーパートとなる。

『記録映画』覚え書――戦後の映画雑誌④

i 『映画批評』一九七一年三月号、九四―一〇一頁

iii 批評戦線（足立正生・相倉久人・佐々木守・平岡正明・松田政男）による雑誌『（第二次）映画批評』では、創刊号にあたる一九七〇年一〇月号より戦後の映画雑誌および映画運動について「戦後の映画雑誌」と題された連載が企画され、まず粕三平（熊谷光之）が「（第一次）映画批評」（一九七〇年一〇月号・一一月号）と「『リアリズム』と『戦後映画』」（一九七〇年一二月号）について、第一回から第三回までを執筆した。これに続いて、松本が『記録映画』『映像芸術』について、第四回から第八回までを執筆した。批評戦線による『映画批評』は、粕が編集長を務めていた『映画批評』から雑誌名を引き継いでいる。解題では便宜上、前者を（第二次）、後者を（第一次）として区別する。『リアリズム』とは、一九五五年五月より制作者懇談会によって一〇号まで発行されていた機関誌であり、リアリズムの問題について様々な領域から意見が交わされた。『戦後映画』とは、一九五九年二月より戦後映画研究会によって二号まで刊行されていた機関誌である。記録映画作家協会（教育映画作家協会）と映像芸術の会の運動の詳細については、I巻「解題」を参照のこと。

『記録映画』覚え書――戦後の映画雑誌⑤

i 『映画批評』一九七一年四月号、七二―七七頁

『記録映画』覚え書――戦後の映画雑誌⑥

i 『映画批評』一九七一年五月号、七〇―七七頁

『映像芸術』覚え書――戦後の映画雑誌⑦

i 『映画批評』一九七一年八月号、六〇―六七頁

『映像芸術』覚え書――戦後の映画雑誌⑧

i 『映画批評』一九七一年九月号、五二―六〇頁

iii 『映像芸術の会会報』17号（一九六五年一一月）に掲載された松本の「破産の事実に眼を向けよ」は、同会の深刻な財政問題の原因を明らかにし、対応策を提案したものである。会の財政的な内容が主であるため本著作集Iでは割愛した。

不可視の映画運動

i 『季刊フィルム』No.10、一九七一年一〇月、七二―七五頁

iii 本稿は、『（第二次）映画批評』に掲載された連載「戦後の映画雑誌」の続編となるものである。ここで松本は、映像芸術の会退会の経緯と、同時期の大島渚との論争について総括したうえで、映画運動についての思考を述べている。大島との一連の論争は、映像芸術の会の解体と同じく松本のなかで転機の一因となり、状況や運動への関わり方に態度変更を迫るものとなった。以降、松本は芸術運動における根拠を可視的な組織や運動体にではなく、「不可視の精神や思想のレヴェルでの立脚点」に置くことになる。西江孝之による「万博ヴィールス叩きだせ！」は『映画芸術』一九六九年一月号に掲載された。

ドイツ映画祭によせて

i 『1971年ドイツ映画祭』東京・大阪・京都ゲーテ・インスティトゥート、ドイツ映画産業エキスポート・ユニオン、一九七一年三月、二三―二四頁

iii 本稿は、〈ドイツ映画祭〉（一九七一年三月四日から一一日、東商ホール。三月一五日から二九日にかけて大阪・京都を巡回）のパンフレットに掲載された文章である。同映画祭はゲーテ・インスティトゥートとドイツ映画産業エキスポート・ユニオンの共催で開催された映画祭であり、フォルカー・シュレンドルフ、アレキサンダー・クルーゲ、トーマス・シャモニ、ペーター・フライシュマンなどの作品が上映された。

ドイツ映画祭をみて

i 『東京新聞』一九七一年三月一八日号、面不明

iii 文中で言及されているジャン＝マリー・ストローブ＋ダニエル・ユイレ監督『妥協せざる人々』*Nicht versöhnt oder Es hilft nur Gewalt, wo Gewalt herrscht*（一九六五）、ペーター・ツァデク監督『奥さま、私は象です』*Ich bin Elefant, Madame*（一九六九）、ライナー・ヴェルナー・ファスビンダー監督『出稼ぎ野郎』*Katzelmacher*（一九六九）などの作品は、ゲーテ・インスティトゥートと草月アートセンターの共催による〈ドイツ映画の新しい波〉（一九七一年三月二二日から二六日、草月会館ホール。三月

二十五日から四月十四日にかけて大阪・京都を巡回）のなかで上映された。

血と闇に彩られた洞穴——猜疑心と自棄の情念

i 『週刊読書人』一九七一年三月一五日号、一面

ii 『映画の変革』「血と闇の洞穴」

斉藤竜鳳の批評と私

i 『映画芸術』一九七一年六月号、五二—五四頁

iii 『映画芸術』同号では、同年三月に亡くなった評論家・斉藤竜鳳の追悼特集が組まれた。

自己否定性への軌跡——石崎浩一郎著『光・運動・空間——境界領域の美術』

i 『日本読書新聞』一九七一年六月七日号、五面

iii フィルム・アンデパンダンのメンバーであり、アンダーグラウンド映画の紹介者の一人であった石崎浩一郎による『光・運動・空間——境界領域の美術』（商店建築社、一九七一）の書評である。

遙かなり天国

i 『黒の手帖』七月号、九六頁

地獄妄想の鏡——私のなかの南北

i 『国文学』一九七一年九月号、一〇八—一〇九頁

ii 『映画の変革』「地獄妄想の鏡」

孫悟空と釈迦の掌

i 『季刊サブ』三号、一九七一年一〇月、四四—四九頁

ii 『映画の変革』「孫悟空と釈迦の掌」

幻覚志向のかなたにあるもの

i 『映画評論』一九七一年一二月号、二二—二六頁

ii 『映画の変革』「幻覚志向のかなたにあるもの」

iii 〈アメリカ実験映画——三〇年の回顧史〉は、アメリカ文化センターの主催により、一九七一年九月から一〇月にかけて各地のアメリカ文化センターで開催された。本稿のなかで松本は、同会で上映された作家のうち、ケネス・アンガーとスタン・ブラッケージ、そして当時のサイケデリックカルチャーを反映するジョーダン・ベルソンのアブストラクト映画を高く評価している。このような松本の関心には、言語以前の感覚をもたらすものとしての実験映画へと向かう兆候が見出せる。同上映会の解説を担当したシェルドン・レナンは、アメリカ実験映画を包括的に論じた『アンダーグラウンド映画』（波多野哲朗訳、三一書房、一九六九）の著者としても知られる。松本は同書の出版に協力し、装丁も手がけた。文中にあるアンディ・ウォーホル監督『チェルシー・ガールズ』*Chelsea Girls*（一九六六）の初公開とは、一九七一年七月三日・一二日に草月会館ホールにて開催された〈フィルムアート・シネマテーク〉での日本国内での初上映を指す。

思想的建前の許容範囲——岩崎昶著『現代映画芸術』

i 『朝日ジャーナル』一九七一年一二月二四日号、七五―七七頁

iii 岩崎昶『現代映画芸術』（岩波書店、一九七一）の書評である。

大島渚の眼は節穴か

i 『映画の変革——芸術的ラジカリズムとは何か』三一書房、一九七二年三月、二五八―二六三頁

iii 大島の「松本俊夫・修羅と主体」は『（第二次）映画批評』一九七一年一一月号に掲載された。片岡啓治の「醜の論理——おとずれつつあるものの兆し」は『季刊フィルム』№9に掲載。本稿は未発表であったが、松本の第三著作集『映画の変革』に初収録された。文末に一九七一年一二月との表記がある通り、大島渚の批判が出された直後に書かれた。執筆時期に準じて本巻に収録した。

映画『メタスタシス』制作にあたって

i 『METASTASIS《新陳代謝》』東陶機器、一九七一年一二月

iii 本稿は、『メタスタシス＝新陳代謝』（八分、一九七一）のリーフレットに掲載された解説である。本作は建築家・菊竹清訓の依頼によって制作された、東陶機器（現ＴＯＴＯ）をスポンサーとする実験映画であり、同社が一九七二年に銀座にオープンした「ＴＯＴＯパビリオン」で展示された。電子的映像を変調するプロセスで医療用の映像機器を使用しており、ビデオアートの先駆としても位置付けることができる。作中では、固定撮影された便器のイメージのグラデーションが、濃さのレベルに応じて異なる色相に変化する。グラフコンテに従ってリアルタイムで装置を操作し、モニターに表示される映像を、最終的にフィルムで再撮影することで完成された。『オートノミー＝自律性』（一二分、一九七二）、『エクスパンション＝拡張』（一四分、一九七二）へと続く、電子的なカラーエフェクト実験の第一作に当たる。制作段階の仮題は「メタボリズム」。監督・装置操作＝松本俊夫、撮影＝杉山昭親、音楽＝一柳慧。

参考収録①

〈フィルム・アート・フェスティバル東京1969〉開催を前に

i　フィルム・アート・フェスティバル運営委員会、一九六九年九月二五日

ii　『季刊フィルム』No.4、一九六九年一〇月

iii　本稿は、ニューズリール・ジャパンから出された「フィルム・アート・フェスティバル東京'69ボイコット宣言」を受けて、フェスティバル運営委員会から、〈フィルム・アート・フェスティバル東京1969〉開催直前の九月二五日に出された声明である。改稿のうえ、『季刊フィルム』誌面にも掲載された。文中にある『朝日ジャーナル』九月二一日号の匿名記事とは、「創造の自由の放棄——フィルム・フェスティバルの後退」を指す。『朝日ジャーナル』一〇月五日号にはこれに反論する奈良義巳の「歪曲されたフェスティバル批判」も掲載された。同フェスティバルの公募部門には一三三本の作品が集まったほか、チェコスロバキアから亡命する以前のフォアマンやニェメッツ、第三世界の監督として注目されていたグラウベル・ローシャ、ジガ・ヴェルトフ集団での集団製作に移行していたゴダールの新作、ベルトルッチ、ストローブ＝ユイレ、そしてジョン・レノン＋オノ・ヨーコを始めとする各国の実験映画など、幅広いプログラムが組まれていた。その後、招待部門の一部の作品が、フィルムアート社の配給で上映された。招待部門で上映予定だった作品は次の通り。

- ルイス・ブニュエル＋サルバドール・ダリ『アンダルシアの犬』*Un chien Andalou*（一九二九）
- アド・キルー『ある紳士の生涯』*La vie d'un honnête homme*（一九六四）
- ジャン＝フランソワ・ラギオニー『お嬢さんとチェロ弾き』*La demoiselle et le violoncelliste*（一九六五）
- ジャン＝フランソワ・ラギオニー『ノアの箱舟』*L'arche de Noé*（一九六七）
- マルコム・レグライス『ええ、だめ、多分、だめかも』*Yes No Maybe Maybenot*（一九六七）
- ミロシュ・フォアマン『火事だよ！　カワイ子ちゃん』*Hoří má panenko*（一九六七）
- ヤンチョー・ミクローシュ『赤と白』*Csillagosok, katonák*（一九六七）
- アルド・タンベリーニ『ブラック・テレビ』*Black TV*（一九六八）
- W＋B・ハイン『ラフなフィルム』*Rohfilm*（一九六八）
- ヴァレリアン・ボロフチク『愛の島ゴトー』*Goto, l'île d'amour*（一九六八）
- クルト・クレン『いい奴』*20/68: Schatzi*（一九六八）
- ジャン＝マリー・ストローブ＋ダニエル・ユイレ『アンナ・マグダレーナ・バッハの日記』*Chronik der Anna Magdalena Bach*（一九六八）
- ジョン・レノン＋オノ・ヨーコ『フィルムNo.5（スマイル）』*Smile*（一九六八）

- ジョン・レノン＋オノ・ヨーコ『ふたりのけがれなきもの』*Two Virgins*（一九六八）
- ディーター・マイヤー『セルフ』*Self*（一九六八）
- トーマス・シュットルック＋ヘルムース・コスタード『熱い点』*Der warme Punkt*（一九六八）
- ドーレ・O『アラスカ』*Alaska*（一九六八）
- ベルナルド・ベルトルッチ『ベルトルッチの分身』*Partner*（一九六八）
- マッシモ・バチガルーポ『ヴェルサス』*Versus*（一九六八）
- ヤン・シュヴァンクマイエル『部屋』*Byt*（一九六八）
- ヤン・ニェメッツ『プラハのためのオラトリオ』*Oratorio for Prague*（一九六八）
- グラウベル・ローシャ『アントニオ・ダス・モルテス』*O Dragão da Maldade contra o Santo Guerreiro*（一九六九）
- ゴルダン・ミヒッチ＋リュビシャ・コゾマラ『メルヘン』*Vrane*（一九六九）
- ジャン＝フランソワ・ラギオニー『ある日突然爆弾が…』*Une bombe par hasard...*（一九六九）
- ジャン＝リュック・ゴダール『東風』*Vento dell'est*（一九六九）
- ジョン・レノン＋オノ・ヨーコ『レイプ』*Rape*（一九六九）
- デーヤン・ディユルコヴィッチ『感情移入』*Presadjivanje osecanja*（一九六九）

〈フィルム・アート・フェスティバル東京1969〉開催を前に

〈フィルム・アート・フェスティバル東京1969〉が開催される。今年はすでに招待部門として、ゴダールの最新作『東風』をはじめ、ローシャ、ニェメッツ、ベルトルッチ、ボロヴズィックらの話題の長編力作やキルー、ダンベリーニ、レノンとヨーコらの興味深い実験映画などが続々と参加してきており、公募部門も、実に総本数一五〇本余（昨年七〇本）、延時間四〇時間に及ぶ作品の応募があった。

これらの作品群は、新しい時代の新しい表現を求めて、いま世界的にほうはいとまきおこりつつある映画変革の気運を反映しているものであり、映画がいまや名実ともに映画資本の奴隷から解放され、創りたい人によって自由にどんな映画でも創れるようになったことを物語っている。私たちはまずそのことの意義を確認し、それらの一端をこうして一堂のもとに見られることを喜びたい。

ところが、そのことに水をかけるように、最近金坂健二らのニューズリールというグループによって「フィルム・アート・フェスティバル東京'69ボイコット宣言」が出され、続いて『朝日ジャーナル』九月二一日号に匿名で同趣旨の批判的文章が載った。それらには問題の混同と意図的な歪曲が多く、どうみても昨今の造反ムードに便乗した悪意ある中傷としか受けとりようがない。たとえば、彼等はこのフェスティバルを日宣美やカンヌ映画祭と同等視し、ミソもクソも一緒くたに否定しようとする。それは一見勇ましく徹底しているかにみえるが、決して問題の所在を正しく認識しているとは言えない。

そもそも〈フィルム・アート・フェスティバル〉は、政府や公共団体、あるいは業界等で構成される既成の大映画祭とはまったく異り、作家や批評家のグループによって自主的に運営されている。しかも大映画祭がその商業主義的本質をおしかくすため、擬客観的な公的権威を誇示するのに対して、むしろいっさいの外的規制からの自立をめざして私的な個性と主観性を尊重する。それも体制順応の今日の映画状況をエスタブリッシュメントと呼ぶならば〈フィルム・アート・フェスティバル〉は、それらの壁をうちこわし、あくまでも作家の自由な映画創造の気運を高め、その相互刺激の「場」となることを唯一の目的としてきたからにほかならない。そして同時に、海外の映画作家に直接よびかけて、彼らのすぐれた作品を招き、変革をめざすアクチュアルな作業を国際的に展望するうえで、少なからぬ役割を果してきた。

この点の意義があればこそ、たとえばカンヌ映画祭ではボイコット闘争の先頭に立っていたゴダールもまた、私たちの運動を激励して、〈フィルム・アート・フェスティバル〉には、自分からすすんで最新作を送りもし、また昨年の出品作『中国女』や『ウイークエンド』の自主配給権をフィルム・アート同人に託しもしたのである。それを造反有「利」とばかり、ただやみくもに「芸術体制の強化と、芸術家の管理運営」（宣言）と言い、「新しいアンシャン・レジームを作ろうという動き」（ジャーナル）などと言うのは、真の造反とは無縁の虚言である。

そういえば「宣言」は〈フィルム・アート・フェスティバル〉を攻撃する有力な武器として、ジョナス・メカスがヴェネチア映画祭の審査委員を辞退した際の文章をひき合いに出しているが、その引用の仕方もきわめて身勝手で一方的である。メカスの文脈は、明らかに「こんな映画の選択のしかた、授賞のシステム、宣伝とセールスのしかたをもった」「公認の大映画祭」を否定しているのであって、ただ目茶苦茶にいっさいの映画祭を否定しているのではない。そのことは彼が「映画祭機構の抜本的で速かな変革の必要性」を説いていることでも明らかである。それにしてもあらゆる権威の否定を口にするものが、メカスにぶらさがってしか居丈高になれないのも滑稽ではないか。ともあれその衣の下に、「もうひとつの権威」とその指導権に対する私的欲望がちらついていなければ幸いである。

さて、以上は中傷的非難にたいする反論であるが、わたしたちはフェスティバルをいかに状況変革の意義ある媒介にするかを考えてきた。それはこのフェスティバルを設立したときからの根本理念であり、だからこそ私たちは、カンヌ以来の商業主義的な大映画祭に対する造反を、一方では私たちのフェスティバルの存在理由の再確認として、また他方では私たちの絶えざる自己の鏡として受けとめてきたのである。事実、私たちは、昨年のフェスティバルを総括したとき以来、たとえばいっさいの作品制限の廃止をはじめ、つぎつぎとあるべき映画祭のヴィジョンを、従来の概念にとらわれることなくうちだしてきた。フェスティバルのシステムや運営のありかたについても、自主的に改革の構想を早くから検討してきたことは言うまでもない。

その結論を提示する前に、先に触れたメカスの同じ文章から彼が審査について述べている傾聴すべき意見を、もう少し吟味しておこう。第一に彼は審査員が、あらかじめ予選でしぼられた一定の嗜好の範囲内で審査することの不合理性を突いている。第二に、興味と権威の分野が距った寄せ集め審査員による合議制の審査に反対し、「映画の審査は映画作家だけにしかできない」こと、そして合議制ではなく「審査員ひとりひとりの、個人的な好みと選択を発表すべきである」と書いている。

私たちはこの第一の意見については全面的に賛成である。第二の点については「映画の審査は映画作家だけにしかできない」ということには疑問があるが、合議制を排して、審査員個人の好みと選択を発表すべきだという指摘には、なるほどと同感しないわけにはいかない。なぜなら、あらゆる現代芸術の動向と同じく、映画もまた今日では領域も方法もきわめて多様化し、それらの評価を同一平面上で比較することが不可能になってきたばかりでなく、それらを意見を異にする審査員たちの合議制によって、共通の評価を割りだすなどということが、全く無意味になっているからである。しかし、その前にむろん芸術作品をそもそも審査できるだろうかという根本問題がある。少なくともそれらに一位、二位などと順位をつけることなどナンセンスと言わざるをえない。とくに合議制や多数決で、作品の評価が決まるなどというのはどう考えてもおかしい。私たちも最初は慣習に従って審査をやってきたものの、そのあたりの不合理性については、去年から自発的に問題にしてきた。

私たちもまた、旧態然たる審査制度の廃止に賛成である。ただ、それと批評行為は別であり、審査の廃止が批評的気運を弱めることになってはならない。創造・批評運動を高揚させるうえでは、何らかの批評的刺激が有効な媒介となることも事実だからである。その意味では、現状では個人の名において「私はこういう作品を推す」という批評のぶつけ合いも、大きく何らかの先端的課題を示唆したり、人びとに自分の考えをつきつめさせる有力な刺激的契機となる。そのかぎりでは、それがそのまま擬客観的な権威となって、その結果だけが盲目的に受け入れられるということはありえない。その危惧に対しては、評者の相互相対化をはじめ、あらゆる権威の固着化をこわす努力をすればよい。

以下は、このような検討をしたうえでの〈フィルム・アート・フェスティバル東京1969〉の運営に対する私たちの結論である。

第一に、今年の公募作品は無条件で全作品を上映する。ともあれ現状では、まず自由に創作し、自由に見せたりできる場をつくることが大切だからであり、少しでも完全アンデパンダンに近づく努力をすべきだからである。ただし、ここには美術の場合などとちがって、映画はその作品の物理的時間に、いわば悪平等的に拘束されるという矛盾がないわけではない。それは応募本数が多くなればなるほど困難となり、へたをするとその方式じたいが形式化するおそれも多分にある。しかし、この問題は次回からの懸案として、今後十分つきつめて行きたい。

第二に、前項の処置から必然的に今年は予選をしない。

第三に、運営委員会は慎重に検討して数名の推薦委員を選ぶ。選択の基準は評者のもつ問題性と、それらが相互相対化の批評的渦をつくる可能性である。そして推薦委員は批評の場に起爆剤を投じる観点から、個人の名において、各自が評価する作品を推薦する。それは合議制でないことはもちろん、いかなる意味においても、その結果が客観的な権威を帯びないよう努力する。ただし、たとえ推薦という形であれ、フェスティバルで特定の作品や作家をクローズ・アップすることが、現状においてプラスに作用するかマイナスに作用するかは、今後なお真剣に吟味しなければならない。

第四に、推薦された作品に、運営委員会はひとつには製作費の補充還元の意味で、ひとつには激励の意味で、用意した賞金を平等に分配する。

第五に、運営委員会は、フェスティバルの場を、単に映画を上映し、それを見ることだけに終らせず、シンポジウムその他の形で、私たちの創造課題や運動課題、あるいはフェスティバルそのもののあり方などについてディスカッションできるようにする。

以上が、私たちが検討した今年のフェスティバルの運営内容である。むろん、まだまだつきつめてみるべき問題は多く残されているが、私たちはそれらを順次あるべき最善の姿に気がつき次第変えて行きたい。ともあれ私たちは、映画の既成体制と映画の既成観念を打破して、真に自由で創造的な映画づくりの気運を高めるためにのみ、〈フィルム・アート・フェスティバル〉の意義あるあり方を、諸兄姉とともに追求しようと思っている。

繰返すが、フェスティバルによって権威を確立するとか、作家を管理統制しようとしているなどと馬鹿げたことをわめきちらす擬装造反者たちの便乗的な中傷行為は、せっかく蓄積されはじめた新しい映画創造の広場を、不毛のセクト的抗争の場に変えることでしかない。しかもそんなことをしても、真に打倒すべきエスタブリッシュメントは、いつまでもぬくぬくと無傷でいることだろう。私たちは、すべての映画作家、批評家、観客の諸兄姉に、あくまでも巨視的な観点に立って、各自の多様性をふまえた相互関係の総体を真の状況変革のエネルギーとして共有し合う自覚をもとうと呼びかけたい。ただひたすら、豊かで、鋭い、自由な映画創造のために——。

一九六九年九月二五日

フィルム・アート・フェスティバル東京1969運営委員会

参考収録②

〈フィルム・アート・フェスティバル東京1969〉の開催中止について

i　フィルム・アート・フェスティバル運営委員会、一九六九年一〇月一六日

iii　本稿は〈フィルム・アート・フェスティバル東京1969〉中止事件の後に出された文書である。同会で上映される予定だった公募作品のうち三三本は、作家有志二七名による〈フィルム・ビオラン・12〉にて上映された。同上映会は一二月八日から一一日にかけて日経小ホールにて開催され、大島渚・若松孝二・松本などを招いたシンポジウムも併せて行われた。

〈フィルム・アート・フェスティバル東京1969〉の開催中止について

すでにお聞きおよびのように、〈フィルム・アート・フェスティバル東京1969〉は、開幕初日の十月一四日午後四時頃、「フェスティバル粉砕共闘会議」と称する約三十名程の反対派の乱入をうけ、いったんはそれを制止することができましたが、反対派から事前に警察に通告するなど挑発行為もあって、権力の介入による混乱のエスカレートが予想される事態になったため、私たち運営委員会は、フェスティバルを全面的に中止することにいたしました。

反対派グループとは、そのあと会場において話合いの機会をもちましたが、彼らが開催中止を要求する理由として挙げている、①商業主義との癒着によるブルジョワ映画祭である、②フェスティバルによって権威を押しつけ、芸術管理を行なおうとしている、③草月による文化体制の強化と系列化の野望がある、などということは、いずれも事実に反したなんらの根拠のないいいがかりであり、また、①今日の厳しい状況の中で映画創造の機運が高まり、自由に作られるようになったなどと謳うのは誤りである、②フェスティバルなどやっている状況ではない、といったきわめて主観的な意見を一方的に押しつけてきたことも、私たちには承服できないことでした。

以上のとおり、運営委員会として開催中止に踏切ったのは、まったく物理的な理由からであり、いたずらな混乱をさけたからに他なりません。そして、止むなく中止された現在でも、フィルム・アート・フ

ェスティバルが果たしてきた役割、担っていた意義は決して消されるものではないと考えます。

しかし、フェスティバルに寄せられた期待は非常に大きいものがあり、とくに中止決定によって、フェスティバルに応募されていた出品者の方々の意向を裏切る結果となったことはかえすがえすも残念なことです。私たちは当然の責任の深さを痛感する次第ですが、今回の公募に於いて一三三本もの作品がつくられ、一堂に集められたことは画期的なことであり、これをこのままのかたちで放置してしまうことはまことにしのびがたいものがあります。

私たちは、変革を目指す映画創造にとって、フェスティバルのみが唯一の「場」であるわけはなく、この中止の事実を乗りこえて、創造者のエネルギーは自らの作品発表の場をつくられるに違いないという期待を持っております。私たちも、今回の出品作家たちが、自主的な運営による作品発表の場をつくりだすよう提案し、それには運営委員の個人からも支援する決意でおります。

以上、とりあえず緊急の御報告とする次第です。

十月十六日

フェスティバル運営委員会

出品者各位

（追記）

①フェスティバル中止により出品のフィルムはただちに返却いたします。

②同封ハガキで率直な御意見や批判をお寄せ下さい。

年譜［一九六六―一九七二］

一九六六年（三四歳）

▼三月、長男・直也生まれる。

▼九月、伊藤美一編『映像とは何か』（写真同人社、一九六六）に寄稿。途中まで製作に関わっていた『美浜原子力発電所』（企画＝関西電力、製作＝日映科学映画製作所）が完成し、スポンサーに納品される。

一九六七年（三五歳）

▼二月、『母たち』の制作のために、アメリカ、フランス、ガーナ、ベトナムを撮影して回る（二月二〇日より四〇日間とされる）。撮影旅行中に、ニューヨークのフィルムメーカーズ・コーポラティヴを訪問する。

▼四月、東京造形大学講師に就任する。

▼五月、『母たち』（企画＝プリマハム株式会社、製作＝電通・藤プロダクション）が完成し、スポンサーに納品される。

▼七月、『素肌美のための十二章』（企画＝武田薬品工業、製作＝日映科学映画製作所）を監督する。

▼八月、〈ヴェネチア国際映画祭〉のドキュメンタリー映画部門である〈ヴェネチア国際記録映画祭〉（八月二六日から九月八日）にて『母たち』がサンマルコ金獅子賞を受賞する。

▼一一月、〈草月実験映画祭〉にて審査委員を務める（草月会館ホール、一一月七日から二五日）。日本アート・シアター・ギルドの配給により、『母たち』の劇場公開が開始される（一一月一五日）。岡田晋・佐々木基一・佐藤忠男・羽仁進編『現代映画事典』（美術出版社、一九六七）が刊行される。

▼一二月、第二著作集『表現の世界――芸術前衛たちとその思想』が三一書房より刊行される（一二月二〇日）。共和広告を通して、日本繊維館協力会より日本万国博覧会せんい館のディレクター就任の打診を受ける。

一九六八年（三六歳）

▼一月、日本アート・シアター・ギルドのＡＴＧ作品選定委員会メンバーとなる。
▼二月、映像芸術の会を退会する（二月一〇日）。日本万国博覧会せんい館の総合ディレクター就任の記者会見を行う（二月二七日）。『二都物語――一つの光をみつめて』（企画＝日本貿易振興会〔ジェトロ〕、製作＝日映科学映画製作所）を監督する。
▼三月、新日本文学会を退会する（日付不明）。
▼四月、東京造形大学助教授に就任する。『つぶれかかった右眼のために』を監督し、〈*ex・pose'68 なにかいってくれ いま さがす〉にて上演する（草月会館ホール、四月一五日）。
▼七月、鈴木清順問題共闘会議結成集会に参加する（七月一三日）。
▼九月、個人作家の共同組合であるジャパン・フィルムメーカーズ・コーポラティヴの登録作家となる。
▼一〇月、役員として関わったフィルムアート社が設立される（一〇月一日）。アメリカ視察中に飯村隆彦と共に作品上映（ブラックゲート、一〇月五日から七日）を行ったほか、スタン・ヴァンダービークへのインタビューを行う。〈フィルム・アート・フェスティバル東京１９６８〉の運営委員および審査委員を務める（草月会館ホール、一九六八年一〇月一八日から三〇日）。編集委員同人として関わった『季刊フィルム』が創刊される（一〇月二五日）。
▼一一月、松本プロダクションを設立する（一一月一五日）。
▼日付は不明ながら、秋頃に日本万国博覧会せんい館のリサーチのためにアメリカを視察する。
▼時期は不明ながら、『マグネチック・スクランブル』を制作し、新宿ＬＳＤにて上演する。

一九六九年（三七歳）

▼二月、『イコンのためのプロジェクション』を制作し、〈クロス・トーク／インターメディア〉にて上演する（国立代々木競技場、二月五日）。鈴木清順問題共闘会議による連続研究会「日本映画変革への展望」で報告を行う（二月八日）。
▼三月、『薔薇の葬列』がクランクインする。本作の一部は、後に『エクスタシス＝恍惚』としてまとめ直される。
▼四月、『薔薇の葬列』がクランクアップする。
▼五月、《シャドウ》を制作し、〈第九回現代日本美術展〉に出品する（東京都美術館、五月一〇日から三〇日）。
▼七月、父・尚茂が死去する。

▼九月、『薔薇の葬列』（製作＝日本アート・シアター・ギルド、松本プロダクション）の劇場公開が始まる（九月一三日）。
▼一〇月、〈フィルム・アート・フェスティバル東京1969〉の運営委員および審査委員を務めるが、開催初日に造反グループの介入を受け中止となる（草月会館ホール、一〇月一四日）。
▼一一月、ジャパン・フィルムメーカーズ・コーポラティヴ総会を前に提言書を出す（一一月一日）。

一九七〇年（三八歳）

▼三月、日本万国博覧会が開始され、総合ディレクターを務めたせんい館館内にて『スペース・プロジェクション・アコ』（企画＝日本繊維館協力会、製作＝協和広告）を上演する（三月一四日から九月一三日）。
▼五月、ドイツ文化協会の招待でベルリン国際映画祭（六月二十六日から七月七日）に出席し、ヨーロッパ各地を視察する（五月二九日から七月二〇日まで）。
▼一〇月、『修羅』がクランクインする。日本万国博覧会終了後に設立されたトータルメディア開発研究所のブレーン組織「十足講」のメンバーとなる。
▼一一月、『修羅』がクランクアップする。
▼時期は不明ながら、飯塚増一監督作品である『Cana Lock 大洋の造船所』（企画＝日本鋼管、製作会社＝日本産業映画センター）の脚本を担当する。

一九七一年（三九歳）

▼二月、『修羅』（製作＝日本アート・シアター・ギルド、松本プロダクション）の劇場公開が始まる（二月一三日）。
▼八月、フィルムアート社による『西陣』『石の詩』『つぶれかかった右眼のために』『エクスタシス＝恍惚』の自主配給が開始される。
▼九月、東京造形大学助教授を退職する。
▼一一月、『メタスタシス＝新陳代謝』が完成し、スポンサーに納品される。

ひ・ふ・へ・ほ

ま・み・む・め・も

や・ゆ・よ

ら・り・れ・ろ

わ

記号

作品名索引

主要な映画・演劇の作品名を立項した。(　)内には本文中で使用されている表記を記し、映画作品のみ［　］内に原題と公開年を記した。

ま

み・む

め・も

や・ゆ

よ

ら・り

る・れ

ろ

わ

た

つ

て

と

な・に・の

は

ひ

ふ

へ・ほ

人名・団体名索引

主要な人名・団体名を立項した。立項には現在一般的に使用されている表記を用い、(　)内には本文中で使用されている表記を記した。

［著者略歴］
松本俊夫（まつもと・としお）
1932年生まれ、2017年没。映画監督・映像作家。
東京大学文学部美学美術史科を卒業後、新理研映画に入社し、実験工房のメンバーを起用してPR映画『銀輪』（1956）を演出。その後、教育映画作家協会（記録映画作家協会）に入会し、機関誌『記録映画』において前衛記録映画の理論を展開させ、その実践として『西陣』（1961）、『石の詩』（1963）などの記録映画を演出する。やがて作家協会内部の対立を経て、1964年には映像芸術の会を発足させ、同時代の作家らとともに映画運動を組織してゆく。1968年には同人としてフィルムアート社の設立に参加し、雑誌『季刊フィルム』を刊行するなど、越境的な芸術の動向に影響を与える。その後の作家活動では『つぶれかかった右眼のために』（1968）、『メタスタシス＝新陳代謝』（1971）、『アートマン』（1975）をはじめとする数々の作品によって、国内における実験映画やビデオアートの動向を牽引してゆく。また、日本万国博覧会ではせんい館のディレクターを務め『スペース・プロジェクション・アコ』（1970）を発表したほか、ATG提携の『薔薇の葬列』（1969）をはじめとし、『修羅』（1971）、『十六歳の戦争』（1973-1976）、『ドグラ・マグラ』（1988）という四本の劇映画を監督した。1980年以降は、九州芸術工科大学、京都造形芸術大学、日本大学などで教鞭を執り、後進の指導にも努めた。最終作はオムニバス映画『蟷螂の斧』（2009–2012）。著書に『映像の発見――アヴァンギャルドとドキュメンタリー』（三一書房、1963）、『表現の世界――芸術前衛たちとその思想』（三一書房、1967）、『映画の変革――芸術的ラジカリズムとは何か』（三一書房、1972）、『幻視の美学』（フィルムアート社、1976）、『映像の探求――制度・越境・記号生成』（三一書房、1991）、『逸脱の映像――拡張・変容・実験精神』（月曜社、2013）などがある。

松本俊夫著作集成Ⅱ――一九六六－一九七一

発行日……………………………2024年12月31日・初版第1刷発行

編者……………………………特定非営利活動法人戦後映像芸術アーカイブ
発行者……………………………阪本裕文
発行所……………………………特定非営利活動法人戦後映像芸術アーカイブ
Website: http://pjmia.wordpress.com
Email: pjmiaofficial@gmail.com
印刷……………………………株式会社イニュニック

ISBN 978-4-9913194-1-9 C1374 ¥4800E